中国文化文物统计年鉴

(2003)

文化部计划财务司编著

北京图书馆出版社

图书在版编目(CIP)数据

中国文化文物统计年鉴.2003/文化部计划财务司编著.—北京:北京图书馆出版社,2003.11
ISBN 7—5013—2187—6

Ⅰ.中… Ⅱ.文… Ⅲ.①文化事业—统计资料—中国—2003—年鉴 ②文物工作—统计资料—中国—2003—年鉴 Ⅳ.G12—66

中国版本图书馆CIP数据核字(2003)第094242号

ZHONGGUO WENHUA WENWU TONGJI NIANJIAN

书名 中国文化文物统计年鉴(2003)
著者 文化部计划财务司编著

出版 北京图书馆出版社(100034 北京市西城区文津街7号)
发行 (010) 66126153 **传真** (010) 66174391
E—mail Btsfxb@publicf. nlc. gov. cn
Website www. nlcprcss. com
经销 北京市新华书店
印刷 河南省文化厅印刷厂

开本 787×1092(毫米) 1/16
印张 33
版次 2003年11月第1版第1次印刷
字数 757(千字)
印数 1—2200册

书号 ISBN 7—5013—2187—6/G·528
定价 120.00元

《中国文化文物统计年鉴》编委会

中国美术馆

中国美术馆是以收藏、研究、展示中国近现代美术作品为重点的国家造型艺术博物馆。1958年开始兴建，1962年主楼落成，1963年正式向社会开放，毛泽东主席亲自题写馆额。主体大楼为仿古阁楼式，黄色琉璃瓦大屋顶，四周廊榭围穿，具有鲜明的民族建筑风格。主楼建筑面积22379平方米，一至五层楼共有21个展览厅，展出面积8800平方米。1995年新建现代化藏品库，面积4100多平方米。

恭王府简介

恭王府约建于1776年，曾为乾隆皇帝宠臣大学士和珅的私宅，庆四年，和珅获罪赐死，嘉庆皇帝将第宅赐予其弟庆郡王永璘，庆王府。咸丰元年，咸丰帝又将该府转赐其弟恭亲王奕訢，始称府。

恭王府是由府邸、花园两部分组成，府邸占地32000平方米，园占地28000平方米。

恭王府花园于1982年2月被国务院列为第二批全国重点文物单位。之后，成立了“文化部修建队”。1986年在文化部修建队础上成立了“文化部恭王府修复管理处”。1988年恭王府花园部社会开放。1990年文化部将“文化部恭王府修复管理处”变更为化部恭王府管理处”。2002年底，恭王府花园和府邸归为一体。年3月24日，“文化部恭王府管理处”更名为“文化部恭王府管心”。

未来的恭王府应建成以历史性建筑和原有藏品为中心的综合代历史文化艺术博物馆。

第七届中国艺术节艺术场馆展望

首都图书馆

北京市文化广场

湖北剧院

四川省基层文化设施

绵竹市图书馆

绵竹市图书馆新馆于2002年5月31日竣工开馆投入使用。新馆占地面积近10亩，建筑面积近6000平方米，投资800多万元，地处绵竹市中心，系欧式外观建筑，气势恢宏，是绵竹市文化标志工程和城市建筑的靓点。该馆拥有藏书12万册。

米易县图书馆

四川省米易县图书馆成立于1979年1月。到1997年，图书馆馆舍修建正式立项，1998年12月破土动工，到2003年2月竣工。馆舍为4层全框架结构，面积1700平方米，总投资170余万元，其中国家补助40万元。

长宁县文化馆

长宁县文化馆为国家“两馆建设”补助项目，总投资160万元，其中国家补助50万元，建筑面积1880平方米。

罗江县图书馆

说　　明

《中国文化文物统计年鉴(2003)》今天与读者见面了,这是一部最具权威性的有关文化产业的统计资料。

本年鉴共分为两大部分:历史资料和年度资料。

历史资料是根据文化部历年统计年报以及各省、自治区、直辖市文化主管部门补报的1966年至1977年文化事业统计数据,并搜集有关部门的文化事业统计资料整理汇编而成。

年度资料是根据各省、自治区、直辖市及各计划单列市、省辖市文化主管部门报送的2002年文化产业统计年报和文化部对外文化联络(港澳台)司的有关报表整理编印。本年鉴尚缺香港、台湾、澳门资料。

年鉴中“——”号表示数字为零,“…”号表示缺资料。

本年鉴的出版发行工作,得到了各级文化主管部门以及有关部门的大力支持,在此我们表示衷心的感谢!

年鉴中若有遗漏和不足之处,请同志们批评、指正,以便在内容上不断得到完善和充实。

编　　者

2003年10月

目　　录

历史资料

年度资料

(一)综合部分

(二)文物业

(三)艺术业

(四)图书馆业

(七)教育、科技及其他

(八)对港、澳、台文化交流

排序资料

附　　录

2002年中国文化发展概述

李 建 军

2002年，全国文化艺术工作者认真贯彻党的“十六大”会议精神，以“三个代表”的重要思想为指针，在党中央和国务院的领导下，各地党政部门注重文化建设，将基层文化工作落到实处，加大了对文化的投入，使文化事业呈现出全面繁荣发展的景象。具体表现在：

一、机构人员有所调整

截止2002年底，全国共有各类文化单位机构30.99万个，比2001年增加4.22万个，增长15.8%；从业人员168.3万人，比2001年增加26.4万人，增长18.6%。机构与人员增加的主要原因是国家加强了对文化市场经营管理单位的治理整顿工作力度，并将网吧正式列入规范管理范畴。

2002年全国共有艺术表演团体2587个，从业人员13.7万人。共有各类艺术表演场所1829个，从业人员4万人。共有艺术创作机构433个，艺术研究机构184个，艺术展览机构51个。艺术业机构和人员均比上年有所减少，主要原因是各地精简机构调整布局所至。

2002年全国共有公共图书馆2697个，从业人员4.85万人。共有群众艺术馆389个，从业人员1.1万人；文化馆2854个，从业人员4.1万人。全国共有文化站39273个，从业人员6.7万人，其中乡镇文化站3.6万个，从业人员5.7万人，由于乡镇机构改革撤乡并镇，使文化站机构人员比上年有所减少。

全国文物保护业共有机构3867个，从业人员6.61万人，均比上年有不同程度增加。其中，文物机构2241个，2.8万人；博物馆1511个，3.6万人。

2002年，全国文化娱乐业（含歌舞娱乐场所、电子游艺厅、台球厅、保龄球馆、网吧、综合娱乐场所等）共有机构14.41万个，从业人员75.5万人。全国文化市场共有其他经营机构（包括文化艺术经纪代理业、音像制品批发零售业、录像放映业、录像带出租业、画店画廊、美术公司、艺术品拍买公司、图书批发业等机构）10.8万个，44.4万人。

二、全国文化事业费持续增长

2002年全国文化（文物）事业单位总收入（含财政补助收入，下同）179.01亿元，比2001年增加22.88亿元，增长14.7%。其中，全国文化事业财政补助收入（即财政拨款，下同）达83.66亿元，比2001年增加12.66亿元，增长幅度为17.9%。全国文物事业财政补助收入达21.43亿元，比2001年增加0.76亿元，增长幅度为3.7%。

（一）全国文化事业费增加12亿

2002年，各地党政部门认真贯彻党的“十六大”会议精神，注重文化建设，将基层文化工作落到实处，加大了对文化的投入，全国文化事业财政补助收入（即财政拨款，下同）达 83.66 亿元，比 2001 年增加 12.66 亿元，增长幅度为 17.9%。

全国人均文化事业费（按人均财政补助收入，下同）6.5 元，若扣除中央财政补助收入，全国地方人均文化事业费 6.17 元。全国仅有 15 个省（区、市）的人均文化事业费超过全国平均水平，其中上海市最高，人均文化事业费达 39.54 元，其次是北京市，为 30.94 元。人均文化事业费最低的是河南省，仅为 2.72 元。

从分地区情况看，2002 年财政补助收入超亿元的有 27 个省（区、市），较 2001 年增加了重庆、贵州两个省（市），只有海南、西藏、青海、宁夏四个省（区）的文化事业费未超过亿元。从 2002 年财政补助收入比 2001 年的增加额看，各地都有不同程度的增加，其中，广东省的增加额最高，达 1.58 亿元，其次是浙江省，为 9317 万元，江西省增加了 9114 万元；增长幅度达到或超过全国平均水平（17.8%）的有 14 个省（区、市），其中增长幅度最高的是西藏，增幅为 88.8%，其次是江西，为 66.5%，海南省增长了 38.7%。一方面说明西部地区对文化加大了投入，另一方面也表明西部地区由于财政困难，历年对文化欠账多，文化事业费基数较低，人口少，尽管文化事业费增幅较大，但增加的绝对额并不足以彻底改变困扰文化事业发展的经费拮据现象，只能是在局部有所改善。因此，今后加大对文化的投入力度，建设中国先进文化仍是各级政府义不容辞的任务。

（二）全国文化事业单位事业收入持续增长，经营收入占总收入比重下降

2002 年全国文化事业单位总收入（含财政补助收入，下同）128.5 亿元，比 2001 年增加 18.38 亿元，增长 16.7%。在总收入中，事业收入（事业单位开展业务活动及其辅助活动取得的收入）为 25.06 亿元，比上年增加 2.23 亿元，增长 9.8%；事业收入占全部总收入的比重为 19.5%，比上年减少 1.6 个百分点。经营收入 5.66 亿元，比上年减少 1827 万元，下降 3.1%，经营收入占全部总收入的比重为 4.4%，比上年减少了 0.9 个百分点。

从分地区情况看，各地文化事业收入超过亿元的有：北京、上海、江苏、浙江、广东 5 个省、市，上海市文化事业单位的事业收入最多，为 6.36 亿元。全国有 23 个省（区、市）的事业收入比上年有不同程度的增加，增加额最高的是上海市，事业收入比上年增加了 1.03 亿元，在全国处于领先地位；只有天津、吉林、黑龙江、浙江、安徽、广西、甘肃、宁夏等 8 个省（区、市）事业收入为负增长，其中安徽省的事业收入比上年减少最多，为 4664 万元，下降幅度最大，达 55.8%。

全国有 17 个省（区、市）的经营收入比上年减少，其余 14 个省（区、市）的经营收入均比上年有不同程度的增加。天津市的经营收入比上年增加最多，为 1427 万元，增幅高达 92.3%。

从以上数据看，总收入的增加主要是由财政补助收入和事业收入的加大而带动，说明各地党政部门对文化工作高度重视，加大了政府对文化的投入，事业单位依托主体业务加大创收力度，使文化事业单位发展有了基本保证。而经营收入的减少以及其占总收入比重的下降，表明大部分文化事业单位能在市场经济条件下，没有充分利用自己的文化资源优势，多渠

道筹资，发展文化事业。

（三）全国文化事业单位，“人头费”开支占经费的三分之一

2002年全国文化事业费总支出达127.78亿元，比2001年增加了18.06亿元，增长幅度为16.5%。

从分地区的情况看，全国有28个省（区、市）全年文化事业费总支出超亿元。全年总支出最高的是上海市，为13.14亿元。从2002年比2001年的增加额看，全年总支出增加额超过千万元的有25个省（区、市），比上年增加了3个省（区、市）。其中，江西省增加额最多，比上年增加2.04亿元，其次是广东省，增加1.9亿元；从增长幅度看，超过全国平均水平（16.5%）的有12个省（区、市）。2002年总支出比上年减少的有河北、福建2个省，河北减少的最多，达4892万元，下降幅度达12.4%。

在总支出中，事业支出115.72亿元，比上年增加15.85亿元，增长15.9%；事业支出占总支出的比重为90.6%，比上年减少0.4个百分点。全国仍只有海南、西藏、青海、宁夏等4个省（区、市）的事业支出未超过亿元，其余27个省（区、市）的事业支出均超过亿元。其中，上海市最高，达到12.12亿元。全国各省（区、市）的事业支出比上年有不同程度的增加，广东省增加最多，为2.1亿元，江西省增幅最大，达56.3%。全国有12个省（市、区）的增幅超过全国平均水平（15.9%），占省级行政区划的38.7%。

全国文化事业单位经营支出4.71亿元，比上年增加1343万元，增长2.9%；经营支出占总支出的比重为9.4%，比上年增加5.3个百分点。全国有14个省（区、市）的经营支出比上年减少，其余17个省（区、市）有不同程度的增长，江苏省的经营支出增加最多，为1405万元。

全国文化事业单位的从业人员劳动报酬41.71亿元，比上年增加3.72亿元，增长11.4%，占总支出的32.6%，比上年减少0.3个百分点。只有西藏比上年减少，其余各省（区、市）均呈上升趋势，江西省增加的最多，为7776万元；有9个省（区、市）的增幅超过全国平均水平，江西省最高，达93.3%。

尽管全国文化事业费总支出比上年有所增长，但由于其增幅低于同期财政支出增幅0.3个百分点，且人头费占总支出的比重加大，所以文化事业费的短缺仍困扰文化事业的发展。

（四）2002年艺术表演团体财政补助收入增幅最大，群众文化业财政补助收入占总数的比重增加

2002年文化事业单位总收入128.5亿元，比上年增加18.38亿元，增长16.7%，其中，全国文化事业财政补助收入为83.66亿元，比上年增加12.66亿元，增长了17.8%；事业收入25.06亿元；经营收入5.66亿元。

从几个主要分项构成情况看，在总收入中，艺术表演团体36.5亿元，比上年增加5.3亿元，增长17.0%，占总收入的比重为28.4%，比上年增加0.2个百分点。图书馆21.3亿元，比上年增加3.0亿元，增长16.4%，占总收入的比重为16.6%，比上年增加了0.1个百分点。群众文化业24.1亿元，比上年增加3.0亿元，增长14.2%，占总收入的比重为18.8%，比上年减少0.3个百分点。从构成可以看出艺术表演团体、图书馆和群众文化业总收入均比上年增加，艺术表演团体和图书馆占全国的比重都比上年有所增长。

在财政补助收入中，艺术表演团体为24.7亿元，比上年增加3.7亿元，增长17.6%，占全国总数的比重为29.5%，比上年减少0.1个百分点。图书馆为17.7亿元，比上年增加了2.4亿元，增长15.7%，占全国总数的比重为21.2%，比上年减少0.3个百分点。群众文化业为16.5亿元，比上年增加了2.4亿元，增长17.0%，占全国总数的比重为19.7%，比上年增加0.2个百分点。以上说明国家和各级政府注重文化发展，加大对文化投入，艺术表演团体、图书馆、群众文化业的财政补助收入都比上年增加，尤其是对基层文化即群众文化业投入力度最大，占国家对文化事业投入的比重增幅最大。

在事业收入中，艺术表演团体8.14亿元，比上年增加0.98亿元，增长13.6%，占全国总数的比重为32.5%，比上年增加1.8个百分点。图书馆2.21亿元，比上年增加0.63亿元，增长39.9%，占全国总数的比重为8.8%，比上年增加2个百分点。群众文化业3.41亿元，与上年持平，占全国总数的比重为13.6%，比上年减少1个百分点。

在艺术表演团体总收入中，财政收入占67.5%，比上年增加0.2个百分点，事业收入占22.3%，比上年减少0.7个百分点。在图书馆总收入中，财政收入占82.9%，比上年减少0.4个百分点，事业收入占10.4%，比上年增加1.8个百分点。在群众文化业总收入中，财政收入占68.5%，比上年增加1.5个百分点，事业收入占14.1%，比上年减少2.1个百分点。事业收入的增加，说明各部门领导和单位转变观念，依托文化优势，开拓市场，发展文化事业。而文化单位事业收入占总收入比重的下降，也表明对于公益文化事业的发展依然主要靠国家财政扶持。因此，希望各级政府继续关注文化建设，加大财政扶持力度，繁荣文化事业。

（五）2002年艺术表演团体人员费用增加额最多，群众文化业人员费用占总支出比重最大

2002年文化事业单位总支出127.78亿元，比上年增加18.06亿元，增长16.5%；其中，事业支出115.72亿元，占总支出的比重为90.6%，比上年减少0.4个百分点；在总支出中从业人员劳动报酬（含工资、补助工资、职工福利费等）支出41.17亿元，比上年增加5.35亿元，增长14.7%，占总支出的比重为32.6%，比上年减少0.3个百分点。从业人员劳动报酬的增幅大于总支出的增幅1.3个百分点，且占总支出的比重加大，说明总支出增长的部分主要都用于了人员费用方面的开支，真正能用于业务活动的经费已所剩无几。

从几个主要分项情况看，艺术表演团体总支出36.33亿元，比上年增加5.07亿元，增长16.2%。其中，事业支出35.4亿元，比上年增加4.92亿元，增长16.1%，占总支出的比重为97.4%，比上年减少0.1个百分点；从业人员劳动报酬支出15.1亿元，比上年增加1.8亿元，增长13.5%，占总支出的比重为41.6%，比上年减少1个百分点。

图书馆总支出20.89亿元，比上年增加2.12亿元，增长11.3%。其中，事业支出为20.46亿元，比上年增加2.07亿元，增长11.3%，占总支出的比重为97.9%，比上年减少0.1个百分点；从业人员劳动报酬支出7.07亿元，比上年增加0.88亿元，增长14.2%，占总支出的比重为33.8%，比上年增加了0.8个百分点。图书馆的人员费用支出增幅比总支出增幅

多2.9个百分点，并占总支出比重加大，依然存在着“人吃书”现象。

群众文化业总支出23.56亿元，比上年增加2.45亿元，增长11.6%。其中，事业支出22.1亿元，比上年增加2.97亿元，增长15.5%，经营支出9668万元，比上年减少1432万元，下降12.9%；从业人员劳动报酬11.32亿元，比上年增加1.43亿元，增长14.5%，占总支出的比重为48%，比上年增加1.2个百分点。群众文化业的人员费用支出增幅大于总支出增幅2.9个百分点，且占总支出的比重加大，说明总支出增幅主要用于人头费开支，并挤占了业务费，使群众文化业开展业务活动困难。

(六)全国文化事业费投入，逐渐向农村和西部地区加大

2002年，各地加大了对文化的投入，全国文化事业单位总收入128.5亿元，比上年增加18.38亿元，增长16.7%，其中，全国文化事业财政补助收入为83.66亿元，比上年增加12.66亿元，增长了17.8%；其他收入(事业、经营等收入)44.8亿元，比上年增加5.7亿元，增长了14.5%。

从对文化投入的构成看，全国文化事业单位主要是靠财政投入，维持事业发展，特别是近年来，财政投入占总投入的比重由1995年的58.2%增长到2002年的65.1%，增加了6.9个百分点。说明国家加大了对文化投入，政府投入的幅度远远超过文化单位依靠事业服务和经营的收入增长幅度，只有国家加大对公益文化事业的投入，才能使文化事业健康发展，才能满足人民群众文化需要，不断提高文化服务质量和水平。

从财政对文化投入的级别构成看，中央财政对本级文化投入力度远远超过地方对文化投入力度，尽管“十五”以来地方财政对文化投入占全国的比重有所增加(2002年94.6%，比2000年增加了3.3个百分点)，但从对文化投入的经费年均增长速度看，中央财政投入年均增长17.2%，比地方财政对文化投入的年均增长12.9%，高出4.3个百分点。因而，今后要使各地文化事业迅速发展，地方财政加大对文化投入势在必行。

从财政对文化投入的城乡构成看，国家财政逐年加大了对农村文化的投入力度，2002年对农村文化共投入22.64亿元，比2000年增加5.77亿元，增长34.2%，占全国财政总投入比重为27.1%，比2000年增加了0.4个百分点。尽管对农村文化投入有所增加，但和同期财政对城市文化投入比较，无论是经费的基数，还是经费的增长速度，都低于对城市文化投入力度。2002年财政对城市文化投入占总财政投入的比重高达72.9%，超过对农村文化投入比重45.8个百分点。因此，加大对农村文化投入，促进农村文化发展，提高广大农民素质，是国家义不容辞的任务。

从财政对文化投入的地区构成看，“十五”以来，国家加大了对西部地区的投入，2002年对西部地区文化共投入18.99亿元，比2000年增加5.28亿元，增长38.5%，占全国财政总投入比重为22.7%，比2000年增加了1个百分点。虽然，国家财政对西部地区文化投入有所增加，但与财政对东、中部地区文化投入比较，无论是经费的基数，还是经费的增长速度都低于对东、中部地区文化投入，2002年财政对东、中地区文化投入占总财政投入的比重高达77.3%，远远超过对西部地区文化投入比重54.6个百分点。

以上数据说明，西部地区由于财政困难，历年对文化欠账多，文化事业费基数较低，虽然文化事业费增幅较大，但与东、中部地区比较，投入差距仍然很大，不能彻底改变困扰西部地区文化事业发展的经费拮据现象，只能是在局部有所改善。因此，今后加大对西部地区文化的投入力度，缩小东西部地区差距，实现开发大西北的战略，建设中国先进文化仍是各级政府义不容辞的任务。

三、国家加大对文化设施建设的投资，建设项目增幅较大

2002 年，各级政府认真贯彻国办发〔2002〕7 号文件的精神，加大了对基层文化设施建设的投资力度。全国文化（文物）系统固定资产投资项目总数达到 972 个，比上年增加 154 个，计划总投资达 239.2 亿元，比上年增加 9.7 亿元，增长 4.2%；计划施工面积（建筑面积）493.7 万平方米；本年完成投资额为 30.9 亿元，比上年增加 2.7 亿元，增长 8.1%。其中国家投资 19.7 亿元，占本年投资总额的 63.8%。建成项目 260 个，竣工建筑面积 108 万平方米。

2002 年，中央财政通过对全国 215 个“两馆”基层文化设施建设项目的 1 亿元补助，推动各地基层文化设施的建设发展。全国文化事业基建项目总数为 715 个，比上年增加 264 个，增长 58.5%。计划总投资达 200.43 亿元，比上年增加 18.28 亿元，增长 10%；计划施工面积（建筑面积）368.3 万平方米，比上年增加 44.7 万平方米，增长 13.8%；本年计划投资额为 36.09 亿元，比上年增加 14.17 亿元，增长 64.6%。其中国家投资 16 亿元，占本年计划投资额的比重为 44.3%；本年完成投资额为 24 亿元，比上年增加 4.76 亿元，增长 21%，占全国基建投资实际完成额的比重 0.14%，与上年持平。在文化基建项目中，公共图书馆有 155 个项目，占总数的 16.1%；面积占总数的 19.2%；国家投资占总数的 7.6%；实际完成投资额占总数的 14.9%。文化馆有 114 个项目，占总数的 15.9%；面积占总数的 6.5%；实际完成投资额占总数的 3.3%。全国文化基建建成项目 150 个，比上年减少 10 个。竣工建筑面积 73.9 万平方米，比上年减少 3.3 万平方米，下降 4.3%。本年竣工项目和竣工面积减少的主要原因是：许多文化建设项目是近两年刚上马的项目，正处在可行性研究论证、立项报批、筹建和在建阶段。而 2002 年文化事业的基建项目数、计划总投资额、本年计划投资额、实际完成投资额等指标的大幅度增加，是国家持续加大对文化设施建设的投入力度，带动各地对文化设施建设投入的结果。

2002 年，全国投资在亿元以上筹建新开工的大型文化设施项目有苏州市博物馆新馆、浙江美术馆改造工程、河南省艺术中心、深圳书城、江西省美术馆等。全国投资在 5000 万元以上的在建项目 36 个，其中投资在亿元以上的有：国家大剧院、中国美术馆一期改造工程、北京海淀剧院、辽宁省艺术中心、黑龙江省图书馆新馆、浙江省杭州剧院、浙江省杭州市大剧院、浙江省嘉兴市文化中心、浙江省路桥文体中心、江西省博物馆、山东省图书馆业务楼、湖南大剧院、广东省汕头市图书馆、广东省广州市艺术博物馆、深圳音乐厅、深圳中心图书馆、深圳市盐田区文化艺术中心、深圳市龙岗区文化艺术中心、云南省图书馆等 19 个项目。

2002 年，全国投资亿元以上的文化设施竣工项目有：上海市博物馆、浙江省艺术职业学院、浙江省红星文化大厦、福建省博物院、湖南省长沙田汉大剧院、陕西省秦俑博物馆二期工程。

四、繁荣文艺创作，促进艺术事业全面发展

2002年，全国文化艺术工作者继续以江泽民总书记关于“三个代表”的重要讲话的精神为指针，以繁荣文艺创作为根本目标，深入生活，推出了一批思想深刻、艺术精湛、风格多样的优秀作品，丰富了舞台艺术，促进了艺术事业的全面发展。

2002年文化部通过启动国家舞台艺术精品工程，推动全国文艺创作高潮。国家从2002年到2006年，连续5年每年投入4000万元，在全国推出50部左右舞台艺术精品。现已推出第一批精品入围剧目30台，精品工程有力推动了全国文艺创作。启动二十世纪美术作品捐赠收藏工程，国家每年投入5000万元用于收藏二十世纪优秀美术作品的收购和捐赠奖励。进行了第十届文华奖评奖，推出了一大批优秀剧目和优秀艺术人才，推动了全国舞台艺术的繁荣和发展。为做好对京剧和昆曲的保护工作，举办了昆曲优秀剧目展演，召开了昆曲保护研讨会，对于为昆曲作出突出贡献的老艺术家进行了表彰，并将京剧优秀剧目在北京进行了展演。加强了中直院团的创作和演出管理，为全国艺术表演团体改革探索道路。继续实行中直院团重点剧目创作申报论证制度，促进中直院团创作，中直院团推出了一批优秀剧目，如话剧《这里的黎明静悄悄》、《叫我一声哥我就泪流满面》、儿童剧《香格里拉》、芭蕾舞《泪泉》、歌舞《秘境之旅》、《蔚蓝色的浪漫》等。举办了国家剧院联合演出季，召开了中直院团创作演出经营管理座谈会和国家剧院中青年干部培训班等，加强中直院团的市场经营及管理水平。成功举办了全国歌剧音乐剧汇演、全国杂技比赛、全国戏曲折子戏比赛、国际声乐比赛、话剧优秀剧目交流演出等，推出了许多优秀艺术作品和人才。

2002年，全国文化系统的2577个艺术表演团体，全年共新排上演剧目5272个，比上年增加380个。全国新创作并首演的剧目2677个，比上年增加160个，增长6.4%。全国艺术表演团体的国内演出场次共39万场，平均每团演出152场。其中到农村演出24万场，占总演出场次61.3%，比上年增加了0.2个百分点。国内观众达到4.6亿人次。演出收入6.5亿元，比上年增加0.8亿元，增长14.0%。演出收入占事业收入达79.7%。

为满足基层群众文化生活需要，配合中央西部开发战略，中国京剧院、中央民族乐团、中国歌剧舞剧院、中国歌舞团、中央芭蕾舞团等分赴新疆、广西、内蒙、重庆等地进行慰问演出总计达47场，观众达38万人次。为革命老区、贫困地区广大人民群众送去了党中央、国务院的关怀和温暖，受到人民群众的热烈欢迎，引起了广泛的社会反响。

2002年，全国艺术表演场所演（映）出场次下降。全国1819个艺术表演场所共演（映）出74万场次，比上年减少40万场，下降34.8%。演（映）出场次下降的主要原因是由于艺术表演场所的设备陈旧，更新慢，环境差，加上各地电影不景气，促使演（映）出场次的负增长，尽管艺术演出场次比上年增加，但由于其基数低，占总体指标比重小，不足于带动总体指标增加。

五、以“四基”建设为核心，推进社会文化图书馆事业的全面发展。

2002年，全国公共图书馆提高服务意识，加强管理，改善环境，服务水平有所提高。全国公共图书馆总藏量共有4.26亿册(件)，比上年增加831万册(件)，增长2.0%，全国公共图书馆新购图书为946万册，比上年增加了127万册，增长15.5%。2002年共发放借书证918万个。流通总人次为2.2亿人次。其中，书刊文献外借1.04亿人次，2.0亿册次。

繁荣群众艺术，丰富群众文化生活。2002年，全国群众文化业的42516个机构，共举办展览9.3万个，比上年增加0.4万个，增长4.5%，共组织文艺活动30.2万次，比上年增加1.8万次，增长5.9%，举办各类训练班13.7万班次，结业人次达492万人次。全国群艺馆、文化馆、文化站的藏书达9150万册。

文化部举办的示范性群众文化活动，既传播健康、文明的先进文化，又丰富了群众的业余生活。如：组织了"迎十六大群星奖获奖作品调演"、"文化进社区文艺节目评奖展演"、"全国老年文艺调演"、"第四届老年合唱节"等一系列大型群众文化活动。各地在积极配合、协助组织好这些活动的同时，也积极组织本地的重点群众文化活动，为十六大召开营造了欢乐、喜庆、祥和的气氛。全国"群星奖"优秀节目进京展演，将群众文艺作品展示活动推向高潮。为推动全国群众歌曲创作，举办了纪念毛泽东《在延安文艺座谈会上的讲话》发表60周年群众歌咏大会。歌咏大会主旋律高扬，规模盛大，气势恢弘，声情并茂，通过电视转播，引起了广大群众的强烈反响，收到了很好的社会效果。

积极落实基层文化建设项目。加强中央财政对县级"两馆"建设、万里边疆文化长廊建设等基层文化设施建设的支持力度。同时，启动并实施了"全国文化信息资源共享工程"和中华再造善本工程。

六、文物业成绩斐然

2002年文物工作者坚持党中央、国务院确立的文物工作方针和原则，取得了丰硕成果。考古发掘以配合经济建设为主的原则，加强了考古发掘项目的审批、统计和质量检查，跨省重点建设工程中的文物考古和保护工作有了明显的进展。全国文物工作者继续坚持"保护为主，抢救第一"的方针，保护、维修、应用工作并举，加大抢救维修力度。树立精品意识，推出一批具有较高水平和质量的文物展览，吸引了大量中外观众，取得良好的社会效果。

2002年，全国文物业有文物保护管理机构2108个，其他文物保护管理机构61个，博物馆1511个，文物商店115个。全国文物业共有文物保管品、藏品1235万件，其中一级品4.9万件；共举办陈列5484个，展览8603个；参观人次达1.2亿人次，其中外宾参观人次达873万人次，比上年增加114万人次，增长13.6%；青少年参观人次2634万人次，比上年增加251万人次，增长10.6%，占参观总人次的22.0%，比上年增加了0.9个百分点。门票收入13.55亿元，比上年增加2.71亿元，增长21.2%。全年进行文物保护维修的单位932个，维修面积130.6万平方米，比上年增加1.8万平方米；其中世界遗产22个，占总维修单位数的2.2%，维修面积11.4万平方米，占总维修面积8.7%；国家级268个，占总维修单位数的28.5%，维修面积56.9万平方米，占总维修面积43.5%。全国共拨款6.8亿元用于维修文物保护单位。新建和改建了一批博物馆及文物库房，一大批濒临毁坏的文物得到有计划、有重点的抢救和保护。

七、文化市场在整顿治理中繁荣发展

2002年,文化市场主管部门以整顿和规范文化市场秩序统揽全局,一手抓治理,一手抓建设,文化市场在整顿治理中繁荣发展。

(一)加强立法工作,文化市场法制体系基本建立。

1. 修订发布的《音像制品批发、零售、出租管理办法》和《音像制品进口管理办法》,进一步加强了对音像批发单位的整顿和管理,促进音像流通企业规模化、规范化经营,有利于音像市场调整产业结构,引进更多优秀音像制品,丰富人民文化生活。

2. 为了适应演出市场的形势发展和变化,结合中国国情,参考国际惯例,修订和完善了《营业性演出管理条例实施细则》,对加快演出市场改革进程,鼓励吸引社会各界参与演出市场的竞争,起到了积极作用。

3. 推动出台《互联网上网服务营业场所管理条例》,规范了网络文化市场管理,建立了全国统一、高效、便捷的网络文化市场监督管理系统。

4. 针对当前文化市场稽查机构和队伍建设存在的突出问题,文化部制定《文化部关于加强文化市场稽查机构和队伍建设的通知》,指导地方文化行政部门抓住有利时机,尽快解决困扰文化市场稽查工作多年的机构编制、队伍建设和经费困难问题,加强文化市场管理人员、稽查人员的培训工作,全面提高管理人员素质。

(二)以音像市场、演出市场、"网吧"为重点,加大力度整顿和规范文化市场秩序,取得了显著成效。

开展音像市场治理整顿"复查"行动。为了进一步巩固音像市场治理整顿的成果,针对一些地方对于重点地区和突出问题整顿不彻底、效果不明显、违法音像制品经营活动回潮严重的情况,开展了音像市场治理整顿"复查"专项行动。全国共出动执法人员19.9万余人次,检查音像经营单位11.7万家次,收缴违法音像制品4344.7万余盘(张)。

2002年8月13日,为了充分展示我国政府打击盗版、保护知识产权的鲜明态度、坚定立场和巨大决心,进一步警示违法经营者,提高广大消费者知识产权保护意识,文化部组织了全国违法音像制品统一销毁活动,一次性销毁各类违法音像制品2750多万张(盒),赢得国际社会的赞誉。

针对一些地区尤其是农村集镇及城乡结合部的物资交流会、庙会等集市性活动期间,色情表演现象上升的势头,文化部确立查处典型案件、公开通报批评、大力整治演出市场秩序的指导原则,重点查处了演出市场中色情表演案件,整治演出市场秩序。

在全国集中开展"网吧"等互联网上网服务营业场所专项治理,取缔了一批非法经营的"网吧",查处一批违规经营的"网吧",对"网吧"进行重新审核登记。经过整顿,扭转了过多过滥、经营秩序混乱、安全隐患突出的问题,网络文化市场的整顿工作取得了阶段性成果。

(三)本着"以规范促繁荣,以繁荣促发展"的原则,探索科学化、信息化、法制化管理的模式。

首先,调整音像产业结构和布局,加强音像市场的基础建设。各地按照"深化改革,压缩总量,调整结构,规范经营,规模发展"的原则,大力压缩经营单位数量,调整音像市场结构,大力推动音像连锁和音像超市的健康发展。其次,设立"音像市场进入单位和个人数据库",加强市场信息和管理信息的流通。第三，推动数字文化工程，鼓励互联网上网服务营业场所的连锁化经营。第四，为适应加入世贸的要求，深化行政审批制度改革。第五，加强对农村电影发行、放映的指导工作，认真贯彻落实实施“2131”工程，重点做好对西部地区“送电影下乡”活动的补贴经费分配和管理工作。

2002年，全国文化市场产业经营单位经过治理整顿，机构由上年的21万余家增加到25.3万家，从业人员由上年的91.99万人增加到119.93万人；年实现利润52.2亿元，创增加值168.1亿元。2002年全国省、市、县三级文化市场管理稽查网络机构共有3324个，18982人，其中稽查机构1444个，9077人。

八、艺术教育、艺术科研在调整中发展

2002年，全国艺术教育和艺术科研的广大职工，从“三个代表”重要思想的高度进一步认识了文化科教工作在文化事业中的重要作用，强化服务意识，不断提高工作效率和工作质量，取得了显著成绩。

2002年，全国文化部门共有各类教育机构205个，其中，高等艺术院校4所，中等专业学校131所，文化干部院校19所，其他教育机构51所。2002年，高等艺术院校招生1997人，毕业1061人，在校生5646人；中等专业学校招生21608人，毕业17533人，在校生68170人。

2002年，全国共有文化（文物）科研机构256个，从业人员6085人。其中，具有中高级职称的科研人员2997人，占从业人员总数的49.3%，比上年增加2.5个百分点。本年完成科研项目424个。其中，获国家奖49个，占科研项目总数的11.6%，比上年减少2.5个百分点；获省、部级奖152个，占科研项目总数的35.8%，比上年减少15.2个百分点。

九、对港澳文化交流继续推进，对台文化交流深入发展

2002年对港澳台地区文化交流项目共733起，12315人次。其中内地与香港地区的文化交流项目288起，5355人次；与澳门地区的文化交流项目79起，2280人次；大陆与台湾地区的文化交流项目366起，4680人次。

2002年，继续大力支持内地优秀传统艺术到港澳地区展演，注重对港澳文化交流的特色和质量；保持对台文化交流的良好势头，大力推动优秀民族传统文化项目访台，交流项目和人数有较大幅度增长，对港澳台文化交流有了进一步发展。

在努力将内地文化资源介绍到港澳地区的同时，为了配合西部大开发战略，组织了香港文化艺术界知名人士和演艺机构人员访问新疆等地，广泛了解祖国各族人民的优秀文化艺术；为庆祝香港回归5周年文化活动，策划了《为祖国骄傲，为香江放歌》7.27大型演唱会、《见证历史时刻》征文、《香港回归展》等8项大型文化活动。

为配合反“文化台独”的斗争，大力推动祖国优秀的民族传统文化项目赴台展演，扩大中华文化的影响。辽宁歌剧院、上海京剧院、北方昆曲剧院等艺术团体，《圆明园重现台湾——保利博物馆珍藏文物展》、《屈原故乡——楚文化特展》、《唐代文物大展》等展览项目相继入岛交流，其中辽宁歌剧院上演的大型原创歌剧《苍原》以鲜明的主题和强烈的艺术感染力征服了台湾观众。我们成功举办了“情系黄山——两岸文化联谊行”活动，使这一两岸文化交流大型活动成为品牌。

十、对外文化交流成绩显著

2002年,世界经济全球化、政治多极化的趋势在曲折中发展。文化部坚决贯彻执行党中央、国务院的方针政策,充分发挥文化交流在对外工作中的重要作用,开拓进取,扎实工作,对外文化工作取得了新的进展和成绩。

(一)文化交流的独特作用日益突出,对外文化工作地位总体提升。

文化是一个民族的灵魂。文化交流是人们感情的交流和心灵的沟通,在增进各国人民之间的相互了解和友谊、促进国家关系的全面发展方面发挥着不可替代的作用。随着我国综合国力的稳步提高、观念的不断更新、手段的日益丰富、财力的逐步增强,对外开展了一系列有影响的大型文化活动,取得了对外宣传中国的较好效果。2002年,为纪念中日邦交正常化30周年、中韩建交10周年、中澳建交30周年、中德建交30周年,策划和开展了一系列大型文化交流活动,在伊朗和埃及成功举办了“中国文化周”。

(二)巴黎、开罗中国文化中心揭牌,对外文化宣传阵地建设取得实质性成果。

2002年11月29日,随着李岚清副总理出席法国巴黎中国文化中心揭牌仪式,孟晓驷副部长与法方签署《中法关于设立文化中心及其地位的协定》,新世纪中国在西方发达国家建立的第一个中国文化中心正式变为现实。同年10月28日,孙家正部长为埃及开罗中国文化中心揭牌,该中心正式对外开放运行,成为我国新世纪在国外设立的第一个中国文化中心。马耳他中国文化中心建筑工程也已于同年12月初竣工。巴黎中国文化中心、开罗中国文化中心相继揭牌、开放,标志着我国在加强对外尤其是对西方国家文化宣传方面迈出了新的步伐。

2002年对外文化交流项目总数为1477起,33991人次。包括各类出访729起,18489人次,各类来访748起,15502人次。其中派出政府文化代表团和文化官员代表团23起,93人次(其中部级代表团12起,66人次),表演艺术团组440起,13112人次,艺术展览51起,809人次。接待外国政府文化代表团和文化官员代表团37起,239人次(其中部级代表团30起,207人次),表演艺术团组359起,9904人次,艺术展览104起,864人次。全年办理文化交流项目共2210起,46306人次。

2002年共出国参加各类国际艺术比赛23项,获得金奖14个,银奖21个,铜奖3个,及多个其他奖项。

中国对外文化交流协会完成交流项目50起,涉及19个国家,人数达1028人次。

我国与法国、波黑、沙特阿拉伯等3国签订了文化合作协定。与荷兰签署了有关文化交流的政府联合声明,与英国、泰国、菲律宾、孟加拉国、突尼斯、伊朗、摩洛哥、土耳其、阿尔及利亚、塞浦路斯、黎巴嫩、巴林、苏丹、吉尔吉斯斯坦、乌克兰、马其顿、亚美尼亚、拉脱维亚、俄罗斯、波黑、厄立特里亚、赞比亚、贝宁、加蓬、肯尼亚和南非等26国政府签订了新的年度文化交流计划。除与法国签订了关于设立文化中心及其地位的协定外,还与英国签署了关于互设文化中心的备忘录,与德国签署了关于互设文化中心的会谈纪要。与俄罗斯文化部签订了关于互办文化节的协议,与波兰文化部签署了关于两国互办文化日会谈纪要。

为配合江泽民主席2002年10月访问美国,派由中央民族乐团、上海歌舞团组成的中国雅韵霓裳艺术团赴美演出。美国艺术人文委员会执行主席莫兰说：我不止一次观看过中国传统艺术的演出，但艺术团在江主席访美之前来美巡演，意义更加重大。同时，在北京推出“走向和平与合作之旅——尼克松总统访华30周年展览”，以较为翔实的历史资料再现了30年前中美两国领导人开始中美关系破冰之旅的历史，江主席和布什总统分别为展览开幕发表电视录像讲话。

认真组织并积极参与多边文化交流与合作。如在孙家正部长的倡议下，“上海合作组织”文化部长于2002年4月在北京举行了首次会晤。中国、俄罗斯、哈萨克斯坦、塔吉克斯坦、乌兹别克斯坦文化部长，吉尔吉斯斯坦教育文化部副部长等6国文化部长就加强双边、多边文化合作深入交换意见，取得广泛共识，并签署了《“上海合作组织”文化部长联合声明》。2002年9月，潘震宙副部长率中国政府文化代表团出席在土耳其伊斯坦布尔举行的联合国教科文组织第三次文化部长圆桌会议。10月，孟晓驷副部长率中国政府文化代表团出席在南非开普敦召开的第五届文化政策国际网络部长级会议。

（四）对外文化交流活动丰富多彩，成绩斐然。积极打造文化品牌。为把春节打造成宣传中国、传播中华文化的有效载体和知名品牌，我们倡导并主动开展了一系列有声势、有特色的文化活动。我驻法国、丹麦、英国等使馆举办了形式多样的欢庆春节活动。由文化部策划组织、我驻美使馆邀请的北京青年女子民乐小组赴美国华盛顿、纽约、洛杉矶等城市演出，数百名美国上层主流社会人士应邀观看了在使（领）馆举办的音乐会，反响十分热烈。

第3届“相约北京”联欢活动力求创新，品牌效应更加突出。本届艺术节活动历时40天，共举办演出131场，观众人数达50万人次，规模大大超过前两届。活动期间，江泽民主席、李岚清副总理等党和国家领导人多次出席观看艺术节的演出。艺术节邀请了古巴国家芭蕾舞团、西班牙国家舞蹈团、英国皇家莎士比亚话剧团、皮尔·卡丹音乐剧团等外国著名艺术团体来华演出；首次尝试艺术节活动与中央直属院团演出季的有机结合，不仅丰富了联欢活动内容，也为国家级艺术院团在国际文化交流舞台上展示实力提供了机会；举办朝阳公园艺术周，将艺术节广场演出同假日游园活动融为一体，充分展示了“相约北京”联欢活动的群众性、开放性，受到社会各界的普遍赞扬和欢迎；艺术节还特别推出联欢活动的主题歌曲，拍摄专题片做广告宣传，并开通了“相约北京”联欢活动网站。

历史资料

2003

全国文化事业机构数

单位:个

年份	艺术表演团体	艺术表演场所	博物馆	公共图书馆	群众艺术馆	文化馆	文化站	中等艺术学校
1949年	1 000	891	21	55	…	896	…	1
1952年	2 084	1 510	35	83	…	2 430	4 107	4
1957年	2 884	2 296	72	400	…	2 748	…	29
1962年	3 320	2 249	230	541	61	2 514	1 192	46
1965年	3 458	2 943	214	562	62	2 598	2 125	51
1970年	2 541	1 432	182	323	29	2 303	1 794	14
1975年	2 836	1 464	242	629	81	2 589	2 717	49
1978年	3 150	1 095	349	1 218	92	2 748	1 729	71
1980年	3 533	1 444	365	1 732	218	2 912	25 273	69
1985年	3 317	1 756	711	2 344	335	2 965	52 858	102
1986年	3 195	2 058	777	2 406	337	2 993	53 519	113
1987年	3 094	2 148	827	2 440	348	2 973	52 867	116
1988年	2 985	2 081	903	2 485	358	2 975	52 923	116
1989年	2 850	2 050	967	2 512	366	2 955	51 910	121
1990年	2 805	2 055	1 013	2 527	366	2 955	52 435	111
1991年	2 772	2 068	1 075	2 535	371	2 894	51 959	122
1992年	2 753	2 037	1 106	2 558	372	2 900	48 375	126
1993年	2 707	2 024	1 130	2 572	370	2 886	46 212	129
1994年	2 698	1 998	1 161	2 589	374	2 887	46 619	129
1995年	2 684	1 972	1 194	2 608	373	2 886	45 038	131
1996年	2 664	1 934	1 219	2 620	392	2 892	41 969	130
1997年	2 663	1 947	1 282	2 628	385	2 901	42 163	137
1998年	2 652	1 929	1 339	2 652	386	2 901	42 547	135
1999年	2 632	1 911	1 363	2 669	389	2 905	42 543	141
2000年	2 630	1 912	1 392	2 677	390	2 907	42 024	137
2001年	2 605	1 854	1 461	2 696	400	2 852	40 138	142
2002年	2 587	1 829	1 511	2 697	389	2 854	39 273	131

全国艺术表演团体分剧种机构数

单位：个

年　份	总　计	话剧、儿童剧、滑稽剧团	歌剧、舞剧、歌舞剧团	歌舞团、轻音乐团	乐　团	文工团、文宣队、乌兰牧骑	戏曲剧团		曲、杂、木、皮团
								京　剧	
1949年	1 000	…	…	…	…	…	860	…	…
1952年	2 084	…	…	…	…	255	1 706	350	123
1957年	2 884	100	103	…	…	13	2 406	…	262
1962年	3 320	78	113	…	15	91	2 450	249	647
1965年	3 458	94	102	…	14	212	2 318	230	725
1970年	2 541	52	93	…	7	932	1 293	226	156
1975年	2 836	58	113	…	4	1 225	1 253	243	183
1978年	3 150	76	116	…	7	959	1 726	239	266
1980年	3 533	100	143	…	11	669	2 224	231	386
1981年	3 483	104	152	…	10	605	2 272	221	340
1982年	3 460	5	165	…	11	584	2 269	215	326
1983年	3 444	105	170	…	12	558	2 271	209	328
1984年	3 397	105	184	…	16	530	2 231	191	331
1985年	3 317	103	204	…	18	517	2 167	181	308
1986年	3 195	100	226	…	20	502	2 061	163	286
1987年	3 094	97	261	…	22	490	1 954	154	270
1988年	2 985	94	283	…	21	466	1 861	138	260
1989年	2 850	91	289	…	24	445	176	126	234
1990年	2 805	90	298	…	22	440	1 722	122	233
1991年	2 772	92	41	252	21	432	1 707	121	227
1992年	2 753	94	43	250	21	432	1 695	120	218
1993年	2 707	90	42	254	18	421	1 667	119	215
1994年	2 698	90	44	258	20	427	1 647	116	212
1995年	2 682	89	45	261	19	425	1 634	116	209
1996年	2 664	92	61	283	17	415	1 587	114	209
1997年	2 663	93	59	283	19	432	1 573	113	204
1998年	2 652	88	65	286	17	424	1 562	112	210
1999年	2 632	86	74	295	17	410	1 541	110	209
2000年	2 630	86	79	289	17	419	1 531	109	209
2001年	2 605	97	112	321	15	379	1 479	109	187
2002年	2 587	87	109	343	15	383	1 472	111	178

全国文化事业
财政补助收入占国家财政总支出的比重

单位:亿元、%

年份	文化事业费	国家财政总支出	占国家财政比重
一五时期	4.97	1 345.6	0.37
二五时期	7.99	2 288.7	0.35
三年调整	4.49	1 204.9	0.37
三五时期	10.36	2 518.6	0.41
四五时期	15.36	3 919.6	0.39
五五时期	22.04	5 247.3	0.42
1978年	4.44	1 111.0	0.40
1980年	5.58	1 212.7	0.46
六五时期	36.03	6 952.0	0.52
1985年	9.32	1 844.8	0.51
七五时期	62.45	13 978.3	0.45
1986年	10.74	2 330.8	0.46
1987年	10.77	2 448.5	0.44
1988年	12.18	2 706.6	0.45
1989年	13.57	3 040.2	0.45
1990年	15.19	3 452.2	0.44
八五时期	121.23	26 092.5	0.46
1991年	17.28	3 813.6	0.45
1992年	19.46	4 389.7	0.44
1993年	22.37	5 287.4	0.42
1994年	28.83	5 792.6	0.50
1995年	33.39	6 809.2	0.49
九五时期	254.51	56 897.94	0.45
1996年	38.77	7 914.4	0.49
1997年	46.19	9 197.1	0.50
1998年	50.78	10 771.0	0.47
1999年	55.61	13 136.0	0.42
2000年	63.16	15 879.44	0.40
2001年	70.99	18 844.00	0.40
2002年	83.66	22 012	0.38

说明:资料来源:国家财政总支出、文教科学卫生事业费均系国家财政决算数。文化事业费:1953——1980年系国家财政决算数("一五"至"四五"时期含文物、出版经费,"五五"时期不含文物、出版经费);1981年以后系文化事业统计年报数(不含文物、出版及科学研究费)。

全国文化事业费总支出分项情况

单位:万元

年份	总计	艺术表演团体	艺术表演场所	公共图书馆	群众文化事业	中等专业学校	干部训练	其他
六五时期	459 316	213 563	30 046	47 760	74 866	16 421	940	75 720
1981年	69 232	38 897	…	6 145	12 140	2 797	…	9 253
1982年	79 318	39 693	6 169	252	11 957	2 827	…	11 420
1983年	89 282	42 861	6 653	9 121	13 631	3 114	261	13 641
1984年	103 885	44 820	7 705	1 184	16 798	3 540	335	18 838
1985年	117 599	47 292	9 519	13 393	20 340	4 143	344	22 568
七五时期	980 847	294 857	138 074	116 300	168 619	29 521	5 122	228 353
1986年	151 892	53 238	16 912	17 242	27 118	4 640	1 160	31 582
1987年	163 618	54 334	21 887	19 030	28 222	483	958	34 350
1988年	193 954	57 834	27 420	23 021	32 385	5 967	872	46 454
1989年	226 748	61 937	33 601	26 737	3 818	6 720	1 000	58 335
1990年	244 635	67 514	38 254	30 270	42 470	7 357	1 132	57 632
八五时期	2090 837	559 130	302 037	261 106	334 861	78 076	8148	547 478
1991年	287 937	76 065	45 634	34 388	48 674	8 610	1 228	73 338
1992年	328 295	87 797	49 738	41 132	55 330	10 483	1 217	82 598
1993年	398 478	100 106	58 860	48 211	63 172	13 717	1 489	112 922
1994年	502 210	134 508	68 389	63 295	78 794	21 113	1 985	134 126
1995年	574 193	160 654	79 416	74 080	88 891	24 153	2 229	144 769
九五时期	4522 682	1 121 883	447 005	622 921	835 808	220 970	10 103	1 262 994
1996年	741 671	183 534	88 947	88 963	137 775	31 477	1 573	208 402
1997年	848 548	202 789	93 125	113 927	158 861	39 561	2 186	238 100
1998年	899 877	223 877	92 580	127 032	173 207	43 820	2 084	237 277
1999年	973 733	242 797	85 653	135 826	177 528	51 690	1 486	278 754
2000年	1058 853	268 886	86 700	157 173	188 437	54 422	2 774	300 461
2001年	1097 176	312 601	89 815	180 489	210 860	…	1 933	301 479
2002年	1277 797	363 312	89 374	208 929	235 593	…	1 659	378 930

全国文化事业费总支出构成情况

单位：%

年　份	总　计	艺术表演团体	艺术表演场所	公共图书馆	群众文化事业	中等专业学校	干部训练	其　他
六五时期	100.0	46.5	6.5	10.4	16.3	3.6	0.2	16.5
1981年	100.0	56.2	…	8.9	17.5	4.0	…	13.4
1982年	100.0	50.0	7.8	9.1	15.1	3.6	…	14.4
1983年	100.0	48.0	7.5	10.2	15.3	3.5	0.3	15.3
1984年	100.0	43.1	7.4	11.4	16.2	3.4	0.3	18.1
1985年	100.0	40.2	8.1	11.4	17.3	3.5	0.3	19.2
七五时期	100.0	30.1	14.1	11.9	17.2	3.0	0.5	23.3
1986年	100.0	35.0	11.1	11.4	17.9	3.1	0.8	20.8
1987年	100.0	33.2	13.4	11.6	17.2	3.0	0.6	21.0
1988年	100.0	29.8	14.1	11.9	16.7	3.1	0.4	24.0
1989年	100.0	27.3	14.8	11.8	16.9	3.0	0.4	25.7
1990年	100.0	27.6	15.6	12.4	17.4	3.0	0.5	23.6
八五时期	100.0	26.7	14.4	12.5	16.0	3.7	0.4	26.2
1991年	100.0	26.4	15.8	11.9	16.9	3.0	0.4	25.5
1992年	100.0	26.7	15.1	12.5	16.9	3.2	0.3	25.2
1993年	100.0	25.1	14.8	12.1	15.9	3.4	0.4	28.3
1994年	100.0	26.8	13.6	12.6	15.7	4.2	0.4	26.7
1995年	100.0	28.0	13.8	12.9	15.5	4.2	0.4	25.2
九五时期	100.0	24.8	9.9	13.8	18.5	4.9	0.2	27.9
1996年	100.0	24.7	12.0	12.0	18.6	4.2	0.2	28.3
1997年	100.0	23.9	11.0	13.4	18.7	4.7	0.3	28.0
1998年	100.0	24.9	10.3	14.1	19.2	4.9	0.2	26.4
1999年	100.0	24.9	8.8	13.6	18.2	5.3	0.2	29.0
2000年	100.0	25.3	8.2	14.8	17.8	5.1	0.3	28.4
2001年	100.0	28.3	8.1	17.0	19.1	…	0.2	27.3
2002年	100.0	28.4	7.0	16.4	18.4	…	0.1	29.7

全国文化产业增加值情况

单位：亿元

年　份	总计	艺术业	图书馆业	群众文化业	文化娱乐业
九五期间	1 020.97	82.03	30.00	46.61	499.64
1996	211.84	15.05	4.22	7.43	138.28
1997	207.14	15.65	4.91	8.87	127.31
1998	207.62	16.00	6.47	9.21	121.25
1999	191.29	16.91	6.54	10.24	101.99
2000	205.95	18.42	7.59	10.86	100.33
2001	210.68	20.95	9.57	12.19	99.95
2002	250.00	23.75	10.80	13.83	123.78

全国文化产业增加值主要行业构成情况

单位：%

年　份	总计	艺术业	图书馆业	群众文化业	文化娱乐业
九五期间	100.00	8.03	2.94	4.57	48.94
1996	100.00	7.10	1.99	3.51	65.28
1997	100.00	7.56	2.37	4.28	61.46
1998	100.00	7.71	3.12	4.44	58.40
1999	100.00	8.84	3.42	5.35	53.32
2000	100.00	9.07	4.28	5.35	51.38
2001	100.00	9.94	4.54	5.79	47.44
2002	100.00	9.50	4.32	5.53	49.51

全国文化事业基本建设投资占全国基本建设投资的比重

单位:亿元、%

年　份	文化事业基建投资	国家基建投资	文化事业基建投资占国家基建投资比重
一五时期	2.58	531.19	0.49
二五时期	1.97	944.38	0.21
三年调整	0.40	371.74	0.11
三五时期	2.38	871.28	0.27
四五时期	2.67	1 454.72	0.18
五五时期	3.77	1 696.40	0.22
六五时期	25.68	3 410.09	0.75
1985年	6.45	1 074.37	0.60
七五时期	28.83	7 286.00	0.40
1986年	6.32	1 176.11	0.54
1987年	6.14	1 343.10	0.46
1988年	6.42	1 574.31	0.41
1989年	4.81	1 551.74	0.31
1990年	5.14	1 703.81	0.30
八五时期	53.13	23 545.69	0.23
1991年	5.78	2 115.80	0.27
1992年	7.85	3 012.65	0.26
1993年	9.18	4 615.50	0.20
1994年	14.22	6 436.74	0.22
1995年	16.10	7 365.00	0.22
九五时期	98.79	56 547.00	0.17
1996年	14.43	8 399.00	0.17
1997年	20.48	10 500.00	0.20
1998年	17.01	11 904.00	0.14
1999年	23.92	12 619.00	0.19
2000年	22.95	13 125.00	0.17
2001年	19.84	14 567.00	0.14
2002年	24.00	17 251.00	0.14

说明:1.资料来源:①国家基建投资均摘自国家统计局统计年鉴。其中1953——1980年系国家预算内投资;1981年以后系国家基本建设投资(包括国家预算内投资、自筹投资和银行贷款等)。②文化事业基建投资:1953——1980年系国家预算内投资;1981—1984年以后系国家基本建设投资(包括国家预算内投资、自筹投资和银行贷款等)。1985——2002年系文化事业统计年报中文化事业基建实际完成投资额(包括国家预算内投资、自筹投资和银行贷款等)。

2.文化事业基建投资:1953——1984年包括文化系统内所属文化、出版、文物的基建投资;1985年以后仅为文化部系统的基建投资,不含文物、出版的基建投资。

全国文化事业基本建设情况

单位:万元、个、万平方米

年份	本年计划投资		实际完成投资额	交付使用	
		国家投资		项目	面积
1982年	46 244	…	37 090	1 187	…
1983年	53 170	18 063	42 381	1 292	…
1984年	58 589	22 517	48 479	1 024	…
1985年	73 267	32 150	64 460	986	…
七五时期	320 139	152 369	288 287	2 419	520.6
1986年	69 939	32 864	63 197	74	117.6
1987年	69 692	34 951	61 383	622	121.0
1988年	69 918	31 594	64 186	581	97.0
1989年	51 964	24 680	48 124	542	97.9
1990年	58 626	28 280	51 397	476	87.1
八五时期	627 173	180 715	531 208	1 540	299.3
1991年	67 112	23 214	57 781	325	62.8
1992年	89 707	28 348	78 488	358	65.6
1993年	110 843	28 170	91 766	314	56.3
1994年	154 649	48 912	142 171	268	48.1
1995年	204 862	52 071	161 002	275	66.5
九五时期	1 255 378	497 573	988 048	1 174	413.2
1996年	187 692	58 225	144 433	287	94.1
1997年	223 963	98 845	204 774	285	74.1
1998年	230 649	119 561	170 079	176	73.0
1999年	280 005	112 130	239 269	217	78.4
2000年	333 069	108 812	229 493	209	93.6
2001年	251 075	171 729	198 397	160	77.2
2002年	360 948	159 999	240 023	150	73.9

全国文化部门艺术表演团体演出及收支情况

年份	机构数（个）	演出场次（万场次）		观众人次（万人次）	平均每团演出场次（场）	总收入（万元）			总支出（万元）		经费自给率（%）
			农村演出				财政补助收入	演出收入		排练制作费	
1949年	1 000	30	…	…	300	…	…	…	…	…	…
1952年	2 084	66	…	2 312	317	…	…	…	…	…	…
1957年	2 884	137	…	79 245	474	…	…	…	…	…	…
1958年	3 181	205	…	120 290	644	…	…	…	…	…	…
1964年	3 302	171	82	84 293	518	19 030	5 290	…	19 817	…	68.0
1978年	3 143	65	22	79 395	206	32 086	19 644	11 079	30 049	7 393	41.4
1980年	2 183	54	20	61 519	245	34 687	22 503	10 685	29 524	5 953	41.3
1985年	3 295	74	49	72 322	226	48 568	30 942	13 091	47 292	6 007	37.3
1986年	3 173	63	40	60 012	198	53 638	35 562	13 278	53 238	3 815	34.0
1990年	2 788	49	32	51 012	176	71 535	43 759	18 041	67 514	3 952	41.1
1991年	2 760	45	29	46 411	162	71 756	42 638	17 798	76 065	4 566	38.3
1992年	2 744	43	28	46 338	155	80 959	46 617	19 559	87 797	4 843	39.1
1993年	2 698	41	26	42 530	151	92 770	51 093	21 756	100 106	4 762	41.6
1994年	2 691	40	26	40 935	149	127 628	75 583	27 276	134 508	6 608	38.7
1995年	2 676	41	26	43 166	154	151 388	86 620	34 382	160 654	9 302	40.3
1996年	2 656	42	27	47 934	158	184 240	109 781	39 870	183 534	8 090	40.1
1997年	2 651	42	26	46 361	157	206 794	125 300	40 716	202 789	10 161	37.9
1998年	2 640	42	26	53 486	161	218 546	139 913	41 730	223 877	11 215	34.5
1999年	2 622	42	26	46 904	161	242 645	155 609	48 967	242 797	16 423	33.2
2000年	2 619	41	26	46 168	157	263 664	172 864	51 650	268 886	14 926	31.5
2001年	2 590	42	24	47 385	163	311 852	210 018	57 448	312 601	18 783	30.3
2002年	2 577	42	24	45 980	161	365 331	246 661	64 884	363 312	18 896	29.1

注：中国的民族戏曲历史悠久，剧种繁多，全国共有京剧、昆曲、评剧、豫剧、河北梆子、二人台、漫瀚剧、二人转、吉剧、黄龙戏、龙江剧、秦腔、阿宫腔、陇剧、青海平弦戏、新疆曲子戏、山东梆子、吕剧、黄梅戏、凤阳花鼓戏、沪剧、越剧、赣剧、闽剧、歌仔戏、粤剧、琼剧、桂剧、湘剧、汉剧、楚剧、川剧、滇剧、黔剧、藏剧、晋剧等275个有据可考的戏曲剧种。

全国文化部门剧场、影剧院演出及收支情况

年份	机构数(个)	演出场次(万场次)			观众人次(万人次)	收入合计(万元)				总支出(万元)
			艺术场次	电影场次			财政补助收入	艺术演出收入	电影放映收入	
1985年	1 377	99	12	87	…	11 630	1 506	1 776	5 206	9 519
1990年	1 995	302	9	209	89 157	43 491	2 865	3 375	16 560	37 402
1995年	1 918	205	5	114	24 252	79 507	2 793	6 481	22 492	77 134
1996年	1 892	256	5	97	59 057	86 147	5 034	7 611	21 958	87 204
1997年	1 898	231	5	91	16 572	88 540	6 559	8 387	18 513	89 732
1998年	1 882	206	5	75	15 368	84 956	6 800	8 869	17 735	88 735
1999年	1 864	168	6	61	11 581	75 675	7 588	10 187	11 160	80 731
2000年	1 863	136	6	53	12 982	81 081	8 643	10 735	11 438	82 040
2001年	1 840	115	7	58	19 422	83 431	13 112	11 601	11 632	89 815
2002年	1 819	74	7	55	11 421	83 643	12 033	13 186	11 366	89 374

全国公共图书馆业务活动情况

年份	机构数(个)	总藏量(万册、件)		总流通人次(万人次)		图书流通册次(万册次)	书架单层总长度(万米)	发放借书证数(万个)
			书刊		外借人次			
1979年	1 651	18 353	18 353	7 787	…	9 625	…	…
1980年	1 732	19 904	19 904	9 045	…	11 830	…	…
1985年	2 344	25 573	25 573	11 614	…	18 942	…	…
1990年	2 527	29 064	29 064	12 435	…	20 242	772	603
1995年	2 608	32 850	32 171	18 298	7 160	11 814	899	540
1996年	2 620	33 686	32 913	14 793	7 731	13 544	967	527
1997年	2 628	37 549	33 514	16 114	8 561	15 685	817	556
1998年	2 662	38 514	34 443	17 058	8 910	15 422	873	582
1999年	2 669	39 539	35 418	18 040	9 075	16 290	934	596
2000年	2 677	40 953	36 550	18 854	9 600	16 913	978	623
2001年	2 696	41 804	37 259	20 876	9 829	17 559	942	792
2002年	2 697	42 683	37 928	21 950	10 428	20 021	995	918

全国公共图书馆经费收支及设施情况

年份	收入合计(万元)		支出合计(万元)		新购图书(万册)	公用房屋建筑面积(万平方米)			座席数(万个)
		财政补助收入		购书费			书库	阅览室	
1979年	5 040	5 040	5 206	2 163	…	86.6	38.1	21.1	…
1980年	5 476	5 476	5 486	2 273	…	92.0	42.1	23.5	…
1985年	15 272	15 272	13 393	4 164	1 343	172.0	64.1	46.1	23.1
1990年	32 328	29 292	30 271	8 474	895	326.0	98.4	76.1	32.1
1995年	79 685	65 829	74 080	16 788	551	415.5	117.8	88.3	35.2
1996年	93 235	76 582	88 963	19 626	577	441.4	120.8	94.0	35.6
1997年	114 004	93 177	113 927	25 527	680	471.5	124.9	98.0	37.4
1998年	129 082	107 521	127 032	28 067	700	492.5	131.7	101.8	39.9
1999年	137 430	115 830	135 826	30 473	678	506.0	137.4	105.7	41.6
2000年	163 799	139 321	157 123	37 141	692	598.2	139.0	109.7	41.6
2001年	183 368	152 732	180 489	36 489	819	561.8	146.4	114.4	43.7
2002年	213 322	176 882	208 929	41 853	946	582.8	151.6	122.6	43.9

全国群众文化事业业务活动、经费收支及设施情况

年份	机构数(个)	举办展览个数(个)	组织文艺活动次数(次)	举办训练班次(次)	藏书(万册)	收入合计(万元)		支出合计(万元)		公用房屋建筑面积(万平方米)
							财政补助收入		业务费	
1979年	3 965	13 001	114 307	…	4 241	10 114	10 114	10 114	3 439	…
1980年	7 723	23 553	202 828	20 359	…	11 270	11 270	11 376	4 138	…
1985年	8 746	30 998	118 888	31 842	3 294	20 835	20 835	17 686	4 186	308.5
1990年	9 087	34 292	99 068	37 017	1 915	49 763	36 985	37 475	6 556	457.8
1995年	13 487	31 070	110 509	46 023	2 585	89 411	56 826	83 628	10 517	614.1
1996年	45 253	76 397	247 357	130 592	8 675	139 090	74 434	137 775	18 143	1 110.0
1997年	43 738	87 795	278 782	119 873	7 126	160 117	92 275	158 861	20 245	1 176.0
1998年	45 834	86 960	267 351	125 872	7 948	178 165	96 416	173 207	21 827	1 195.3
1999年	45 837	94 270	280 373	138 195	8 251	111 089	108 656	177 528	24 703	1 195.2
2000年	45 321	91 670	276 574	143 370	8 562	186 896	118 430	118 437	27 909	1 229.9
2001年	43 390	89 462	284 497	156 145	8 999	210 435	140 978	211 113	29 848	1 215.7
2002年	42 516	92 917	301 792	137 350	9 145	241 050	165 163	235 593	30 535	1 203.6

按年份各地区文化事业财政补助收入情况

单位:万元

地　区	1980年	1985年	1990年	1991年	1995年	1996年	2000年	2001年	2002年
总　计	**56 073**	**107 188**	**179 376**	**181 010**	**333 853**	**387 654**	**631 591**	**710 188**	**836 582**
中　央	2 389	5 609	11 021	13 326	20 973	20 283	55 498	35 685	44 257
地　方	53 684	101 579	168 355	167 684	312 880	367 371	576 093	674 503	792 325
北　京	1 146	2 333	4 592	3 827	8 427	9 832	24 008	28 050	35 359
天　津	851	1 586	2 813	3 073	5 098	6 676	9 796	11 092	12 189
河　北	2 286	3 740	6 243	5 659	11 393	12 703	18 984	23 074	24 675
山　西	1 931	3 334	6 020	5 278	9 215	10 920	12 347	16 978	18 405
内蒙古	1 816	3 670	5 861	5 751	8 624	11 938	14 515	17 791	20 478
辽　宁	3 022	5 748	9 417	11 433	17 525	17 039	26 790	27 689	29 710
吉　林	2 199	3 899	5 911	5 712	10 613	10 992	15 711	18 473	20 553
黑龙江	2 264	4 008	6 358	6 080	10 722	11 435	16 598	20 920	22 422
上　海	1 568	3 717	6 426	6 642	15 431	23 270	42 608	48 831	52 761
江　苏	2 329	4 319	7 657	8 286	18 234	21 072	38 527	43 983	51 973
浙　江	1 834	4 282	6 774	6 903	14 764	16 473	35 334	46 592	55 909
安　徽	1 891	3 318	5 136	5 017	8 836	10 104	15 849	18 683	20 968
福　建	1 472	2 627	5 073	5 620	11 023	12 959	22 174	25 046	28 684
江　西	1 832	3 174	4 112	4 259	7 404	11 112	10 696	13 712	22 826
山　东	2 709	4 704	9 016	9 789	16 315	20 683	30 944	34 254	41 449
河　南	2 455	4 528	6 883	6 550	12 447	14 830	20 948	24 097	26 046
湖　北	2 541	4 801	6 349	6 116	11 268	13 011	19 367	22 392	27 191
湖　南	2 467	4 658	5 989	6 171	10 525	11 886	16 564	18 622	20 749
广　东	2 437	5 112	11 547	9 500	27 486	33 520	58 321	70 060	85 778
广　西	1 525	2 677	4 701	4 438	8 617	8 455	14 608	18 125	21 983
海　南	…	…	1 241	1 496	2 965	2 732	3 468	3 184	4 415
重　庆	…	…	…	…	…	…	9 151	10 107	12 442
四　川	3 501	6 135	10 037	10 157	16 905	19 472	20 500	24 900	29 775
贵　州	898	2 016	3 364	3 060	4 785	6 142	9 131	9 450	11 010
云　南	1 682	3 534	7 247	9 581	14 563	17 162	23 945	25 106	29 373
西　藏	797	1 416	1 733	1 153	2 124	2 973	4 264	3 748	7 078
陕　西	1 990	3 269	5 758	5 360	8 583	9 782	13 976	13 715	16 027
甘　肃	1 283	2 502	4 101	3 627	6 935	6 614	9 130	11 230	13 253
青　海	749	1 425	1 730	1 513	2 574	3 240	3 696	5 193	5 201
宁　夏	784	1 783	1 888	1 781	2 108	2 006	3 625	4 619	6 356
新　疆	1 425	3 263	4 378	3 852	7 371	8 240	10 518	14 788	16 981

按年份各地区文化事业费占财政支出比重情况

单位：%

地区	1995年		1996年		2000年		2001年		2002年	
	比重	位次	比重	位次	比重	位次	比重	位次	比重	位次
北京	0.55	21	0.52	24	0.54	12	0.5	11	0.56	7
天津	0.55	21	0.59	18	0.53	13	0.46	14	0.46	20
河北	0.60	18	0.55	22	0.46	20	0.45	15	0.43	23
山西	0.82	7	0.82	4	0.55	11	0.59	5	0.55	10
内蒙古	0.84	5	0.94	2	0.59	8	0.56	7	0.52	13
辽宁	0.64	15	0.54	23	0.52	14	0.45	15	0.43	23
吉林	0.88	3	0.76	8	0.90	1	0.56	7	0.57	6
黑龙江	0.61	17	0.55	22	0.45	21	0.44	16	0.42	25
上海	0.59	19	0.70	11	0.68	5	0.69	2	0.61	4
江苏	0.72	10	0.68	12	0.61	6	0.61	4	0.60	5
浙江	0.82	8	0.77	7	0.82	2	0.78	1	0.75	2
安徽	0.65	14	0.57	20	0.49	17	0.47	13	0.46	20
福建	0.64	15	0.65	14	0.69	4	0.67	3	0.72	3
江西	0.67	13	0.84	3	0.48	18	0.48	12	0.83	1
山东	0.59	19	0.58	19	0.51	15	0.45	15	0.48	16
河南	0.60	18	0.58	19	0.47	19	0.47	13	0.42	25
湖北	0.69	12	0.66	13	0.53	13	0.47	13	0.53	12
湖南	0.61	17	0.55	22	0.49	17	0.44	16	0.39	30
广东	0.52	22	0.56	21	0.55	11	0.53	8	0.56	7
广西	0.61	17	0.54	23	0.57	10	0.52	9	0.52	13
海南	0.70	11	0.60	17	0.51	15	0.41	18	0.48	16
重庆	…	…	…	…	0.49	17	0.41	18	0.41	28
四川	0.61	17	0.60	17	0.45	21	0.42	17	0.42	25
贵州	0.56	20	0.62	16	0.46	20	0.34	21	0.35	31
云南	0.62	16	0.63	15	0.58	9	0.51	10	0.56	7
西藏	0.61	17	0.81	5	0.71	3	0.36	20	0.51	15
陕西	0.84	6	0.80	6	0.51	15	0.39	19	0.40	29
甘肃	0.85	4	0.73	9	0.50	16	0.47	13	0.48	16
青海	0.89	2	0.99	1	0.55	11	0.52	9	0.44	22
宁夏	0.92	1	0.68	12	0.60	7	0.5	11	0.55	10
新疆	0.76	9	0.72	10	0.51	15	0.57	6	0.47	19

按年份各地区人均

地区	1980年		1985年		1990年		1995年	
	人均经费	位次	人均经费	位次	人均经费	位次	人均经费	位次
总计	**0.56**	…	**0.89**	…	**1.33**	…	**2.75**	…
北京	1.29	5	2.05	6	3.07	4	8.74	2
天津	1.14	6	1.79	7	2.63	6	7.56	3
河北	0.44	21	0.51	29	0.81	28	1.78	25
山西	0.78	11	1.07	12	1.57	12	3.12	15
内蒙古	0.97	9	1.78	9	2.19	8	4.13	9
辽宁	0.87	10	1.45	10	2.06	10	4.31	6
吉林	0.99	8	1.68	9	2.14	9	4.21	8
黑龙江	0.71	12	1.07	11	1.56	13	2.95	16
上海	1.36	4	2.67	4	4.55	1	13.10	1
江苏	0.39	24	0.63	23	0.99	22	2.62	8
浙江	0.48	9	0.91	15	1.42	16	3.26	13
安徽	0.39	25	0.55	27	0.78	29	1.48	28
福建	0.58	15	0.82	18	1.45	15	3.27	12
江西	0.56	16	0.71	19	0.97	23	1.94	22
山东	0.37	26	0.58	25	1.01	21	1.93	23
河南	0.34	28	0.51	28	0.70	30	1.34	30
湖北	0.54	17	0.91	16	1.05	20	2.04	21
湖南	0.46	20	0.67	20	0.84	26	1.67	26
广东	0.42	23	0.64	21	1.16	19	3.93	10
广西	0.43	22	0.64	22	0.90	24	1.93	24
海南	…	…	…	…	1.48	14	2.50	19
重庆	…	…	…	…	…	…	…	…
四川	0.36	27	0.56	26	0.85	25	1.56	27
贵州	0.32	29	0.59	24	0.83	27	1.36	29
云南	0.53	18	0.90	17	1.57	11	3.47	11
西藏	4.31	1	6.43	1	4.40	2	3.22	14
陕西	0.70	13	0.93	14	1.34	18	2.42	20
甘肃	0.67	14	1.03	13	1.40	17	2.93	17
青海	1.99	3	2.96	2	3.03	5	5.30	5
宁夏	2.10	2	2.73	3	3.18	3	4.23	7
新疆	1.11	7	2.06	5	3.32	7	5.39	4

文 化 事 业 费 及 位 次

单位:元

1996年		2000年		2001年		2002年	
人均经费	位 次	人均经费	位 次	人均经费	位 次	人均经费	位 次
3.24	…	**5.11**	…	**5.70**	…	**6.51**	…
9.08	3	21.56	2	24.9	2	30.94	2
7.4	4	10.66	4	12	4	13.15	4
1.97	23	2.85	25	3.44	24	3.66	26
3.57	16	3.86	19	5.27	17	5.67	18
5.25	6	6.31	11	7.67	10	8.77	10
4.2	11	6.48	10	6.68	13	7.15	14
4.26	10	5.98	12	6.95	12	7.76	12
3.17	17	4.49	17	5.63	16	6.01	16
22.0	1	32.24	1	36.8	1	39.54	1
3.05	18	5.45	15	6.2	14	7.29	13
3.74	15	7.85	5	10.3	6	12.33	5
1.67	28	2.52	28	2.95	28	3.29	28
4.03	12	6.71	8	7.54	11	8.61	11
1.68	27	2.57	26	3.26	25	5.35	19
2.36	21	3.45	21	3.8	22	4.57	22
1.61	29	2.20	31	2.51	31	2.72	31
2.25	22	3.26	22	3.76	23	4.55	23
1.86	24	2.54	27	2.85	29	3.16	29
4.86	8	7.78	6	9.26	7	11.21	6
1.86	24	3.09	23	3.81	21	4.59	21
3.83	14	4.56	16	4.14	19	5.67	18
…	…	2.96	24	3.14	26	4.00	25
1.73	26	2.44	30	2.95	28	3.51	27
1.78	25	2.48	29	2.55	30	2.94	30
4.41	9	5.87	13	6.11	15	7.09	15
12.4	2	16.97	3	14.8	3	27.71	3
2.83	19	3.91	18	3.82	20	4.44	24
2.72	20	3.60	20	4.4	18	5.16	20
7.00	5	7.69	7	10.7	5	10.68	8
3.85	13	6.54	9	8.16	8	11.10	7
4.92	7	5.87	13	8.11	9	9.13	9

按年份各地区文化事业费总支出情况

单位：万元

地　　区	1985年	1990年	1995年	1996年	2000年	2001年	2002年
总　　计	**119 106**	**250 231**	**574 196**	**741 671**	**1 004 432**	**1 097 430**	**1 277 797**
中　　央	5 125	12 224	26 007	28 639	68 996	55 631	72 502
地　　方	113 981	238 007	548 189	713 032	935 436	1 041 798	1 205 295
北　　京	2 783	6 729	18 039	22 477	40 313	46 079	54 195
天　　津	1 873	3 946	10 008	13 026	16 565	18 359	21 707
河　　北	4 165	8 522	17 366	20 693	27 056	39 459	34 567
山　　西	4 672	12 784	14 724	18 312	18 774	23 009	24 738
内 蒙 古	3 676	5 703	10 720	14 391	19 200	20 834	23 899
辽　　宁	6 714	14 313	28 705	28 501	37 177	39 546	41 358
吉　　林	4 994	8 102	16 706	18 021	20 204	22 790	25 544
黑 龙 江	4 103	6 983	15 890	16 669	44 298	25 394	26 308
上　　海	4 599	14 586	49 623	62 051	97 643	116 380	131 395
江　　苏	5 174	15 445	43 011	70 445	68 696	73 123	84 988
浙　　江	4 980	11 546	34 097	39 459	61 855	73 876	81 895
安　　徽	3 286	6 540	13 798	16 876	22 848	26 121	27 130
福　　建	3 268	7 513	16 835	22 342	32 134	41 126	39 753
江　　西	2 995	5 039	10 094	25 419	14 766	19 313	39 760
山　　东	5 393	12 879	26 333	33 044	43 198	48 472	56 968
河　　南	5 984	11 257	22 947	27 692	32 718	35 945	39 929
湖　　北	5 535	9 908	25 424	29 268	35 023	38 233	44 404
湖　　南	4 971	8 643	19 554	24 667	28 972	31 809	35 620
广　　东	6 059	14 285	44 643	70 589	98 294	107 672	127 194
广　　西	2 884	6 613	13 253	16 920	20 179	23 479	30 520
海　　南	…	1 264	4 146	5 866	5 083	4 383	5 335
重　　庆	…	…	…	…	14 876	16 057	19 725
四　　川	7 483	13 773	29 144	38 903	34 608	38 742	44 230
贵　　州	2 090	3 655	6 537	8 134	11 778	11 890	13 943
云　　南	3 244	7 354	17 508	20 752	28 646	29 408	36 715
西　　藏	1 304	1 063	2 386	3 169	4 299	4 092	19 804
陕　　西	3 609	7 356	12 724	15 314	20 242	20 152	23 340
甘　　肃	2 497	4 095	9 023	9 597	11 681	14 442	15 990
青　　海	1 270	1 599	2 853	3 664	5 248	5 877	5 901
宁　　夏	1 261	2 168	2 971	2 662	4 962	5 783	7 774
新　　疆	3 115	4 344	9 127	11 286	14 099	19 954	20 667

按年份各地区文化事业实际完成基建投资情况

单位：万元

地　　区	1985 年	1990 年	1995 年	1996 年	2000 年	2001 年	2002 年
总　　计	**64 460**	**53 983**	**161 004**	**144 433**	**229 493**	**198 397**	**240 023**
中　　央	10 940	12 241	17 876	9 853	46 779	21 986	21 340
地　　方	53 520	41 742	143 128	134 580	182 714	176 411	218 683
北　　京	1 799	1 248	2 646	3 734	6 679	7 670	——
天　　津	1 078	2 512	1 167	…	328	279	403
河　　北	1 691	933	1 904	2 834	6 235	5 355	9 254
山　　西	1 166	1 606	640	2 260	3 730	2 169	2 162
内 蒙 古	898	678	1 587	2 707	392	1 041	1 219
辽　　宁	2 601	1 872	2 807	2 312	11 835	12 732	5 192
吉　　林	597	984	1 207	222	1 643	1 756	585
黑 龙 江	868	495	1 008	841	2 270	3 704	4 862
上　　海	1 482	2 586	18 635	17 638	5 943	94	3 000
江　　苏	1 825	3 017	12 241	12 628	36 346	20 566	10 252
浙　　江	2 334	1 366	12 759	9 265	34 259	25 668	46 813
安　　徽	847	467	1 762	1 003	1 168	472	1 940
福　　建	2 032	1 479	4 598	2 789	3 339	5 074	2 953
江　　西	1 454	1 258	4 279	1 521	947	2 463	334
山　　东	2 354	2 292	7 173	13 310	3 086	5 739	5 132
河　　南	2 310	1 695	4 018	3 201	1 570	1 728	4 564
湖　　北	2 181	1 887	8 590	17 785	21 835	7 049	1 652
湖　　南	2 257	1 234	4 755	5 479	5 410	3 369	5 765
广　　东	8 213	5 483	18 800	18 534	18 881	48 983	72 222
广　　西	592	1 478	2 722	1 387	411	968	2 351
海　　南	…	481	1 967	1 263	110	962	314
重　　庆	…	…	…	…	254	1 380	1 616
四　　川	2 904	2 211	18 240	6 409	6 996	7 076	7 705
贵　　州	839	127	1 429	722	1 635	1 326	67
云　　南	2 026	1 674	3 678	2 664	3 220	8 055	3 829
西　　藏	2 468	85	125	430	…	…	——
陕　　西	2 150	1 427	1 059	906	183	364	881
甘　　肃	1 166	659	406	1 164	2 908	10	1 207
青　　海	486	113	838	360	120	…	500
宁　　夏	947	…	270	…	279	127	200
新　　疆	1 955	395	1 818	1 214	700	238	——

按年份各地区文化事业实际完成基建投资额占本地区基建投资总额的比重情况

单位：%

地　　区	1985 年	1990 年	1995 年	1996 年	2000 年	2001 年	2002 年
总　　计	**0.60**	**0.30**	**0.27**	**0.22**	**0.17**	**0.14**	**0.14**
北　　京	0.36	0.15	0.25	0.10	0.15	0.20	0.16
天　　津	0.35	0.63	0.15	0.07	0.01	0.01	0.01
河　　北	0.49	0.15	0.12	0.07	0.10	0.09	0.16
山　　西	0.24	0.27	0.16	0.05	0.13	0.07	0.06
内 蒙 古	0.34	0.20	0.19	0.13	0.02	0.04	0.03
辽　　宁	0.47	0.18	0.37	0.09	0.26	0.26	0.10
吉　　林	0.27	0.34	0.32	0.08	0.06	0.06	0.02
黑 龙 江	0.18	0.07	0.17	0.05	0.06	0.08	0.10
上　　海	0.26	0.24	0.19	0.34	0.08	0.001	0.04
江　　苏	0.40	0.41	0.22	0.36	0.48	0.25	0.09
浙　　江	0.89	0.31	0.24	0.42	0.43	0.26	0.40
安　　徽	0.31	0.12	0.15	0.10	0.04	0.01	0.05
福　　建	0.76	0.57	0.31	0.21	0.10	0.15	0.09
江　　西	0.88	0.48	0.47	0.42	0.05	0.11	0.01
山　　东	0.48	0.24	0.29	0.19	0.04	0.07	0.07
河　　南	0.64	0.32	0.19	0.13	0.03	0.03	0.07
湖　　北	0.55	0.36	0.40	0.24	0.37	0.11	0.02
湖　　南	0.98	0.31	0.32	0.24	0.15	0.08	0.11
广　　东	0.80	0.32	0.22	0.21	0.16	0.41	0.58
广　　西	0.37	0.69	0.71	0.17	0.02	0.03	0.07
海　　南	…	0.22	0.14	0.16	0.01	0.07	0.02
重　　庆	…	…	…	…	0.01	0.05	0.04
四　　川	0.57	0.25	0.20	0.52	0.11	0.1	0.10
贵　　州	0.68	0.06	0.13	0.22	0.11	0.06	0.002
云　　南	0.95	0.62	0.44	0.25	0.10	0.25	0.11
西　　藏	0.23	0.13	0.53	0.04	…	…	——
陕　　西	0.88	0.35	0.18	0.09	0.01	0.01	0.02
甘　　肃	0.77	0.23	0.30	0.06	0.15	0.0004	0.05
青　　海	0.41	0.08	0.10	0.26	0.01	…	0.03
宁　　夏	1.24	0.00	0.08	0.10	0.03	0.01	0.02
新　　疆	0.73	0.08	0.08	0.10	0.02	0.01	——

按年份各地区艺术表演团体机构数

单位：个

地区	1958年	1965年	1978年	1980年	1985年	1990年	1995年	2000	2001年	2002年
总计	**3 181**	**3 458**	**3 150**	**3 533**	**3 317**	**2 805**	**2 682**	**2 619**	**2 590**	**2 587**
中央	…	34	19	18	19	20	18	11	11	17
地方	3 181	3 424	3 131	3 515	3 298	2 785	2 664	2 608	2 579	2 570
北京	36	29	11	24	23	23	22	20	20	20
天津	26	29	21	19	25	23	19	16	15	15
河北	289	264	205	206	181	143	138	138	134	135
山西	172	136	147	162	175	169	162	159	157	155
内蒙古	49	86	70	176	148	124	118	116	114	113
辽宁	81	119	116	132	120	97	89	77	75	72
吉林	72	106	103	107	99	74	68	65	64	65
黑龙江	62	129	112	120	122	94	92	89	86	88
上海	65	73	16	48	44	36	31	29	28	28
江苏	224	233	143	157	147	137	136	133	133	131
浙江	139	146	127	170	126	90	83	79	83	80
安徽	153	140	129	137	126	99	92	92	91	93
福建	126	115	101	107	104	91	91	96	93	94
江西	103	126	118	118	105	86	81	79	78	78
山东	175	176	155	156	158	119	118	118	121	121
河南	281	390	250	280	264	231	216	205	204	202
湖北	148	151	117	127	118	108	105	100	96	98
湖南	118	134	141	138	115	91	89	90	87	87
广东	197	171	172	195	171	130	134	138	139	141
广西	39	54	118	121	117	115	117	118	118	118
海南	…	…	…	…	…	22	23	21	22	22
重庆	…	…	…	…	…	…	…	38	36	32
四川	197	246	254	244	207	155	140	98	94	89
贵州	70	41	31	32	33	33	30	28	28	28
云南	85	72	149	154	156	137	134	129	128	124
西藏	…	5	9	10	29	25	25	26	25	35
陕西	104	105	132	137	139	119	117	118	116	116
甘肃	69	36	82	98	97	85	78	76	77	74
青海	19	12	21	23	18	14	14	14	14	13
宁夏	17	15	17	23	25	20	15	15	14	14
新疆	65	85	64	94	106	95	87	88	89	89

按年份各地区艺术表演团体演出场次

单位：千场

地 区	1964年	1978年	1980年	1985年	1990年	1995年	2000年	2001年	2002年
总 计	**1 709.2**	**647.4**	**1 112.3**	**743.9**	**491.0**	**412.3**	**410**	**421**	**391**
中 央	2.6	1.8	4.3	3.2	1.5	1.0	1	2	1
地 方	1 706.6	645.6	1 108.0	740.7	489.5	411.3	409	419	390
北 京	21.5	2.6	10.0	6.5	4.0	4.2	6	7	7
天 津	...	3.2	8.2	6.9	3.6	2.9	2	2	2
河 北	125.2	44.5	63.9	49.3	36.1	29.3	27	28	27
山 西	52.4	37.0	51.4	56.9	47.5	43.5	34	33	32
内蒙古	49.1	8.6	23.6	18.3	16.5	13.2	14	14	14
辽 宁	97.1	21.8	37.3	24.6	15.8	10.4	9	10	8
吉 林	59.1	13.8	25.5	23.2	14.9	10.9	7	8	5
黑龙江	31.8	16.7	30.1	22.4	14.2	13.9	12	12	10
上 海	75.6	6.4	48.9	33.4	21.3	10.3	13	11	12
江 苏	261.4	54.0	140.8	93.2	47.4	37.6	40	42	37
浙 江	112.4	27.9	82.2	37.8	17.7	11.0	13	14	12
安 徽	64.8	21.4	42.2	28.7	9.6	7.3	13	14	12
福 建	43.4	15.6	31.6	26.0	15.2	14.6	14	14	14
江 西	40.4	23.3	29.8	15.5	9.7	6.7	9	9	9
山 东	68.7	42.8	57.6	36.7	18.7	16.5	21	20	22
河 南	158.3	66.9	100.6	74.2	56.5	50.3	37	37	37
湖 北	84.3	25.5	39.1	18.8	13.1	13.1	15	16	16
湖 南	60.7	35.4	44.6	21.9	13.4	11.8	15	16	16
广 东	57.1	31.8	45.2	29.5	23.7	17.1	18	18	17
广 西	11.5	14.7	17.4	9.8	14.0	10.9	13	14	12
海 南	...	...	...	...	1.5	1.6	2	2	2
重 庆	...	...	...	...	...	...	2	3	3
四 川	129.8	72.3	91.6	34.2	11.5	9.3	10	10	8
贵 州	20.4	3.7	4.1	3.2	2.8	2.1	2	5	3
云 南	19.3	6.8	16.1	9.1	9.1	14.5	10	11	8
西 藏	0.4	0.4	0.6	0.9	1.2	1.9	2	1	1
陕 西	33.3	21.9	32.7	29.2	24.9	22.6	22	21	20
甘 肃	13.3	19.7	19.3	14.2	13.1	13.1	14	14	14
青 海	0.7	1.8	1.9	1.8	1.6	1.9	2	2	2
宁 夏	3.0	1.6	3.4	4.5	3.7	2.0	2	2	2
新 疆	11.6	3.6	8.4	9.9	7.2	6.8	9	9	8

按年份各地区文化部门艺术表演团体财政补助收入情况

单位:万元

地　　区	1964 年	1978 年	1980 年	1985 年	1990 年	1995 年	2000 年	2001 年	2002 年
总　　计	**5 290**	**19 644**	**22 503**	**30 942**	**43 759**	**86 619**	**172 864**	**210 018**	**246 661**
中　　央	342	743	658	954	974	2 960	6 265	8 190	10 843
地　　方	…	18 902	21 847	29 988	42 785	83 659	166 599	201 828	235 818
北　　京	118	465	664	847	1 384	2 137	7 119	8 705	12 837
天　　津	…	242	335	502	646	1 625	2 973	3 912	4 056
河　　北	176	1 069	1 002	985	1 107	2 416	4 704	4 889	5 896
山　　西	124	680	648	813	1 419	2 341	4 891	6 667	7 504
内 蒙 古	157	447	764	1 227	1 698	2 913	5 277	6 304	7 042
辽　　宁	261	1 219	1 203	1 785	2 166	4 138	6 683	7 082	7 794
吉　　林	269	649	815	1 151	1 637	2 938	5 073	6 435	7 663
黑 龙 江	277	936	1 043	1 583	2 310	4 553	7 524	10 177	11 312
上　　海	215	421	606	945	1 298	4 207	7 011	8 835	9 101
江　　苏	222	737	816	1 105	1931	4 050	9 911	11 931	11 581
浙　　江	125	551	624	889	1 210	2 501	7 431	10 390	11 510
安　　徽	234	805	784	932	1 335	2 554	5 161	6 176	7 053
福　　建	133	465	632	756	1 313	2 258	7 607	8 982	9 280
江　　西	155	679	816	874	1 076	1 736	3 529	4 095	4 487
山　　东	179	967	1 036	1 607	2 197	3 817	7 952	9 832	11 850
河　　南	129	1 036	745	1 134	1 542	2 803	5 435	6 220	6 818
湖　　北	229	906	1 066	1 462	1 962	3 459	6 610	7 622	8 993
湖　　南	143	579	754	962	1 187	2 040	3 842	4 590	5 011
广　　东	145	905	1 076	1 393	1 998	6 533	12 701	15 151	20 777
广　　西	141	552	590	754	1 265	2 237	4 913	5 896	8 020
海　　南	…	…	…	…	290	962	1 390	955	1 922
重　　庆	…	…	…	…	…	…	2 355	2 736	4 116
四　　川	287	1 272	1 702	2 163	3 009	5 065	6 610	8 548	9 639
贵　　州	153	287	318	610	842	1 475	2 546	3 122	3 684
云　　南	194	633	645	1 074	1 547	3 783	7 270	7 834	9 925
西　　藏	80	161	231	398	625	1 130	2 341	2 873	4 163
陕　　西	173	899	1 037	1 213	2 078	2 995	6 125	6 094	5 860
甘　　肃	187	468	648	857	1 211	1 958	3 514	4 490	5 359
青　　海	81	253	276	486	503	1 068	1 500	2 294	2 366
宁　　夏	97	217	285	391	476	646	1 279	1 813	2 079
新　　疆	348	404	686	1 092	1 523	3 321	5 325	7 169	8 124

按年份各地区文化部门艺术表演团体演出收入情况

单位:万元

地　区	1978年	1980年	1985年	1990年	1995年	2000年	2001年	2002年
总　计	**11 079**	**17 767**	**13 092**	**18 041**	**34 385**	**51 650**	**57 448**	**64 884**
中　央	56	221	204	403	1 394	2 630	4 545	4 028
地　方	11 023	17 546	12 888	17 638	32 991	49 020	52 904	60 855
北　京	70	271	231	295	1 068	2 265	2 577	3 759
天　津	78	211	226	209	347	547	757	654
河　北	779	1 068	875	1 148	1 754	2 279	2 570	3 014
山　西	574	1 041	1 316	1 742	2 528	2 683	2 955	3 030
内蒙古	63	233	182	275	606	497	554	776
辽　宁	456	776	660	887	1 209	2 185	1 844	2 509
吉　林	236	381	387	554	778	1 051	1 552	1 437
黑龙江	347	439	287	245	866	959	758	1 012
上　海	151	614	561	1 639	3 023	4 527	5 000	7 465
江　苏	744	1 155	866	1 149	2 332	4 142	4 479	4 838
浙　江	367	735	430	626	1 648	2 768	3 228	3 226
安　徽	302	600	457	298	507	993	1 152	1 212
福　建	225	552	596	869	1 953	2 382	2 329	2 274
江　西	398	551	222	276	381	438	570	741
山　东	737	956	579	640	1 500	2 963	2 390	3 242
河　南	1 263	1 932	1 518	1 910	2 647	3 104	3 384	3 363
湖　北	403	618	319	427	1 075	1 610	1 555	1 988
湖　南	595	835	322	405	630	1 137	1 508	1 434
广　东	857	1 292	1 108	1 656	3 861	6 282	6 174	7 415
广　西	183	290	147	365	507	717	700	839
海　南	…	…	…	142	476	367	319	322
重　庆	…	…	…	…	…	433	574	551
四　川	1 160	1 387	502	303	604	732	797	1 164
贵　州	70	71	40	69	119	142	130	233
云　南	88	173	67	167	353	455	455	634
西　藏	…	2	1	8	27	12	19	11
陕　西	436	761	563	679	1 245	1 804	2 116	1 726
甘　肃	375	379	215	244	446	579	1 025	843
青　海	16	25	17	46	63	71	100	155
宁　夏	22	62	63	108	52	122	187	270
新　疆	30	140	131	254	386	775	748	719

按年份各地区文化部门艺术表演团体总支出情况

单位:万元

地　区	1964年	1978年	1980年	1985年	1990年	1995年	2000年	2001年	2002年
总　计	**19 817**	**30 049**	**41 184**	**47 292**	**67 514**	**160 653**	**268 886**	**312 601**	**363 312**
中　央	478	820	906	1 349	1 771	6 635	11 794	16 254	21 383
地　方	19 339	29 229	40 278	45 934	65 743	154 018	257 092	296 347	341 929
北　京	429	537	940	1 193	1 566	5 062	15 566	13 403	18 050
天　津	…	331	539	785	962	2 570	4 525	5 921	7 041
河　北	1 358	1 782	2 156	1 951	2 472	5 302	8 505	9 056	10 451
山　西	952	1 383	1 800	2 341	3 462	6 054	8 330	10 071	10 967
内蒙古	462	477	1 034	1 341	1 953	3 861	6 053	7 066	7 964
辽　宁	963	1 633	1 943	2 246	3 236	6 727	10 198	11 117	12 187
吉　林	655	934	1 265	1 604	2 305	4 735	6 848	8 408	9 794
黑龙江	759	1 392	1 564	1 999	2 760	6 318	9 313	11 682	12 815
上　海	760	585	1 021	1 699	3 450	10 162	15 257	19 386	23 361
江　苏	1 061	1 425	1 979	2 282	3 482	9 742	17 384	19 487	18 784
浙　江	754	871	1 348	1 483	1 940	6 574	12 513	16 270	18 353
安　徽	738	1 042	1 405	1 380	1 717	3 787	6 867	8 325	8 894
福　建	618	659	1 117	1 451	2 292	5 107	10 354	12 294	12 834
江　西	626	1 024	1 427	1 192	1 533	2 974	4 423	5 331	6 007
山　东	930	1 641	2 030	2 331	3 090	7 026	12 594	14 688	17 535
河　南	1 495	2 133	2 729	2 710	3 519	6 587	9 735	10 592	11 944
湖　北	764	1 302	2 251	2 007	2 774	6 368	9 808	11 348	12 615
湖　南	660	1 152	1 596	1 512	1 956	4 565	6 552	7 843	8 355
广　东	1 175	1 638	2 332	2 672	3 960	12 955	22 365	24 375	31 762
广　西	267	715	872	949	1 727	3 670	6 492	7 540	9 739
海　南	…	…	…	…	396	1 728	1 957	1 329	2 235
重　庆	…	…	…	…	…	…	4 020	4 637	5 707
四　川	1 305	2 344	3 158	3 259	4 320	8 638	9 657	11 132	12 561
贵　州	279	363	408	725	986	1 960	3 421	3 922	4 613
云　南	341	684	869	1 246	1 886	4 974	8 442	9 264	11 518
西　藏	85	161	233	398	636	1 333	2 380	2 971	4 224
陕　西	743	1 297	1 794	1 824	2 930	5 657	8 991	9 179	10 015
甘　肃	404	827	1 023	1 093	1 485	3 211	4 413	5 976	6 679
青　海	93	263	300	486	559	1 190	1 699	2 554	2 696
宁　夏	176	221	345	441	574	779	1 421	2 094	2 442
新　疆	489	415	802	1 346	1 815	4 402	7 011	9 086	9 786

按年份各地区文化部门艺术表演团体平均每团演出场次及位次

单位:场

地区	1964年		1978年		1980年		1985年		1990年		1995年		2000年		2002年	
	场次	位次	场次	位次	场次	位次	场次	位次	场次	位次	场次	位次	场次	位次	场次	位次
总计	**498**	…	**206**	…	**316**	…	**226**	…	**176**	…	**154**	…	**156**	…	**163**	…
中央	134	…	127	…	333	…	246	…	115	…	77	…	90	…	132	…
地方	…	…	206	…	316	…	226	…	176	…	154	…	156	…	163	…
北京	741	5	232	9	418	5	282	5	182	11	200	6	299	3	474	1
天津	…	…	154	17	429	4	276	7	164	13	153	10	124	19	149	15
河北	574	7	217	12	310	11	272	8	252	4	212	5	195	5	208	4
山西	354	17	252	6	317	10	325	3	281	3	269	3	213	4	204	5
内蒙古	506	9	123	21	134	22	123	22	133	19	112	18	120	20	126	18
辽宁	742	4	188	14	282	14	205	14	163	14	117	17	116	21	146	16
吉林	591	6	134	19	238	17	235	10	201	7	160	9	107	24	93	27
黑龙江	254	23	151	18	255	15	191	15	151	17	151	11	134	16	121	21
上海	1 007	2	398	1	1 064	1	796	1	592	1	332	1	448	1	426	2
江苏	1 094	1	378	2	897	2	634	2	346	2	276	2	300	2	303	3
浙江	745	3	220	10	484	3	300	4	197	8	133	14	164	11	169	12
安徽	453	12	166	16	308	12	228	12	97	24	79	23	145	22	136	17
福建	362	16	154	17	295	13	250	9	167	12	160	9	166	13	158	14
江西	323	19	198	13	253	16	148	20	113	23	83	21	113	15	119	22
山东	391	15	176	4	369	7	233	11	157	15	140	12	177	9	181	10
河南	429	13	267	5	359	8	281	6	245	5	233	4	180	8	187	9
湖北	469	11	218	11	308	12	158	19	121	21	125	16	149	12	171	11
湖南	427	14	251	7	323	9	191	15	147	18	133	14	166	10	191	6
广东	300	21	185	15	232	18	175	17	184	10	128	15	130	18	125	19
广西	226	24	124	20	143	21	84	25	122	20	93	20	110	23	115	24
海南	…	…	…	…	…	…	…	…	68	28	70	25	95	27	84	28
重庆	…	…	…	…	…	…	…	…	…	…	…	…	52	31	83	29
四川	505	10	284	3	375	6	165	18	74	27	66	26	101	25	105	25
贵州	523	8	119	22	128	23	98	24	85	25	70	25	71	30	119	23
云南	275	22	46	27	105	24	58	26	66	29	108	19	77	28	72	30
西藏	80	27	49	26	58	27	31	27	48	30	76	24	76	29	39	31
陕西	320	20	166	16	238	17	210	13	209	6	193	7	186	6	189	7
甘肃	333	18	240	8	197	19	146	21	154	16	168	8	184	7	188	8
青海	54	28	85	24	83	26	98	24	114	22	136	13	142	14	124	20
宁夏	203	25	94	23	147	20	178	16	185	9	133	4	133	17	161	13
新疆	194	26	57	25	90	25	100	23	82	26	78	22	102	26	98	26

按年份各地区文化部门艺术表演团体经费自给率情况

单位：%

地区	1964年		1978年		1980年		1985年		1990年		1995年		2000年		2002年	
	自给率	位次	自给率	位次	自给率	位次	自给率	位次	自给率	位次	自给率	位次	自给率	位次	自给率	位次
总计	**68.0**		**41.4**		**48.7**		**37.3**		**41.1**		**40.3**		**31.5**		**29.2**	
中央	30.0		9.6		28.3		23.9		51.2		45.7		48.3		44.3	
地方	68.9		42.3		49.2		37.7		40.9		40.1		30.7		28.3	
北京	70.5	11	14.2	24	29.8	21	22.3	22	28.2	19	34.2	16	20.9	22	28.6	14
天津	…	…	28.2	20	40.8	16	37.7	10	36.9	10	32.5	17	32.4	11	19.6	20
河北	75.5	5	45.7	9	51.9	9	51.0	5	58.9	4	48.0	7	45.1	2	41.3	3
山西	77.4	3	58.6	3	70.3	3	61.1	2	57.3	6	53.6	3	39.1	6	33.0	9
内蒙古	58.9	20	13.4	26	25.3	23	17.9	25	17.3	27	19.7	23	11.3	29	11.5	28
辽宁	69.7	13	29.2	19	41.5	15	36.2	11	38.0	9	35.2	15	31.4	12	37.6	5
吉林	56.4	21	33.2	16	34.9	19	30.5	16	35.4	13	28.7	19	25.0	16	20.3	18
黑龙江	64.7	18	33.3	15	35.8	18	25.7	20	21.4	23	27.3	20	16.1	26	11.6	27
上海	66.3	17	30.3	17	72.9	2	44.8	7	68.6	1	64.0	1	48.2	1	46.8	1
江苏	72.0	8	62.5	1	67.5	4	52.4	4	57.5	5	52.9	4	36.3	9	35.4	6
浙江	76.2	4	50.3	7	59.3	5	43.7	8	52.4	7	54.1	2	37.0	8	32.1	10
安徽	59.9	19	29.4	18	47.8	12	35.3	12	27.2	20	25.8	21	21.9	23	20.0	19
福建	71.7	9	36.4	14	52.2	8	53.8	3	48.0	8	50.4	6	28.9	15	24.7	15
江西	69.0	14	42.9	11	43.4	14	29.2	17	31.1	18	29.0	18	20.7	21	22.3	16
山东	71.0	10	47.3	8	50.2	10	31.5	15	32.7	17	42.8	11	35.7	10	33.9	8
河南	85.7	1	59.3	2	83.7	1	65.5	1	63.3	2	50.8	5	42.0	4	40.4	4
湖北	70.0	12	37.5	13	32.1	20	28.8	18	33.9	15	40.0	12	31.2	13	28.8	13
湖南	72.5	7	54.6	4	57.3	7	34.2	13	36.2	12	44.9	9	39.5	5	35.3	7
广东	83.2	2	54.1	5	58.5	6	48.7	6	62.1	3	47.4	8	39.1	7	31.4	11
广西	50.9	22	27.1	21	35.9	17	22.9	21	35.4	13	33.2	16	23.7	18	17.7	23
海南	…		…		…		…		34.6	14	44.6	10	24.1	17	17.1	24
重庆	…		…		…		…		…		…		42.2	3	28.9	12
四川	74.7	6	53.3	6	49.2	11	33.6	14	36.8	11	39.9	13	22.9	19	21.0	17
贵州	48.5	24	21.7	23	21.2	24	16.9	26	21.2	25	25.5	21	22.5	20	18.4	22
云南	67.1	15	24.3	22	25.8	22	21.6	23	20.8	26	15.0	24	14.1	27	10.2	29
西藏	5.6	28	…	…	10.7	27	0.1	29	2.8	29	6.8	27	0.9	31	0.5	31
陕西	66.9	16	42.4	12	49.2	11	43.0	9	33.5	16	36.5	14	30.5	14	43.3	2
甘肃	49.7	23	45.4	10	45.5	13	26.0	19	23.8	21	20.3	22	18.8	28	18.6	21
青海	11.9	27	6.1	27	8.3	28	7.9	28	10.6	28	9.7	26	7.9	30	8.3	20
宁夏	22.0	26	14.2	24	21.0	25	16.2	27	21.3	24	11.0	25	13.0	28	15.0	26
新疆	28.9	25	14.0	25	20.0	26	18.7	24	22.4	22	17.3	24	20.5	24	16.2	25

按年份各地区文化部门艺术表演团体平均每场演出经费补贴情况

单位:元

地区	1964年	1978年	1980年	1985年	1990年	1995年	2000年	2001年	2002年
总计	**31**	**303**	**202**	**416**	**891**	**2 101**	**4 216**	**4 989**	**5 929**
中央	1 342	4 174	1 521	2 982	6 493	29 595	62 652	40 951	82 320
地方	29	293	197	405	874	2 034	4 073	4 817	5 642
北京	55	1 821	662	1 305	3 460	5 087	11 864	12 436	14 263
天津	…	746	411	726	1 794	5 605	14 864	19 559	20 280
河北	14	240	157	181	307	825	1 742	1 746	2 106
山西	24	184	126	143	299	538	1 439	2 020	2 345
内蒙古	32	518	324	672	1 029	2 207	3 769	4 503	5 030
辽宁	27	560	323	725	1 371	2 275	7 426	7 081	7 085
吉林	46	470	319	495	1 099	2 695	7 247	7 480	12 772
黑龙江	87	562	347	707	1 627	3 276	6 270	8481	10 284
上海	28	662	124	283	609	4 085	5 393	8 040	7 584
江苏	8	137	58	119	407	1 077	2 478	2 841	2 895
浙江	11	198	76	235	684	2 273	5 716	7 421	8 221
安徽	36	376	186	325	1 391	3 499	3 970	4 411	5 425
福建	30	299	200	290	864	1 752	5 433	6 416	6 186
江西	38	291	274	564	1 109	2 591	3 921	4 550	4 986
山东	26	226	180	437	1 175	2 313	3 787	4 916	5 386
河南	8	155	74	153	273	557	1 469	1 681	1 794
湖北	27	355	272	778	1 498	2 641	4 406	4 764	5 290
湖南	24	164	169	439	886	1 729	2 561	2 868	2 947
广东	25	285	238	472	843	3 820	7 056	8 417	11 543
广西	122	377	340	766	904	2 053	3 779	4 211	5 728
海南	…	…	…	…	1 933	6 012	6 952	4 774	9 609
重庆	…	…	…	…	…	…	11 776	9 121	13 721
四川	22	176	186	633	2 617	5 446	6 610	8 548	10 710
贵州	67	779	775	1 887	3 007	7 024	12 730	6 244	12 281
云南	57	930	400	1 180	1 700	2 609	7 270	7 122	11 027
西藏	2 000	3 611	4 003	4 472	5 208	5 949	11 707	28 734	41 628
陕西	52	411	318	415	835	1 325	2 784	2 902	2 664
甘肃	140	237	337	605	924	1 495	2 510	3 207	3 828
青海	1 165	1 420	1 450	2 762	3 143	5 622	7 500	11 472	11 828
宁夏	319	1 354	842	875	1 286	3 232	6 393	9 067	10 395
新疆	299	1 114	816	1 104	2 115	4 884	5 917	7 965	9 026

按年份各地区文化部门艺术表演场所机构数

单位：个

地　区	1952 年	1965 年	1978 年	1980 年	1985 年	1990 年	1995 年	2000 年	2001 年	2002 年
总　计	**1 510**	**2 943**	**1 095**	**1 444**	**1 377**	**1 995**	**1 918**	**1 863**	**1 798**	**1 819**
中　央	4	8	6	5	2	2	3	3	3	4
地　方	1 506	2 935	1 089	1 439	1 375	1 993	1 915	1 860	1 795	1 815
北　京	18	30	28	30	32	24	22	22	20	24
天　津	33	28	13	9	9	29	27	30	30	32
河　北	152	274	29	84	94	101	99	96	97	95
山　西	27	52	25	29	44	51	53	49	49	49
内蒙古	23	43	8	19	12	30	33	30	28	36
辽　宁	71	81	55	60	70	83	79	71	65	68
吉　林	24	57	33	50	60	64	59	51	48	49
黑龙江	24	60	39	50	56	53	48	53	47	53
上　海	96	68	18	43	43	39	35	38	35	36
江　苏	216	587	33	23	21	125	129	134	127	129
浙　江	78	124	85	107	89	93	93	88	85	82
安　徽	106	196	95	169	12	107	109	103	102	94
福　建	32	81	…	24	55	75	77	79	80	78
江　西	53	79	53	49	80	77	69	61	62	62
山　东	89	128	74	71	62	117	115	105	105	11
河　南	66	356	81	97	87	175	169	165	161	159
湖　北	79	116	55	75	75	90	86	77	73	72
湖　南	87	120	66	106	108	110	104	94	96	97
广　东	38	70	5	21	26	75	79	74	68	71
广　西	23	33	21	27	35	39	34	31	24	26
海　南	…	…	…	…	…	3	3	18	19	19
重　庆	…	…	…	…	…	…	…	25	23	24
四　川	99	162	141	159	159	150	124	92	85	80
贵　州	16	3	3	7	17	14	15	14	13	13
云　南	19	34	3	26	16	46	44	40	41	38
西　藏	…	…	…	…	1	9	9	20	17	33
陕　西	20	77	89	70	68	111	108	111	107	110
甘　肃	11	38	26	24	27	56	47	46	48	40
青　海	3	6	4	3	3	3	3	2	2	2
宁　夏	3	10	…	…	2	16	17	19	16	14
新　疆	…	16	7	7	12	28	26	22	23	26

按年份各地区艺术表演场所演(映)出场次

单位:千场

地区	1985年	1990年	1995年	2000年	2001年	2002年
总计	**988.3**	**3 020**	**2 047.7**	**1 355**	**832**	**740**
中央	1.0	…	0.8	…	…	1
地方	987.3	3 020	2 046.9	1 355	832	739
北京	30.5	49	28.3	23	17	18
天津	10.7	65	68.4	40	39	39
河北	38.4	82	81.8	64	40	31
山西	49.7	35	36.3	31	24	21
内蒙古	11.0	29	19.4	18	7	6
辽宁	78.1	205	66.3	49	16	13
吉林	71.0	132	32.0	27	20	13
黑龙江	26.9	36	14.8	19	12	11
上海	58.2	73	47.7	39	21	20
江苏	14.1	340	265.8	126	80	58
浙江	7.0	171	141.7	73	55	39
安徽	3.7	170	169.1	82	35	27
福建	60.5	130	64.4	49	28	27
江西	50.5	91	49.0	20	12	11
山东	15.3	133	116.3	95	73	4
河南	45.8	222	164.0	103	66	82
湖北	63.7	161	118.1	89	49	54
湖南	90.7	166	109.4	76	52	45
广东	24.5	181	156.0	90	58	53
广西	12.8	68	36.8	18	5	3
海南	…	4	2.5	8	4	3
重庆	…	…	…	16	7	6
四川	72.4	150	59.7	24	12	16
贵州	25.8	36	13.8	10	11	12
云南	6.0	71	63.1	48	19	14
西藏	0.05	4	21.0	21	5	9
陕西	29.9	98	39.1	42	24	17
甘肃	11.8	49	29.3	32	19	16
青海	6.5	11	4.2	2	2	2
宁夏	5.4	33	21.6	12	7	2
新疆	2.8	25	7.3	9	13	17

按年份各地区艺术表演场所艺术演出场次

单位:千场

地区	1985年	1990年	1995年	2000年	2001年	2002年
总计	**116.1**	**89**	**49.1**	**59**	**65**	**71**
中央	0.5	…	0.3	…	…	1
地方	115.6	89	48.8	59	65	70
北京	2.9	1	0.7	2	1	3
天津	1.1	1	0.4	1	…	1
河北	5.7	4	2.0	2	1	2
山西	3.6	1	0.6	1	1	1
内蒙古	0.4	1	0.3	…	1	1
辽宁	6.5	5	1.2	1	1	1
吉林	4.6	7	0.5	1	1	2
黑龙江	5.1	3	1.0	1	1	1
上海	4.7	4	4.4	3	3	5
江苏	1.9	6	7.2	5	6	6
浙江	6.7	5	4.1	6	12	9
安徽	1.3	3	1.8	1	2	2
福建	3.1	1	1.8	6	6	4
江西	4.0	2	0.7	1	1	2
山东	6.6	5	3.5	2	2	——
河南	13.2	10	4.5	3	3	2
湖北	7.2	9	2.2	2	2	3
湖南	7.7	4	1.9	3	4	4
广东	3.7	3	2.6	6	7	6
广西	2.3	1	0.8	2	1	1
海南	...	…	0.1	1	1	1
重庆	...	...	...	…	…	1
四川	13.0	5	2.6	3	2	3
贵州	0.6	1	…	…	…	1
云南	1.1	1	0.9	…	2	2
西藏	0.03	…	…	…	…	——
陕西	5.7	4	1.5	3	2	3
甘肃	1.4	1	0.7	1	2	1
青海	0.3	…	0.1	…	…	——
宁夏	0.2	…	0.4	…	…	——
新疆	1.0	1	0.3	…	…	——

按年份各地区文化部门艺术表演场所财政补助收入情况

单位:万元

地区	1984 年	1985 年	1990 年	1995 年	2000 年	2001 年	2002 年
总计	**1 892**	**1 506**	**2 865**	**5 723**	**8 643**	**11 300**	**12 033**
中央	24	…	8	…	…	…	——
地方	1 864	1 506	2 857	5 723	8 643	11 300	12 033
北京	24	12	2	40	387	150	90
天津	…	…	2	13	70	28	32
河北	36	44	65	134	392	762	772
山西	51	75	258	151	93	167	168
内蒙古	5	14	72	156	232	327	377
辽宁	67	114	103	200	253	242	273
吉林	136	258	242	366	615	1 107	1 203
黑龙江	10	4	29	23	124	89	174
上海	…	…	11	54	189	150	105
江苏	12	32	27	191	89	60	139
浙江	87	83	112	325	768	931	1 160
安徽	3	3	259	338	517	815	479
福建	9	28	114	381	672	1 049	766
江西	113	58	114	301	334	678	432
山东	67	105	330	439	730	1 036	121
河南	76	76	229	444	337	447	350
湖北	424	99	40	81	135	168	198
湖南	36	40	99	264	543	571	817
广东	4	1	97	324	650	860	1 561
广西	50	20	28	59	18	39	174
海南	…	…	…	…	11	…	——
重庆	…	…	..	…	81	91	75
四川	66	196	138	255	210	262	271
贵州	24	…	6	93	63	100	97
云南	286	6	76	146	187	201	239
西藏	…	22	…	81	261	143	364
陕西	108	37	109	226	288	366	343
甘肃	119	86	222	402	180	124	156
青海	…	16	…	…	…	…	——
宁夏	32	56	4	21	45	30	27
新疆	24	23	69	217	173	309	318

按年份各地区文化部门艺术表演场所总支出情况

单位:万元

地　区	1984年	1985年	1990年	1995年	2000年	2001年	2002年
总　计	**7 705**	**9 519**	**37 402**	**77 139**	**82 040**	**84 389**	**89 374**
中　央	39	44	81	185	232	556	1 521
地　方	7 666	9 475	37 321	76 954	81 808	83 832	87 854
北　京	414	472	785	1 690	3 567	3 108	4 315
天　津	93	143	566	1 311	1 464	1 412	1 792
河　北	282	371	1 096	2 405	2 847	2 995	3 312
山　西	284	344	672	1 620	1 403	1 579	1 659
内蒙古	89	131	485	666	648	759	844
辽　宁	694	906	2 881	3 481	2 767	4 452	3 329
吉　林	621	682	1 244	2 308	1 999	2 294	2 534
黑龙江	75	131	511	560	819	737	946
上　海	586	599	1 398	5 056	7 344	5 916	6 013
江　苏	68	65	3 743	8 848	9 270	8 808	9 061
浙　江	544	708	2 108	4 672	5 471	6 117	6 582
安　徽	18	26	1 533	3 250	3 295	3 246	2 777
福　建	292	344	1 438	3 629	3 905	4 496	3 914
江　西	251	228	533	1 227	1 421	1 786	1 711
山　东	199	243	2 120	4 271	4 530	5 294	868
河　南	394	450	2 688	5 146	4 156	4 059	3 871
湖　北	539	492	1 525	4 476	3 043	3 318	3 429
湖　南	527	683	1 655	3 325	4 883	4 084	5 215
广　东	487	749	4 069	8 148	7 986	8 219	9 565
广　西	181	202	1 036	1 480	1 203	962	2 183
海　南	…	…	136	354	453	351	229
重　庆	…	…	…	…	546	405	467
四　川	419	650	1 554	2 676	1 861	2 084	2 185
贵　州	118	222	311	489	711	731	777
云　南	5	21	577	1 337	1 503	1 487	1 342
西　藏	1	24	68	313	357	219	475
陕　西	208	219	976	1 521	2 124	1 976	1 893
甘　肃	127	166	766	1 456	1 221	1 133	918
青　海	35	66	157	275	121	95	100
宁　夏	68	80	290	499	436	370	329
新　疆	47	58	400	465	452	1 343	1 104

按年份各地区公共图书馆机构数

单位:个

地　　区	1949年	1957年	1965年	1978年	1980年	1985年	1990年	1995年	2000年	2001年	2002年
总　　计	**52**	**400**	**562**	**1 218**	**1 732**	**2 344**	**2 527**	**2 615**	**2 675**	**2 696**	**2697**
中　　央	1	1	1	1	1	1	1	1	1	1	1
地　　方	51	399	561	1 217	1 731	2 343	2 526	2 614	2 674	2 695	2696
北　　京	2	7	6	17	20	22	22	22	24	25	25
天　　津	2	5	10	19	18	26	30	31	31	31	31
河　　北	2	14	12	42	80	104	121	134	145	146	145
山　　西	…	5	17	61	72	103	111	119	121	121	122
内 蒙 古	…	15	12	24	83	94	104	107	108	108	108
辽　　宁	…	22	30	71	85	121	123	127	128	129	128
吉　　林	2	11	18	60	48	39	47	51	60	61	61
黑 龙 江	…	12	26	78	80	87	96	96	97	97	96
上　　海	20	21	24	17	23	46	51	31	31	32	32
江　　苏	…	25	35	78	82	90	91	94	101	101	101
浙　　江	2	31	35	63	69	76	80	81	83	83	83
安　　徽	…	16	34	36	80	82	84	83	84	84	84
福　　建	…	10	12	23	26	65	74	78	81	82	82
江　　西	2	11	20	38	49	105	104	104	104	104	104
山　　东	3	40	27	80	88	99	115	130	133	136	140
河　　南	1	10	17	36	71	118	127	132	134	134	134
湖　　北	3	15	7	47	101	99	101	100	103	104	103
湖　　南	1	15	37	72	77	110	116	116	115	115	115
广　　东	2	19	46	76	97	117	103	114	124	129	131
广　　西	…	10	29	84	87	89	90	92	94	94	96
海　　南	…	…	…	…	…	…	19	19	19	19	19
重　　庆	…	…	…	…	…	…	…	…	42	42	44
四　　川	…	26	44	78	98	115	148	166	129	140	131
贵　　州	…	9	16	25	44	76	84	87	89	90	90
云　　南	…	10	16	16	80	149	148	148	148	147	148
西　　藏	…	1	1	1	1	18	18	18	1	1	1
陕　　西	7	9	13	43	69	113	113	114	114	109	111
甘　　肃	1	12	8	6	39	75	83	86	91	90	90
青　　海	…	1	1	13	23	27	41	41	38	38	38
宁　　夏	…	3	3	8	14	20	20	20	22	21	21
新　　疆	1	14	5	5	27	58	62	60	80	81	82

按年份各地区公共图书馆总藏量情况

单位：万册(件)

地　区	1979 年	1980 年	1985 年	1990 年	1995 年	2000 年	2001 年	2002 年
总　计	**18 353**	**19 904**	**25 573**	**29 064**	**32 850**	**40 953**	**41 804**	**42 628**
中　央	1 020	1 060	1 310	1 598	1 959	2 249	2 311	2 373
地　方	17 333	18 844	2 426	27 466	30 891	38 704	39 493	40 256
北　京	483	548	560	607	670	767	822	876
天　津	547	550	584	664	677	786	804	822
河　北	384	423	504	707	845	1 081	1 113	1 132
山　西	427	444	588	662	777	867	886	898
内蒙古	401	367	482	550	621	683	694	696
辽　宁	1 391	1 487	1 521	1 557	1 786	1 970	2 022	2 119
吉　林	651	665	834	831	921	1 030	1 039	1 071
黑龙江	535	613	848	1 009	1 094	1 186	1 224	1 227
上　海	1 107	1 138	1 430	1 585	1 586	5 500	5 668	5 817
江　苏	1 364	1 433	1 816	2 110	2 420	2 669	2 708	2 777
浙　江	814	843	1 038	1 266	1 511	1 715	1 773	1 848
安　徽	556	563	651	681	752	787	797	792
福　建	395	431	709	845	902	985	1 010	1 053
江　西	513	768	916	1 003	1 070	1 122	1 180	1 167
山　东	1 070	1 159	1 234	1 469	1 724	1 989	2 136	2 176
河　南	660	708	975	1 022	1 062	1 239	1 286	1 303
湖　北	650	771	1 032	1 220	1 445	1 678	1 783	1 759
湖　南	732	808	1 120	1 239	1 362	1 514	1 527	1 548
广　东	689	798	1 065	1 260	1 651	2 316	2 239	2 300
广　西	581	644	935	1 102	1 243	1 312	1 342	1 378
海　南	…	…	…	100	137	154	157	165
重　庆	…	…	…	…	…	811	815	678
四　川	1 471	1 502	1 880	2 125	2 356	1 722	1 851	1 746
贵　州	229	292	451	527	616	681	686	691
云　南	420	503	906	1 034	1 104	1 254	1 266	1 252
西　藏	…	17	46	54	51	60	60	60
陕　西	482	480	645	658	733	837	569	840
甘　肃	323	338	586	579	670	745	756	759
青　海	195	220	287	260	280	286	294	295
宁　夏	156	185	300	328	338	380	357	368
新　疆	107	147	321	412	489	579	631	644

注：本年鉴的总藏量，1991 年以前只包括图书。

按年份各地区公共图书馆人均拥有藏书册数

单位:万册

地　区	1980年	1985年	1990年	1995年	2000年	2001年	2002年
全　国	0.2	0.2	0.3	0.2	0.3	0.3	0.3
北　京	0.6	0.6	0.6	0.6	0.7	0.7	0.7
天　津	0.7	0.7	0.8	0.7	0.9	0.9	0.9
河　北	0.8	0.1	0.1	0.1	0.2	0.2	0.2
山　西	0.2	0.2	0.2	0.2	0.3	0.3	0.3
内蒙古	0.2	0.2	0.3	0.2	0.3	0.3	0.3
辽　宁	0.4	0.4	0.4	0.4	0.5	0.4	0.5
吉　林	0.3	0.4	0.3	0.3	0.4	0.4	0.4
黑龙江	0.2	0.3	0.3	0.3	0.3	0.3	0.3
上　海	1	1.2	1.2	1.1	1.5	1.6	1.7
江　苏	0.2	0.3	0.3	0.3	0.4	0.4	0.4
浙　江	0.2	0.3	0.3	0.3	0.3	0.4	0.4
安　徽	0.1	0.1	0.1	0.1	0.1	0.1	0.1
福　建	0.2	0.3	0.3	0.2	0.3	0.3	0.3
江　西	0.2	0.3	0.3	0.2	0.3	0.3	0.3
山　东	0.2	0.2	0.2	0.2	0.2	0.2	0.2
河　南	0.1	0.1	0.1	0.1	0.1	0.1	0.1
湖　北	0.2	0.2	0.2	0.2	0.3	0.3	0.3
湖　南	0.2	0.2	0.2	0.2	0.2	0.2	0.2
广　东	0.2	0.2	0.2	0.2	0.3	0.3	0.3
广　西	0.2	0.1	0.3	0.2	0.3	0.3	0.3
海　南	...	...	0.2	0.2	0.2	0.2	0.2
重　庆	...	...	...	...	0.1	0.3	0.2
四　川	0.2	0.2	0.2	0.2	0.5	0.2	0.2
贵　州	0.1	0.2	0.2	0.1	0.2	0.2	0.2
云　南	0.2	0.3	0.3	0.2	0.3	0.3	0.3
西　藏	0.1	0.2	0.3	0.2	0.2	0.2	0.2
陕　西	0.2	0.2	0.2	0.2	0.2	0.2	0.2
甘　肃	0.2	0.3	0.3	0.2	0.3	0.3	0.3
青　海	0.6	0.7	0.6	0.5	0.6	0.6	0.6
宁　夏	0.5	0.7	0.7	0.6	0.7	1.0	0.6
新　疆	0.1	0.3	0.3	0.3	0.3	0.3	0.3

按年份各地区公共图书馆总流通人次

单位:万人次

地　　区	1979 年	1980 年	1985 年	1990 年	1995 年	2000 年	2001 年	2002 年
总　　计	**7 787**	**9 045**	**11 614**	**12 435**	**18 298**	**18 854**	**20 876**	**21 950**
中　　央	48	53	72	169	133	381	454	498
地　　方	7 739	8 992	11 542	12 266	18 165	18 473	20 422	21 452
北　　京	126	157	142	180	272	320	545	500
天　　津	209	214	291	245	265	461	482	475
河　　北	135	242	289	390	473	736	671	653
山　　西	200	251	247	330	227	261	234	279
内 蒙 古	139	195	190	179	282	270	274	300
辽　　宁	432	544	606	686	829	1 184	1 234	1 359
吉　　林	133	132	182	314	385	409	440	524
黑 龙 江	241	327	514	619	631	608	609	568
上　　海	439	544	797	660	687	1 225	1 529	1 349
江　　苏	575	640	883	909	883	1 227	1 294	1 594
浙　　江	446	464	482	589	555	1 140	1 103	1 149
安　　徽	274	487	358	402	372	561	483	600
福　　建	142	130	405	384	466	647	709	702
江　　西	279	319	778	490	413	485	591	476
山　　东	701	707	494	504	509	795	844	982
河　　南	323	555	442	440	650	713	853	788
湖　　北	263	316	370	548	559	714	815	986
湖　　南	396	375	616	498	618	808	849	850
广　　东	524	504	739	903	1 447	2 235	2 506	2 627
广　　西	320	239	452	461	809	927	1 083	989
海　　南	...	...	...	52	94	121	91	97
重　　庆	...	...	...	...	...	266	304	343
四　　川	740	814	850	933	776	554	722	664
贵　　州	113	129	275	320	462	228	194	226
云　　南	206	289	463	517	559	654	688	638
西　　藏	...	...	3	5	...	2	2	3
陕　　西	217	236	258	207	242	275	303	432
甘　　肃	65	71	166	222	225	185	436	462
青　　海	33	35	73	43	39	58	83	251
宁　　夏	40	38	101	131	140	142	173	214
新　　疆	28	38	76	105	140	263	279	373

按年份各地区公共图书馆图书外借册次

单位:万册次

地区	1979年	1980年	1985年	1990年	1995年	2000年	2001年	2002年
总计	**9 625**	**11 830**	**18 942**	**20 242**	**11 814**	**16 913**	**17 559**	**20 021**
中央	110	129	177	654	29	217	244	276
地方	9 515	11 701	18 765	19 588	11 785	16 697	17 315	19 745
北京	279	361	367	366	283	442	539	504
天津	485	471	581	467	237	274	383	401
河北	133	234	358	504	379	673	625	595
山西	228	310	403	467	204	207	169	219
内蒙古	116	202	246	294	239	233	235	269
辽宁	726	957	1 321	1 197	856	1 119	1 098	1 290
吉林	165	165	474	338	332	259	381	524
黑龙江	268	533	1346	1 239	500	527	464	585
上海	673	862	1 143	1 045	507	970	1 173	1 085
江苏	720	837	1 758	1 557	967	1 269	1 171	1 326
浙江	513	600	926	1 068	550	1 054	1 141	1 156
安徽	289	588	497	463	343	455	483	505
福建	179	217	633	610	517	779	799	906
江西	326	364	987	726	383	543	541	491
山东	932	872	753	807	573	718	811	904
河南	401	614	652	796	517	695	679	772
湖北	293	371	661	954	543	769	769	1 899
湖南	457	388	1 081	953	562	735	747	789
广东	374	488	952	1 439	687	1 192	1 236	1 397
广西	251	287	338	546	528	688	613	602
海南	...	...	...	39	49	64	66	53
重庆	...	...	...	...	...	435	315	514
四川	960	953	1 328	1 370	691	564	676	665
贵州	115	141	372	289	133	189	160	203
云南	218	338	540	705	529	680	617	641
西藏	...	...	3	10	10	11	2	3
陕西	209	299	366	311	238	305	245	294
甘肃	89	94	220	398	173	153	440	338
青海	36	40	136	86	51	52	92	70
宁夏	47	62	197	372	125	265	249	278
新疆	33	53	126	172	91	251	397	469

按年份各地区公共图书馆财政补助收入情况

单位:万元

地　　区	1979 年	1980 年	1985 年	1990 年	1995 年	2000 年	2001 年	2002 年
总　　计	**5 040**	**5 467**	**15 272**	**29 296**	**65 838**	**139 321**	**152 732**	**176 882**
中　　央	470	489	1 292	3 420	9 421	15 293	15 422	18 326
地　　方	4 570	4 978	13 980	25 876	56 417	124 028	137 310	158 556
北　　京	144	127	322	743	1 683	8 734	8 488	8 173
天　　津	159	162	321	409	1 295	2 751	3 011	3 298
河　　北	108	111	569	741	1 827	2 980	3 443	3 638
山　　西	154	124	331	517	1 184	2 150	2 903	2 719
内 蒙 古	131	167	420	876	1 432	2 452	3 126	3 437
辽　　宁	344	368	973	1 841	3 737	6 822	8 210	9 425
吉　　林	194	193	530	876	1 707	3 364	3 594	4 068
黑 龙 江	281	234	625	1 068	2 088	3 104	3 696	4 193
上　　海	399	433	990	2 159	5 558	22 871	20 383	22 442
江　　苏	226	297	741	1 403	3 620	6 729	8 984	10 683
浙　　江	121	146	725	1 195	2 356	6 509	7 979	9 935
安　　徽	125	149	313	519	1 165	2 054	2 561	3 031
福　　建	84	131	411	879	1 778	3 681	4 266	4 448
江　　西	121	111	451	700	1 184	2 022	2 355	2 651
山　　东	254	283	543	1 284	2 814	6 129	6 170	7 720
河　　南	143	119	429	819	1 766	3 591	3 989	4 704
湖　　北	168	211	768	941	1 649	2 896	3 682	4 541
湖　　南	199	176	771	884	1 816	2 550	3 033	3 428
广　　东	219	286	844	2 157	6 110	11 868	15 081	18 920
广　　西	138	174	456	793	1 563	2 851	3 254	3 989
海　　南	…	…	…	123	378	322	357	628
重　　庆	…	…	…	…	…	1 491	1 774	2 249
四　　川	254	291	690	1 545	2 591	2 877	3 457	3 811
贵　　州	91	101	241	479	746	1 259	1 531	1 779
云　　南	97	140	401	944	2 178	5 134	4 322	4 558
西　　藏	…	…	13	11	72	111	128	188
陕　　西	118	132	253	566	934	2 038	1 655	3 225
甘　　肃	93	85	217	482	985	1 752	2 039	2 318
青　　海	69	70	164	227	724	678	886	1 001
宁　　夏	67	85	178	264	408	786	977	1 138
新　　疆	69	72	290	431	1 062	1 476	2 008	2 221

按年份各地区公共图书馆总支出情况

单位:万元

地　　区	1979年	1980年	1985年	1990年	1995年	2000年	2001年	2002年
总　　计	**5 206**	**5 486**	**13 393**	**30 271**	**74 080**	**157 173**	**180 489**	**208 929**
中　　央	511	490	1 325	3 550	9 460	21 155	19 801	23 462
地　　方	4 695	4 996	12 068	26 721	64 620	136 018	160 688	185 466
北　　京	142	130	284	733	1 851	5 326	10 210	9 181
天　　津	164	160	323	643	2 128	3 074	3 834	4 084
河　　北	125	135	306	758	2 044	3 458	3 717	4 395
山　　西	148	126	287	527	1 170	2 270	2 991	3 159
内 蒙 古	143	150	370	734	1 458	2 536	3 437	3 584
辽　　宁	348	375	846	2 099	4 392	7 783	9 389	10 636
吉　　林	192	176	474	871	1 835	3 520	3 840	4 318
黑 龙 江	290	286	518	1 132	2 139	3 409	4 017	4 448
上　　海	402	379	897	2 484	7 021	24 425	24 832	28 659
江　　苏	219	259	695	1 514	4 046	8 400	10 791	12 609
浙　　江	130	135	624	1 237	3 082	8 500	9 930	12 229
安　　徽	134	137	254	521	1 384	2 641	2 835	3 361
福　　建	91	90	335	777	1 710	3 916	4 745	5 386
江　　西	114	137	372	744	1 323	2 343	2 700	3 227
山　　东	275	269	496	1 268	2 968	6 881	7 284	8 238
河　　南	161	168	371	815	2 140	3 902	4 693	5 348
湖　　北	166	225	636	1 109	2 372	3 952	4 860	6 070
湖　　南	199	207	548	982	2 329	3 399	4 081	4 374
广　　东	201	259	691	2 011	6 807	14 597	17 363	20 800
广　　西	148	165	431	749	1 769	3 077	3 955	4 598
海　　南	...	...	...	118	369	355	388	679
重　　庆	...	...	...	...	...	2 026	2 246	2 679
四　　川	258	287	618	1 789	3 245	3 462	4 209	4 657
贵　　州	83	95	241	417	810	1 428	1 730	1 806
云　　南	108	142	398	843	2 234	3 928	4 099	6 099
西　　藏	…	3	31	15	61	110	142	190
陕　　西	126	133	214	482	951	2 263	1 896	3 526
甘　　肃	107	99	200	441	1 011	1 799	2 265	2 492
青　　海	81	89	165	237	424	780	960	1 039
宁　　夏	69	82	153	265	430	783	1 071	1 174
新　　疆	71	98	290	406	1 119	1 677	2 182	2 423

按年份各地区公共图书馆购书费支出情况

单位:万元

地　区	1979年	1980年	1985年	1990年	1995年	2000年	2001年	2002年
总　计	**2 163**	**2 273**	**4 164**	**8 474**	**16 788**	**37 141**	**36 489**	**41 853**
中　央	297	297	735	2 200	6 036	9 000	9 000	10 991
地　方	1 866	1 975	3 429	6 274	10 752	28 141	27 489	30 862
北　京	42	42	102	163	251	914	1 589	1 664
天　津	67	67	104	106	318	563	571	609
河　北	63	68	76	161	302	428	346	367
山　西	50	49	68	93	131	292	256	184
内蒙古	45	51	66	85	86	166	204	192
辽　宁	115	117	205	454	768	948	1 321	1 777
吉　林	98	61	104	152	250	459	475	597
黑龙江	79	91	128	251	235	395	272	390
上　海	172	187	431	1 079	2 204	11 210	7 916	7 607
江　苏	98	99	284	458	732	1 780	2 622	2 657
浙　江	68	68	191	374	578	1 577	1 652	1 990
安　徽	57	60	62	121	262	297	305	370
福　建	42	47	111	170	311	716	981	890
江　西	44	58	67	129	98	302	392	351
山　东	87	85	113	237	506	978	1 182	1 468
河　南	62	65	80	165	255	413	364	530
湖　北	55	94	120	256	299	699	897	972
湖　南	68	73	115	177	207	415	438	549
广　东	74	83	251	465	1 186	2 832	3 149	4 575
广　西	71	82	96	159	291	520	498	516
海　南	...	...	...	21	59	41	51	100
重　庆	...	...	...	...	...	330	282	306
四　川	107	109	168	289	431	485	313	417
贵　州	48	46	79	128	100	166	269	216
云　南	49	63	110	207	441	538	531	598
西　藏	...	2	5	3	14	16	15	13
陕　西	62	42	61	88	1 041	117	158	275
甘　肃	41	51	61	108	170	289	108	352
青　海	38	37	40	39	33	54	49	54
宁　夏	29	32	42	59	41	68	109	111
新　疆	35	46	89	77	91	136	174	168

按年份各地区公共图书馆人均购书费情况

单位:元

地区	1984年	1985年	1990年	1995年	2000年	2001年	2002年
总计	**0.023**	**0.040**	**0.074**	**0.139**	**0.287**	**0.29**	**0.33**
北京	0.049	0.106	0.150	0.239	0.661	1.41	1.46
天津	0.089	0.129	0.120	0.360	0.562	0.62	0.66
河北	0.013	0.014	0.026	0.048	0.063	0.05	0.05
山西	0.020	0.026	0.032	0.045	0.089	0.08	0.06
内蒙古	0.027	0.033	0.039	0.039	0.070	0.09	0.08
辽宁	0.034	0.056	0.114	0.194	0.224	0.32	0.43
吉林	0.028	0.045	0.061	0.101	0.168	0.18	0.23
黑龙江	0.029	0.039	0.070	0.067	0.107	0.07	0.10
上海	0.163	0.354	0.807	1.710	6.697	5.96	5.70
江苏	0.017	0.046	0.068	0.108	0.239	0.37	0.37
浙江	0.018	0.047	0.090	0.135	0.337	0.37	0.44
安徽	0.012	0.012	0.021	0.045	0.050	0.05	0.06
福建	0.019	0.041	0.056	0.101	0.206	0.30	0.27
江西	0.018	0.019	0.034	0.026	0.073	0.09	0.08
山东	0.012	0.015	0.028	0.059	0.108	0.13	0.16
河南	0.009	0.011	0.019	0.029	0.045	0.04	0.05
湖北	0.020	0.024	0.047	0.054	0.116	0.15	0.16
湖南	0.014	0.020	0.029	0.033	0.064	0.07	0.08
广东	0.016	0.040	0.073	0.183	0.328	0.42	0.60
广西	0.023	0.025	0.037	0.067	0.116	0.10	0.11
海南	…	…	0.032	0.088	0.052	0.07	0.13
重庆	…	…	…	…	0.107	0.09	0.10
四川	0.011	0.016	0.027	0.039	0.058	0.04	0.05
贵州	0.017	0.027	0.039	0.030	0.047	0.07	0.06
云南	0.020	0.032	0.052	0.117	0.125	0.13	0.14
西藏	0.011	0.030	0.014	0.061	0.063	0.06	0.05
陕西	0.015	0.021	0.027	0.031	0.033	0.04	0.08
甘肃	0.027	0.030	0.048	0.074	0.113	0.04	0.14
青海	0.098	0.098	0.087	0.074	0.103	0.10	0.11
宁夏	0.086	0.086	0.126	0.084	0.120	0.19	0.19
新疆	0.036	0.065	0.050	0.058	0.071	0.10	0.09

注:本表所用人口数,均为当年《中国统计年鉴》数字。

按年份各地区公共图书馆购书费占总支出比重

单位:%

地　　区	1979年	1980年	1985年	1990年	1995年	2000年	2001年	2002年
中　　央	58.1	60.8	55.5	62.0	63.8	42.5	45.5	46.8
地　　方	39.7	39.5	28.4	23.5	16.6	20.7	20.2	16.6
北　　京	29.4	32.7	36.0	22.2	13.6	17.2	15.6	18.1
天　　津	40.7	41.5	32.1	16.5	14.9	18.3	14.9	14.9
河　　北	50.0	50.3	24.7	21.2	14.8	12.4	9.3	8.4
山　　西	34.0	38.8	23.9	17.6	11.2	12.9	8.6	5.8
内 蒙 古	31.5	33.8	17.8	11.6	5.9	6.5	5.9	5.3
辽　　宁	33.0	31.2	24.3	21.6	17.5	12.2	14.1	16.7
吉　　林	50.9	34.7	21.9	17.5	13.6	13.0	12.4	13.8
黑 龙 江	27.3	32.0	24.6	22.2	11.0	11.6	6.8	8.8
上　　海	42.9	49.4	48.1	43.4	31.4	45.9	31.9	26.5
江　　苏	44.7	38.1	40.9	30.3	18.1	21.2	24.3	21.1
浙　　江	52.4	50.4	30.6	30.2	18.7	18.5	16.6	16.3
安　　徽	42.6	44.1	24.3	23.2	18.9	11.2	10.8	11.0
福　　建	46.0	52.1	33.1	21.9	18.2	18.3	20.7	16.5
江　　西	39.0	41.9	17.9	17.3	7.4	12.9	14.5	10.9
山　　东	31.6	31.6	22.8	18.7	17.0	14.2	16.2	17.8
河　　南	38.9	38.8	21.7	20.2	11.9	10.6	7.8	9.9
湖　　北	33.0	42.1	18.9	23.1	12.6	17.7	18.5	16.0
湖　　南	34.1	35.3	21.0	18.0	8.9	12.2	10.7	12.5
广　　东	36.5	32.1	36.3	23.1	17.4	19.4	18.1	22.0
广　　西	47.8	49.7	22.2	23.1	16.4	16.9	12.6	11.2
海　　南	…	…	…	17.8	16.0	11.5	13.2	14.7
重　　庆	…	…	…	…	…	16.3	12.6	11.4
四　　川	41.5	37.8	27.2	16.2	13.3	14.0	7.4	9.0
贵　　州	58.5	47.9	32.7	30.7	12.4	11.1	15.6	12.0
云　　南	45.7	44.4	27.6	24.6	19.7	13.7	13.0	9.8
西　　藏	…	57.6	17.5	20.0	22.5	14.9	10.7	7.0
陕　　西	49.3	31.3	28.7	18.3	10.9	5.2	8.4	7.8
甘　　肃	38.8	51.9	30.5	24.5	16.8	16.0	4.8	14.1
青　　海	46.7	41.7	24.2	16.5	7.8	6.9	5.2	5.2
宁　　夏	41.9	39.6	27.3	22.3	9.4	8.6	10.2	9.5
新　　疆	48.9	47.2	30.5	19.0	8.1	8.1	8.0	6.9

按年份各地区地市级公共图书馆购书费占总支出比重

单位：%

地区	1979年	1980年	1985年	1990年	1995年	2000年	2001年	2002年
总计	**36.7**	**31.8**	**28.0**	**20.3**	**14.8**	**16.0**	**15.4**	**14.8**
北京	24.0	25.5	26.2	20.0	9.0	14.2	14.4	12.2
天津	32.1	31.6	19.0	10.5	7.5	7.9	8.5	8.1
河北	41.4	45.3	26.5	19.0	6.4	9.4	7.2	8.5
山西	32.9	53.1	24.3	20.2	10.1	6.3	3.1	8.6
内蒙古	25.5	32.5	19.3	8.9	7.4	8.3	4.4	4.1
辽宁	29.5	28.8	27.3	18.2	18.2	17.1	16.8	15.9
吉林	34.8	31.7	20.4	14.8	17.2	15.2	13.6	18.0
黑龙江	21.8	20.8	28.4	23.9	14.7	12.0	10.4	8.4
上海	40.5	25.4	27.4	17.4	11.8	14.5	17.9	9.1
江苏	38.7	32.9	41.5	31.5	17.7	21.5	19.1	17.1
浙江	40.4	45.7	27.7	25.4	19.4	19.1	11.3	12.7
安徽	35.4	37.5	22.9	21.0	21.5	14.0	12.1	14.5
福建	33.1	50.1	21.4	16.6	19.7	23.7	22.4	18.1
江西	38.6	35.5	21.1	17.9	5.8	10.5	19.7	11.0
山东	35.4	34.1	26.7	21.5	17.4	15.4	16.5	19.5
河南	37.7	42.2	26.9	22.5	12.0	15.0	10.5	12.5
湖北	41.4	42.4	24.4	23.7	15.1	16.0	16.9	15.8
湖南	37.3	33.3	14.8	14.1	8.4	12.8	10.0	9.2
广东	25.7	26.8	45.7	24.5	20.6	21.6	21.0	27.0
广西	43.3	45.9	16.7	26.1	18.9	16.1	12.5	11.7
海南	...	...	...	21.1	15.7	9.7	12.1	17.7
重庆	...	...	...	...	...	12.8	11.0	11.0
四川	44.2	37.6	34.1	15.8	15.2	14.2	10.6	8.1
贵州	55.8	52.4	21.2	38.3	7.2	14.5	23.2	14.8
云南	50.8	49.8	35.4	38.3	13.6	15.9	15.6	8.8
西藏	…	57.6	…	…	…	14.9	…	0.0
陕西	57.6	34.9	33.3	14.7	11.4	5.9	16.2	3.2
甘肃	44.8	41.4	23.2	26.8	13.4	12.5	12.9	8.2
青海	55.4	36.1	14.1	12.2	3.7	0.6	1.4	2.7
宁夏	53.1	46.7	22.1	20.0	12.2	20.3	27.4	16.1
新疆	70.0	49.2	29.8	21.6	11.3	11.3	10.8	9.2

按年份各地区县级公共图书馆购书费占总支出比重

单位：%

地　　区	1979 年	1980 年	1985 年	1990 年	1995 年	2000 年	2001 年	2002 年
总　　计	**37.0**	**35.3**	**17.2**	**15.1**	**10.3**	**9.9**	**9.3**	**9.8**
北　　京	39.1	34.7	19.2	13.5	8.6	6.9	9.0	11.7
天　　津	31.5	51.3	22.8	7.2	8.6	4.2	1.8	4.5
河　　北	46.9	40.7	16.7	14.6	13.6	4.6	5.1	4.0
山　　西	33.8	32.1	16.6	13.0	4.8	5.4	4.6	2.7
内 蒙 古	35.6	32.0	14.4	10.9	4.9	4.2	3.6	4.1
辽　　宁	32.9	24.4	16.6	13.9	14.1	11.4	10.3	10.9
吉　　林	34.4	28.8	12.3	9.6	7.2	4.0	3.9	3.3
黑 龙 江	23.6	23.9	16.7	14.6	7.8	6.4	4.4	5.3
上　　海	40.5	39.4	26.8	27.1	15.8	18.4	14.6	15.2
江　　苏	41.8	34.0	19.3	19.5	11.4	13.9	12.1	14.8
浙　　江	51.4	47.1	19.7	25.1	14.2	14.7	13.2	13.8
安　　徽	39.2	37.1	18.0	17.6	8.8	5.1	5.5	4.4
福　　建	36.4	50.9	23.8	22.0	11.6	9.5	11.0	14.1
江　　西	31.6	39.8	12.8	9.5	7.5	12.5	8.4	8.7
山　　东	24.1	23.9	9.6	8.3	10.0	6.7	8.9	9.7
河　　南	36.2	36.8	12.9	12.7	5.8	6.3	5.5	4.9
湖　　北	35.9	41.9	8.3	15.0	10.7	14.2	16.2	15.4
湖　　南	29.4	31.5	17.2	14.2	8.4	8.4	8.1	8.2
广　　东	31.0	29.8	19.4	18.0	13.3	13.5	13.2	12.8
广　　西	45.0	45.4	19.5	16.3	11.1	8.0	9.0	8.6
海　　南	…	…	…	16.3	16.3	12.5	13.8	10.5
重　　庆	…	…	…	…	…	12.7	12.1	12.7
四　　川	38.1	34.3	17.7	11.3	10.5	10.1	8.9	8.2
贵　　州	66.7	43.6	35.0	18.9	7.0	6.5	6.9	5.4
云　　南	48.0	44.1	21.5	20.6	14.2	10.5	10.0	11.3
西　　藏	…	…	17.5	20.0	…	…	…	
陕　　西	52.4	22.3	19.3	8.9	3.6	2.4	4.0	3.7
甘　　肃	37.1	84.0	18.8	14.5	7.1	4.5	4.4	4.8
青　　海	48.9	44.0	17.4	10.8	2.8	1.6	2.1	2.4
宁　　夏	32.9	39.5	19.8	13.7	6.2	5.9	11.1	7.3
新　　疆	55.8	55.9	16.9	14.4	6.3	5.8	3.1	5.1

按年份各地区地市级公共图书馆平均每馆购书费情况

单位:万元

地　　区	1979 年	1980 年	1985 年	1990 年	1995 年	2000 年	2001 年	2002 年
总　　计	**1.8**	**1.9**	**3.3**	**5.7**	**10.0**	**19.4**	**21.9**	**25.4**
北　　京	1.4	1.8	3.2	7.8	7.2	25.6	28.2	27.3
天　　津	1.9	1.6	1.4	1.6	2.7	4.9	6.5	6.4
河　　北	2.5	2.8	3.4	5.1	6.0	12.2	9.9	14.0
山　　西	1.2	1.3	1.9	3.2	3.4	6.1	3.3	9.1
内 蒙 古	1.2	1.5	2.2	1.8	3.1	5.4	4.1	3.9
辽　　宁	3.5	4.2	5.0	8.7	18.1	27.6	34.8	38.5
吉　　林	2.1	2.1	3.1	6.3	16.7	23.4	24.3	35.0
黑 龙 江	2.0	3.1	3.5	10.3	12.9	15.8	13.7	15.9
上　　海	2.1	2.1	2.9	5.6	14.7	30.3	45.4	29.3
江　　苏	2.7	2.8	8.1	13.5	17.5	49.5	59.5	67.5
浙　　江	2.5	2.9	4.3	8.0	15.0	38.8	27.7	39.3
安　　徽	1.5	1.1	2.3	3.3	10.2	9.1	10.4	14.3
福　　建	1.7	2.1	1.9	3.3	7.7	39.6	30.4	21.2
江　　西	1.1	1.5	2.7	3.5	3.0	3.2	9.8	6.8
山　　东	1.8	1.9	3.1	6.5	12.3	20.1	26.9	38.2
河　　南	2.0	1.9	2.7	4.0	5.7	14.6	11.0	15.1
湖　　北	2.2	1.9	2.8	5.4	6.8	9.3	19.1	25.8
湖　　南	1.1	1.3	1.8	3.1	4.1	8.5	8.3	8.3
广　　东	1.2	1.4	12.5	15.3	33.3	69.4	71.2	108.0
广　　西	1.8	2.4	2.6	6.0	13.3	16.1	16.2	16.6
海　　南	...	...	...	4.0	11.8	6.2	8.8	35.1
重　　庆	...	...	...	...	...	5.9	5.9	6.4
四　　川	2.7	2.0	3.8	7.1	9.5	9.2	6.1	7.2
贵　　州	1.8	2.0	2.2	5.2	2.0	10.1	18.9	12.6
云　　南	1.0	1.2	1.9	3.4	4.6	13.1	11.9	5.9
西　　藏	…	1.9	…	…	…	16.4	…	——
陕　　西	1.7	1.8	1.3	1.8	3.0	6.5	13.7	2.9
甘　　肃	1.0	0.9	1.2	3.2	3.4	6.5	10.3	6.2
青　　海	1.3	1.4	1.0	1.3	0.6	0.1	0.5	1.1
宁　　夏	3.8	2.8	2.7	1.3	5.4	12.3	20.4	19.6
新　　疆	1.0	1.7	1.8	2.6	3.4	5.1	5.9	6.4

按年份各地区县级公共图书馆平均每馆购书费情况

单位:万元

地　　区	1979年	1980年	1985年	1990年	1995年	2000年	2001年	2002年
总　　计	**0.5**	**0.5**	**0.5**	**0.8**	**1.2**	**1.9**	**2.0**	**2.4**
北　　京	1.3	1.3	1.3	3.3	3.2	5.9	10.3	17.8
天　　津	0.7	1.0	2.0	0.8	2.2	1.8	0.7	2.0
河　　北	0.3	0.3	0.2	0.4	0.9	0.4	0.5	0.5
山　　西	0.4	0.4	0.3	0.4	0.3	0.5	0.5	0.3
内 蒙 古	0.3	0.3	0.4	0.5	0.5	0.6	0.6	0.8
辽　　宁	0.6	0.6	0.7	1.0	2.2	2.8	2.9	3.4
吉　　林	0.5	0.5	0.9	0.9	1.2	1.0	1.0	1.0
黑 龙 江	0.6	0.5	0.5	0.7	0.7	1.0	0.8	1.0
上　　海	1.7	1.9	1.8	3.0	11.6	31.2	33.0	36.4
江　　苏	0.6	0.5	0.7	1.7	2.8	5.6	5.6	8.1
浙　　江	0.6	0.6	1.1	2.4	3.3	7.8	8.4	10.7
安　　徽	0.4	0.3	0.3	0.7	0.8	0.8	0.9	0.8
福　　建	0.6	0.7	0.6	1.0	1.3	1.8	2.2	3.9
江　　西	0.4	0.5	0.3	0.5	0.6	2.2	1.2	1.4
山　　东	0.5	0.5	0.3	0.6	1.5	1.7	2.3	2.8
河　　南	0.4	0.4	0.3	0.5	0.5	0.9	0.8	0.8
湖　　北	0.3	0.5	0.4	1.0	1.4	4.0	4.2	4.9
湖　　南	0.5	0.5	0.6	0.7	1.0	1.3	1.5	1.6
广　　东	0.4	0.5	0.5	1.5	3.2	7.2	7.3	7.8
广　　西	0.5	0.6	0.5	0.9	0.9	1.0	1.4	1.9
海　　南	...	...	...	0.8	2.1	1.7	2.0	1.7
重　　庆	...	...	...	...	...	2.0	2.4	2.7
四　　川	0.5	0.5	0.6	0.8	1.2	1.3	1.4	1.4
贵　　州	0.7	0.5	0.7	0.5	0.4	0.4	0.6	0.5
云　　南	0.4	0.5	0.4	0.7	1.4	1.7	1.8	2.6
西　　藏	...	...	0.2	0.5	...	...	...	——
陕　　西	0.6	0.2	0.2	0.2	0.2	0.2	0.5	0.5
甘　　肃	0.6	0.9	0.3	0.4	0.4	0.4	0.6	0.6
青　　海	1.1	0.8	0.5	0.3	0.1	0.1	0.2	0.2
宁　　夏	0.9	1.2	0.8	1.2	0.8	1.3	4.3	2.1
新　　疆	1.0	1.0	0.5	0.5	0.6	0.7	0.5	0.8

按年份各地区公共图书馆新购图书册数

单位:万册

地区	1983年	1985年	1990年	1995年	2000年	2001年	2002年
总计	**1 541**	**1 343**	**895**	**551**	**692**	**819**	**947**
中央	41	70	71	17	21	26	24
地方	1 500	1 273	824	534	671	793	923
北京	44	30	23	11	33	61	52
天津	39	31	13	14	17	22	20
河北	38	45	22	26	15	18	17
山西	32	30	25	7	12	9	9
内蒙古	33	31	18	7	11	11	12
辽宁	97	94	66	41	39	48	63
吉林	50	34	17	14	14	12	23
黑龙江	43	48	32	17	17	17	17
上海	90	67	49	44	67	75	90
江苏	108	68	54	41	57	61	73
浙江	73	67	50	33	54	58	78
安徽	33	27	17	9	11	12	13
福建	49	40	23	18	25	32	34
江西	44	61	19	9	15	29	24
山东	52	44	28	23	32	42	55
河南	73	40	25	16	21	17	24
湖北	70	64	43	23	28	31	35
湖南	76	62	26	19	24	24	26
广东	64	54	58	69	77	99	142
广西	55	38	66	16	20	19	23
海南	...	...	4	6	3	2	7
重庆	...	...	...	...	12	12	14
四川	86	74	46	25	21	20	20
贵州	34	36	20	5	8	7	7
云南	83	69	33	22	15	20	16
西藏	5	3	1	0.1	0.3	0.2	——
陕西	33	28	10	5	6	13	9
甘肃	30	26	15	7	7	11	8
青海	20	13	4	1	2	0.7	1
宁夏	25	24	7	2	3	4	3
新疆	21	25	10	6	5	10	6

按年份各地区地市级公共图书馆平均每馆新购图书册数

单位:万册

地区	1983年	1985年	1990年	1995年	2000年	2001年	2002年
总计	**1.8**	**1.3**	**0.8**	**0.6**	**0.7**	**0.8**	**1.0**
北京	2.7	1.6	1.5	0.4	1.3	1.9	1.3
天津	1.3	0.9	0.3	0.3	0.3	0.4	0.4
河北	1.4	1.4	1.0	0.5	0.6	0.5	0.6
山西	1.0	0.9	0.7	0.1	0.1	0.3	0.6
内蒙古	1.5	1.1	0.4	0.2	0.3	0.3	0.4
辽宁	3.1	2.2	1.3	1.0	0.8	1.1	1.5
吉林	2.1	1.1	0.7	0.8	0.9	0.6	1.2
黑龙江	0.9	1.3	1.3	0.8	0.8	0.7	0.9
上海	2.1	1.6	0.9	0.9	1.0	1.2	1.1
江苏	3.3	2.8	1.7	1.3	1.6	1.9	2.2
浙江	2.4	1.8	1.2	0.8	1.8	1.5	1.7
安徽	1.0	0.9	0.6	0.2	0.3	0.3	0.5
福建	3.3	1.1	0.7	0.5	1.6	1.2	1.0
江西	2.0	1.3	0.5	0.3	0.2	1.1	0.5
山东	1.8	1.4	0.6	0.4	0.7	0.9	1.7
河南	5.1	1.3	0.7	0.4	0.7	0.5	0.6
湖北	1.7	1.5	0.9	0.5	0.4	0.7	0.8
湖南	1.4	1.2	0.6	0.3	0.4	0.4	0.4
广东	1.9	1.8	0.9	1.7	1.4	2.1	3.3
广西	1.8	1.3	1.0	0.5	0.9	0.8	0.7
海南	...	...	0.5	1.2	0.3	0.5	2.8
重庆	...	...	...	...	0.2	0.2	0.3
四川	2.1	1.7	1.0	0.5	0.4	0.2	0.4
贵州	2.4	1.2	0.5	0.1	0.5	0.6	0.5
云南	1.1	1.1	0.4	0.3	0.2	0.5	0.2
西藏	…	…	…	…	0.3	…	——
陕西	1.1	0.6	0.3	0.2	…	1.4	0.1
甘肃	1.8	0.6	0.8	0.2	0.2	0.2	0.1
青海	0.5	0.4	0.1	0.02	…	0.01	0.0
宁夏	2.7	1.4	1.0	0.5	0.5	0.6	0.5
新疆	0.8	0.6	0.3	0.3	0.2	0.5	0.2

按年份各地区县级公共图书馆平均每馆新购图书册数

单位：万册

地　　区	1983 年	1985 年	1990 年	1995 年	2000 年	2001 年	2002 年
总　　计	**0.44**	**0.32**	**0.17**	**0.10**	**0.11**	**0.11**	**0.13**
北　　京	1.39	0.88	0.56	0.33	0.28	0.43	1.13
天　　津	0.78	0.68	0.17	0.18	0.10	0.18	0.13
河　　北	0.35	0.19	0.08	0.13	0.04	0.06	0.05
山　　西	0.26	0.22	0.13	0.03	0.07	0.03	0.02
内 蒙 古	0.20	0.21	0.12	0.05	0.05	0.04	0.05
辽　　宁	0.54	0.45	0.27	0.14	0.13	0.13	0.18
吉　　林	0.49	0.61	0.23	0.15	0.06	0.08	0.11
黑 龙 江	0.34	0.27	0.14	0.08	0.07	0.05	0.06
上　　海	1.54	0.92	0.55	0.72	1.17	1.10	1.20
江　　苏	0.64	0.44	0.38	0.25	0.34	0.33	0.40
浙　　江	0.71	0.57	0.49	0.25	0.31	0.39	0.55
安　　徽	0.28	0.20	0.11	0.07	0.04	0.05	0.05
福　　建	0.91	0.33	0.18	0.11	0.09	0.11	0.19
江　　西	0.35	0.47	0.13	0.07	0.14	0.08	0.12
山　　东	0.40	0.23	0.12	0.12	0.13	0.17	0.17
河　　南	0.36	0.20	0.12	0.06	0.07	0.06	0.09
湖　　北	0.30	0.23	0.26	0.13	0.21	0.18	0.23
湖　　南	0.54	0.41	0.15	0.12	0.12	0.11	0.12
广　　东	0.34	0.26	0.27	0.25	0.33	0.33	0.34
广　　西	0.45	0.29	0.21	0.09	0.08	0.08	0.13
海　　南	...	...	0.18	0.21	0.12	0.07	0.09
重　　庆	...	...	...	...	0.10	0.12	0.14
四　　川	0.53	0.35	0.15	0.09	0.11	0.09	0.10
贵　　州	0.36	0.36	0.13	0.03	0.04	0.02	0.02
云　　南	0.40	0.33	0.15	0.10	0.07	0.08	0.08
西　　藏	…	0.14	0.06	…	…	…	——
陕　　西	0.27	0.16	0.05	0.02	0.04	0.02	0.03
甘　　肃	0.29	0.22	0.05	0.04	0.03	0.08	0.03
青　　海	0.71	0.26	0.06	0.01	…	0.01	0.02
宁　　夏	1.26	1.02	0.18	0.05	0.06	0.16	0.06
新　　疆	0.35	0.30	0.09	0.04	0.02	0.03	0.03

按年份各地区群众文化事业机构数

单位:个

地　区	1964年	1978年	1980年	1985年	1990年	1995年	2000年	2002年
总　计	**4 467**	**6 893**	**28 403**	**56 158**	**55 756**	**58 525**	**45 321**	**42 516**
北　京	36	22	162	392	396	356	278	281
天　津	——	18	200	524	367	362	306	263
河　北	186	175	351	3 916	3 587	3 194	2 257	2 268
山　西	103	124	628	1 785	1 803	1 835	1 851	1 360
内蒙古	98	61	572	1 708	1 622	2 122	1 712	1 415
辽　宁	171	910	1 348	1 732	2 479	3 327	1 520	1 471
吉　林	256	445	870	1 105	1 072	1 420	894	793
黑龙江	179	194	1 200	1 337	1 372	1 546	1 201	1 037
上　海	68	20	367	369	410	334	340	270
江　苏	665	1 042	2 265	2 427	2 287	3 401	1 771	1 619
浙　江	230	372	1 671	3 610	3 623	3 877	1 932	1 676
安　徽	403	825	1 820	3 196	3 328	2 178	1 898	1 893
福　建	120	117	1 006	1 115	1 160	1 321	1 085	1 132
江　西	188	106	750	2 050	2 096	1 999	2 000	1 910
山　东	139	155	2 272	2 355	2 641	2 521	2 581	2 022
河　南	178	173	2 209	2 351	2 452	2 435	2 479	2 482
湖　北	222	876	1 477	2 991	1 849	3 136	1 695	1 319
湖　南	225	182	3 628	3 286	3 333	2 788	2 667	2 648
广　东	135	139	1 892	2 127	1 926	3 057	2 042	1 944
广　西	88	86	1 085	1 256	1 422	1 527	1 408	1 456
海　南	…	…	…	…	326	328	327	255
重　庆	…	…	…	…	…	…	1 248	1 202
四　川	227	234	1 003	7 294	7 041	4 964	3 865	3 724
贵　州	85	89	229	2 187	1 858	1 556	1 030	1 169
云　南	140	145	536	1 605	1 661	3 254	1 734	1 723
西　藏	——	5	17	27	56	104	94	216
陕　西	114	117	279	2 857	2 785	2 370	2 065	1 731
甘　肃	75	95	240	1 181	1 310	1 363	1 432	1 657
青　海	30	43	71	305	307	358	250	237
宁　夏	23	36	109	297	318	465	309	328
新　疆	83	87	146	773	869	1 023	1 060	1 015

按年份各地区群众艺术馆机构数

单位：个

地　　区	1959 年	1965 年	1978 年	1980 年	1985 年	1990 年	1995 年	2000 年	2002 年
总　　计	**51**	**62**	**92**	**218**	**335**	**366**	**373**	**390**	**389**
北　　京	1	1	…	1	1	1	1	1	1
天　　津	1	1	1	1	1	1	1	1	1
河　　北	3	1	14	17	20	18	12	12	12
山　　西	1	…	…	5	11	12	12	12	12
内 蒙 古	1	…	4	10	13	13	13	13	13
辽　　宁	6	3	9	13	16	16	23	23	23
吉　　林	3	4	7	7	10	12	13	13	13
黑 龙 江	4	3	15	18	17	16	16	15	17
上　　海	1	1	…	1	1	1	3	3	3
江　　苏	…	2	…	1	11	12	12	14	9
浙　　江	2	2	1	12	12	12	12	12	12
安　　徽	1	1	1	2	12	14	14	14	14
福　　建	2	8	6	9	10	10	10	10	10
江　　西	1	8	…	11	12	12	12	12	12
山　　东	4	8	8	13	13	17	18	19	18
河　　南	2	11	10	12	17	22	23	23	23
湖　　北	2	2	1	15	17	16	13	18	18
湖　　南	1	…	…	1	16	14	15	15	15
广　　东	2	…	…	13	15	19	21	21	22
广　　西	1	…	…	4	14	14	14	15	15
海　　南	…	…	…	…	…	3	3	3	3
重　　庆	…	…	…	…	…	…	…	4	1
四　　川	3	2	5	5	16	24	24	27	26
贵　　州	2	2	2	3	7	7	8	8	11
云　　南	1	1	1	18	18	19	19	20	20
西　　藏	…	…	2	6	7	7	7	7	10
陕　　西	3	…	2	9	11	11	11	11	11
甘　　肃	1	…	1	8	14	15	15	15	15
青　　海	2	1	1	2	8	9	9	9	9
宁　　夏	…	…	1	1	2	4	4	4	5
新　　疆	…	…	…	…	13	15	15	16	15

按年份各地区文化馆机构数

单位：个

地　区	1952年	1965年	1978年	1980年	1985年	1990年	1995年	2000	2002年
总　计	**2 430**	**2 598**	**2 748**	**2 912**	**2 960**	**2 955**	**2 886**	**2 907**	**2 854**
北　京	24	18	19	19	22	22	22	22	19
天　津	21	13	17	18	18	18	18	18	18
河　北	168	166	161	165	172	170	169	166	165
山　西	116	108	124	121	117	118	118	118	119
内蒙古	70	81	54	105	104	103	102	104	104
辽　宁	109	97	118	125	161	161	105	102	102
吉　林	64	62	72	62	36	43	45	89	62
黑龙江	85	86	100	129	132	122	121	118	123
上　海	2	20	20	23	42	48	40	45	46
江　苏	108	99	110	111	108	109	110	107	109
浙　江	90	83	75	78	93	85	83	84	86
安　徽	100	93	96	100	101	101	99	103	100
福　建	72	73	76	76	78	80	80	80	80
江　西	92	97	106	102	103	101	101	101	101
山　东	166	133	147	142	144	142	140	140	138
河　南	134	151	150	213	210	203	201	191	187
湖　北	112	138	176	173	188	182	179	129	121
湖　南	102	121	119	142	127	127	122	125	125
广　东	117	118	124	113	123	113	115	119	120
广　西	77	87	86	88	92	96	98	99	100
海　南	——	——	——	——	——	17	17	18	18
重　庆	…	…	…	…	…	…	…	43	43
四　川	198	215	220	220	214	209	212	171	173
贵　州	61	83	87	87	86	84	85	85	83
云　南	65	140	144	130	130	128	128	127	127
西　藏	——	——	3	11	10	23	26	52	36
陕　西	127	110	115	111	112	113	111	111	111
甘　肃	94	75	94	85	83	84	83	83	83
青　海	21	30	30	47	43	42	42	43	43
宁　夏	——	18	19	20	20	19	22	22	21
新　疆	35	83	86	96	91	92	92	92	91

按年份各地区文化站机构数

单位：个

地区	1978年	1980年	1985年	1990年	1995年	2000年	2002年
总计	**17 297**	**25 273**	**52 858**	**52 435**	**45 038**	**42 024**	**39 273**
北京	87	142	369	373	321	255	261
天津	——	181	505	348	343	287	244
河北	133	169	3 724	3 399	3 011	2 079	2 091
山西	——	502	1 657	1 673	1 705	1 721	1 229
内蒙古	3	457	1 591	1 506	1 575	1 595	1 298
辽宁	1 542	1 210	1 555	2 302	1 805	1 395	1 346
吉林	950	801	1 059	1 017	1 010	792	718
黑龙江	565	1 053	1 183	1 234	1 280	1 068	897
上海	344	343	326	361	289	292	221
江苏	2 093	2 153	2 308	2 166	2 221	1 650	1 501
浙江	1 182	1 581	3 505	3 526	1 891	1 836	1 578
安徽	1 448	1 718	3 083	3 213	1 827	1 781	1 779
福建	914	921	1 027	1 070	1 072	995	1 042
江西	347	637	1 935	1 983	1 886	1 887	1 797
山东	2 103	2 117	2 198	2 482	2 363	2 422	1 866
河南	1 260	1 984	2 124	2 227	2 211	2 265	2 272
湖北	321	1 289	2 786	1 651	1 856	1 548	1 180
湖南	3 590	3 485	3 143	3 192	2 651	2 527	2 508
广东	15	1 766	1 989	1 794	1 957	1 902	1 802
广西	332	993	1 150	1 312	1 412	1 294	1 341
海南	…	…	…	306	301	306	234
重庆	…	…	…	…	…	1 201	1 158
四川	9	778	7 064	6 808	4 718	3 667	3 525
贵州	——	139	2 094	1 767	863	937	1 075
云南	2	388	1 457	1 514	1 567	1 587	1 576
西藏	——	——	10	26	44	35	170
陕西	28	159	2 734	2 661	2 237	1 933	1 609
甘肃	——	147	1 084	1 211	1 265	1 334	1 559
青海	12	22	254	256	219	198	185
宁夏	16	88	275	295	266	283	302
新疆	1	50	669	762	862	952	909

按年份各地区群众文化事业财政补助收入情况

单位:万元

地区	1978年	1980年	1985年	1990年	1995年	2000年	2001年	2002年
总　计	**11 520**	**11 270**	**20 835**	**36 985**	**56826**	**118 430**	**140 978**	**165 163**
北　京	142	126	281	812	661	2 594	2 827	3 491
天　津	187	139	279	415	691	1 422	1 782	2 136
河　北	594	513	740	1 819	2 362	5 161	5 603	6 350
山　西	512	486	621	1 207	1 603	2 674	3 389	3 801
内蒙古	354	324	759	1 320	1 723	3 388	4 223	4 841
辽　宁	599	700	1 426	2 047	3 488	5 054	5 772	6 030
吉　林	359	336	732	1 043	1 986	3 384	4 034	4 502
黑龙江	431	461	832	1 399	1 972	3 541	3 990	4 435
上　海	184	178	667	1 006	1 492	5 020	6 045	7 377
江　苏	542	584	1 079	1 852	3 959	8 521	9 473	11 421
浙　江	401	416	1 050	1 989	4 660	9 446	12 549	15 796
安　徽	369	433	591	1 052	1 430	3 609	4 207	4 746
福　建	281	306	573	932	1 794	2 895	3 964	4 666
江　西	402	346	504	960	1 182	2 504	2 896	3 609
山　东	637	722	1 067	2 151	2 622	7 295	7 360	8 514
河　南	572	654	818	1 377	2 282	4 630	5 275	5 710
湖　北	475	492	994	1 229	1 965	3 832	4 179	4 608
湖　南	648	636	1 050	1 352	1 620	3 571	4 376	5 158
广　东	495	440	891	1 909	4 518	12 113	14 671	18 455
广　西	347	348	637	1 225	1 231	2 639	3 308	4 358
海　南	…	…	…	210	363	645	790	838
重　庆	…	…	…	…	…	2 202	2 576	2 777
四　川	841	710	1 391	2 544	3 149	4 730	6 377	7 015
贵　州	307	231	297	558	895	1 657	2 066	2 275
云　南	368	360	843	2 061	3 551	5 950	6 038	7 789
西　藏	21	42	133	209	454	556	462	727
陕　西	521	416	673	1 455	1 448	3 027	3 305	4 149
甘　肃	307	266	471	1 139	1 116	1 980	2 389	2 701
青　海	172	142	298	373	520	829	1 072	1 038
宁　夏	146	170	234	410	504	879	1 178	1 489
新　疆	306	293	904	930	1 586	2 683	3 995	4 364

按年份各地区群众文化事业总支出情况

单位:万元

地　区	1978 年	1980 年	1985 年	1990 年	1995 年	2000 年	2001 年	2002 年
总　计	**10 114**	**11 376**	**20 340**	**42 476**	**83 628**	**188 437**	**211 113**	**235 593**
北　京	107	176	281	782	1 566	4 681	4 903	5 448
天　津	146	174	289	695	1 376	2 633	2 812	3 111
河　北	689	561	788	1 686	2 713	5 714	6 091	6 937
山　西	482	522	637	1 075	1 824	3 151	3 853	4 230
内蒙古	201	359	733	1 173	1 932	3 799	4 562	5 171
辽　宁	542	662	1 324	2 706	4 552	6 172	6 906	7 569
吉　林	349	337	711	1 106	2 101	3 748	4 387	4 975
黑龙江	499	467	814	1 407	2 219	3 804	4 362	4 917
上　海	220	253	674	2 333	6 752	14 985	16 877	20 128
江　苏	328	471	1 072	3 778	8 509	16 394	16 301	17 965
浙　江	306	417	1 011	2 629	7 101	17 194	20 565	23 384
安　徽	388	419	572	1 323	1 934	4 302	4 959	5 490
福　建	251	309	517	1 094	2 199	4 135	10 194	5 436
江　西	337	374	515	1 055	1 493	3 167	3 558	4 176
山　东	653	705	987	2 369	3 317	8 909	8 993	10 096
河　南	674	695	914	1 469	2 737	5 647	6 325	7 625
湖　北	442	480	981	1 706	3 885	7 841	7 681	7 732
湖　南	542	572	941	1 702	2 575	5 696	6 244	7 060
广　东	361	510	887	1 709	5 937	27 213	26 853	32 677
广　西	279	278	656	1 235	1 877	3 425	4 179	6 018
海　南	…	…	…	200	364	887	936	961
重　庆	…	…	…	…	…	4 889	5 149	5 892
四　川	636	740	1 313	3 108	5 327	8 927	9 840	10 473
贵　州	274	268	359	585	989	1 976	2 414	2 625
云　南	314	424	692	1 832	4 191	7 312	7 783	8 920
西　藏	21	47	137	172	429	607	614	997
陕　西	459	346	597	988	1 569	3 648	4 062	4 810
甘　肃	310	267	506	861	1 189	2 251	2 697	2 903
青　海	84	157	290	340	537	870	1 168	1 104
宁　夏	108	115	260	418	651	1 202	1 318	1 768
新　疆	112	271	882	940	1 785	3 261	4 530	4 999

历年对外文化交流情况

单位:起

年 份	签订文化协定	签订文化协定执行计划	文化交流来往项目		
			总 计	来 华	出 国
1985	5	17	804	381	423
1986	2	16	1 075	456	619
1987	8	32	880	378	502
1988	5	19	707	282	425
1989	4	18	484	182	302
1990	1	14	733	263	470
1991	4	29	736	227	509
1992	13	11	1 181	413	768
1993	8	31	1 534	480	1 054
1994	7	22	1 176	401	775
1995	1	28	1 647	500	1 147
1996	4	22	1 580	859	721
1997	1	27	1 446	527	919
1998	2	23	1 871	672	1 199
1999	4	31	1 366	534	832
2000	2	27	1 433	595	838
2001	4	25	2 042	1 103	939
2002	4	26	1 477	748	729

按年份各地区总人口数

单位:万人

地　　区	1997年	1998年	1999年	2000年	2001年	2002年
总　　计	**123 626**	**124 761**	**125 786**	**126 743**	**127 627**	**128 453**
北　　京	1 240	1 246	1 257	1 357	1 383	1 423
天　　津	953	957	959	1 001	1 004	1 007
河　　北	6 525	6 569	6 614	6 674	6 699	6 735
山　　西	3 141	3 172	3 204	3 248	3 272	3 294
内 蒙 古	2 326	2 345	2 362	2 372	2 377	2 379
辽　　宁	4 138	4 157	4 171	4 184	4 194	4 203
吉　　林	2 628	2 644	2 658	2 682	2 691	2 699
黑 龙 江	3 751	3 773	3 792	3 807	3 811	3 813
上　　海	1 457	1 464	1 474	1 641	1 614	1 625
江　　苏	7 148	7 182	7 213	7 327	7 355	7 381
浙　　江	4 435	4 456	4 475	4 596	4 613	4 647
安　　徽	6 127	6 184	6 237	6 286	6 328	6 338
福　　建	3 282	3 299	3 316	3 410	3 440	3 466
江　　西	4 150	4 191	4 231	4 149	4 186	4 222
山　　东	8 785	8 838	8 883	8 998	9 041	9 082
河　　南	9 243	9 315	9 387	9 488	9 555	9 613
湖　　北	5 873	5 907	5 938	5 960	5 975	5 988
湖　　南	6 465	6 502	6 532	6 562	6 596	6 629
广　　东	7 051	7 143	7 270	7 707	7 783	7 859
广　　西	4 633	4 675	4 713	4 750	4 788	4 822
海　　南	743	753	762	789	796	803
重　　庆	3 042	3 060	3 075	3 092	3 097	3 107
四　　川	8 430	8 493	8 550	8 602	8 640	8 673
贵　　州	3 606	3 658	3 710	3 756	3 799	3 837
云　　南	4 094	4 144	4 192	4 241	4 287	4 333
西　　藏	248	252	256	258	263	267
陕　　西	3 570	3 596	3 618	3 644	3 659	3 674
甘　　肃	2 494	2 519	2 543	2 557	2 575	2 593
青　　海	496	503	510	517	523	529
宁　　夏	530	538	543	554	563	572
新　　疆	1 718	1 747	1 774	1 849	1 876	1 905

注:全国总计包括中国人民解放军现役军人数,但不包括香港、澳门特别行政区和台湾省数据;分省数据中未包括中国人民解放军现役军人数。

综 合 部 分

2003

全 国 文 化 产 业 机

	总计				文化 合计				文化 国有经济			
	机构数（个）	从业人员数（人）	高级职称	中级职称	机构数（个）	从业人员数（人）	高级职称	中级职称	机构数（个）	从业人员数（人）	高级职称	中级职称
总　　计	**309 939**	**1682 622**	**28 259**	**84 327**	**95 451**	**766 845**	**28 215**	**84 159**	**47 474**	**452 750**	**27 118**	**78 922**
文化产业	**309 470**	**1671 261**	**28 254**	**84 273**	**94 982**	**755 484**	**28 210**	**84 105**	**47 163**	**444 814**	**27 113**	**78 868**
艺术业	5 030	181 134	16 082	41 258	5 007	180 773	16 075	41 152	4 301	155 630	15 022	36 160
图书馆业	2 697	48 447	2 504	13 311	2 690	48 385	2 499	13 292	2 675	48 218	2 493	13 244
群众文化业	42 516	119 072	3 211	13 663	34 699	106 958	3 211	13 648	31 627	99 942	3 196	13 525
艺术教育业	205	14 285	1 707	4 120	205	14 285	1 707	4 120	197	14 227	1 706	4 111
娱乐业	144 126	755 482	——	——	27 628	127 389	——	——	908	11 155	——	——
文艺科研	184	3 181	912	915	184	3 181	912	915	184	3 181	912	915
文物业	3 867	66 125	3 350	9 783	3 847	65 144	3 322	9 763	3 794	64 725	3 309	9 732
其他文化产业	110 845	483 535	488	1 223	20 722	209 369	484	1 215	3 477	47 736	475	1 181
非文化产业	**469**	**11 361**	**5**	**54**	**469**	**11 361**	**5**	**54**	**311**	**7 936**	**5**	**54**

全 国 文 化 部 门 直 属 产 业

	总计				国有经济			
	机构数（个）	从业人员数（人）	高级职称	中级职称	机构数（个）	从业人员数（人）	高级职称	中级职称
总　　计	**68 105**	**538 644**	**28 102**	**84 001**	**46 593**	**444 667**	**27 005**	**78 764**
文化产业	**67 829**	**529 859**	**28 097**	**83 947**	**46 400**	**438 332**	**27**	**78 710**
艺术业	4 999	180 355	15 972	41 016	4 294	155 212	14 919	36 024
图书馆业	2 690	48 385	2 499	13 292	2 675	48 218	2 493	13 244
群众文化业	34 699	106 958	3 211	13 648	31 627	99 942	3 196	13 525
艺术教育业	205	14 285	1 707	4 120	197	14 227	1 706	4 111
娱乐业	10 712	47 156	——	——	491	7 215	——	——
文艺科研	184	3 181	912	915	184	3 181	912	915
文物业	3 847	65 144	3 322	9 763	3 794	64 725	3 309	9 732
其他文化产业	10 493	64 395	474	1 193	3 138	45 612	465	1 159
非文化产业	**276**	**8 785**	**5**	**54**	**193**	**6 335**	**5**	**54**

构数、从业人员数

部门								其他部门			
集体经济				其他经济							
机构数（个）	从业人员数（人）			机构数（个）	从业人员数（人）			机构数（个）	从业人员数（人）		
		高级职称	中级职称			高级职称	中级职称			高级职称	中级职称
6 680	**47 319**	**1 017**	**4 866**	**41 297**	**266 776**	**80**	**371**	**214 488**	**915 777**	**44**	**168**
6 565	**45 267**	**1 017**	**4 866**	**41 254**	**265 403**	**80**	**371**	**214 488**	**915 777**	**44**	**168**
672	24 117	1 013	4 810	34	1 026	40	182	23	361	7	106
2	11	——	2	13	156	6	46	7	62	5	19
2 762	6 015	1	31	310	1 001	14	92	7 817	12 114	——	15
5	41	1	5	3	17	——	4	——	——	——	——
1 293	7 103	——	——	25 427	109 131	——	——	116 498	628 093	——	——
——	——	——	——	——	——	——	——	——	——	——	——
12	99	——	2	41	320	13	29	20	981	28	20
1 819	7 881	2	16	15 426	153 752	7	18	90 123	274 166	4	8
115	**2 052**	**——**	**——**	**43**	**1 373**	**——**	**——**	**——**	**——**	**——**	**——**

机构数、从业人员数

集体经济				其它经济			
机构数（个）	从业人员数（人）			机构数（个）	从业人员数（人）		
		高级职称	中级职称			高级职称	中级职称
4 791	**38 771**	**1 017**	**4 866**	**16 721**	**55 206**	**80**	**371**
4 724	**37 198**	**1 017**	**4 866**	**16 705**	**54 329**	**80**	**371**
672	24 117	1 013	4 810	33	1 026	40	182
2	11	——	2	13	156	6	46
2 762	6 015	1	31	310	1 001	14	92
5	41	1	5	3	17	——	4
578	3 170	——	——	9 643	36 771	——	——
——	——	——	——	——	——		
12	99	——	2	41	320	13	29
693	3 745	2	16	6 662	15 038	7	18
67	**1 573**	**——**	**——**	**16**	**877**	**——**	**——**

全 国 艺 术 表 演 业 机

	总计				文化							
					合计				国有经济			
	机构数（个）	从业人员数（人）	高级职称	中级职称	机构数（个）	从业人员数（人）	高级职称	中级职称	机构数（个）	从业人员数（人）	高级职称	中级职称
总计	**4 416**	**174 890**	**14 814**	**39 801**	**4 396**	**174 541**	**14 807**	**39 699**	**3 700**	**149 514**	**13 761**	**34 718**
一、艺术表演团体	**2 587**	**137 459**	**14 234**	**36 747**	**2 577**	**137 200**	**14 230**	**36 658**	**1 961**	**113 220**	**13 191**	**31 785**
1.话剧、儿童剧、滑稽剧团	87	7 271	1 504	2 287	87	7 271	1 504	2 287	80	6 962	1 476	2 185
其中：儿童剧团	12	1 120	219	359	12	1 120	219	359	12	1 120	219	359
2.歌剧、舞剧、歌舞剧团	109	11 056	2 081	3 467	109	11 056	2 081	3 467	96	10 287	2 044	3 310
3.歌舞团、轻音乐团	343	22 592	2 619	7 002	341	22 404	2 615	6 921	314	21 189	2 522	6 528
4.乐团	15	1 702	516	448	14	1 702	516	448	14	1 702	516	448
5.文工团、文宣队、乌兰牧骑	383	10 685	281	1 876	379	10 685	281	1 876	361	9 938	236	1 645
6.戏曲剧团	1 472	75 169	6 218	19 148	1 470	75 098	6 218	19 140	979	55 742	5 473	15 456
其中：京剧	111	9 263	1 659	3 497	111	9 263	1 659	3 497	89	8 567	1 562	3 173
7.曲、杂、木、皮团	178	8 984	1 015	2 519	177	8 984	1 015	2 519	117	7 400	924	2 213
二、艺术表演场所	**1 829**	**37 431**	**580**	**3 054**	**1 819**	**37 341**	**577**	**3 041**	**1 739**	**36 294**	**570**	**2 933**
1.剧场、影剧院	1 784	36 547	575	3 002	1 774	36 457	572	2 989	1 702	35 441	565	2 881
其中：儿童剧场	4	53	1	9	4	53	1	9	4	53	1	9
2.书场、曲艺场	19	171	——	6	19	171	——	6	11	140	——	6
3.杂技、马戏场	1	——	——	——	1	——	——	——	1	——	——	——
4.音乐厅	14	488	5	21	14	488	5	21	14	488	5	21

全 国 图 书 馆 、群 众 文 化 业

	总计				文化							
					合计				国有经济			
	机构数（个）	从业人员数（人）	高级职称	中级职称	机构数（个）	从业人员数（人）	高级职称	中级职称	机构数（个）	从业人员数（人）	高级职称	中级职称
图书馆业	**2 697**	**48 447**	**2 504**	**13 311**	**2 690**	**48 385**	**2 499**	**13 292**	**2 675**	**48 218**	**2 493**	**13 244**
其中：少儿图书馆	88	1 589	123	524	88	1 589	123	524	88	1 589	123	524
群众文化业	**42 516**	**119 072**	**3 211**	**13 663**	**34 699**	**106 958**	**3 211**	**13 648**	**31 627**	**99 942**	**3 196**	**13 525**
一、群众艺术馆	389	11 042	1 635	3 600	388	10 996	1 635	3 600	385	10 942	1 630	3 583
二、文化馆	2 854	41 449	1 576	10 063	2 840	41 381	1 576	10 048	2 797	40 765	1 566	9 942
三、文化站	39 273	66 581	——	——	31 471	54 581	——	——	28 445	48 235	——	——
其中：乡镇文化站	36 054	57 328	——	——	29 131	47 199	——	——	26 371	42 166	——	——

构数、从业人员数

部门								其他部门			
集体经济				其他经济							
机构数（个）	从业人员数（人）	高级职称	中级职称	机构数（个）	从业人员数（人）	高级职称	中级职称	机构数（个）	从业人员数（人）	高级职称	中级职称
666	**24 084**	**1 009**	**4 803**	**30**	**943**	**37**	**178**	**20**	**349**	**7**	**102**
602	**23 385**	**1 004**	**4 728**	**14**	**595**	**35**	**145**	**10**	**259**	**4**	**89**
7	309	28	102	——	——	——	——	——	——	——	——
——	——	——	——	——	——	——	——	——	——		
12	733	37	157	1	36	——	——	——	——	——	——
25	1 096	87	361	2	119	6	32	2	188	4	81
——	——	——	——	——	——	1	——	——	——		
18	747	45	231	——	——	——	——	4	——	——	——
480	18 916	716	3 571	11	440	29	113	2	71	——	8
22	696	97	324	——	——	——	——	——	——	——	——
60	1 584	91	306	——	——	——	——	1	——	——	——
64	**699**	**5**	**75**	**16**	**348**	**2**	**33**	**10**	**90**	**3**	**13**
56	668	5	75	16	348	2	33	10	90	3	13
——	——	——	——	——	——	——	——	——	——		
8	31	——	——	——	——	——	——	——	——	——	——
——	——	——	——	——	——	——	——	——	——		
——	——	——	——	——	——	——	——	——	——		

机构数、从业人员数

部门								其他部门			
集体经济				其他经济							
机构数（个）	从业人员数（人）	高级职称	中级职称	机构数（个）	从业人员数（人）	高级职称	中级职称	机构数（个）	从业人员数（人）	高级职称	中级职称
2	**11**	**——**	**2**	**13**	**156**	**6**	**46**	**7**	**62**	**5**	**19**
——	——	——	——	——	——	——	——	——	——		
2 762	**6 015**	**1**	**31**	**310**	**1 001**	**14**	**92**	**7 817**	**12 114**	**——**	**15**
1	1	——	——	2	53	5	17	1	46	——	——
23	304	1	31	20	312	9	75	14	68	——	15
2 738	5 710	——	——	288	636	——	——	7 802	12	——	——
2 491	4 433	——	——	269	600	——	——	6 923	10 129	——	——

全国艺术教育业、其他文化产业和

	总计				文化							
					合计				国有经济			
	机构数（个）	从业人员数（人）			机构数（个）	从业人员数（人）			机构数（个）	从业人员数（人）		
			高级职称	中级职称			高级职称	中级职称			高级职称	中级职称
艺术教育业	**205**	**14 285**	**1 707**	**4 120**	**205**	**14 285**	**1 707**	**4 120**	**197**	**14 227**	**1 706**	**4 111**
一、高等学校	4	737	102	197	4	737	102	197	4	737	102	197
二、中等专业学校	131	11 508	1 432	3 366	131	11 508	1 432	3 366	130	11 498	1 431	3 366
三、文化干部院校	19	582	71	156	19	582	71	156	19	582	71	156
四、其他教育机构	51	1 458	102	401	51	1 458	102	401	44	1 410	102	392
其他文化产业	**255 769**	**1248 442**	**2 668**	**3 595**	**49 145**	**346 171**	**2 664**	**3 583**	**5 170**	**68 188**	**2 648**	**3 538**
一、艺术创作机构	433	3 097	905	777	433	3 097	905	777	430	3 089	903	775
其中：剧目创作室、组	184	1 081	279	282	184	1 081	279	282	183	1 079	278	281
二、艺术科研机构	184	3 181	912	915	184	3 181	912	915	184	3 181	912	915
文化科技机构	50	798	208	224	50	798	208	224	50	798	208	224
综合性艺术研究	93	2 095	631	621	93	2 095	631	621	93	2 095	631	621
地方戏艺术研究	22	150	39	35	22	150	39	35	22	150	39	35
其他艺术研究	19	138	34	35	19	138	34	35	19	138	34	35
三、艺术展览机构	51	1 209	139	276	51	1 209	139	276	50	1 205	139	276
其中：美术馆	26	564	89	145	26	564	89	145	25	560	89	145
四、文化艺术经纪与代理业	421	4 723	36	86	181	1 836	36	86	112	1 223	36	84
五、其　他	254 680	1236 232	676	1 541	48 296	336 848	672	1 529	4 394	59 490	658	1 488
非文化产业	**469**	**11 361**	**5**	**54**	**469**	**11 361**	**5**	**54**	**311**	**7 936**	**5**	**54**

非文化产业机构数、从业人员数

部门								其他部门			
集体经济				其他经济							
机构数（个）	从业人员数（人）			机构数（个）	从业人员数（人）			机构数（个）	从业人员数（人）		
		高级职称	中级职称			高级职称	中级职称			高级职称	中级职称
5	**41**	**1**	**5**	**3**	**17**	**——**	**4**	**——**	**——**	**——**	**——**
——	——	——	——	——	——	——	——	——	——		
1	10	1	——	——	——	——	——	——	——	——	——
——	——	——	——	——	——	——	——	——	——		
4	31	——	5	3	17	——	4	——	——	——	——
3 118	**15 017**	**6**	**23**	**40 857**	**262 966**	**10**	**22**	**206 624**	**902 271**	**4**	**12**
3	8	2	2	——	——	——	——	——	——	——	——
1	2	1	1	——	——	——	——	——	——	——	——
——	——	——	——	——	——	——	——	——	——		
——	——	——	——	——	——	——	——	——	——		
——	——	——	——	——	——	——	——	——	——		
——	——	——	——	——	——	——	——	——	——		
——	——	——	——	——	——	——	——	——	——		
1	4	——	——	——	——	——	——	——	——	——	——
1	4	——	——	——	——	——	——	——	——	——	——
21	138	——	——	48	475	——	2	240	2 887	——	——
3 093	14 867	4	21	40 809	262 491	10	20	206 384	899 384	4	12
115	**2 052**	**——**	**——**	**43**	**1 373**	**——**	**——**	**——**	**——**	**——**	**——**

全 国 文 物 保 护 业

	总计				文化							
					合计				国有经济			
	机构数（个）	从业人员数（人）			机构数（个）	从业人员数（人）			机构数（个）	从业人员数（人）		
			高级职称	中级职称			高级职称	中级职称			高级职称	中级职称
总　　计	**3 867**	**66 125**	**3 350**	**9 783**	**3 847**	**65 144**	**3 322**	**9 763**	**3 794**	**64 725**	**3 309**	**9 732**
文物机构合计	**2 241**	**27 645**	**1 111**	**3 332**	**2 228**	**27 640**	**1 111**	**3 332**	**2 198**	**27 446**	**1 107**	**3 318**
1.文物保护管理机构	2 108	21 786	479	2 515	2 095	21 781	479	2 515	2 071	21 649	477	2 506
2.文物科研机构	72	2 904	516	654	72	2 904	516	654	71	2 904	516	654
3.其他文物机构	61	2 955	116	163	61	2 955	116	163	56	2 893	114	158
博物馆合计	**1 511**	**35 833**	**2 140**	**5 998**	**1 504**	**34 857**	**2 112**	**5 978**	**1 488**	**34 691**	**2 105**	**5 962**
1.综　合　类	824	16 397	1 086	3 317	822	16 393	1 086	3 317	810	16 248	1 081	3 302
2.历　史　类	491	12 815	643	1 786	488	11 895	635	1 773	486	11 887	635	1 773
3.艺　术　类	60	3 708	263	564	59	3 661	243	557	59	3 661	243	557
4.自然科学类	18	624	63	85	18	624	63	85	18	624	63	85
5.其　　他	118	2 289	85	246	117	2 284	85	246	115	2 271	83	245
文物商店合计	**115**	**2 647**	**99**	**453**	**115**	**2 647**	**99**	**453**	**108**	**2 588**	**97**	**452**

全国民族自治地方主要文化产业

	总计				文化							
					合计				国有经济			
	机构数（个）	从业人员数（人）			机构数（个）	从业人员数（人）			机构数（个）	从业人员数（人）		
			高级职称	中级职称			高级职称	中级职称			高级职称	中级职称
总　　计	**9 755**	**58 128**	**2 923**	**11 041**	**9 403**	**57 484**	**2 915**	**10 973**	**8 890**	**55 968**	**2 895**	**10 811**
艺　术　业	846	25 697	2 110	5 734	846	25 697	2 110	5 734	826	25 255	2 103	5 656
1.艺术表演团体	512	21 230	1 768	5 154	512	21 230	1 768	5 154	502	20 847	1 762	5 085
其中:少数民族歌舞团	55	3 882	416	1 193	55	3 882	416	1 193	54	3 837	416	1 190
2.艺术表演场所	193	2 840	104	225	193	2 840	104	225	186	2 811	104	221
剧场、影剧院	193	2 840	104	225	193	2 840	104	225	186	2 811	104	221
3.其　　他	141	1 627	238	355	141	1 627	238	355	138	1 597	237	350
图　书　馆　业	567	7 177	225	1 977	557	7 022	217	1 912	551	6 932	214	1 881
群　众　文　化　业	7 698	19 602	338	2 217	7 364	19 116	338	2 214	6 890	18 232	331	2 177
群众艺术馆	83	2 020	202	562	82	1 974	202	562	79	1 920	197	545
文　化　馆	633	7 083	136	1 655	632	7 070	136	1 652	619	6 885	134	1 632
文　化　站	6 982	10 499	——	——	6 650	10 072	——	——	6 192	9 427	——	——
文　物　保　护　业	644	5 652	250	1 113	636	5 649	250	1 113	623	5 549	247	1 097
其中:文物保护管理机构	458	2 774	49	451	450	2 771	49	451	443	2 737	49	447
博　物　馆	162	2 340	161	549	162	2 340	161	549	159	2 299	160	540

机构数、从业人员数

部门								其他部门			
集体经济				其他经济							
机构数（个）	从业人员数（人）			机构数（个）	从业人员数（人）			机构数（个）	从业人员数（人）		
		高级职称	中级职称			高级职称	中级职称			高级职称	中级职称
12	**99**	**——**	**2**	**41**	**320**	**13**	**29**	**20**	**981**	**28**	**20**
6	**46**	**——**	**1**	**24**	**148**	**4**	**13**	**13**	**5**	**——**	**——**
5	33	——	1	19	99	2	8	13	5	——	——
——	——	1	——	——	——	——	——	——	——		
1	13	——	——	4	49	2	5	——	——	——	——
3	**36**	**——**	**1**	**13**	**130**	**7**	**15**	**7**	**976**	**28**	**20**
2	28	——	1	10	117	5	14	2	4	——	——
1	8	——	——	1	——	——	——	3	920	8	13
——	——	——	——	——	——	1	47	20	7		
——	——	——	——	——	——	——	——	——	——		
——	——	2	13	2	1	1	5	——	——		
3	**17**	**——**	**——**	**4**	**42**	**2**	**1**	**——**	**——**	**——**	**——**

机构数、从业人员数

部门								其他部门			
集体经济				其他经济							
机构数（个）	从业人员数（人）			机构数（个）	从业人员数（人）			机构数（个）	从业人员数（人）		
		高级职称	中级职称			高级职称	中级职称			高级职称	中级职称
349	**884**	**6**	**73**	**164**	**632**	**14**	**89**	**352**	**644**	**8**	**68**
14	394	6	69	6	48	1	9	——	——	——	——
10	383	6	69	——	——	——	——	——	——	——	——
1	45	——	3	——	——	——	——	——	——	——	——
4	11	——	——	3	18	——	4	——	——	——	——
4	11	——	——	3	18	——	4	——	——	——	——
——	——	3	30	1	5	——	——	——	——		
——	——	6	90	3	31	10	155	8	65		
333	485	——	4	141	399	7	33	334	486	——	3
1	1	——	——	2	53	5	17	1	46	——	——
5	81	——	4	8	104	2	16	1	13	——	3
327	403	——	——	131	242	——	——	332	427	——	——
2	5	——	——	11	95	3	16	8	3	——	——
1	——	——	——	6	34	——	4	8	3	——	——
——	——	3	41	1	9	——	——	——	——		

全国文化部门文化产业单位经费收支情况

	本年收入合计(千元)	财政补助收入	上级补助收入	事业收入	经营收入		事业支出
总　计	**17 901 432**	**10 799 519**	**646 643**	**4 488 171**	**618 807**	**17 189 912**	**15 541 529**
1.文化合计	**12 851 812**	**8 365 819**	**385 168**	**2 506 068**	**566 423**	**12 777 967**	**11 571 821**
艺术表演团体	3 653 309	2 466 609	140 313	813 963	59 360	3 633 120	3 540 175
艺术表演场所	836 433	120 325	14 344	412 659	206 261	893 744	654 961
图书馆	2 133 217	1 768 820	33 295	221 491	49 661	2 089 287	2 046 387
群众文化	2 410 503	1 651 632	114 733	341 042	146 359	2 355 932	2 211 004
干部训练	15 782	7 296	5	7 271	1 023	16 588	16 517
其他文化	3 802 568	2 351 137	82 478	709 642	103 759	3 789 296	3 102 777
2.文物合计	**4 498 132**	**2 143 100**	**258 967**	**1 748 870**	**46 294**	**3 866 330**	**3 432 097**
博物馆经费	2 435 844	1 121 947	160 092	1 031 005	29 185	2 071 979	1 752 495
文物事业机构经费	1 290 141	374 902	98 875	717 865	17 109	1 117 864	1 003 115
干部训练经费	7 867	7 867	——	——	——	7 867	7 867
文物保护费	326 615	326 615	——	——	——	191 532	191 532
其他文物事业费	437 665	311 769	——	——	——	477 088	477 088
3.教育合计	**551 488**	**290 600**	**2 508**	**233 233**	**6 090**	**545 615**	**537 611**
中等专业学校	481 732	249 690	2 476	205 546	6 090	477 711	473 909

	本年支出合计(千元)						年末固定资产原值(千元)
	经营支出	在支出合计中					
		从业人员劳动报酬	税金支出	社会保障费	修缮费	设备购置费	
总　计	**528 871**	**5 241 897**	**163 394**	**1 502 730**	**728 065**	**1 160 916**	**31 409 786**
1.文化合计	**471 343**	**4 170 832**	**133 312**	**1 260 671**	**363 090**	**984 013**	**25 266 864**
艺术表演团体	39 319	1 512 418	32 538	581 991	92 299	171 142	3 620 946
艺术表演场所	209 906	283 886	41 410	104 952	51 809	36 572	4 891 900
图书馆	26 233	707 326	15 390	164 865	69 942	609 364	8 895 424
群众文化	96 682	1 131 532	20 613	208 696	102 001	102 652	5 688 850
干部训练	6	5 898	79	1 261	902	585	17 756
其他文化	99 197	529 772	23 282	198 906	46 137	63 698	2 151 988
2.文物合计	**55 960**	**872 758**	**29 446**	**177 682**	**326 977**	**143 839**	**5 342 455**
博物馆经费	22 892	555 582	17 854	129 464	202 838	96 393	3 816 603
文物事业机构经费	33 068	317 176	11 592	48 218	124 139	47 446	1 525 852
干部训练经费	——	——	——	——	——	——	——
文物保护费	——	——	——	——	——	——	——
其他文物事业费	——	——	——	——	——	——	——
3.教育合计	**1 568**	**198 307**	**636**	**64 377**	**37 998**	**33 064**	**800 467**
中等专业学校	1 568	177 050	550	53 935	35 812	31 138	718 362

全国文化产业增加值情况

	总产出（千元）	中间消耗（千元）	增加值（千元）	劳动者报酬（千元）	生产税净额（千元）	固定资产折旧（千元）	营业盈余（千元）
总　计	**49 634 244**	**24 634 049**	**25 000 195**	**9 302 312**	**2 730 774**	**3 972 274**	**8 994 834**
艺　术　业	4 831 712	2 456 291	2 375 421	1 896 141	76 410	358 796	44 074
其中：艺术表演团体	3 688 748	1 994 780	1 693 968	1 512 418	32 538	144 837	4 175
艺术表演场所	821 590	260 835	560 755	283 886	41 410	195 676	39 783
图书馆业	2 403 638	1 323 490	1 080 148	707 326	15 390	355 817	1 615
群众文化业	2 439 875	1 057 288	1 382 587	1 131 532	20 613	227 554	2 888
出　版　业	31 014	21 638	9 376	7 213	942	1 105	116
文化艺术经纪及代理业	331 094	242 185	88 909	23 963	10 850	29 157	24 939
娱　乐　业	20 488 025	8 120 265	12 367 760	2 860 161	1 947 462	1 977 406	5 582 731
文物保护业	3 638 881	1 846 073	1 792 808	1 010 604	54 102	238 161	489 941
其他文化艺术业	15 470 005	9 566 819	5 903 186	1 665 372	605 005	784 278	2 848 530

全国文化部门增加值情况

	总产出（千元）	中间消耗（千元）	增加值（千元）	劳动者报酬（千元）	生产税净额（千元）	固定资产折旧（千元）	营业盈余（千元）
总　计	**21 832 669**	**9 465 063**	**12 367 606**	**6 122 952**	**697 363**	**2 764 819**	**2 782 473**
第一产业合计	——	——	——	——	——	——	——
第二产业合计	255 919	202 952	52 967	14 239	6 027	2 549	30 152
其中：制造业	185 079	148 268	36 811	9 863	3 411	1 854	21 683
建筑业	70 840	54 684	16 156	4 376	2 616	695	8 469
第三产业合计	21 576 750	9 262 111	12 314 639	6 108 713	691 336	2 762 270	2 752 321
其中：文化产业	20 265 109	9 672 484	10 592 625	5 986 353	635 409	1 592 592	2 378 271
批、零、餐饮业	446 970	257 311	189 659	48 578	22 740	15 353	102 988
房地产业	38 182	26 127	12 055	3 399	2 136	2 908	3 612
社会服务业	296 943	156 957	139 986	36 798	18 047	17 672	67 469

全国文化部门文化产业增加值情况

	总产出（千元）	中间消耗（千元）	增加值（千元）	劳动者报酬（千元）	生产税净额（千元）	固定资产折旧（千元）	营业盈余（千元）
总　计	**20 265 109**	**9 672 484**	**10 592 625**	**5 986 353**	**635 409**	**1 592 592**	**2 378 271**
艺　术　业	4 831 712	2 456 291	2 375 421	1 896 141	76 410	358 796	44 074
其中：艺术表演团体	3 688 748	1 994 780	1 693 968	1 512 418	32 538	144 837	4 175
艺术表演场所	821 590	260 835	560 755	283 886	41 410	195 676	39 783
图书馆业	2 403 638	1 323 490	1 080 148	707 326	15 390	355 817	1 615
群众文化业	2 439 875	1 057 288	1 382 587	1 131 532	20 613	227 554	2 888
出　版　业	31 014	21 638	9 376	7 213	942	1 105	116
文化艺术经纪及代理业	140 963	86 293	54 670	12 690	3 554	26 436	11 990
娱　乐　业	3 260 421	1 113 721	2 146 700	378 693	342 945	209 747	1 215 315
文物保护业	3 260 421	1 113 721	2 146 700	378 693	342 945	209 747	1 215 315
其他文化艺术业	3 638 881	1 854 352	1 784 529	1 010 604	54 102	229 882	489 941

全国文化、文物部门产业

	项目个数（个）	计划总投资（千元）	建筑面积（千平方米）	本年计划投资（千元）	本年资					
						上年结余资金	本年资			
								国家投资	国内贷款	国债投资
总　计	**972**	**23 917 552**	**4 973**	**4 288 141**	**5 330 138**	**1 358 268**	**3 971 870**	**1 643 920**	**267 443**	**57 400**
文化合计	**772**	**20 193 009**	**3 755**	**3 634 048**	**4 433 989**	**1 163 407**	**3 270 582**	**1 421 967**	**199 673**	**——**
剧团业务用房	52	629 854	177	56 115	104 973	30 717	74 256	35 199	——	——
艺术表演场所	53	2 904 454	475	935 019	1 059 126	282 048	777 078	93 457	85 310	——
公共图书馆	160	2 411 814	713	522 572	471 152	103 274	367 878	122 494	2 415	——
群众艺术馆	19	83 290	44	12 815	12 326	1 076	11 250	6 321	——	——
文　化　馆	114	296 274	238	121 668	116 615	4 554	112 061	69 479	1 564	——
中等艺术学校校舍	15	261 008	143	71 239	101 235	57 973	43 262	12 930	2	——
职工住宅	34	654 196	241	72 870	149 092	31 877	117 215	7 551	——	——
其　　他	325	12 952 119	1 725	1 841 750	2 419 470	651 888	1 767 582	1 074 536	108 384	——
文物合计	**200**	**3 724 543**	**1 217**	**654 093**	**896 149**	**194 861**	**701 288**	**221 953**	**67 770**	**57 400**
文物保护管理机构	37	339 105	87	77 116	96 743	19 758	76 985	10 900	2	10 000
其他文物机构	4	14 110	17	1 270	2 446	1 176	1 270	400	——	——
博　物　馆	89	2 366 622	564	349 605	392 567	122 521	270 046	118 317	5	4 000
文物商店	1	600	——	600	600	——	600	600	——	——
职工住宅	2	14 930	44	10 777	20 970	12 440	8 530	——	——	——
其　　他	67	989 176	505	214 725	382 823	38 966	343 857	91 736	60 770	43 400

全国文化部门产业单位

	项目个数（个）	计划总投资（千元）	建筑面积（千平方米）	本年计划投资（千元）	本年资					
						上年结余资金	本年资			
								国家投资	国内贷款	国债投资
总　计	**611**	**19 067 517**	**3 537**	**3 463 812**	**3 978 913**	**895 606**	**3 083 307**	**1 337 410**	**178 563**	**——**
剧团业务用房	40	487 066	134	33 027	72 612	25 180	47 432	26 449	——	——
艺术表演场所	35	2 678 131	413	852 956	934 989	244 863	690 126	64 497	65 310	——
公共图书馆	147	2 346 401	700	516 261	458 629	103 274	355 355	117 614	2 415	——
群众艺术馆	16	82 610	42	12 595	11 606	1 076	10 530	5 821	——	——
文　化　馆	111	284 884	227	110 278	106 105	4 154	101 951	69 129	764	——
中等艺术学校校舍	12	256 128	139	67 539	100 735	57 973	42 762	12 630	2	——
职工住宅	29	566 769	237	71 864	140 663	24 430	116 233	7 311	——	——
其　　他	221	12 365 528	1 644	1 799 292	2 153 574	434 656	1 718 918	1 033 959	108 074	——

单位固定资产投资情况

金来源总计（千元）							累计完成投资		新增固定资产		本年全部建成交付使用的项目个数及竣工面积	
金来源总计							（千元）	本年完成投资	（千元）	本年新增固定资产	建成项目（个）	竣工面积（千平方米）
利用外资	自筹资金	中央自筹	地方资金	单位自筹资金	其他资金来源	集资						
13 440	**1 660 786**	**14 495**	**1 329 633**	**293 717**	**328 881**	**78 457**	**12 245 104**	**3 089 361**	**1 324 077**	**1 029 235**	**265**	**1 164**
8 170	**1 373 312**	**2 595**	**1 190 079**	**161 137**	**267 460**	**75 140**	**9 513 146**	**2 424 226**	**1 146 543**	**884 081**	**200**	**787**
——	37 902	——	26 986	9 543	1 155	——	335 936	63 935	141 984	133 226	23	71
——	444 450	150	434 155	9 045	153 861	10	1 896 742	638 366	353 039	181 252	18	123
850	221 152	170	207 005	11 377	20 967	607	1 211 600	364 872	77 096	43 021	35	89
1 000	3 929	——	2 625	1 190	——	——	36 385	8 895	3 456	380	5	3
——	36 178	140	27 124	6 214	4 840	2 520	121 206	80 220	100 354	65 298	16	36
——	27 129	——	22 600	4 529	1 203	100	195 193	100 519	10 792	10 792	6	91
——	47 572	——	1 820	45 602	62 092	56 412	590 180	98 839	259 100	259 100	14	108
6 320	555	2 135	467 764	73 637	23 342	5 501	5 125 904	1 068 580	200 722	191 012	83	265
5 270	**287 474**	**11 900**	**139 554**	**132 580**	**61 421**	**3 317**	**2 731 958**	**665 135**	**177 534**	**145 154**	**65**	**378**
——	28 698	2 900	18 682	7 116	25 387	287	188 249	80 200	40 195	28 391	13	27
270	570	——	——	570	30	30	3 006	1 270	——	——	——	——
——	128 664	8 500	98 620	18 404	14 065	30	1 638 305	273 956	104 286	86 710	28	160
——	——	——	——	——	——	177	177	——	——	——	——	
——	5 600	——	——	5 600	2 930	2 930	21 506	8 402	11 400	11 400	2	44
5 000	123 942	500	22 252	100 890	19 009	40	880 715	301 130	21 653	18 653	22	147

基本建设投资情况

金来源总计（千元）							累计完成投资		新增固定资产		本年全部建成交付使用的项目个数及竣工面积	
金来源总计							（千元）	本年完成投资	（千元）	本年新增固定资产	建成项目（个）	竣工面积（千平方米）
利用外资	自筹资金	中央自筹	地方资金	单位自筹资金	其他资金来源	集资						
7 850	**1 298 256**	**1 110**	**1 122 678**	**154 973**	**261 228**	**74 304**	**8 708 895**	**2 183 114**	**919 744**	**659 339**	**150**	**739**
——	19 978	——	9 200	9 405	1 005	——	218 151	36 350	51 780	43 181	17	70
——	407 108	——	398 445	7 563	153 211	10	1 727 124	551 149	344 098	172 759	10	104
850	216 909	170	203 152	10 987	17 567	607	1 198 558	353 260	68 702	35 677	29	82
1 000	3 709	——	2 445	1 150	——	——	35 947	8 457	3 076	——	3	3
——	27 778	140	21 124	3 814	4 280	1 960	115 242	74 486	97 764	63 108	14	33
——	27 029	——	22 500	4 529	1 103	——	195 083	100 409	10 792	10 792	4	89
——	47 572	——	1 820	45 602	61 350	56 286	505 538	90 421	178 692	178 692	13	105
6 000	548 173	800	463 992	71 923	22 712	5 451	4 713 252	968 582	164 840	155 130	60	252

全国文化部门艺术表演

	剧团数（个）	补贴团数	从业人员数（人）	高级职称	中级职称	本团新排上演剧目（个）	本团创作首演剧目	演出场次（千场次）	国内演出场次	农村演出场次
总　　计	**2 577**	**2 393**	**137 200**	**14 230**	**36 658**	**5 272**	**2 677**	**416**	**391**	**239**
按隶属关系分										
中　　央	13	13	3 340	1 268	749	35	13	2	1	——
省　　级	199	195	28 050	6 123	8 981	475	316	42	37	9
地 市 级	741	716	50 928	5 519	18 073	1 685	934	130	118	51
县 市 级	1 624	1 469	54 882	1 320	8 855	3 077	1 414	242	234	178
按剧种分										
话剧、儿童剧、滑稽剧团	87	85	7 271	1 504	2 287	160	113	16	15	2
其中：儿童剧	12	11	1 120	219	359	5	3	3	3	——
歌剧、舞剧、歌舞剧团	109	104	11 056	2 081	3 467	326	190	15	14	6
歌舞团、轻音乐团	342	327	22 435	2 615	6 922	958	579	38	36	12
乐　　团	13	13	1 671	516	447	90	18	1	1	——
文工团、文宣队、乌兰牧骑	379	354	10 685	281	1 876	749	457	36	35	21
戏曲剧团	1 470	1 352	75 098	6 218	19 140	2 775	1 177	239	232	178
其中：京剧	111	110	9 263	1 659	3 497	172	64	13	12	4
曲、杂、木、皮团	177	158	8 984	1 015	2 519	214	143	70	57	20

	本年支出合计	事业支出	经营支出	在支出合计中：从业人员劳动报酬	税金支出	社会保障费	修缮费
总　　计	**3 633 120**	**3 540 175**	**39 319**	**1 512 418**	**32 538**	**581 991**	**92 299**
按隶属关系分							
中　　央	227 755	219 450	383	85 557	4 735	30 709	3 734
省　　级	1 323 848	1 291 337	7 266	466 370	13 656	214 293	33 890
地 市 级	1 455 993	1 421 474	19 435	617 583	11 464	241 389	42 861
县 市 级	625 524	607 914	12 235	342 908	2 683	95 600	11 814
按剧种分							
话剧、儿童剧、滑稽剧团	319 730	311 770	2 102	108 333	5 822	60 048	7 500
其中：儿童剧	38 575	36 617	——	15 870	391	4 382	248
歌剧、舞剧、歌舞剧团	395 058	382 179	4 093	159 384	5 105	63 588	10 499
歌舞团、轻音乐团	660 681	648 513	5 501	285 813	4 217	69 549	17 030
乐　　团	141 532	141 176	280	49 434	2 923	21 244	401
文工团、文宣队、乌兰牧骑	158 320	151 247	5 463	92 368	546	17 553	2 005
戏曲剧团	1 642 775	1 598 998	20 466	703 084	10 661	302 962	35 529
其中：京剧	334 315	329 657	3 128	134 054	1 875	67 266	7 739
曲、杂、木、皮团	315 024	306 292	1 414	114 002	3 264	47 047	19 335

团 体 演 出 及 收 支 情 况

国内演出观众人次（千人次）	平均每团演出场次（场）	本年收入合计（千元）	财政补助收入	上级补助收入	事业收入	演出收入	经营收入	平均每团演出收入（千元）
459 797	**161**	**3 653 309**	**2 466 609**	**140 313**	**813 963**	**648 838**	**59 360**	**252**
2 431	131	232 811	121 960	18 752	74 449	41 057	6 495	3 158
44 561	212	1 325 592	891 943	68 394	259 381	209 210	17 685	1 051
134 067	176	1 468 611	1 042 334	40 189	302 709	244 756	24 027	330
278 738	149	626 295	410 372	12 978	177 424	153 815	11 153	95
13 039	180	324 814	211 850	14 806	70 220	51 695	3 138	594
2 606	240	39 995	25 717	1 714	9 881	7 197	10	600
19 821	141	385 275	244 440	21 518	91 186	68 999	7 475	633
47 078	112	656 663	452 094	25 317	148 273	107 405	4 248	314
1 719	101	153 132	87 954	20 441	36 543	31 910	5 005	2 455
39 546	96	157 534	135 153	1 400	15 133	10 914	1 314	29
311 433	162	1 657 788	1 131 853	50 773	362 383	297 064	34 890	202
14 085	118	338 731	258 005	5 743	49 807	36 351	9 832	328
27 161	395	318 103	203 265	6 058	90 225	80 851	3 290	457

（千元）计中：设备购置费	排练制作费	演出费	经费自给率（%）	劳动报酬占总支出比重（%）	年末固定资产原值（千元）	增加值（千元）	公用房屋建筑面积（千平方米）	排练练功用房
171 142	**188 960**	**286 392**	**29.20**	**41.60**	**3 620 946**	**1 693 969**	**4 497**	**856**
20 651	12 416	21 598	41.90	37.60	297 844	102 206	219	11
73 022	63 635	99 160	28.10	35.20	1 136 440	525 484	1 112	221
52 682	84 033	122 117	26.80	42.40	1 291 117	683 112	1 791	397
24 787	28 876	43 517	32.70	54.80	895 545	383 168	1 375	228
16 519	18 661	24 666	31.30	33.90	383 584	129 498	384	42
1 173	3 932	3 170	34.30	41.10	55 306	18 473	39	4
22 142	22 380	33 624	30.90	40.30	418 139	181 255	347	100
38 850	34 971	61 461	27.40	43.30	708 251	318 960	672	161
10 036	3 453	16 452	31.60	34.90	121 009	57 197	78	5
4 674	6 027	6 709	13.40	58.30	281 409	104 192	650	136
68 098	87 121	124 117	29.30	42.80	1 446 980	775 010	2 077	322
16 817	11 670	17 279	22.50	40.10	265 202	146 537	322	47
10 823	16 347	19 363	35.40	36.20	261 574	127 856	289	90

全国文化部门国有艺术表

	剧团数		从业人员数			本团新排上演剧目		演出场次		
	（个）	补贴团数	（人）	高级职称	中级职称	（个）	本团创作首演剧目	（千场次）	国内演出场次	农村演出场次
总　计	**1 961**	**1 887**	**113 220**	**13 191**	**31 785**	**4 484**	**2 367**	**284**	**263**	**145**
按隶属关系分										
中　央	13	13	3 340	1 268	749	35	13	2	1	——
省　级	199	195	28 050	6 123	8 981	475	316	42	37	9
地市级	626	607	44 688	4 868	15 866	1 507	843	97	86	34
县市级	1 123	1 072	37 142	932	6 189	2 467	1 195	144	139	101
按剧种分										
话剧、儿童剧、滑稽剧团	80	78	6 962	1 476	2 185	151	111	11	11	2
歌剧、舞剧、歌舞剧团	96	95	10 287	2 044	3 310	319	189	14	13	4
歌舞团、轻音乐团	315	302	21 220	2 522	6 529	933	561	35	33	10
乐　团	13	13	1 671	516	447	90	18	1	1	——
文工团、文宣队、乌兰牧骑	361	337	9 938	236	1 645	729	438	35	34	21
戏曲剧团	979	950	55 742	5 473	15 456	2 118	938	153	147	103
其中：京剧	89	88	8 567	1 562	3 173	158	61	11	11	3
曲、杂、木、皮团	117	112	7 400	924	2 213	144	112	34	24	5

	本年支出合计						
				在支出合			
		事业支出	经营支出	从业人员劳动报酬	税金支出	社会保障费	修缮费
总　计	**3 307 156**	**3 222 583**	**32 810**	**1 350 022**	**30 182**	**523 174**	**85 890**
按隶属关系分							
中　央	227 755	219 450	383	85 557	4 735	30 709	3 734
省　级	1 323 848	1 291 337	7 266	466 370	13 656	214 293	33 890
地市级	1 299 579	1 268 069	17 523	543 718	10 210	213 435	40 183
县市级	455 974	443 727	7 638	254 377	1 581	64 737	8 083
按剧种分							
话剧、儿童剧、滑稽剧团	305 282	297 337	2 102	104 054	5 274	58 777	7 340
歌剧、舞剧、歌舞剧团	386 847	373 985	4 076	153 965	4 932	62 702	10 231
歌舞团、轻音乐团	636 254	624 286	5 453	272 977	4 107	67 688	16 889
乐　团	141 532	141 176	280	49 434	2 923	21 244	401
文工团、文宣队、乌兰牧骑	145 019	139 617	3 792	86 252	483	14 197	1 827
戏曲剧团	1 411 530	1 373 664	16 103	584 225	9 512	258 634	31 069
其中：京剧	316 333	311 675	3 128	125 464	1 872	62 688	7 418
曲、杂、木、皮团	280 692	272 518	1 004	99 115	2 951	39 932	18 133

演团体演出及收支情况

国内演出观众人次（千人次）	平均每团演出场次（场）	本年收入合计（千元）						平均每团演出收入（千元）
			财政补助收入	上级补助收入	事业收入		经营收入	
						演出收入		
333 159	**145**	**3 327 803**	**2 281 366**	**130 597**	**700 589**	**548 962**	**54 603**	**280**
2 431	131	232 811	121 960	18 752	74 449	41 057	6 495	3 158
44 561	212	1 325 592	891 943	68 394	259 381	209 210	17 685	1 051
112 211	155	1 311 292	940 158	34 208	262 701	210 693	22 668	337
173 956	128	458 108	327 305	9 243	104 058	88 002	7 755	78
10 472	142	310 494	205 294	14 035	63 982	45 991	3 138	575
17 902	143	377 080	238 094	21 493	89 499	67 529	7 458	703
44 128	112	631 752	434 496	25 230	142 233	101 778	4 012	323
1 719	101	153 132	87 954	20 441	36 543	31 910	5 005	2 455
37 817	98	145 381	126 035	1 344	13 373	9 559	823	27
201 595	156	1 426 128	1 005 275	42 921	277 482	222 878	31 194	228
11 588	127	320 550	244 913	5 727	46 814	34 368	9 832	386
19 526	294	283 836	184 218	5 133	77 477	69 317	2 973	593

（千元）			经费自给率（%）	劳动报酬占总支出比重（%）	年末固定资产原值（千元）	增加值（千元）	公用房屋建筑面积（千平方米）	
计 中								排练练功用房
设备购置费	排练制作费	演出费						
159 448	**172 497**	**258 962**	**28.10**	**40.80**	**3 306 579**	**1 514 967**	**3 964**	**768**
20 651	12 416	21 598	41.90	37.60	297 844	102 206	219	11
73 022	63 635	99 160	28.10	35.20	1 136 440	525 484	1 112	221
48 584	76 462	106 621	26.20	41.80	1 167 277	601 994	1 610	364
17 191	19 984	31 583	26.90	55.80	705 018	285 284	1 022	173
16 049	18 157	21 767	30.40	34.10	375 469	124 347	380	40
22 009	21 805	33 067	31.10	39.80	411 243	175 387	333	98
37 376	33 540	58 217	27.30	42.90	673 656	304 630	641	157
10 036	3 453	16 452	31.60	34.90	121 009	57 197	78	5
4 062	5 154	5 791	12.60	59.50	271 693	97 625	626	132
59 665	75 805	106 658	27.20	41.40	1 221 843	644 413	1 654	254
16 407	11 199	16 758	22.20	39.70	242 565	137 039	291	42
10 251	14 583	17 010	34.50	35.30	231 666	111 369	252	85

全国文化部门集体艺术表

	剧团数(个)	补贴团数	从业人员数(人)	高级职称	中级职称	本团新排上演剧目(个)	本团创作首演剧目	演出场次(千场次)	国内演出场次	农村演出场次
总　　计	**602**	**494**	**23 385**	**1 004**	**4 728**	**760**	**300**	**130**	**126**	**93**
按隶属关系分										
省　　级	——	——	——	——	——	——	——	——	——	——
地 市 级	107	103	5 878	624	2 099	153	82	33	32	17
县 市 级	495	391	17 507	380	2 629	607	218	97	94	76
按 剧 种 分										
话剧、儿童剧、滑稽剧团	7	7	309	28	102	9	2	4	4	1
歌剧、舞剧、歌舞剧团	12	8	733	37	157	7	1	1	1	1
歌舞团、轻音乐团	25	23	1 096	87	361	22	15	3	3	1
乐　　团	——	——	——	——	——	——	——	——	——	——
文工团、文宣队、乌兰牧骑	18	17	747	45	231	20	19	1	1	1
戏曲剧团	480	393	18 916	716	3 571	632	232	85	84	74
其中:京剧	22	22	696	97	324	14	3	2	2	1
曲、杂、木、皮团	60	46	1 584	91	306	70	31	36	33	15

	本年支出合计	事业支出	经营支出	在支出合：从业人员劳动报酬	税金支出	社会保障费	修缮费
总　　计	**313 994**	**305 670**	**6 461**	**156 575**	**2 100**	**57 803**	**6 192**
按隶属关系分							
省　　级	——	——	——	——	——	——	——
地 市 级	148 163	145 202	1 864	70 467	1 219	27 346	2 504
县 市 级	165 831	160 468	4 597	86 108	881	30 457	3 688
按 剧 种 分							
话剧、儿童剧、滑稽剧团	14 448	14 433	——	4 279	548	1 271	160
歌剧、舞剧、歌舞剧团	7 892	7 875	17	5 169	168	854	258
歌舞团、轻音乐团	20 834	20 682	——	11 894	84	1 761	141
乐　　团	——	——	——	——	——	——	——
文工团、文宣队、乌兰牧骑	13 301	11 630	1 671	6 116	63	3 356	178
戏曲剧团	223 187	217 276	4 363	114 230	924	43 446	4 253
其中:京剧	17 982	17 982	——	8 590	3	4 578	321
曲、杂、木、皮团	34 332	33 774	410	14 887	313	7 115	1 202

演团体演出及收支情况

国内演出观众人次（千人次）	平均每团演出场次（场）	本年收入合计（千元）	财政补助收入	上级补助收入	事业收入	演出收入	经营收入	平均每团演出收入（千元）
125 170	**216**	**312 820**	**177 352**	**8 376**	**110 743**	**97 564**	**4 360**	**162**
——	——	——	——	——	——	——	——	——
21 346	309	148 555	97 026	4 681	38 518	32 748	962	306
103 824	196	164 265	80 326	3 695	72 225	64 816	3 398	131
2 567	609	14 320	6 556	771	6 238	5 704	——	815
1 849	116	7 876	6 127	25	1 587	1 370	17	114
2 879	111	21 240	14 900	87	5 115	4 702	188	188
——	——	——	——	——	——	——	——	——
1 729	67	12 153	9 118	56	1 760	1 355	491	75
108 511	177	222 964	121 604	6 512	83 295	72 899	3 347	152
2 497	82	18 181	13 092	16	2 993	1 983	——	90
7 635	592	34 267	19 047	925	12 748	11 534	317	192

（千元）计中：设备购置费	排练制作费	演出费	经费自给率（%）	劳动报酬占总支出比重（%）	年末固定资产原值（千元）	增加值（千元）	公用房屋建筑面积（千平方米）	排练练功用房
11 049	**15 460**	**25 835**	**40.70**	**49.90**	**295 119**	**172 155**	**514**	**84**
——	——	——	——	——	——	——	——	——
3 521	6 688	14 124	31.90	47.60	107 803	77 043	168	30
7 528	8 772	11 711	48.60	51.90	187 316	95 112	346	54
470	504	2 899	48.50	29.60	8 115	5 152	5	3
123	565	555	21.80	65.50	6 896	5 613	14	2
1 149	1 107	2 081	30.20	57.10	26 577	13 041	26	4
——	——	——	——	——	——	——	——	——
612	873	918	22.40	46.00	9 716	6 568	24	4
8 123	10 647	17 029	42.80	51.20	213 907	125 294	408	65
410	471	521	28.20	47.80	22 637	9 498	30	5
572	1 764	2 353	41.80	43.40	29 908	16 487	37	6

全国文化部门艺术表演

	机构数（个）	从业人员数（人）			座席数（个）	演（映）出场次合计（千场）		
			高级职称	中级职称			艺术演出场次	电影放映场次
总　　计	**1 819**	**37 341**	**577**	**3 041**	**1 443 977**	**742**	**70**	**545**
其中:团属剧场	206	2 028	64	192	136 577	68	7	56
按登记注册类型分								
其中:国　有	1 739	36 294	570	2 933	1 384 190	718	66	527
集　体	64	699	5	75	43 795	11	3	6
按隶属关系分								
中　　央	4	220	5	11	4 608	1	1	——
省、区、市	109	3 466	137	353	83 163	97	8	83
地　、　市	602	14 793	218	1 253	400 042	416	26	301
县、市及以下	1 104	18 862	217	1 424	956 164	229	36	161

	本年支出合				
		事业支出	经营支出	在支出	
				从业人员劳动报酬	税金支出
总　　计	**893 744**	**654 961**	**209 906**	**283 886**	**41 410**
其中:团属剧场	43 594	30 115	12 138	13 770	1 521
按登记注册类型分					
其中:国　有	867 861	641 623	200 530	276 619	40 294
集　体	15 424	6 594	5 661	4 630	730
按隶属关系分					
中　　央	15 206	1 502	7 019	4 267	634
省、区、市	199 460	163 956	31 632	53 186	11 478
地　、　市	419 086	303 323	106 017	131 909	20 296
县、市及以下	259 992	186 180	65 238	94 524	9 002

场所演出及收支情况

观众人次合计（千人次）	艺术演出观众人次	电影放映观众人次	本年收入合计（千元）	财政补助收入	上级补助收入	事业收入	艺术演出分成收入	电影放映分成收入	经营收入
114 208	**40 713**	**58 448**	**836 433**	**120 325**	**14 344**	**412 659**	**131 858**	**113 657**	**206 261**
10 663	3 747	5 201	40 014	3 683	1 805	18 391	5 323	5 914	11 973
110 706	39 130	57 343	816 380	118 029	14 143	403 309	129 073	108 617	199 238
2 969	1 478	815	11 361	1 917	201	5 871	2 579	1 819	3 118
454	405	49	15 050	——	100	1 680	487	——	11 770
16 303	6 224	9 569	195 697	28 654	3 261	108 036	36 859	18 484	36 306
40 022	14 082	22 287	382 682	43 271	7 601	190 006	53 267	58 492	100 270
57 429	20 002	26 543	243 004	48 400	3 382	112 937	41 245	36 681	57 915

计（千元）合计中：社会保障费	修缮费	设备购置费	经费自给率（%）	劳动报酬占总支出比重（%）	年末固定资产原值（千元）	增加值（千元）	公用房屋建筑面积（千平方米）	演（映）出业务用房
104 952	**51 809**	**36 572**	**81.10**	**31.80**	**4 891 900**	**560 755**	**4 732**	**2 554**
6 058	1 779	764	81.70	31.60	216 276	26 151	319	163
102 201	50 616	35 975	81.20	31.90	4 764 012	543 956	4 586	2 490
2 071	1 009	259	75.40	30.00	74 098	11 141	108	49
15	17	675	175.40	28.10	21 197	6 098	43	27
13 149	20 637	10 801	83.70	26.70	796 456	102 118	559	280
57 977	16 037	12 605	81.10	31.50	1 644 365	234 949	1 761	911
33 811	15 118	12 491	76.10	36.40	2 429 882	217 590	2 369	1 335

全国文化部门剧场、

	机构数(个)	从业人员数(人)			座席数(个)	演(映)出场次合计(千场)		
			高级职称	中级职称			艺术演出场次	电影放映场次
总　计	**1 770**	**36 404**	**571**	**2 980**	**1 417 721**	**725**	**64**	**536**
其中:团属剧场	194	1 898	63	185	130 743	61	6	51
按登记注册类型分								
其中:国　有	1 698	35 388	564	2 872	1 358 326	702	62	518
集　体	56	668	5	75	43 403	9	2	6
按隶属关系分								
中　央	3	111	5	11	3 461	——	——	——
省、区、市	99	3 123	132	328	74 899	87	6	75
地　、　市	580	14 447	217	1 225	389 292	411	23	301
县、市及以下	1 088	18 723	217	1 416	950 069	226	34	160

	本年支出合				
		事业支出	经营支出	在支出	
				从业人员劳动报酬	税金支出
总　计	**841 939**	**617 991**	**203 839**	**268 829**	**38 948**
其中:团属剧场	40 498	27 186	11 971	12 347	1 393
按登记注册类型分					
其中:国　有	816 607	605 203	194 464	261 727	37 845
集　体	14 873	6 044	5 660	4 465	717
按隶属关系分					
中　央	5 718	1 502	3 932	1 514	314
省、区、市	172 736	139 375	31 207	45 697	9 728
地　、　市	408 432	293 652	105 680	128 363	20 079
县、市及以下	255 053	183 462	63 020	93 255	8 827

影剧院演出及收支情况

	观众人次合计			本年收入合计（千元）					
	（千人次）	艺术演出观众人次	电影放映观众人次		财政补助收入	上级补助收入	事业收入		经营收入
								艺术演出分成收入	电影放映分成收入	
	111 837	**38 778**	**58 016**	**781 351**	**108 779**	**13 955**	**386 651**	**121 144**	**109 757**	**194 571**
	10 214	3 411	5 092	37 049	3 371	1 805	16 289	4 151	5 008	11 861
	108 463	37 323	56 911	761 830	106 541	13 778	377 711	118 736	104 717	187 572
	2 841	1 350	815	10 829	1 859	177	5 461	2 202	1 819	3 094
	250	201	49	5 524	——	100	1 680	487	——	3 695
	15 042	5 246	9 290	164 998	20 464	3 136	88 268	28 417	15 666	35 634
	39 332	13 492	22 187	372 122	40 441	7 367	185 301	51 676	57 759	99 291
	57 213	19 839	26 490	238 707	47 874	3 352	111 402	40 564	36 332	55 951

	计（千元） 合计中			经费自给率（%）	劳动报酬占总支出比重（%）	年末固定资产原值（千元）	增加值（千元）	公用房屋建筑面积	
	社会保障费	修缮费	设备购置费					（千平方米）	演(映)出业务用房
	102 182	**49 231**	**35 476**	**80.10**	**31.90**	**4 765 658**	**537 121**	**4 617**	**2 496**
	5 610	1 774	757	81.40	30.50	211 963	24 337	303	152
	99 481	48 038	34 879	80.20	32.10	4 638 890	520 561	4 472	2 432
	2 021	1 009	259	75.10	30.00	72 978	10 903	107	49
	15	17	675	99.80	26.50	8 855	2 531	35	23
	12 115	18 769	10 036	82.90	26.50	760 509	90 602	511	260
	56 737	15 810	12 316	81.20	31.40	1 578 169	228 473	1 719	889
	33 315	14 635	12 449	76.10	36.60	2 418 125	215 515	2 352	1 324

全国文化部门其他艺术表

	机构数（个）	从业人员数（人）			座席数（个）	演(映)出场次合计(千场)		
			高级职称	中级职称			艺术演出场次	电影放映场次
总　计	**34**	**659**	**5**	**27**	**14 753**	**12**	**5**	**7**
其中:团属剧场	10	125	1	7	5 084	6	1	5
按登记注册类型分								
其中:国　有	26	628	5	27	14 361	10	4	7
集　体	8	31	——	——	392	1	1	——
按隶属关系分								
中　央	1	109	——	——	1 147	——	——	——
省、区、市	8	308	4	17	6 992	6	1	5
地　、　市	16	160	1	5	5 744	3	3	——
县、市及以下	9	82	——	5	870	3	1	2

	本年支出合				
		事业支出	经营支出	在支出	
				从业人员劳动报酬	税金支出
总　计	**40 322**	**27 434**	**5 666**	**11 387**	**2 024**
其中:团属剧场	3 079	2 912	167	1 423	128
按登记注册类型分					
其中:国　有	39 771	26 884	5 665	11 222	2 011
集　体	551	550	1	165	13
按隶属关系分					
中　央	9 488	——	3 087	2 753	320
省、区、市	21 264	20 279	167	6 260	1 487
地　、　市	5 435	5 241	194	1 541	43
县、市及以下	4 135	1 914	2 218	833	174

演场所演出及收支情况

观众人次合计（千人次）	艺术演出观众人次	电影放映观众人次	本年收入合计（千元）	财政补助收入	上级补助收入	事业收入	艺术演出分成收入	电影放映分成收入	经营收入
1 757	**1 549**	**204**	**43 626**	**11 044**	**289**	**17 507**	**7 371**	**1 734**	**11 275**
437	324	109	2 948	298	——	2 099	1 169	906	112
1 629	1 421	204	43 094	10 986	265	17 097	6 994	1 734	11 251
128	128	——	532	58	24	410	377	——	24
204	204	——	9 526	——	——	——	——	——	8 075
1 012	871	137	25 239	8 190	125	14 703	6 067	1 140	414
436	391	45	5 368	2 766	134	1 621	723	345	836
105	83	22	3 493	88	30	1 183	581	249	1 950

计（千元）合计中：社会保障费	修缮费	设备购置费	经费自给率（%）	劳动报酬占总支出比重（%）	年末固定资产原值（千元）	增加值（千元）	公用房屋建筑面积（千平方米）	演(映)出业务用房
2 073	**2 273**	**803**	**97.60**	**28.20**	**56 291**	**15 915**	**77**	**29**
448	5	7	86.10	46.20	4 173	1 809	15	10
2 023	2 273	803	97.80	28.20	55 171	15 677	76	29
50	——	——	81.70	29.90	1 120	238	1	——
——	——	——	308.60	29.00	12 342	3 567	8	5
902	1 868	579	82.80	29.40	16 396	8 479	43	15
678	123	182	45.40	28.40	19 890	2 395	21	7
493	282	42	81.70	20.10	7 663	1 475	5	3

全 国 公 共 图 书

	机构数（个）	从业人员（人）	高级职称	中级职称	总藏量（千册（件））	古籍	善本	图书	报刊
总计	**2 697**	**48 447**	**2 504**	**13 311**	**426 283**	**27 395**	**2 340**	**291 419**	**60 464**
其中：少儿图书馆	88	1 589	123	524	11 617	125	3	9 800	648
按隶属关系分									
中央	1	1 336	185	581	23 726	2 035	275	7 324	11 702
省、区、市	37	6 854	826	2 161	135 460	13 809	1 387	70 455	14 100
地、市	416	14 723	945	4 717	119 392	6 704	341	94 588	13 967
县、市	2 243	25 534	548	5 852	147 705	4 847	338	119 052	20 694

	总流通人次（千人次）	书刊文献外借人次	书刊文献外借册次（千册次）	为读者举办各种活动：次数（次）	参加人次（千人次）	信息服务：解答咨询（条）	代检索课题（项）	编制二、三次文献（种）
总计	**219 496**	**104 278**	**200 208**	**54 797**	**21 380**	**2 775 511**	**101 075**	**51 668**
其中：少儿图书馆	9 643	5 507	11 160	5 745	4 525	75 396	1 029	769
按隶属关系分								
中央	4 977	920	2 760	240	174	230 761	8 263	2 174
省、区、市	26 982	8 144	18 572	6 992	5 184	1 059 703	30 311	738
地、市	79 121	35 892	69 589	10 725	7 524	956 144	36 110	5 818
县、市	108 416	59 322	109 287	36 840	8 498	528 903	26 391	42 938

	在支出合计中（千元）：从业人员劳动报酬	税金支出	社会保障费	修缮费	设备购置费	新增藏量购置费	图书购置费	经费自给率（%）	劳动报酬占总支出比重（%）	本年新购藏量（千册（件））	新购图书
总计	**707 326**	**15 390**	**164 865**	**69 942**	**609 364**	**472 007**	**418 527**	**16.00**	**33.90**	**12 984**	**9 464**
其中：少儿图书馆	28 848	977	4 487	2 708	19 859	13 618	11 509	20.60	35.60	854	771
隶属关系分											
中央	33 550	3 282	12 088	6 946	113 418	109 912	109 912	22.90	14.30	613	235
省、区、市	129 359	5 877	39 858	23 406	222 536	169 656	148 378	21.00	22.10	3 377	2 223
地、市	253 758	3 579	57 569	23 582	186 418	127 063	105 545	12.90	35.70	5 081	4 048
县、市	290 659	2 652	55 350	16 008	86 992	65 376	54 692	11.80	52.10	3 913	2 957

馆　基　本　情　况

总藏量中:(千册)					平均每馆总藏量(千册(件))	书架单层总长度(千米)	累计发放有效借书证数(千个)
缩微制品	视听文献	其它	外文书刊	开架书刊			
13 866	**1 720**	**31 419**	**23 334**	**129 139**	**158**	**9 951**	**9 178**
1	186	859	34	5 777	132	136	509
1 209	80	1 376	9 445	2 010	23 726	333	70
12 611	585	23 901	11 050	36 987	3 661	2 962	1 904
22	749	3 361	2 229	43 728	287	3 348	3 273
25	306	2 781	610	46 413	66	3 308	3 931

本年收入合计(千元)					本年支出合计(千元)		
	财政补助收入	上级补助收入	事业收入	经营收入		事业支出	经营支出
2 133 217	**1 768 820**	**33 295**	**221 491**	**49 661**	**2 089 287**	**2 046 387**	**26 233**
82 728	65 459	657	8 758	2 899	80 963	78 183	2 499
237 051	183 257	88	38 058	8 679	234 624	232 323	2 301
606 572	469 604	15 963	86 082	18 396	585 428	567 690	8 941
726 198	627 421	7 674	55 571	12 999	711 515	699 034	8 515
563 396	488 538	9 570	41 780	9 587	557 720	547 340	6 476

购书费占总支出比重(%)	新购图书比上年增减(+ −)(千册)	年末固定资产原值(千元)	增加值(千元)	公共房屋建筑面积(千平方米)			阅览室座席数(千个)	
					书库	阅览室		少儿阅览室座席数
20.00	**9 449**	**8 895 424**	**1 080 148**	**5 828**	**1 516**	**1 226**	**439**	**130**
14.20	751	162 104	36 309	155	24	41	17	16
46.80	213	1 195 630	84 657	164	69	20	3	——
25.30	2 206	3 032 871	256 551	974	341	214	35	3
14.80	4 034	2 056 055	339 579	1 881	454	408	126	31
9.80	2 946	2 610 868	399 361	2 809	652	585	274	95

全国群众艺术馆、文

	机构数（个）	从业人员（人）	高级职称	中级职称	举办展览个数（个）	组织文艺活动次数（次）	举办训练班 班次（次）	举办训练班 结业人次（千人次）
总计	**42 516**	**119 072**	**3 211**	**13 663**	**92 917**	**301 792**	**137 350**	**4 928**
群众艺术馆	389	11 042	1 635	3 600	2 140	9 535	8 865	223
文化馆	2 854	41 449	1 576	10 063	18 398	68 037	35 501	977
文化站	39 273	66 581	——	——	72 379	224 220	92 984	3 728
其中:乡镇文化站	36 054	61 124	——	——	66 446	205 842	85 363	3 423

	本年支出合计（千元）	事业支出	经营支出	在支出合计中 从业人员劳动报酬	税金支出	社会保障费	修缮费	设备购置费	业务费
总计	**2 355 932**	**2 211 004**	**96 682**	**1 131 532**	**20 613**	**208 696**	**102 001**	**102 652**	**305 345**
群众艺术馆	453 079	437 228	11 155	174 802	4 658	56 170	16 976	15 211	63 032
文化馆	998 297	959 899	25 598	503 738	9 394	118 889	30 662	33 113	111 950
文化站	904 556	813 877	59 929	452 992	6 561	33 637	54 363	54 328	130 363
其中:乡镇文化站	830 414	747 168	55 017	415 863	6 023	30 880	49 907	49 875	119 678

化馆（站）基本情况

录像放映 场次（场次）	录像放映 观众人次（千人次）	藏书（千册）	本年收入合计（千元）	财政补助收入	上级补助收入	事业收入	经营收入
1 676 344	**1 449 911**	**91 453**	**2 410 503**	**1 651 632**	**114 733**	**341 042**	**146 359**
3 338	9 442	553	442 305	334 935	8 082	57 395	17 844
94 555	9 685	4 588	1 053 856	741 962	31 661	147 779	44 296
1 578 451	1 430 784	86 312	914 342	574 735	74 990	135 868	84 219
1 449 074	1 313 510	79 237	839 398	527 627	68 843	124 732	77 316

经费自给率（%）	劳动报酬占总支出比重（%）	年末固定资产原值（千元）	增加值（千元）	公用房屋建筑面积（千平方米）	公用房屋建筑面积 业务用房	群众艺术馆、文化馆负责指导的单位的基本情况 农村集镇文化中心（个）	文化俱乐部（室）（个）	图书室（个）	文化户（个）	群众业余演出团（队）（个）
27.90	**48.00**	**5 688 850**	**1 382 587**	**12 036**	**2 173**	**21 706**	**86 362**	**50 883**	**156 914**	**34 103**
22.10	38.60	577 432	202 578	844	453	1 771	2 275	1 106	4 230	1 435
28.40	50.50	2 171 547	601 099	3 344	1 721	19 935	84 087	49 777	152 684	32 668
30.30	50.10	2 939 871	578 910	7 849	——	——	——	——	——	——
30.30	50.10	2 698 905	531 460	7 206	——	——	——	——	——	——

全 国 文 化 部 门 教 育

	机构数（个）	从业人员（人）			毕业生数（人）	招生数（人）	在校				
			高级职称	中级职称				戏剧类	戏曲类	舞蹈类	音乐类
总　计	**205**	**14 285**	**1 707**	**4 120**	**22 472**	**27 762**	**83 099**	**6 375**	**6 852**	**25 638**	**21 496**
高等院校	4	737	102	197	1 061	1 997	5 646	1 659	17	889	1 957
中等专业学校	131	11 508	1 432	3 366	17 533	21 608	68 170	4 368	6 359	21 652	16 945
文化干部学校	19	582	71	156	1 201	1 068	2 522	171	27	410	520
其他教育机构	51	1 458	102	401	2 677	3 089	6 761	177	449	2 687	2 074

	本年支出合						
		事业支出	经营支出	在支出合计			
				从业人员劳动报酬	税金支出	社会保障费	修缮费
总　计	**728 487**	**716 147**	**2 839**	**265 054**	**1 043**	**82 073**	**55 077**
高等院校	67 164	62 962	——	21 161	86	10 442	2 184
中等专业学校	582 866	575 683	2 799	212 992	860	61 690	46 900
文化干部学校	33 677	33 336	6	12 436	86	4 881	3 378
其他教育机构	44 780	44 166	34	18 465	11	5 060	2 615

机　构　基　本　情　况

生数（人）			在校生中高职生数（人）	培训干部（人）	本年收入合计（千元）				
美术类	电影放映	其他				财政补助收入	上级补助收入	事业收入	经营收入
10 061	**198**	**12 479**	**6 705**	**4 561**	**733 448**	**393 809**	**3 673**	**303 087**	**8 671**
629	106	389	1 416	——	68 982	40 319	——	27 542	——
8 247	92	10 507	4 183	192	590 156	311 841	3 238	246 160	7 328
562	——	832	326	4 209	31 440	16 874	216	12 889	1 023
623	——	751	780	160	42 870	24 775	219	16 496	320

计（千元）			经费自给率（%）	劳动报酬占总支出比重（%）	年末固定资产原值（千元）	增加值（千元）	公用房屋建筑面积（千平方米）	
中								
设备购置费	业务费	助学金						教学用房
42 353	**72 508**	**14 234**	**46.70**	**36.40**	**1 146 933**	**312 895**	**1 476**	**940**
1 924	4 244	2 563	45.50	31.50	82 105	25 443	101	73
35 540	60 141	11 450	47.60	36.50	923 205	250 789	1 216	774
2 049	2 919	9	43.00	36.90	91 330	16 175	71	44
2 840	5 204	212	40.40	41.20	50 293	20 488	88	50

全国文化（文物）科技、

	机构数（个）	从业人员（人）			本年完成科研项目（个）		
			高级职称	中级职称		获国家奖	获省、部奖
总　　计	**256**	**6 085**	**1 428**	**1 569**	**424**	**49**	**152**
按行业分类							
1.文化科技研究	50	798	208	224	84	8	28
2.综合性艺术研究	93	2 095	631	621	200	27	96
3.地方戏艺术研究	22	150	39	35	20	2	11
4.文　物　研　究	72	2 904	516	654	92	5	9
5.其他艺术研究	19	138	34	35	28	7	8
按类型分类							
1.独立研究机构	243	6 029	1 419	1 546	423	49	152
2.非独立研究机构	13	56	9	23	1	——	——

	本年支出合计(千元)					
		事业支出	经营支出	在支出合计中		
				从业人员劳动报酬	税金支出	社会保障费
总　　计	**382 583**	**361 006**	**1 352**	**100 795**	**1 651**	**31 588**
按行业分类						
1.文化科技研究	47 526	46 423	515	14 165	185	6 375
2.综合性艺术研究	96 492	95 923	351	36 285	355	13 955
3.地方戏艺术研究	14 962	14 962	——	2 539	15	1 417
4.文　物　研　究	217 446	197 572	486	45 389	1 027	8 874
5.其他艺术研究	6 157	6 126	——	2 417	69	967
按类型分类						
1.独立研究机构	381 734	360 175	1 352	100 381	1 650	31 400
2.非独立研究机构	849	831	——	414	1	188

科 研 单 位 基 本 情 况

所办刊物(种)	本年收入合计(千元)				
		财政补助收入	上级补助收入	事业收入	经营收入
77	**409 989**	**211 962**	**22 704**	**163 512**	**1 944**
25	48 127	26 544	281	20 310	682
31	95 291	87 302	5 306	949	551
1	15 101	14 402	190	290	——
11	245 029	77 410	16 885	141 893	710
9	6 441	6 304	42	70	1
76	409 158	211 131	22 704	163 512	1 944
1	831	831	——	——	——

修缮费	设备购置费		新产品开发费	经费自给率(%)	劳动报酬占总支出比重(%)	年末固定资产原值(千元)	增加值(千元)	公用房屋建筑面积(千平方米)	
		科研仪器设备							科研房屋面积
10 406	**23 031**	**319**	**8**	**48.40**	**26.30**	**306 831**	**121 722**	**210**	**29**
843	863	38	——	45.40	29.80	31 611	15 614	24	13
2 695	6 960	281	8	2.80	37.60	48 472	38 578	30	15
489	650	——	——	3.40	17.00	2 343	2 647	1	——
6 267	14 083	——	——	76.10	20.90	218 537	62 161	151	——
112	475	——	——	1.60	39.30	5 868	2 720	3	——
10 406	23 031	319	8	48.50	26.30	306 829	121 307	210	29
——	——	——	——	——	48.80	2	415	——	——

全国文化事业费列支的文化

	机构数(个)	从业人员(人)			本年完成科研项目(个)		
			高级职称	中级职称		获国家奖	获省、部奖
总　　计	**168**	**2 116**	**664**	**614**	**314**	**43**	**140**
按行业分类							
1.文化科技研究	42	528	163	146	76	7	26
2.综合性艺术研究	88	1 332	436	404	190	27	95
3.地方戏艺术研究	20	128	34	33	20	2	11
4.其他艺术研究	18	128	31	31	28	7	8
按类型分类							
1.独立研究机构	160	2 077	658	598	313	43	140
2.非独立研究机构	8	39	6	16	1	——	——

	本年支出合计(千元)					
		事业支出	经营支出	在支出合计中		
				从业人员劳动报酬	税金支出	社会保障费
总　　计	**96 850**	**96 265**	**336**	**36 818**	**334**	**17 461**
按行业分类						
1.文化科技研究	24 110	23 818	292	8 619	180	3 824
2.综合性艺术研究	58 983	58 721	44	23 707	85	11 601
3.地方戏艺术研究	7 936	7 936	——	2 209	——	1 268
4.其他艺术研究	5 821	5 790	——	2 283	69	768
按类型分类						
1.独立研究机构	96 019	95 434	336	36 421	334	17 273
2.非独立研究机构	831	831	——	397	——	188

科技、科研单位基本情况

所办刊物(种)	本年收入合计(千元)				
		财政补助收入	上级补助收入	事业收入	经营收入
63	**99 495**	**89 862**	**2 177**	**5 082**	**713**
22	24 516	19 649	241	3 873	458
31	60 859	56 869	1 704	849	254
1	8 015	7 376	190	290	——
9	6 105	5 968	42	70	1
62	98 664	89 031	2 177	5 082	713
1	831	831	——	——	——

修缮费	设备购置费	科研仪器设备	新产品开发费	经费自给率(%)	劳动报酬占总支出比重(%)	年末固定资产原值(千元)	增加值(千元)	公用房屋建筑面积(千平方米)	科研房屋面积
2 451	**2 368**	**201**	**8**	**7.70**	**38.00**	**56 450**	**39 410**	**46**	**19**
410	411	——	——	19.20	35.70	17 038	9 481	16	6
1 657	1 053	201	8	3.90	40.20	32 391	25 088	26	13
272	429	——	——	5.70	27.80	1 472	2 268	1	——
112	475	——	——	1.60	39.20	5 549	2 574	3	——
2 451	2 368	201	8	7.80	37.90	56 448	39 013	46	19
——	——	——	——	——	47.80	2	397	——	——

全国文物保护、考古研

	机构数(个)	从业人员(人)			具有考古发掘个人领队资格人数	文物保管品及发掘品(件)			
			高级职称	中级职称		传统计量	实际数量	一级品	
								传统计量	实际数量
总　计	**72**	**2 904**	**516**	**654**	**288**	**615 119**	**662 868**	**2 075**	**4 055**
按性质分									
1.考古研究	46	1 839	400	439	274	599 190	646 506	1 793	3 764
2.古建研究	6	233	34	70	——	4 208	4 208	2	2
3.其他研究	20	832	82	145	14	11 721	12 154	280	289
按隶属关系分									
中　　央	1	95	33	42	——	——	——	——	——
省、区、市	34	2 063	408	492	232	464 021	509 408	1 690	3 636
地　、　市	30	705	75	117	56	148 005	150 330	372	397
县　、　市	7	41	——	3	——	3 093	3 130	13	22
按类型分									
1.独立研究机构	67	2 887	513	647	282	615 061	662 773	2 075	4 055
2.非独立研究机构	5	17	3	7	6	58	95	——	——

	本年收入合计(千元)					
		财政补助收入	上级补助收入	事业收入	配合基本建设考古收入	经营收入
总　计	**245 029**	**77 410**	**16 885**	**141 893**	**98 943**	**710**
按性质分						
1.考古研究	194 625	54 275	14 707	121 305	98 817	206
2.古建研究	15 012	6 343	995	7 615	——	——
3.其他研究	35 392	16 792	1 183	12 973	126	504
按隶属关系分						
中　　央	17 911	11 462	——	5 629	——	204
省、区、市	154 104	49 601	13 785	87 465	65 464	206
地　、　市	72 214	15 576	3 100	48 785	33 479	300
县　、　市	800	771	——	14	——	——
按类型分						
1.独立研究机构	245 029	77 410	16 885	141 893	98 943	710
2.非独立研究机构	——	——	——	——	——	——

究科研机构基本情况

二级品		三级品		本年完成科研项目(个)			所办刊物(种)	年末固定资产原值(千元)	公用房屋建筑面积(千平方米)		
传统计量	实际数量	传统计量	实际数量		获国家奖	获省、部奖				文物库房	业务用房
7 642	**10 781**	**52 481**	**52 546**	**92**	**5**	**9**	**11**	**218 537**	**151**	**38**	**52**
5 125	7 924	45 645	45 519	77	5	6	9	159 664	116	35	33
——	——	4 206	4 206	1	——	1	——	12 156	10	——	5
2 517	2 857	2 630	2 821	14	——	2	2	46 717	25	2	13
——	——	——	——	——	——	——	——	33 179	12	2	10
7 407	10 461	33 538	33 509	56	1	8	9	135 133	99	25	34
214	258	18 650	18 650	36	4	1	2	50 169	37	11	8
21	62	293	387	——	——	——	——	——	56	3	——
7 637	10 774	52 472	52 533	92	5	9	11	218 537	151	37	52
5	7	9	13	——	——	——	——	——	——	——	——

本年支出合计(千元)									
	事业支出	经营支出	在支出合计中						
			从业人员劳动报酬	税金支出	社会保障费	修缮费	文物保护单位维修费	考古发掘费	设备购置费
217 446	**197 572**	**486**	**45 389**	**1 027**	**8 874**	**6 267**	**2 193**	**65 792**	**14 083**
174 101	158 726	102	35 234	618	7 383	4 160	2 187	65 074	11 204
15 404	14 127	——	3 308	273	1 095	486	——	——	904
27 941	24 719	384	6 847	136	396	1 621	6	718	1 975
12 591	12 507	84	1 949	97	30	1 481	——	——	1 015
133 149	118 524	102	30 106	863	6 507	2 799	1 200	49 467	9 409
70 851	66 071	300	12 669	66	2 311	1 965	987	16 325	3 643
855	470	——	665	1	26	22	6	——	16
217 428	197 572	486	45 372	1 026	8 874	6 267	2 193	65 792	14 083
18	——	——	17	1	——	——	——	——	——

全 国 文 化 娱 乐

	机构数（个）	从业人员（人）	固定资产原价（千元）	主营业收入	主营营业成本及费用	
						上交管理费
总　计	**144 126**	**755 482**	**49435 145**	**20402 951**	**13510 520**	**421 875**
按城乡分						
1.城　市	68 399	446 726	38170 708	14597 381	10015 482	326 107
2.县　城	53 233	215 562	6845 923	4028 709	2335 412	66 333
3.县以下	22 494	93 194	4418 514	1776 861	1159 626	29 435
按行业分						
1.歌舞娱乐场所	47 349	360 614	14027 049	8119 779	5628 659	152 340
2.电子游艺厅	17 118	46 229	1824 930	979 607	571 569	30 679
3.综合娱乐场所	5 449	99 536	22425 510	3726 279	2540 457	49 624
4.保龄球	449	5 493	612 890	138 573	113 891	1 364
5.台球厅	5 757	12 128	173 343	150 442	92 663	2 889
6.网　吧	63 642	199 189	8858 019	6101 637	3618 079	102 989
7.其　他	4 362	32 293	1513 404	1186 634	945 202	81 990

全 国 文 化 部 门 文 化

	机构数（个）	从业人员（人）	固定资产原价（千元）	主营业收入	主营营业成本及费用	
						上交管理费
总　计	**27 628**	**127 389**	**5243 681**	**3220 416**	**1801 187**	**76 267**
按城乡分						
1.城　市	15 002	76 137	3709 722	2324 754	1337 500	60 737
2.县　城	9 201	41 113	1127 210	710 948	358 299	12 881
3.县以下	3 425	10 139	406 749	184 714	105 388	2 649
按行业分						
1.歌舞娱乐场所	7 438	51 838	1864 181	889 868	490 496	10 394
2.电子游艺厅	2 799	8 564	278 216	151 774	84 210	15 795
3.综合娱乐场所	1 083	10 815	866 322	518 248	328 036	22 818
4.保龄球	48	487	67 572	12 421	8 714	220
5.台球厅	712	1 518	27 461	19 565	11 687	407
6.网　吧	14 804	50 681	1995 239	1558 617	834 943	25 931
7.其　他	744	3 486	144 690	69 923	43 101	701

业　　基　　本　　情　　况

损益及分配（千元）									增加值（千元）	房屋建筑面积（千平方米）
从业人员劳动报酬	主营营业税金及附加	主营业务利润	其他业务利润	其他费用支出	税金	其他收益	应交所得税	净利润		
2860 161	**1816 649**	**5075 782**	**85 074**	**1511 615**	**130 813**	**68 685**	**183 853**	**3534 073**	**12367 759**	**153 111**
1961 836	1274 403	3307 496	42 999	1266 235	106 728	46 734	125 716	2005 278	8546 398	142 616
599 210	381 655	1311 642	32 104	164 370	16 077	15 169	42 177	1152 368	2680 858	6 993
299 115	160 591	456 644	9 971	81 010	8 008	6 782	15 960	376 427	1140 504	3 502
1268 210	818 722	1672 398	2 945	655 010	43 616	7 406	49 707	978 032	4519 313	32 645
154 401	111 211	296 827	10 211	34 506	9 629	3 575	10 939	265 168	685 955	1 607
463 767	330 837	854 985	29 536	531 134	35 289	22 048	42 738	332 697	2661 058	4 790
14 379	15 399	9 283	7 651	32 259	679	105	1 934	－17 154	73 271	350
27 143	15 262	42 517	8 164	9 705	1 977	436	2 166	39 246	104 885	10 631
717 400	445 757	2037 801	20 052	154 579	21 346	25 386	72 430	1856 230	3699 665	101 838
214 861	79 461	161 971	6 515	94 422	18 277	9 729	3 939	79 854	623 611	1 250

娱　乐　业　基　本　情　况

损益及分配（千元）									增加值（千元）	房屋建筑面积（千平方米）
从业人员劳动报酬	主营营业税金及附加	主营业务利润	其他业务利润	其他费用支出	税金	其他收益	应交所得税	净利润		
378 693	**320 186**	**1099 043**	**40 005**	**157 143**	**22 759**	**35 908**	**76 100**	**941 713**	**1860 686**	**95 262**
249 450	231 965	755 289	24 701	113 995	16 765	28 894	63 479	631 410	1278 170	93 777
101 265	74 339	278 310	14 092	35 362	5 159	5 636	10 984	251 692	473 165	1 102
27 978	13 882	65 444	1 212	7 786	835	1 378	1 637	58 611	109 351	384
124 190	97 552	301 820	17 416	38 076	5 857	10 338	23 304	268 194	546 835	1 405
16 210	18 486	49 078	2 147	4 875	5 175	793	2 197	44 946	91 096	235
66 762	57 500	132 712	3 770	56 848	5 606	6 431	10 071	75 994	266 350	599
1 408	853	2 854	——	1 255	14	7	130	1 476	5 129	34
2 921	1 860	6 018	1 713	1 148	88	52	190	6 445	12 600	65
155 944	139 390	584 284	13 041	51 419	5 700	17 220	38 964	524 162	898 359	92 794
11 258	4 545	22 277	1 918	3 522	319	1 067	1 244	20 496	40 317	132

全国文化市场其他

	机构数（个）	从业人员（人）	固定资产原价（千元）	主营业收入	主营营业成本及费用	上交管理费
总计	**108 422**	**443 796**	**18 436 019**	**13 751 297**	**10 639 174**	**128 723**
按城乡分						
1.城市	46 322	186 564	14 872 740	9 828 185	8 008 918	95 150
2.县城	42 190	212 438	2 653 486	1 895 996	1 221 852	23 908
3.县以下	19 910	44 794	909 793	2 027 116	1 408 404	9 665
按行业分						
1.文化艺术经纪与代理业	379	4 347	710 763	253 992	223 564	1 579
2.音像制品批发、零售业	43 237	155 098	11 530 584	7 660 701	6 265 467	54 020
3.录像放映业	6 585	17 074	573 968	283 559	157 074	3 989
4.录像带出租	37 784	177 088	1 102 565	974 383	531 723	23 308
5.画店、画廊	1 464	7 108	451 250	303 073	210 118	1 470
6.美术公司	285	1 140	13 559	12 213	7 304	159
7.艺术品拍卖公司	92	848	60 801	155 430	130 652	635
8.图书批发	2 765	5 569	162 747	226 078	161 889	914
9.其他	15 831	75 524	3 829 782	3 881 868	2 951 383	42 650

全国文化部门文化市场

	机构数（个）	从业人员（人）	固定资产原价（千元）	主营业收入	主营营业成本及费用	上交管理费
总计	**18 303**	**169 716**	**2 801 141**	**1 297 736**	**751 921**	**15 903**
按城乡分						
1.城市	8 279	24 868	1 493 797	800 632	443 624	10 439
2.县城	7 497	137 420	1 190 832	384 576	225 864	4 488
3.县以下	2 527	7 428	116 512	112 528	82 433	976
按行业分						
1.文化艺术经纪与代理业	139	1 460	642 747	64 307	52 300	453
2.音像制品批发、零售业	5 818	15 580	436 268	445 837	233 494	2 020
3.录像放映业	1 452	4 642	238 482	83 407	36 558	593
4.录像带出租	7 548	130 294	221 956	282 625	143 596	3 936
5.画店、画廊	154	591	21 377	11 660	8 886	24
6.美术公司	96	661	2 971	1 931	825	5
7.艺术品拍卖公司	9	36	277	981	585	1
8.图书批发	615	1 764	30 529	50 631	35 369	385
9.其他	2 472	14 688	1 206 534	356 357	240 308	8 485

经营单位基本情况

损益及分配（千元）									增加值（千元）	房屋建筑面积（千平方米）
从业人员劳动报酬	主营营业税金及附加	主营业务利润	其他业务利润	其他费用支出	其他费用支出：税金	其他收益	应交所得税	净利润		
1120 961	**539 669**	**2572 454**	**151 169**	**820 006**	**56 376**	**17 138**	**238 956**	**1681 799**	**4440 629**	**61 816**
696 195	290 175	1529 092	115 500	691 255	45 211	—1 906	126 972	824 459	2676 173	33 317
294 349	109 539	564 605	26 257	76 198	7 604	14 473	19 659	509 478	1002 354	27 377
130 417	139 955	478 757	9 412	52 553	3 561	4 571	92 325	347 862	762 102	1 123
18 778	9 208	21 220	1 051	12 833	624	450	1 625	8 263	50 881	72
490 544	194 414	1200 820	82 488	545 444	41 986	—13 139	90 524	634 201	2010 252	27 595
58 540	21 735	104 750	3 815	10 464	1 278	2 019	6 798	93 322	190 118	706
171 395	84 872	357 788	7 165	26 246	3 939	4 683	13 419	329 971	625 159	31 082
35 114	14 494	78 461	18 476	20 660	790	— 157	6 731	69 389	147 335	191
2 461	1 077	3 832	237	557	48	13	185	3 340	7 655	15
5 590	5 057	19 721	607	3 119	30	—54	6 441	10 714	31 005	28
17 567	9 603	54 586	3 006	9 629	734	432	3 352	45 043	85 496	103
320 972	199 209	731 276	34 324	191 054	6 947	22 891	109 881	487 556	1292 728	2 024

其他经营单位基本情况

损益及分配（千元）									增加值（千元）	房屋建筑面积（千平方米）
从业人员劳动报酬	主营营业税金及附加	主营业务利润	其他业务利润	其他费用支出	其他费用支出：税金	其他收益	应交所得税	净利润		
238 747	**83 028**	**462 787**	**13 217**	**67 757**	**5 409**	**12 656**	**37 458**	**383 445**	**803 188**	**1 257**
122 215	56 419	300 589	6 498	46 524	1 700	9 758	32 050	238 271	487 421	586
98 869	22 104	136 608	5 617	16 655	2 460	2 439	4 215	123 794	265 658	499
17 663	4 505	25 590	1 102	4 578	1 249	459	1 193	21 380	50 109	172
7 505	2 164	9 843	605	4 070	372	569	705	6 242	20 489	34
66 444	31 050	181 293	4 747	15 640	1 004	2 337	21 697	151 040	284 538	303
26 131	6 188	40 661	1 088	6 157	244	749	4 365	31 976	74 312	162
37 946	23 887	115 142	2 217	11 773	1 472	1 548	7 739	99 395	180 664	227
1 564	907	1 867	578	2 115	19	159	62	427	4 935	20
219	215	891	——	126	——	——	55	710	1 325	5
270	56	340	——	18	——	——	2	320	666	——
4 999	1 900	13 362	632	3 799	365	95	659	9 631	21 258	29
93 669	16 661	99 388	3 350	24 059	1 933	7 199	2 174	83 704	215 001	476

全国文化市场管

	机构数（个）	从业人员（人）	本年收入合计（千元）	财政补助收入	上级补助收入	事业收入
总计	**3 324**	**18 982**	**556 068**	**305 314**	**11 237**	**132 440**
中央	1	——	——	——	——	——
省、区、市	42	328	18 304	15 056	195	2 540
地、市	617	4 037	166 157	119 656	6 206	27 933
县、市	2 664	14 617	371 607	170 602	4 836	101 967

	文化市场管理								
	文化艺术经纪与代理机构	民间职业剧团	个体演职人员	时装表演队	音像制品批发零售单位	录像放映	录像带出租	歌舞厅	舞厅
总计	**1 412**	**1 810**	**27 073**	**453**	**51 393**	**7 386**	**37 160**	**18 985**	**5 564**
中央	——	——	——	——	15	——	——	——	——
省、区、市	336	93	1 162	75	699	57	——	738	16
地、市	79	514	12 470	181	10 533	1 923	9 239	5 585	1 713
县、市	997	1 203	13 441	197	40 146	5 406	27 921	12 662	3 835

理　机　构　基　本　情　况

本年支出合计（千元）							经费自给率（%）	劳动报酬占总支出比重（%）	固定资产原值（千元）	公用房屋建筑面积（千平方米）
	事业支出	在支出合计中								
		从业人员劳动报酬	税金支出	社会保障费	设备购置费	业务费				
573 243	**438 005**	**215 102**	**2 805**	**28 572**	**23 233**	**91 187**	**54.70**	**37.50**	**721 498**	**182**
——	——	——	——	——	——	——	——	——	——	——
16 644	16 429	5 227	67	498	1 483	3 777	18.60	31.40	17 448	3
165 706	155 553	66 069	821	13 841	8 532	38 171	25.90	39.90	350 331	39
390 893	266 023	143 806	1 917	14 233	13 218	49 239	73.70	36.80	353 719	140

机构登记单位（个、人）											
卡拉OK厅	餐饮卡拉OK厅	电子游艺厅	台球厅	网吧	保龄球	旱冰场	综合娱乐场所	画店画廊	美术公司	艺术品拍卖公司	其他
25 661	**5 813**	**18 303**	**8 129**	**72 697**	**799**	**663**	**5 267**	**2 173**	**300**	**295**	**24 042**
——	——	——	——	——	——	——	——	——	——	——	——
86	36	24	297	975	40	6	167	40	8	53	29
7 331	1 160	3 804	1 536	19 915	244	147	1 809	930	91	111	4 037
18 244	4 617	14 475	6 296	51 807	515	510	3 291	1 203	201	131	19 976

全 国 文 化 市 场 行 政

	机构数（个）	从业人员（人）	本年收入合计（千元）	财政补助收入	上级补助收入	事业收入
总计	**1 880**	**9 905**	**169 877**	**97 259**	**2 768**	**51 978**
中央	1	——	——	——	——	——
省、区、市	25	114	6 949	4 309	14	2 268
地、市	357	1 920	61 081	36 290	1 376	15 067
县、市	1 497	7 871	101 847	56 660	1 378	34 643

	文化市场管理								
	文化艺术经纪与代理机构	民间职业剧团	个体演职人员	时装表演队	音像制品批发零售单位	录像放映	录像带出租	歌舞厅	舞厅
总计	**1 332**	**1 273**	**16 810**	**208**	**33 486**	**4 773**	**20 883**	**13 256**	**3 661**
中央	——	——	——	——	15	——	——	——	——
省、区、市	309	81	724	60	660	15	——	702	16
地、市	54	386	7 308	65	6 362	1 436	4 913	4 220	1 170
县、市	969	806	8 778	83	26 449	3 322	15 970	8 334	2 475

全 国 文 化 市 场 稽

	机构数（个）	从业人员（人）	本年收入合计（千元）	财政补助收入	上级补助收入	事业收入
总计	**1 444**	**9 077**	**386 191**	**208 055**	**8 469**	**80 462**
中央	——	——	——	——	——	——
省、区、市	17	214	11 355	10 747	181	272
地、市	260	2 117	105 076	83 366	4 830	12 866
县、市	1 167	6 746	269 760	113 942	3 458	67 324

管 理 机 构 基 本 情 况

本年支出合计（千元）							经费自给率（%）	劳动报酬占总支出比重（%）	固定资产原值（千元）	公用房屋建筑面积（千平方米）
	事业支出	在支出合计中：从业人员劳动报酬	税金支出	社会保障费	设备购置费	业务费				
256 280	**156 829**	**65 152**	**1 705**	**8 556**	**9 675**	**37 601**	**44.50**	**25.40**	**605 151**	**130**
——	——	——	——	——	——	——	——	——	——	——
5 742	5 527	2 192	65	242	410	1 722	47.50	38.20	5 199	2
60 044	53 377	20 059	530	3 590	3 391	13 138	43.90	33.40	303 060	27
190 494	97 925	42 901	1 110	4 724	5 874	22 741	44.70	22.50	296 892	102

机构登记单位（个、人）											
卡拉OK厅	餐饮卡拉OK厅	电子游艺厅	台球厅	网吧	保龄球	旱冰场	综合娱乐场所	画店画廊	美术公司	艺术品拍卖公司	其他
14 768	**2 936**	**11 358**	**5 173**	**42 654**	**568**	**425**	**3 377**	**1 464**	**180**	**170**	**14 151**
——	——	——	——	——	——	——	——	——	——	——	——
85	18	10	294	968	37	6	148	26	1	43	24
4 122	676	2 422	1 358	11 634	206	99	1 425	613	79	17	2 350
10 561	2 242	8 926	3 521	30 052	325	320	1 804	825	100	110	11 777

查 机 构 基 本 情 况

本年支出合计（千元）							经费自给率（%）	劳动报酬占总支出比重（%）	固定资产原值（千元）	增加值（千元）	公用房屋建筑面积（千平方米）
	事业支出	在支出合计中：从业人员劳动报酬	税金支出	社会保障费	设备购置费	业务费					
316 963	**281 176**	**149 950**	**1 100**	**20 016**	**13 558**	**53 586**	**60.30**	**47.30**	**116 347**	**155 704**	**51**
——	——	——	——	——	——	——	——	——	——		
10 902	10 902	3 035	2	256	1 073	2 055	3.90	27.80	12 249	3 527	1
105 662	102 176	46 010	291	10 251	5 141	25 033	16.50	43.50	47 271	48 192	11
200 399	168 098	100 905	807	9 509	7 344	26 498	90.60	50.40	56 827	103 985	39

全国其他文化产业和非文化

	机构数(个)	从业人员(人)	实收资本(千元)		负债合计(千元)	固定资产合计(千元)	固定资产原价(千元)	本年提取折旧(千元)	损			
				国家资本					主营业收入	主营业成本及费用	主营业税金及附加	主营业务利润
总　计	**664**	**15 828**	**2 201 393**	**1 872 639**	**2 051 632**	**1 628 033**	**1 798 130**	**1 192 109**	**1 540 217**	**1 271 656**	**38 986**	**229 575**
第一产业	——	——	——	——	——	——	——	——	——	——	——	——
第二产业	83	2 095	76 687	43 507	124 967	38 261	63 728	4 333	244 450	224 275	2 583	17 592
其中:制造业	51	1 342	40 464	23 131	76 425	24 565	46 343	2 597	173 887	163 879	408	9 600
建筑业	31	753	36 223	20 376	48 542	13 696	17 385	1 736	70 563	60 396	2 175	7 992
第三产业	581	13 733	2 124 706	1 829 132	1 926 665	1 589 772	1 734 402	1 187 776	1 295 767	1 047 381	36 403	211 983
其中:批零和餐饮业	106	2 292	114 795	89 184	410 794	350 101	383 829	27 261	411 792	339 968	5 417	66 407
房地产业	11	294	44 350	32 164	454 723	64 894	72 707	1 124	37 139	32 794	2 126	2 219
社会服务业	198	4 568	1 392 284	1 337 230	310 198	463 424	441 791	1 099 666	289 992	218 486	13 602	57 904

全国文化部门附营非文化

	机构数(个)	从业人员(人)	实收资本(千元)		负债合计(千元)	固定资产合计(千元)	固定资产原价(千元)	本年提取折旧(千元)	损			
				国家资本					主营业收入	主营业成本及费用	主营业税金及附加	主营业务利润
总　计	**183**	**2 472**	**1 119 229**	**1 066 359**	**179 341**	**88 325**	**185 538**	**20 011**	**204 189**	**151 700**	**11 239**	**41 250**
第一产业	——	——	——	——	——	——	——	——	——	——	——	——
第二产业	27	597	22 324	15 860	56 410	9 929	15 787	1 120	36 653	31 598	813	4 242
其中:制造业	18	384	12 964	9 331	35 640	6 414	13 212	834	15 425	12 468	179	2 778
建筑业	9	213	9 360	6 529	20 770	3 515	2 575	286	21 228	19 130	634	1 464
第三产业	156	1 875	1 096 905	1 050 499	122 931	78 396	169 751	18 891	167 536	120 102	10 426	37 008
其中:批零和餐饮业	46	652	10 247	4 663	36 866	15 446	22 287	5 370	60 632	41 894	2 411	16 327
房地产业	1	3	4 467	4 467	6 746	207	648	62	5 552	4 744	174	634
社会服务业	69	826	1 067 986	1 034 745	50 811	49 732	127 883	9 127	82 284	55 513	7 430	19 341

产业单位基本情况（企业）

益及分配（千元）										其他（千元）			上交主办单位数（千元）	增加值（千元）
其他业务利润	管理费用	税金	劳动待业保险	财务费用	补贴收入	投资收益	营业外收支净额	应交所得税	净利润	从业人员劳动报酬	本年应付福利费总额	本年应交增值税		
239 286	**337 452**	**6 253**	**31 483**	**13 946**	**8 995**	**3 905**	**−82 093**	**28 409**	**19 861**	**176 682**	**19 858**	**28 370**	**16 481**	**1927 742**
——	——	——	——	——	——	——	——	——	——	——	——	——		
11 469	22 596	799	2 035	429	320	——	− 823	1 106	4 427	14 239	1 637	2 645	1 091	54 751
11 192	15 719	452	1 690	434	320	——	− 863	390	3 706	9 863	1 205	2 551	891	37 554
277	6 877	347	345	−5	——	——	40	716	721	4 376	432	94	200	17 197
227 817	314 856	5 454	29 448	13 517	8 675	3 905	−81 270	27 303	15 434	162 443	18 221	25 725	15 390	1872 991
35 178	71 374	1 388	7 941	1 843	21	1 230	3 425	10 748	22 296	48 578	1 824	15 935	1 403	201 567
1 043	7 581	10	264	1 261	——	81	− 170	−62	−5 607	3 399	561	——	350	10 271
6 951	73 833	1 754	7 970	5 469	6 667	1 058	477	8 368	−14 613	36 798	5 072	2 691	2 614	1221 980

产业单位基本情况（企业）

益及分配（千元）										其他（千元）			上交主办单位数（千元）	增加值（千元）
其他业务利润	管理费用	税金	劳动待业保险	财务费用	补贴收入	投资收益	营业外收支净额	应交所得税	净利润	从业人员劳动报酬	本年应付福利费总额	本年应交增值税		
12 225	**37 382**	**802**	**1 607**	**177**	**903**	**32**	**319**	**6 971**	**10 199**	**26 239**	**2 509**	**3 519**	**2 981**	**118 266**
——	——	——	——	——	——	——	——	——	——	——	——	——		
9 939	8 255	267	877	− 141	——	——	−27	21	6 019	5 975	610	967	597	23 920
9 939	6 396	146	827	− 134	——	——	−14	8	6 433	4 276	408	879	422	19 453
1 859	121	50	−7	——	——	−13	13	− 414	1 699	202	88	175	4 467	
2 286	29 127	535	730	318	903	32	346	6 950	4 180	20 264	1 899	2 552	2 384	94 346
1 587	5 093	217	121	31	——	16	283	5 902	7 187	9 240	632	1 816	461	37 429
10	——	——	——	——	——	20	24	——	688	56	7	——	——	936
441	21 473	169	569	269	903	−35	37	950	−2 005	8 110	1 016	218	1 797	46 633

全国其他文化产业和非文化

	机构数（个）	从业人员（人）			本年收入合计（千元）					经费自给率%	劳动报酬占总支出比重（%）
			高级职称	中级职称		财政补助收入	上级补助收入	事业收入	经营收入		
总　　计	**1 090**	**14 006**	**1 761**	**2 734**	**1193 162**	**472 754**	**67 904**	**509 537**	**101 488**	**57.30**	**18.00**
一、其他艺术业	613	6 207	1 268	1 455	322 917	215 499	17 932	53 644	20 229	27.90	28.90
1.艺术创作机构	433	3 097	905	777	136 403	107 248	4 750	5 072	11 329	18.90	34.90
2.艺术展览机构	51	1 209	139	276	102 200	62 339	9 821	20 015	4 010	27.80	25.20
其中:美术馆	26	564	89	145	53 524	30 179	7 528	11 686	12	28.40	30.20
3.其 他 艺 术	129	1 901	224	402	84 314	45 912	3 361	28 557	4 890	41.80	23.10
二、其　　他	477	7 799	493	1 279	870 245	257 255	49 972	455 893	81 259	68.90	13.60

全国文物部门附营产业

	机构数（个）	从业人员（人）	实收资本（千元）		负债合计（千元）	固定资产合计（千元）	固定资产原价（千元）	本年提取折旧（千元）	损			
				国家资本					主营业收入	主营营业成本及费用	主营营业税金及附加	主营业务利润
总　　计	**45**	**457**	**32 251**	**14 991**	**379 466**	**8 067**	**12 385**	**1 635**	**53 918**	**43 922**	**2 390**	**7 606**
第 一 产 业	——	——	——	——	——	——	——	——	——	——	——	——
第 二 产 业	5	82	2 971	647	2 805	1 121	2 017	698	3 918	1 757	199	1 962
其中:制 造 业	2	43	2 168	144	2 677	507	1 162	655	471	242	2	227
建 筑 业	3	39	803	503	128	614	855	43	3 447	1 515	197	1 735
第 三 产 业	40	375	29 280	14 344	376 661	6 946	10 368	937	50 000	42 165	2 191	5 644
其中:批、零和餐饮业	17	163	10 313	1 267	12 067	876	2 150	318	6 994	6 102	176	716
房 地 产 业	2	61	11 000	9 000	347 825	1 385	2 715	284	26 598	21 513	1 424	3 661
社会服务业	10	82	4 551	2 181	6 593	3 394	3 769	167	11 665	11 422	159	84

产业单位基本情况（事业）

本年支出合计（千元）			在支出合计中						年末固定资产原值（千元）	增加值（千元）	公用房屋建筑面积（千平方米）
	事业支出	经营支出	从业人员劳动报酬	税金支出	社会保障费	修缮费	设备购置费	业务费			
1204 622	**1040 725**	**97 596**	**217 003**	**19 815**	**136 438**	**27 509**	**29 393**	**452 314**	**1045 330**	**293 236**	**790**
345 874	303 022	18 122	99 837	2 462	46 165	10 986	13 848	62 537	457 063	120 698	357
149 744	120 485	8 838	52 249	1 072	18 955	2 368	2 727	25 529	117 547	58 023	103
109 247	105 863	2 078	27 492	445	6 496	5 925	8 150	18 267	210 825	36 370	166
56 609	55 725	14	17 100	143	4 837	2 199	6 116	3 068	141 564	22 906	90
86 883	76 674	7 206	20 096	945	20 714	2 693	2 971	18 741	128 691	26 305	87
858 748	737 703	79 474	117 166	17 353	90 273	16 523	15 545	389 777	588 267	172 539	434

单位基本情况（企业）

益及分配（千元）										其他（千元）			上交主办单位数（千元）	增加值（千元）
其他业务利润	管理费用	税金	劳动待业保险	财务费用	补贴收入	投资收益	营业外收支净额	应交所得税	净利润	从业人员劳动报酬	本年应付福利费总额	本年应交增值税		
407	**7 319**	**46**	**161**	**1 273**	**——**	**——**	**——**	**471**	**−1 050**	**5 363**	**829**	**534**	**497**	**18 478**
——	——	——	——	——	——	——	——	——	——	——	——	——	——	——
41	1 266	——	——	−7	——	——	24	394	374	839	120	226	——	3 965
——	587	——	——	——	——	——	——	——	− 360	351	64	226	——	1 461
41	679	——	——	−7	——	——	24	394	734	488	56	——	——	2 504
366	6 053	46	161	1 280	——	——	−24	77	−1 424	4 524	709	308	497	14 513
281	725	6	50	−4	——	——	−69	36	171	1 846	243	161	89	3 593
——	3 363	——	88	1 285	——	——	−2	1	− 990	1 119	229	——	——	6 488
——	600	4	18	13	——	——	50	26	− 505	816	84	51	108	1 389

全国各地区主要文化产

地区	艺术表演团体	比上年增减	艺术表演场所	比上年增减	剧场、影剧院	比上年增减	图书馆	比上年增减	文化馆	比上年增减	文物保护管理机构	比上年增减
全国	**2 577**	**−13**	**1 819**	**−21**	**1 770**	**−28**	**2 697**	**1**	**2 854**	**12**	**2 095**	**88**
北京	20	——	24	1	21	1	25	——	19	−3	16	−6
天津	15	——	32	——	30	——	31	——	18	——	8	——
河北	134	——	95	−2	94	−3	145	−1	165	−1	164	4
山西	155	−2	49	——	49	——	122	1	119	1	90	8
内蒙古	113	−1	36	8	36	8	108	——	104	——	71	2
辽宁	72	−3	68	3	67	2	128	−1	102	——	66	−2
其中:大连	8	——	8	——	8	——	12	——	10	−1	2	——
吉林	65	1	49	——	48	——	61	——	62	5	47	3
黑龙江	87	1	53	2	46	−1	96	−1	123	5	83	——
上海	28	——	36	−5	31	−4	32	——	46	3	2	——
江苏	131	−2	129	−7	120	−7	101	——	109	3	61	3
浙江	80	−3	82	−10	75	−10	83	——	86	——	92	4
其中:宁波	7	−1	10	−1	10	−1	9	——	11	——	16	——
安徽	93	2	94	−9	93	−9	84	——	100	——	89	2
福建	94	1	78	−4	76	−4	82	——	80	——	34	1
其中:厦门	6	——	7	−1	6	−1	7	——	7	——	2	——
江西	78	——	62	——	60	−2	104	——	101	1	56	12
山东	121	——	104	−1	104	−1	140	4	138	−3	86	2
其中:青岛	11	——	11	1	11	1	12	——	11	−1	5	——
河南	202	−2	159	−1	159	−1	134	−1	187	−1	124	——
湖北	98	2	72	−2	70	−3	103	−1	121	2	48	7
湖南	87	——	97	1	97	1	115	——	125	1	121	——
广东	141	2	71	2	70	2	131	2	120	2	35	4
其中:深圳	5	——	6	1	6	1	10	1	6	1	4	——
广西	118	——	26	2	26	2	96	2	100	2	64	——
海南	22	——	19	——	19	——	19	——	18	——	7	1
重庆市	32	−4	24	−1	23	——	44	2	43	2	40	1
四川	89	−5	80	−6	79	−6	131	−9	173	−1	149	——
贵州	28	——	13	——	13	——	90	——	83	——	88	3
云南	124	−4	38	−3	38	−3	148	1	127	1	100	1
西藏	35	10	33	16	33	16	1	——	36	−12	13	5
陕西	115	−1	110	2	108	1	111	2	111	1	183	22
甘肃	74	−3	40	−8	40	−8	90	——	83	——	38	9
青海	13	−1	2	——	2	——	38	——	43	1	23	——
宁夏	14	——	14	−2	14	−2	21	——	21	3	20	−1
新疆	89	——	26	3	26	3	82	1	91	——	77	3

业机构比上年增减情况

单位:个

博物馆	比上年增减	歌舞娱乐场所	比上年增减	电子游戏厅	比上年增减	综合娱乐场所	比上年增减	保龄球	比上年增减	台球厅	比上年增减	网吧	比上年增减
1 504	**50**	**47 349**	**−6682**	**17 118**	**−3390**	**5 449**	**−326**	**449**	**−92**	**5 757**	**−578**	**63 642**	**42 090**
24	−2	769	−160	75	−10	153	33	61	−11	258	−53	114	114
15	1	566	−91	12	−3	74	50	22	−8	95	−26	347	181
44	−1	2 654	96	411	45	15	10	2	1	——	——	2 837	2 151
85	6	1 301	−645	2	1	10	3	13	−4	11	−7	1 698	1 638
28	1	874	−56	280	12	117	73	6	−1	233	22	1 876	1 722
34	——	2 658	67	488	−244	157	45	21	−9	458	−135	4 874	2 013
5	——	177	1	59	11	7	——	13	——	22	1	245	21
22	3	1 615	13	879	−78	47	−2	5	−1	243	−20	2 800	2 800
46	5	1 665	−142	605	−16	67	−3	1	——	30	——	2 272	281
23	2	860	−84	232	−38	1 118	−83	2	2	240	−12	1 194	222
90	3	3 139	−476	2 059	−635	288	−80	68	−35	514	−56	4 081	4 081
70	1	3 779	−96	597	−70	390	−117	8	7	64	52	4 793	4 793
7	——	449	−152	64	−27	40	−2	——	——	——	——	623	623
37	——	876	−381	1 087	−472	51	−18	2	−2	——	−3	2 076	−146
79	−1	2 050	26	934	−273	193	8	28	5	222	−84	1 312	1 192
3	——	201	45	——	−16	56	−8	5	1	6	−5	64	64
84	1	978	553	886	297	107	86	16	9	187	131	2 856	2 249
70	4	1 478	−656	169	−55	174	−11	27	−7	107	−35	3 990	3 950
7	——	299	−96	3	−12	42	−22	——	——	2	——	540	520
75	3	818	−4	288	3	76	−56	12	−4	42	−26	4 106	4 009
96	1	2 096	−340	630	73	106	−50	11	−8	63	−6	3 183	3 115
70	3	1 190	−718	545	−436	168	−36	6	−5	11	−138	2 315	−1 623
140	−1	3 150	−147	1 230	−142	129	−71	2	−8	228	32	1 204	1 204
12	1	266	−98	124	−3	——	——	——	——	11	11	——	——
41	1	1 922	−469	885	−32	105	49	27	1	1 152	4	3 117	3 117
16	——	318	−85	56	−8	9	1	1	−1	20	−15	480	127
17	3	1 617	−46	838	−101	174	19	4	−1	79	−36	2 062	164
51	−4	2 563	−2 249	796	−906	494	−373	8	−1	151	−180	1 399	6
10	1	680	−73	447	−148	163	−26	5	−1	174	−77	1 032	75
30	——	4 064	−305	1 831	18	525	40	49	3	829	93	2 478	1 478
2	——	232	83	——	——	71	70	——	——	35	10	56	56
88	13	927	−121	160	−157	149	80	10	−6	66	20	1 577	1 230
67	3	920	−100	——	——	157	14	6	−2	58	−14	969	806
16	3	133	−5	84	−2	73	22	1	−4	105	18	338	117
5	——	303	−79	117	−19	——	——	5	−5	14	−2	395	−9
24	1	1 154	8	495	6	89	−3	20	4	68	−35	1 811	977

全国各地区文化部门文化

地区	本年收入合计	财政补助收入	上级补助收入	事业收入	经营收入
总计	**17901432**	**10799519**	**646643**	**4488171**	**618807**
中央	1500533	784916	108252	525972	36598
地方	16400899	10014603	538391	3962199	582209
北京	669076	429088	17478	162956	12018
天津	254324	151369	3757	51987	29324
河北	625192	343336	14667	216718	16386
山西	482546	294176	3449	164511	6475
内蒙古	296690	248170	526	35551	7491
辽宁	520005	344387	11407	113670	17146
其中:大连	112196	80528	517	20477	4737
吉林	298266	234033	13996	37733	7746
黑龙江	304336	253818	2697	31225	8110
上海	1607392	646931	133109	694668	30150
江苏	1039565	658152	25623	234070	56596
浙江	1320453	848397	57270	248824	34133
其中:宁波	161227	86352	16517	27288	8677
安徽	405472	247109	6957	59955	13910
福建	462534	338942	22109	69720	12687
其中:厦门	94640	76902	1088	13065	663
江西	408021	260245	6049	95414	11914
山东	759979	479823	17539	198604	19037
其中:青岛	93352	69958	2303	12887	3159
河南	638014	385368	17266	168119	22120
湖北	560846	332828	18527	120114	40893
湖南	462249	270566	8726	114295	38470
广东	1660426	1081545	83788	307286	89055
其中:深圳	330019	228968	21204	56332	13545
广西	370248	259318	6089	52805	15019
海南	68907	54222	904	11219	1511
重庆市	292914	147860	3744	78410	21897
四川	688166	382295	18632	201139	36818
贵州	171409	123932	4349	24777	948
云南	431830	332686	15809	44670	10521
西藏	228877	78651	275	12658	1112
陕西	631986	263652	13763	286247	8441
甘肃	304066	185464	1160	57198	4093
青海	78846	67517	1759	6765	329
宁夏	94447	75265	1757	10814	3322
新疆	263817	195458	5210	50077	4537

产业单位经费收支情况

单位:千元

本年支出合计	事业支出	经营支出	在支出合计中：从业人员劳动报酬	在支出合计中：税金支出	在支出合计中：社会保障费	在支出合计中：修缮费	在支出合计中：设备购置费	年末固定资产原值
17189912	**15541529**	**528871**	**5241897**	**163394**	**1502730**	**728065**	**1160916**	**31409786**
1405721	1146789	32589	222972	14457	118423	37691	161067	1950983
15784191	14394740	496282	5018925	148937	1384307	690374	999849	29458803
643859	603012	8829	146576	7820	25109	37328	66729	771019
270225	234541	22135	103077	3787	30216	8656	12652	343622
553476	527265	12552	221419	3811	47645	38934	22193	946056
469378	457219	7256	171789	3461	48260	18911	20106	546342
285238	276484	6568	146367	1767	17979	10694	11953	467314
511921	468761	10657	173777	4759	59278	15340	39399	1005754
113665	98482	3186	24191	820	6723	4563	12994	189127
300939	292591	5545	116735	1262	54891	14037	15764	440719
303147	296677	3108	127988	2070	64758	8413	13299	583930
1499211	1381763	22201	297707	24665	86570	63672	161573	2800409
1040920	960145	62710	315894	6335	102127	47946	68984	2186349
1259196	1174713	30613	293520	8438	78639	38225	75024	1791295
155107	145332	6533	41934	893	9947	4238	10318	301164
331392	300494	14517	133442	2619	62739	7749	13232	423082
453540	403667	11493	137920	5361	45012	11742	26821	630123
84626	81601	1168	23925	969	5720	3098	7608	119536
469181	343272	7606	189309	3342	42134	12186	14192	1028988
766924	745835	15586	279595	4379	81274	29601	39780	1224829
94303	90995	2889	35842	1086	17962	2579	5082	91042
628632	578669	14825	200418	4626	77417	28921	27932	874252
550319	496388	30135	186969	3817	60263	21956	30963	1077305
462708	416540	33289	163879	6026	34267	22930	22269	969871
1577564	1450380	71801	418700	17682	95647	104960	135836	2930962
306795	304046	2749	90721	4401	9893	11265	35230	501475
372982	348575	18453	139948	3582	31556	14328	28479	615354
67276	65962	1314	33275	258	6634	1084	2746	163777
273041	243441	13524	73239	3312	22724	8317	15776	468150
679442	593700	31721	207142	5976	56330	41425	27172	1234926
159823	153379	1989	66906	2307	25205	5201	5233	225390
431734	394095	11733	173953	5162	19503	16662	36980	908655
215501	76760	3655	21309	53	3981	1965	1584	1339423
519968	460007	7003	175453	8156	35758	29187	27648	1086920
252647	234642	8253	101599	1439	23734	9415	16873	526835
80803	80404	181	39519	469	15016	1589	2939	395412
96104	86376	4150	33942	420	12319	2190	6171	643429
257100	248983	2880	127559	1776	17322	16810	9547	808311

全国各地区文化

地区	本年收入合计	财政补助收入	上级补助收入	事业收入	经营收入
总计	**12851812**	**8365819**	**385168**	**2506068**	**566423**
中央	724284	442565	61762	159193	34547
地方	12127528	7923254	323406	2346875	531876
北京	552090	353588	11501	142734	11487
天津	203488	121893	3497	36844	27453
河北	347434	246748	9622	60873	8473
山西	250508	184053	2152	46725	6424
内蒙古	240886	204779	441	24795	7068
辽宁	410087	297196	3760	68884	16809
其中:大连	81621	64793	517	10353	4737
吉林	251395	205526	2544	31466	7716
黑龙江	262405	224219	1852	20155	7899
上海	1354160	527610	67512	635550	28892
江苏	840829	519729	23590	191277	54653
浙江	828014	559093	40124	128616	30683
其中:宁波	129682	71046	15213	20525	6022
安徽	338403	209684	3531	36883	12335
福建	401422	286838	17875	66039	12397
其中:厦门	79780	63911	823	11931	663
江西	315935	228260	2042	60200	10342
山东	569268	414494	6920	89883	17330
其中:青岛	81235	59471	1828	12514	3102
河南	385722	263429	4227	73685	18637
湖北	445821	271912	12164	83822	36521
湖南	347250	207491	3324	74818	33813
广东	1294600	857782	68035	213170	81728
其中:深圳	288882	200062	18324	52151	12570
广西	301529	219829	3929	29015	12991
海南	53740	44148	886	6651	1300
重庆市	199728	124419	1817	29777	21607
四川	444363	297747	8863	63723	34172
贵州	148538	110101	2281	18132	948
云南	361348	293726	11384	22580	10163
西藏	208129	70782	215	384	581
陕西	236558	160267	2638	41355	7935
甘肃	191574	132534	854	16286	3739
青海	58018	52013	394	3428	286
宁夏	76696	63555	1737	5122	3218
新疆	207590	169809	3695	24003	4276

事业费收支情况

单位:千元

本年支出合计								年末固定资产原值
	事业支出	经营支出	在支出合计中					
			从业人员劳动报酬	税金支出	社会保障费	修缮费	设备购置费	
12777967	**11571821**	**471343**	**4170832**	**133312**	**1260671**	**363090**	**984013**	**25266864**
725022	656303	18664	140547	10020	92099	13252	137243	1738031
12052945	10915518	452679	4030285	123292	1168572	349838	846770	23528833
541948	507051	8252	128786	6948	22171	31786	63897	714910
217071	186074	21202	80809	3320	26280	5163	11336	269797
345665	328930	7046	144914	2972	36331	12509	15149	647888
247377	236778	7256	117254	1797	34677	5445	10766	332415
238987	230366	6513	129007	1013	15234	6577	10505	374341
413579	380344	10437	142693	4495	52540	10357	35641	758152
84135	69667	3186	20208	649	6049	1882	11685	137061
255440	247216	5543	103361	1250	49536	10809	15168	355849
263076	257603	2743	111847	1890	57957	5692	12201	390627
1313951	1212347	19594	263663	24160	77151	39220	144832	2336191
849880	778441	60896	258431	6180	89047	25937	61407	1813149
818951	764342	26637	234968	6758	59888	13471	63558	1404528
127683	120554	3899	34781	823	8196	2214	9858	262468
271296	249144	12530	109912	2361	54926	3559	8972	340333
397529	348137	11261	122782	5352	40743	9314	24830	558222
72901	69876	1168	20606	969	4994	1978	6546	98932
397600	280948	5225	161143	2536	34991	4868	11527	861384
569679	553336	14243	227790	3678	68398	13837	35514	956016
82387	79096	2874	32585	1080	16460	1935	4976	77714
399294	361291	14143	134555	3926	60102	8743	18336	664621
444040	395880	28506	148196	3405	51715	12311	27943	886177
356199	318654	29099	133811	5578	29233	10317	19102	765357
1271943	1163049	65611	332273	15604	78475	68767	123275	2449216
264478	262367	2111	76903	3998	8192	7022	34561	427818
305195	282896	16394	122446	2950	28550	7664	25024	542004
53353	52039	1314	26553	244	4969	810	2252	130193
197250	168593	13201	55358	2058	20472	3998	12554	314200
442303	377079	28988	150045	4038	45216	9356	17457	796157
139429	134378	792	60214	2059	23772	1465	4960	199355
367149	341831	11289	154438	3437	16954	10665	35494	676263
198038	60619	3655	17227	53	3476	418	750	1335989
233403	224204	5697	105437	1902	26609	7694	12180	561969
159897	144626	7698	76298	783	19135	2482	7818	341850
59009	58735	181	33862	469	13028	415	2386	389307
77742	68762	4150	27763	384	10864	636	3786	619517
206672	201825	2583	114449	1692	16132	5553	8150	742856

全国各地区文物

地区	本年收入合计	财政补助收入	上级补助收入	事业收入	经营收入
总计	**4498132**	**2143100**	**258967**	**1748870**	**46294**
中央	776249	342351	46490	366779	2051
地方	3721883	1800749	212477	1382091	44243
北京	116986	75500	5977	20222	531
天津	30047	17613	260	9047	36
河北	248248	80724	5045	144112	7913
山西	170185	75191	872	91456	51
内蒙古	49168	39850	85	7661	423
辽宁	98147	41223	7647	38983	337
其中:大连	25602	12842	——	8044	——
吉林	46871	28507	11452	6267	30
黑龙江	29920	25513	845	3179	211
上海	253232	119321	65597	59118	1258
江苏	155821	112316	1887	26662	1651
浙江	436214	254197	16846	106522	3450
其中:宁波	24428	13946	1304	5006	2655
安徽	48181	26890	3426	14723	1575
福建	53483	46326	3723	2872	284
其中:厦门	9588	8968	111	431	——
江西	72202	24910	3999	22558	1552
山东	190711	65329	10619	108721	1707
其中:青岛	12117	10487	475	373	57
河南	207025	94334	12927	79745	2621
湖北	90694	51073	6245	25276	2115
湖南	94724	57146	5402	25957	4378
广东	307318	192200	15018	68870	6808
其中:深圳	24612	15703	2265	1841	975
广西	48194	33643	2129	9212	2028
海南	8291	5308	5	2546	211
重庆市	86347	21513	1927	43872	290
四川	214455	70140	9744	126024	2644
贵州	22871	13831	2068	6645	——
云南	60501	31150	4341	20003	358
西藏	20748	7869	60	12274	531
陕西	377776	95850	11125	234785	506
甘肃	105453	48830	306	37982	354
青海	15442	12707	1365	767	25
宁夏	13964	9199	20	4416	104
新疆	48664	22546	1515	21614	261

事 业 费 收 支 情 况

单位：千元

本年支出合计	事业支出	经营支出	在支出合计中：从业人员劳动报酬	在支出合计中：税金支出	在支出合计中：社会保障费	在支出合计中：修缮费	在支出合计中：设备购置费	年末固定资产原值
3866330	**3432097**	**55960**	**872758**	**29446**	**177682**	**326977**	**143839**	**5342455**
680699	490486	13925	82425	4437	26324	24439	23824	212952
3185631	2941611	42035	790333	25009	151358	302538	120015	5129503
101911	95961	577	17790	872	2938	5542	2832	56109
32365	27678	933	12918	390	2879	1560	726	63670
178656	169180	5506	66270	839	7360	24678	4368	256196
159594	159594	——	31053	1650	5135	8837	5387	146645
40061	39928	55	14843	754	2183	3931	1029	77466
86824	76899	220	27601	264	5920	4283	3548	213997
24808	24093	——	3057	171	581	2281	1137	41313
45499	45375	2	13374	12	5355	3228	596	84870
28009	27282	95	12349	180	3787	2069	799	169513
185260	169416	2607	34044	505	9419	24452	16741	464218
148626	140125	1632	40196	155	6878	19471	5042	288594
389059	359185	3976	43778	1604	11201	23156	10688	321721
24325	21679	2634	6313	66	1387	1761	327	35404
39319	30573	1987	13443	233	3085	2995	1073	55462
48908	48427	232	13096	9	3716	2221	1097	52437
6877	6877	——	1970	——	186	1087	168	5211
52746	46491	2381	20545	806	4634	6247	1288	119845
197245	192499	1343	51805	701	12876	15764	4266	268813
11916	11899	15	3257	6	1502	644	106	13328
186873	175764	302	49915	638	9847	17458	7578	154274
81874	76974	1240	29439	259	5048	7051	1975	131133
84448	76312	3971	24070	398	3429	8474	2066	165652
247442	229280	6062	58473	1899	11632	31669	10570	411412
26035	25397	638	7348	352	925	2326	578	42071
42310	40202	2059	13737	632	2288	5366	1381	58961
8617	8617	——	4074	14	1043	96	231	25337
68952	68009	323	14909	1254	2006	3978	2894	147757
210744	190226	2733	50442	1938	9854	30982	7335	420194
20394	19001	1197	6692	248	1433	3736	273	26035
55075	42754	444	14305	1725	2283	5009	1259	220468
17463	16141	——	4082	——	505	1547	834	3434
268913	218151	1306	65171	6254	8663	21254	12335	465787
85824	83090	555	23025	656	3104	6383	8525	182705
16314	16189	——	3551	——	1038	606	208	5984
13441	12693	——	4514	36	879	730	1758	19801
42865	39595	297	10829	84	940	9765	1313	51013

全国各地区文化部门

地区	本年收入合计				
		财政补助收入	上级补助收入	事业收入	经营收入
总计	**551488**	**290600**	**2508**	**233233**	**6090**
北京	——	——	——	——	——
天津	20789	11863	——	6096	1835
河北	29510	15864	——	11733	——
山西	61853	34932	425	26330	——
内蒙古	6636	3541	——	3095	——
辽宁	11771	5968	——	5803	——
其中:大连	4973	2893	——	2080	——
吉林	——	——	——	——	——
黑龙江	12011	4086	——	7891	——
上海	——	——	——	——	——
江苏	42915	26107	146	16131	292
浙江	56225	35107	300	13686	——
其中:宁波	7117	1360	——	1757	——
安徽	18888	10535	——	8349	——
福建	7629	5778	511	809	6
其中:厦门	5272	4023	154	703	——
江西	19884	7075	8	12656	20
山东	——	——	——	——	——
其中:青岛	——	——	——	——	——
河南	45267	27605	112	14689	862
湖北	24331	9843	118	11016	2257
湖南	20275	5929	——	13520	279
广东	58508	31563	735	25246	519
其中:深圳	16525	13203	615	2340	——
广西	20525	5846	31	14578	——
海南	6876	4766	13	2022	——
重庆市	6839	1928	——	4761	——
四川	29348	14408	25	11392	2
贵州	——	——	——	——	——
云南	9981	7810	84	2087	——
西藏	——	——	——	——	——
陕西	17652	7535	——	10107	——
甘肃	7039	4100	——	2930	——
青海	5386	2797	——	2570	18
宁夏	3787	2511	——	1276	——
新疆	7563	3103	——	4460	——

教育经费收支情况

单位：千元

本年支出合计								年末固定资产原值
	事业支出	经营支出	在支出合计中					
			从业人员劳动报酬	税金支出	社会保障费	修缮费	设备购置费	
545615	**537611**	**1568**	**198307**	**636**	**64377**	**37998**	**33064**	**800467**
——	——	——	——	——	——	——	——	——
20789	20789	——	9350	77	1057	1933	590	10155
29155	29155	——	10235	——	3954	1747	2676	41972
62407	60847	——	23482	14	8448	4629	3953	67282
6190	6190	——	2517	——	562	186	419	15507
11518	11518	——	3483	——	818	700	210	33605
4722	4722	——	926	——	93	400	172	10753
——	——	——	——	——	——	——	——	——
12062	11792	270	3792	——	3014	652	299	23790
——	——	——	——	——	——	——	——	——
42414	41579	182	17267	——	6202	2538	2535	84606
51186	51186	——	14774	76	7550	1598	778	65046
3099	3099	——	840	4	364	263	133	3292
20777	20777	——	10087	25	4728	1195	3187	27287
7103	7103	——	2042	——	553	207	894	19464
4848	4848	——	1349	——	540	33	894	15393
18835	15833	——	7621	——	2509	1071	1377	47759
——	——	——	——	——	——	——	——	——
——	——	——	——	——	——	——	——	——
42465	41614	380	15948	62	7468	2720	2018	55357
24405	23534	389	9334	153	3500	2594	1045	59995
22061	21574	219	5998	50	1605	4139	1101	38862
58179	58051	128	27954	179	5540	4524	1991	70334
16282	16282	——	6470	51	776	1917	91	31586
25477	25477	——	3765	——	718	1298	2074	14389
5306	5306	——	2648	——	622	178	263	8247
6839	6839	——	2972	——	246	341	328	6193
26395	26395	——	6655	——	1260	1087	2380	18575
——	——	——	——	——	——	——	——	——
9510	9510	——	5210	——	266	988	227	11924
——	——	——	——	——	——	——	——	——
17652	17652	——	4845	——	486	239	3133	59164
6926	6926	——	2276	——	1495	550	530	2280
5480	5480	——	2106	——	950	568	345	121
4921	4921	——	1665	——	576	824	627	4111
7563	7563	——	2281	——	250	1492	84	14442

全国各地区省级文化产业

地　区	合　计		文	化	合	
			艺术表演团　体	艺术表演场　所	图书馆	群艺馆
全　国	**3 375 335**	**2 131 843**	**924 954**	**28 654**	**505 937**	**60 373**
北　京	277 303	236 907	124 226	——	42 401	4 608
天　津	94 872	67 836	37 525	——	15 826	1 946
河　北	94 776	51 464	21 777	5 490	5 512	2 661
山　西	87 085	40 535	23 303	62	8 192	2 487
内蒙古	47 060	30 619	15 274	——	5 078	1 658
辽　宁	47 799	42 579	20 240	——	12 734	2 310
吉　林	52 499	38 924	17 440	3 895	8 414	2 136
黑龙江	55 755	38 610	28 774	——	5 727	92
上　海	105 440	——	——	——	——	——
江　苏	133 628	97 780	23 140	——	26 061	2 468
浙　江	190 813	109 808	51 931	2 870	23 746	4 932
安　徽	59 738	43 722	17 868	——	7 027	1 489
福　建	113 369	93 635	29 588	547	12 818	2 047
江　西	32 549	21 018	11 542	——	3 597	881
山　东	83 985	73 381	31 412	3 200	15 480	1 906
河　南	92 686	44 378	19 277	——	12 035	1 976
湖　北	75 271	47 520	20 132	——	6 158	2 008
湖　南	70 323	39 131	16 674	1 960	8 820	2 284
广　东	212 970	147 824	68 197	7 892	25 588	2 472
广　西	84 978	65 794	29 836	356	14 375	1 643
海　南	26 921	18 745	13 532	——	——	1 370
重庆市	71 253	51 017	31 846	——	11 231	1 978
四　川	67 616	35 108	17 377	——	8 596	2 116
贵　州	34 941	28 046	12 538	160	3 505	1 822
云　南	59 268	44 198	24 854	——	4 954	1 663
西　藏	28 277	24 853	20 996	——	1 881	1 976
陕　西	103 890	44 089	19 914	——	13 338	1 532
甘　肃	71 875	33 671	19 833	678	8 548	1 556
青　海	32 209	19 214	10 751	——	4 454	1 688
宁　夏	33 756	24 927	12 724	——	3 226	1 427
新　疆	47 514	33 945	24 005	1 544	3 358	1 241

单位财政补助收入情况

单位:千元

计	文物合计				教育合计	
其他文化		博物馆经费	文物保护费	其他文物事业费		中等教育
606 340	**1 079 458**	**551 919**	**243 199**	**176 326**	**164 034**	**123 124**
65 672	40 396	35 192	——	——	——	——
12 216	15 173	14 272	——	——	11 863	11 863
16 024	35 495	14 591	14 500	3 316	7 817	7 817
6 491	32 889	3 554	23 651	410	13 661	5 475
7 920	16 441	2 868	11 550	331	——	——
7 295	5 220	3 790	——	——	——	——
7 039	13 575	6 791	3 750	80	——	——
2 495	14 057	12 160	——	——	3 088	3 088
105 440	105 440	——	——	——	——	
46 111	22 148	19 865	40	230	13 700	13 700
26 329	52 025	36 789	12 490	——	28 980	——
17 338	7 760	5 082	——	1 927	8 256	8 256
48 635	19 143	7 965	9 040	1 773	591	——
4 998	7 030	6 077	——	150	4 501	1 348
21 383	10 604	6 818	——	1 190	——	——
11 090	37 900	14 229	17 190	1 618	10 408	10 408
18 508	24 188	4 065	16 360	2 092	3 563	3 563
9 393	26 005	12 216	10 370	315	5 187	5 187
43 675	53 408	18 480	22 500	3 494	11 738	11 738
18 581	14 347	5 168	9 100	——	4 837	4 837
3 843	3 410	2 213	750	447	4 766	4 766
5 962	18 308	18 308	——	——	1 928	1 928
7 019	24 540	3 271	18 680	——	7 968	7 968
10 021	6 895	1 728	4 608	——	——	——
12 261	7 260	3 181	2 100	134	7 810	7 810
3 424	——	——	——	——	——	
9 305	55 837	12 881	31 590	1 225	3 964	3 964
3 056	34 104	3 386	23 560	250	4 100	4 100
2 321	10 198	3 159	4 980	109	2 797	2 797
7 550	6 318	4 009	750	——	2 511	2 511
2 929	13 569	3 077	5 640	335	——	——

全国各地区文化产业单位总收入情况

单位:千元

地区	合计	文化合计					文物合计				
			艺术表演团体	艺术表演场所	图书馆	群众文化		博物馆经费	文物事业机构经费	文物保护费	其他文物事业费
总计	**17 901 432**	**12 851 812**	**3 653 309**	**836 433**	**2 133 217**	**2 410 503**	**4 498 132**	**2 435 844**	**1 290 141**	**326 615**	**437 665**
中央	1 500 533	724 284	218 403	15 050	237 051	——	776 249	550 629	61 242	——	164 378
地方	16 400 899	12 127 528	3 434 906	821 383	1 896 166	2 410 503	3 721 883	1 885 215	1 228 899	326 615	273 287
北京	669 076	552 090	181 465	41 689	95 965	54 744	116 986	54 256	28 694	11 862	22 171
天津	254 324	203 488	56 604	17 247	40 412	31 685	30 047	26 879	3 168	——	——
河北	625 192	347 434	106 547	32 487	42 251	70 043	248 248	56 148	153 818	14 580	23 692
山西	482 546	250 508	112 125	16 280	30 530	42 445	170 185	71 478	63 730	28 627	6 341
内蒙古	296 690	240 886	79 983	8 346	36 005	51 365	49 168	18 476	18 542	11 550	600
辽宁	520 005	410 087	122 591	29 339	107 311	77 587	98 147	60 055	34 593	128	3 371
其中:大连	112 196	81 621	14 193	5 568	29 675	15 184	25 602	14 726	9 307	100	1 469
吉林	298 266	251 395	97 239	23 448	42 923	49 351	46 871	32 082	10 558	3 750	481
黑龙江	304 336	262 405	129 076	9 421	44 597	49 336	29 920	20 560	9 360	——	——
上海	1 607 392	1 354 160	231 009	63 619	313 405	204 237	253 232	250 590	2 642	——	——
江苏	1 039 565	840 829	187 559	77 221	131 204	178 787	155 821	117 417	28 991	2 632	6 747
浙江	1 320 453	828 014	183 629	58 903	124 740	237 054	436 214	143 802	124 965	65 799	101 628
其中:宁波	161 227	129 682	15 629	12 330	15 101	55 065	24 428	12 085	10 917	——	1 426
安徽	405 472	338 403	88 747	24 134	33 172	55 039	48 181	19 403	24 209	670	3 894
福建	462 534	401 422	132 843	40 832	55 856	56 825	53 483	34 915	6 174	10 091	2 299
其中:厦门	94 640	79 780	25 917	9 617	13 604	19 186	9 588	7 838	1 750	——	——
江西	408 021	315 935	58 680	16 756	31 105	41 636	72 202	38 650	33 310	——	242
山东	759 979	569 268	180 674	43 847	83 996	100 124	190 711	69 779	112 858	1 164	6 910
其中:青岛	93 352	81 235	32 213	7 493	13 832	17 838	12 117	8 683	904	1 064	1 466
河南	638 014	385 722	116 817	36 749	53 229	70 105	207 025	80 158	97 342	18 055	11 297
湖北	560 846	445 821	128 594	30 902	60 382	77 235	90 694	42 438	26 558	16 724	4 974
湖南	462 249	347 250	80 853	46 660	43 150	70 139	94 724	53 197	29 242	11 127	1 158
广东	1 660 426	1 294 600	330 413	89 931	221 837	322 501	307 318	211 998	60 935	24 710	9 675
其中:深圳	330 019	288 882	40 476	22 527	63 602	68 442	24 612	19 544	5 068	——	——
广西	370 248	301 529	98 223	21 179	46 392	54 782	48 194	25 434	12 607	9 100	974
海南	68 907	53 740	23 186	2 306	6 854	9 716	8 291	3 204	3 810	750	527
重庆市	292 914	199 728	58 115	4 268	28 070	59 742	86 347	79 446	6 501	——	400
四川	688 166	444 363	124 782	21 001	45 921	105 247	214 455	93 679	97 106	20 271	3 368
贵州	171 409	148 538	46 700	8 540	19 179	29 642	22 871	7 808	10 091	4 828	144
云南	431 830	361 348	117 463	12 720	49 243	91 405	60 501	17 642	35 323	2 682	4 845
西藏	228 877	208 129	41 983	4 449	1 881	28 856	20 748	4 128	15 603	63	954
陕西	631 986	236 558	102 909	17 925	35 213	50 029	377 776	213 953	84 908	32 472	39 088
甘肃	304 066	191 574	65 906	8 409	24 634	62 300	105 453	19 766	46 972	23 610	15 100
青海	78 846	58 018	25 916	942	10 397	11 083	15 442	5 237	5 036	4 980	189
宁夏	94 447	76 696	26 022	2 204	11 825	16 378	13 964	5 298	7 884	750	32
新疆	263 817	207 590	98 253	9 629	24 487	51 085	48 664	7 339	33 369	5 640	2 186

全国各地区文化产业单位财政补助收入情况

单位:千元

地区	合计	文化合计					文物合计				
			艺术表演团体	艺术表演场所	图书馆	群众文化		博物馆经费	文物事业机构经费	文物保护费	其他文物事业费
总计	**10 799 519**	**8 365 819**	**2 466 609**	**120 325**	**1 768 820**	**1 651 632**	**2 143 100**	**1 121 947**	**374 902**	**326 615**	**311 769**
中央	784 916	442 565	108 428	——	183 257	——	342 351	161 294	24 157	——	156 900
地方	10 014 603	7 923 254	2 358 181	120 325	1 585 563	1 651 632	1 800 749	960 653	350 745	326 615	154 869
北京	429 088	353 588	128 368	902	81 731	34 909	75 500	40 233	14 162	11 862	9 240
天津	151 369	121 893	40 559	317	32 975	21 355	17 613	15 709	1 904	——	——
河北	343 336	246 748	58 964	7 716	36 377	63 501	80 724	28 260	23 377	14 580	14 497
山西	294 176	184 053	75 040	1 677	27 187	38 011	75 191	25 894	16 292	28 627	4 369
内蒙古	248 170	204 779	70 421	3 771	34 365	48 413	39 850	16 641	11 328	11 550	331
辽宁	344 387	297 196	77 938	2 726	94 246	60 299	41 223	29 470	9 389	128	2 236
其中:大连	80 528	64 793	8 352	70	27 558	12 903	12 842	11 510	763	100	469
吉林	234 033	205 526	76 634	12 029	40 675	45 015	28 507	16 763	7 914	3 750	80
黑龙江	253 818	224 219	113 124	1 741	41 931	44 349	25 513	16 586	8 927	——	——
上海	646 931	527 610	91 012	1 049	224 420	73 768	119 321	117 396	1 925	——	——
江苏	658 152	519 729	115 807	1 392	106 829	114 210	112 316	85 289	18 774	2 632	5 587
浙江	848 397	559 093	115 100	11 597	99 349	157 958	254 197	83 058	33 079	65 799	72 241
其中:宁波	86 352	71 046	9 162	4 458	13 039	24 434	13 946	4 421	8 325	——	1 200
安徽	247 109	209 684	70 526	4 790	30 313	47 457	26 890	13 534	9 115	670	3 566
福建	338 942	286 838	92 797	7 663	44 480	46 656	46 326	28 548	5 384	10 091	2 299
其中:厦门	76 902	63 911	21 748	2 798	10 968	17 792	8 968	7 314	1 654	——	——
江西	260 245	228 260	44 871	4 321	26 505	36 087	24 910	19 029	5 731	——	150
山东	479 823	414 494	118 496	8 748	77 202	85 141	65 329	41 862	16 220	1 164	6 083
其中:青岛	69 958	59 471	24 293	1 207	12 398	14 010	10 487	7 578	723	1 064	1 122
河南	385 368	263 429	68 179	3 495	47 044	57 097	94 334	43 925	26 183	18 055	5 998
湖北	332 828	271 912	89 929	1 980	45 406	46 079	51 073	24 436	6 894	16 724	3 019
湖南	270 566	207 491	50 105	8 167	34 277	51 584	57 146	31 218	13 643	11 127	1 158
广东	1 081 545	857 782	207 765	15 610	189 204	184 553	192 200	143 725	19 323	24 710	4 442
其中:深圳	228 968	200 062	21 797	4 162	56 268	32 517	15 703	12 272	3 431	——	——
广西	259 318	219 829	80 197	1 738	39 892	43 580	33 643	16 997	6 977	9 100	490
海南	54 222	44 148	19 218	——	6 283	8 378	5 308	3 179	932	750	447
重庆市	147 860	124 419	41 163	746	22 488	27 769	21 513	18 738	2 775	——	——
四川	382 295	297 747	96 386	2 711	38 110	70 149	70 140	27 235	20 106	20 271	2 497
贵州	123 932	110 101	36 842	965	17 787	22 749	13 831	3 490	5 419	4 828	94
云南	332 686	293 726	99 246	2 392	45 578	77 893	31 150	12 838	12 870	2 682	2 751
西藏	78 651	70 782	41 628	3 644	1 881	7 267	7 869	2 723	4 142	63	941
陕西	263 652	160 267	58 597	3 427	32 249	41 486	95 850	26 472	20 502	32 472	9 049
甘肃	185 464	132 534	53 587	1 562	23 181	27 008	48 830	13 034	9 321	23 610	2 860
青海	67 517	52 013	23 655	——	10 008	10 382	12 707	4 530	3 088	4 980	109
宁夏	75 265	63 555	20 789	266	11 381	14 894	9 199	4 672	3 777	750	——
新疆	195 458	169 809	81 238	3 183	22 209	43 635	22 546	5 169	11 272	5 640	335

全国各地区文化产业单位事业收入情况

单位：千元

地区	合计	文化合计					文物合计		
			艺术表演团体	艺术表演场所	图书馆	群众文化		博物馆经费	文物事业机构经费
总计	**4 488 171**	**2 506 068**	**813 963**	**412 659**	**221 491**	**341 042**	**1 748 870**	**1 031 005**	**717 865**
中央	525 972	159 193	73 678	1 680	38 058	——	366 779	356 744	10 035
地方	3 962 199	2 346 875	740 285	410 979	183 433	341 042	1 382 091	674 261	707 830
北京	162 956	142 734	39 948	35 737	8 317	12 381	20 222	11 824	8 398
天津	51 987	36 844	6 702	7 105	5 928	5 752	9 047	7 921	1 126
河北	216 718	60 873	32 054	15 410	1 331	2 781	144 112	25 023	119 089
山西	164 511	46 725	31 493	8 040	697	2 467	91 456	44 932	46 524
内蒙古	35 551	24 795	8 100	2 173	1 161	1 858	7 661	1 569	6 092
辽宁	113 670	68 884	33 280	14 633	7 331	6 835	38 983	27 495	11 488
其中：大连	20 477	10 353	5 465	1 043	1 954	1 529	8 044	3 216	4 828
吉林	37 733	31 466	16 760	6 410	1 367	1 399	6 267	5 281	986
黑龙江	31 225	20 155	11 878	3 206	1 407	603	3 179	3 015	164
上海	694 668	635 550	95 523	46 780	67 082	86 778	59 118	59 050	68
江苏	234 070	191 277	56 139	46 148	15 368	36 452	26 662	23 045	3 617
浙江	248 824	128 616	42 939	26 505	14 534	31 477	106 522	32 202	74 320
其中：宁波	27 288	20 525	3 454	5 539	556	9 984	5 006	3 659	1 347
安徽	59 955	36 883	14 579	10 137	1 551	3 748	14 723	2 658	12 065
福建	69 720	66 039	27 833	22 741	3 479	3 710	2 872	2 420	452
其中：厦门	13 065	11 931	3 642	5 790	1 677	267	431	431	——
江西	95 414	60 200	11 801	7 592	2 901	3 801	22 558	15 227	7 331
山东	198 604	89 883	39 206	20 574	4 095	7 974	108 721	15 433	93 288
其中：青岛	12 887	12 514	5 619	4 343	652	1 083	373	349	24
河南	168 119	73 685	38 434	19 983	1 980	5 150	79 745	24 503	55 242
湖北	120 114	83 822	22 958	15 160	5 349	15 739	25 276	11 497	13 779
湖南	114 295	74 818	16 950	26 253	4 252	8 966	25 957	13 734	12 223
广东	307 286	213 170	83 665	39 291	20 755	58 135	68 870	47 369	21 501
其中：深圳	56 332	52 151	6 996	12 267	5 452	24 306	1 841	1 841	——
广西	52 805	29 015	12 050	1 850	2 083	5 208	9 212	5 950	3 262
海南	11 219	6 651	3 494	1 554	515	462	2 546	20	2 526
重庆市	78 410	29 777	12 762	1 811	3 776	8 234	43 872	41 066	2 806
四川	201 139	63 723	16 217	4 633	3 417	16 193	126 024	58 189	67 835
贵州	24 777	18 132	6 289	2 880	253	1 733	6 645	3 907	2 738
云南	44 670	22 580	8 489	6 268	730	4 418	20 003	2 329	17 674
西藏	12 658	384	190	165	——	29	12 274	874	11 400
陕西	286 247	41 355	24 808	7 108	2 346	2 934	234 785	181 262	53 523
甘肃	57 198	16 286	10 119	4 285	292	798	37 982	4 358	33 624
青海	6 765	3 428	1 688	519	44	284	767	634	133
宁夏	10 814	5 122	2 721	661	286	748	4 416	485	3 931
新疆	50 077	24 003	11 216	5 367	806	3 995	21 614	989	20 625

全国各地区文化产业单位经营收入情况

单位：千元

地　　区	合　计	文化合计					文物合计		
			艺术表演团　体	艺术表演场　所	图书馆	群众文化		博物馆经　费	文物事业机构经费
总　　计	**618 807**	**566 423**	**59 360**	**206 261**	**49 661**	**146 359**	**46 294**	**29 185**	**17 109**
中　　央	36 598	34 547	6 495	11 770	8 679	——	2 051	1 847	204
地　　方	582 209	531 876	52 865	194 491	40 982	146 359	44 243	27 338	16 905
北　　京	12 018	11 487	2 610	3 242	1 808	2 596	531	——	531
天　　津	29 324	27 453	1 601	8 963	304	3 858	36	——	36
河　　北	16 386	8 473	1 532	5 277	802	862	7 913	310	7 603
山　　西	6 475	6 424	496	3 448	1 285	999	51	51	——
内 蒙 古	7 491	7 068	183	2 402	360	1 094	423	45	378
辽　　宁	17 146	16 809	1 777	11 372	387	2 289	337	133	204
其中：大连	4 737	4 737	16	4 392	58	271	——	——	——
吉　　林	7 746	7 716	2 640	2 389	506	1 455	30	30	——
黑 龙 江	8 110	7 899	853	4 338	407	1 518	211	211	——
上　　海	30 150	28 892	147	5 815	1 736	20 075	1 258	1 258	——
江　　苏	56 596	54 653	1 224	22 295	2 844	11 039	1 651	1 166	485
浙　　江	34 133	30 683	3 542	12 497	1 764	10 598	3 450	3 143	307
其中：宁波	8 677	6 022	595	587	411	4 234	2 655	2 498	157
安　　徽	13 910	12 335	877	7 536	918	2 082	1 575	1 536	39
福　　建	12 687	12 397	289	6 183	4 620	1 059	284	284	——
其中：厦门	663	663	——	585	——	78	——	——	——
江　　西	11 914	10 342	666	2 937	1 408	1 044	1 552	239	1 313
山　　东	19 037	17 330	1 858	11 309	216	2 433	1 707	1 107	600
其中：青岛	3 159	3 102	401	1 897	——	238	57	57	——
河　　南	22 120	18 637	900	11 010	2 074	3 037	2 621	2 337	284
湖　　北	40 893	36 521	8 034	10 780	2 217	10 647	2 115	1 613	502
湖　　南	38 470	33 813	5 316	10 014	3 844	7 826	4 378	3 969	409
广　　东	89 055	81 728	3 755	25 159	5 551	26 504	6 808	5 496	1 312
其中：深圳	13 545	12 570	2 442	5 714	400	4 014	975	975	——
广　　西	15 019	12 991	948	3 136	852	2 842	2 028	793	1 235
海　　南	1 511	1 300	254	752	19	275	211	——	211
重 庆 市	21 897	21 607	1 351	1 711	967	17 212	290	283	7
四　　川	36 818	34 172	6 392	8 852	2 151	10 157	2 644	1 780	864
贵　　州	948	948	15	283	40	609	——	——	——
云　　南	10 521	10 163	1 291	3 562	2 510	1 864	358	358	——
西　　藏	1 112	581	20	271	——	290	531	531	——
陕　　西	8 441	7 935	1 505	5 634	35	606	506	428	78
甘　　肃	4 093	3 739	812	1 837	436	652	354	237	117
青　　海	329	286	232	——	13	23	25	——	25
宁　　夏	3 322	3 218	454	760	17	212	104	——	104
新　　疆	4 537	4 276	1 291	727	891	602	261	——	261

全国各地区文化产业单位总支出情况

单位：千元

地　区	合　计	文化合计					文物合计				
			艺术表演团　体	艺术表演场　所	图书馆	群众文化		博物馆经　费	文物事业机构经费	文　物保护费	其他文物事业费
总　计	**17 189 912**	**12 777 967**	**3 633 120**	**893 744**	**2 089 287**	**2 355 932**	**3 866 330**	**2 071 979**	**1 117 864**	**191 532**	**477 088**
中　央	1 405 721	725 022	213 834	15 206	234 624	——	680 699	430 900	37 597	40 249	171 953
地　方	15 784 191	12 052 945	3 419 286	878 538	1 854 663	2 355 932	3 185 631	1 641 079	1 080 267	151 283	305 135
北　京	643 859	541 948	180 501	43 150	91 807	54 479	101 911	54 059	27 287	3 682	16 880
天　津	270 225	217 071	70 406	17 918	40 840	31 109	32 365	29 131	3 234	——	——
河　北	553 476	345 665	104 535	33 122	43 952	69 368	178 656	39 837	114 923	4 938	18 948
山　西	469 378	247 377	109 668	16 589	31 589	42 300	159 594	63 694	66 178	18 944	10 769
内蒙古	285 238	238 987	79 637	8 436	35 838	51 705	40 061	16 978	19 408	3 382	293
辽　宁	511 921	413 579	121 865	33 294	106 360	75 692	86 824	55 326	28 304	1 018	2 176
其中:大连	113 665	84 135	14 178	7 623	29 590	15 600	24 808	14 726	8 798	714	570
吉　林	300 939	255 440	97 944	25 335	43 181	49 747	45 499	33 025	9 781	2 578	115
黑龙江	303 147	263 076	128 152	9 463	44 476	49 172	28 009	18 358	9 651	——	——
上　海	1 499 211	1 313 951	233 614	60 132	286 592	201 278	185 260	182 776	2 484	——	——
江　苏	1 040 920	849 880	187 843	90 607	126 085	179 654	148 626	120 183	21 965	2 737	3 707
浙　江	1 259 196	818 951	183 531	65 824	122 285	233 837	389 059	127 563	97 117	21 635	142 724
其中:宁波	155 107	127 683	15 515	14 415	14 882	54 648	24 325	12 590	10 245	——	1 490
安　徽	331 392	271 296	88 939	27 767	33 613	54 896	39 319	19 191	16 653	667	2 803
福　建	453 540	397 529	128 342	39 137	53 864	54 363	48 908	31 126	5 397	1 022	11 359
其中:厦门	84 626	72 901	25 700	8 762	13 349	17 118	6 877	5 511	1 366	——	——
江　西	469 181	397 600	60 068	17 114	32 273	41 757	52 746	37 511	15 029	——	206
山　东	766 924	569 679	175 348	49 841	82 383	100 957	197 245	72 864	115 713	2 306	6 362
其中:青岛	94 303	82 387	32 485	8 681	13 502	17 759	11 916	8 666	894	26	2 330
河　南	628 632	399 294	119 435	38 714	53 479	76 253	186 873	80 734	86 319	9 846	9 801
湖　北	550 319	444 040	126 148	34 291	60 701	77 315	81 874	43 739	26 868	259	11 008
湖　南	462 708	356 199	83 546	52 145	43 735	70 600	84 448	45 335	27 021	10 843	1 249
广　东	1 577 564	1 271 943	317 619	95 650	208 003	326 765	247 442	196 464	40 239	5 411	5 328
其中:深圳	306 795	264 478	34 981	24 487	58 800	68 109	26 035	22 482	3 553	——	——
广　西	372 982	305 195	97 387	21 832	45 976	60 182	42 310	23 683	12 207	5 627	714
海　南	67 276	53 353	22 346	2 292	6 785	9 606	8 617	3 701	3 802	——	1 114
重庆市	273 041	197 250	57 072	4 665	26 788	58 915	68 952	62 080	6 515	——	357
四　川	679 442	442 303	125 614	21 847	46 571	104 729	210 744	90 499	97 388	1 040	21 786
贵　州	159 823	139 429	46 132	7 772	18 057	26 245	20 394	8 614	9 200	1 406	1 174
云　南	431 734	367 149	115 183	13 422	60 991	89 195	55 075	16 830	33 158	2 979	2 099
西　藏	215 501	198 038	42 243	4 753	1 899	9 971	17 463	3 597	12 899	157	810
陕　西	519 968	233 403	100 151	18 929	35 261	48 103	268 913	124 406	79 339	32 190	25 623
甘　肃	252 647	159 897	66 786	9 177	24 917	29 032	85 824	19 956	48 212	11 027	6 624
青　海	80 803	59 009	26 956	998	10 392	11 041	16 314	8 725	4 541	2 859	189
宁　夏	96 104	77 742	24 418	3 287	11 740	17 677	13 441	5 069	7 662	330	380
新　疆	257 100	206 672	97 857	11 035	24 230	49 989	42 865	6 025	31 773	4 400	537

全国各地区文化产业单位事业支出分项情况

单位：千元

地区	合计	文化合计	艺术表演团体	艺术表演场所	图书馆	群众文化	文物合计	博物馆经费	文物事业机构经费	文物保护费	其他文物事业费
总　计	**15 541 529**	**11 571 821**	**3 540 175**	**654 961**	**2 046 387**	**2 211 004**	**3 432 097**	**1 752 495**	**1 003 115**	**191 532**	**477 088**
中　央	1 146 789	656 303	205 529	1 502	232 323	——	490 486	254 612	23 672	40 249	171 953
地　方	14 394 740	10 915 518	3 334 646	653 459	1 814 064	2 211 004	2 941 611	1 497 883	979 443	151 283	305 135
北　京	603 012	507 051	173 026	37 922	87 095	51 812	95 961	51 858	23 538	3 682	16 880
天　津	234 541	186 074	68 028	8 528	37 535	29 447	27 678	24 444	3 234	——	——
河　北	527 265	328 930	103 389	27 234	42 823	68 462	169 180	39 482	105 802	4 938	18 948
山　西	457 219	236 778	108 374	12 364	30 298	41 274	159 594	63 694	66 178	18 944	10 769
内蒙古	276 484	230 366	79 583	5 584	35 509	51 141	39 928	16 866	19 387	3 382	293
辽　宁	468 761	380 344	117 543	23 121	105 308	73 972	76 899	55 196	18 509	1 018	2 176
其中:大连	98 482	69 667	14 178	2 807	29 590	15 481	24 093	14 726	8 083	714	570
吉　林	292 591	247 216	96 204	23 060	42 737	48 091	45 375	33 023	9 659	2 578	115
黑龙江	296 677	257 603	128 040	7 496	44 311	48 814	27 282	18 128	9 154	——	——
上　海	1 381 763	1 212 347	228 624	52 543	284 902	181 090	169 416	166 932	2 484	——	——
江　苏	960 145	778 441	186 092	59 333	124 034	168 653	140 125	114 912	18 735	2 737	3 707
浙　江	1 174 713	764 342	173 528	54 546	120 484	224 132	359 185	103 489	91 317	21 635	142 724
其中:宁波	145 332	120 554	15 504	12 687	14 766	51 688	21 679	10 109	10 080	——	1 490
安　徽	300 494	249 144	87 150	17 767	32 889	53 334	30 573	16 371	10 727	667	2 803
福　建	403 667	348 137	123 045	30 809	50 765	52 974	48 427	30 741	5 301	1 022	11 359
其中:厦门	81 601	69 876	24 686	7 536	13 279	16 552	6 877	5 511	1 366	——	——
江　西	343 272	280 948	59 731	15 680	31 709	41 078	46 491	34 199	12 086	——	206
山　东	745 835	553 336	174 570	38 796	82 210	99 726	192 499	68 805	115 026	2 306	6 362
其中:青岛	90 995	79 096	32 413	6 394	13 502	17 523	11 899	8 649	894	26	2 330
河　南	578 669	361 291	116 753	30 327	51 282	65 784	175 764	76 610	79 334	9 846	9 801
湖　北	496 388	395 880	119 128	21 200	58 622	70 578	76 974	40 778	24 929	259	11 008
湖　南	416 540	318 654	79 104	40 484	40 395	64 856	76 312	39 655	24 565	10 843	1 249
广　东	1 450 380	1 163 049	312 635	63 886	205 664	293 188	229 280	189 558	28 983	5 411	5 328
其中:深圳	304 046	262 367	34 888	23 246	58 700	67 432	25 397	21 844	3 553	——	——
广　西	348 575	282 896	97 142	11 478	45 490	57 964	40 202	22 763	11 019	5 627	714
海　南	65 962	52 039	22 346	1 752	6 155	9 462	8 617	3 701	3 802	——	1 114
重庆市	243 441	168 593	56 455	2 714	25 863	48 771	68 009	61 762	5 890	——	357
四　川	593 700	377 079	118 635	12 209	45 308	96 271	190 226	74 443	92 926	1 040	21 786
贵　州	153 379	134 378	46 117	7 425	18 002	25 546	19 001	8 522	7 899	1 406	1 174
云　南	394 095	341 831	110 605	9 509	58 333	85 835	42 754	16 390	21 277	2 979	2 099
西　藏	76 760	60 619	38 424	4 132	1 899	8 912	16 141	3 597	11 577	157	810
陕　西	460 007	224 204	97 980	15 936	34 804	46 360	218 151	83 874	69 109	32 190	25 623
甘　肃	234 642	144 626	65 364	5 200	23 764	26 888	83 090	18 656	46 778	11 027	6 624
青　海	80 404	58 735	26 811	998	10 392	11 028	16 189	8 625	4 516	2 859	189
宁　夏	86 376	68 762	23 967	1 537	11 723	16 286	12 693	4 789	7 194	330	380
新　疆	248 983	201 825	96 253	9 889	23 759	49 275	39 595	6 020	28 508	4 400	537

全国各地区文化产业单位经费自给率分项情况

单位：%

地区	合计	文化合计					文物合计			中等专业学校
			艺术表演团体	艺术表演场所	图书馆	群众文化		博物馆	文物事业管理机构	
总计	**40.10**	**34**	**29.20**	**81.10**	**15.90**	**27.90**	**60**	**64.90**	**78.70**	**48.20**
中央	51.40	32.50	44.30	175.40	22.80	——	76.80	144.90	28.80	——
地方	39.20	34.10	28.30	80.20	15	27.90	57.20	51.60	80.60	48.20
北京	36.30	36.20	28.60	96	14.70	30.20	36.70	25.80	38	——
天津	38.60	37.60	19.60	103.10	17.10	33.50	42.50	42.90	39	42.90
河北	49.40	27.10	41.30	71.90	10.70	6.70	93	65.30	114.60	46.80
山西	39.80	26.30	33	88.50	8.50	9.80	58.90	70.70	71.10	41.50
内蒙古	16.90	15	11.50	54.60	4.40	5.70	23	10.60	36.90	50
辽宁	34.20	27.90	37.60	86.50	11.70	19.70	63.80	54.90	95.40	50.30
其中：大连	30.60	22.30	41.10	93.40	6.80	11.90	52.90	21.80	105.70	44
吉林	16.80	17.10	20.30	39.10	5	8.50	15.20	16.70	10.20	——
黑龙江	15.90	13.90	11.60	80.60	5.70	9	13	17.70	3.60	65.70
上海	58.90	61.60	46.80	103	27.60	62.10	39.70	40.20	2.70	——
江苏	34.70	35.40	35.40	84.90	17.40	30.40	29.30	26.50	50.20	39.80
浙江	34.40	28.90	32.10	71.80	18	24.60	45.40	46.70	93.10	78.30
其中：宁波	38.40	34.80	26.50	51.10	12	35.70	37.70	52.90	22.30	185.70
安徽	48	47.80	20	67.20	7.90	12	54.80	28.40	112.80	40.20
福建	24.40	26.90	24.70	82.20	20	12.10	7	9.20	10.40	20.40
其中：厦门	20.10	21.10	15.90	78.50	19.30	5.20	7.40	9.20	——	22.50
江西	40.30	29.90	22.30	69.90	14.10	12	88.50	45.40	201.60	50.80
山东	34.40	26	33.90	70.90	6.90	13.40	59.20	27.10	82.20	——
其中：青岛	22.40	24.30	22.10	75.40	9.20	17.90	9.60	8.40	9	——
河南	39.80	31.60	40.40	84.20	11	17.30	56.60	40.20	79.90	41.70
湖北	39.70	38.10	28.80	86.10	17.70	37.10	42.60	33.50	69.10	60
湖南	40.60	39.20	35.30	73.80	20.20	25.80	40	43.20	54	65.80
广东	32.50	30	31.40	81.10	14.50	32.20	42.50	32.10	101.20	45
其中：深圳	26	26.60	31.80	74.10	10.20	43.90	25.50	28.50	6.50	16.60
广西	28.50	25.90	17.70	87.40	13.80	15.60	29.30	30.50	38.60	57.20
海南	20.40	16.30	17.10	100.60	7.80	7.70	34.50	0.50	75.60	39.50
重庆市	54.90	40.40	28.90	77.60	20	52.70	92	96.10	47.80	71.80
四川	45.90	33.90	21	83.40	14.20	31.50	69.70	82.70	75.10	56.50
贵州	27.70	26.70	18.40	97.40	6.90	23.90	34.50	48.70	30.40	——
云南	20.50	15.90	10.20	77.20	5.50	10.70	57.80	24.50	87.90	21.90
西藏	186.40	213.30	0.50	16.50	——	237.90	79.40	39	98.40	——
陕西	75.90	32	43.30	77.20	8.20	15.70	123.30	216.20	83.70	57.30
甘肃	48.30	38.10	18.60	74.20	4.70	120	67.30	34.50	79.50	42.40
青海	11.80	9.50	8.30	94.30	3.70	2.70	8.40	7.40	14.30	47.20
宁夏	19.20	15.60	15	65.20	3.70	8.10	37.30	13	56.80	25.90
新疆	25	16.60	16.20	60.20	8.70	10.60	61.60	26.10	73.50	58.90

全国各地区文化产业增加值情况(总计)

单位:千元

地　　区	总产出	中间消耗	增加值	劳动者报　酬	生产税净　额	固定资产折　　旧	营业盈余
总　　计	**49634237**	**24634059**	**25000178**	**9302312**	**2730774**	**3972255**	**8994833**
中　　央	1200306	688311	511995	225855	14760	78183	193197
地　　方	48433931	23945748	24488183	9076457	2716014	3894072	8801636
北　　京	1292807	837828	454979	205821	70819	64494	113845
天　　津	565475	368311	197164	167981	55929	41739	—68485
河　　北	950611	370744	579867	253647	35091	73396	217733
山　　西	824877	328528	496349	222030	62857	42165	169297
内 蒙 古	623354	267778	355576	203395	24387	37399	90396
辽　　宁	1658145	612287	1045858	348936	87431	148491	460998
其中:大连	143507	82137	61370	30095	6008	10537	14730
吉　　林	1107148	435046	672102	252011	76079	68095	275917
黑 龙 江	458369	216491	241878	128666	21721	23387	68104
上　　海	6405340	3807237	2598103	849153	278247	416044	1054658
江　　苏	2649024	1097350	1551674	581199	174944	212270	583261
浙　　江	6004873	3753226	2251647	640553	326266	261453	1023374
其中:宁波	458058	211823	246235	77462	26872	33878	108023
安　　徽	712762	226233	486529	226889	32527	52968	174143
福　　建	1280651	597276	683375	283152	111733	76250	212240
其中:厦门	487218	250267	236951	86756	53808	26730	69657
江　　西	932356	343155	589201	254499	55986	62549	216168
山　　东	1856942	406193	1450749	547804	89424	424280	389241
其中:青岛	566545	168532	398013	99110	45304	27671	225927
河　　南	973447	453943	519504	256876	37114	67526	157987
湖　　北	1398880	517385	881495	291062	104127	113187	373120
湖　　南	1651686	692747	958939	309662	89532	114899	444846
广　　东	6740516	4306257	2434259	999416	391024	334627	709192
其中:深圳	1668196	1163451	504745	226153	78146	45513	154933
广　　西	1839299	1119953	719346	278831	79689	66054	294772
海　　南	395698	197430	198268	68978	15662	20559	93069
重 庆 市	975769	—48542	1024311	198828	67611	575767	182105
四　　川	1887605	871877	1015728	368818	129131	159638	358142
贵　　州	795460	436559	358901	136335	42272	23859	156435
云　　南	1464912	635530	829382	300608	79442	123745	325587
西　　藏	410835	191632	219203	33371	13336	58454	114042
陕　　西	1096594	385067	711527	230706	79139	74908	326774
甘　　肃	486485	175512	310973	147455	30510	42792	90215
青　　海	177437	58254	119183	54780	12666	21317	30420
宁　　夏	188833	54598	134235	55953	5514	33401	39367
新　　疆	627741	229863	397878	179042	35804	58359	124673

全国各地区文化产业总产出分项情况

单位：千元

地区	合计	艺术业		图书馆业	群众文化业	出版业	文化艺术经纪及代理业	娱乐业	文物保护业	其他文化艺术业
		艺术表演团体	艺术表演场所							
总　　计	**49634 244**	**3688 748**	**821 590**	**2403 638**	**2439 875**	**31 014**	**331 094**	**20488 025**	**3638 881**	**15470 005**
中　　央	1200 306	216 799	2 589	280 148	——	6 744	66 917	——	472 957	116 301
地　　方	48433 938	3471 949	819 001	2123 490	2439 875	24 270	264 177	20488 025	3165 924	15353 704
北　　京	1 292 807	179 061	42 281	95 065	56 011	15 149	——	356 758	120 990	414 110
天　　津	565 475	68 724	11 474	42 761	31 804	——	3	280 853	58 728	70 611
河　　北	950 611	107 764	33 069	50 625	75 582	——	2 680	307 226	199 952	168 405
山　　西	824 877	112 435	15 215	33 443	44 001	——	——	356 173	147 165	111 383
内 蒙 古	623 354	82 878	7 564	38 916	55 156	——	3 147	161 900	39 550	223 906
辽　　宁	1 658 145	121 551	27 773	118 218	79 262	——	2 527	992 579	89 207	220 197
其中：大连	143 507	14 384	3 473	31 959	16 285	——	210	38 170	25 810	9 879
吉　　林	1 107 148	99 216	25 758	48 550	49 940	——	1 963	638 059	46 096	187 697
黑 龙 江	458 369	132 693	9 287	49 730	51 759	——	——	140 210	34 557	35 863
上　　海	6 405 340	236 880	58 661	341 934	199 416	——	131 429	2 943 907	216 379	2 246 070
江　　苏	2 649 024	192 356	80 228	140 504	191 970	——	2 510	1 427 470	181 307	366 961
浙　　江	6 004 873	180 407	63 427	141 110	242 515	——	21 166	1 835 006	250 315	3 266 853
其中：宁波	458 058	16 544	14 023	16 100	58 417	——	——	241 275	23 403	88 296
安　　徽	712 762	90 376	21 930	36 606	55 264	189	——	299 925	39 895	159 711
福　　建	1 280 651	126 136	42 875	56 979	57 090	——	1 993	732 793	41 893	218 467
其中：厦门	487 218	25 331	9 038	14 616	17 227	——	——	380 426	9 972	30 608
江　　西	932 356	65 447	17 715	36 152	45 401	——	4 397	472 353	58 101	228 843
山　　东	1 856 942	182 562	48 978	91 492	105 943	196	30	757 188	208 562	441 723
其中：青岛	566 545	32 917	7 353	14 499	18 127	——	——	209 223	11 254	272 857
河　　南	973 447	120 592	38 136	58 354	70 603	——	326	341 652	174 546	167 880
湖　　北	1 398 880	125 504	28 045	66 881	80 686	——	1 674	800 351	75 062	206 387
湖　　南	1 651 686	83 242	51 105	47 067	70 280	——	890	1 132 407	80 127	180 017
广　　东	6 740 516	324 875	80 506	232 418	335 938	2 577	18 167	2 513 042	255 870	2 936 995
其中：深圳	1 668 196	36 035	27 830	63 458	72 836	2 191	——	352 280	29 070	1 061 640
广　　西	1 839 299	100 410	15 391	51 655	64 071	374	4 945	600 605	38 019	962 554
海　　南	395 698	23 823	3 279	7 210	10 104	——	——	99 777	8 464	243 041
重 庆 市	975 769	58 380	3 491	30 260	53 324	——	41 088	455 164	76 574	256 135
四　　川	1 887 605	124 776	17 810	52 886	105 857	1 818	13 471	879 875	195 065	490 294
贵　　州	795 460	47 458	8 407	21 182	27 052	444	2 248	209 590	20 770	455 798
云　　南	1 464 912	115 141	12 980	66 149	94 432	3 361	299	459 504	56 444	650 976
西　　藏	410 835	44 748	4 342	2 839	22 860	——	5	266 872	16 823	52 346
陕　　西	1 096 594	103 805	22 153	39 538	51 074	——	230	438 151	298 557	139 072
甘　　肃	486 485	68 625	9 048	26 456	30 337	——	826	205 385	73 257	67 902
青　　海	177 437	27 389	1 056	24 447	11 655	160	212	51 854	13 652	46 401
宁　　夏	188 833	24 638	2 292	33 466	17 770	——	5 560	61 378	13 132	27 380
新　　疆	627 741	100 058	14 724	40 595	52 717	——	2 391	270 018	36 868	109 722

全国各地区文化产业增加值分项情况

单位：千元

地区	合计	艺术业		图书馆业	群众文化业	出版业	文化艺术经纪及代理业	娱乐业	文物保护业	其他文化艺术业
		艺术表演团体	艺术表演场所							
总计	**25000 195**	**1693 968**	**560 755**	**1080 148**	**1382 587**	**9 376**	**88 909**	**12367 760**	**1792 808**	**5903 186**
中央	511 995	91 692	6 098	84 657	——	3 331	1 794	——	283 488	28 526
地方	24488 200	1602 276	554 657	995 491	1382 587	6 045	87 115	12367 760	1509 320	5874 660
北京	454 979	55 660	24 915	32 121	24 578	1 423	——	139 915	65 328	106 222
天津	197 164	34 173	10 860	22 065	17 547	——	784	51 855	30 212	29 349
河北	579 867	56 758	18 094	28 234	53 534	——	1 768	202 998	124 102	92 070
山西	496 349	62 174	10 351	19 531	30 813	——	——	252 185	50 983	67 999
内蒙古	355 576	53 735	6 824	25 655	39 481	——	1 176	83 687	19 252	121 372
辽宁	1 045 858	54 406	17 427	48 153	37 473	——	1 089	621 338	147 336	115 813
其中：大连	61 370	5 921	4 111	8 299	5 481	——	85	26 273	5 394	4 954
吉林	672 102	40 296	9 582	26 077	28 539	——	1 772	417 861	16 913	126 619
黑龙江	241 878	58 092	6 147	25 918	32 226	——	——	79 271	19 868	18 092
上海	2 598 103	80 160	33 496	117 365	94 962	——	15 387	1 650 512	63 235	534 497
江苏	1 551 674	81 022	56 268	59 484	103 453	——	2 677	949 941	64 575	216 586
浙江	2 251 647	63 486	35 283	62 105	114 974	——	32 315	889 297	94 687	956 092
其中：宁波	246 235	5 982	7 322	6 633	23 272	——	——	140 671	8 535	53 820
安徽	486 529	44 988	16 723	19 002	34 391	194	——	234 808	27 161	104 644
福建	683 375	60 357	29 507	26 099	24 370	——	804	391 028	17 128	133 101
其中：厦门	236 951	10 608	5 502	5 537	3 137	——	——	181 788	3 321	27 058
江西	589 201	39 737	9 858	20 380	29 476	——	3 618	303 340	30 120	150 806
山东	1 450 749	90 277	28 866	46 177	67 029	76	32	465 959	66 391	676 316
其中：青岛	398 013	15 558	3 656	6 564	8 354	——	——	100 566	3 885	259 237
河南	519 504	45 592	24 956	30 992	46 282	——	196	213 521	64 250	93 089
湖北	881 495	60 665	23 308	32 256	49 339	——	1 035	547 979	31 656	128 717
湖南	958 939	42 682	29 760	28 240	48 353	——	750	678 396	35 467	91 556
广东	2 434 259	122 056	47 823	95 900	158 187	2 314	3 231	1 221 371	83 819	687 971
其中：深圳	504 745	15 345	13 086	20 986	38 334	518	——	202 820	9 316	198 075
广西	719 346	52 675	8 983	24 821	46 020	214	2 166	353 678	17 482	212 580
海南	198 268	16 078	3 360	3 723	7 224	——	——	65 601	5 109	97 173
重庆市	1 024 311	17 816	2 531	15 116	29 698	——	8 842	773 455	25 943	150 212
四川	1 015 728	64 089	16 052	26 983	63 005	545	3 011	493 878	79 948	264 750
贵州	358 901	24 558	6 109	13 766	19 070	184	523	147 941	9 633	135 352
云南	829 382	71 540	8 983	32 542	61 000	1 004	413	322 101	36 946	291 180
西藏	219 203	22 326	33 214	940	14 092	——	5	118 783	5 740	24 103
陕西	711 527	55 728	14 853	19 553	31 083	——	347	288 294	220 895	79 470
甘肃	310 973	37 342	8 856	15 880	22 495	——	363	145 737	31 215	46 626
青海	119 183	16 736	602	19 822	8 136	89	64	40 085	3 888	29 339
宁夏	134 235	10 550	2 378	27 580	10 889	——	3 966	48 393	5 737	24 184
新疆	397 878	66 524	8 686	29 009	34 869	——	779	174 550	14 296	68 777

全国各地区文化部门增加值情况(总计)

单位:千元

地　　区	总产出	中间消耗	增加值	劳动者报酬	生产税净额	固定资产折旧	营业盈余
总　计	**21832665**	**9465065**	**12367600**	**6122952**	**697363**	**2764808**	**2782472**
中　央	1476685	831884	644801	254815	28688	85400	275898
地　方	20355980	8633181	11722799	5868137	668675	2679408	2506574
北　京	680491	429318	251173	160696	15020	33787	41670
天　津	323716	152572	171144	116617	9982	17352	27193
河　北	712786	278441	434345	231763	19407	51525	131650
山　西	757674	316245	441429	210495	55297	35539	140098
内蒙古	316059	116242	199817	156923	5876	22765	14253
辽　宁	720477	253411	467066	272257	17479	61950	115380
其中:大连	104207	70367	33840	24127	1207	7667	839
吉　林	300126	160590	139536	115920	1876	19674	2066
黑龙江	477507	231309	246198	131027	22229	23684	69258
上　海	1836545	1232431	604114	330920	61470	133322	78402
江　苏	1799674	1004288	795386	422692	57141	130972	184580
浙　江	1291406	686095	605311	343451	26175	121674	114011
其中:宁波	151545	85453	66092	43230	1758	15206	5898
安　徽	382384	159962	222422	140213	7411	22684	52113
福　建	493327	252012	241315	156549	17704	32372	34690
其中:厦门	138654	81290	57364	33467	7834	7352	8711
江　西	475458	192313	283145	201964	14472	31417	35292
山　东	1071410	423615	647795	343806	39853	65793	198343
其中:青岛	391623	75056	316567	91886	30874	15417	178390
河　南	556481	292077	264404	202705	7598	37608	16493
湖　北	945758	349480	596278	235426	59978	98125	202750
湖　南	870362	290750	579612	244110	58188	62464	214850
广　东	2031831	1079256	952575	478673	42868	163097	267937
其中:深圳	761139	334351	426788	128748	21309	54978	221753
广　西	337561	164108	173453	140390	4512	24762	3789
海　南	62899	21989	40910	33981	299	6577	52
重庆市	411972	−879375	1291347	104453	25830	1113702	47361
四　川	808641	379191	429450	245968	22105	61909	99466
贵　州	226552	85734	140818	77995	10026	13940	38856
云　南	622444	217592	404852	227273	16806	80954	79820
西　藏	403878	188855	215023	33321	12842	58201	110659
陕　西	623702	213425	410277	185510	16710	50815	157242
甘　肃	265333	110957	154376	107086	6022	24113	17155
青　海	141611	57077	84534	50021	8879	19131	6503
宁　夏	134828	66609	68219	37372	1755	26652	2440
新　疆	273087	106612	166475	128560	2865	32848	2202

全国各地区文化部门总产出分项情况

单位：千元

地区	合计	第一产业合计	第二产业合计			第三产业合计				
				制造业	建筑业		文化产业	批、零、餐饮业	房地产业	社会服务业
总计	**21 832 669**	**——**	**255 919**	**185 079**	**70 840**	**21 576 750**	**20 265 109**	**446 970**	**38 182**	**296 943**
中央	1 476 685	——	27 882	3 248	24 634	1 448 803	1 253 678	41 201	——	106 277
地方	20 355 984	——	228 037	181 831	46 206	20 127 947	19 011 431	405 769	38 182	190 666
北京	680 491	——	471	471	——	680 020	623 634	2 526	25 848	8 965
天津	323 716	——	8 077	1 197	6 880	315 639	289 152	12 937	——	4 679
河北	712 786	——	——	——	——	712 786	712 455	92	——	232
山西	757 674	——	——	——	——	757 674	748 972	3 246	——	5 112
内蒙古	316 059	——	——	——	——	316 059	316 059	——	——	——
辽宁	720 477	——	3 158	——	3 158	717 319	713 530	631	——	——
其中：大连	104 207	——	——	——	——	104 207	104 207	——	——	——
吉林	300 126	——	68	68	——	300 058	297 151	97	818	1 924
黑龙江	477 507	——	9 106	9 106	——	468 401	459 086	——	——	209
上海	1 836 545	——	6 362	2 490	3 872	1 830 183	1 741 655	31 862	——	47 047
江苏	1 799 674	——	167 831	158 860	8 971	1 631 843	1 389 078	13 103	7 957	53 095
浙江	1 291 406	——	18 310	3 371	14 939	1 273 096	1 212 113	13 592	——	25 516
其中：宁波	151 545	——	——	——	——	151 545	151 545	——	——	——
安徽	382 384	——	——	——	——	382 384	379 042	——	637	2 034
福建	493 327	——	——	——	——	493 327	482 364	103	——	3 422
其中：厦门	138 654	——	——	——	——	138 654	132 695	——	——	3 035
江西	475 458	——	——	——	——	475 458	475 458	——	——	——
山东	1 071 410	——	6 673	190	6 483	1 064 737	1 051 763	569	——	5 732
其中：青岛	391 623	——	——	——	——	391 623	387 457	——	——	4 166
河南	556 481	——	961	673	288	555 520	552 206	——	——	1 079
湖北	945 758	——	803	803	——	944 955	923 251	421	——	364
湖南	870 362	——	——	——	——	870 362	866 505	3 656	——	202
广东	2 031 831	——	1 889	1 889	——	2 029 942	1 558 440	315 705	——	5 194
其中：深圳	761 139	——	1 889	1 889	——	759 250	288 931	315 225	——	4 490
广西	337 561	——	——	——	——	337 561	337 561	——	——	——
海南	62 899	——	——	——	——	62 899	62 899	——	——	——
重庆市	411 972	——	——	——	——	411 972	383 479	1 230	264	10 646
四川	808 641	——	1 800	1 800	——	806 841	795 048	5 963	1 023	2 990
贵州	226 552	——	——	——	——	226 552	220 986	——	——	5 566
云南	622 444	——	——	——	——	622 444	619 329	——	——	1 423
西藏	403 878	——	——	——	——	403 878	403 878	——	——	——
陕西	623 702	——	913	913	——	622 789	619 759	——	——	2 117
甘肃	265 333	——	——	——	——	265 333	264 795	——	——	55
青海	141 611	——	1 615	——	1 615	139 996	135 357	——	——	3 024
宁夏	134 828	——	——	——	——	134 828	103 406	——	1 635	——
新疆	273 087	——	——	——	——	273 087	273 012	36	——	39

全国各地区文化部门增加值分项情况

单位：千元

地区	合计	第一产业合计	第二产业合计			第三产业合计				
				制造业	建筑业		文化产业	批、零、餐饮业	房地产业	社会服务业
总计	**12367 606**	**——**	**52 967**	**36 811**	**16 156**	**12314 639**	**10592 625**	**189 659**	**12 055**	**139 986**
中央	644 801	——	4 079	－259	4 338	640 722	561 027	23 994	——	43 544
地方	11722 805	——	48 888	37 070	11 818	11673 917	10031 598	165 665	12 055	96 442
北京	251 173	——	852	852	——	250 321	238 228	1 570	5 911	292
天津	171 144	——	3 015	1 509	1 506	168 129	153 230	8 386	——	2 685
河北	434 345	——	——	——	——	434 345	434 051	48	——	86
山西	441 429	——	——	——	——	441 429	438 786	1 971	——	392
内蒙古	199 817	——	——	——	——	199 817	199 160	——	——	——
辽宁	467 066	——	421	——	421	466 645	463 935	630	——	——
其中：大连	33 840	——	——	——	——	33 840	33 840	——	——	——
吉林	139 536	——	109	94	14	139 427	137 126	76	133	1 208
黑龙江	246 198	——	2 087	2 087	——	244 111	241 978	——	——	145
上海	604 114	——	3 104	1 513	1 591	601 010	563 998	6 878	——	21 772
江苏	795 386	——	25 163	23 795	1 369	770 223	708 569	4 695	6 216	23 021
浙江	605 311	——	6 499	2 921	3 578	598 812	565 028	4 544	——	20 357
其中：宁波	66 092	——	——	——	——	66 092	66 169	——	——	——
安徽	222 422	——	——	——	——	222 422	221 205	——	－213	827
福建	241 315	——	——	——	——	241 315	234 431	49	——	2 467
其中：厦门	57 364	——	——	——	——	57 364	53 744	——	——	1 875
江西	283 145	——	1	1	——	283 144	283 450	——	——	——
山东	647 795	——	2 240	106	2 135	645 555	638 329	568	41	3 728
其中：青岛	316 567	——	——	——	——	316 567	313 262	——	41	2 567
河南	264 404	——	669	202	467	263 735	260 823	——	134	314
湖北	596 278	——	681	681	——	595 597	572 862	128	——	76
湖南	579 612	——	88	88	——	579 524	577 504	1 843	——	254
广东	952 575	——	2 094	2 094	——	950 481	645 131	130 977	——	2 525
其中：深圳	426 788	——	2 094	2 094	——	424 694	122 278	130 462	——	2 217
广西	173 453	——	——	——	——	173 453	173 634	——	——	——
海南	40 910	——	——	——	——	40 910	40 910	——	——	——
重庆市	1 291 347	——	——	——	——	1 291 347	193 903	1 075	828	7 123
四川	429 450	——	784	784	——	428 666	423 410	2 212	1 143	578
贵州	140 818	——	——	——	——	140 818	138 882	——	——	1 825
云南	404 852	——	——	——	——	404 852	398 283	——	——	1 479
西藏	215 023	——	——	——	——	215 023	215 023	——	——	——
陕西	410 277	——	344	344	——	409 933	405 705	——	——	3 911
甘肃	154 376	——	——	——	——	154 376	154 732	——	——	60
青海	84 534	——	736	——	736	83 798	82 020	——	——	1 240
宁夏	68 219	——	——	——	——	68 219	60 989	——	－2 138	——
新疆	166 475	——	——	——	——	166 475	166 273	16	——	78

全国各地区文化部门文化产业增加值分项情况(总计)

单位:千元

地　　区	总产出	中间消耗	增加值	劳动者报　酬	生产税净　额	固定资产折　　旧	营业盈余
总　　计	**20265101**	**9672486**	**10592615**	**5986353**	**635409**	**1592580**	**2378270**
中　　央	1253678	692651	561027	234464	17447	80226	228890
地　　方	19011423	8979835	10031588	5751889	617962	1512354	2149380
北　　京	623634	385406	238228	157407	12913	32685	35223
天　　津	289152	135922	153230	110386	8206	16519	18119
河　　北	712455	278404	434051	231670	19357	51279	131745
山　　西	748972	310186	438786	209192	55005	35465	139124
内 蒙 古	316059	116899	199160	156923	5876	22108	14253
辽　　宁	713530	249595	463935	271933	17449	59924	114629
其中:大连	104207	70367	33840	24127	1207	7667	839
吉　　林	297151	160025	137126	115109	1690	18597	1730
黑 龙 江	459086	217108	241978	129056	21774	23447	67701
上　　海	1741655	1177657	563998	323496	53123	127065	60314
江　　苏	1389078	680509	708569	403565	49809	117997	137197
浙　　江	1212113	647085	565028	332486	21732	115383	95427
其中:宁波	151545	85376	66169	43230	1758	15283	5898
安　　徽	379042	157837	221205	139486	7075	22670	51973
福　　建	482364	247933	234431	154237	16387	31562	32245
其中:厦门	132695	78951	53744	32067	7363	6911	7403
江　　西	475458	192008	283450	201964	14472	31722	35292
山　　东	1051763	413434	638329	340913	38467	64658	194291
其中:青岛	387457	74195	313262	91110	30507	14592	177053
河　　南	552206	291383	260823	201443	7232	36861	15287
湖　　北	923251	350389	572862	231514	59201	87284	194864
湖　　南	866505	289001	577504	243314	57960	62383	213847
广　　东	1558440	913309	645131	442029	26464	126804	49834
其中:深圳	288931	166653	122278	92354	4973	20831	4120
广　　西	337561	163927	173634	140390	4512	24943	3789
海　　南	62899	21989	40910	33981	299	6577	52
重 庆 市	383479	189576	193903	98375	24713	35239	35576
四　　川	795048	371638	423410	243268	21054	61042	98045
贵　　州	220986	82104	138882	77383	9818	13651	38029
云　　南	619329	221046	398283	226264	16442	76038	79540
西　　藏	403878	188855	215023	33321	12842	58201	110659
陕　　西	619759	214054	405705	184080	16402	49925	155298
甘　　肃	264795	110063	154732	107046	5730	24826	17130
青　　海	135357	53337	82020	49065	8670	19034	5251
宁　　夏	103406	42417	60989	34060	429	25743	757
新　　疆	273012	106739	166273	128533	2859	32722	2159

全国各地区文化部门文化产业总产出分项情况

单位：千元

地区	合计	艺术业		图书馆业	群众文化业	出版业	文化艺术经纪及代理业	娱乐业	文物保护业	其他文化艺术业
		艺术表演团体	艺术表演场所							
总计	**20265 109**	**3688 748**	**821 590**	**2403 638**	**2439 875**	**31 014**	**140 963**	**3260 421**	**3638 881**	**3518 605**
中央	1253 678	216 799	2 589	280 148	——	6 744	66 917	——	472 957	169 673
地方	19011 431	3471 949	819 001	2123 490	2439 875	24 270	74 046	3260 421	3165 924	3348 932
北京	623 634	179 061	42 281	95 065	56 011	15 149	——	11 951	120 990	89 744
天津	289 152	68 724	11 474	42 761	31 804	——	3	10 872	58 728	64 269
河北	712 455	107 764	33 069	50 625	75 582	——	2 531	147 040	199 952	90 584
山西	748 972	112 435	15 215	33 443	44 001	——	——	292 932	147 165	98 719
内蒙古	316 059	82 878	7 564	38 916	55 156	——	2 988	30 389	39 550	48 281
辽宁	713 530	121 551	27 773	118 218	79 262	——	2 498	180 320	89 207	87 870
其中:大连	104 207	14 384	3 473	31 959	16 285	——	210	2 141	25 810	6 608
吉林	297 151	99 216	25 758	48 550	49 940	——	595	1 414	46 096	15 713
黑龙江	459 086	132 693	9 287	49 730	51 759	——	——	140 210	34 557	36 580
上海	1 741 655	236 880	58 661	341 934	199 416	——	15 953	141 601	216 379	500 167
江苏	1 389 078	192 356	80 228	140 504	191 970	——	2 510	284 459	181 307	250 026
浙江	1 212 113	180 407	63 427	141 110	242 515	——	16 674	148 992	250 315	164 599
其中:宁波	151 545	16 544	14 023	16 100	58 417	——	——	10 465	23 403	12 593
安徽	379 042	90 376	21 930	36 606	55 264	189	——	66 626	39 895	59 290
福建	482 364	126 136	42 875	56 979	57 090	——	1 993	69 102	41 893	83 871
其中:厦门	132 695	25 331	9 038	14 616	17 227	——	——	35 995	9 972	20 516
江西	475 458	65 447	17 715	36 152	45 401	——	3 227	92 032	58 101	153 436
山东	1 051 763	182 562	48 978	91 492	105 943	196	30	58 110	208 562	335 622
其中:青岛	387 457	32 917	7 353	14 499	18 127	——	——	41 827	11 254	261 165
河南	552 206	120 592	38 136	58 354	70 603	——	286	16 013	174 546	72 318
湖北	923 251	125 504	28 045	66 881	80 686	——	50	412 000	75 062	120 733
湖南	866 505	83 242	51 105	47 067	70 280	——	800	434 359	80 127	92 974
广东	1 558 440	324 875	80 506	232 418	335 938	2 577	3 607	8 339	255 870	274 182
其中:深圳	288 931	36 035	27 830	63 458	72 836	2 191	——	——	29 070	34 655
广西	337 561	100 410	15 391	51 655	64 071	374	——	806	38 019	65 560
海南	62 899	23 823	3 279	7 210	10 104	——	——	1 072	8 464	8 947
重庆市	383 479	58 380	3 491	30 260	53 324	——	4 031	113 903	76 574	42 163
四川	795 048	124 776	17 810	52 886	105 857	1 818	12 497	99 096	195 065	179 490
贵州	220 986	47 458	8 407	21 182	27 052	444	2 173	48 483	20 770	42 506
云南	619 329	115 141	12 980	66 149	94 432	3 361	68	75 016	56 444	190 112
西藏	403 878	44 748	4 342	2 839	22 860	——	5	264 747	16 823	47 514
陕西	619 759	103 805	22 153	39 538	51 074	——	230	39 498	298 557	60 890
甘肃	264 795	68 625	9 048	26 456	30 337	——	100	30 430	73 257	21 893
青海	135 357	27 389	1 056	24 447	11 655	160	212	34 307	13 652	21 868
宁夏	103 406	24 638	2 292	33 466	17 770	——	——	88	13 132	8 803
新疆	273 012	100 058	14 724	40 595	52 717	——	985	6 214	36 868	20 203

全国各地区文化部门文化产业增加值分项情况

单位：千元

地区	合计	艺术业		图书馆业	群众文化业	出版业	文化艺术经纪及代理业	娱乐业	文物保护业	其他文化艺术业
		艺术表演团体	艺术表演场所							
总计	**10592 625**	**1693 968**	**560 755**	**1080 148**	**1382 587**	**9 376**	**54 670**	**2146 700**	**1784 529**	**1759 194**
中央	561 027	91 692	6 098	84 657	——	3 331	1 794	——	283 488	77 558
地方	10031 598	1602 276	554 657	995 491	1382 587	6 045	52 876	2146 700	1501 041	1681 636
北京	238 228	55 660	24 915	32 121	24 578	1 423	——	4 408	65 530	24 776
天津	153 230	34 173	10 860	22 065	17 547	——	784	7 743	30 570	29 169
河北	434 051	56 758	18 094	28 234	53 534	——	1 659	102 180	124 162	47 121
山西	438 786	62 174	10 351	19 531	30 813	——	——	203 252	50 913	59 439
内蒙古	199 160	53 735	6 824	25 655	39 481	——	1 073	17 240	19 156	31 602
辽宁	463 935	54 406	17 427	48 153	37 473	——	1 065	123 019	131 188	48 381
其中：大连	33 840	5 921	4 111	8 299	5 481	——	85	1 453	5 383	2 255
吉林	137 126	40 296	9 582	26 077	28 539	——	319	1 043	17 419	9 408
黑龙江	241 978	58 092	6 147	25 918	32 226	——	——	79 271	19 875	18 185
上海	563 998	80 160	33 496	117 365	94 962	——	4 268	85 457	62 531	77 270
江苏	708 569	81 022	56 268	59 484	103 453	——	2 677	196 831	69 323	121 843
浙江	565 028	63 486	35 283	62 105	114 974	——	29 241	94 173	95 768	66 590
其中：宁波	66 169	5 982	7 322	6 633	23 272	——	——	5 461	8 553	8 946
安徽	221 205	44 988	16 723	19 002	34 391	194	——	44 856	27 142	29 291
福建	234 431	60 357	29 507	26 099	24 370	——	804	39 606	16 949	35 758
其中：厦门	53 744	10 608	5 502	5 537	3 137	——	——	16 019	3 356	9 585
江西	283 450	39 737	9 858	20 380	29 476	——	2 840	44 569	30 087	104 637
山东	638 329	90 277	28 866	46 177	67 029	76	32	34 588	66 691	294 967
其中：青岛	313 262	15 558	3 656	6 564	8 354	——	——	23 701	3 915	251 321
河南	260 823	45 592	24 956	30 992	46 282	——	188	10 983	64 639	36 565
湖北	572 862	60 665	23 308	32 256	49 339	——	48	298 282	31 595	70 829
湖南	577 504	42 682	29 760	28 240	48 353	——	682	336 303	35 666	52 083
广东	645 131	122 056	47 823	95 900	158 187	2 314	1 564	3 986	84 306	117 408
其中：深圳	122 278	15 345	13 086	20 986	38 334	518	——	——	9 312	18 432
广西	173 634	52 675	8 983	24 821	46 020	214	——	631	17 432	22 131
海南	40 910	16 078	3 360	3 723	7 224	——	——	657	5 109	4 759
重庆市	193 903	17 816	2 531	15 116	29 698	——	1 220	76 408	25 936	24 480
四川	423 410	64 089	16 052	26 983	63 005	545	2 742	69 433	79 989	97 105
贵州	138 882	24 558	6 109	13 766	19 070	184	474	37 688	10 470	24 798
云南	398 283	71 540	8 983	32 542	61 000	1 004	183	35 265	36 925	147 168
西藏	215 023	22 326	33 214	940	14 092	——	5	117 853	5 670	20 923
陕西	405 705	55 728	14 853	19 553	31 083	——	521	32 917	220 922	28 824
甘肃	154 732	37 342	8 856	15 880	22 495	——	52	22 944	31 237	13 467
青海	82 020	16 736	602	19 822	8 136	89	64	22 349	3 888	9 912
宁夏	60 989	10 550	2 378	27 580	10 889	——	——	86	5 736	3 212
新疆	166 273	66 524	8 686	29 009	34 869	——	372	2 681	14 215	9 529

全国各地区文化事业单位

	项目个数（个）	计划总投资（千元）	建筑面积（千平方米）	本年计划投资（千元）	本年资					
						上年结余资金	本年资			
								国家投资	国内贷款	国债投资
总计	**972**	**23917552**	**4972**	**4288141**	**5330138**	**1358268**	**3971870**	**1643920**	**267443**	**57400**
中央	99	8422775	430	867690	1448856	581166	867690	816390	——	——
地方	873	15494777	4542	3420451	3881282	777102	3104180	827530	267443	57400
北京	7	132760	31	69840	87834	16494	71340	13040	20000	——
天津	8	58160	8	38960	41899	564	41335	38278	——	——
河北	49	247243	333	117821	119488	340	119148	50124	600	10000
山西	21	272090	134	16918	71026	8548	62478	3350	——	——
内蒙古	33	157039	94	60980	49257	－3845	53102	33610	2000	——
辽宁	7	537660	77	48238	53959	45624	8335	3245	——	——
其中：大连	——	——	——	——	——	——	——	——	——	——
吉林	10	58200	38	10500	16174	294	15880	6350	——	——
黑龙江	11	209500	56	91050	109554	18604	90950	87060	——	——
上海	7	878540	109	30900	98660	28160	70500	14000	——	——
江苏	50	1569938	387	125807	168965	45495	123470	55145	5990	——
浙江	61	2610816	601	824826	1057645	266666	790979	149079	140000	13000
其中：宁波	2	15000	8	5600	5450	——	5450	600	——	——
安徽	28	189219	103	23453	32075	1460	30615	15162	3050	——
福建	41	618970	189	141473	161733	29195	132538	100732	——	——
其中：厦门	8	100780	20	61992	71059	3932	67127	63987	——	——
江西	23	308780	90	5705	23002	12792	10210	455	30	——
山东	27	438880	176	94664	116515	25222	91293	29166	4116	——
其中：青岛	——	——	——	——	——	——	——	——	——	——
河南	34	850261	162	87624	84515	6251	78264	31390	——	10000
湖北	42	310168	145	45822	100138	65847	34291	24210	——	——
湖南	48	566826	252	139855	85360	6390	78970	17640	5750	——
广东	82	3765683	671	993367	853115	150153	702962	12609	2000	——
其中：深圳	12	2752075	299	750000	575638	113550	462088	——	——	——
广西	37	133655	84	28918	34331	4568	29763	12166	6400	——
海南	4	30950	15	4340	4340	——	4340	1500	——	——
重庆市	8	101789	41	25592	29956	15	29941	22050	——	——
四川	52	395210	165	128765	133401	15421	117980	27659	15815	4000
贵州	11	96056	66	3360	4248	1038	3210	1900	——	——
云南	71	285230	224	94740	99565	14122	85443	29481	19384	——
西藏	8	6450	6	6450	6450	——	6450	5750	——	——
陕西	32	501915	178	83072	154892	12440	142452	7334	37000	8000
甘肃	26	31166	50	16723	18193	3010	15183	6525	2008	——
青海	12	15450	14	9128	12920	——	12920	7320	——	——
宁夏	5	19790	1	18000	18430	——	18430	3050	——	12400
新疆	18	96383	42	33560	33642	2234	31408	18150	3300	——

固定资产投资情况(总计)

金　来　源　总　计(千元)							累计完成投资		新增固定资产		本年全部建成交付使用的项目个数及竣工面积	
金　来　源　总　计												
利用外资	自筹资金				其他资金来源		(千元)	本年完成投资	(千元)	本年新增固定资产	建成项目(个)	竣工面积(千平方米)
		中央自筹	地方资金	单位自筹资金		集资						
13440	**1660786**	**14495**	**1329633**	**293717**	**328881**	**78457**	**12245104**	**3089361**	**1324077**	**1029235**	**265**	**1164**
——	45620	——	——	45620	5680	——	3595068	295026	322075	322075	11	86
13440	1615166	14495	1329633	248097	323201	78457	8650036	2794335	1002002	707160	254	1078
——	38300	——	36000	2300	——	——	108714	66414	840	540	1	1
——	3057	——	——	2657	——	——	57751	41515	41725	41725	5	8
1000	55809	——	48852	6057	1615	40	182529	107714	38378	38078	13	45
——	10681	——	9500	1181	48447	48437	123496	21634	45597	37300	2	13
——	10345	——	6602	3743	7147	197	62118	38933	43444	28654	8	19
——	5090	——	5090	——	——	——	378690	54666	2400	2400	2	4
——	——	——	——	——	——	——	——	——	——	——	——	——
——	4100	——	4100	——	5430	——	43366	9350	8400	6400	2	5
——	3890	——	3700	190	——	——	122726	58621	12726	12726	1	11
——	56500	——	20000	36500	——	——	780346	95241	115	115	3	68
——	43088	500	27348	14984	19247	107	480845	114351	166645	71830	20	95
——	331509	500	326240	3496	157391	5000	1356272	576543	202203	86338	23	180
——	2850	——	2850	——	2000	——	5700	5700	——	——	1	3
——	10623	100	6960	3363	1780	1020	83349	32455	27158	21983	5	28
320	29790	——	25280	2720	1696	1000	452667	54090	15125	14525	12	71
——	3140	——	1400	——	——	——	72658	9389	3660	3660	3	8
270	7835	560	600	4015	1620	50	151746	3968	4450	30	2	4
——	49351	650	46350	253	8660	4460	358592	95891	13732	13082	13	31
——	——	——	——	——	——	——	——	——	——	——	——	——
——	11874	——	7594	3130	25000	——	179194	73997	37676	24900	16	39
——	9075	——	2726	3799	1006	325	193132	35640	109813	109813	17	62
——	46293	8400	27470	7903	9287	5500	434800	95036	33416	33416	14	59
6000	672503	1335	622643	45545	9850	1000	1857255	831682	36956	35156	34	102
——	462088	——	429528	32560	——	——	1137536	594388	——	——	——	——
——	10184	——	4749	3135	1013	262	55001	27814	11039	10880	14	28
——	2840	——	1820	1020	——	——	21770	4340	17800	1820	——	——
——	4961	50	2000	2461	2930	2930	61247	29044	5307	5307	2	6
——	66349	2400	52270	10765	4157	90	232277	101283	63202	61359	9	21
——	1310	——	1010	300	——	——	13200	670	1810	300	1	1
——	35629	——	27329	8000	949	949	178785	68599	13744	10181	18	122
——	700	——	700	——	——	——	——	——	——	——	——	——
5850	73682	——	5770	67912	10586	1700	618609	106380	26305	21805	8	46
——	6260	——	220	6040	390	390	24979	15233	6275	3225	5	5
——	600	——	600	——	5000	5000	10628	8319	10628	8319	1	2
——	2980	——	1000	1980	——	——	18770	18430	1393	1253	1	——
——	9958	——	5110	4648	——	——	7182	6482	3700	3700	2	2

全国各地区文化事业单位

	项目个数（个）	计划总投资（千元）	建筑面积（千平方米）	本年计划投资（千元）		本年资				
						上年结余资金	本年资			
								国家投资	国内贷款	国债投资
总　计	**715**	**20042897**	**3684**	**3609477**	**4400308**	**1159894**	**3240414**	**1400632**	**199363**	**——**
中　央	87	8407254	430	864295	1442268	577973	864295	812995	——	——
地　方	628	11635643	3254	2745182	2958040	581921	2376119	587637	199363	——
北　京	4	132520	31	69600	86094	16494	69600	11300	20000	——
天　津	4	20350	4	2150	4961	564	4397	2150	——	——
河　北	34	157729	125	91860	94127	——	94127	35400	600	——
山　西	20	258440	127	15418	69726	8548	61178	2850	——	——
内蒙古	27	46650	41	19710	19837	90	19747	11110	——	——
辽　宁	5	526660	71	47888	52895	45500	7395	2655	——	——
其中:大连	——	——	——	——	——	——	——	——	——	——
吉　林	9	53200	35	7500	13174	294	12880	3350	——	——
黑龙江	8	189500	52	81050	98054	18604	79450	75560	——	——
上　海	2	240000	33	30000	30000	——	30000	——	——	——
江　苏	42	1490058	344	116409	161259	45495	115764	51995	5710	——
浙　江	38	2115358	506	733126	922082	236613	685469	98759	140000	——
其中:宁波	2	15000	8	5600	5450	——	5450	600	——	——
安　徽	17	99269	73	22469	21577	198	21379	8760	3050	——
福　建	23	243770	108	81998	118861	20001	98860	84125	——	——
其中:厦门	7	100180	20	61392	70459	3932	66527	63387	——	——
江　西	18	146330	51	5320	9291	1066	8225	355	——	——
山　东	20	389940	155	69914	93045	25222	67823	28666	2116	——
其中:青岛	——	——	——	——	——	——	——	——	——	——
河　南	25	611374	140	51317	46105	4831	41274	31090	——	——
湖　北	26	159811	83	31880	19949	1400	18549	13910	——	——
湖　南	38	451090	209	54059	55741	6390	49351	15640	3750	——
广　东	58	3452410	572	952277	762420	121751	640669	6799	2000	——
其中:深圳	11	2742000	299	746000	572260	113550	458710	——	——	——
广　西	27	90724	72	27087	31344	3708	27636	10516	6400	——
海　南	3	29750	15	3140	3140	——	3140	300	——	——
重庆市	5	38500	27	17272	16267	110	16157	13250	——	——
四　川	37	304015	115	92082	98872	9692	89180	23044	12815	——
贵　州	8	14556	33	2360	2748	538	2210	900	——	——
云　南	58	242211	102	62134	67339	13802	53537	27669	914	——
西　藏	8	6450	6	6450	6450	——	6450	5750	——	——
陕　西	11	59839	39	13079	12679	——	12679	4209	——	——
甘　肃	25	26166	50	13723	13193	1010	12183	3525	2008	——
青　海	11	10950	12	5850	10950	——	10950	5350	——	——
宁　夏	2	2340	——	2000	2000	——	2000	1000	——	——
新　疆	15	25683	23	16060	13860	——	13860	7650	——	——

基本建设投资情况（总计）

资金来源总计（千元）							累计完成投资（千元）		新增固定资产（千元）		本年全部建成交付使用的项目个数及竣工面积	
资金来源总计												
利用外资	自筹资金				其他资金来源			本年完成投资		本年新增固定资产	建成项目（个）	竣工面积（千平方米）
		中央自筹	地方资金	单位自筹资金		集资						
8170	**1368365**	**1260**	**1189319**	**158291**	**263884**	**74964**	**9443558**	**2400229**	**1128100**	**866388**	**150**	**742**
——	45620	——	——	45620	5680	——	3583055	291782	321600	321600	5	83
8170	1322745	1260	1189319	112671	258204	74964	5860503	2108447	806500	544788	145	659
——	38300	——	36000	2300	——	——	106974	64674	600	300	——	——
——	2247	——	——	1847	——	——	19813	4577	5047	5047	2	3
1000	55552	——	48692	5960	1575	——	153618	93464	31500	31500	10	44
——	9881	——	8700	1181	48447	48437	123496	21634	36000	36000	1	12
——	3687	——	2710	977	4950	——	18949	12879	18900	18900	5	11
——	4740	——	4740	——	——	——	368933	54257	2400	2400	1	1
——	——	——	——	——	——	——	——	——	——	——	——	——
——	4100	——	4100	——	5430	——	39366	7350	4400	4400	1	2
——	3890	——	3700	190	——	——	102726	48621	12726	12726	1	11
——	30000	——	20000	10000	——	——	229100	30000	——	——	——	——
——	40212	500	26268	13194	17847	107	409229	105187	132990	38175	16	79
——	307689	——	303920	2496	139021	5000	1161479	471834	197815	81950	15	162
——	2850	——	2850	——	2000	——	5700	5700	——	——	1	3
——	7949	——	4590	3159	1620	960	33574	19545	25547	21599	3	25
320	12790	——	9180	1820	1625	1000	171335	34047	12690	12090	7	21
——	3140	——	1400	——	——	——	72481	9212	3660	3660	3	8
——	7800	560	580	4000	70	——	12616	3366	4450	30	1	4
——	28381	150	25990	143	8660	4460	315265	73221	10902	10252	6	29
——	——	——	——	——	——	——	——	——	——	——	——	——
——	10184	——	6204	2830	——	——	75793	47816	37476	24700	9	30
——	3633	——	1576	2057	1006	325	111763	17243	101413	101413	9	38
——	20683	——	12670	5993	9278	5500	368199	57649	31611	31611	13	58
6000	616020	——	573755	39375	9850	1000	1541605	743645	22273	20473	12	71
——	458710	——	426150	32560	——	——	1134158	591010	——	——	——	——
——	10084	——	4649	3135	636	136	45811	25696	10288	10129	11	27
——	2840	——	1820	1020	——	——	20570	3140	17800	1820	——	——
——	2907	50	——	2407	——	——	27277	16157	2377	2377	1	2
——	53171	——	51860	697	150	——	197690	78940	56431	54588	3	13
——	1310	——	1010	300			8002	670	1810	300	1	1
——	24005	——	23705	——	949	949	144877	44793	11715	9359	12	10
——	700	——	700	——	——	——	——	——	——	——	——	——
850	5920	——	5270	650	1700	1700	24424	8809	5924	4424	1	1
——	6260	——	220	6040	390	390	19979	12233	6275	3225	3	4
——	600	——	600	——	5000	5000	5000	5000	5000	5000	——	——
——	1000	——	1000	——	——	——	2340	2000	140	——	1	——
——	6210	——	5110	900	——	——	700	——	——	——	——	——

全国各地区主要文化产业

地区	艺术表演团体						图书馆				
	项目个数（个）	竣工	建筑面积（千平方米）	竣工	资金来源（千元）	完成投资（千元）	项目个数（个）	竣工	建筑面积（千平方米）	竣工	资金来源（千元）
全国	**40**	**17**	**134**	**70**	**47 432**	**36 350**	**147**	**29**	**700**	**82**	**355 355**
北京	——	——	——	——	——	——	——	——	——	——	——
天津	1	1	——	——	1 847	1 847	——	——	——	——	——
河北	2	1	3	2	2 605	2 542	10	3	19	4	5 800
山西	1	——	1	——	——	——	5	——	32	——	6 831
内蒙古	——	——	——	——	——	——	10	2	11	3	5 700
辽宁	——	——	——	——	——	——	——	——	——	——	——
其中:大连	——	——	——	——	——	——	——	——	——	——	——
吉林	——	——	——	——	——	——	3	1	13	2	8 730
黑龙江	——	——	——	——	——	——	2	——	34	——	73 460
上海	——	——	——	——	——	——	——	——	——	——	——
江苏	2	2	6	6	181	4 308	6	3	70	10	3 239
浙江	6	4	36	13	10 723	11 011	7	3	30	16	10 547
其中:宁波	1	1	3	3	600	50	1	——	5	——	4 850
安徽	1	1	2	2	40	40	8	1	21	2	6 860
福建	4	3	16	14	5 428	3 744	2	——	28	——	7 725
其中:厦门	1	1	6	6	——	——	——	——	——	——	——
江西	——	——	——	——	——	——	5	——	14	——	980
山东	3	——	12	——	5 440	2 115	3	2	67	14	2 400
其中:青岛	——	——	——	——	——	——	——	——	——	——	——
河南	——	——	——	——	——	——	7	3	25	12	6 050
湖北	3	——	7	——	3 500	200	5	2	10	5	1 650
湖南	5	2	8	1	2 957	2 755	5	——	17	——	4 235
广东	3	1	40	28	10 720	3 640	10	2	118	5	129 980
其中:深圳	——	——	——	——	——	——	1	——	50	——	105 725
广西	——	——	——	——	——	——	——	——	——	——	——
海南	——	——	——	——	——	——	2	——	13	——	1 920
重庆市	——	——	——	——	——	——	3	1	13	2	4 717
四川	——	——	——	——	——	——	14	——	39	——	30 179
贵州	——	——	——	——	——	——	4	1	27	1	1 000
云南	3	2	2	2	1 274	1 738	10	3	44	4	26 590
西藏	——	——	——	——	——	——	——	——	——	——	——
陕西	——	——	——	——	——	——	5	1	25	1	5 100
甘肃	——	——	——	——	——	——	9	1	15	1	1 162
青海	——	——	——	——	——	——	——	——	——	——	——
宁夏	——	——	——	——	——	——	——	——	——	——	——
新疆	——	——	——	——	——	——	12	——	16	——	10 500

单位基本建设投资情况

	文化馆						博物馆					
完成投资（千元）	项目个数（个）	竣工	建筑面积（千平方米）	竣工	资金来源（千元）	完成投资（千元）	项目个数（个）	竣工	建筑面积（千平方米）	竣工	资金来源（千元）	完成投资（千元）
353 260	**111**	**14**	**227**	**33**	**101 951**	**74 486**	**72**	**22**	**526**	**148**	**251 502**	**244 358**
——	——	——	——	——	——	——	——	——	——	——	——	——
——	2	1	3	3	2 550	2 180	1	1	3	3	36 550	36 550
5 800	7	1	15	3	8 380	7 780	1	——	4	——	500	839
6 816	1	——	6	——	1 750	1 750	——	——	——	——	——	——
2 900	8	1	9	2	4 000	1 550	2	——	43	——	22 766	16 284
——	——	——	——	——	——	——	1	——	3	——	350	350
——	——	——	——	——	——	——	——	——	——	——	——	——
3 300	4	——	9	——	2 000	2 000	——	——	——	——	——	——
40 674	——	——	——	——	——	——	1	——	4	——	10 000	10 000
——	——	——	——	——	——	——	2	1	46	38	——	17 656
3 340	3	2	7	5	1 414	541	3	1	11	7	2 900	2 900
9 081	3	——	16	——	15 030	9 548	9	5	78	18	20 570	13 726
5 650	——	——	——	——	——	——	——	——	——	——	——	——
4 000	2	——	7	——	1 450	3 266	4	——	24	——	7 850	7 378
7 281	1	——	9	——	1 000	1 000	8	3	79	46	32 978	19 766
——	——	——	——	——	——	——	——	——	——	——	——	——
300	5	——	8	——	205	25	2	——	34	——	1 515	232
17 460	——	——	——	——	——	——	2	1	13	——	14 880	14 880
——	——	——	——	——	——	——	——	——	——	——	——	——
5 940	8	2	31	12	24 234	23 120	2	——	15	——	450	450
5 450	3	1	5	2	1 300	2 400	7	2	55	20	9 050	8 405
3 650	8	2	14	3	3 860	3 672	5	——	25	——	23 100	31 600
191 484	7	1	23	2	5 874	6 360	8	4	62	11	35 480	38 194
175 000	1	——	8	——	500	1 000	——	——	——	——	——	——
——	5	1	6	2	3 800	1 900	3	2	2	1	750	550
1 920	1	——	2	——	1 220	1 220	——	——	——	——	——	——
4 717	——	——	——	——	——	——	——	——	——	——	——	——
11 143	9	——	16	——	5 550	750	3	——	13	——	20 087	11 073
500	3	——	4	——	200	——	——	——	——	——	——	——
21 432	10	1	13	1	2 914	2 114	1	——	2	——	——	——
——	8	——	6	——	6 450	——	——	——	——	——	——	——
4 900	2	——	6	——	3 700	800	5	1	8	1	8 756	9 206
1 172	7	——	8	——	510	510	——	——	——	——	——	——
——	——	——	——	——	——	——	1	1	2	2	1 970	3 319
——	2	1	——	——	2 000	2 000	1	——	1	——	1 000	1 000
——	2	——	3	——	2 560	——	——	——	——	——	——	——

全国各地区文化部门机关事业费收支情况

	机构数（个）	本机关事业编制人数（人）	本年收入合计（千元）	财政补助收入	本年支出合计（千元）	事业支出	本机关支出	事业编制人员劳动报酬
总　　计	**2371**	**16282**	**1787665**	**1387294**	**1748297**	**1365763**	**1154543**	**191612**
中　　央	1	——	12587	12587	10141	10141	10141	——
地　　方	2370	16282	1775078	1374707	1738156	1355622	1144402	191612
北　　京	19	90	58947	40032	56268	45436	37814	2552
天　　津	19	63	12650	8054	12564	10177	6994	475
河　　北	159	1561	59912	57458	59482	52918	51444	18211
山　　西	105	686	30638	28269	28300	26588	25963	6971
内 蒙 古	69	349	28093	25299	24513	22996	21696	3961
辽　　宁	79	119	27969	26788	28253	15736	20056	2301
其中：大连	10	13	10544	10207	10522	1049	10100	39
吉　　林	68	18	9713	9321	10446	9230	6980	18
黑 龙 江	68	103	14480	13049	16041	13465	10000	676
上　　海	20	99	110692	76618	97619	55127	18847	1686
江　　苏	91	229	129503	108399	129656	124839	87602	5033
浙　　江	100	271	163634	136953	149606	137796	135341	5492
其中：宁波	11	52	23574	14943	19930	18554	18698	1454
安　　徽	81	849	45590	39939	38739	31998	33203	6429
福　　建	86	246	76003	68776	84667	53822	27756	2090
其中：厦门	3	——	7917	7629	4710	4561	4561	——
江　　西	103	384	25710	15787	16878	14774	13035	3683
山　　东	133	1497	80981	71729	82233	82226	64964	11662
其中：青岛	10	31	3661	3567	3681	3681	3681	921
河　　南	147	1456	77260	68490	77691	68126	61622	16278
湖　　北	103	1926	94970	70247	92701	79961	75629	26965
湖　　南	130	802	58191	47114	57553	54430	49293	10377
广　　东	131	787	223400	194775	223118	204509	166497	12972
其中：深圳	7	22	62077	61085	45165	45165	44924	530
广　　西	79	352	45067	33606	44264	40902	20383	5461
海　　南	20	129	8508	7883	9051	9051	9016	2055
重 庆 市	44	272	35985	23823	36676	22187	28695	2111
四　　川	163	1168	95856	73869	94665	66618	56698	15174
贵　　州	43	233	19437	15431	19685	16891	17356	3065
云　　南	129	466	62373	52481	60360	50747	45524	6657
西　　藏	17	268	130938	16362	138916	7005	13160	2157
陕　　西	42	333	9396	9233	9607	8710	7372	3275
甘　　肃	56	1105	16921	15291	16527	10485	15718	10107
青　　海	10	3	1083	913	1083	1083	850	47
宁　　夏	25	247	11364	9812	11277	8503	5849	1714
新　　疆	31	171	9814	8906	9717	9286	9045	1957

全国各地区文化部门省级机关事业费收支情况

	机构数（个）	本机关事业编制人数（人）	本年收入合计（千元）		本年支出合计（千元）			
				财政补助收入		事业支出	本机关支出	
								事业编制人员劳动报酬
总计	**27**	**142**	**272042**	**245713**	**261458**	**215585**	**137703**	**1464**
北京	1	——	5263	5263	5503	——	——	——
天津	1	6	1945	——	1945	——	1945	112
河北	1	——	10803	10678	10726	10726	6102	——
山西	1	——	3872	2994	2745	2016	2016	——
内蒙古	1	——	4625	3619	2871	2731	2731	——
辽宁	——	——	——	——	——	——	——	——
吉林	1	5	1702	1513	2453	2453	780	——
黑龙江	1	——	292	292	292	——	292	——
上海	1	——	25208	24246	15116	15116	——	——
江苏	1	——	21347	17325	22516	22366	9143	——
浙江	1	——	19438	19438	18169	18169	18169	——
安徽	2	——	18730	16270	11639	11639	11639	——
福建	1	——	34391	33891	47203	18405	4470	——
江西	1	14	2795	2795	2173	2173	2173	173
山东	1	——	7581	7273	10501	10501	4801	——
河南	1	——	8240	7946	8901	8901	8901	——
湖北	1	51	15920	13389	9445	9445	3574	960
湖南	1	10	4290	4290	4290	4290	1290	——
广东	1	1	46493	39971	41447	41447	41447	35
广西	1	——	11410	11005	13194	13194	——	——
海南	——	——	——	——	——	——	——	——
重庆市	1	——	4009	2839	4849	4849	4049	——
四川	1	——	4000	4000	4000	4000	——	——
贵州	1	——	4798	4750	4936	4936	4936	——
云南	1	——	10085	8400	11706	5762	5762	——
西藏	——	——	——	——	——	——	——	——
陕西	1	——	1111	1111	1111	1111	1111	——
甘肃	——	——	——	——	——	——	——	——
青海	1	——	——	——	——	——	——	——
宁夏	1	55	3694	2415	3727	1355	2372	184
新疆	——	——	——	——	——	——	——	——

全国各地区文化部门地市级机关事业费收支情况

	机构数（个）	本机关事业编制人数（人）	本年收入合计（千元）		本年支出合计（千元）			
				财政补助收入		事业支出	本机关支出	
								事业编制人员劳动报酬
总计	**367**	**2684**	**631646**	**503287**	**608538**	**489050**	**398045**	**34948**
北京	14	50	44203	26647	42626	37802	31464	1558
天津	15	23	9033	7165	8947	8633	3512	284
河北	11	166	17427	17212	17088	12799	16721	4079
山西	9	23	9458	8892	8751	8751	8751	259
内蒙古	11	32	6937	6102	6255	6255	6225	298
辽宁	12	18	9088	9088	9068	6529	6411	282
其中：大连	1	——	2539	2539	2539	——	2539	——
吉林	9	1	3500	3485	3196	2853	2467	——
黑龙江	10	16	6873	6566	8415	8315	5025	66
上海	18	84	78725	46211	75795	39659	18498	1686
江苏	13	32	54810	45074	51706	50606	37076	663
浙江	11	20	61418	54431	52456	51856	49599	194
其中：宁波	1	——	7952	6632	5455	5455	5455	——
安徽	11	365	9402	8928	9497	7017	7347	1032
福建	10	21	12861	11357	9240	9091	9091	147
其中：厦门	3	——	7917	7629	4710	4561	4561	——
江西	20	73	15575	6890	7460	6520	4359	857
山东	19	118	27154	20673	26068	26068	21494	1533
其中：青岛	1	——	364	364	384	384	384	——
河南	18	167	26136	21855	26185	25185	16934	3194
湖北	11	367	15422	11820	18768	12721	18768	4895
湖南	14	46	15952	14064	16154	14590	13437	701
广东	27	212	85303	77549	91587	81652	46898	3227
其中：深圳	1	——	27148	27148	10877	10877	10877	——
广西	13	69	16262	8308	14360	13846	6414	619
海南	2	19	2149	2149	2137	2137	2137	410
重庆市	16	114	17774	12418	16265	9763	11434	1475
四川	18	148	41855	35147	41025	16035	14752	1797
贵州	7	18	6130	4062	6211	6211	6156	343
云南	14	34	9785	9425	9061	7004	8213	347
西藏	7	206	14637	14637	16773	5842	12003	1902
陕西	3	22	783	783	783	783	643	280
甘肃	9	172	4626	4589	4320	2221	4202	2279
青海	3	——	916	746	916	916	684	——
宁夏	4	2	847	840	820	820	800	31
新疆	8	46	6605	6174	6605	6570	6530	510

全国各地区文化部门县市级机关事业费收支情况

	机构数（个）	本机关事业编制人数（人）	本年收入合计（千元）		本年支出合计（千元）			
				财政补助收入		事业支出	本机关支出	事业编制人员劳动报酬
总　计	**1975**	**13402**	**867801**	**622518**	**864016**	**646843**	**604510**	**154034**
北　京	4	40	9481	8122	8139	7634	6350	994
天　津	3	34	1672	889	1672	1544	1537	79
河　北	147	1395	31682	29568	31668	29393	28621	14132
山　西	95	663	17308	16383	16804	15821	15196	6712
内蒙古	57	317	16531	15578	15387	14010	12740	3663
辽　宁	67	101	18881	17700	19185	9207	13645	2019
其中：大连	9	13	8005	7668	7983	1049	7561	39
吉　林	58	12	4511	4323	4797	3924	3733	18
黑龙江	57	87	7315	6191	7334	5150	4683	610
上　海	1	15	6759	6161	6708	352	349	——
江　苏	77	197	53346	46000	55434	51867	41383	4370
浙　江	88	251	82778	63084	78981	67771	67573	5298
其中：宁波	10	52	15622	8311	14475	13099	13243	1454
安　徽	68	484	17458	14741	17603	13342	14217	5397
福　建	75	225	28751	23528	28224	26326	14195	1943
其中：厦门	——	——	——	——	——	——	——	——
江　西	82	297	7340	6102	7245	6081	6503	2653
山　东	113	1379	46246	43783	45664	45657	38669	10129
其中：青岛	9	31	3297	3203	3297	3297	3297	921
河　南	128	1289	42884	38689	42605	34040	35787	13084
湖　北	91	1508	63628	45038	64488	57795	53287	21110
湖　南	115	746	37949	28760	37109	35550	34566	9676
广　东	103	574	91604	77255	90084	81410	78152	9710
其中：深圳	6	22	34929	33937	34288	34288	34047	530
广　西	65	283	17395	14293	16710	13862	13969	4842
海　南	17	56	2770	2545	2770	2770	2735	479
重庆市	27	158	14202	8566	15562	7575	13212	636
四　川	144	1020	50001	34722	49640	46583	41946	13377
贵　州	35	215	8509	6619	8538	5744	6264	2722
云　南	114	432	42503	34656	39593	37981	31549	6310
西　藏	10	62	116301	1725	122143	1163	1157	255
陕　西	38	311	7502	7339	7713	6816	5618	2995
甘　肃	47	933	12295	10702	12207	8264	11516	7828
青　海	6	3	167	167	167	167	166	47
宁　夏	20	190	6823	6557	6730	6328	2677	1499
新　疆	23	125	3209	2732	3112	2716	2515	1447

综合部分主要指标解释

1. **国有企业(单位)**:指企业全部资产归国家所有,并按照《中华人民共和国企业法人登记管理条例》规定登记注册的非公司制的经济组织。不包括有限责任公司中的国有独资公司。

2. **集体企业(单位)**:指企业资产归集体所有,并按照《中华人民共和国企业法人登记管理条例》规定登记注册的经济组织。

3. **股份合作企业(单位)**:指以合作制为基础,由企业职工共同出资入股,吸收一定比例的社会资产投资组建,实行自主经营、自负盈亏、共同劳动、民主管理、按劳分配与按股分红相结合的一种集体经济组织。

4. **联营企业(单位)**:指两个及两个以上相同或不同所有制性质的企业法人或事业单位法人,按自愿、平等、互利的原则,共同投资组成的经济组织。

5. **按照有限责任公司**:指按照《中华人民共和国公司登记管理条例》规定登记注册,由两个以上、五十个以下的股东共同出资,每个股东以其所认缴的出资额对公司承担有限责任,公司以其全部资产对其债务承担责任的经济组织。包括国有独资公司以及其他有限责任公司。

①国有独资公司:指国家授权的投资机构或者国家授权的部门单独投资设立的有限责任公司。

②其他有限责任公司:指国有独资公司以外的其他有限责任公司。

6. **股份有限公司**:指按照《中华人民共和国公司登记管理条例》规定登记注册,其全部注册资本由等额股份构成并通过发行股票筹集资本,股东以其认购的股份对公司承担有限责任,公司以其全部资产对其债务承担责任的经济组织。

7. **私营企业**:指由自然人投资设立或由自然人控股,以雇佣劳动为基础的营利性经济组织。包括按照《公司法》、《合伙企业法》、《私营企业暂行条例》规定登记注册的私营有限责任公司、私营股份有限公司、私营合伙企业和私营独资企业。

①私营独资企业:指按照《私营企业暂行条例》规定,由一名自然人投资经营,以雇佣劳动为基础,投资者对企业债务承担无限责任的企业。

②私营合伙企业:指按照《合伙企业法》、《私营企业暂行条例》规定,由两个以上自然人按照协议共同投资、共同经营、共负盈亏,以雇佣劳动为基础,对债务承担无限责任的企业。

③私营有限责任公司:指按照《公司法》、《私营企业暂行条例》规定,由两个以上自然人投资或由单个自然人控股的有限责任公司。

④私营股份有限公司:指按照《公司法》规定,由五个以上自然人投资或由单个自然人控股的股份有限公司。

8. **其他企业**:指除以上分类之外的其他内资经济组织。

9. **合资经营企业**:指港澳台地区投资者与内地企业依照《中华人民共和国中外合资经营企业法》及有关法律的规定,按合同规定的比例投资设立、分享利润和分担风险的企业。

10. **合作经营企业**:指港澳台地区投资者与内地企业依照《中华人民共和国中外合作经营企业法》及有关法律的规定,依照合作合同的约定进行投资或提供条件设立、分配利润和分担风险的企业。

11. **港、澳、台商独资经营企业:**指依照《中华人民共和国外资企业法》及有关法律的规定，在内地由港澳台地区投资者全额投资设立的企业。

12. **港、澳、台商投资股份有限公司:**指根据国家有关规定，经外经贸部依法批准设立，其中港、澳、台商的股本占公司注册资本的比例达25%以上的股份有限公司。凡其中港、澳、台商的股本占公司注册资本的比例小于25%的，属于内资企业中的股份有限公司。

13. **中外合资经营企业:**指外国企业或外国人与中国内地企业依照《中华人民共和国中外合资经营企业法》及有关法律的规定，按合同规定的比例投资设立、分享利润和分担风险的企业。

14. **中外合作经营企业:**指外国企业或外国人与中国内地企业依照《中华人民共和国中外合作经营企业法》及有关法律的规定，依照合作合同的约定进行投资或提供条件设立、分配利润和分担风险的企业。

15. **外资企业:**指依照《中华人民共和国外资企业法》及有关法律的规定，在中国内地由外国投资者全额投资设立的企业。

16. **外商投资股份有限公司:**指根据国家有关规定，经外经贸部依法批准设立，其中外资的股本占公司注册资本的比例达25%以上的股份有限公司。凡其中外资股本占公司注册资本的比例小于25%的，属于内资企业中的股份有限公司。

一、机构、人员

1. 文化产业机构的基本概念

文化产业机构:指专门从事文化工作具有法人资格、独立核算的事业、企业单位，以及单独核算、附属于事业单位的经营性专业文化活动单位。包括艺术业、图书馆业、群众文化业、文物业、文化艺术教育业、出版业、娱乐业、文化艺术经纪与代理业，以及不属于以上分类的其他文化产业。

2. 非文化产业机构的基本概念

非文化产业机构:指不属于以上"文化产业机构"的、直属于各级文化主管部门的事业、企业单位，以及文化系统内各事业、企业单位办的各类经营性的非文化产业活动单位。

3. 机构的部门分类

本制度调查的产业机构按所属关系划分，分"文化部门"和"其他部门"两种。

4. 企业登记注册类型

全部产业机构按企业单位登记注册类型分为"内资企业(单位)"、"港、澳、台投资企业"、"外商投资企业"三大类。

①内资企业(单位):分为国有企业(单位)、集体企业(单位)、股份合作企业(单位)、联营企业(单位)、有限责任公司、股份有限公司、私营企业、其他企业等八类。

②港、澳、台投资企业:分为合资经营企业、合作经营企业、港澳台商独资经营企业、港澳台商投资股份有限公司等四类。

③外商投资企业:分为中外合资经营企业、中外合作经营企业、外资企业、外商投资股份有限公司等四类。

5. 机构的经济性质分类

全部产业机构按经济性质分为"事业单位"和"企业单位"两类。

①事业单位：指财务上执行事业会计制度的单位。

②企业单位：指财务上执行企业会计制度的单位。

6.机构的隶属关系分类

产业机构的隶属关系按其主管部门的行政级别划分为“中央”、“省、区、市”、“地、市”、“县、市及以下”四级。

①中央：指中央党政机关或人民团体直接领导的文化产业机构。

②省、区、市：指省、自治区、直辖市的党政机关或人民团体直接领导的文化产业机构。

③地、市：指地区、自治州、盟、省辖市及直辖市的城区的党政机关或人民团体直接领导的文化产业机构。

④县、市及以下：指县、县级市、旗及省辖市的区和直辖市的郊区的党政机关或人民团体直接领导的文化产业机构，以及县级以下的党政机关或人民团体直接领导的文化产业机构。

7.机构、人员具体指标涵义

(1)**机构类**

①艺术业：包括戏剧、舞蹈、音乐、美术等各种艺术团体及艺术家的活动，如演员、音乐家、作家、雕刻家、画家、漫画家、雕塑家等。也包括剧场、音乐厅、美术展览馆等演出、展出设施的管理。

在本制度中，将艺术业分为“艺术表演团体”、“艺术表演场所”和“其他艺术”三类。

艺术表演团体：指话剧团、方言话剧团、滑稽剧团、儿童剧团、歌剧团、舞剧团、歌舞剧团、歌舞团、轻音乐团、乐团、合唱团、文工团、文宣队、乌兰牧骑、戏曲剧团、曲剧团、说唱团、杂技团、马戏团、木偶团、皮影团等专业艺术表演团体。不包括半工半艺、半农半艺和民间职业剧团。各类专业艺术表演团体，除部队系统外，均应统计。

艺术表演场所：指由各级文化主管部门或文化单位举办的和除部队系统外的其他部门举办的，具有观众厅、舞台、灯光设备，经常供专业艺术表演团体演出，在工商、税务部门登记，公开售票的营业场所。分两类：第一类为剧场、影剧院，包括独立核算的专业剧场和属文化部门主管的能演出戏剧的影剧院、兼映电影的剧场，以及附属在文化企事业单位公开营业的非独立核算的剧场、排演场；第二类为其他艺术表演场所，包括不论是否独立核算的书场、曲艺场、杂技场、马戏场、音乐厅等。

②图书馆业：包括公共图书馆和除部队系统外的各类单位内部举办的或单独举办的图书馆。不包括群众艺术馆、文化馆、文化站内设的图书室。

图书馆：指通过文献、信息的搜集、整理、存储和利用，为社会读者服务的文化、教育与科学机构。

公共图书馆：指文化部门举办的面向社会服务的图书馆。

非文化系统图书馆：指除文化部门举办的公共图书馆以外的图书馆机构，如教育、科研、厂矿企业等举办的图书馆。

③群众文化业：包括群众艺术馆、文化馆、文化站、文化宫、少年宫等群众文化活动。在本制度中，目前暂不统计文化系统外的文化宫和少年宫。

群众艺术馆、文化馆、文化站：指从事群众文化工作的专业机构。不包括临时抽调人员组成、没有编制的农村和街道文化工作队、服务站等。

文化艺术教育业：包括高等艺术院校、中等艺术学校、文化干部院校和其他文化艺术教育机构。

高等艺术院校：指按国家规定的设置标准和审批程序批准举办的，纳入国家招生计划，通过国家统一招生考试，招收高中毕业生和相当于高中学历者为主要培养对象，实施高等教育的全日制、独立设置的学院和高等专科艺术学校。高等艺术院校均应填报国家教委统一印发的学年度“普通高等学校基层报表”，各校举办的分校（教学点或大专班）不计校数。机构、学生人数应与向各级教委填报的学年度“普通高等学校基层报表”的数字相一致；职工人数应填报年末时点数；培训干部人数应填报当年累计结业人数。

中等艺术学校：指文化系统内由文化部或省、自治区、直辖市人民政府批准举办的，纳入国家招生计划，按国家规定组织入学考试，招收小学或初中（或部分高中）毕业生和具有同等学历者，实施中等艺术教育、培养中等艺术人才的全日制专业学校。中等艺术学校均应填报国家教委统一印发的学年度“中等专业学校基层报表”，各校举办的分校（或校外班）不计校数。机构、学生人数应与向各级教委填报的学年度“中等专业学校基层报表”的数字相一致；职工人数和培训干部人数的填报口径同“高等艺术院校”。

文化干部院校：指各级文化行政部门领导的培养和训练文化干部的院校。

其他教育机构：指不填报国家教委制发的教育事业基层报表的非正规的艺术学校、训练班等教育机构。不包括随团的学员班。

科技、科研机构：指有明确的研究方向和任务，有一定水平的学术带头人和一定数量、质量的研究人员，有开展工作的基本条件，主要进行文化艺术科技、科研的机构。在研究机构中，凡财务上独立核算盈亏的为独立研究机构，财务上非独立核算盈亏的为非独立研究机构。

④文化艺术经纪与代理业：包括各级文化主管部门直属的演出管理机构，以及在文化市场管理机构登记注册的，主要从事演出、展览等艺术活动组织工作的经营性机构。

个体演职人员：指在文化市场管理部门登记办证的个体演职人员。

娱乐业：包括卡拉 OK 歌舞厅、电子游艺厅（室）、游乐园（场）、夜总会等活动。

歌舞厅：指以消费者欣赏歌手等演艺人员表演，并可伴着音乐跳舞为主的娱乐场所。

舞厅：指消费者伴着音乐（音响或乐队）跳舞的娱乐场所。

卡拉 OK 厅：指带有录放音响设备伴奏进行演唱歌曲形式的娱乐场所。

餐饮卡拉 OK 厅：指在餐饮厅（室）内设有录放音响设备伴奏歌曲功能的饭店、酒家等。

旱冰场：指具有一定范围的场地和使用专用冰鞋进行活动的场所。

保龄球厅：指按规定标准和技术要求建造，进行保龄球活动的专门场所。

台球厅、电子游艺厅：指借助台球娱乐工具或电子游艺机开展经营活动的场所。

综合性娱乐场所：除以上分类外的多功能的娱乐场所，如夜总会、游乐园（场）等。

画店、画廊、美术公司、艺术品拍卖公司：指从事美术品或艺术品经营活动的机构。

音像制品批发、零售单位，图书批发单位：指从事音像制品批发、零售和图书批发的单位。

时装表演队：指在文化市场管理部门登记，从事时装表演的单位。

网吧：为消费者提供互联网上网服务的营业场所。

本制度对文化市场经营单位实行行业性统计。各级文化市场管理部门依法对文化市场经营单位进行统计调查，在将全部数据完成录入、审核和汇总后，送本级计划财务部门进行综合汇总。

⑥其他文化产业：包括不属于以上分类的文化系统内的其他文化产业，如艺术创作机构、艺术

展览机构、出版社等。

艺术创作机构：指有专职创作人员、独立建制的剧目创作室(组)、美术创作室(组)及各类画院等专门从事艺术创作的机构。不包括业余性质的文艺创作单位。

艺术展览机构：指各级文化主管部门直属的、具有一定的展出面积、展出设备，专门供艺术作品展览用的场所。不包括群众艺术馆、文化馆内设的非独立核算的展览场所。

出版社：包括书、报、杂志、音像制品的出版活动，如报社、杂志社、音像出版社、图书出版社等。

在本制度中，目前仅统计文化主管部门直属的独立核算的出版单位，以及文化单位办的独立核算的出版单位。

⑦文物业：

综合类博物馆：指综合收藏、展示自然、历史(含革命史和建设成就)、艺术等方面藏品的博物馆。如南通博物苑、山东省博物馆、内蒙古自治区博物馆、黑龙江省博物馆、甘肃省博物馆等。

历史类博物馆：指主要收藏、展示历史(含革命史和建设成就)文物的博物馆。如中国历史博物馆、中国革命博物馆、陕西历史博物馆、泉州海外交通史博物馆、东北烈士纪念馆、韶山毛泽东同志纪念馆、遵义会议会址纪念馆、黑龙江省民族博物馆、河北省民俗博物馆等。

艺术类博物馆：指主要收藏、展示艺术品、工艺品文物的博物馆。如故宫博物院、上海博物馆、南阳汉画像馆、广东民间工艺馆、武强年画博物馆、徐悲鸿纪念馆、天津戏剧博物馆、景德镇陶瓷历史博物馆等。

自然、科技类博物馆：指主要收藏、展示自然物种历史、发展以及反映科学技术成果方面标本、实物的博物馆。如天津自然博物馆、自贡恐龙博物馆、中国科学技术馆、中国地质博物馆、柳州白莲洞洞穴科学博物馆等。

其他博物馆：指上述博物馆之外，内容独特的行业性、专门性博物馆。如中国丝绸博物馆、中国茶叶博物馆，以及农业、航空、体育、邮电、中药、交通、水利、煤炭、林业、公安、儿童等专门博物馆。

(2)**人员类**

①从业人员：指在文化产业单位或县以上文化单位办的非文化产业单位中工作，并取得劳动报酬的全部人员。包括职工、再就业的离退休人员、民办教师，以及在各单位中工作的外方人员和港、澳、台方人员。其具体指标涵义同政府统计部门“劳动情况统计”指标解释。

②高级职称：指本单位已获得高级职称人员，包括未聘用但已获得高级职称的人员。

③中级职称：指本单位已获得中级职称人员，包括未聘用但已获得中级职称的人员。

④具有考古发掘个人领队资格人数：指本单位取得考古发掘个人领队资格的人员。

二、财务状况类

1. 事业单位财务指标

(1)**本年收入合计**：包括财政补助收入、上级补助收入、事业收入、经营收入、附属单位上缴收入和其他收入等六部分。

①财政补助收入：指事业单位当年通过主管部门、上级单位或直接从财政部门取得的各类事业经费，包括事业单位收到财政部门指定用途的专项资金，不包括用于基本建设投资的拨款。

②上级补助收入：指事业单位当年从主管部门和上级单位取得的非财政补助收入，不包括直拨款和周转金。

③事业收入：指事业单位开展专业业务活动及其辅助活动取得的收入。其中按规定应上缴财政预算的资金和应缴入财政专户的预算外资金不计入事业收入，从财政专户核拨的预算外资金和部分核准不上缴财政专户管理的预算外资金计入事业收入。

④经营收入：指事业单位在专业业务活动及其辅助活动之外开展非独立核算经营活动取得的收入。

(2)**本年支出合计**：指事业单位在业务活动中发生的各项资产耗费和损失。本年支出合计及其中数中均不包括直拨款和周转金支出。

①事业支出：指事业单位开展专业业务活动及辅助活动发生的支出，包括工资、其他工资、补助工资、职工福利费、社会保障费、助学金、公务费、设备购置费、修缮费、业务费和其他费用。

②经营支出：指事业单位开展专业业务活动及其辅助活动之外开展非独立核算经营活动发生的支出。事业单位在经营活动中应正确归集实际发生的各项费用数，无法归集的应按规定的比例合理分摊。

③从业人员劳动报酬：指劳动者从事生产活动而从生产单位得到的各种形式的报酬。劳动者报酬有三种基本形式：一是货币工资及收入，包括单位支付给劳动者的工资、薪金、奖金、各种津贴和补贴；二是实物工资，包括单位以免费或低于成本价提供给劳动者的各种物质产品和服务；三是由单位为劳动者个人支付的社会保险，具体包括单位向政府和保险公司支付的劳动、待业、人身、医疗、家庭财产等保险。

④社会保障费：包括职工医疗、养老、待业、住房等方面的开支。

⑤设备购置费：指事业单位不够基本建设投资额度，按固定资产管理的办公一般设备、车辆等购置费(车辆购置附加税)，教学、科研医疗单位的专业设备购置费，专业图书馆、文化馆(站)的图书购置费，以及一般事业单位的图书购置费、档案设备购置费等。

⑥修缮费：指事业单位的公用房屋、建筑物及附属设备的修缮费、公房租金。

⑦税金支出：指事业单位向国家交纳的各种税金，如房产税、营业税、车船使用税、土地使用税、城市维护建设税、印花税、教育费附加费、养路费、排污费等。从基本建设支出、结余和收益中支付的税金不包括在内。

2. 企业单位财务指标

(1)**实收资本**：指投资人作为资本投入到企业中的各种资产的价值。

(2)**国家资本**：指有权代表国家投资的政府部门或机构以实际投入企业形成的资本金。

(3)**负债合计**：指过去的交易、事项形成的现有义务合计数，履行该义务预期会导致经济利益流出企业。

(4)**固定资产合计**：指企业固定资产净值、固定资产清理、在建工程和待处理固定资产净损失所占用的资金合计。该指标根据会计"资产负债表"中"固定资产合计"项的期末数填列。

(5)**固定资产原值**：反映企业报告期末全部固定资产按原价计算的合计数。是指企业在建造、购置、安装、改建、扩建、技术改造某项固定资产时所支出的全部货币总额。该指标取自会计"资产负债表"中"固定资产原价"项的期末数填列。

(6)**本年提取折旧**：指企业在报告期末提取的固定资产折旧。

(7)**损益及分配**

①主营营业收入：指企业从事某种主要业务活动所取得的营业收入。工业企业为"产品销售

收入”；交通运输业为“营运业务收入”；建筑业为“工程结算收入”；商业企业为“商品销售收入”；服务企业为“服务收入”等。

②主营营业成本及费用：包括营业成本和营业费用两项。

营业成本：指企业主营产品的生产成本，即企业为生产产品所发生的制造成本。工业企业为“产品销售成本”；交通运输业为“营运业务成本”；建筑业为“工程结算成本”；商业企业为“商品销售成本”；服务企业为“服务成本”。

营业费用：指企业为取得本期的销售收入或营业收入所发生的有关费用。工业企业为“产品销售费用”；交通运输业为“营运费用”；商业企业为“经营费用”。

③主营营业税金及附加：指企业销售产品或提供劳务等主营业务活动应负担的税金及各种附加。工业企业为“产品销售税金及附加”；交通运输业为“营运税金及附加”；建筑业为“工程结算税金及附加”；商业企业为“商品销售税金及附加”。

④主营业务利润：指企业经营的主要业务所产生的利润。工业企业为“产品销售利润”；交通运输业为“营运业务利润”；建筑企业为“工程结算利润”；商业企业为“经营利润”。

⑤其他业务利润：指企业从事主要业务以外的业务活动所产生的利润。

⑥其他费用支出：指企业为管理组织或筹资发生的各项费用之和。包括管理费用、财务费用等。

管理费用：指企业管理部门为组织或管理生产经营活动所发生的各项费用支出。

税金：指企业按规定从管理费用中支付的各种税金，包括房产税、车船使用税、土地使用税和印花税等。

劳动、待业保险：指企业支付的劳动保险和待业保险费。包括支付给离退休职工的退休金、价格补贴、医药费、退职金、抚恤金和企业按规定支付给离退休干部的各项经费等。

待业保险费：指企业按国家规定交纳的待业保险基金。

财务费用：指企业为筹集生产经营所需资金等所发生的费用。

⑦其他收益：指企业获得非主营业务的各项收益之和。包括补贴收入、投资收益和营业外收支净额。

补贴收入：指企业按规定应收取的政策性亏损补贴和其他补贴。

投资收益：指企业以各种方式对外投资所取得的收益，即投资收入扣除投资所发生的损失后的余额。

营业外收支净额：指营业外收入减去营业外支出后的余额。

营业外收入：主要包括固定资产的盘盈和出售净收益、罚款收入、因债权人原因确实无法支付的应付款项、教育附加返还款等。

营业外支出：主要包括固定资产的盈亏、报废、毁损和出售的净损失，非季节性和非修理期间的停工损失，职工子弟学校经费和技术工学校经费，非常损失，公益救济性捐赠，赔偿金，违约金等。

⑧应交所得税：指企业按照国家规定应计算交纳的所得税。

⑨利润：指盈利企业当年实现的税后利润和亏损企业当年发生的亏损（在填报时用“－”号表示）。

利润＝利润总额－应交所得税

利润总额＝营业利润＋补贴收入＋投资收益＋营业外收入－营业外支出

营业利润＝主营业务利润＋其他业务利润－管理费用－财务费用

(8)**其他**

①从业人员劳动报酬：指标涵义同事业型单位。

②应交增值税：指企业按照国家规定应计算交纳的增值税。

③上交主办单位数：指企业按有关规定上交给主管部门或主办单位的费用。

三、三次产业及其增加值、总产出和中间消耗

1.三次产业的划分及第三产业的分类

①**第一产业**：包括农业、林业、牧业、渔业等。

②**第二产业**：包括采掘业、制造业、自来水、电力、蒸气、热水、煤气和建筑业等。

③**第三产业**：除上述第一、第二产业外的其他各业。包括的范围非常广泛，按其在社会经济发展中的不同作用，目前可分为四个层次：

第一层次：流通部门，包括交通运输业、邮电通讯业、商业饮食业、物资供销和仓储业。

第二层次：为生产和生活服务的部门，包括金融业、保险业、地质普查业、房地产业、公用事业、居民服务业、旅游业、咨询信息服务业和各类技术服务业。

第三层次：为提高科学文化水平和居民素质服务的部门，包括教育、文化、广播电影电视事业，科学研究事业，卫生、体育和社会福利事业等。

第四层次：为社会公共需要服务的部门，包括国家机关、党政机关、社会团体以及军队和警察等。

2.增加值、总产出和中间消耗的计算方法

增加值：指产业单位向社会提供服务而增加的价值，反映一定时期内生产经营活动的最终成果。一个生产单位的增加值代表了这个单位对整个国民经济的贡献份额。

本制度对增加值的统计，仅限于本制度规定的调查对象。增加值的计算与汇总完全由计算机完成。

四、设施类

公用房屋建筑面积：指本部门或房产部门所有的本单位使用的各种办公和业务用房，包括职工单身宿舍、学生宿舍和暂被家属、职工或学生挤占的非居住用房。不包括职工家属宿舍。其建筑面积均按总的建筑面积(指从外墙算起的各房屋面积相加之和)填报到“公用房屋建筑面积”栏内。此栏下面的其中数，如“书库”、“阅览室”、“教学用房”等凡属独立建筑的，均按建筑面积统计；凡属非独立建筑的，均按使用面积统计；二者兼有的，可按两种方法统计加总。

文 物 业

2003

全　国　文　物　业

	机构数（个）	从业人员（人）	高级职称	中级职称	具有考古领队资格人数（人）	文物藏品及 合计 传统计量	合计 实际数量	一级品 传统计量	一级品 实际数量
总　　计	**3 847**	**63 435**	**3 322**	**9 763**	**813**	**12 360 506**	**13 553 824**	**48 859**	**68 790**
文物保护管理机构	2 095	21 781	479	2 515	214	1 672 285	1 987 695	4 847	4 550
其他文物机构	61	1 246	116	163	8	49 798	17 287	359	359
博　物　馆	1 504	34 857	2 112	5 978	303	9 937 750	10 818 612	41 529	59 791
文物商店	115	2 647	99	453	——	85 554	67 362	49	35
文物科研机构	72	2 904	516	654	288	615 119	662 868	2 075	4 055
中　　央	9	2 460	295	437	25	1 474 399	1 458 720	14 139	14 127
省　　级	204	12 953	1 403	2 529	292	4 352 700	4 908 537	16 500	27 851
地　市　级	976	21 482	1 170	3 786	246	3 203 342	3 351 164	8 068	10 573
县　市　级	2 658	26 540	454	3 011	250	3 330 065	3 835 403	10 152	16 239

	收入与支出（千元） 总收入	门票收入	总支出	年末固定资产原值（千元）	业务用房（千平方米）	展览用房	文物库房
总　　计	**3 955 556**	**1 355 432**	**3 277 774**	**5 954 054**	**6 493**	**2 398**	**634**
文物保护管理机构	961 822	479 375	837 052	1 225 482	1 213	342	93
其他文物机构	82 784	——	62 862	81 783	48	14	3
博　物　馆	2 435 844	876 057	2 071 979	3 816 603	4 862	1 868	463
文物商店	230 077	——	339 457	611 649	219	138	24
文物科研机构	245 029	——	217 446	218 537	150	37	51
中　　央	611 871	320 060	468 497	212 952	307	55	61
省　　级	1 164 683	283 670	849 899	1 654 606	1 489	479	207
地　市　级	1 290 683	400 957	1 184 018	2 180 280	2 272	979	181
县　市　级	888 319	350 745	775 360	1 906 216	2 425	885	185

基　本　情　况

文物保管品(件)				业务活动(个)		参观人次(千人次)		
其中				陈列	展览		外宾参观人次	青少年参观人次
二级品		三级品						
传统计量	实际数量	传统计量	实际数量					
1 060 510	**1 037 309**	**2 580 319**	**2 496 760**	**5 484**	**8 603**	**119 906**	**8 730**	**26 341**
16 885	18 629	134 600	144 123	1 356	4 620	40 108	1 445	6 935
28	28	32 675	205	——	——	——	——	——
1 016 664	988 622	2 294 349	2 251 808	4 128	3 983	79 800	7 286	19 407
19 291	19 249	66 214	48 078	——	——	——	——	——
7 642	10 781	52 481	52 546	——	——	——	——	——
775 088	757 888	316 805	316 805	21	72	8 589	1 814	1 480
200 452	186 861	1 501 579	1 380 195	217	538	15 652	1 534	3 892
46 228	49 458	415 396	426 718	824	1 872	51 461	4 057	9 545
38 742	43 102	346 539	373 042	4 422	6 121	44 204	1 325	11 424

文物保护单位维修情况						文物保护专项经费(千元)
保护维修项目数(个)			本年保护维修支出(千元)			
	国家级	省级		国家级	省级	
932	**268**	**394**	**515 576**	**183 385**	**245 202**	**488 656**
——	——	——	——	——	——	——
——	——	——	——	——	——	——
——	——	——	——	——	——	——
——	——	——	——	——	——	——
——	——	——	——	——	——	——
1	——	——	12 000	——	——	252 723
80	39	27	62 682	40 371	17 271	91 067
226	85	77	152 872	84 058	31 556	142 086
625	144	290	288 022	58 956	196 375	2 780

全国文物保护管理

	机构数（个）	从业人员（人）			具有考古领队资格人数（人）	文物藏品（件）					
						合计		一级品		二级品	
			高级职称	中级职称		传统计量	实际数量	传统计量	实际数量	传统计量	实际数量
总　　计	**2 095**	**21 781**	**479**	**2 515**	**214**	**1672 285**	**1987 695**	**4 847**	**4 550**	**16 885**	**18 629**
中　　央	——	——	——	——	——	——	——	——	——	——	——
省　　级	20	993	37	89	1	4 605	105 996	171	425	234	712
地 市 级	387	6 196	243	828	84	483 237	509 662	722	892	3 292	3 463
县 市 级	1 688	14 592	199	1 598	129	1184 443	1372 037	3 954	3 233	13 359	14 454

	本年收入合计（千元）							
		财政补助收入	上级补助收入	事业收入		经营收入		事业支出
					门票收入			
总　　计	**961 822**	**274 162**	**55 428**	**547 001**	**479 375**	**12 641**	**837 052**	**761 037**
中　　央	——	——	——	——	——	——	——	——
省　　级	67 080	18 578	2 142	42 595	38 108	——	63 025	61 633
地 市 级	359 146	101 723	17 320	214 737	185 600	1 168	319 873	296 382
县 市 级	535 596	153 861	35 966	289 669	255 667	11 473	454 154	403 022

机 构 基 本 情 况

三级品		业务活动(个)		参观人次(千人次)			年末固定资产原值(千元)	增加值(千元)	公用房屋建筑面积		
传统计量	实际数量	陈列	展览		外宾参观人次	青少年参观人次			(千平方米)	陈列展览用房	文物库房
134 600	**144 123**	**1 356**	**4 620**	**40 108**	**1 446**	**6 936**	**1225 482**	**409 253**	**1 214**	**342**	**93**
——	——	——	——	——	——	——	——	——	——	——	——
443	1 681	6	12	567	84	43	130 449	22 658	33	2	1
29 973	30 751	114	151	19 361	802	2 131	244 267	140 911	340	96	23
104 184	111 691	1 236	4 457	20 180	559	4 761	850 766	245 685	841	244	69

经营支出	本年支出合计(千元)							
	在本年支出合计中							
	从业人员劳动报酬	税金支出	社会保障费	修缮费	文物保护单位维修费	设备购置费	业务费	考古发掘费
14 444	**254 727**	**7 668**	**36 489**	**111 655**	**75 514**	**30 311**	**94 592**	**10 174**
——	——	——	——	——	——	——	——	——
——	15 942	80	2 609	6 705	940	8 614	9 511	137
1 946	93 190	3 269	11 984	43 760	32 442	12 180	34 665	7 354
12 498	145 595	4 319	21 896	61 190	42 132	9 517	50 416	2 683

全 国 其 他 文 物

	机构数（个）	从业人员（人）			具有考古领队资格人数（人）	文物藏品（件）			
						合计		一级品	
			高级职称	中级职称		传统计量	实际数量	传统计量	实际数量
总计	**61**	**1 246**	**116**	**163**	**8**	**49 798**	**17 287**	**359**	**359**
中央	3	204	46	46	——	——	——	——	——
省级	24	267	62	71	1	353	348	348	348
地市级	15	524	6	33	6	43 588	11 088	2	2
县市级	19	251	2	13	1	5 857	5 851	9	9

	本年收入合计（千元）						
		财政补助收入	上级补助收入	事业收入	经营收入		事业支出
总计	**82 784**	**23 134**	**26 562**	**28 971**	**3 448**	**62 862**	**44 207**
中央	43 331	12 695	26 230	4 406	——	25 006	11 165
省级	14 486	7 983	90	4 410	1 827	12 950	10 808
地市级	20 114	1 246	105	17 643	1 118	20 138	18 741
县市级	4 853	1 210	137	2 512	503	4 768	3 493

机 构 基 本 情 况

二级品		三级品		年末固定资产原值（千元）	增加值（千元）	公用房屋建筑面积（千平方米）		
传统计量	实际数量	传统计量	实际数量				业务用房	文物库房
28	**28**	**32 675**	**205**	**81 783**	**21 090**	**49**	**14**	**4**
——	——	——	——	28 612	10 390	6	3	3
——	——	——	——	10 874	3 631	2	——	——
——	——	32 488	8	11 237	4 138	23	2	——
28	28	187	197	31 060	2 931	17	10	1

本年支出合计（千元）								
经营支出	在本年支出合计中							
	从业人员劳动报酬	税金支出	社会保障费	修缮费	文物保护单位维修费	设备购置费	业务费	考古发掘费
17 933	**16 767**	**2 882**	**2 832**	**6 206**	**5 812**	**3 026**	**15 729**	**1 017**
13 841	6 707	2 539	777	2	——	1 596	6 632	——
1 792	3 740	151	903	159	29	1 228	2 012	42
1 328	4 307	115	988	5 812	5 625	159	6 599	949
972	2 013	77	164	233	158	43	486	26

全国博物馆

	机构数(个)	从业人员(人)	高级职称	中级职称	具有考古领队资格人数(人)	文物藏品(件) 合计 传统计量	合计 实际数量	一级品 传统计量	一级品 实际数量	二级品 传统计量	二级品 实际数量
总计	**1 504**	**34 857**	**2 112**	**5 978**	**303**	**9 937 750**	**10 818 612**	**41 529**	**59 791**	**1 016 664**	**988 622**
按性质分											
综合性	821	16 507	1 112	3 342	226	6 192 073	6 968 228	18 540	33 525	160 934	187 459
历史类	490	11 715	584	1 715	55	1 751 984	1 838 127	10 196	11 892	189 825	165 510
艺术类	64	3 737	249	577	12	1 311 471	1 179 826	10 040	9 899	659 891	627 036
自然科技类	16	581	66	87	5	513 379	616 941	479	2 179	1 311	4 410
其他	113	2 317	101	257	5	168 843	215 490	2 274	2 296	4 703	4 207
按隶属关系分											
中央	5	2 161	216	349	25	1 474 399	1 458 720	14 139	14 127	775 088	757 888
省级	97	8 302	848	1 628	58	3 841 563	4 268 971	14 265	23 428	173 543	156 453
地市级	468	12 794	796	2 610	100	2 485 116	2 636 542	6 949	9 261	42 699	45 724
县市级	934	11 600	252	1 391	120	2 136 672	2 454 379	6 176	12 975	25 334	28 557

	本年收入合计(千元)	财政补助收入	上级补助收入	事业收入	门票收入	经营收入		事业支出
总计	**2 435 844**	**1 121 947**	**160 092**	**1 031 005**	**876 057**	**29 185**	**2 071 979**	**1 752 495**
按性质分								
综合性	726 000	489 976	34 616	155 226	95 689	16 121	702 598	660 514
历史类	856 978	392 076	36 107	400 282	333 614	9 138	654 222	590 521
艺术类	654 253	153 746	68 778	401 898	379 275	1 636	526 222	333 847
自然科技类	28 724	20 257	1 085	6 024	5 809	24	30 134	30 110
其他	169 889	65 892	19 506	67 575	61 670	2 266	158 803	137 503
按隶属关系分								
中央	550 629	161 294	20 260	356 744	320 060	1 847	430 900	254 612
省级	784 089	390 625	72 022	290 502	245 562	7 580	598 499	539 148
地市级	755 206	396 671	41 203	260 889	215 357	15 930	727 076	660 264
县市级	345 920	173 357	26 607	122 870	95 078	3 828	315 504	298 471

基　本　情　况

三级品		业务活动(个)		参观人次(千人次)			年末固定资产原值(千元)	增加值(千元)	公用房屋建筑面积		
传统计量	实际数量	陈列	展览		外宾参观人次	青少年参观人次			(千平方米)	陈列展览用房	文物库房
2 294 349	**2 251 808**	**4 128**	**3 983**	**79 800**	**7 287**	**19 408**	**3 816 603**	**1 083 515**	**4 863**	**1 868**	**463**
1 247 198	1 353 451	3 041	2 654	26 504	2 194	7 878	1 546 394	301 028	2 242	923	253
226 941	165 360	729	765	32 559	1 500	8 373	1 329 674	391 699	1 465	634	91
410 684	320 467	183	331	12 648	2 319	1 800	437 075	310 966	513	138	87
381 917	384 117	42	40	827	86	419	62 124	12 287	70	21	8
27 609	28 413	133	193	7 261	1 188	937	441 336	67 535	571	153	24
316 805	316 805	21	72	8 590	1 814	1 480	151 161	269 725	290	51	50
1 444 734	1 340 440	211	526	15 086	1 450	3 849	1 256 866	335 709	1 273	424	152
290 935	333 801	710	1 721	32 101	3 256	7 415	1 384 924	301 130	1 736	762	145
241 875	260 762	3 186	1 664	24 024	766	6 663	1 023 652	176 951	1 563	631	116

本年支出合计(千元)												
	在本年支出合计中											
经营支出	从业人员劳动报酬	税金支出	社会保障费	修缮费		设备购置费	业务费					
					文物保护单位维修费			文物征集费	藏品保护费	陈列展览费	宣传出版费	发掘费
22 892	**555 582**	**17 854**	**129 464**	**202 838**	**115 719**	**96 393**	**368 691**	**55 969**	**24 574**	**83 213**	**19 898**	**21 011**
12 849	231 794	5 022	55 242	65 492	35 120	20 451	135 590	20 238	5 189	27 518	3 523	8 936
5 175	182 558	10 519	42 738	67 973	37 490	48 340	142 684	17 636	17 828	37 787	8 296	11 133
799	93 495	1 425	21 268	37 117	20 785	23 518	59 379	14 849	1 069	11 181	6 337	623
24	9 746	56	2 782	690	168	529	8 132	1 908	89	4 495	409	181
4 045	37 989	832	7 434	31 566	22 156	3 555	22 906	1 338	399	2 232	1 333	138
——	73 769	1 801	25 517	22 956	14 163	21 213	59 092	7 917	16 027	17 997	1 166	6 000
5 117	145 545	8 909	42 736	43 299	16 796	43 969	141 483	28 548	2 734	36 586	4 596	1 917
14 773	217 549	3 369	44 439	97 415	62 519	22 444	113 950	15 162	3 392	22 165	6 307	8 720
3 002	118 719	3 775	16 772	39 168	22 241	8 767	54 166	4 342	2 421	6 465	7 829	4 374

全　国　文　物　商

	机构数（个）	从业人员（人）			库存珍贵文物（件）					
			高级职称	中级职称	合计		一级品		二级品	
					传统计量	实际数量	传统计量	实际数量	传统计量	实际数量
总　　计	**115**	**2 647**	**99**	**453**	**85 554**	**67 362**	**49**	**35**	**19 291**	**19 249**
中　　央	——	——	——	——	——	——	——	——	——	——
省　　级	29	1 328	48	249	42 158	23 814	26	14	19 268	19 235
地 市 级	76	1 263	50	198	43 396	43 542	23	21	23	13
县 市 级	10	56	1	6	——	6	——	——	——	1

	本年销售								
	件数（件）						金额（千元）		
	合计		外销		内销			外销	内销
	传统计量	实际数量	传统计量	实际数量	传统计量	实际数量			
总　　计	**248 838**	**107 516**	**42 523**	**41 691**	**206 315**	**65 825**	**230 077**	**115 753**	**88 435**
中　　央	——	——	——	——	——	——	——	——	——
省　　级	189 263	48 894	29 631	29 387	159 632	19 507	144 924	93 885	42 276
地 市 级	59 207	57 930	12 863	12 304	46 344	45 626	84 003	21 755	46 080
县 市 级	368	692	29	——	339	692	1 150	113	79

店　基　本　情　况

三级品		实收资本（千元）		负债合计（千元）	固定资产合计（千元）	固定资产原值（千元）	本年提取折旧（千元）	上年末库存			本年收购		
								件数（件）			件数（件）		
传统计量	实际数量		国家资本					传统计量	实际数量	金额（千元）	传统计量	实际数量	金额（千元）
66 214	**48 078**	**199 991**	**183 420**	**147 883**	**542 131**	**611 649**	**16 187**	**7752 400**	**7316 091**	**43037436**	**103 490**	**47 418**	**89 613**
——	——	——	——	——	——	——	——	——	——	——	——	——	——
22 864	4 565	130 849	119 684	71 858	94 915	121 284	5 085	5 670 922	5248 459	42972430	81 344	12 205	49 049
43 350	43 508	65 870	62 566	75 555	446 919	489 683	11 091	1883 855	2058 036	62 192	21 818	26 977	40 415
——	5	3 272	1 170	470	297	682	11	197 623	9 596	2 814	328	8 236	149

年末库存			销售成本（千元）	本年销售费用（千元）		各种税金（千元）	净利润（千元）		公用房屋建筑面积（千平方米）		
件数（件）		金额（千元）			从业人员劳动报酬			文物销售净利润		营业用房	文物库房
传统计量	实际数量										
7726 717	**7007 144**	**244 810**	**95 545**	**219 241**	**138 139**	**24 671**	**21 701**	**26 589**	**163**	**61**	**66**
——	——	——	——	——	——	——	——	——	——	——	——
5642 286	4960 251	172 269	60 144	82 563	28 718	19 842	27 120	25 467	103	35	43
1887 000	2030 087	69 476	35 042	135 782	108 864	4 753	−5 327	1 119	57	24	22
197 431	16 806	3 065	359	896	557	76	−92	3	2	1	1

全国文物部门附营产业

	机构数（个）	从业人员（人）	实收资本（千元）		负债合计（千元）	固定资产合计（千元）	固定资产原价（千元）	本年提取折旧（千元）	损			
				国家资本					主营业收入	主营业成本及费用	主营业税金及附加	主营业务利润
总　计	**45**	**457**	**32251**	**14991**	**379466**	**8067**	**12385**	**1635**	**53918**	**43922**	**2390**	**7606**
第一产业	——	——	——	——	——	——	——	——	——	——	——	——
第二产业	5	82	2971	647	2805	1121	2017	698	3918	1757	199	1962
其中：制造业	2	43	2168	144	2677	507	1162	655	471	242	2	227
建筑业	3	39	803	503	128	614	855	43	3447	1515	197	1735
第三产业	40	375	29280	14344	376661	6946	10368	937	50000	42165	2191	5644
其中：批、零和餐饮业	17	163	10313	1267	12067	876	2150	318	6994	6102	176	716
房地产业	2	61	11000	9000	347825	1385	2715	284	26598	21513	1424	3661
社会服务业	10	82	4551	2181	6593	3394	3769	167	11665	11422	159	84

全国文物主管部门机关事业

	机构数（个）	本机关事业编制人数（人）	本年收入合计（千元）						本年支				
				财政补助收入（千元）			下级上缴收入	其他收入		事业支出	本机关支出		补助本级、下级支出
					国家重点文物保护专项资金	地方重点文物保护专项资金						事业编制人员劳动报酬	
总　　计	**336**	**1709**	**764280**	**638384**	**181796**	**144819**	**61003**	**47487**	**676487**	**676487**	**105634**	**22584**	**229643**
中　　央	2	25	165655	158097	750	——	——	7517	213316	213316	5345	656	40249
省　　级	28	174	310890	261428	176590	65859	25124	19317	200983	200983	26066	2499	146898
地 市 级	115	534	249692	188887	3521	76618	34132	16805	225550	225550	49729	10213	32999
县 市 级	191	976	38043	29972	935	2342	1747	3848	36638	36638	24494	9216	9497

单位基本情况（企业）

益及分配（千元）										其他（千元）				
其他业务利润	管理费用			财务费用	补贴收入	投资收益	营业外收支净额	应交所得税	净利润	从业人员劳动报酬	本年应付福利费总额	本年应交增值税	上交主办单位数（千元）	增加值（千元）
		税金	劳动待业保险											
407	**7319**	**46**	**161**	**1273**	**——**	**——**	**——**	**471**	**−1050**	**5363**	**829**	**534**	**497**	**40433**
——	——	——	——	——	——	——	——	——	——	——	——	——	——	——
41	1266	——	——	−7	——	——	24	394	374	839	120	226	——	48354
——	587	——	——	——	——	——	——	——	−360	351	64	226	——	33977
41	679	——	——	−7	——	——	24	394	734	488	56	——	——	64205
366	6053	46	161	1280	——	——	−24	77	−1424	4524	709	308	497	38701
281	725	6	50	−4	——	——	−69	36	171	1846	243	161	89	22043
——	3363	——	88	1285	——	——	−2	1	−990	1119	229	——	——	106361
——	600	4	18	13	——	——	50	26	−505	816	84	51	108	16939

编制及事业费收支情况

出合计（千元）							拨入专项资金结余			本级财政部门专项用于文物保护资金（千元）	本省举办出国（境）文物展览（个）	本辖区文物点（处）		
文物保护单位维修费	考古发掘费	文物征集费	安防费	博物馆维修费	藏品、发掘品保护费	职工培训费	（千元）	国家重点文物保护专项资金	地方重点文物保护专项资金			（个）	省级以上文物保护单位	县（市）级文物保护单位
100451	**9884**	**50254**	**15404**	**11128**	**4411**	**7867**	**194820**	**108389**	**38563**	**488656**	**24**	**149334**	**7088**	**40400**
——	——	40249	——	——	——	——	——	——	——	252723	——	310	40	270
78042	8903	8499	14004	4185	3949	7695	167725	105024	19283	91067	24	144557	6646	37909
15235	865	1295	1087	5986	422	86	25433	3297	18530	142086	——	3488	315	1753
7174	116	211	313	957	40	86	1662	68	750	2780	——	979	87	468

各地区文物业

	机构数（个）	从业人员（人）	高级职称	中级职称	具有考古领队资格人数（人）	文物藏品及 合计 传统计量	合计 实际数量	一级品 传统计量	一级品 实际数量
总计	**3 847**	**63 435**	**3 322**	**9 763**	**813**	**12 360 506**	**13 553 824**	**48 859**	**68 790**
中央	9	2 460	295	437	25	1 474 399	1 458 720	14 139	14 127
地方	3 838	60 975	3 027	9 326	788	10 886 107	12 095 104	34 720	54 663
北京	48	1 156	61	141	7	196 469	197 491	716	729
天津	24	918	89	164	4	564 870	564 918	1 002	1 035
河北	215	5 139	137	563	50	440 829	650 625	1 071	1 152
山西	187	3 638	114	464	22	413 819	419 862	1 094	1 096
内蒙古	107	1 415	60	317	40	271 966	318 621	771	771
辽宁	112	2 238	102	429	57	271 582	308 173	1 155	1 584
其中：大连	8	256	15	35	4	38 423	38 423	209	209
吉林	73	970	132	237	18	131 901	166 610	265	285
黑龙江	134	1 002	131	280	15	151 646	184 274	256	327
上海	26	1 352	95	237	4	279 671	10 397	1 318	33
江苏	164	2 381	197	536	27	854 978	903 411	1 951	3 146
浙江	184	2 372	173	388	19	509 320	632 159	1 494	1 582
其中：宁波	25	240	18	39	2	92 996	103 504	137	142
安徽	136	1 356	76	243	20	452 762	504 334	1 261	1 242
福建	117	1 059	84	244	30	321 219	303 218	1 141	558
其中：厦门	6	120	11	23	1	12 743	12 853	16	16
江西	148	2 094	59	285	29	173 679	276 446	701	868
山东	169	3 694	295	719	46	665 211	——	3 017	——
其中：青岛	13	176	2	32	——	114 725	——	206	——
河南	214	5 225	170	591	67	1 135 850	1 091 284	1 789	2 078
湖北	154	3 069	188	623	51	1 034 134	1 213 466	3 063	10 418
湖南	194	2 072	85	313	88	264 644	196 237	952	334
广东	196	2 839	94	264	28	362 383	538 338	736	1 202
其中：深圳	18	220	26	30	6	11 703	11 703	25	25
广西	110	972	63	194	10	197 264	276 025	305	324
海南	23	261	4	28	2	44 297	38 320	49	49
重庆市	64	1 025	73	143	16	232 456	341 799	641	1 214
四川	205	3 439	90	433	25	544 487	782 181	1 804	4 236
贵州	101	583	28	94	2	72 100	87 837	154	265
云南	134	963	71	239	15	213 466	258 402	432	728
西藏	16	316	1	30	——	12 467	129 912	322	580
陕西	291	5 751	177	570	38	433 537	573 321	2 753	4 641
甘肃	118	2 173	93	243	29	371 548	741 138	3 531	12 882
青海	41	259	15	58	8	34 057	96 462	200	200
宁夏	28	404	16	64	9	25 759	58 271	51	379
新疆	105	840	54	192	12	207 736	231 572	725	725

基　本　情　况　(一)

文物保管品(件)				业务活动(个)		参观人次(千人次)		
其中								
二级品		三级品						
传统计量	实际数量	传统计量	实际数量	陈列	展览		外宾参观人次	青少年参观人次
1 060 510	**1 037 309**	**2 580 319**	**2 496 760**	**5 484**	**8 603**	**119 906**	**8 730**	**26 341**
775 088	757 888	316 805	316 805	21	72	8 589	1 814	1 480
285 422	279 421	2 263 514	2 179 955	5 463	8 531	111 278	6 881	24 828
3 496	2 825	43 310	43 036	47	63	1 682	253	304
21 828	21 828	378 722	378 722	26	54	1 144	20	272
10 351	10 957	44 741	47 146	80	226	7 073	248	1 052
1 106	1 200	2 042	2 476	254	94	4 869	103	592
550	565	2 523	2 676	68	240	1 115	43	328
9 959	13 171	97 321	104 596	55	82	3 323	92	871
1 686	1 686	29 401	29 401	18	7	1 208	2	216
2 626	3 012	13 836	17 804	25	75	511	17	82
1 134	1 524	9 361	17 832	123	252	1 122	29	466
45 563	462	171 879	3 007	59	87	3 373	1 156	438
99 749	103 157	421 192	439 817	147	479	6 114	125	2 707
6 933	7 072	49 052	50 694	170	382	14 625	410	2 542
525	536	3 793	3 952	19	49	634	6	204
1 947	1 902	16 739	16 609	60	174	1 005	88	460
1 485	1 646	107 050	96 753	100	159	1 531	82	398
196	196	6 021	6 021	8	3	338	3	15
1 405	6 817	8 556	19 624	151	143	3 371	31	637
8 572	——	97 796	——	509	691	6 106	908	1 779
2 033	——	9 496	——	14	54	301	21	62
12 482	14 108	197 455	163 685	503	526	4 438	196	1 099
12 040	15 271	151 282	176 883	90	132	2 959	315	1 085
2 304	674	87 377	5 178	124	190	5 306	53	1 487
7 207	15 424	47 006	65 243	1 877	562	9 592	520	2 269
153	153	4 602	4 602	20	59	352	62	86
3 794	5 432	56 713	89 765	88	1 990	2 019	342	612
113	136	1 216	27	14	15	494	17	120
1 284	3 185	15 971	20 492	54	44	3 517	84	1 279
6 184	13 305	88 814	150 141	154	269	8 742	285	1 398
346	351	6 880	7 537	26	68	1 183	12	185
365	638	2 481	3 007	83	107	2 700	85	549
239	728	10	1 178	——	9	138	62	24
7 738	11 404	44 874	51 892	131	95	10 218	1 122	1 253
13 763	21 580	97 754	200 496	106	154	1 608	67	282
792	795	787	792	11	8	37	——	11
67	252	774	2 847	120	47	454	11	183
——	——	——	——	208	1 114	909	105	64

各地区文物业

	收入与支出(千元)			年末固定资产原值(千元)	业务用房(千平方米)		
	总收入		总支出			展览用房	文物库房
		门票收入					
总　　计	**3 955 556**	**1 355 432**	**3 277 774**	**5 954 054**	**6 493**	**2 398**	**634**
中　　央	611 871	320 060	468 497	212 952	307	55	61
地　　方	3 343 685	1 035 372	2 809 277	5 741 102	6 143	2 299	532
北　　京	126 239	10 653	89 232	75 465	328	51	11
天　　津	58 382	6 173	32 579	85 965	164	47	11
河　　北	210 631	124 764	155 425	256 440	307	120	17
山　　西	135 838	63 704	130 502	148 407	191	67	21
内 蒙 古	37 709	6 298	36 966	79 860	130	47	11
辽　　宁	98 155	33 103	84 272	618 455	279	173	15
其中:大连	25 381	8 044	24 166	42 346	55	13	1
吉　　林	42 660	5 170	42 826	85 784	89	42	7
黑 龙 江	30 432	1 742	28 521	169 942	98	53	8
上　　海	283 236	47 534	192 143	481 828	131	50	43
江　　苏	182 304	15 647	163 741	327 454	359	210	28
浙　　江	280 105	96 085	235 038	329 124	343	124	38
其中:宁波	24 800	4 352	23 992	37 177	64	19	5
安　　徽	45 189	3 163	35 888	56 291	123	47	11
福　　建	44 872	2 198	38 190	65 293	189	63	7
其中:厦门	12 475	388	8 111	8 127	12	4	——
江　　西	76 838	18 929	52 949	126 549	228	74	10
山　　东	196 600	93 997	199 021	283 475	382	153	40
其中:青岛	10 765	231	10 027	13 475	44	10	3
河　　南	185 187	22 701	169 526	159 303	346	125	52
湖　　北	73 152	22 029	74 308	134 142	272	114	24
湖　　南	90 438	13 795	80 203	179 101	277	110	26
广　　东	291 746	41 722	242 045	429 161	478	196	27
其中:深圳	26 601	1 533	26 290	42 258	40	12	1
广　　西	39 919	2 594	36 476	60 620	119	46	11
海　　南	7 014	2 546	7 503	25 337	22	5	——
重 庆 市	86 878	33 515	69 526	148 127	129	40	7
四　　川	193 690	80 724	190 329	426 347	339	121	32
贵　　州	20 169	5 206	18 053	29 740	66	25	4
云　　南	54 194	18 169	51 217	224 917	147	49	11
西　　藏	19 903	11 743	16 496	5 187	1	——	——
陕　　西	300 392	201 083	204 162	466 515	394	97	27
甘　　肃	67 074	29 826	68 197	183 423	139	28	22
青　　海	10 544	353	13 266	5 984	18	3	——
宁　　夏	13 330	3 982	12 879	19 822	23	6	6
新　　疆	40 865	16 224	37 798	53 044	32	13	5

基 本 情 况（二）

文物保护单位维修情况						文物保护专项经费(千元)
保护维修项目数(个)			本年保护维修支出(千元)			
	国家级	省级		国家级	省级	
932	**268**	**394**	**515 576**	**183 385**	**245 202**	**488 656**
1	——	——	12 000	——	——	251 890
931	268	394	503 576	183 385	245 202	236 766
27	15	5	28 327	19 496	7 804	1 842
——	——	——	——	——	——	——
57	23	22	19 774	7 719	3 403	1 100
50	30	14	9 928	7 927	1 366	18 818
6	3	1	1 649	1 034	45	——
21	4	16	11 769	1 587	10 162	——
1	1	——	50	50	——	——
——	——	——	——	——	——	——
12	5	5	1 690	800	740	——
27	4	18	11 024	1 079	5 932	——
40	10	30	24 913	7 937	16 976	20 880
119	24	41	38 594	10 183	8 249	129 170
8	3	——	895	380	——	250
46	9	27	10 810	1 479	3 776	5 010
32	5	18	4 314	1 252	1 650	130
——	——	——	——	——	——	——
29	4	19	2 368	783	1 325	——
24	6	6	9 158	4 841	600	4 800
——	——	——	——	——	——	——
42	12	24	17 435	9 148	8 072	1 942
17	7	4	3 873	1 565	725	1 910
36	13	23	9 540	6 148	3 392	3 510
60	9	23	80 968	28 876	42 211	618
4	——	——	2 600	——	——	——
12	4	3	3 888	650	706	3 379
2	2	——	1 105	1 105	——	833
8	——	——	2 191	——	——	——
94	29	33	22 758	12 044	5 530	5 991
38	8	19	5 906	2 306	2 548	2 600
53	6	25	123 680	4 515	115 500	5 019
7	5	——	1 545	1 545	——	50
44	16	13	31 115	28 648	1 060	23 320
11	5	3	6 101	5 606	372	3 534
2	1	1	23	——	23	——
5	1	1	5 000	1 900	3 035	10
10	8	——	14 130	13 212	——	2 300

各地区文物保护管理

	机构数（个）	从业人员（人）			具有考古领队资格人数（人）	文物藏品（件）					
			高级职称	中级职称		合计		一级品		二级品	
						传统计量	实际数量	传统计量	实际数量	传统计量	实际数量
总　　计	**2 095**	**21 781**	**479**	**2 515**	**214**	**1672 285**	**1987 695**	**4 847**	**4 550**	**16 885**	**18 629**
北　　京	16	146	2	12	——	10 464	10 045	——	——	2	2
天　　津	8	127	5	10	——	3 073	3 073	——	——	3	3
河　　北	164	3 759	52	343	31	100 970	168 057	253	291	1 487	1 786
山　　西	90	1 347	17	142	2	36 455	36 181	136	138	187	267
内 蒙 古	71	640	12	103	15	47 430	90 577	91	91	18	33
辽　　宁	66	649	12	70	38	19 661	19 881	65	65	577	577
其中：大连	2	26	4	11	——	1 002	1 002	7	7	72	72
吉　　林	47	261	21	56	5	12 309	13 799	20	25	81	81
黑 龙 江	83	344	32	98	5	13 845	21 676	21	31	80	133
上　　海	2	18	——	5	——	532	351	——	——	——	——
江　　苏	61	266	19	43	4	35 807	37 350	77	77	546	546
浙　　江	92	841	29	109	2	80 656	101 445	292	299	960	1 005
其中：宁波	16	118	9	17	2	19 977	25 948	48	52	209	220
安　　徽	89	450	17	86	3	68 719	85 820	376	378	705	721
福　　建	34	137	4	9	——	1 134	1 146	600	17	10	10
其中：厦门	2	2	——	——	——	——	——	——	——	——	——
江　　西	56	398	6	46	1	9 189	17 947	19	42	207	2 639
山　　东	86	1 781	78	252	4	189 524	——	563	——	3 046	——
其中：青岛	5	19	——	7	——	3 505	——	1	——	36	——
河　　南	124	1 990	40	197	27	451 935	457 177	256	276	3 655	3 903
湖　　北	48	895	12	104	——	15 630	43 642	777	847	292	413
湖　　南	121	841	13	94	49	62 759	68 419	111	84	206	166
广　　东	35	170	9	5	1	——	8 079	——	——	——	——
其中：深圳	4	17	9	1	——	——	——	——	——	——	——
广　　西	64	293	4	48	3	36 787	42 620	31	31	404	452
海　　南	7	126	——	4	——	1 408	1 211	5	5	——	——
重 庆 市	40	182	3	25	1	36 081	71 040	62	102	262	421
四　　川	149	1 435	13	164	——	228 967	320 461	376	658	1 112	1 665
贵　　州	88	380	4	49	——	12 230	14 687	26	40	70	75
云　　南	100	429	23	124	2	41 910	49 584	34	42	79	103
西　　藏	13	249	——	18	——	117	100 959	——	250	1	482
陕　　西	183	2 221	10	126	15	73 432	114 173	160	241	2 406	2 472
甘　　肃	38	609	27	56	1	10 727	7 778	192	201	362	380
青　　海	23	76	1	11	3	7 870	7 878	43	43	60	60
宁　　夏	20	213	1	18	2	19 096	23 057	50	65	67	234
新　　疆	77	508	13	88	——	43 568	49 582	211	211	——	——

机 构 基 本 情 况 （一）

三级品 传统计量	三级品 实际数量	业务活动（个） 陈列	业务活动（个） 展览	参观人次（千人次）	外宾参观人次	青少年参观人次	年末固定资产原值（千元）	增加值（千元）	公用房屋建筑面积（千平方米）	陈列展览用房	文物库房
134 600	**144 123**	**1 356**	**4 620**	**40 108**	**1 446**	**6 936**	**1 225 482**	**409 253**	**1 214**	**342**	**93**
1 856	1 477	2	3	178	5	28	5 704	2 954	11	3	——
7	7	——	1	179	4	55	1 574	1 605	8	6	——
9 161	11 231	15	111	4 287	118	305	152 620	93 508	91	21	7
837	1 271	49	11	1 794	29	149	27 453	16 740	45	7	2
391	544	39	142	566	20	173	24 601	8 040	35	10	2
2 487	2 523	12	22	983	1	262	36 226	10 344	36	15	3
——	——	——	2	500	——	60	6 397	1 152	9	7	1
153	153	7	27	64	——	41	2 056	2 629	4	2	——
814	3 320	17	75	233	2	124	6 936	4 695	19	7	2
532	351	2	2	36	——	20	1 267	749	——	——	——
3 043	3 043	14	56	520	18	152	55 437	7 186	30	10	3
6 221	6 807	48	59	9 725	359	1 228	29 430	39 789	102	31	8
1 802	1 950	12	18	156	4	98	7 397	4 282	27	9	3
7 909	8 088	20	39	342	54	160	12 367	6 570	31	10	3
256	256	1	20	112	12	39	3 034	1 840	12	7	——
——	——	——	——	——	——	——	103	46	——	——	——
456	1 940	11	21	306	7	68	12 087	5 346	29	10	2
12 870	——	328	339	2 851	81	1 234	72 719	28 693	77	25	10
273	——	——	1	30	1	5	3 443	525	3	2	——
44 787	45 452	406	292	1 730	10	224	50 745	19 674	103	11	17
1 255	1 261	9	13	1 078	53	292	35 924	11 829	69	46	2
2 102	1 893	30	41	807	16	322	33 523	10 600	51	15	4
——	——	8	4	936	60	44	17 733	5 870	47	2	——
——	——	——	——	——	——	——	1 723	1 140	——	——	——
3 746	4 483	16	1 893	460	11	118	7 401	4 211	19	6	1
——	——	5	5	452	17	98	12 179	2 652	11	3	——
3 117	3 991	28	26	391	4	122	14 827	2 596	17	8	2
19 294	28 176	55	119	3 439	131	438	257 115	29 896	94	28	9
4 221	4 878	18	40	654	11	151	16 533	5 855	47	15	3
1 095	1 290	31	50	1 468	45	175	80 378	22 771	61	14	2
10	1 178	——	7	99	53	5	2 610	5 617	1	1	——
6 099	6 595	20	32	4 570	205	599	91 872	31 290	103	13	6
1 032	1 220	30	39	680	35	116	128 604	14 194	36	6	2
203	208	——	——	3	——	——	772	1 014	3	1	——
646	2 487	110	24	375	2	152	5 454	2 809	3	1	——
——	——	25	1 107	790	82	43	26 301	7 685	20	9	2

各地区文物保护管理

	本年收入合计(千元)			事业收入				
		财政补助收入	上级补助收入		门票收入	经营收入		事业支出
总计	**961 822**	**274 162**	**55 428**	**547 001**	**479 375**	**12 641**	**837 052**	**761 037**
北京	17 040	10 087	5 358	1 379	749	——	15 756	12 557
天津	3 168	1 904	——	1 126	994	36	3 234	3 234
河北	142 477	20 289	2 820	111 388	107 812	7 603	103 562	94 441
山西	32 261	9 551	212	22 027	19 756	——	32 424	32 424
内蒙古	16 019	9 497	50	5 824	5 713	378	15 531	15 510
其中:大连	30 663	7 499	7 457	11 026	9 164	114	24 374	17 587
	9 307	763	——	4 828	4 828	——	8 798	8 083
吉林	4 727	4 323	359	43	20	——	4 277	4 155
黑龙江	7 269	6 851	102	149	147	——	7 317	6 820
上海	2 642	1 925	649	68	——	——	2 484	2 484
江苏	24 152	18 493	512	2 851	1 802	——	17 929	17 701
其中:宁波	117 781	30 088	5 789	70 746	69 119	229	90 203	85 335
	10 917	8 325	301	1 347	891	157	10 245	10 080
安徽	11 680	8 583	1 072	1 703	874	39	11 033	8 564
其中:厦门	5 839	5 049	235	452	265	——	5 104	5 008
	1 750	1 654	96	——	——	——	1 366	1 366
江西	28 555	4 408	369	5 570	5 391	200	10 403	9 474
其中:青岛	105 718	12 780	1 536	89 757	83 343	600	108 768	108 081
	904	723	100	24	20	——	894	894
河南	55 030	19 501	4 250	23 549	3 008	284	49 705	44 369
湖北	22 551	3 652	2 166	13 341	12 855	502	23 817	22 164
湖南	21 630	12 931	2 209	5 323	2 684	409	21 297	18 841
其中:深圳	33 994	7 789	1 614	13 232	13 177	1 000	20 212	16 718
	5 068	3 431	1 404	——	——	——	3 553	3 553
广西	11 372	6 977	914	3 262	1 353	——	11 019	11 019
海南	3 810	932	——	2 526	2 526	211	3 802	3 802
重庆市	6 413	2 760	838	2 804	2 640	1	6 409	5 785
四川	64 988	17 643	5 714	39 613	33 701	554	65 041	60 784
贵州	9 398	4 747	1 904	2 738	1 613	——	8 626	7 325
云南	32 566	11 025	3 444	16 983	16 256	——	30 957	19 076
西藏	15 603	4 142	60	11 400	11 400	——	12 899	11 577
陕西	61 651	14 197	4 973	37 333	26 748	78	57 802	47 592
甘肃	38 088	5 172	35	29 245	26 823	117	38 864	37 815
青海	1 836	1 138	50	133	93	25	1 631	1 606
宁夏	6 221	2 218	20	3 931	3 851	——	6 028	5 560
新疆	26 680	8 011	717	17 479	15 498	261	26 544	23 629

机　构　基　本　情　况（二）

本年支出合计（千元）								
	在本年支出合计中							
经营支出	从业人员劳动报酬	税金支出	社会保障费	修缮费		设备购置费	业务费	考古发掘费
					文物保护单位维修费			
14 444	**254 727**	**7 668**	**36 489**	**111 655**	**75 514**	**30 311**	**94 592**	**10 174**
27	2 662	64	287	2 796	2 508	976	936	3
——	1 502	40	329	18	18	2	632	——
5 191	46 182	614	5 306	14 543	10 686	3 796	4 520	648
——	10 891	223	518	3 444	1 190	1 065	6 061	393
10	6 671	370	627	1 315	798	331	1 928	164
——	6 748	193	868	2 200	1 326	941	2 314	292
——	725	171	225	821	821	500	1 364	——
——	2 547	——	604	152	——	44	355	39
——	4 328	——	1 048	188	113	49	405	8
——	698	——	125	600	600	61	457	——
——	4 969	——	850	4 488	3 650	933	1 884	519
465	12 612	1 011	2 443	5 920	4 182	1 245	6 889	268
153	3 938	48	804	885	575	246	3 044	68
247	5 271	99	1 239	1 523	1 340	209	826	159
6	1 618	5	507	938	898	236	1 052	——
——	42	——	39	783	783	25	447	——
300	4 533	121	457	1 676	1 162	77	544	39
600	25 306	455	5 870	4 981	3 642	2 050	3 604	423
——	387	——	77	167	7	41	25	——
263	17 243	66	2 897	4 829	4 195	2 478	8 412	4 678
320	10 079	186	1 016	2 736	1 665	208	2 753	20
193	8 687	58	1 117	2 490	1 685	422	4 051	918
3 440	2 617	23	504	3 722	2 616	678	9 756	200
——	1 060	11	203	550	550	126	1 161	200
——	3 915	——	271	3 633	3 117	302	1 776	36
——	2 143	14	510	58	——	9	163	——
4	1 989	——	199	744	445	364	896	55
297	17 371	1 570	3 104	16 628	10 070	2 271	5 856	120
1 197	3 936	217	376	1 884	1 857	161	477	2
86	7 023	1 483	749	4 427	3 267	664	1 629	445
——	4 082	——	505	1 547	1 034	834	1 738	137
998	20 885	730	1 809	8 813	7 133	1 212	16 207	94
508	8 756	90	1 407	5 310	85	6 987	4 478	50
——	983	——	104	422	384	6	89	23
——	2 208	2	184	472	341	530	856	123
292	6 272	34	659	9 158	5 507	1 170	3 048	318

各地区文物保护、考古

	机构数（个）	从业人员（人）			具有考古发掘个人领队资格人数	文物保管品及发掘品（件）			
			高级职称	中级职称		传统计量	实际数量	一级品	
								传统计量	实际数量
总计	**72**	**2 904**	**516**	**654**	**288**	**615 119**	**662 868**	**2 075**	**4 055**
中央	1	95	33	42	——	——	——	——	——
地方	71	2 809	483	612	288	615 119	662 868	2 075	4 055
北京	2	73	15	11	7	1 876	1 876	5	5
天津	——	——	——	——	——	——	——	——	——
河北	2	119	29	36	13	125 345	126 355	123	160
山西	5	296	43	67	20	1 217	3 813	120	120
内蒙古	2	62	8	29	8	6 932	9 932	62	62
辽宁	3	67	13	17	13	——	——	——	——
其中：大连	——	——	——	——	——	——	——	——	——
吉林	2	70	17	11	12	3 134	3 134	6	6
黑龙江	2	54	20	13	8	3 405	98	——	2
上海	——	——	——	——	——	——	——	——	——
江苏	1	21	3	1	2	262	262	——	——
浙江	3	60	28	15	15	665	665	12	12
其中：宁波	1	——	——	——	——	——	——	——	——
安徽	2	47	15	13	12	1 657	——	3	——
福建	1	8	1	3	1	——	——	——	——
其中：厦门	——	——	——	——	——	——	——	——	——
江西	2	49	7	16	10	——	729	——	20
山东	4	69	20	18	13	17 000	——	——	——
其中：青岛	——	——	——	——	——	——	——	——	——
河南	6	317	42	64	28	80 123	80 143	65	65
湖北	2	88	43	17	22	15 700	17 030	49	290
湖南	1	49	11	11	9	1 773	——	15	——
广东	2	98	13	14	15	——	——	——	——
其中：深圳	——	——	——	——	——	——	——	——	——
广西	——	——	——	——	——	——	——	——	——
海南	——	——	——	——	——	——	——	——	——
重庆市	1	12	3	7	6	——	——	——	——
四川	3	141	16	46	21	2 000	2 000	——	——
贵州	1	13	5	4	——	1 230	1 230	——	——
云南	1	32	16	7	9	1 531	1 531	1	1
西藏	——	——	——	——	——	——	——	——	——
陕西	8	232	45	59	12	142 723	142 723	231	265
甘肃	11	644	39	75	11	73 021	73 454	1 230	2 894
青海	1	50	5	19	5	5 500	67 868	93	93
宁夏	1	42	5	11	5	128	128	——	——
新疆	2	96	21	28	11	129 897	129 897	60	60

研究科研机构情况（一）

二级品		三级品		本年完成科研项目(个)			所办刊物(种)	年末固定资产原值(千元)	公用房屋建筑面积(千平方米)		
传统计量	实际数量	传统计量	实际数量		获国家奖	获省、部奖				文物库房	业务用房
7 642	**10 781**	**52 481**	**52 546**	**92**	**5**	**9**	**11**	**218 537**	**151**	**38**	**52**
——	——	——	——	——	——	——	——	33 179	12	2	10
7 642	10 781	52 481	52 546	92	5	9	11	185 358	138	——	——
45	45	1 826	1 826	1	——	1	——	5 772	2	——	2
——	——	——	——	——	——	——	——	——	——	——	——
780	1 052	——	——	——	——	——	——	9 426	9	8	——
——	——	——	——	——	——	——	——	31 335	22	4	7
——	——	——	——	2	——	——	1	8 374	8	2	3
——	——	——	——	——	——	——	——	12 469	3	1	3
——	——	——	——	——	——	——	——	——	——	——	——
20	20	110	110	6	——	——	2	3 559	1	——	——
——	——	——	——	——	——	——	——	6 633	2	1	1
——	——	——	——	——	——	——	——	——	——	——	——
——	——	——	——	——	——	——	——	265	1	——	——
48	48	63	63	——	——	——	——	5 184	4	1	3
——	——	——	——	——	——	——	——	——	——	——	——
11	——	315	——	——	——	——	1	5 839	1	——	——
——	——	——	——	——	——	——	——	1 116	——	——	——
——	——	——	——	——	——	——	——	——	——	——	——
——	30	——	——	——	——	——	1	3 993	5	——	——
——	——	——	——	1	1	——	——	6 481	6	——	4
——	——	——	——	——	——	——	——	——	——	——	——
87	87	4 704	4 704	33	1	4	1	12 998	26	9	8
——	——	——	——	——	——	——	——	3 594	7	——	——
13	——	6	——	2	——	2	1	4 600	4	1	2
——	——	——	——	——	——	——	——	4 556	3	2	1
——	——	——	——	——	——	——	——	——	——	——	——
——	——	——	——	——	——	——	——	——	——	——	——
——	——	——	——	——	——	——	——	——	——	——	——
——	——	——	——	——	——	——	——	——	——	——	——
——	——	——	——	3	3	——	——	20 950	8	1	1
——	——	——	——	——	——	——	——	——	——	——	——
17	17	55	55	4	——	——	——	6 382	2	——	1
——	——	——	——	——	——	——	——	——	——	——	——
488	502	14 223	14 223	23	——	——	3	13 574	7	3	1
6 046	8 893	30 817	31 203	12	——	2	——	9 091	9	——	2
87	87	234	234	——	——	——	——	1 849	2	1	——
——	——	128	128	——	——	——	——	2 191	1	——	1
——	——	——	——	5	——	——	1	5 127	5	2	2

各地区文物保护、考古

	本年收入合计（千元）	财政补助收入	上级补助收入	事业收入	配合基本建设考古收入	经营收入
总计	**245 029**	**77 410**	**16 885**	**141 893**	**98 943**	**710**
中央	17 911	11 462	——	5 629	——	204
地方	227 118	65 948	16 885	136 264	98 943	506
北京	9 207	3 255	——	5 952	——	——
天津	——	——	——	——	——	——
河北	3 675	2 680	340	458	458	——
山西	29 516	5 076	167	24 258	9 171	——
内蒙古	2 523	1 831	——	268	——	——
辽宁	3 930	1 890	——	462	462	90
其中:大连	——	——	——	——	——	——
吉林	5 131	3 591	1 297	243	93	——
黑龙江	1 642	1 642	——	——	——	——
上海	——	——	——	——	——	——
江苏	3 733	——	20	126	126	300
浙江	4 216	2 746	——	1 393	1 393	——
其中:宁波	——	——	——	——	——	——
安徽	11 997	——	1 635	10 362	10 362	——
福建	252	252	——	——	——	——
其中:厦门	——	——	——	——	——	——
江西	3 484	1 153	——	1 761	1 700	12
山东	7 140	3 440	50	3 531	395	——
其中:青岛	——	——	——	——	——	——
河南	34 055	6 266	3 110	24 061	23 846	——
湖北	3 911	3 222	——	433	409	——
湖南	7 612	712	——	6 900	6 900	——
广东	22 244	8 917	6 817	6 510	5 424	——
其中:深圳	——	——	——	——	——	——
广西	——	——	——	——	——	——
海南	——	——	——	——	——	——
重庆市	——	——	——	——	——	——
四川	31 808	2 463	1 066	28 222	25 013	——
贵州	580	559	——	——	——	——
云南	2 757	1 845	210	691	531	——
西藏	——	——	——	——	——	——
陕西	17 910	4 057	720	13 111	12 660	——
甘肃	8 603	3 871	——	4 376	——	——
青海	3 200	1 950	1 250	——	——	——
宁夏	1 663	1 559	——	——	——	104
新疆	6 329	2 971	203	3 146	——	——

研究科研机构情况（二）

本年支出合计（千元）									
	事业支出	经营支出	在支出合计中：从业人员劳动报酬	税金支出	社会保障费	修缮费	修缮费：文物保护单位维修费	考古发掘费	设备购置费
217 446	**197 572**	**486**	**45 389**	**1 027**	**8 874**	**6 267**	**2 193**	**76**	**21**
12 591	12 507	84	1 949	97	30	1 481	——	51	16
204 855	185 065	402	43 440	930	8 844	4 786	2 193	2 526	738
9 178	9 178	——	1 724	330	114	510	——	65	19
——	——	——	——	——	——	——	——	——	——
3 577	3 577	——	1 769	——	74	21	——	18	50
31 556	31 556	——	3 592	36	1 914	589	105	77	11
3 877	3 877	——	941	245	119	216	——	18	24
3 930	922	90	1 114	16	92	——	——	202	28
——	——	——	——	——	——	——	——	——	——
4 804	4 804	——	1 015	——	606	——	——	5	21
1 842	1 842	——	968	49	17	——	——	——	53
——	——	——	——	——	——	——	——	——	——
2 956	203	300	290	——	10	——	——	738	10
3 865	3 865	——	1 747	——	419	——	——	38	45
——	——	——	——	——	——	——	——	——	——
5 245	1 788	——	——	——	——	——	——	580	——
210	210	——	170	——	24	——	——	——	81
——	——	——	——	——	——	——	——	——	——
3 362	2 442	12	480	——	166	34	——	95	14
6 945	6 945	——	1 366	——	508	713	400	53	20
——	——	——	——	——	——	——	——	——	——
28 749	27 187	——	4 574	66	1 385	327	176	91	16
2 961	2 675	——	1 450	——	123	11	——	26	49
5 724	5 724	——	608	——	116	116	116	121	11
16 980	9 561	——	3 264	55	602	811	811	68	19
——	——	——	——	——	——	——	——	——	——
——	——	——	——	——	——	——	——	——	——
——	——	——	——	——	——	——	——	——	——
——	——	——	——	——	——	——	——	——	——
32 039	32 039	——	4 209	——	677	468	——	88	13
461	461	——	203	——	1	——	——	5	44
2 201	2 201	——	542	38	239	——	——	32	25
——	——	——	——	——	——	——	——	——	——
15 890	15 890	——	6 546	——	800	16	——	83	41
9 080	8 695	——	3 525	39	184	208	85	54	39
2 910	2 910	——	786	——	220	50	——	——	27
1 634	1 634	——	653	26	210	196	——	6	40
4 879	4 879	——	1 904	30	224	500	500	65	39

各地区其他文物

	机构数（个）	从业人员（人）			具有考古领队资格人数（人）	文物藏品（件）			
						合计		一级品	
			高级职称	中级职称		传统计量	实际数量	传统计量	实际数量
总　　计	**61**	**1 246**	**116**	**163**	**8**	**49 798**	**17 287**	**359**	**359**
中　　央	3	204	46	46	——	——	——	——	——
地　　方	58	1 042	70	117	8	49 798	17 287	359	359
北　　京	4	47	5	11	——	348	348	348	348
天　　津	——	——	——	——	——	——	——	——	——
河　　北	2	65	5	10	1	——	——	——	——
山　　西	6	43	9	13	——	——	——	——	——
内 蒙 古	——	——	——	——	——	——	——	——	——
辽　　宁	——	——	——	——	——	——	——	——	——
其中:大连	——	——	——	——	——	——	——	——	——
吉　　林	1	31	——	——	——	——	——	——	——
黑 龙 江	1	8	4	1	——	——	——	——	——
上　　海	——	——	——	——	——	——	——	——	——
江　　苏	1	21	2	3	1	4 845	4 977	8	8
浙　　江	4	63	3	5	——	——	——	——	——
其中:宁波	——	——	——	——	——	——	——	——	——
安　　徽	1	10	5	2	——	——	——	——	——
福　　建	——	——	——	——	——	——	——	——	——
其中:厦门	——	——	——	——	——	——	——	——	——
江　　西	2	282	——	7	——	——	——	——	——
山　　东	——	——	——	——	——	——	——	——	——
其中:青岛	——	——	——	——	——	——	——	——	——
河　　南	6	82	5	12	3	32 505	——	——	——
湖　　北	6	60	——	5	——	539	539	——	——
湖　　南	——	——	——	——	——	——	——	——	——
广　　东	7	39	4	3	——	——	——	——	——
其中:深圳	——	——	——	——	——	——	——	——	——
广　　西	1	9	1	2	——	——	——	——	——
海　　南	——	——	——	——	——	——	——	——	——
重 庆 市	4	10	——	2	——	157	19	——	——
四　　川	——	——	——	——	——	——	——	——	——
贵　　州	——	——	——	——	——	——	——	——	——
云　　南	——	——	——	——	——	——	——	——	——
西　　藏	——	——	——	——	——	——	——	——	——
陕　　西	10	253	25	36	3	11 404	11 404	3	3
甘　　肃	1	5	——	2	——	——	——	——	——
青　　海	——	——	——	——	——	——	——	——	——
宁　　夏	——	——	——	——	——	——	——	——	——
新　　疆	1	14	2	3	——	——	——	——	——

机 构 基 本 情 况 （一）

二级品		三级品		年末固定资产原值（千元）	增加值（千元）	公用房屋建筑面积（千平方米）		
传统计量	实际数量	传统计量	实际数量				业务用房	文物库房
28	**28**	**32 675**	**205**	**81 783**	**21 090**	**49**	**14**	**4**
——	——	——	——	28 612	10 390	6	3	3
28	28	32 675	205	53 171	10 701	41	12	1
——	——	——	——	1 715	693	1	——	——
——	——	——	——	——	——	——	——	——
——	——	——	——	482	1 299	——	——	——
——	——	——	——	1 289	591	——	——	——
——	——	——	——	——	——	——	——	——
——	——	——	——	——	——	——	——	——
——	——	——	——	——	——	——	——	——
——	——	——	——	——	316	——	——	——
——	——	——	——	304	157	——	——	——
——	——	——	——	——	——	——	——	——
27	27	166	176	633	142	2	2	1
——	——	——	——	21 590	1 465	10	4	——
——	——	——	——	——	——	——	——	——
——	——	——	——	121	225	——	——	——
——	——	——	——	——	——	——	——	——
——	——	——	——	——	——	——	——	——
——	——	——	——	3 895	389	18	——	——
——	——	——	——	——	——	——	——	——
——	——	——	——	——	——	——	——	——
——	——	32 480	——	6 279	891	3	2	——
——	——	——	——	16	44	——	——	——
——	——	——	——	——	——	——	——	——
——	——	——	——	12 004	1 484	3	2	——
——	——	——	——	——	——	——	——	——
——	——	——	——	145	178	——	——	——
——	——	——	——	——	——	——	——	——
——	——	——	——	107	81	2	2	——
——	——	——	——	——	——	——	——	——
——	——	——	——	——	——	——	——	——
——	——	——	——	——	——	——	——	——
——	——	——	——	——	——	——	——	——
1	1	29	29	3 907	2 383	2	——	——
——	——	——	——	46	121	——	——	——
——	——	——	——	——	——	——	——	——
——	——	——	——	——	——	——	——	——
——	——	——	——	638	242	——	——	——

各地区其他文物

	本年收入合计（千元）	财政补助收入	上级补助收入	事业收入	经营收入		事业支出
总计	**82 784**	**23 134**	**26 562**	**28 971**	**3 448**	**62 862**	**44 207**
中央	43 331	12 695	26 230	4 406	——	25 006	11 165
地方	39 453	10 439	332	24 565	3 448	37 856	33 042
北京	2 447	820	——	1 067	531	2 353	1 803
天津	——	——	——	——	——	——	——
河北	7 666	408	——	7 243	——	7 784	7 784
山西	1 953	1 665	——	239	——	2 198	2 198
内蒙古	——	——	——	——	——	——	——
辽宁	——	——	——	——	——	——	——
其中:大连	——	——	——	——	——	——	——
吉林	700	——	——	700	——	700	700
黑龙江	449	434	——	15	——	492	492
上海	——	——	——	——	——	——	——
江苏	1 106	281	——	640	185	1 080	831
浙江	2 968	245	3	2 181	78	3 049	2 117
其中:宁波	——	——	——	——	——	——	——
安徽	532	532	——	——	——	375	375
福建	——	——	——	——	——	——	——
其中:厦门	——	——	——	——	——	——	——
江西	1 271	170	——	——	1 101	1 264	170
山东	——	——	——	——	——	——	——
其中:青岛	——	——	——	——	——	——	——
河南	8 257	416	195	7 632	——	7 865	7 778
湖北	96	20	49	5	——	90	90
湖南	——	——	——	——	——	——	——
广东	4 697	2 617	——	1 759	312	3 047	2 704
其中:深圳	——	——	——	——	——	——	——
广西	1 235	——	——	——	1 235	1 188	——
海南	——	——	——	——	——	——	——
重庆市	88	15	65	2	6	106	105
四川	——	——	——	——	——	——	——
贵州	——	——	——	——	——	——	——
云南	——	——	——	——	——	——	——
西藏	——	——	——	——	——	——	——
陕西	5 347	2 248	20	3 079	——	5 647	5 627
甘肃	281	278	——	3	——	268	268
青海	——	——	——	——	——	——	——
宁夏	——	——	——	——	——	——	——
新疆	360	290	——	——	——	350	——

机 构 基 本 情 况（二）

本年支出合计（千元）								
经营支出	在本年支出合计中							
	从业人员劳动报酬	税金支出	社会保障费	修缮费		设备购置费	业务费	
					文物保护单位维修费			考古发掘费
17 933	**16 767**	**2 882**	**2 832**	**6 206**	**5 812**	**3 026**	**15 729**	**1 017**
13 841	6 707	2 539	777	2	——	1 596	6 632	——
4 092	10 060	343	2 055	6 204	5 812	1 430	9 097	1 017
550	1 058	1	38	——	——	19	574	42
——	——	——	——	——	——	——	——	——
——	1 280	——	19	5 625	5 625	——	393	——
——	539	——	59	——	——	583	466	——
——	——	——	——	——	——	——	——	——
——	——	——	——	——	——	——	——	——
——	——	——	——	——	——	——	——	——
——	316	——	——	——	——	——	——	——
——	144	1	187	——	——	——	82	——
——	——	——	——	——	——	——	——	——
249	371	30	41	60	——	36	269	21
667	811	51	154	204	155	382	558	——
——	——	——	——	——	——	——	——	——
——	220	——	102	——	——	——	38	——
——	——	——	——	——	——	——	——	——
——	——	——	——	——	——	——	——	——
1 094	230	3	490	74	——	44	286	——
——	——	——	——	——	——	——	——	——
——	——	——	——	——	——	——	——	——
——	1 413	77	252	112	3	99	5 160	949
——	43	——	11	——	——	——	36	5
——	——	——	——	——	——	——	——	——
343	988	16	469	77	——	221	367	——
——	——	——	——	——	——	——	——	——
1 188	126	46	——	——	——	——	5	——
——	——	——	——	——	——	——	——	——
1	77	——	8	9	——	7	4	——
——	——	——	——	——	——	——	——	——
——	——	——	——	——	——	——	——	——
——	——	——	——	——	——	——	——	——
——	——	——	——	——	——	——	——	——
——	2 115	112	219	14	——	39	859	——
——	119	——	——	——	——	——	——	——
——	——	——	——	——	——	——	——	——
——	——	——	——	——	——	——	——	——
——	210	6	6	29	29	——	——	——

各地区博物馆

	机构数（个）	从业人员（人）				文物藏品（件）					
			具有考古领队资格人数	高级职称	中级职称	合计		一级品		二级品	
						传统计量	实际数量	传统计量	实际数量	传统计量	实际数量
总　　计	**1 504**	**34 857**	**303**	**2 112**	**5 978**	**9937 750**	**10818 612**	**41 529**	**59 791**	**1016 664**	**988 622**
中　　央	5	2 161	25	216	349	1474 399	1458 720	14 139	14 127	775 088	757 888
地　　方	1 499	32 696	278	1 896	5 629	8463 351	9359 892	27 390	45 664	241 576	230 734
北　　京	24	661	——	36	83	183 781	185 222	363	376	3 449	2 778
天　　津	15	689	4	79	134	542 607	542 655	1 002	1 035	2 635	2 635
河　　北	44	1 177	5	51	173	214 514	356 213	695	701	8 084	8 119
山　　西	85	1 929	——	41	237	376 147	379 868	838	838	919	933
内 蒙 古	28	653	17	39	168	217 600	218 108	616	616	530	530
辽　　宁	34	1 391	6	70	321	251 880	288 251	1 089	1 518	9 380	12 592
其中：大连	5	183	4	11	22	37 403	37 403	202	202	1 614	1 614
吉　　林	22	584	1	91	168	111 944	145 163	239	254	2 525	2 911
黑 龙 江	46	570	2	74	156	134 352	162 456	235	294	1 039	1 376
上　　海	23	1 227	4	93	220	279 139	10 046	1 318	33	45 563	462
江　　苏	90	1 690	20	156	419	813 963	860 711	1 866	3 061	99 176	102 584
浙　　江	70	1 313	2	106	237	427 999	530 049	1 190	1 271	5 925	6 019
其中：宁波	7	108	——	9	18	73 019	77 556	89	90	316	316
安　　徽	37	740	5	36	121	382 362	418 514	876	864	1 213	1 181
福　　建	79	864	29	75	219	301 788	302 066	541	541	1 475	1 635
其中：厦门	3	90	1	9	18	12 743	12 853	16	16	196	196
江　　西	84	1 259	18	43	200	164 489	257 769	681	805	1 198	4 148
山　　东	70	1 566	29	180	387	458 654	——	2 446	——	5 503	——
其中：青岛	7	134	——	2	17	111 220	——	205	——	1 997	——
河　　南	75	2 722	9	79	291	570 978	553 655	1 451	1 720	8 730	10 108
湖　　北	96	1 867	29	133	488	959 282	1 109 124	2 226	9 270	11 727	14 837
湖　　南	70	1 112	30	56	185	200 112	127 818	826	250	2 085	508
广　　东	140	2 354	12	66	232	362 373	530 249	734	1 200	7 199	15 416
其中：深圳	12	192	6	17	29	11 703	11 703	25	25	153	153
广　　西	41	624	7	56	138	160 476	233 404	273	292	3 390	4 980
海　　南	16	135	2	4	24	42 889	37 109	44	44	113	136
重 庆 市	17	792	9	58	100	196 218	270 740	579	1 112	1 022	2 764
四　　川	51	1 781	4	61	208	313 520	459 720	1 428	3 578	5 072	11 640
贵　　州	10	165	2	19	40	58 640	71 920	128	225	276	276
云　　南	30	460	4	32	98	170 025	207 287	397	685	269	518
西　　藏	2	61	——	1	10	12 348	28 953	322	330	236	246
陕　　西	88	2 978	8	97	343	205 978	305 021	2 359	4 132	4 843	8 429
甘　　肃	67	887	17	27	109	287 800	659 906	2 109	9 787	7 355	12 307
青　　海	16	123	——	9	27	20 687	20 716	64	64	645	648
宁　　夏	5	145	2	10	34	6 535	35 086	1	314	——	18
新　　疆	24	177	1	18	59	34 271	52 093	454	454	——	——

机　　构　　情　　况　(一)

三级品		业务活动(个)		参观人次(千人次)			年末固定资产原值(千元)	公用房屋建筑面积		
传统计量	实际数量	陈列	展览		外宾参观人次	青少年参观人次		(千平方米)	陈列展览用房	文物库房
2 294 349	**2 251 808**	**4 128**	**3 983**	**79 800**	**7 287**	**19 408**	**3 816 603**	**4 863**	**1 868**	**463**
316 805	316 805	21	72	8 590	1 814	1 480	151 161	290	51	50
1 977 544	1 935 003	4 107	3 911	71 211	5 473	17 927	3 665 442	4 573	1 817	413
39 628	39 733	45	60	1 505	248	277	42 918	303	43	6
378 715	378 715	26	53	966	18	218	62 096	144	39	8
35 580	35 915	65	115	2 788	132	749	93 668	207	93	11
1 205	1 205	205	83	3 077	75	444	86 568	125	57	13
2 132	2 132	29	98	550	24	157	44 491	86	35	8
94 796	102 035	43	60	2 341	92	610	165 302	149	68	10
29 383	29 383	18	5	709	2	156	34 916	45	6	1
9 059	13 027	18	48	449	17	42	79 255	85	42	9
8 518	14 483	106	177	891	28	343	155 640	77	46	7
171 347	2 656	57	85	3 340	1 157	419	462 951	107	47	35
417 882	436 487	133	423	5 595	108	2 557	232 259	309	191	23
42 768	43 824	122	323	4 901	53	1 316	265 517	223	86	28
1 991	2 002	7	31	478	3	107	28 007	37	11	3
8 515	8 521	40	135	664	35	301	37 135	89	37	9
88 497	96 492	99	139	1 419	71	360	48 287	176	56	7
6 021	6 021	8	3	339	4	15	5 108	10	4	——
8 100	17 684	140	122	3 066	25	570	99 870	176	63	10
84 924	——	181	352	3 257	828	545	189 613	293	127	27
9 223	——	14	53	271	21	57	9 885	40	9	4
115 202	113 247	97	234	2 710	188	878	84 252	209	102	28
107 076	132 523	81	119	1 882	263	794	91 599	199	69	23
85 269	3 285	94	149	4 501	38	1 166	127 529	220	94	21
47 006	65 243	1 869	558	8 657	462	2 226	377 119	411	188	26
4 602	4 602	20	59	352	63	87	40 348	40	13	2
52 967	85 282	72	97	1 560	332	495	51 415	100	40	11
1 216	27	9	10	44	——	24	13 158	13	4	1
12 854	16 501	26	18	3 127	83	1 158	132 823	111	31	6
69 520	121 965	99	150	5 305	155	962	142 079	235	93	23
2 659	2 659	8	28	530	1	35	9 502	20	11	3
1 331	1 662	52	57	1 234	42	375	133 708	85	36	10
——	——	——	2	40	10	20	824	——	——	——
24 523	31 045	111	63	5 650	918	656	356 434	282	83	22
65 905	168 073	76	115	929	33	167	44 964	96	23	20
350	350	11	8	34	——	11	3 363	15	4	——
——	232	10	23	81	10	32	12 156	20	6	6
——	——	183	7	119	25	21	18 947	8	4	3

各地区博物馆

	本年收入合计（千元）							
		财政补助收入	上级补助收入	事业收入	门票收入	经营收入		事业支出
总计	**2435 844**	**1121 947**	**160 092**	**1031 005**	**876 057**	**29 185**	**2071 979**	**1752 495**
中央	550 629	161 294	20 260	356 744	320 060	1 847	430 900	254 612
地方	1 885 215	960 653	139 832	674 261	555 997	27 338	1 641 079	1 497 883
北京	54 256	40 233	619	11 824	9 904	——	54 059	51 858
天津	26 879	15 709	260	7 921	5 179	——	29 131	24 444
河北	56 148	28 260	1 885	25 023	16 952	310	39 837	39 482
山西	71 478	25 894	493	44 932	43 948	51	63 694	63 694
内蒙古	18 476	16 641	35	1 569	585	45	16 978	16 866
辽宁	60 055	29 470	190	27 495	23 939	133	55 326	55 196
其中:大连	14 726	11 510	——	3 216	3 216	——	14 726	14 726
吉林	32 082	16 763	9 796	5 281	5 150	30	33 025	33 023
黑龙江	20 560	16 586	743	3 015	1 595	211	18 358	18 128
上海	250 590	117 396	64 948	59 050	47 534	1 258	182 776	166 932
江苏	117 417	85 289	1 355	23 045	13 845	1 166	120 183	114 912
浙江	143 802	83 058	11 054	32 202	26 966	3 143	127 563	103 489
其中:宁波	12 085	4 421	1 003	3 659	3 461	2 498	12 590	10 109
安徽	19 403	13 534	719	2 658	2 289	1 536	19 191	16 371
福建	34 915	28 548	3 488	2 420	1 933	284	31 126	30 741
其中:厦门	7 838	7 314	15	431	388	——	5 511	5 511
江西	38 650	19 029	3 630	15 227	13 538	239	37 511	34 199
山东	69 779	41 862	9 033	15 433	10 654	1 107	72 864	68 805
其中:青岛	8 683	7 578	375	349	211	57	8 666	8 649
河南	80 158	43 925	5 372	24 503	19 693	2 337	80 734	76 610
湖北	42 438	24 436	4 030	11 497	9 174	1 613	43 739	40 778
湖南	53 197	31 218	3 193	13 734	11 111	3 969	45 335	39 655
广东	211 998	143 725	6 587	47 369	28 545	5 496	196 464	189 558
其中:深圳	19 544	12 272	861	1 841	1 533	975	22 482	21 844
广西	25 434	16 997	1 215	5 950	1 241	793	23 683	22 763
海南	3 204	3 179	5	20	20	——	3 701	3 701
重庆市	79 446	18 738	1 024	41 066	30 875	283	62 080	61 762
四川	93 679	27 235	2 964	58 189	47 023	1 780	90 499	74 443
贵州	7 808	3 490	164	3 907	3 593	——	8 614	8 522
云南	17 642	12 838	687	2 329	1 913	358	16 830	16 390
西藏	4 128	2 723	——	874	343	531	3 597	3 597
陕西	213 953	26 472	5 412	181 262	174 335	428	124 406	83 874
甘肃	19 766	13 034	271	4 358	3 003	237	19 956	18 656
青海	5 237	4 530	65	634	260	——	8 725	8 625
宁夏	5 298	4 672	——	485	131	——	5 069	4 789
新疆	7 339	5 169	595	989	726	——	6 025	6 020

机 构 情 况（二）

本年支出合计（千元）												
	在本年支出合计中											
经营支出	从业人员劳动报酬	税金支出	社会保障费	修缮费		设备购置费	业务费					
					文物保护单位维修费			文物征集费	藏品保护费	陈列展览费	宣传出版费	发掘费
22 892	**555 582**	**17 854**	**129 464**	**202 838**	**115 719**	**96 393**	**368 691**	**55 969**	**24 574**	**83 213**	**19 898**	**21 011**
——	73 769	1 801	25 517	22 956	14 163	21 213	59 092	7 917	16 027	17 997	1 166	6 000
22 892	481 813	16 053	103 947	179 882	101 556	75 180	309 599	48 052	8 547	65 216	18 732	15 011
——	12 346	477	2 499	2 236	164	1 122	16 369	1 731	10	2 667	17	——
933	11 416	350	2 550	1 542	500	724	3 402	497	10	1 132	60	——
315	17 039	225	1 961	4 489	283	572	6 645	313	342	2 659	591	16
——	16 031	1 391	2 644	4 804	2 715	1 209	10 485	500	190	529	3 123	635
45	7 231	139	1 437	2 400	870	276	1 120	299	33	285	——	175
130	19 739	55	4 960	2 083	309	2 585	5 855	770	147	1 056	316	135
——	2 332	——	356	1 460	——	637	2 597	382	92	98	81	72
2	9 496	12	4 145	3 076	——	535	1 572	52	27	746	14	19
95	6 909	130	2 535	1 881	813	748	1 694	21	4	179	40	——
2 607	33 346	505	9 294	23 852	20 369	16 680	40 531	13 904	207	8 063	2 205	367
1 083	34 566	125	5 977	14 923	10 706	4 073	27 925	5 062	1 674	4 882	634	2 654
2 844	28 608	542	8 185	17 032	12 384	8 736	37 150	10 507	353	2 571	948	2 146
2 481	2 375	18	583	876	416	81	6 774	——	107	686	333	——
1 740	7 952	134	1 744	1 472	566	864	2 756	266	55	845	120	29
226	11 244	4	3 185	1 283	887	826	4 861	836	78	1 908	216	166
——	1 928	——	147	304	231	143	651	34	——	478	10	20
975	15 302	682	3 521	4 463	3 326	1 043	3 781	217	155	576	64	71
743	25 133	246	6 498	10 070	5 396	1 626	10 511	596	353	3 469	621	423
15	2 870	6	1 425	477	225	65	2 057	11	72	84	25	18
39	26 685	429	5 313	12 190	5 008	1 946	12 284	1 108	409	1 262	1 078	74
920	17 867	73	3 898	4 304	1 835	1 767	7 026	407	303	1 113	238	2 042
3 778	14 775	340	2 196	5 868	1 486	1 345	12 222	575	358	1 443	77	517
2 279	51 604	1 805	10 057	27 059	21 110	9 099	39 235	5 702	688	7 672	2 214	3 647
638	6 288	341	722	1 776	1 023	452	5 463	824	5	401	144	——
871	9 696	586	2 017	1 733	1 206	1 079	1 735	237	68	362	88	108
——	1 931	——	533	38	17	222	382	4	20	26	7	94
318	12 843	1 254	1 799	3 225	299	2 523	11 626	698	79	1 854	1 300	764
2 231	28 718	355	6 051	13 875	6 443	3 990	13 807	656	1 257	4 351	2 988	435
——	2 468	29	1 055	1 852	1 715	87	1 409	31	116	510	——	11
358	6 740	204	1 295	582	518	595	3 580	814	141	382	141	197
——	——	——	——	——	——	——	600	600	——	——	——	——
308	35 625	5 412	5 835	12 411	2 000	8 853	23 621	1 201	927	9 037	1 407	253
47	10 625	527	1 513	865	515	630	1 827	185	481	661	195	33
——	1 782	——	714	134	——	202	4 916	——	——	4 877	——	——
——	1 653	8	485	62	38	1 142	449	186	62	21	30	——
5	2 443	14	51	78	78	81	223	77	——	78	——	——

各地区文物

	机构数(个)	从业人员(人)			库存珍贵文物(件)					
			高级职称	中级职称	合计		一级品		二级品	
					传统计量	实际数量	传统计量	实际数量	传统计量	实际数量
总　计	**115**	**2 647**	**99**	**453**	**85 554**	**67 362**	**49**	**35**	**19 291**	**19 249**
北　京	2	229	3	24	——	——	——	——	——	——
天　津	1	102	5	20	19 190	19 190	——	——	19 190	19 190
河　北	3	19	——	1	——	——	——	——	——	——
山　西	1	23	4	5	——	——	——	——	——	——
内蒙古	6	60	1	17	4	4	2	2	2	2
辽　宁	9	131	7	21	41	41	1	1	2	2
其中:大连	1	47	——	2	18	18	——	——	——	——
吉　林	1	24	3	2	4 514	4 514	——	——	——	——
黑龙江	2	26	1	12	44	44	——	——	15	15
上　海	1	107	2	12	——	——	——	——	——	——
江　苏	11	383	17	70	101	111	——	——	——	——
浙　江	15	95	7	22	——	——	——	——	——	——
其中:宁波	1	14	——	4	——	——	——	——	——	——
安　徽	7	109	3	21	24	——	6	——	18	——
福　建	3	50	4	13	18 297	6	——	——	——	1
其中:厦门	1	28	2	5	——	——	——	——	——	——
江　西	4	106	3	16	1	1	1	1	——	——
山　东	9	278	17	62	33	——	8	——	23	——
其中:青岛	1	23	——	8	——	——	——	——	——	——
河　南	3	114	4	27	309	309	17	17	10	10
湖　北	2	159	——	9	42 983	43 131	11	11	21	21
湖　南	2	70	5	23	——	——	——	——	——	——
广　东	12	178	2	10	10	10	2	2	8	8
其中:深圳	2	11	——	——	——	——	——	——	——	——
广　西	4	46	2	6	1	1	1	1	——	——
海　南	——	——	——	——	——	——	——	——	——	——
重庆市	2	29	9	9	——	——	——	——	——	——
四　川	2	82	——	15	——	——	——	——	——	——
贵　州	2	25	——	1	——	——	——	——	——	——
云　南	3	42	——	10	——	——	——	——	——	——
西　藏	1	6	——	2	2	——	——	——	2	——
陕　西	2	67	——	6	——	——	——	——	——	——
甘　肃	1	28	——	1	——	——	——	——	——	——
青　海	1	10	——	1	——	——	——	——	——	——
宁　夏	2	4	——	1	——	——	——	——	——	——
新　疆	1	45	——	14	——	——	——	——	——	——

商 店 基 本 情 况 （一）

三级品		实收资本（千元）		负债合计（千元）	固定资产合计（千元）	固定资产原值（千元）	本年提取折旧（千元）	上年末库存			本年收购		
传统计量	实际数量		国家资本					件数（件）		金额（千元）	件数（件）		金额（千元）
								传统计量	实际数量		传统计量	实际数量	
66 214	**48 078**	**199 991**	**183 420**	**147 883**	**542 131**	**611 649**	**16 187**	**7752 400**	**7316 091**	**43037436**	**103 490**	**47 418**	**89 613**
——	——	16 870	16 870	22 814	8 126	19 356	976	2601 605	2601 605	42855754	3 019	3 019	12 211
——	——	25 079	25 079	4 771	15 622	22 295	1 250	——	394 780	17 833	——	4 773	11 564
——	——	50	50	4 598	174	244	70	15 807	15 807	3 064	94	94	27
——	——	2 052	——	2 899	1 762	1 762	——	——	146 223	2 333	——	39	248
——	——	2 776	894	919	2 394	2 394	——	47 478	47 478	1 107	1 328	1 328	616
38	38	2 225	2 225	——	403 872	404 458	30	262 499	55 920	7 061	16	125	110
18	18	2 190	2 190	——	437	1 033	30	——	55 199	1 952	——	122	82
4 514	4 514	1 931	1 931	2 983	367	914	543	4 514	4 514	953	26	26	5
29	29	1 050	1 050	12	197	429	24	——	39 649	761	22	26	108
——	——	29 663	29 663	12 604	17 610	17 610	——	1 229 725	——	37 052	17 489	——	5 870
101	111	15 607	15 467	27 098	19 192	38 860	6 302	652 686	1 031 863	9 927	4 428	16 135	24 648
——	——	7 118	5 554	7 799	4 430	7 403	1 377	514 397	514 437	6 982	6 272	6 272	5 385
——	——	1 053	1 053	998	979	1 773	89	134 103	134 103	911	246	246	642
——	——	226	226	556	655	829	14	639	235 066	15 846	——	8 171	251
18 297	5	7 947	7 947	1 354	9 749	12 856	335	24 870	60 867	2 149	407	235	1 432
——	——	2 552	2 552	1 134	1 848	2 916	152	——	60 527	1 620	——	235	1 209
——	——	7 746	500	1 571	6 903	6 704	235	42 233	176 604	3 512	175	395	2 539
2	——	9 095	7 163	18 659	9 862	14 662	886	744 572	——	12 520	2 261	——	8 464
——	——	361	361	1 432	310	147	36	122 713	——	4 381	160	——	668
282	282	3 684	3 684	3 446	4 523	5 029	590	232 720	232 720	2 381	6 737	1 411	3 750
42 951	43 099	9 190	9 190	4 318	2 444	3 009	59	——	259 698	5 566	——	227	421
——	——	12 259	12 259	2 572	7 903	13 449	737	308 614	1 614	5 144	57 393	393	5 570
——	——	22 585	21 525	12 601	12 282	17 749	1 197	229 071	628 021	31 677	2 415	2 470	3 028
——	——	2 000	1 000	883	2	187	3	2 665	——	5 196	35	——	110
——	——	3 940	3 710	822	1 446	1 659	16	29 779	29 831	2 287	290	292	229
——	——	——	——	——	——	——	——	——	——	——	——	——	——
——	——	1 971	1 971	609	177	370	8	134 345	6 119	579	——	377	507
——	——	4 969	4 504	6 278	4 290	6 203	289	590 196	590 196	3 654	197	197	933
——	——	4 576	4 576	1 070	201	3 705	985	33 580	34 548	1 151	526	529	266
——	——	324	324	3 128	3 341	4 449	157	625	109 574	3 645	——	187	1 078
——	——	——	——	——	1 753	1 753	——	——	5 122	430	——	——	——
——	——	1 618	1 618	1 918	316	728	56	50 864	50 864	964	321	343	274
——	——	420	420	1 560	289	718	51	——	39 464	1 328	——	113	25
——	——	532	532	131	199	——	——	1 581	1 581	146	74	74	12
——	——	742	742	523	21	21	——	——	1 926	252	——	167	42
——	——	3 746	3 746	270	2 031	2 031	——	——	——	1 378	——	——	——

各地区文物商

	本年销售								
	件数(件)						金额(千元)		
	合计		外销		内销				
	传统计量	实际数量	传统计量	实际数量	传统计量	实际数量		外销	内销
总计	**248 838**	**107 516**	**42 523**	**41 691**	**206 315**	**65 825**	**230 077**	**115 753**	**88 435**
北京	6 734	8 719	5 398	5 398	1 336	3 321	43 289	35 403	7 886
天津	——	6 440	——	6 173	——	267	28 335	28 096	214
河北	646	646	——	——	646	646	665	——	665
山西	——	930	——	——	——	930	630	——	630
内蒙古	3 220	3 220	100	100	3 120	3 120	691	15	580
辽宁	——	6 511	——	6 051	——	460	3 507	2 861	642
其中:大连	——	716	——	256	——	460	1 348	706	642
吉林	28	28	——	——	28	28	20	——	20
黑龙江	——	420	——	——	——	420	512	——	512
上海	21 036	——	20 251	——	785	——	30 004	23 121	6 883
江苏	10 127	18 377	3 435	4 657	6 692	13 720	35 896	9 875	21 593
浙江	27 690	27 690	1 904	1 904	25 786	25 786	11 338	922	10 358
其中:宁波	1 985	1 985	850	850	1 135	1 135	1 798	641	1 157
安徽	22	2 401	——	1 874	22	527	1 577	——	44
福建	804	1 276	289	——	515	1 276	3 866	463	1 750
其中:厦门	——	1 276	——	——	——	1 276	2 887	——	1 234
江西	455	6 082	——	5 425	455	657	4 878	——	409
山东	5 407	2 744	10	——	5 397	2 744	13 963	13	10 444
其中:青岛	——	2 744	——	——	——	2 744	1 178	——	467
河南	15 418	4 995	5 676	4 212	9 742	783	7 687	5 214	2 473
湖北	——	3 444	——	535	——	2 909	4 156	393	3 701
湖南	145 083	83	——	——	145 083	83	7 999	——	7 847
广东	9 688	8 380	5 425	5 011	4 263	3 369	18 813	9 179	5 342
其中:深圳	25	——	——	——	25	——	1 989	——	255
广西	734	737	32	32	702	705	1 878	30	586
海南	——	——	——	——	——	——	——	——	——
重庆市	——	574	——	——	——	574	931	——	931
四川	46	46	——	——	46	46	3 215	——	2 750
贵州	427	680	3	3	424	677	2 383	2	352
云南	——	268	——	——	——	268	1 229	——	1 229
西藏	——	——	——	——	——	——	172	——	——
陕西	1 273	1 301	——	——	1 273	1 301	1 531	——	417
甘肃	——	582	——	168	——	414	336	9	29
青海	——	——	——	——	——	——	271	——	——
宁夏	——	794	——	——	——	794	148	——	148
新疆	——	148	——	148	——	——	157	157	——

店 基 本 情 况 （二）

年末库存			销售成本（千元）	本年销售费用(千元)		各种税金（千元）	净利润（千元）		公用房屋建筑面积(千平方米)		
件数(件)		金额（千元）			从业人员劳动报酬			文物销售净利润		营业用房	文物库房
传统计量	实际数量										
7726 717	**7007 144**	**244 810**	**95 545**	**219 241**	**138 139**	**24 671**	**21 701**	**26 589**	**163**	**61**	**66**
2589 853	2657 728	44 612	23 877	12 589	7 406	4 104	32 062	33 116	17	3	15
393 204	393 204	20 894	8 503	13 531	4 188	3 154	4 398	——	10	2	8
15 255	15 255	2 975	126	910	290	13	— 595	— 595	1	——	1
——	145 332	1 951	630	1 071	364	35	— 387	— 713	5	——	2
45 502	45 502	1 098	495	1 382	493	100	— 148	640	2	1	1
1 636	310 518	6 467	594	93 073	90 628	120	— 670	— 269	3	1	1
18	54 605	1 973	133	1 121	643	98	— 269	— 269	1	——	——
4 514	4 514	932	25	139	119	1	—24	——	1	——	——
44	39 255	776	93	794	382	89	—22	——	——	——	——
1226 178	——	33 167	11 555	25.601	4 794	9 688	—8 095	—8 095	7	3	4
646 987	1029 621	23 245	13 603	18 363	7 911	2 354	635	202	20	11	6
493 019	493 019	8 373	4 864	5 788	2 507	1 099	282	89	5	2	3
132 364	132 364	1 108	445	1 151	503	129	37	——	2	——	2
988	240 836	14 904	93	2 498	1 647	226	82	1 173	3	1	1
24 549	59 492	2 520	1 371	2 706	1 370	332	— 347	57	6	2	1
——	59 486	1 595	1 205	1 999	876	314	— 164	— 158	2	1	1
41 953	172 289	4 296	1 878	1 813	1 290	252	—14	164	4	2	2
738 635	——	21 726	7 940	7 392	3 058	885	—1 419	— 468	11	3	4
120 129	——	4 582	605	529	——	79	4	——	1	——	1
224 039	224 039	2 980	2 578	5 102	1 708	425	— 209	—15	11	5	1
277 847	277 995	5 645	435	98	51	——	—3 598	492	21	10	5
520 924	1 924	6 435	4 334	4 033	1 571	346	23	13	11	2	4
222 656	610 769	24 396	8 767	13 074	4 433	570	—1 252	132	11	6	4
1 060	——	187	1 315	723	296	86	— 457	— 264	——	——	——
29 465	29 516	2 344	1 011	1 205	504	145	39	3	2	——	1
——	——	——	——	——	——	——	——	——	——	——	——
134 221	6 048	1 277	272	510	369	61	27	65	1	——	——
10 754	10 754	4 021	601	3 359	924	311	386	312	5	1	——
33 153	33 868	1 063	1 153	918	238	225	87	——	2	1	1
625	109 493	4 123	——	1 229	592	——	277	277	1	——	——
4	5 115	373	42	19	19	——	——	——	——	——	——
49 402	49 906	821	517	1 014	669	18	—18	12	——	——	——
——	38 995	1 315	38	223	102	16	— 130	73	1	1	——
1 310	1 310	114	44	216	86	11	——	——	——	——	——
——	847	603	91	132	58	——	—76	—76	——	——	——
——	——	1 364	15	459	368	91	407	——	3	2	——

各地区文物部门附

	机构数（个）	从业人员（人）	实收资本（千元）		负债合计（千元）	固定资产合计（千元）	固定资产原价（千元）	本年提取折旧（千元）	损			
				国家资本					主营业收入	主营业成本及费用	主营业税金及附加	主营业务利润
总　　计	**45**	**457**	**32 251**	**14 991**	**379 466**	**8 067**	**12 385**	**1 635**	**53 918**	**43 922**	**2 390**	**7 606**
北　　京	15	208	15 908	10 475	356 974	5 257	7 779	1 077	38 092	32 115	1 478	4 499
天　　津	5	22	790	140	1 172	34	49	15	689	644	34	11
河　　北	1	5	866	866	——	——	——	——	930	558	48	324
山　　西	——	——	——	——	——	——	——	——	——	——	——	——
内 蒙 古	——	——	——	——	——	——	——	——	——	——	——	——
辽　　宁	——	——	——	——	——	——	——	——	——	——	——	——
其中：大连	——	——	——	——	——	——	——	——	——	——	——	——
吉　　林	——	——	——	——	——	——	——	——	——	——	——	——
黑 龙 江	——	——	——	——	——	——	——	——	——	——	——	——
上　　海	1	1	200	——	8 000	20	98	78	594	473	26	95
江　　苏	9	77	3 137	860	5 704	2 045	2 802	416	4 553	3 940	180	433
浙　　江	6	54	9 553	903	864	627	1 564	49	5 352	3 134	249	1 969
其中：宁波	——	——	——	——	——	——	——	——	——	——	——	——
安　　徽	——	——	——	——	——	——	——	——	——	——	——	——
福　　建	——	——	——	——	——	——	——	——	——	——	——	——
其中：厦门	——	——	——	——	——	——	——	——	——	——	——	——
江　　西	——	——	——	——	——	——	——	——	——	——	——	——
山　　东	1	5	50	——	95	——	——	——	30	49	1	－20
其中：青岛	——	——	——	——	——	——	——	——	——	——	——	——
河　　南	——	——	——	——	——	——	——	——	——	——	——	——
湖　　北	——	——	——	——	——	——	——	——	——	——	——	——
湖　　南	——	——	——	——	——	——	——	——	——	——	——	——
广　　东	——	——	——	——	——	——	——	——	——	——	——	——
其中：深圳	——	——	——	——	——	——	——	——	——	——	——	——
广　　西	——	——	——	——	——	——	——	——	——	——	——	——
海　　南	——	——	——	——	——	——	——	——	——	——	——	——
重 庆 市	1	8	300	300	53	3	7	——	133	125	——	8
四　　川	5	62	1 447	1 447	6 604	10	15	——	3 062	2 668	120	274
贵　　州	——	——	——	——	——	——	——	——	——	——	——	——
云　　南	——	——	——	——	——	——	——	——	——	——	——	——
西　　藏	——	——	——	——	——	——	——	——	——	——	——	——
陕　　西	——	——	——	——	——	——	——	——	——	——	——	——
甘　　肃	1	15	——	——	——	71	71	——	483	216	254	13
青　　海	——	——	——	——	——	——	——	——	——	——	——	——
宁　　夏	——	——	——	——	——	——	——	——	——	——	——	——
新　　疆	——	——	——	——	——	——	——	——	——	——	——	——

营单位基本情况（企业）

益及分配（千元）										其他（千元）			上交主办单位数（千元）	增加值（千元）
其他业务利润	管理费用			财务费用	补贴收入	投资收益	营业外收支净额	应交所得税	净利润	从业人员劳动报酬	本年应付福利费总额	本年应交增值税		
		税金	劳动待业保险											
407	**7 319**	**46**	**161**	**1 273**	——	——	——	**471**	**—1050**	**5 363**	**829**	**534**	**497**	**18 478**
363	4 950	1	115	1 295	——	——	——	41	—1424	2 569	485	382	——	10 369
41	341	——	——	—5	——	——	—7	——	— 291	171	3	10	197	479
——	480	——	——	——	——	——	——	——	— 156	300	——	5	300	977
——	——	——	——	——	——	——	——	——	——	——	——	——	——	——
——	——	——	——	——	——	——	——	——	——	——	——	——	——	——
——	——	——	——	——	——	——	——	——	——	——	——	——	——	——
——	——	——	——	——	——	——	——	——	——	——	——	——	——	——
——	——	——	——	——	——	——	——	——	——	——	——	——	——	——
——	——	——	——	——	——	——	——	——	——	——	——	——	——	——
——	120	26	5	—1	——	——	——	——	—24	7	6	——	——	232
——	440	7	41	—2	——	——	52	31	16	697	57	109	——	1 842
——	773	2	——	—14	——	——	30	398	842	589	79	3	——	2 861
——	——	——	——	——	——	——	——	——	——	——	——	——	——	——
——	——	——	——	——	——	——	——	——	——	——	——	——	——	——
——	——	——	——	——	——	——	——	——	——	——	——	——	——	——
——	——	——	——	——	——	——	——	——	——	——	——	——	——	——
——	——	——	——	——	——	——	——	——	——	——	——	——	——	——
——	——	——	——	——	——	——	——	——	—20	30	——	1	——	12
——	——	——	——	——	——	——	——	——	——	——	——	——	——	——
——	——	——	——	——	——	——	——	——	——	——	——	——	——	——
——	——	——	——	——	——	——	——	——	——	——	——	——	——	——
——	——	——	——	——	——	——	——	——	——	——	——	——	——	——
——	——	——	——	——	——	——	——	——	——	——	——	——	——	——
——	——	——	——	——	——	——	——	——	——	——	——	——	——	——
——	——	——	——	——	——	——	——	——	——	——	——	——	——	——
——	——	——	——	——	——	——	——	——	——	——	——	——	——	——
——	53	——	——	——	——	——	——	——	—45	12	25	——	——	20
3	147	——	——	——	——	——	—75	1	54	988	154	1	——	1 386
——	——	——	——	——	——	——	——	——	——	——	——	——	——	——
——	——	——	——	——	——	——	——	——	——	——	——	——	——	——
——	——	——	——	——	——	——	——	——	——	——	——	——	——	——
——	——	——	——	——	——	——	——	——	——	——	——	——	——	——
——	15	10	——	——	——	——	——	——	—2	——	20	23	——	300
——	——	——	——	——	——	——	——	——	——	——	——	——	——	——
——	——	——	——	——	——	——	——	——	——	——	——	——	——	——
——	——	——	——	——	——	——	——	——	——	——	——	——	——	——

各地区文物主管部门机关事业

	机构数（个）	本机关事业编制人数（人）	本年收入合计（千元）						本年支出				
				财政补助收入（千元）			下级上缴收入	其他收入		事业支出	本机关支出		补助本级、下级支出
					国家重点文物保护专项资金	地方重点文物保护专项资金						事业编制人员劳动报酬	
总　　计	**336**	**1 709**	**764 280**	**638 384**	**181 796**	**144 819**	**61 003**	**47 487**	**676 487**	**676 487**	**105 634**	**22 584**	**229 643**
中　　央	1	20	164 378	156 900	——	——	——	7 477	212 202	212 202	4 231	491	40 249
地　　方	335	1 689	599 902	481 484	181 796	144 819	61 003	40 010	464 285	464 285	101 403	22 093	189 394
北　　京	15	53	34 033	21 102	300	11 562	——	9 318	20 565	20 565	14 039	672	5 406
天　　津	1	——	——	——	——	——	——	——	——	——	——	——	——
河　　北	12	339	38 272	29 077	11 500	3 080	6 103	3 086	23 896	23 896	17 129	6 100	4 948
山　　西	32	224	34 968	32 996	13 130	15 497	1 005	873	29 722	29 722	7 578	2 048	21 091
内 蒙 古	1	——	12 150	11 881	11 550	——	124	145	3 675	3 675	293	——	3 382
辽　　宁	13	40	3 499	2 364	50	78	——	105	3 194	3 194	2 056	790	1 018
其中:大连	1	11	1 569	569	50	50	——	——	1 284	1 284	569	569	714
吉　　林	1	——	4 231	3 830	3 750	——	——	401	2 693	2 693	103	——	2 590
黑 龙 江	——	——	——	——	——	——	——	——	——	——	——	——	——
上　　海	1	——	——	——	——	——	——	——	——	——	——	——	——
江　　苏	24	12	9 379	8 219	990	1 642	——	156	6 478	6 478	3 237	197	3 159
浙　　江	8	10	167 427	138 040	6 890	58 909	24 102	4 574	164 379	164 379	2 054	412	22 555
其中:宁波	1	10	1 426	1 200	——	——	——	226	1 490	1 490	1 490	412	——
安　　徽	13	77	4 564	4 236	——	670	——	148	3 475	3 475	2 448	1 232	841
福　　建	8	27	12 390	12 390	10 021	70	——	——	12 385	12 385	2 204	254	1 080
其中:厦门	——	——	——	——	——	——	——	——	——	——	——	——	——
江　　西	1	6	242	150	——	——	——	92	206	206	206	——	——
山　　东	9	53	8 074	7 247	——	1 164	——	747	8 668	8 668	5 665	713	3 003
其中:青岛	1	17	2 530	2 186	——	1 064	——	344	2 356	2 356	2 330	418	26
河　　南	14	127	29 352	24 053	16 985	1 070	3 511	1 787	19 820	19 820	7 209	1 230	12 334
湖　　北	12	127	21 698	19 743	13 290	3 434	——	152	11 267	11 267	3 954	1 096	7 312
湖　　南	6	15	12 285	12 285	10 370	757	——	——	12 092	12 092	865	194	11 222
广　　东	13	29	34 385	29 152	1 190	23 520	700	——	10 739	10 739	5 328	1 033	5 411
其中:深圳	——	——	——	——	——	——	——	——	——	——	——	——	——
广　　西	4	20	10 074	9 590	7 390	1 710	——	301	6 420	6 420	560	203	5 706
海　　南	20	5	1 277	1 197	750	——	——	40	1 114	1 114	1 114	165	——
重 庆 市	1	——	400	——	——	——	——	400	357	357	357	——	——
四　　川	30	51	23 639	22 768	14 730	5 541	325	451	22 857	22 857	2 005	577	1 984
贵　　州	9	3	4 972	4 922	4 100	728	——	49	2 580	2 580	123	29	2 433
云　　南	36	20	7 527	5 433	1 770	912	——	103	5 087	5 087	2 092	422	2 990
西　　藏	7	27	1 017	1 004	50	13	13	——	967	967	678	618	170
陕　　西	22	216	71 560	41 521	24 270	8 202	25 120	4 846	65 168	65 168	13 911	2 612	50 770
甘　　肃	19	176	38 710	26 470	20 080	3 530	——	12 149	17 656	17 656	5 146	1 035	12 250
青　　海	1	7	5 169	5 089	4 650	330	——	——	3 048	3 048	189	90	2 859
宁　　夏	1	——	782	750	650	100	——	32	710	710	360	——	350
新　　疆	1	25	7 826	5 975	3 340	2 300	——	55	5 067	5 067	500	371	4 530

编制及事业费收支情况

出合计（千元）							拨入专项资金结余			本级财政部门专项用于文物保护资金（千元）	本省举办出国（境）文物展览（个）	本辖区文物点（处）		
文物保护单位维修费	考古发掘费	文物征集费	安防费	博物馆维修费	藏品、发掘品保护费	职工培训费	（千元）	国家重点文物保护专项资金	地方重点文物保护专项资金			（个）	省级以上文物保护单位	县（市）级文物保护单位
100 451	**9 884**	**50 254**	**15 404**	**11 128**	**4 411**	**7 867**	**194 820**	**108 389**	**38 563**	**488 656**	**24**	**149 334**	**7 088**	**40 400**
——	——	40 249	——	——	——	——	——	——	——	251 890	——	——	——	——
100 451	9 884	10 005	15 404	11 128	4 411	7 867	194 820	108 389	38 563	236 766	24	149 334	7 088	40 400
3 369	——	——	13	300	——	3	11 762	1 594	9 868	1 842	——	3 959	300	610
——	——	——	——	——	——	——	——	——	——	——	1	1 300	127	94
1 431	2 007	400	600	225	275	10	11 113	11 113	——	1 100	1	4 146	670	3 476
12 003	2 000	130	3 920	430	461	9	34 919	18 070	16 849	18 818	——	6 104	474	5 630
3 182	——	200	——	——	——	——	8 168	8 168	——	——	2	15 000	158	1 100
744	240	2	——	32	——	——	285	——	285	——	——	627	2	29
714	——	——	——	——	——	——	285	——	285	——	——	226	——	——
1 534	690	250	——	——	104	——	1 638	1 638	——	——	——	——	——	——
——	——	——	——	——	——	——	——	——	——	——	——	——	——	——
——	——	——	——	——	——	——	——	——	——	——	——	——	——	——
1 747	17	527	131	253	62	34	4 627	990	950	20 880	6	3 141	541	2 600
14 112	840	1 652	381	4 600	50	20	3 174	250	2 834	129 170	1	2 352	352	2 000
——	——	——	——	——	——	——	90	——	——	250	——	——	——	——
427	10	17	72	130	11	5	1 175	1 015	160	5 010	——	2 331	331	2 000
985	1	24	5	7	——	4	11	——	——	130	——	——	——	——
——	——	——	——	——	——	——	——	——	——	——	——	——	——	——
——	——	——	——	——	——	——	——	——	——	——	——	——	——	——
510	——	1 000	100	696	——	——	4 766	1 400	3 366	4 800	——	1 811	131	782
26	——	——	——	——	——	——	66	——	66	——	——	167	22	145
6 587	551	250	1 118	850	490	173	32 530	27 200	203	1 942	1	29 130	892	4 978
249	10	——	——	——	——	——	8 692	——	——	1 910	1	11 180	456	4 000
10 820	——	23	——	——	——	——	270	——	40	3 510	2	18 021	334	39
5 411	——	——	——	——	——	——	31 003	——	1 019	618	1	2 415	325	2 061
——	——	——	——	——	——	——	——	——	——	——	——	——	——	——
2 985	320	352	1 070	650	250	79	9 740	9 390	350	3 379	——	1 937	276	1 661
——	——	——	——	——	——	——	——	——	——	833	——	310	40	270
——	——	——	——	——	——	——	——	——	——	——	——	——	——	——
458	24	20	102	385	51	31	467	——	467	5 991	2	3 372	360	3 012
1 390	——	——	16	——	——	——	4 482	4 100	362	2 600	——	4 780	288	2 030
2 542	——	300	127	——	10	9	3 165	1 768	670	5 019	1	5 563	280	1 663
110	——	——	——	——	47	——	——	——	——	50	——	73	10	17
13 779	2 634	3 499	7 516	2 470	2 292	7 355	7 320	7 320	——	23 320	4	31 000	396	1 922
10 417	10	359	133	100	8	5	13 033	13 033	——	3 534	——	——	——	——
2 859	——	——	——	——	——	——	——	——	——	——	——	571	297	263
300	30	——	——	——	——	——	40	——	40	10	1	211	48	163
2 500	500	1 000	100	——	300	130	2 440	1 340	1 100	2 300	——	——	——	——

各地区文物保护

	保护单位（个）	项目总预算（千元）								
			中央补助	省专项补助	在总预算中					
					前期研究	考古挖掘	规划设计	施工预算	环境整治	资料整理出版
总　计	**932**	**1187 548**	**235 871**	**161 974**	**7 802**	**5 332**	**19 504**	**481 698**	**192 273**	**5 222**
中　央	1	12 000	12 000	——	——	——	200	——	——	——
地　方	931	1175 548	223 871	161 974	7 802	5 332	19 304	481 698	192 273	5 222
北　京	27	66 737	——	58 562	130	150	469	60 192	——	——
天　津	——	——	——	——	——	——	——	——	——	——
河　北	57	181 862	44 953	11 767	533	210	3 636	50 895	121 065	518
山　西	50	14 155	2 122	1 860	——	——	46	2 725	——	2
内蒙古	6	2 760	——	20	——	——	——	——	——	——
辽　宁	21	9 510	8 950	300	——	115	——	1 665	——	——
其中:大连	1	50	50	——	——	——	——	——	——	——
吉　林	——	——	——	——	——	——	——	——	——	——
黑龙江	12	3 620	3 240	——	150	——	240	100	530	50
上　海	27	19 002	——	7 361	140	——	260	18 236	366	——
江　苏	40	58 957	4 435	4 060	125	——	160	47 489	542	80
浙　江	119	121 328	14 657	10 110	442	100	3 028	38 402	901	244
其中:宁波	8	373	——	——	——	——	——	108	——	——
安　徽	46	67 336	5 430	5 508	310	1 209	822	35 667	1 190	95
福　建	32	7 900	1 400	434	822	268	581	402	411	182
其中:厦门										
江　西	29	4 865	700	215	17	30	22	401	25	215
山　东	24	11 762	1 000	1 100	35	125	325	5 340	395	——
其中:青岛	——	——								
河　南	42	52 874	2 850	3 962	76	140	1 205	25 001	2 290	34
湖　北	17	13 295	7 870	2 630	26	100	313	5 293	786	36
湖　南	36	69 828	31 380	12 905	1 974	2 200	2 837	27 975	23 033	2 222
广　东	60	126 146	——	2 986	696	——	1 335	83 820	25 224	423
其中:深圳	4	2 900	——	——	——	——	80	2 820	——	——
广　西	12	16 434	200	350	198	——	200	14 275	——	——
海　南	2	2 505	500	500	——	——	150	2 150	——	202
重庆市	8	——	——	——	——	——	——	——	——	——
四　川	94	66 462	19 074	6 494	834	110	1 710	27 686	1 822	180
贵　州	38	9 692	2 100	2 779	100	30	360	1 310	1 847	——
云　南	53	138 244	4 940	23 231	210	——	302	10 584	342	34
西　藏	7	38 685	38 640	45	900	295	1 000	——	10 000	——
陕　西	44	19 873	730	3 432	84	250	142	4 735	70	100
甘　肃	11	27 874	10 500	1 113	——	——	161	5 017	620	5
青　海	2	7 150	7 100	50	——	——	——	6 500	——	600
宁　夏	5	11 400	11 100	200	——	——	——	1 360	——	——
新　疆	10	5 292	——	——	——	——	——	4 478	814	——

单 位 维 修 综 合 情 况

已拨入经费(千元)			建筑面积		本年收入合计(千元)					本年支出合计(千元)	累计支出合计(千元)			
	中央补助	专项补助	(千平方米)	维修面积		财政补助收入			其他收入			管理费	前期准备	工程费
							中央财政补助	省级财政补助						
720 429	**151 947**	**147 353**	**3 062**	**1 306**	**534 957**	**344 143**	**72 946**	**94 259**	**134 990**	**515 576**	**719 757**	**14 300**	**133 134**	**428 054**
12 000	12 000	——	128	76	12 000	12 000	12 000	——	——	12 000	12 000	——	——	12 000
708 429	139 947	147 353	2 935	1 230	522 957	332 143	60 946	94 259	134 990	503 576	707 757	14 300	133 134	416 054
64 779	——	64 519	24	24	30 294	30 034	——	30 034	260	28 327	53 590	3 051	818	49 591
——	——	——	——	——	——	——	——	——	——	——	——	——	——	——
28 131	18 780	2 710	655	389	16 661	13 478	9 154	2 290	3 183	19 774	60 717	1 876	1 117	57 371
20 110	11 840	7 815	9	6	8 646	8 596	5 690	2 850	50	9 928	15 138	614	165	5 985
1 873	——	——	9	1	1 873	850	——	20	1 003	1 649	1 715	——	——	430
2 781	1 950	213	122	1	4 585	2 792	1 900	293	1 338	11 769	3 470	——	——	1 411
50	50	——	——	——	50	——	——	——	——	50	——	——	——	——
——	——	——	——	——	——	——	——	——	——	——	——	——	——	——
3 240	2 740	——	562	——	3 240	3 240	3 240	——	——	1 690	1 690	——	150	500
15 354	——	6 444	27	23	11 024	4 914	——	4 914	6 110	11 024	15 354	——	440	14 014
83 713	5 330	4 130	76	27	29 175	24 397	2 000	3 590	1 978	24 913	54 416	1 095	9 681	16 601
53 415	9 640	6 968	203	130	34 092	21 595	4 286	3 751	4 770	38 594	73 376	1 354	17 161	50 376
200	100	——	24	1	377	46	——	——	331	895	599	——	100	499
21 298	3 100	3 535	217	37	12 082	9 606	700	2 215	2 306	10 810	18 549	75	4 608	12 538
5 626	2 210	924	74	60	4 921	4 141	250	595	760	4 314	6 588	470	1 430	3 683
——	——	——	——	——	——	——	——	——	——	——	——	——	——	——
1 673	913	325	24	8	2 600	2 493	913	165	7	2 368	2 238	17	280	224
4 581	900	1 780	19	9	9 507	6 494	900	1 660	2 597	9 158	10 256	180	271	8 636
——	——	——	——	——	——	——	——	——	——	——	——	——	——	——
21 111	3 590	4 990	78	53	18 249	13 957	2 885	2 670	2 961	17 435	24 070	580	589	13 869
4 045	2 920	840	31	16	3 723	3 454	2 400	840	182	3 873	4 622	173	590	3 659
14 448	4 301	2 500	62	45	10 283	5 724	1 550	2 130	4 258	9 540	13 878	826	918	8 476
75 254	——	3 534	384	268	54 487	41 797	——	1 943	6 389	80 968	81 050	389	20 924	56 812
2 600	——	——	1	1	1 150	150	——	——	——	2 600	2 900	——	100	2 800
4 779	900	1 150	10	6	4 933	3 583	900	350	700	3 888	4 049	9	5	1 684
2 155	——	——	1	1	2 155	900	——	——	1 255	1 105	1 105	——	110	995
3 440	3 200	——	2	——	473	300	300	——	173	2 191	3 155	507	——	2 588
19 757	6 673	4 445	186	58	20 940	16 099	5 248	4 285	3 606	22 758	95 482	1 302	2 285	24 851
6 565	1 200	3 314	32	14	6 653	4 329	300	2 948	1 730	5 906	9 159	637	807	7 395
124 753	4 090	22 210	51	27	118 938	51 363	2 800	22 018	67 260	123 680	125 391	215	67 906	55 263
38 685	38 640	45	——	——	38 685	38 685	11 900	45	——	1 545	1 795	250	1 545	——
8 642	2 530	4 347	70	22	35 036	8 082	530	1 740	21 167	31 115	11 900	32	299	10 341
5 823	5 200	565	3	1	6 213	5 503	1 200	285	430	6 101	2 075	210	200	1 565
2 050	2 000	50	3	3	61	50	——	50	——	23	23	——	——	23
70 300	7 300	——	1	1	5 006	4 527	1 900	2 578	479	5 000	7 322	438	812	6 072
48	——	——	——	——	28 422	1 160	——	——	38	14 130	5 584	——	23	1 101

文物业主要指标解释

1. **藏品**：指文博机构根据收藏品的文化属性、自然属性等情况所划分的文物藏品、标本藏品、模型藏品（含具有收藏、展示价值的雕塑、绘画等艺术作品）和复制品藏品的总和。本指标所统计的藏品是指报告期末，该单位已经整理并登记入帐的藏品数。尚未整理或正在整理的藏品，应在整理造册入帐后列入下年统计。

①传统计量：本指标指按历年来以件、套为计量单位统计的藏品数量，即单件藏品编一个号者按一件计算；成套藏品整体编一个号者也按一件计算（其组成部分即使有分号，也按一件计）。不易计数的藏品，如粮食、药材及液体等，不论数量多少，均按一件计算。本指标在本制度执行期内必须填报。

②实际数量：本指标是根据《中国博物馆藏品信息规范》关于藏品计量必须按可拆分的最小个体计算的要求统计的藏品数量，即成套藏品虽然按整体编一个号，也必须按具体件数统计，不得按“套”作为一件统计。不易计数的藏品，如粮食、药材及液体等，有原始容器的，按原始容器数统计；没有原始容器的，不论数量多少，均按一件计算。

2. **举办陈列、展览**：

①陈列：指在博物馆内设置，由本馆设计布陈，体现本馆基本性质和任务，时间较长的综合性或专题性固定展出，通常称基本陈列。

②展览：指内容单一，展出时间较短，形式比较活泼，地点不固定的展出。展览可由博物馆自行举办，也可从其他单位引进，或与其他单位合办，通常称临时展览。

同一内容的陈列或展览，不论时间多长，展览在几地展出，均按一个计算。凡已作为陈列统计的，就不能再作为展览统计。另外，陈列和展览的计量单位不是指每次展出的文物藏品件数。与系统外单位合办的展览，由本馆统计；与系统内单位合办的，由主办馆统计。

3. **参观人次、外宾参观人次和青少年参观人次**：

①参观人次：指本报告期末，向社会开放的文物业管理机构和博物馆当年接待的所有参观人次的累计数。

②外宾：指外国人以及港、澳、台胞和华侨。

③青少年参观人次：指接待青少年学生有组织的集体参观人次与零散观众中能够确切统计青少年参观人次的总和。

4. **公用房屋建筑面积**：指本部门或房产部门所有的本单位使用的各种办公和业务用房，包括职工单身宿舍和暂被家属、职工挤占的非居住用房。不包括职工家属宿舍。其建筑面积均按总的建筑面积（指从外墙算起的各房屋面积相加之和）计算。

业务用房、陈列展览用房和文物库房均按上述要求分别予以统计。

以各级文物业单位为馆、所址的文博机构，只统计该单位实际使用部分的建筑面积。

财政补助收入和本年支出合计及其其中数均不包括列入直属单位财政补助部分。

本表经费指标均不包括行政经费。

艺术业

2003

各地区艺术表演团体

	总计				文化							
					合计				国有经济			
	机构数(个)	从业人员数(人)	高级职称	中级职称	机构数(个)	从业人员数(人)	高级职称	中级职称	机构数(个)	从业人员数(人)	高级职称	中级职称
总计	**2587**	**137459**	**14234**	**36747**	**2577**	**137200**	**14230**	**36658**	**1961**	**113220**	**13191**	**31785**
中央	17	2907	1227	619	10	2907	1227	619	10	2907	1227	619
地方	2570	134552	13007	36128	2567	134293	13003	36039	1951	110313	11964	31166
北京	20	2260	358	899	20	2260	358	899	15	2199	358	888
天津	15	1781	393	744	15	1781	393	744	14	1781	393	744
河北	135	6404	637	1515	134	6374	637	1514	13	1525	397	471
山西	155	9190	493	1711	155	9190	493	1711	15	1936	251	576
内蒙古	113	5038	379	1463	113	5038	379	1463	112	4983	379	1463
辽宁	72	4677	531	1846	72	4677	531	1846	71	4651	531	1842
其中:大连	8	467	71	266	8	467	71	266	8	467	71	266
吉林	65	4303	542	1165	65	4303	542	1165	61	4260	541	1158
黑龙江	88	5548	472	1649	87	5360	468	1568	85	5274	465	1555
上海	28	2710	690	967	28	2710	690	967	26	2685	689	948
江苏	131	5301	633	1859	131	5301	633	1859	28	2104	417	821
浙江	80	3883	417	1155	80	3883	417	1155	70	3706	404	1116
其中:宁波	7	312	41	89	7	312	41	89	4	253	37	76
安徽	93	4715	417	1577	93	4715	417	1577	63	3620	405	1329
福建	94	4512	222	769	94	4512	222	769	81	4240	220	734
其中:厦门	6	378	23	80	6	378	23	80	6	378	23	80
江西	78	3737	267	1015	78	3737	267	1015	77	3698	267	1005
山东	121	6030	1191	2006	121	6030	1191	2006	76	4506	1039	1521
其中:青岛	11	642	127	216	11	642	127	216	9	529	112	182
河南	202	9833	379	1258	202	9833	379	1258	180	8962	372	1248
湖北	98	6150	859	1838	98	6150	859	1838	98	6150	859	1838
湖南	87	4365	498	1348	87	4365	498	1348	69	3771	467	1176
广东	141	6161	391	1120	141	6161	391	1120	126	5540	379	1073
其中:深圳	5	336	26	89	5	336	26	89	5	336	26	89
广西	118	4532	533	919	118	4532	533	919	117	4521	533	919
海南	22	1134	54	210	22	1134	54	210	16	938	54	195
重庆市	32	1537	259	450	32	1537	259	450	24	1280	220	367
四川	89	5198	572	2009	89	5198	572	2009	66	4569	527	1861
贵州	28	2052	218	765	28	2052	218	765	28	2052	218	765
云南	124	4644	355	1381	124	4644	355	1381	121	4547	353	1342
西藏	35	1470	——	——	35	1470	——	——	35	1470	——	——
陕西	116	7473	399	1846	115	7432	399	1839	77	5573	383	1595
甘肃	74	3966	211	845	74	3966	211	845	73	3932	211	843
青海	13	958	74	346	13	958	74	346	13	958	74	346
宁夏	14	933	127	286	14	933	127	286	13	888	127	283
新疆	89	4057	436	1167	89	4057	436	1167	88	3994	431	1144

机 构 数 、从 业 人 员 数

部门								其他部门			
集体经济				其他经济							
机构数（个）	从业人员数（人）			机构数（个）	从业人员数（人）			机构数（个）	从业人员数（人）		
		高级职称	中级职称			高级职称	中级职称			高级职称	中级职称
602	**23385**	**1004**	**4728**	**14**	**595**	**35**	**145**	**10**	**259**	**4**	**89**
——	——	——	——	——	——	——	——	7	——	——	——
602	23385	1004	4728	14	595	35	145	3	259	4	89
5	61	——	11	——	——	——	——	——	——	——	——
1	——	——	——	——	——	——	——	——	——	——	——
121	4849	240	1043	——	——	——	——	1	30	——	1
139	7224	239	1121	1	30	3	14	——	——	——	——
1	55	——	——	——	——	——	——	——	——	——	——
1	26	——	4	——	——	——	——	——	——	——	——
——	——	——	——	——	——	——	——	——	——	——	——
4	43	1	7	——	——	——	——	——	——	——	——
2	86	3	13	——	——	——	——	1	188	4	81
2	25	1	19	——	——	——	——	——	——	——	——
103	3197	216	1038	——	——	——	——	——	——	——	——
8	85	9	20	2	92	4	19	——	——	——	——
2	3	——	1	1	56	4	12	——	——	——	——
30	1095	12	248	——	——	——	——	——	——	——	——
13	272	2	35	——	——	——	——	——	——	——	——
——	——	——	——	——	——	——	——	——	——	——	——
——	——	——	——	1	39	——	10	——	——	——	——
44	1478	151	481	1	46	1	4	——	——	——	——
2	113	15	34	——	——	——	——	——	——	——	——
22	871	7	10	——	——	——	——	——	——	——	——
——	——	——	——	——	——	——	——	——	——	——	——
16	470	12	131	2	124	19	41	——	——	——	——
11	454	6	29	4	167	6	18	——	——	——	——
——	——	——	——	——	——	——	——	——	——	——	——
1	11	——	——	——	——	——	——	——	——	——	——
6	196	——	15	——	——	——	——	——	——	——	——
8	257	39	83	——	——	——	——	——	——	——	——
23	629	45	148	——	——	——	——	——	——	——	——
——	——	——	——	——	——	——	——	——	——	——	——
——	——	——	——	3	97	2	39	——	——	——	——
——	——	——	——	——	——	——	——	——	——	——	——
38	1859	16	244	——	——	——	——	1	41	——	7
1	34	——	2	——	——	——	——	——	——	——	——
——	——	——	——	——	——	——	——	——	——	——	——
1	45	——	3	——	——	——	——	——	——	——	——
1	63	5	23	——	——	——	——	——	——	——	——

各地区文化部门艺术表演团体分剧种机构数

单位:个

地　　区	总　计	话剧、儿童剧、滑稽剧团		歌剧、舞剧、歌舞剧团	歌　舞团、轻音乐团	乐　团	文工团、文宣队、乌兰牧骑	戏曲剧团		曲、杂木、皮团
			儿童剧						京剧团	
总　　计	**2 587**	**87**	**12**	**109**	**343**	**15**	**383**	**1 472**	**111**	**178**
中　　央	17	2	1	3	3	3	4	1	1	1
地　　方	2 570	85	11	106	340	12	379	1 471	110	177
北　　京	20	2	1	——	1	1	——	11	2	5
天　　津	15	2	1	1	——	1	1	7	2	3
河　　北	135	4	——	1	8	1	7	105	6	9
山　　西	155	3	1	11	5	——	6	126	1	4
内 蒙 古	113	2	——	2	13	——	69	25	2	2
辽　　宁	72	10	1	5	19	——	14	21	7	3
其中:大连	8	1	——	——	1	——	3	2	1	1
吉　　林	65	4	——	1	9	——	——	48	1	3
黑 龙 江	88	5	1	4	18	——	14	42	8	5
上　　海	28	4	——	2	2	2	——	12	1	6
江　　苏	131	7	——	1	15	1	2	84	9	21
浙　　江	80	3	——	——	8	——	——	58	2	11
其中:宁波	7	——	——	——	1	——	——	4	——	2
安　　徽	93	3	——	1	9	——	1	74	7	5
福　　建	94	1	——	5	11	——	——	70	2	7
其中:厦门	6	——	——	1	1	——	——	3	——	1
江　　西	78	2	——	3	9	——	7	55	4	2
山　　东	121	3	1	6	20	——	——	84	23	8
其中:青岛	11	1	——	1	——	——	——	8	1	1
河　　南	202	1	——	——	6	——	3	171	4	21
湖　　北	98	3	1	6	18	1	12	56	8	2
湖　　南	87	1	——	7	5	——	5	67	1	2
广　　东	141	5	——	15	31	2	3	71	——	14
其中:深圳	5	——	——	——	3	1	——	1	——	——
广　　西	118	1	——	——	26	——	56	27	——	8
海　　南	22	——	——	——	8	——	2	11	——	1
重 庆 市	32	1	——	4	1	——	6	15	2	5
四　　川	89	4	——	6	8	——	5	54	3	12
贵　　州	28	1	——	2	4	——	4	14	6	3
云　　南	124	2	1	1	33	1	61	24	2	2
西　　藏	35	1	——	——	3	——	31	——	——	——
陕　　西	116	4	1	3	5	1	10	86	2	7
甘　　肃	74	1	——	13	11	——	10	37	1	2
青　　海	13	——	——	1	7	——	2	3	1	——
宁　　夏	14	1	——	——	2	——	4	4	1	3
新　　疆	89	4	2	5	25	1	44	9	2	1

各地区文化部门艺术表演团体分剧种新排上演剧目数

单位:个

地区	总计	话剧、儿童剧、滑稽剧团		歌剧、舞剧、歌舞剧团	歌舞团、轻音乐团	乐团	文工团、文宣队、乌兰牧骑	戏曲剧团		曲、杂木、皮团
			儿童剧						京剧团	
总计	**5 272**	**160**	**5**	**326**	**958**	**90**	**749**	**2 775**	**172**	**214**
中央	35	6	1	8	2	18	——	1	1	——
地方	5 237	154	4	318	956	72	749	2 774	171	214
北京	36	4	1	——	——	2	——	13	7	17
天津	34	1	——	——	——	14	——	18	10	1
河北	118	7	——	——	——	——	——	110	20	1
山西	140	3	——	7	——	——	1	124	2	5
内蒙古	231	4	——	7	25	——	175	20	2	——
辽宁	108	17	——	3	41	——	23	24	12	——
其中:大连	23	1	——	——	——	——	20	2	2	——
吉林	199	12	——	——	21	——	——	148	1	18
黑龙江	46	5	1	1	13	——	5	22	5	——
上海	81	15	——	3	——	31	——	25	3	7
江苏	191	12	——	1	34	20	17	83	3	24
浙江	163	4	——	——	72	——	——	84	2	3
其中:宁波	8	——	——	——	——	——	——	8	——	——
安徽	325	20	——	1	91	——	——	181	9	32
福建	382	2	——	45	126	——	——	203	4	6
其中:厦门	54	——	——	4	36	——	——	13	——	1
江西	434	4	——	8	29	——	59	320	4	14
山东	123	1	——	6	15	——	——	101	21	——
其中:青岛	15	1	——	——	——	——	——	14	1	——
河南	242	1	——	——	69	——	1	161	1	10
湖北	261	4	2	19	6	1	110	114	21	7
湖南	204	2	——	9	10	——	1	180	2	2
广东	350	13	——	92	95	1	3	132	——	14
其中:深圳	13	——	——	——	3	——	——	10	——	——
广西	81	3	——	——	12	——	40	26	——	——
海南	27	——	——	——	——	——	——	25	——	2
重庆市	61	4	——	——	——	——	14	31	5	12
四川	369	6	——	23	141	——	7	176	10	16
贵州	32	3	——	4	2	——	4	19	12	——
云南	140	2	——	5	60	3	28	39	——	3
西藏	170	2	——	——	2	——	166	——	——	——
陕西	361	1	——	1	45	——	23	271	6	20
甘肃	224	1	——	73	18	——	28	104	——	——
青海	51	——	——	7	19	——	18	7	1	——
宁夏	33	——	——	——	4	——	23	6	5	——
新疆	20	1	——	3	6	——	3	7	3	——

各地区文化部门艺术表演团体分剧种国内演出场次

单位:千场

地区	总计	话剧、儿童剧、滑稽剧团		歌剧、舞剧、歌舞剧团	歌舞团、轻音乐团	乐团	文工团、文宣队、乌兰牧骑	戏曲剧团		曲、杂木、皮团
			儿童剧						京剧团	
总计	**391**	**15**	**3**	**14**	**36**	**1**	**35**	**232**	**12**	**57**
中央	1	——	——	——	——	——	——	——	——	——
地方	390	15	3	14	36	1	35	232	12	57
北京	7	——	——	——	——	——	——	2	1	4
天津	2	——	——	——	——	——	——	1	——	1
河北	27	1	——	——	1	——	1	23	——	1
山西	32	——	——	1	——	——	——	29	——	——
内蒙古	14	——	——	——	1	——	9	3	——	——
辽宁	8	2	——	1	2	——	1	2	1	——
其中:大连	1	——	——	——	——	——	——	——	——	——
吉林	5	——	——	——	1	——	——	4	——	——
黑龙江	10	1	1	1	2	——	2	4	1	——
上海	12	1	——	——	——	——	——	5	——	5
江苏	37	1	——	——	2	——	——	11	——	22
浙江	12	3	——	——	1	——	——	6	——	2
其中:宁波	1	——	——	——	——	——	——	1	——	——
安徽	12	——	——	——	1	——	——	5	——	5
福建	14	——	——	1	1	——	——	12	——	1
其中:厦门	1	——	——	——	——	——	——	1	——	——
江西	9	——	——	——	2	——	1	6	——	——
山东	22	1	——	2	3	——	——	15	3	2
其中:青岛	2	——	——	——	——	——	——	2	——	——
河南	37	——	——	——	1	——	1	32	——	3
湖北	16	——	——	1	3	——	2	10	1	——
湖南	16	——	——	1	1	——	1	13	——	——
广东	17	——	——	1	2	——	——	10	——	3
其中:深圳	——	——	——	——	——	——	——	——	——	——
广西	12	——	——	——	2	——	5	3	——	1
海南	2	——	——	——	1	——	——	1	——	——
重庆市	3	——	——	——	——	——	——	1	——	1
四川	8	——	——	1	1	——	——	4	——	2
贵州	3	——	——	——	1	——	——	1	1	——
云南	8	——	——	——	3	——	3	2	——	——
西藏	1	——	——	——	——	——	1	——	——	——
陕西	20	——	——	1	——	——	2	16	——	1
甘肃	14	——	——	2	1	——	1	9	——	——
青海	2	——	——	——	1	——	——	1	——	——
宁夏	2	——	——	——	——	——	1	1	——	——
新疆	8	——	——	——	3	——	4	——	——	1

各地区文化部门艺术表演团体分剧种国内观众人次

单位:千人次

地　　区	总　计	话剧、儿童剧、滑稽剧团	儿童剧	歌剧、舞剧、歌舞剧团	歌舞团、轻音乐团	乐　团	文工团、文宣队、乌兰牧骑	戏曲剧团	京剧团	曲、杂木、皮团
总　　计	**459 797**	**13 039**	**2 606**	**19 821**	**47 078**	**1 719**	**39 546**	**311 433**	**14 085**	**27 161**
中　　央	1 882	295	195	487	572	269	——	259	259	——
地　　方	457 915	12 744	2 411	19 334	46 506	1 450	39 546	311 174	13 826	27 161
北　　京	3 123	203	155	——	199	150	——	1 352	719	1 219
天　　津	2 724	284	227	71	——	128	10	1 888	344	343
河　　北	37 117	1 436	——	——	2 219	270	589	31 659	466	944
山　　西	43 083	97	20	2 217	364	——	645	39 306	488	454
内 蒙 古	11 798	116	——	222	1 754	——	6 305	3 353	65	48
辽　　宁	8 180	1 773	40	456	1 984	——	604	2 199	1 348	1 164
其中:大连	624	8	——	——	100	——	80	200	200	236
吉　　林	6 738	380	——	310	661	——	——	5 226	35	161
黑 龙 江	8 946	1 126	600	664	1 888	——	1 107	3 319	878	842
上　　海	5 162	607	——	484	524	378	——	2 057	276	1 112
江　　苏	16 472	1 111	——	357	1 763	30	209	9 397	470	3 605
浙　　江	14 931	756	——	——	1 330	——	——	11 725	85	1 120
其中:宁波	1 136	——	——	——	180	——	——	956	——	——
安　　徽	10 420	249	——	54	1 966	——	——	6 090	100	2 061
福　　建	25 265	200	——	1 115	831	——	——	22 669	75	450
其中:厦门	1 022	——	——	130	168	——	——	714	——	10
江　　西	14 215	178	——	627	3 845	——	447	8 813	284	305
山　　东	25 777	830	462	2 060	3 211	——	——	18 317	4 650	1 359
其中:青岛	2 537	183	——	480	——	——	——	1 748	135	126
河　　南	45 197	146	——	——	443	——	661	41 752	10	2 195
湖　　北	22 853	613	310	1 054	2 410	50	4 084	14 502	1 948	140
湖　　南	12 979	33	——	680	552	——	595	10 139	95	980
广　　东	24 710	628	——	1 417	5 317	295	113	14 906	——	2 034
其中:深圳	627	——	——	——	389	120	——	118	——	——
广　　西	14 855	141	——	——	2 690	——	6 104	4 828	——	1 092
海　　南	1 770	——	——	——	474	——	——	1 140	——	156
重 庆 市	4 519	160	——	624	1 028	——	152	1 434	272	1 121
四　　川	5 429	158	——	871	589	——	109	2 109	90	1 593
贵　　州	4 046	120	——	492	738	——	418	2 124	670	154
云　　南	11 113	252	13	75	3 649	114	4 296	2 540	65	187
西　　藏	2 483	130	——	——	407	——	1 946	——	——	——
陕　　西	30 813	593	406	850	286	35	2 300	26 068	10	681
甘　　肃	28 933	105	——	4 052	2 219	——	1 499	20 909	65	149
青　　海	1 320	——	——	180	894	——	12	234	208	——
宁　　夏	3 195	61	——	——	351	——	1 420	938	88	425
新　　疆	9 749	258	178	402	1 920	——	5 921	181	22	1 067

各地区文化部门艺术表演团体分剧种财政补助收入

单位：千元

地区	总计	话剧、儿童剧、滑稽剧团		歌剧、舞剧、歌舞剧团	歌舞团、轻音乐团	乐团	文工团、文宣队、乌兰牧骑	戏曲剧团		曲、杂木、皮团
			儿童剧						京剧团	
总计	**2 466 609**	**211 850**	**25 717**	**244 440**	**452 094**	**87 954**	**135 153**	**1 131 853**	**258 005**	**203 265**
中央	108 428	21 808	7 909	36 196	13 771	22 891	——	13 762	13 762	——
地方	2 358 181	190 042	17 808	208 244	438 323	65 063	135 153	1 118 091	244 243	203 265
北京	128 368	16 145	2 895	——	9 982	10 480	——	76 443	32 085	15 318
天津	40 559	6 908	2 116	1 162	——	3 212	827	22 252	11 914	6 198
河北	58 964	4 753	——	——	9 292	2 835	1 234	36 382	6 271	4 468
山西	75 040	4 414	——	14 013	2 393	——	5 480	45 922	3 713	2 818
内蒙古	70 421	1 841	——	304	25 000	——	22 320	17 913	5 281	3 043
辽宁	77 938	14 896	325	9 922	20 334	——	4 658	23 871	14 401	4 257
其中:大连	8 352	1 561	——	——	1 262	——	1 322	2 777	2 404	1 430
吉林	76 634	7 245	——	7 974	20 316	——	——	36 535	4 354	4 564
黑龙江	113 124	16 502	4 251	18 055	11 865	——	6 378	50 894	24 810	9 430
上海	91 012	7 651	——	14 381	6 421	13 331	——	42 219	15 623	7 009
江苏	115 807	10 153	——	7 860	20 159	940	120	64 742	13 392	11 833
浙江	115 100	8 958	——	——	19 822	——	——	75 414	10 461	10 906
其中:宁波	9 162	——	——	——	158	——	——	8 926	——	78
安徽	70 526	3 521	——	986	13 208	——	326	47 404	7 588	5 081
福建	92 797	5 339	——	11 616	15 308	——	——	52 051	3 921	8 483
其中:厦门	21 748	——	——	8 115	3 675	——	——	7 763	——	2 195
江西	44 871	3 424	——	5 269	8 612	——	1 270	24 164	5 807	2 132
山东	118 496	10 687	1 250	19 465	11 504	——	——	65 103	25 634	11 737
其中:青岛	24 293	5 063	——	7 250	——	——	——	10 881	4 535	1 099
河南	68 179	2 039	——	——	6 223	——	1 031	54 687	2 733	4 199
湖北	89 929	7 494	2 362	10 700	15 926	2 782	3 383	45 554	11 910	4 090
湖南	50 105	1 896	——	7 638	2 983	——	1 337	32 289	2 586	3 962
广东	207 765	13 086	——	14 687	40 454	25 349	718	78 098	——	35 373
其中:深圳	21 797	——	——	——	7 433	8 589	——	5 775	——	——
广西	80 197	6 239	——	——	24 967	——	20 350	22 240	——	6 401
海南	19 218	——	——	——	7 002	——	427	11 619	——	170
重庆市	41 163	2 861	——	6 601	5 735	——	1 542	17 171	5 131	7 253
四川	96 386	8 393	——	18 980	12 888	——	1 570	42 553	5 487	12 002
贵州	36 842	1 777	——	2 969	6 908	——	4 592	16 202	7 121	4 394
云南	99 246	3 656	1 451	336	40 676	2 934	16 009	30 168	5 527	5 467
西藏	41 628	5 744	——	——	18 952	——	16 932	——	——	——
陕西	58 597	3 865	921	11 207	4 591	3 200	3 536	27 359	3 042	4 839
甘肃	53 587	2 275	——	11 192	12 097	——	1 666	23 923	2 183	2 434
青海	23 655	——	——	1 694	11 962	——	238	9 761	5 838	——
宁夏	20 789	1 981	——	——	4 682	——	2 172	9 892	3 064	2 062
新疆	81 238	6 299	2 237	11 233	28 061	——	17 037	15 266	4 366	3 342

各地区文化部门艺术表演团体分剧种演出收入

单位：千元

地　区	总　计	话剧、儿童剧、滑稽剧团	儿童剧	歌剧、舞剧、歌舞剧团	歌舞团、轻音乐团	乐　团	文工团、文宣队、乌兰牧骑	戏曲剧团	京剧团	曲、杂、木、皮团
总　计	**648 838**	**51 695**	**7 197**	**68 999**	**107 405**	**31 910**	**10 914**	**297 064**	**36 351**	**80 851**
中　央	40 286	5 309	2 454	17 798	7 016	5 766	——	4 397	4 397	——
地　方	608 552	46 386	4 743	51 201	100 389	26 144	10 914	292 667	31 954	80 851
北　京	37 591	7 654	874	——	2 728	4 246	——	11 153	8 200	11 810
天　津	6 537	663	271	377	——	1 238	81	2 493	1 269	1 685
河　北	30 137	683	——	——	5 794	653	544	17 808	573	4 655
山　西	30 300	205	——	3 174	409	——	360	25 991	703	161
内蒙古	7 758	112	——	3	3 053	——	2 178	1 807	25	605
辽　宁	25 090	2 894	9	3 647	6 735	——	1 201	5 194	3 214	5 419
其中：大连	4 534	10	——	——	1 229	——	133	1 149	1 149	2 013
吉　林	14 374	857	——	3 333	4 824	——	——	4 092	942	1 268
黑龙江	10 116	2 310	526	1 041	1 063	——	380	3 006	1 299	2 316
上　海	74 654	12 763	——	11 500	4 442	7 542	——	28 253	3 837	10 154
江　苏	48 379	5 553	——	1 512	14 708	278	592	20 195	1 022	5 541
浙　江	32 260	1 539	——	——	8 263	——	——	18 785	394	3 673
其中：宁波	2 692	——	——	——	294	——	——	2 398	——	——
安　徽	12 117	541	——	——	2 337	——	——	6 451	142	2 788
福　建	22 739	448	——	1 945	2 039	——	——	17 527	191	780
其中：厦门	2 497	——	——	542	614	——	——	1 323	——	18
江　西	7 412	289	——	1 509	1 032	——	194	3 063	573	1 325
山　东	32 419	2 481	955	5 260	2 988	——	——	16 507	5 456	5 183
其中：青岛	5 127	1 029	——	1 217	——	——	——	2 682	915	199
河　南	33 629	558	——	——	1 902	——	490	27 110	298	3 569
湖　北	19 878	1 226	718	3 515	3 515	523	832	8 901	1 514	1 366
湖　南	14 341	109	——	2 509	861	——	456	8 901	775	1 505
广　东	74 148	1 968	——	2 964	14 934	11 041	20	37 900	——	5 321
其中：深圳	6 925	——	——	——	1 598	3 867	——	1 460	——	——
广　西	8 393	125	——	——	3 022	——	1 427	2 409	——	1 410
海　南	3 220	——	——	——	682	——	——	2 418	——	120
重庆市	5 514	273	——	754	1 732	——	74	1 096	487	1 585
四　川	11 637	941	——	2 781	1 840	——	79	2 802	223	3 194
贵　州	2 329	25	——	187	643	——	38	732	95	704
云　南	6 344	256	122	2	2 665	445	149	1 398	320	1 429
西　藏	108	——	——	——	30	——	78	——	——	——
陕　西	17 259	854	694	2 458	537	178	447	11 830	——	955
甘　肃	8 427	——	——	2 110	2 003	——	555	3 145	——	614
青　海	1 551	——	——	140	924	——	18	469	298	——
宁　夏	2 697	93	——	——	941	——	295	719	42	649
新　疆	7 194	966	574	480	3 743	——	426	512	62	1 067

各地区文化部门艺术表演团体分剧种事业支出

单位：千元

地区	总计	话剧、儿童剧、滑稽剧团		歌剧、舞剧、歌舞剧团	歌舞团、轻音乐团	乐团	文工团、文宣队、乌兰牧骑	戏曲剧团		曲、杂木、皮团
			儿童剧						京剧团	
总计	**3 540 175**	**311 770**	**36 617**	**382 179**	**648 513**	**141 176**	**151 247**	**1 598 998**	**329 657**	**306 292**
中央	205 529	32 737	10 755	60 147	52 598	40 500	——	19 547	19 547	——
地方	3 334 646	279 033	25 862	322 032	595 915	100 676	151 247	1 579 451	310 110	306 292
北京	173 026	27 324	4 098	——	12 027	14 776	——	90 030	43 257	28 869
天津	68 028	10 062	3 001	14 930	——	5 795	976	27 315	13 352	8 950
河北	103 389	6 510	——	——	18 271	4 073	2 330	62 058	8 641	10 147
山西	108 374	4 665	——	16 651	3 090	——	5 757	74 656	5 079	3 555
内蒙古	79 583	2 097	——	307	28 649	——	24 828	19 954	5 620	3 748
辽宁	117 543	20 976	325	17 050	32 014	——	6 217	31 631	19 736	9 655
其中:大连	14 178	2 091	——	——	3 204	——	1 513	3 926	3 553	3 444
吉林	96 204	8 491	——	11 502	26 815	——	——	43 602	6 184	5 794
黑龙江	128 040	20 845	4 845	19 595	14 692	——	7 066	53 920	27 025	11 922
上海	228 624	33 689	——	39 661	18 574	23 991	——	91 876	23 163	20 833
江苏	186 092	17 632	——	8 971	39 203	1 203	712	98 923	16 761	19 448
浙江	173 528	12 162	——	——	30 195	——	——	115 478	12 922	15 693
其中:宁波	15 504	——	——	——	446	——	——	14 962	——	96
安徽	87 150	4 216	——	986	16 294	——	36	56 784	8 096	8 834
福建	123 045	4 529	——	16 601	21 536	——	——	70 564	4 573	9 815
其中:厦门	24 686	——	——	10 760	3 911	——	——	8 037	——	1 978
江西	59 731	4 762	——	7 477	9 665	——	1 597	31 009	7 988	5 221
山东	174 570	16 465	2 332	31 846	16 124	——	——	93 598	35 889	16 537
其中:青岛	32 413	7 168	——	9 275	——	——	——	14 665	5 784	1 305
河南	116 753	2 695	——	——	9 463	——	2 044	93 844	3 936	8 707
湖北	119 128	9 361	3 253	15 724	20 513	3 671	4 420	59 311	14 659	6 128
湖南	79 104	2 547	——	14 087	4 838	——	2 092	49 007	4 318	6 533
广东	312 635	16 511	——	22 132	65 759	40 581	718	127 138	——	39 796
其中:深圳	34 888	——	——	——	9 848	14 579	——	10 461	——	——
广西	97 142	6 638	——	——	29 656	——	23 611	27 962	——	9 275
海南	22 346	——	——	——	7 311	——	305	14 440	——	290
重庆市	56 455	3 491	——	9 204	7 581	——	2 465	23 002	7 205	10 712
四川	118 635	10 328	——	24 134	15 957	——	1 842	50 607	6 899	15 767
贵州	46 117	2 092	——	3 536	7 641	——	5 182	20 607	8 565	7 059
云南	110 605	4 301	1 612	350	46 525	3 136	16 360	32 689	5 593	7 244
西藏	38 424	5 863	——	——	19 205	——	13 356	——	——	——
陕西	97 980	7 411	2 875	19 132	5 554	3 450	3 527	52 113	2 298	6 793
甘肃	65 364	3 411	——	14 235	14 552	——	2 277	27 747	2 305	3 142
青海	26 811	——	——	1 834	13 364	——	256	11 357	7 230	——
宁夏	23 967	1 981	——	——	5 985	——	2 461	11 328	3 164	2 212
新疆	96 253	7 978	3 521	12 087	34 862	——	20 812	16 901	5 652	3 613

各地区文化部门艺术表演团体分剧种经费自给率情况

单位:%

地　　区	总　计	话剧、儿童剧、滑稽剧团	儿童剧	歌剧、舞剧、歌舞剧团	歌舞团、轻音乐团	乐　团	文工团、文宣队、乌兰牧骑	戏曲剧团	京剧团	曲、杂木、皮团
总　　计	**29.20**	**31.20**	**34.30**	**30.80**	**27.40**	**31.60**	**13.30**	**29.30**	**22.50**	**35.30**
中　　央	44.30	34.30	38.50	44.50	66.60	28.50	——	32.90	32.90	——
地　　方	28.30	30.90	32.50	28.30	23.90	32.80	13.30	29.20	21.80	35.30
北　　京	28.60	38.60	32.20	——	23.30	29.00	——	19.70	25.70	49.00
天　　津	19.60	21.10	22.70	8.60	——	31.90	15.70	20.40	20.70	26.50
河　　北	41.30	24.90	——	——	50.70	42.70	35.40	38.50	24.80	53.40
山　　西	33.00	11.00	——	21.90	22.20	——	9.20	39.40	27.50	27.00
内 蒙 古	11.50	12.20	——	4.10	11.30	——	9.30	12.90	11.90	19.20
辽　　宁	37.60	40.80	2.70	51.80	37.40	——	24.90	25.00	27.20	56.10
其中:大连	41.10	25.30	——	——	61.00	——	12.60	29.20	32.30	58.40
吉　　林	20.30	15.40	——	29.40	23.70	——	——	16.60	37.90	23.30
黑 龙 江	11.60	16.90	12.20	6.90	14.90	——	8.70	8.30	8.50	22.60
上　　海	46.80	64.80	——	36.70	37.40	44.10	——	44.30	32.90	58.90
江　　苏	35.40	40.70	——	18.20	46.30	27.50	83.10	31.20	18.70	36.00
浙　　江	32.10	23.90	——	——	36.50	——	——	31.50	21.30	34.40
其中:宁波	26.50	——	——	——	71.70	——	——	25.40	——	——
安　　徽	20.00	18.70	——	——	21.70	——	——	17.20	4.50	38.50
福　　建	24.70	11.60	——	23.40	13.20	——	——	31.30	4.30	10.10
其中:厦门	15.90	——	——	17.10	16.70	——	——	17.40	——	2.00
江　　西	22.30	24.10	——	21.60	15.20	——	20.40	20.30	23.20	47.30
山　　东	33.90	32.40	46.30	37.60	29.20	——	——	32.20	28.80	43.00
其中:青岛	22.10	23.40	——	21.10	——	——	——	22.80	21.00	15.30
河　　南	40.40	24.30	——	——	34.00	——	46.60	40.50	25.00	49.60
湖　　北	28.80	22.20	41.50	44.50	22.20	16.30	22.70	28.10	22.60	33.60
湖　　南	35.30	32.60	——	36.50	21.60	——	33.80	34.10	49.20	53.50
广　　东	31.40	20.90	——	32.50	28.00	32.00	30.80	38.40	——	16.90
其中:深圳	31.80	——	——	——	17.00	38.70	——	36.30	——	——
广　　西	17.70	6.00	——	——	19.00	——	11.60	19.70	——	31.50
海　　南	17.10	——	——	——	10.80	——	——	20.20	——	41.30
重 庆 市	28.90	18.00	——	29.30	25.70	——	37.80	27.60	26.80	35.50
四　　川	21.00	26.40	——	19.70	22.00	——	21.90	17.80	18.60	28.50
贵　　州	18.40	15.00	——	14.40	9.40	——	20.50	17.40	9.80	32.40
云　　南	10.20	14.40	8.40	3.40	10.40	14.20	4.20	9.20	12.90	22.90
西　　藏	0.50	0.90	——	——	0.20	——	0.80	——	——	——
陕　　西	43.30	46.50	68.20	41.40	21.80	7.20	13.10	52.00	0.20	29.30
甘　　肃	18.60	30.90	——	16.00	16.90	——	26.80	18.20	5.20	21.80
青　　海	8.30	——	——	11.50	8.80	——	7.00	7.30	7.80	——
宁　　夏	15.00	4.80	——	——	22.10	——	11.90	10.80	3.10	29.30
新　　疆	16.20	21.00	36.40	7.70	18.40	——	16.00	12.40	23.70	31.70

各地区文化部门艺术表演

	剧团数 (个)	补贴团数	从业人员数 (人)	高级职称	中级职称	本团新排上演剧目 (个)	本团创作首演剧目	演出场次 (千场次)	国内演出场次	农村演出场次
总　计	**2577**	**2393**	**137200**	**14230**	**36658**	**5272**	**2677**	**419**	**393**	**238**
中　央	10	10	2907	1227	619	35	13	1	1	——
地　方	2567	2383	134293	13003	36039	5237	2664	418	392	238
北　京	20	19	2260	358	899	36	31	9	7	——
天　津	15	15	1781	393	744	34	11	2	2	——
河　北	134	115	6374	637	1514	118	39	28	27	22
山　西	155	120	9190	493	1711	140	32	32	32	30
内蒙古	113	110	5038	379	1463	231	114	14	14	8
辽　宁	72	66	4677	531	1846	108	70	11	8	2
其中:大连	8	8	467	71	266	23	21	1	1	——
吉　林	65	59	4303	542	1165	199	156	6	5	3
黑龙江	87	85	5360	468	1568	46	35	11	10	4
上　海	28	26	2710	690	967	81	40	12	12	1
江　苏	131	122	5301	633	1859	191	125	40	37	20
浙　江	80	72	3883	417	1155	163	77	14	12	6
其中:宁波	7	7	312	41	89	8	5	1	1	——
安　徽	93	92	4715	417	1577	325	202	13	12	4
福　建	94	93	4512	222	769	382	194	15	14	10
其中:厦门	6	6	378	23	80	54	22	1	1	1
江　西	78	76	3737	267	1015	434	273	9	9	6
山　东	121	115	6030	1191	2006	123	64	22	22	13
其中:青岛	11	11	642	127	216	15	8	2	2	1
河　南	202	182	9833	379	1258	242	72	38	37	31
湖　北	98	95	6150	859	1838	261	122	17	16	10
湖　南	87	86	4365	498	1348	204	62	17	16	12
广　东	141	126	6161	391	1120	350	163	18	17	10
其中:深圳	5	5	336	26	89	13	3	——	——	——
广　西	118	115	4532	533	919	81	13	14	12	7
海　南	22	19	1134	54	210	27	10	2	2	1
重庆市	32	30	1537	259	450	61	47	3	3	——
四　川	89	88	5198	572	2009	369	182	9	8	3
贵　州	28	28	2052	218	765	32	14	3	3	1
云　南	124	115	4644	355	1381	140	85	9	8	3
西　藏	35	25	1470	——	——	170	136	1	1	1
陕　西	115	101	7432	399	1839	361	160	22	20	16
甘　肃	74	74	3966	211	845	224	64	14	14	10
青　海	13	12	958	74	346	51	32	2	2	——
宁　夏	14	14	933	127	286	33	22	2	2	1
新　疆	89	88	4057	436	1167	20	17	9	8	3

团体演出及收支情况（一）

国内演出观众人次（千人次）	平均每团演出场次（场）	本年收入合计（千元）						平均每团演出收入（千元）
			财政补助收入	上级补助收入	事业收入		经营收入	
						演出收入		
459797	**163**	**3653309**	**2466609**	**140313**	**813963**	**648838**	**59360**	**252**
1882	132	218403	108428	18732	73678	40286	6495	4028.6
457915	163	3434906	2358181	121581	740285	608552	52865	237
3123	474	181465	128368	3489	39948	37591	2610	1879.6
2724	149	56604	40559	2390	6702	6537	1601	435.8
37117	208	106547	58964	4574	32054	30137	1532	224.9
43083	204	112125	75040	1069	31493	30300	496	195.5
11798	126	79983	70421	391	8100	7758	183	68.7
8180	146	122591	77938	251	33280	25090	1777	348.5
624	179	14193	8352	——	5465	4534	16	566.8
6738	93	97239	76634	667	16760	14374	2640	221.1
8946	121	129076	113124	1035	11878	10116	853	116.3
5162	426	231009	91012	32874	95523	74654	147	2666.2
16472	303	187559	115807	5532	56139	48379	1224	369.3
14931	169	183629	115100	11312	42939	32260	3542	403.3
1136	90	15629	9162	2343	3454	2692	595	384.6
10420	136	88747	70526	566	14579	12117	877	130.3
25265	158	132843	92797	9438	27833	22739	289	241.9
1022	147	25917	21748	231	3642	2497	——	416.2
14215	119	58680	44871	418	11801	7412	666	95
25777	181	180674	118496	2639	39206	32419	1858	267.9
2537	194	32213	24293	729	5619	5127	401	466.1
45197	187	116817	68179	1341	38434	33629	900	166.5
22853	171	128594	89929	2904	22958	19878	8034	202.8
12979	191	80853	50105	1726	16950	14341	5316	164.8
24710	125	330413	207765	23122	83665	74148	3755	525.9
627	81	40476	21797	7533	6996	6925	2442	1385
14855	115	98223	80197	764	12050	8393	948	71.1
1770	84	23186	19218	135	3494	3220	254	146.4
4519	83	58115	41163	500	12762	5514	1351	172.3
5429	105	124782	96386	2056	16217	11637	6392	130.8
4046	119	46700	36842	1357	6289	2329	15	83.2
11113	72	117463	99246	6691	8489	6344	1291	51.2
2483	39	41983	41628	125	190	108	20	3.1
30813	189	102909	58597	1215	24808	17259	1505	150.1
28933	188	65906	53587	54	10119	8427	812	113.9
1320	124	25916	23655	——	1688	1551	232	119.3
3195	161	26022	20789	1635	2721	2697	454	192.6
9749	98	98253	81238	1311	11216	7194	1291	80.8

各地区文化部门艺术表演

	本年支出合计						
		事业支出	经营支出	在支出合			
				从业人员劳动报酬	税金支出	社会保障费	修缮费
总　计	**3633120**	**3540175**	**39319**	**1512418**	**32538**	**581991**	**92299**
中　央	213834	205529	383	75712	4710	28470	3607
地　方	3419286	3334646	38936	1436706	27828	553521	88692
北　京	180501	173026	——	47798	1797	13528	3036
天　津	70406	68028	1309	32885	592	14166	1539
河　北	104535	103389	506	51374	1009	16226	1939
山　西	109668	108374	711	57412	653	20155	1982
内蒙古	79637	79583	54	50182	258	4667	1094
辽　宁	121865	117543	302	48665	1733	22224	2018
其中:大连	14178	14178	——	5624	91	1209	128
吉　林	97944	96204	1577	36861	423	22640	2686
黑龙江	128152	128040	112	52947	492	38947	2092
上　海	233614	228624	165	67191	4711	22438	8800
江　苏	187843	186092	967	74468	290	34431	4151
浙　江	183531	173528	4181	54541	1933	21675	1851
其中:宁波	15515	15504	——	4854	88	1838	362
安　徽	88939	87150	862	41059	611	24866	999
福　建	128342	123045	749	56753	513	22584	3182
其中:厦门	25700	24686	——	9942	21	3392	1041
江　西	60068	59731	183	33680	341	9277	1037
山　东	175348	174570	688	81116	1169	30668	3334
其中:青岛	32485	32413	——	14777	277	8415	468
河　南	119435	116753	251	41218	531	30395	2962
湖　北	126148	119128	4922	53846	443	26001	3350
湖　南	83546	79104	2924	37273	1271	10534	1723
广　东	317619	312635	4165	105106	4626	41387	26063
其中:深圳	34981	34888	93	12916	1282	1672	374
广　西	97387	97142	84	48579	828	15294	1859
海　南	22346	22346	——	14545	50	3019	321
重庆市	57072	56455	300	15541	350	10265	1729
四　川	125614	118635	6276	57385	563	25017	2172
贵　州	46132	46117	15	22696	521	10892	314
云　南	115183	110605	2217	66294	708	8380	2899
西　藏	42243	38424	2970	15996	5	1723	227
陕　西	100151	97980	1334	49482	400	15924	3130
甘　肃	66786	65364	490	33963	101	12497	975
青　海	26956	26811	145	16046	112	7993	102
宁　夏	24418	23967	——	9773	106	7110	156
新　疆	97857	96253	477	62031	688	8598	970

团体演出及收支情况（二）

（千元）			经费自给率（%）	劳动报酬占总支出比重（%）	年末固定资产原值（千元）	增加值（千元）	公用房屋建筑面积（千平方米）	
计	中							
设备购置费	排练制作费	演出费						排练练功用房
171142	**188960**	**286392**	**29.2**	**41.6**	**3620946**	**1693971**	**4502**	**855**
20619	12399	20883	44.30	35.40	281752	91692	192	10
150523	176561	265509	28.3	42	3339194	1602279	4310	845
14218	7476	12551	28.7	26.5	151440	55661	154	27
2169	5236	3771	19.7	46.7	17394	34173	40	10
4001	8386	8716	41.4	49.1	109365	56758	137	27
3828	4903	9012	33	52.4	100090	62174	210	31
2063	2838	4572	11.5	63	82374	53735	119	37
2835	6854	9164	37.7	39.9	100189	54406	117	37
442	974	410	41.2	39.7	5155	5921	7	2
4708	6432	7112	20.4	37.6	75303	40296	91	23
4917	6462	4423	11.6	41.3	116320	58092	154	30
12378	15267	18973	46.8	28.8	206339	80161	60	10
6784	8995	19869	35.4	39.6	156605	81022	161	39
9957	17469	18790	32.2	29.7	156807	63485	126	28
812	3317	2393	26.6	31.3	25995	5982	18	7
1877	2663	5352	20.1	46.2	80446	44988	77	22
4954	5268	12452	24.7	44.2	77267	60357	225	34
1489	789	3568	16	38.7	16124	10608	10	1
1408	2297	3724	22.4	56.1	142895	39737	113	14
9452	5980	14388	34	46.3	199805	90277	234	55
1271	1251	3447	22.2	45.5	12594	15558	22	8
5936	7776	15654	40.4	34.5	91615	45592	174	26
3770	6759	11066	28.8	42.7	159398	60665	254	34
3611	3918	6469	35.4	44.6	103462	42682	122	28
23882	23104	34891	31.4	33.1	245093	122057	194	57
2824	3047	5588	31.9	36.9	28663	15345	17	2
4246	5746	3685	17.8	49.9	81195	52675	101	30
745	505	1138	17.2	65.1	36448	16078	40	2
3308	2833	2994	29	27.2	48130	17816	74	11
2444	3782	6659	21.1	45.7	153524	64089	189	32
1059	1519	2894	18.4	49.2	33520	24558	48	9
8107	4779	6503	10.2	57.6	109304	71540	138	25
461	363	154	0.6	37.9	158074	22326	381	79
2673	3213	7200	43.4	49.4	141736	55727	213	35
1416	2695	6608	18.6	50.9	78700	37342	112	15
478	386	421	8.4	59.5	14458	16736	28	5
1133	611	1597	15	40	16771	10550	33	8
1705	2046	4707	16.2	63.4	95127	66524	191	25

各地区文化部门省级艺术

	剧团数		从业人员数			本团新排上演剧目		演出场次		
	（个）	补贴团数	（人）	高级职称	中级职称	（个）	本团创作首演剧目	（千场次）	国内演出场次	农村演出场次
总计	**199**	**195**	**28050**	**6123**	**8981**	**475**	**316**	**44**	**40**	**4**
北京	11	11	1959	350	762	29	27	4	4	——
天津	10	10	1654	386	699	30	11	2	2	——
河北	8	8	1204	348	341	20	3	1	1	——
山西	5	5	896	159	281	8	2	1	1	1
内蒙古	6	6	689	167	215	8	8	1	1	——
辽宁	6	4	763	172	223	13	2	1	1	——
吉林	5	5	723	192	223	26	26	1	1	——
黑龙江	6	6	822	158	194	3	3	1	1	——
上海	16	16	2445	657	861	70	30	7	7	——
江苏	5	5	505	178	172	7	2	3	2	1
浙江	7	6	774	176	244	14	13	3	2	1
安徽	6	6	847	175	323	61	61	1	1	——
福建	6	6	831	104	160	15	2	1	1	——
江西	6	6	763	128	229	21	14	1	1	——
山东	6	6	884	272	321	6	4	1	1	——
河南	8	8	955	170	283	12	11	1	1	——
湖北	4	4	784	213	251	2	2	1	1	——
湖南	7	7	966	267	255	10	5	1	1	——
广东	8	8	1201	195	307	25	22	1	1	1
广西	8	8	780	269	162	7	4	1	1	——
海南	——	——	——	——	——	——	——	——	——	——
重庆市	9	9	914	194	257	13	6	1	1	——
四川	4	4	777	212	227	20	14	1	1	——
贵州	6	6	579	128	247	5	3	1	1	——
云南	6	6	856	164	302	18	11	2	1	——
西藏	3	3	396	——	——	4	4	——	——	——
陕西	7	6	1646	192	564	6	4	2	1	——
甘肃	8	8	848	127	317	3	3	1	1	——
青海	2	2	387	52	186	11	11	1	1	——
宁夏	4	4	480	101	157	6	6	——	——	——
新疆	6	6	722	217	218	2	2	1	1	——

表演团体演出及收支情况（一）

国内演出观众人次（千人次）	平均每团演出场次（场）	本年收入合计（千元）						平均每团演出收入（千元）
			财政补助收入	上级补助收入	事业收入		经营收入	
						演出收入		
44561	**221**	**1325592**	**891943**	**68394**	**259381**	**209210**	**17685**	**1051**
2461	402	168569	124226	2045	32670	31099	2610	2827.2
1601	179	52876	37525	2380	6091	5926	1528	592.6
2556	177	40199	21777	2943	8361	7676	915	959.5
1943	174	28885	23303	80	3621	3450	245	690
715	140	18899	15274	33	2777	2725	141	454.2
557	91	34675	20240	——	6775	5494	303	915.7
657	145	24937	17440	392	5886	4950	1164	990
1192	125	31662	28774	——	2503	2363	384	393.8
3686	430	205222	88949	31921	73508	53397	——	3337.3
1202	563	25952	23140	130	2682	2368	——	473.6
1318	431	70311	51931	250	12717	8856	488	1265.1
1945	215	23230	17868	74	4760	4556	45	759.3
662	95	41857	29588	7188	3968	3182	——	530.3
1079	120	18832	11542	85	6260	3600	411	600
659	165	49030	31412	——	6436	5143	——	857.2
998	118	30976	19277	816	7738	6724	107	840.5
2464	173	27858	20132	——	4280	3791	2336	947.8
1561	176	29580	16674	40	4324	4266	2737	609.4
3444	169	111792	68197	11695	27192	24192	134	3024
1732	156	35230	29836	——	2226	1907	721	238.4
——	——	——	——	——	——	——	——	——
2511	128	44101	31846	500	10762	4579	195	508.8
524	148	19970	17377	——	2379	1967	11	491.8
1338	117	14453	12538	——	1036	1024	——	170.7
1595	271	36755	24854	6012	4180	4090	685	681.7
337	107	21093	20996	——	87	30	——	10
2023	254	36914	19914	——	6635	3180	737	454.3
1092	96	23614	19833	——	2669	2029	223	253.6
548	362	12436	10751	——	1298	1161	160	580.5
904	118	16416	12724	1635	1511	1487	454	371.8
1257	142	29268	24005	175	4049	3998	951	666.3

各地区文化部门省级艺术

	本年支出合计						
		事业支出	经营支出	在支出合计中：从业人员劳动报酬	税金支出	社会保障费	修缮费
总　　计	**1323848**	**1291337**	**7266**	**466370**	**13656**	**214293**	**33890**
北　　京	166943	159510	——	43280	1110	11014	2827
天　　津	66679	64301	1309	31728	586	12563	1531
河　　北	37824	37824	——	16915	669	5319	876
山　　西	27295	26749	414	11258	32	7259	681
内 蒙 古	18609	18576	33	8832	137	701	193
辽　　宁	34670	31014	——	10870	382	7713	452
吉　　林	25440	24528	863	11937	219	6408	516
黑 龙 江	30343	30343	——	11310	60	8131	429
上　　海	207766	203082	——	62604	4152	20725	8755
江　　苏	26072	26072	——	12245	——	7480	294
浙　　江	68850	68650	200	15617	869	7111	715
安　　徽	23955	23955	——	8361	4	6781	184
福　　建	38550	35352	——	14815	170	9228	1550
江　　西	20911	20877	——	9059	112	3840	710
山　　东	43092	43092	——	17313	353	9361	884
河　　南	31164	31164	——	7140	322	9815	1884
湖　　北	27843	25181	1926	9705	18	6672	556
湖　　南	29436	27081	1120	10528	878	2475	410
广　　东	110411	110261	150	37891	2139	17883	4978
广　　西	34780	34760	——	11261	125	8636	868
海　　南	——	——	——	——	——	——	——
重 庆 市	42987	42726	——	9074	255	6987	1436
四　　川	20680	20680	——	8323	11	3534	321
贵　　州	14489	14489	——	6594	97	4926	90
云　　南	34870	32734	500	14689	264	1043	657
西　　藏	21368	21368	——	11641	——	1248	86
陕　　西	36912	36161	751	18099	224	8326	1255
甘　　肃	24467	24467	——	9209	22	6389	429
青　　海	13476	13476	——	6417	86	5473	79
宁　　夏	15002	15002	——	5172	75	5038	136
新　　疆	28964	27862	——	14483	285	2214	108

表演团体演出及收支情况（二）

(千元) 计中 设备购置费	排练制作费	演出费	经费自给率(%)	劳动报酬占总支出比重(%)	年末固定资产原值(千元)	增加值(千元)	公用房屋建筑面积(千平方米)	排练练功用房
73022	**63635**	**99160**	**28.1**	**35.2**	**1136440**	**525483**	**1112**	**220**
13751	7357	11646	26.5	25.9	139281	49961	145	25
1569	5236	3585	19.8	47.6	15081	32917	35	10
1984	4283	3724	40.9	44.7	53356	19718	39	8
828	213	2024	20.3	41.2	27832	12403	40	9
703	449	1643	19.3	47.5	23303	9901	25	9
960	953	1897	46.5	31.4	23099	12176	26	10
540	750	1162	28	46.9	22324	13049	22	6
773	3424	974	9.5	37.3	19560	12152	24	10
11159	5395	14358	41.5	30.1	201803	74828	54	9
148	352	2960	10.3	47	48441	14183	22	7
4956	5813	7164	26.3	22.7	61664	18953	33	7
474	1023	1392	22.1	34.9	20185	9172	15	7
1057	2662	2545	14.4	38.4	15346	15599	29	9
766	464	2244	34.5	43.3	14754	9761	42	4
2301	1469	3237	40.9	40.2	68807	20418	87	18
1945	1933	5125	34.9	22.9	21365	8317	23	5
694	1484	4106	28.5	34.9	21579	10586	67	3
1150	1438	2133	45.6	35.8	38101	12930	35	7
12436	6323	10587	28.9	34.3	52401	42126	35	9
2935	2160	529	15.5	32.4	21991	12266	14	5
——	——	——	——	——	——	——	——	——
2752	2585	2541	27.5	21.1	23151	10255	38	6
243	1013	1837	12.5	40.2	19594	9118	12	5
192	259	1511	13.2	45.5	9603	7075	9	2
5780	2767	2513	17.7	42.1	30319	16166	32	3
8	283	41	0.5	54.5	13761	12191	20	3
992	896	2444	46.1	49	39079	19886	41	8
334	1751	2731	15.5	37.6	32219	10520	27	5
274	191	42	12.5	47.6	7395	6799	9	2
1019	400	1227	13.7	34.5	12117	5732	23	5
299	309	1238	18.3	50	38929	16325	89	4

各地区文化部门地市级艺术

	剧团数（个）	补贴团数	从业人员数（人）	高级职称	中级职称	本团新排上演剧目（个）	本团创作首演剧目	演出场次（千场次）	国内演出场次	农村演出场次
总计	**741**	**716**	**50928**	**5519**	**18073**	**1685**	**934**	**132**	**119**	**52**
北京	9	8	301	8	137	7	4	5	4	——
天津	2	2	34	3	14	——	——	——	——	——
河北	34	34	2132	262	861	55	23	8	8	6
山西	34	32	3049	300	1011	45	18	6	6	5
内蒙古	28	28	2264	188	847	32	22	3	3	2
辽宁	33	33	3138	348	1461	47	35	8	6	1
其中：大连	4	4	392	66	227	3	1	1	——	——
吉林	18	16	1649	274	575	38	38	2	1	1
黑龙江	28	28	2727	265	940	22	18	5	4	1
上海	11	9	248	33	91	8	7	5	5	1
江苏	47	47	2639	386	1070	84	57	17	17	8
浙江	28	23	1397	178	511	104	43	6	5	1
其中：宁波	3	3	196	37	71	5	4	——	——	——
安徽	37	37	2146	209	892	102	49	3	3	1
福建	19	19	1419	86	367	100	48	3	3	2
其中：厦门	6	6	378	23	80	54	22	1	1	1
江西	27	27	1653	121	549	113	76	3	3	2
山东	40	39	2754	702	938	39	24	10	10	4
其中：青岛	5	5	471	109	159	5	4	1	1	——
河南	39	37	2169	127	520	26	18	7	6	4
湖北	17	16	1872	388	687	36	14	3	3	1
湖南	24	24	1609	175	626	54	13	4	3	2
广东	45	43	2451	189	654	127	55	6	5	3
其中：深圳	3	3	313	24	84	11	1	——	——	——
广西	26	25	1451	196	448	23	3	3	3	1
海南	2	2	92	10	22	2	——	——	——	——
重庆市	9	9	368	37	109	26	26	1	1	——
四川	40	40	3397	314	1421	217	109	6	5	1
贵州	18	18	1311	86	466	27	11	2	2	1
云南	31	30	1877	156	684	75	33	3	2	1
西藏	13	10	692	——	——	110	77	1	1	——
陕西	27	26	2276	181	863	83	59	4	4	2
甘肃	19	19	1388	79	417	47	22	3	2	1
青海	9	9	543	22	160	22	21	1	1	——
宁夏	5	5	231	20	80	——	——	1	1	——
新疆	22	21	1651	176	652	14	11	3	2	——

表演团体演出及收支情况（一）

国内演出观众人次（千人次）	平均每团演出场次（场）	本年收入合计（千元）						平均每团演出收入（千元）
			财政补助收入	上级补助收入	事业收入	演出收入	经营收入	
134067	**178**	**1468611**	**1042334**	**40189**	**302709**	**244756**	**24027**	**330**
662	562	12896	4142	1444	7278	6492	——	721.3
10	10	1620	1466	——	81	81	73	40.5
9894	245	46221	30617	1112	11514	10518	308	309.4
10854	171	59866	44672	916	11799	10989	166	323.2
3985	105	36551	33004	222	3101	2888	14	103.1
6571	253	81269	52473	——	25520	18704	1384	566.8
544	331	12307	6657	——	5290	4401	——	1100.3
2592	107	49737	39655	82	9212	7894	552	438.6
4003	162	76381	65244	805	7774	6557	404	234.2
1318	444	25313	1881	869	21820	21062	147	1914.7
6784	372	115521	69240	3270	35363	31649	501	673.4
4814	216	71184	36110	9087	17979	13294	2662	474.8
562	130	11886	6636	2153	2502	1841	595	613.7
4009	79	45202	37525	313	5519	4270	480	115.4
2993	162	55052	45271	1149	7735	5627	37	296.2
1022	147	25917	21748	231	3642	2497	——	416.2
6070	119	26527	22440	33	3531	2420	160	89.6
11083	240	91240	60369	1920	22284	17690	526	442.3
1219	216	27767	21388	709	4195	3725	304	745
8414	173	48532	29876	224	13793	11600	289	297.4
3866	183	55118	38611	2156	8335	7591	3896	446.5
3014	146	30283	20898	1448	5273	3852	1919	160.5
6683	130	181352	124351	10326	37238	31792	3459	706.5
517	101	37102	19067	7233	6751	6680	2343	2226.7
3786	132	33179	25255	425	5729	3685	126	141.7
84	36	3809	2845	110	675	470	179	235
1336	136	8778	5931	——	997	598	983	66.4
3434	144	86919	66942	1490	11097	8394	4143	209.9
2555	126	28521	21869	1228	4091	1163	15	64.6
3110	81	48855	44248	679	3395	1837	285	59.3
1590	55	18550	18435	——	95	70	20	5.4
7340	147	42445	25992	489	10687	6724	667	249
10126	137	28634	24311	——	3502	3049	396	160.5
760	80	13224	12666	——	372	372	72	41.3
675	192	6449	5603	——	846	846	——	169.2
1652	119	39383	30392	392	6074	2578	164	117.2

各地区文化部门地市级艺术

		本年支出合计						
		事业支出	经营支出	在支出合				
				从业人员劳动报酬	税金支出	社会保障费	修缮费
总计	**1455993**	**1421474**	**19435**	**617583**	**11464**	**241389**	**42861**
北京	13558	13516	——	4518	687	2514	209
天津	1615	1615	——	355	6	1126	——
河北	46605	45915	307	22501	173	8669	451
山西	59129	58671	7	32104	285	10485	1008
内蒙古	36507	36507	——	24069	66	2861	466
辽宁	80529	80067	272	34917	1346	13318	1333
其中:大连	12292	12292	——	4767	91	794	119
吉林	50380	49915	425	13289	199	12029	1500
黑龙江	76357	76353	4	28819	364	26118	1376
上海	25320	25089	90	4283	559	1617	40
江苏	114634	113858	501	41738	223	16876	3138
浙江	71096	61497	3831	21148	881	9338	831
其中:宁波	11830	11819	——	3072	86	1476	318
安徽	45052	43976	181	23362	564	11341	457
福建	54162	53119	——	23629	21	7524	1157
其中:厦门	25700	24686	——	9942	21	3392	1041
江西	25978	25745	114	16340	166	3959	258
山东	91806	91706	10	41947	710	14574	1902
其中:青岛	27767	27695	——	12345	219	7314	454
河南	51166	48969	——	16992	155	10303	669
湖北	52846	50715	1064	21739	278	10534	1924
湖南	32998	31180	1768	15337	319	4155	483
广东	170138	166918	2584	46990	2257	20819	19858
其中:深圳	31696	31696	——	11412	1282	1533	134
广西	32438	32438	——	17386	501	4552	408
海南	3520	3520	——	1835	25	499	100
重庆市	8843	8502	285	4362	75	1267	151
四川	86116	83161	2955	41279	414	16083	1028
贵州	27863	27848	15	14773	289	4492	159
云南	49020	46920	1523	27920	260	6104	1578
西藏	18430	15170	2896	2704	——	475	141
陕西	42137	41466	428	19582	165	6246	1534
甘肃	28636	28600	30	16421	37	4699	416
青海	13224	13079	145	9536	26	2520	23
宁夏	6606	6155	——	2504	20	1721	——
新疆	39284	39284	——	25204	393	4571	263

表演团体演出及收支情况 （二）

（千元）			经费自给率（%）	劳动报酬占总支出比重（%）	年末固定资产原值（千元）	增加值（千元）	公用房屋建筑面积（千平方米）	
计	中							
设备购置费	排练制作费	演出费						排练练功用房
52682	**84033**	**122117**	**26.8**	**42.4**	**1291117**	**683111**	**1789**	**397**
467	119	905	54.1	33.3	12159	5699	8	2
——	——	27	9.5	22	543	383	3	——
1130	2956	3893	31.4	48.3	29003	23834	52	10
1571	2840	5229	24.3	54.3	42993	34109	84	12
323	1029	1759	9.1	65.9	36928	25612	50	13
1713	5741	6781	35.8	43.4	72654	39169	76	23
439	974	327	46	38.8	4457	5036	6	2
2842	5236	5136	19.9	26.4	29957	14686	32	7
3629	2602	2674	13.5	37.7	68581	31926	89	13
1202	9872	4509	89.6	16.9	4284	5018	5	1
4861	5696	12337	37.6	36.4	65948	44599	88	22
3146	7121	5743	39.8	29.7	67354	25209	57	15
747	2941	2096	26.2	26	24424	4135	16	7
814	1118	2797	16.7	51.9	39807	25518	34	9
2844	1363	5906	16.3	43.6	32518	24951	49	16
1489	789	3568	16	38.7	16124	10608	10	1
441	1247	907	15.7	62.9	57211	18794	36	5
5551	3032	8630	31.6	45.7	75404	45673	79	26
1225	935	3068	20.5	44.5	10262	12974	17	8
2086	4346	7955	37.6	33.2	33198	18475	56	8
1487	2590	3405	27.7	41.1	47323	23910	41	7
1822	1366	2921	24.1	46.5	35091	17060	37	13
8700	14571	20110	27.5	27.6	159046	57284	112	35
2546	2594	5197	34.1	36	25600	13718	17	2
667	2398	1520	23.1	53.6	27200	18975	34	11
66	111	157	24.3	52.1	13799	2412	——	——
322	199	277	32.4	49.3	16287	5088	15	2
1882	2142	4106	21.5	47.9	106057	45935	118	20
835	1257	1292	19.5	53	15898	15698	34	7
1727	1124	2818	8.1	57	43443	30084	53	12
394	34	9	0.6	14.7	13095	3228	358	75
912	1845	3775	38.1	46.5	69553	22609	80	14
620	714	3344	15.1	57.3	28348	17592	38	4
120	178	327	4.2	72.1	6979	9841	19	4
8	126	256	13.7	37.9	3243	2654	6	2
500	1060	2612	21.9	64.2	37213	27086	46	9

各地区文化部门县市级艺术

	剧团数		从业人员数			本团新排上演剧目		演出场次		
	(个)	补贴团数	(人)	高级职称	中级职称	(个)	本团创作首演剧目	(千场次)	国内演出场次	农村演出场次
总　　计	**1624**	**1469**	**54882**	**1320**	**8855**	**3077**	**1414**	**237**	**233**	**174**
北　　京	——	——	——	——	——	——	——	——	——	——
天　　津	3	3	93	4	31	4	——	——	——	——
河　　北	92	73	3038	27	312	43	13	18	18	16
山　　西	116	83	5245	34	419	87	12	25	25	24
内 蒙 古	79	76	2085	24	401	191	84	10	10	6
辽　　宁	33	29	776	11	162	48	33	2	2	1
其中:大连	4	4	75	5	39	20	20	——	——	——
吉　　林	42	38	1931	76	367	135	92	3	3	2
黑 龙 江	53	51	1811	45	434	21	14	5	5	2
上　　海	1	1	17	——	15	3	3	——	——	——
江　　苏	79	70	2157	69	617	100	66	19	18	11
浙　　江	45	43	1712	63	400	45	21	4	4	3
其中:宁波	4	4	116	4	18	3	1	——	——	——
安　　徽	50	49	1722	33	362	162	92	8	8	3
福　　建	69	68	2262	32	242	267	144	11	11	8
其中:厦门	——	——	——	——	——	——	——	——	——	——
江　　西	45	43	1321	18	237	300	183	5	5	4
山　　东	75	70	2392	217	747	78	36	11	11	9
其中:青岛	6	6	171	18	57	10	4	1	1	1
河　　南	155	137	6709	82	455	204	43	30	30	27
湖　　北	77	75	3494	258	900	223	106	13	13	8
湖　　南	56	55	1790	56	467	140	44	12	12	9
广　　东	88	75	2509	7	159	198	86	10	10	7
其中:深圳	2	2	23	2	5	2	2	——	——	——
广　　西	84	82	2301	68	309	51	6	9	8	5
海　　南	17	14	609	3	58	25	10	1	1	1
重 庆 市	14	12	255	28	84	22	15	——	——	——
四　　川	45	44	1024	46	361	132	59	3	3	1
贵　　州	4	4	162	4	52	——	——	——	——	——
云　　南	87	79	1911	35	395	47	41	5	4	2
西　　藏	19	12	382	——	——	56	55	——	——	——
陕　　西	81	69	3510	26	412	272	97	16	15	13
甘　　肃	47	47	1730	5	111	174	39	11	11	8
青　　海	2	1	28	——	——	18	——	——	——	——
宁　　夏	5	5	222	6	49	27	16	1	1	1
新　　疆	61	61	1684	43	297	4	4	5	5	3

表演团体演出及收支情况（一）

国内演出观众人次（千人次）	平均每团演出场次（场）	本年收入合计（千元）						平均每团演出收入（千元）
			财政补助收入	上级补助收入	事业收入		经营收入	
						演出收入		
278738	**146**	**626295**	**410372**	**12978**	**177424**	**153815**	**11153**	**95.0**
——	——	——	——	——	——	——	——	——
1113	144	2108	1568	10	530	530	——	176.7
24667	198	20127	6570	519	12179	11943	309	129.8
30286	215	23374	7065	73	16073	15861	85	136.7
7098	132	24533	22143	136	2222	2145	28	27.2
1052	49	6647	5225	251	985	892	90	27
80	28	1886	1695	——	175	133	16	33.3
3489	81	22565	19539	193	1662	1530	924	36.4
3751	99	21033	19106	230	1601	1196	65	22.6
158	160	474	182	84	195	195	——	195
8486	245	46086	23427	2132	18094	14362	723	181.8
8799	100	42134	27059	1975	12243	10110	392	224.7
574	61	3743	2526	190	952	851	——	212.8
4466	168	20315	15133	179	4300	3291	352	65.8
21610	163	35934	17938	1101	16130	13930	252	201.9
——	——	——	——	——	——	——	——	——
7066	119	13321	10889	300	2010	1392	95	30.9
14035	151	40404	26715	719	10486	9586	1332	127.8
1318	176	4446	2905	20	1424	1402	97	233.7
35785	194	37309	19026	301	16903	15305	504	98.7
16523	168	45618	31186	748	10343	8496	1802	110.3
8404	212	20990	12533	238	7353	6223	660	111.1
14583	118	37269	15217	1101	19235	18164	162	206.4
110	50	3374	2730	300	245	245	99	122.5
9337	106	29814	25106	339	4095	2801	101	33.3
1137	81	4969	2841	5	2048	1979	75	116.4
672	21	5236	3386	——	1003	337	173	24.1
1471	66	17893	12067	566	2741	1276	2238	28.4
153	86	3726	2435	129	1162	142	——	35.5
6408	54	31853	30144	——	914	417	321	4.8
556	17	2340	2197	125	8	8	——	0.4
21450	197	23550	12691	726	7486	7355	101	90.8
17715	224	13658	9443	54	3948	3349	193	71.3
12	85	256	238	——	18	18	——	9
1616	165	3157	2462	——	364	364	——	72.8
6840	87	29602	26841	744	1093	618	176	10.1

各地区文化部门县市级艺术

	本年支出合计						
		事业支出	经营支出	在支出合			
				从业人员劳动报酬	税金支出	社会保障费	修缮费
总　　计	**625524**	**607914**	**12235**	**342908**	**2683**	**95600**	**11814**
北　　京	——	——	——	——	——	——	——
天　　津	2112	2112	——	802	——	477	8
河　　北	20106	19650	199	11958	167	2238	612
山　　西	23244	22954	290	14050	336	2411	293
内 蒙 古	24521	24500	21	17281	55	1105	435
辽　　宁	6666	6462	30	2878	5	1193	233
其中:大连	1886	1886	——	857	——	415	9
吉　　林	22124	21761	289	11635	5	4203	670
黑 龙 江	21452	21344	108	12818	68	4698	287
上　　海	528	453	75	304	——	96	5
江　　苏	47137	46162	466	20485	67	10075	719
浙　　江	43585	43381	150	17776	183	5226	305
其中:宁波	3685	3685	——	1782	2	362	44
安　　徽	19932	19219	681	9336	43	6744	358
福　　建	35630	34574	749	18309	322	5832	475
其中:厦门	——	——	——	——	——	——	——
江　　西	13179	13109	69	8281	63	1478	69
山　　东	40450	39772	678	21856	106	6733	548
其中:青岛	4718	4718	——	2432	58	1101	14
河　　南	37105	36620	251	17086	54	10277	409
湖　　北	45459	43232	1932	22402	147	8795	870
湖　　南	21112	20843	36	11408	74	3904	830
广　　东	37070	35456	1431	20225	230	2685	1227
其中:深圳	3285	3192	93	1504	——	139	240
广　　西	30169	29944	84	19932	202	2106	583
海　　南	4905	4905	——	2865	——	281	94
重 庆 市	5242	5227	15	2105	20	2011	142
四　　川	18818	14794	3321	7783	138	5400	823
贵　　州	3780	3780	——	1329	135	1474	65
云　　南	31293	30951	194	23685	184	1233	664
西　　藏	2445	1886	74	1651	5	——	——
陕　　西	21102	20353	155	11801	11	1352	341
甘　　肃	13683	12297	460	8333	42	1409	130
青　　海	256	256	——	93	——	——	——
宁　　夏	2810	2810	——	2097	11	351	20
新　　疆	29609	29107	477	22344	10	1813	599

表演团体演出及收支情况 （二）

（千元）			经费自给率（%）	劳动报酬占总支出比重（%）	年末固定资产原值（千元）	增加值（千元）	公用房屋建筑面积（千平方米）	
计中								
设备购置费	排练制作费	演出费						排练练功用房
24787	**28876**	**43517**	**32.7**	**54.8**	**895545**	**383168**	**1376**	**227**
——	——	——	——	——	——	——	——	——
600	——	159	25.1	38	1770	873	2	——
887	1147	1099	65.7	59.5	27006	13205	46	8
1429	1850	1759	69.9	60.4	29265	15662	87	10
1037	1360	1170	9.2	70.5	22143	18222	43	15
162	160	486	18	43.2	4436	3060	15	4
3	——	83	10.1	45.4	698	885	1	——
1326	446	814	12.8	52.6	23022	12561	37	9
515	436	775	7.9	59.8	28179	14013	42	6
17	——	106	39.4	57.6	252	314	1	——
1775	2947	4572	44	43.5	42216	22241	50	10
1855	4535	5883	30.1	40.8	27789	19324	36	6
65	376	297	27.9	48.4	1571	1847	2	——
589	522	1163	25.1	46.8	20454	10297	29	5
1053	1243	4001	47.8	51.4	29403	19807	147	10
——	——	——	——	——	——	——	——	——
201	586	573	16.2	62.8	70930	11181	35	6
1600	1479	2521	32.1	54	55594	24186	67	12
46	316	379	32.2	51.5	2332	2583	4	——
1905	1497	2574	48.8	46	37052	18800	95	13
1589	2685	3555	30.3	49.3	90496	26169	146	24
639	1114	1415	39.4	54	30270	12693	50	8
2746	2210	4194	56.8	54.6	33646	22647	47	13
278	453	391	10.5	45.8	3063	1627	——	——
644	1188	1636	14.5	66.1	32004	21434	52	14
647	377	266	43.3	58.4	6557	3152	12	2
234	49	176	35.3	40.2	8692	2473	21	3
319	627	716	29	41.4	27873	9036	58	6
32	3	91	30.7	35.2	8019	1785	4	——
600	888	1172	5.5	75.7	35542	25291	53	10
59	46	104	0.9	67.5	131218	6907	3	1
769	472	981	49.4	55.9	33104	13232	92	13
462	230	533	32.6	60.9	18133	9230	46	6
84	17	52	7	36.3	84	96	——	——
106	85	114	24.7	74.6	1411	2164	5	1
906	677	857	6.8	75.5	18985	23113	55	12

各地区文化部门艺术表

	机构数（个）	从业人员数（人）			座席数（个）	演（映）出场次合计（千场）		
			高级职称	中级职称			艺术演出场次	电影放映场次
总　　计	**1819**	**37341**	**577**	**3041**	**1443977**	**740**	**71**	**548**
中　　央	4	220	5	11	4608	1	1	——
地　　方	1815	37121	572	3030	1439369	739	70	548
北　　京	24	715	11	49	19176	18	3	11
天　　津	32	650	23	21	17858	39	1	31
河　　北	95	1952	10	189	87305	31	2	23
山　　西	49	1036	6	117	48318	21	1	11
内 蒙 古	36	639	20	65	32172	6	1	6
辽　　宁	68	1903	42	76	44509	13	1	12
其中：大连	8	249	9	15	6903	1	——	1
吉　　林	49	1542	29	151	34781	13	2	10
黑 龙 江	53	524	12	38	33265	11	1	8
上　　海	36	1078	——	67	21541	20	5	15
江　　苏	129	2742	13	258	96194	58	6	43
浙　　江	82	1412	13	132	62805	39	9	19
其中：宁波	10	219	6	35	5885	2	——	1
安　　徽	94	1808	10	194	63474	27	2	16
福　　建	78	1084	15	126	51166	27	4	21
其中：厦门	7	149	——	5	3528	7	——	6
江　　西	62	870	14	100	45684	11	2	9
山　　东	104	2434	52	328	98313	54	2	45
其中：青岛	11	246	1	38	8613	4	——	1
河　　南	159	4720	54	167	149208	82	2	69
湖　　北	72	2053	48	242	67922	54	3	27
湖　　南	97	1935	29	188	79824	45	4	31
广　　东	71	2000	14	78	65260	53	6	45
其中：深圳	6	206	6	20	5812	3	——	3
广　　西	26	338	77	43	26826	3	1	1
海　　南	19	1096	1	13	20973	3	1	2
重 庆 市	24	122	10	5	9997	6	1	6
四　　川	80	914	9	77	49318	16	3	10
贵　　州	13	303	4	24	9427	12	1	10
云　　南	38	354	3	42	29297	14	2	11
西　　藏	33	268	——	——	16517	9	——	8
陕　　西	110	1496	42	159	94053	17	3	12
甘　　肃	40	556	7	29	33340	16	1	15
青　　海	2	23	——	——	900	2	——	2
宁　　夏	14	221	——	34	9143	2	——	2
新　　疆	26	333	4	18	20803	17	——	17

演场所演出及收支情况（一）

观众人次合计（千人次）	艺术演出观众人次	电影放映观众人次	本年收入合计（千元）	财政补助收入	上级补助收入	事业收入	艺术演出分成收入	电影放映分成收入	经营收入
114208	**40713**	**58448**	**836433**	**120325**	**14344**	**412659**	**131858**	**113657**	**206261**
454	405	49	15050	——	100	1680	487	——	11770
113754	40308	58399	821383	120325	14244	410979	131371	113657	194491
2578	1604	870	41689	902	498	35737	16045	5889	3242
1132	358	678	17247	317	47	7105	1042	3128	8963
3140	1593	1226	32487	7716	1336	15410	6378	3351	5277
1942	508	1269	16280	1677	30	8040	1320	2050	3448
2113	436	1677	8346	3771	——	2173	790	1383	2402
3325	749	2556	29339	2726	404	14633	3825	3900	11372
462	69	393	5568	70	——	1043	253	371	4392
3456	909	2532	23448	12029	1574	6410	717	1968	2389
2366	1335	1013	9421	1741	120	3206	530	1700	4338
3645	1893	1691	63619	1049	2168	46780	9551	3748	5815
7525	2812	4428	77221	1392	848	46148	17116	16928	22295
5625	2634	2503	58903	11597	933	26505	11692	4665	12497
350	231	119	12330	4458	758	5539	2023	262	587
3399	1737	1438	24134	4790	1094	10137	2178	3464	7536
13914	2466	3176	40832	7663	1278	22741	3023	9631	6183
231	63	168	9617	2798	——	5790	137	1201	585
2750	1101	1589	16756	4321	582	7592	2895	3291	2937
7332	2528	4557	43847	8748	270	20574	5829	7365	11309
577	361	144	7493	1207	——	4343	481	89	1897
8156	2155	5292	36749	3495	1081	19983	5987	6649	11010
4845	1977	2640	30902	1980	130	15160	5346	3255	10780
10104	2477	7463	46660	8167	232	26253	12929	6738	10014
4703	2376	2269	89931	15610	365	39291	13694	13771	25159
511	346	165	22527	4162	218	12267	7176	4228	5714
2040	1300	360	21179	1738	648	1850	981	699	3136
544	307	237	2306	——	——	1554	360	304	752
547	136	411	4268	746	——	1811	151	265	1711
6208	1626	2433	21001	2711	335	4633	1726	1195	8852
715	239	275	8540	965	——	2880	927	1095	283
1700	1069	629	12720	2392	68	6268	1150	730	3562
1115	442	560	4449	3644	30	165	34	73	271
5391	2495	2578	17925	3427	108	7108	2141	1540	5634
1266	668	590	8409	1562	60	4285	1975	1431	1837
63	1	62	942	——	——	519	——	157	——
828	174	354	2204	266	4	661	151	510	760
1287	203	1043	9629	3183	1	5367	888	2784	727

各地区文化部门艺术表

		本年支出合			
				在支出	
		事业支出	经营支出	从业人员劳动报酬	税金支出
总　计	**893744**	**654961**	**209906**	**283886**	**41410**
中　央	15206	1502	7019	4267	634
地　方	878538	653459	202887	279619	40776
北　京	43150	37922	4019	15594	2500
天　津	17918	8528	7847	6339	862
河　北	33122	27234	5323	10462	1391
山　西	16589	12364	4095	6434	645
内蒙古	8436	5584	2782	4447	199
辽　宁	33294	23121	7159	8885	1532
其中:大连	7623	2807	3076	1590	326
吉　林	25335	23060	2069	6255	542
黑龙江	9463	7496	1882	3249	828
上　海	60132	52543	6088	20139	3999
江　苏	90607	59333	28925	26162	3502
浙　江	65824	54546	9991	22784	2725
其中:宁波	14415	12687	1218	5472	512
安　徽	27767	17767	9365	10170	1218
福　建	39137	30809	7945	13519	2588
其中:厦门	8762	7536	1149	2946	893
江　西	17114	15680	1256	6771	857
山　东	49841	38796	10309	15449	1823
其中:青岛	8681	6394	1942	2295	402
河　南	38714	30327	7843	13964	1857
湖　北	34291	21200	12215	11861	1454
湖　南	52145	40484	11340	16643	2037
广　东	95650	63886	27213	22786	4304
其中:深圳	24487	23246	1241	7855	647
广　西	21832	11478	10023	2717	454
海　南	2292	1752	540	1094	142
重庆市	4665	2714	1821	1459	208
四　川	21847	12209	9317	7527	1244
贵　州	7772	7425	347	3858	713
云　南	13422	9509	3770	4089	1096
西　藏	4753	4132	551	913	40
陕　西	18929	15936	2680	7196	979
甘　肃	9177	5200	3936	3679	477
青　海	998	998	——	469	75
宁　夏	3287	1537	1428	1207	132
新　疆	11035	9889	808	3498	353

演场所演出及收支情况（二）

计（千元）			经费自给率（%）	劳动报酬占总支出比重（%）	年末固定资产原值（千元）	增加值（千元）	公用房屋建筑面积	
合计中								
社会保障费	修缮费	设备购置费					（千平方米）	演（映）出业务用房
104952	**51809**	**36572**	**81.1**	**31.8**	**4891900**	**560757**	**4731**	**2555**
15	17	675	175.4	28.1	21197	6098	43	27
104937	51792	35897	80.2	31.8	4870703	554659	4688	2528
1992	3870	1454	96.1	36.1	122552	24915	82	52
1954	333	156	103.1	35.4	51421	10861	67	33
4009	6092	1981	72	31.6	128244	18094	284	217
1978	1043	870	88.5	38.8	67279	10351	138	67
958	332	188	54.7	52.7	44444	6825	84	62
4098	1145	995	86.6	26.7	149885	17426	279	153
587	14	1	93.5	20.9	49586	4110	34	10
5869	5437	313	39.2	24.7	69598	9582	142	77
1170	691	106	80.6	34.3	48398	6147	66	24
7424	4497	1073	103	33.5	127552	33496	107	26
8495	2067	1862	85	28.9	529750	56268	368	196
7348	1492	2199	71.9	34.6	200239	35284	268	132
1522	310	246	51.2	38	23963	7323	32	12
5900	1388	261	67.3	36.6	96399	16723	159	52
4741	1376	968	82.3	34.5	188122	29507	190	100
803	238	195	78.5	33.6	27715	5503	28	7
2418	1651	481	70	39.6	50583	9858	121	38
6940	3556	1039	70.9	31	274972	28866	293	204
1448	687	50	75.4	26.4	23971	3656	34	22
7602	1872	1880	84.3	36.1	189026	24956	401	205
4448	1896	1046	86.2	34.6	199118	23309	197	113
5443	2921	3150	73.8	31.9	270222	29761	279	175
6893	3185	1613	81.2	23.8	404958	47823	251	145
1174	485	423	74.1	32.1	114589	13086	61	37
1020	1043	10103	87.4	12.4	124155	8983	96	30
427	37	4	100.6	47.7	48885	3359	59	39
643	124	124	77.7	31.3	18915	2531	48	16
3796	1435	493	83.4	34.5	168439	16052	177	89
1104	219	260	97.5	49.6	36376	6109	32	19
968	445	592	77.3	30.5	81872	8983	87	47
1503	87	128	16.5	19.2	805463	33214	18	7
2574	1229	471	77.3	38	143539	14854	196	118
1605	624	220	74.3	40.1	89124	8856	105	30
98	22	22	94.4	47	1439	602	3	1
489	169	97	65.2	36.7	18847	2378	33	29
1030	1514	1748	60.3	31.7	120887	8686	58	32

各地区文化部门省级艺术

	机构数（个）	从业人员数（人）			座席数（个）	演（映）出场次合计（千场）		
			高级职称	中级职称			艺术演出场次	电影放映场次
总　　计	**109**	**3466**	**137**	**353**	**83163**	**93**	**3**	**82**
北　　京	10	274	3	35	6420	5	2	3
天　　津	11	271	17	6	6056	26	——	24
河　　北	2	134	1	5	4757	1	——	——
山　　西	2	38	——	——	2610	3	——	1
内 蒙 古	1	21	——	2	1188	1	——	1
辽　　宁	3	49	——	——	2260	——	——	——
吉　　林	3	251	11	26	2332	——	——	——
黑 龙 江	3	52	7	3	2470	——	——	——
上　　海	9	332	——	19	5551	1	1	——
江　　苏	4	99	8	21	2955	1	——	1
浙　　江	4	135	1	24	3979	4	——	1
安　　徽	3	120	4	29	3167	1	——	1
福　　建	2	80	——	20	1227	——	——	——
江　　西	3	106	7	11	1600	1	——	1
山　　东	3	214	10	29	2714	5	——	5
河　　南	2	124	4	13	2260	5	——	5
湖　　北	3	93	10	11	1375	——	——	——
湖　　南	6	245	4	21	4695	10	——	10
广　　东	2	124	1	3	3367	——	——	——
广　　西	3	45	28	——	1725	——	——	——
海　　南	——	——	——	——	——	——	——	——
重 庆 市	3	33	9	2	——	——	——	——
四　　川	2	102	4	15	2341	——	——	——
贵　　州	4	143	3	16	2992	——	——	——
云　　南	5	95	2	8	3037	7	——	7
西　　藏	——	——	——	——	——	——	——	——
陕　　西	4	37	1	9	2740	——	——	——
甘　　肃	5	100	1	9	4092	6	——	6
青　　海	2	23	——	——	900	2	——	2
宁　　夏	2	49	——	12	1060	——	——	——
新　　疆	3	77	1	4	3293	14	——	14

表演场所演出及收支情况（一）

观众人次合计（千人次）			本年收入合计（千元）						
	艺术演出观众人次	电影放映观众人次		财政补助收入	上级补助收入	事业收入			经营收入
							艺术演出分成收入	电影放映分成收入	
16303	**6224**	**9569**	**195697**	**28654**	**3261**	**108036**	**36859**	**18484**	**36306**
1070	920	150	22217	——	——	21508	9476	1730	560
725	231	445	7584	——	47	5075	559	2624	2332
871	718	11	12088	5490	580	5008	4150	137	——
139	31	52	2640	62	——	2327	——	127	251
182	48	134	890	——	——	376	312	64	514
313	145	158	2913	——	——	919	719	200	1953
168	84	82	7130	3895	945	1774	——	——	65
260	150	110	3996	——	——	641	448	193	3355
989	927	62	28794	——	1140	26355	5994	410	——
369	147	90	2982	——	——	2226	824	274	274
361	235	77	8564	2870	——	3155	1838	498	668
50	27	23	3204	——	——	400	——	280	2804
49	30	19	3380	547	150	488	110	102	1187
1336	336	1000	4810	——	62	4184	1637	2125	564
837	355	482	8111	3200	——	1801	87	1698	2060
214	44	170	2282	——	——	1364	707	645	918
100	100	——	2928	——	——	2928	1860	——	——
5612	112	5500	16088	1960	——	7859	3154	4297	4509
450	447	3	22801	7892	125	8574	1569	14	5632
130	33	29	4548	356	158	66	33	33	548
——	——	——	——	——	——	——	——	——	——
——	——	——	1129	——	——	603	——	——	526
256	252	4	7452	——	——	1060	742	——	5884
70	68	2	4469	160	——	329	——	11	——
211	112	97	3322	——	——	1724	328	236	1187
——	——	——	——	——	——	——	——	——	——
462	462	——	607	——	——	——	——	——	——
195	160	35	3223	678	50	1982	1576	81	513
63	1	62	942	——	——	519	——	157	——
——	——	——	180	——	4	——	——	——	2
821	49	772	6423	1544	——	4791	736	2548	——

各地区文化部门省级艺术

		本年支出合			
				在支出	
		事业支出	经营支出	从业人员劳动报酬	税金支出
总计	**199460**	**163956**	**31632**	**53186**	**11478**
北京	22177	21019	258	8879	1417
天津	8737	6529	1459	3333	313
河北	11440	11405	——	1668	257
山西	2681	2580	82	457	115
内蒙古	890	376	514	145	23
辽宁	3310	2650	660	676	466
吉林	8719	8632	87	1315	118
黑龙江	4066	2453	1613	795	740
上海	25347	24397	——	8193	2683
江苏	4156	3803	353	1009	135
浙江	10000	9510	384	2125	193
安徽	4755	1676	3079	1670	307
福建	3717	3717	——	1834	237
江西	5316	5216	——	1154	335
山东	10736	8676	2060	1936	281
河南	2448	2186	262	991	215
湖北	2958	2906	——	1128	93
湖南	18792	10982	7766	2936	645
广东	17108	12618	3689	3529	978
广西	4848	2500	2282	453	67
海南	——	——	——	——	——
重庆市	1137	535	602	162	44
四川	7426	1444	5932	2158	697
贵州	3925	3925	——	2161	322
云南	3709	3159	550	1202	336
西藏	——	——	——	——	——
陕西	607	607	——	98	2
甘肃	2979	2979	——	776	124
青海	998	998	——	469	75
宁夏	681	681	——	240	——
新疆	5797	5797	——	1694	260

表演场所演出及收支情况（二）

计（千元） 合计中 社会保障费	修缮费	设备购置费	经费自给率（%）	劳动报酬占总支出比重（%）	年末固定资产原值（千元）	增加值（千元）	公用房屋建筑面积（千平方米）	演（映）出业务用房
13149	**20637**	**10801**	**83.7**	**26.7**	**796456**	**102120**	**558**	**280**
663	2239	827	104.4	40	46019	12913	34	24
839	305	156	94.4	38.1	15453	4953	23	11
430	4518	1652	52.8	14.6	8706	2273	41	35
209	245	100	96.8	17	6688	854	5	5
2	13	3	100	16.3	2759	278	4	4
390	819	70	88	20.4	3304	1274	37	14
559	4237	56	26.3	15.1	13554	1975	32	12
375	404	——	98.3	19.6	12242	2025	11	8
2272	2619	592	113.4	32.3	79886	17857	42	15
223	71	37	71.8	24.3	55546	3366	24	12
510	162	678	57.6	21.3	45500	4143	28	20
78	——	——	67.4	35.1	14848	2777	24	——
309	112	3	72.2	49.3	59596	4455	13	10
327	330	287	91	21.7	12369	1984	17	——
298	1500	350	45.7	18	33863	3572	16	11
275	28	56	93.2	40.5	10901	1642	11	7
460	49	54	100.8	38.1	3164	1400	3	3
1084	518	1309	75.4	15.6	156356	9835	59	28
316	1580	548	90.7	20.6	11850	4981	20	5
255	226	2325	84.4	9.3	9204	888	1	——
——	——	——	——	——	——	——	——	——
11	61	——	99.3	14.2	1676	341	15	——
459	248	248	101	29.1	77383	5950	24	12
520	77	73	109.8	55.1	9466	2862	11	11
127	61	59	89.6	32.4	19978	2337	22	14
——	——	——	——	——	——	——	——	——
213	——	——	100	16.1	24690	1088	5	——
696	91	111	83.8	26	30406	2116	18	5
98	22	22	94.4	47	1439	602	3	1
346	——	——	25.8	35.2	1347	294	2	2
805	102	1185	84.2	29.2	28263	3085	13	11

各地区文化部门地市级艺术

	机构数（个）	从业人员数（人）			座席数（个）	演(映)出场次合计(千场)		
			高级职称	中级职称			艺术演出场次	电影放映场次
总　计	**602**	**14793**	**218**	**1253**	**400042**	**416**	**26**	**304**
北　京	12	333	8	14	10414	11	1	7
天　津	18	315	6	11	8771	13	——	6
河　北	24	854	5	102	16170	23	——	18
山　西	18	514	1	53	12591	12	——	5
内蒙古	12	316	14	24	11848	3	——	3
辽　宁	31	1035	40	55	16957	8	1	7
其中:大连	3	82	8	10	1080	——	——	——
吉　林	18	650	8	63	9052	8	1	7
黑龙江	21	238	2	18	15546	9	1	7
上　海	26	728	——	48	14690	18	3	15
江　苏	42	999	2	74	24095	35	2	25
浙　江	21	360	3	30	11780	14	2	7
其中:宁波	4	61	——	8	964	——	——	——
安　徽	26	644	3	71	14875	12	1	5
福　建	21	383	——	24	12142	13	2	11
其中:厦门	7	149	——	5	3528	7	——	6
江　西	27	581	6	77	21365	6	1	4
山　东	29	954	31	150	25576	25	1	20
其中:青岛	7	187	——	25	5547	4	——	1
河　南	42	1565	31	73	25943	61	1	50
湖　北	18	745	9	100	12779	37	2	17
湖　南	23	649	14	83	17266	15	1	12
广　东	29	769	5	40	20628	40	1	37
其中:深圳	2	167	4	17	2006	2	——	2
广　西	9	157	19	31	7491	1	1	1
海　南	2	80	——	1	2202	1	——	——
重庆市	13	68	1	1	4549	6	——	5
四　川	32	456	1	14	19113	11	1	8
贵　州	7	113	——	3	4422	12	——	10
云　南	12	188	1	29	10377	3	1	2
西　藏	11	140	——	——	7220	4	——	4
陕　西	30	525	3	31	22869	7	1	3
甘　肃	15	270	4	16	12128	7	1	7
青　海	——	——	——	——	——	——	——	——
宁　夏	2	56	——	11	890	——	——	——
新　疆	11	108	1	6	6293	1	——	1

表演场所演出及收支情况（一）

观众人次合计（千人次）	艺术演出观众人次	电影放映观众人次	本年收入合计（千元）	财政补助收入	上级补助收入	事业收入	艺术演出分成收入	电影放映分成收入	经营收入
40022	**14082**	**22287**	**382682**	**43271**	**7601**	**190006**	**53267**	**58492**	**100270**
1165	563	503	16177	902	498	12454	5958	3394	1729
259	55	157	8232	99	——	1653	274	336	6128
941	233	621	13529	1187	733	7219	1060	2124	2718
677	147	421	8609	782	——	3107	697	627	1883
755	131	624	4129	2327	——	1117	318	799	685
1630	425	1204	20198	1932	367	10495	2897	2348	7404
66	66	——	3542	——	——	211	211	——	3331
1220	334	886	11440	6244	——	2445	338	754	2259
1010	484	526	3799	1426	120	1531	19	973	716
2506	887	1559	33843	1049	1028	19789	3382	3223	5469
2610	1008	1505	38554	683	764	22186	4845	9306	10852
2668	733	1770	18268	1627	331	8789	3212	1280	5886
115	101	14	4985	799	306	3772	661	12	——
1705	1198	464	11812	2555	1085	5573	1237	1372	2455
937	288	619	18521	3966	443	11915	1384	4789	1611
231	63	168	9617	2798	——	5790	137	1201	585
892	378	454	8584	3112	450	2578	1120	949	1971
2902	981	1794	20073	1764	192	10317	2643	4015	6330
464	308	84	5443	992	——	2582	294	89	1823
3339	464	2229	21807	629	950	12089	2469	4259	7113
1039	642	319	15363	280	35	5888	1337	1688	6659
2501	1047	1392	17940	1485	86	13452	7579	1611	2848
1723	726	987	46030	3658	226	21764	9007	10179	12925
352	271	81	18746	3586	218	11152	6563	3726	3790
971	648	255	7637	411	170	1000	273	597	2539
95	62	33	694	——	——	391	129	5	303
112	29	83	2475	651	——	1125	103	265	699
4262	571	2152	7003	387	57	1984	419	725	852
588	135	252	2320	200	——	1405	57	991	283
887	481	406	7456	1390	66	3969	706	267	2029
564	330	227	2477	1913	——	60	17	28	257
1251	716	467	9905	1491	——	3486	1450	177	4097
638	333	297	3818	380	——	1822	317	1214	953
——	——	——	——	——	——	——	——	——	——
48	20	28	724	——	——	156	20	136	341
127	33	53	1265	741	——	247	——	61	276

各地区文化部门地市级艺术

		本年支出合			
		事业支出	经营支出	在支出	
				从业人员劳动报酬	税金支出
总　　计	**419086**	**303323**	**106017**	**131909**	**20296**
北　　京	17015	15114	1696	5307	902
天　　津	8083	1103	6388	2566	519
河　　北	14521	10830	3175	5315	694
山　　西	8608	6437	2084	3657	390
内 蒙 古	4121	2937	1114	2182	56
辽　　宁	22827	14911	5611	5417	747
其中:大连	5304	488	3076	907	165
吉　　林	11520	9364	1981	2717	340
黑 龙 江	3783	3580	203	1527	60
上　　海	33970	27549	5870	11543	1281
江　　苏	48547	30308	17378	12574	1981
浙　　江	19159	13818	5142	6562	1257
其中:宁波	5669	5487	——	1510	383
安　　徽	13710	8978	4467	4384	620
福　　建	18017	15257	2509	5973	1503
其中:厦门	8762	7536	1149	2946	893
江　　西	8548	7605	943	4217	449
山　　东	22529	16296	5772	6708	808
其中:青岛	6495	4290	1942	1491	147
河　　南	23599	17948	5407	7879	1348
湖　　北	18329	10389	7278	5523	747
湖　　南	20333	18749	1320	8274	1000
广　　东	51633	39231	11509	12676	2662
其中:深圳	20842	20666	176	6183	509
广　　西	7976	3070	4787	1560	350
海　　南	683	560	123	362	77
重 庆 市	2857	1986	821	1157	160
四　　川	7483	6186	1170	3261	318
贵　　州	2118	1771	347	987	218
云　　南	7687	4811	2733	2266	685
西　　藏	3357	2958	399	602	40
陕　　西	10759	9532	1010	3500	698
甘　　肃	4718	1221	3456	2143	268
青　　海	——	——	——	——	——
宁　　夏	1329	——	1011	263	87
新　　疆	1267	824	313	807	31

表演场所演出及收支情况（二）

计（千元）			经费自给率（%）	劳动报酬占总支出比重（%）	年末固定资产原值（千元）	增加值（千元）	公用房屋建筑面积	
合计中							（千平方米）	演(映)出业务用房
社会保障费	修缮费	设备购置费						
57977	**16037**	**12605**	**81.1**	**31.5**	**1644365**	**234949**	**1763**	**914**
1180	1569	491	87.9	31.2	44865	8648	35	19
788	28	——	108.6	31.7	31526	5260	34	19
2619	797	240	82.9	36.6	41524	8552	75	54
1401	174	386	91.9	42.5	24544	5228	56	21
746	230	114	44.5	52.9	23710	3584	37	24
2606	294	922	87.2	23.7	106842	10955	166	114
174	14	——	99.4	17.1	38925	2840	14	5
4379	1062	227	45.8	23.6	30487	4276	58	31
606	137	51	59.6	40.4	22023	2495	31	7
5022	1878	481	95.1	34	45736	15084	65	11
3534	1006	1316	77.8	25.9	236199	27335	134	67
2062	370	361	86	34.3	44729	10326	63	29
520	146	26	70.7	26.6	6655	2159	10	4
3482	857	44	60.8	32	37628	7556	48	14
2177	354	308	79.4	33.2	46990	10491	64	28
803	238	195	78.5	33.6	27715	5503	28	7
1667	639	148	58.8	49.3	28964	5836	66	18
3842	1252	205	82.1	29.8	112987	12321	101	69
1139	668	14	71.4	23	20384	2453	26	15
4251	996	1178	86.6	33.4	70282	13199	136	65
2067	504	535	85.2	30.1	110998	11502	72	40
2617	875	1340	81.6	40.7	51767	11559	82	53
5071	835	224	83.1	24.6	222683	25365	120	70
1129	485	185	71.7	29.7	99259	10662	46	21
609	400	3123	89.8	19.6	96557	6536	59	21
104	7	——	101.6	53	11443	908	5	3
631	62	36	65	40.5	14084	1919	24	12
1493	172	98	89.2	43.6	27815	5227	80	41
264	20	134	100.1	46.6	15573	1909	10	4
699	242	228	79.5	29.5	40442	4996	38	16
1425	48	103	16.8	17.9	3702	809	8	6
1798	835	237	79.8	32.5	51249	6261	58	32
653	368	72	73.5	45.4	28697	4655	18	12
——	——	——	——	——	——	——	——	——
102	16	3	71.6	19.8	7972	825	7	7
82	10	——	46.1	63.7	12347	1332	13	7

各地区文化部门县市级艺术

	机构数（个）	从业人员数（人）			座席数（个）	演（映）出场次合计（千场）		
			高级职称	中级职称			艺术演出场次	电影放映场次
总　　计	**1104**	**18862**	**217**	**1424**	**956164**	**228**	**35**	**161**
北　　京	2	108	——	——	2342	2	——	2
天　　津	3	64	——	4	3031	——	——	——
河　　北	69	964	4	82	66378	8	1	5
山　　西	29	484	5	64	33117	6	——	5
内 蒙 古	23	302	6	39	19136	2	——	2
辽　　宁	34	819	2	21	25292	5	——	5
其中：大连	5	167	1	5	5823	1	——	1
吉　　林	28	641	10	62	23397	4	1	3
黑 龙 江	29	234	3	17	15249	2	——	2
上　　海	1	18	——	——	1300	——	——	——
江　　苏	83	1644	3	163	69144	22	3	17
浙　　江	57	917	9	78	47046	21	7	11
其中：宁波	6	158	6	27	4921	2	——	1
安　　徽	65	1044	3	94	45432	15	1	10
福　　建	55	621	15	82	37797	14	3	10
其中：厦门	——	——	——	——	——	——	——	——
江　　西	32	183	1	12	22719	4	1	3
山　　东	72	1266	11	149	70023	25	1	20
其中：青岛	4	59	1	13	3066	——	——	——
河　　南	115	3031	19	81	121005	16	2	13
湖　　北	51	1215	29	131	53768	16	2	10
湖　　南	68	1041	11	84	57863	19	3	9
广　　东	40	1107	8	35	41265	13	4	8
其中：深圳	4	39	2	3	3806	1	——	1
广　　西	14	136	30	12	17610	2	1	——
海　　南	17	1016	1	12	18771	3	——	2
重 庆 市	8	21	——	2	5448	1	——	——
四　　川	46	356	4	48	27864	4	2	2
贵　　州	2	47	1	5	2013	——	——	——
云　　南	21	71	——	5	15883	3	1	3
西　　藏	22	128	——	——	9297	5	——	5
陕　　西	76	934	38	119	68444	10	2	8
甘　　肃	20	186	2	4	17120	2	——	2
青　　海	——	——	——	——	——	——	——	——
宁　　夏	10	116	——	11	7193	1	——	1
新　　疆	12	148	2	8	11217	3	——	3

表演场所演出及收支情况（一）

观众人次合计（千人次）	艺术演出观众人次	电影放映观众人次	本年收入合计（千元）	财政补助收入	上级补助收入	事业收入	艺术演出分成收入	电影放映分成收入	经营收入
57429	**20002**	**26543**	**243004**	**48400**	**3382**	**112937**	**41245**	**36681**	**57915**
343	121	217	3295	——	——	1775	611	765	953
148	72	76	1431	218	——	377	209	168	503
1328	642	594	6870	1039	23	3183	1168	1090	2559
1126	330	796	5031	833	30	2606	623	1296	1314
1176	257	919	3327	1444	——	680	160	520	1203
1382	179	1194	6228	794	37	3219	209	1352	2015
396	3	393	2026	70	——	832	42	371	1061
2068	491	1564	4878	1890	629	2191	379	1214	65
1096	701	377	1626	315	——	1034	63	534	267
150	79	70	982	——	——	636	175	115	346
4546	1657	2833	35685	709	84	21736	11447	7348	11169
2596	1666	656	32071	7100	602	14561	6642	2887	5943
235	130	105	7345	3659	452	1767	1362	250	587
1644	512	951	9118	2235	9	4164	941	1812	2277
12928	2148	2538	18931	3150	685	10338	1529	4740	3385
——	——	——	——	——	——	——	——	——	——
522	387	135	3362	1209	70	830	138	217	402
3593	1192	2281	15663	3784	78	8456	3099	1652	2919
113	53	60	2050	215	——	1761	187	——	74
4603	1647	2893	12660	2866	131	6530	2811	1745	2979
3706	1235	2321	12611	1700	95	6344	2149	1567	4121
1991	1318	571	12632	4722	146	4942	2196	830	2657
2530	1203	1279	21100	4060	14	8953	3118	3578	6602
159	75	84	3781	576	——	1115	613	502	1924
939	619	76	8994	971	320	784	675	69	49
449	245	204	1612	——	——	1163	231	299	449
435	107	328	664	95	——	83	48	——	486
1690	803	277	6546	2324	278	1589	565	470	2116
57	36	21	1751	605	——	1146	870	93	——
602	476	126	1942	1002	2	575	116	227	346
551	112	333	1972	1731	30	105	17	45	14
3678	1317	2111	7413	1936	108	3622	691	1363	1537
433	175	258	1368	504	10	481	82	136	371
——	——	——	——	——	——	——	——	——	——
780	154	326	1300	266	——	505	131	374	417
339	121	218	1941	898	1	329	152	175	451

各地区文化部门县市级艺术

		本年支出合			
				在支出	
		事业支出	经营支出	从业人员劳动报酬	税金支出
总　计	**259992**	**186180**	**65238**	**94524**	**9002**
北　京	3958	1789	2065	1408	181
天　津	1098	896	——	440	30
河　北	7161	4999	2148	3479	440
山　西	5300	3347	1929	2320	140
内蒙古	3425	2271	1154	2120	120
辽　宁	7157	5560	888	2792	319
其中:大连	2319	2319	——	683	161
吉　林	5096	5064	1	2223	84
黑龙江	1614	1463	66	927	28
上　海	815	597	218	403	35
江　苏	37904	25222	11194	12579	1386
浙　江	36665	31218	4465	14097	1275
其中:宁波	8746	7200	1218	3962	129
安　徽	9302	7113	1819	4116	291
福　建	17403	11835	5436	5712	848
其中:厦门	——	——	——	——	——
江　西	3250	2859	313	1400	73
山　东	16576	13824	2477	6805	734
其中:青岛	2186	2104	——	804	255
河　南	12667	10193	2174	5094	294
湖　北	13004	7905	4937	5210	614
湖　南	13020	10753	2254	5433	392
广　东	26909	12037	12015	6581	664
其中:深圳	3645	2580	1065	1672	138
广　西	9008	5908	2954	704	37
海　南	1609	1192	417	732	65
重庆市	671	193	398	140	4
四　川	6938	4579	2215	2108	229
贵　州	1729	1729	——	710	173
云　南	2026	1539	487	621	75
西　藏	1396	1174	152	311	——
陕　西	7563	5797	1670	3598	279
甘　肃	1480	1000	480	760	85
青　海	——	——	——	——	——
宁　夏	1277	856	417	704	45
新　疆	3971	3268	495	997	62

表演场所演出及收支情况（二）

计（千元）			经费自给率（%）	劳动报酬占总支出比重（%）	年末固定资产原值（千元）	增加值（千元）	公用房屋建筑面积	
合计中							（千平方米）	演(映)出业务用房
社会保障费	修缮费	设备购置费						
33811	**15118**	**12491**	**76.1**	**36.4**	**2429882**	**217591**	**2370**	**1337**
149	62	136	85.5	35.6	31668	3355	13	8
327	——	——	135.4	40.1	4442	648	10	3
960	777	89	81.3	48.6	78014	7269	169	128
368	624	384	79	43.8	36047	4270	77	42
210	89	71	55	61.9	17975	2962	43	34
1102	32	3	83.7	39	39739	5198	75	26
413	——	1	84.3	29.5	10661	1270	19	5
931	138	30	46.6	43.6	25557	3330	52	34
189	150	55	85.7	57.4	14133	1627	24	9
130	——	——	120.5	49.4	1930	555	——	——
4738	990	509	95.8	33.2	238005	25567	210	117
4776	960	1160	68.3	38.4	110010	20814	178	83
1002	164	220	38.4	45.3	17308	5163	22	8
2340	531	217	77	44.2	43923	6390	88	38
2255	910	657	87.4	32.8	81536	14561	113	61
——	——	——	——	——	——	——	——	——
424	682	46	65.7	43.1	9250	2039	38	19
2800	804	484	72.4	41.1	128122	12973	177	124
309	19	36	87.2	36.8	3587	1202	8	6
3076	848	646	78.1	40.2	107843	10115	253	133
1921	1343	457	84.2	40.1	84956	10407	122	70
1742	1528	501	59.7	41.7	62099	8367	137	94
1506	770	841	70.8	24.5	170425	17477	111	70
45	——	238	87.9	45.9	15330	2423	15	15
156	417	4655	86.9	7.8	18394	1559	36	9
323	30	4	100.2	45.5	37442	2452	53	36
1	1	88	96.3	20.9	3155	270	9	5
1844	1015	147	58.1	30.4	63241	4875	73	36
320	122	53	66.3	41.1	11337	1338	12	4
142	142	305	46.3	30.7	21452	1650	28	18
78	39	25	15.9	22.3	801761	32404	10	2
563	394	234	71.9	47.6	67600	7505	134	86
256	165	37	57.7	51.4	30021	2085	69	13
——	——	——	——	——	——	——	——	——
41	153	94	81.2	55.1	9528	1259	24	20
143	1402	563	27.7	25.1	80277	4270	32	15

各地区文化部门剧场、

	机构数（个）	从业人员数（人）			座席数（个）	演(映)出场次合计(千场)		
			高级职称	中级职称			艺术演出场次	电影放映场次
总　　计	**1770**	**36404**	**571**	**2980**	**1417721**	**724**	**64**	**539**
中　　央	3	111	5	11	3461	——	——	——
地　　方	1767	36293	566	2969	1414260	724	64	539
北　　京	21	611	8	37	16515	15	2	9
天　　津	30	614	23	21	16968	34	——	26
河　　北	94	1934	10	187	86313	31	2	23
山　　西	49	1036	6	117	48318	21	1	11
内 蒙 古	36	639	20	65	32172	6	1	6
辽　　宁	67	1866	42	76	43429	13	1	12
其中:大连	8	249	9	15	6903	1	——	1
吉　　林	48	1486	28	147	33926	13	2	10
黑 龙 江	46	425	11	30	29861	10	1	8
上　　海	31	941	——	55	20117	18	3	15
江　　苏	120	2669	13	253	94992	56	5	42
浙　　江	75	1368	13	128	61687	37	8	18
其中:宁波	10	219	6	35	5885	2	——	1
安　　徽	93	1805	10	194	63474	27	2	16
福　　建	76	1065	15	125	50276	27	4	21
其中:厦门	6	134	——	4	2957	7	——	6
江　　西	60	857	14	99	43284	11	2	9
山　　东	104	2434	52	328	98313	54	2	45
其中:青岛	11	246	1	38	8613	4	——	1
河　　南	159	4720	54	167	149208	82	2	69
湖　　北	70	1961	48	233	63507	54	3	27
湖　　南	97	1935	29	188	79824	45	4	31
广　　东	70	1908	13	75	63281	53	6	45
其中:深圳	6	206	6	20	5812	3	——	3
广　　西	26	338	77	43	26826	3	1	1
海　　南	19	1096	1	13	20973	3	1	2
重 庆 市	23	122	10	5	9997	6	1	6
四　　川	79	914	9	77	48468	16	3	10
贵　　州	13	303	4	24	9427	12	1	10
云　　南	38	354	3	42	29297	14	2	11
西　　藏	33	268	——	——	16517	9	——	8
陕　　西	108	1491	42	159	93104	17	3	12
甘　　肃	40	556	7	29	33340	16	1	15
青　　海	2	23	——	——	900	2	——	2
宁　　夏	14	221	——	34	9143	2	——	2
新　　疆	26	333	4	18	20803	17	——	17

影剧院演出及收支情况（一）

观众人次合计（千人次）			本年收入合计（千元）						
	艺术演出观众人次	电影放映观众人次		财政补助收入	上级补助收入	事业收入			经营收入
							艺术演出分成收入	电影放映分成收入	
111837	**38778**	**58016**	**781351**	**108779**	**13955**	**386651**	**121144**	**109757**	**194571**
250	201	49	5524	——	100	1680	487	——	3695
111587	38577	57967	775827	108779	13855	384971	120657	109757	190876
2022	1190	728	32999	902	498	27745	10743	4211	2682
951	286	569	15796	317	47	5689	556	2222	8939
3140	1593	1226	32487	7716	1336	15410	6378	3351	5277
1942	508	1269	16280	1677	30	8040	1320	2050	3448
2113	436	1677	8346	3771	——	2173	790	1383	2402
3280	749	2511	28649	2726	404	14288	3825	3555	11027
462	69	393	5568	70	——	1043	253	371	4392
3456	909	2532	22727	11731	1574	6410	717	1968	2389
2245	1270	957	7424	826	95	2599	530	1312	3894
3422	1695	1666	58195	500	2014	44391	8508	3528	5625
7368	2673	4410	74781	1352	844	45184	16427	16679	20879
5522	2539	2499	57019	11567	887	25550	11117	4665	11875
350	231	119	12330	4458	758	5539	2023	262	587
3399	1737	1438	24113	4772	1094	10134	2178	3464	7536
13882	2434	3176	39213	6275	1278	22510	2941	9631	6183
204	36	168	8489	1819	——	5641	137	1201	585
2713	1064	1589	16416	4147	582	7440	2895	3291	2923
7332	2528	4557	43847	8748	270	20574	5829	7365	11309
577	361	144	7493	1207	——	4343	481	89	1897
8156	2155	5292	36749	3495	1081	19983	5987	6649	11010
4598	1760	2610	27809	1752	95	12783	4381	3155	10780
10104	2477	7463	46660	8167	232	26253	12929	6738	10014
4351	2027	2266	72762	7718	240	30717	12125	13757	25159
511	346	165	22527	4162	218	12267	7176	4228	5714
2040	1300	360	21179	1738	648	1850	981	699	3136
544	307	237	2306	——	——	1554	360	304	752
547	136	411	4268	746	——	1811	151	265	1711
6107	1525	2433	21001	2711	335	4633	1726	1195	8852
715	239	275	8540	965	——	2880	927	1095	283
1700	1069	629	12720	2392	68	6268	1150	730	3562
1115	442	560	4449	3644	30	165	34	73	271
5379	2483	2578	17908	3413	108	7105	2138	1540	5634
1266	668	590	8409	1562	60	4285	1975	1431	1837
63	1	62	942	——	——	519	——	157	——
828	174	354	2204	266	4	661	151	510	760
1287	203	1043	9629	3183	1	5367	888	2784	727

各地区文化部门剧场、

	本年支出合				
		事业支出	经营支出	在支出	
				从业人员劳动报酬	税金支出
总　计	**841939**	**617991**	**203839**	**268829**	**38948**
中　央	5718	1502	3932	1514	314
地　方	836221	616489	199907	267315	38634
北　京	34487	30417	3761	13280	1667
天　津	16486	7177	7766	5639	782
河　北	33122	27234	5323	10462	1391
山　西	16589	12364	4095	6434	645
内蒙古	8436	5584	2782	4447	199
辽　宁	32271	22098	7159	8643	1532
其中:大连	7623	2807	3076	1590	326
吉　林	24489	22214	2069	5823	542
黑龙江	7387	5563	1739	2631	791
上　海	54266	47689	5894	17839	3807
江　苏	87566	58348	26869	25506	3415
浙　江	63794	52767	9743	22273	2590
其中:宁波	14415	12687	1218	5472	512
安　徽	27746	17746	9365	10167	1218
福　建	37994	29666	7945	13179	2577
其中:厦门	8012	6786	1149	2655	885
江　西	16774	15340	1256	6491	856
山　东	49841	38796	10309	15449	1823
其中:青岛	8681	6394	1942	2295	402
河　南	38714	30327	7843	13964	1857
湖　北	31090	18645	12215	10857	1340
湖　南	52145	40484	11340	16643	2037
广　东	83032	51268	27213	19882	3652
其中:深圳	24487	23246	1241	7855	647
广　西	21832	11478	10023	2717	454
海　南	2292	1752	540	1094	142
重庆市	4665	2714	1821	1459	208
四　川	21847	12209	9317	7527	1244
贵　州	7772	7425	347	3858	713
云　南	13422	9509	3770	4089	1096
西　藏	4753	4132	551	913	40
陕　西	18912	15919	2680	7196	979
甘　肃	9177	5200	3936	3679	477
青　海	998	998	——	469	75
宁　夏	3287	1537	1428	1207	132
新　疆	11035	9889	808	3498	353

影剧院演出及收支情况（二）

计（千元）			经费自给率（%）	劳动报酬占总支出比重（%）	年末固定资产原值（千元）	增加值（千元）	公用房屋建筑面积（千平方米）	
合计中								
社会保障费	修缮费	设备购置费						演（映）出业务用房
102182	**49231**	**35476**	**80.1**	**31.9**	**4765658**	**537123**	**4616**	**2495**
15	17	675	99.8	26.5	8855	2531	35	23
102167	49214	34801	80	32	4756803	534592	4581	2472
1815	3274	1207	92.5	38.5	100766	20134	64	44
1812	333	156	103.3	34.2	50430	9970	63	30
4009	6092	1981	72	31.6	127744	18074	281	216
1978	1043	870	88.5	38.8	67279	10351	138	67
958	332	188	54.7	52.7	44444	6825	84	62
4098	1145	995	87.2	26.8	146581	17052	277	152
587	14	1	93.5	20.9	49586	4110	34	10
5571	5437	313	38.8	23.8	67357	9060	140	75
700	629	80	89.1	35.6	36545	5018	51	18
6710	4408	1016	103.9	32.9	123876	30857	103	23
8262	1995	1820	85.2	29.1	525012	55159	365	194
7098	1277	2192	71.3	34.9	195095	34427	261	129
1522	310	246	51.2	38	23963	7323	32	12
5882	1388	261	67.3	36.6	96399	16720	159	52
4656	1376	810	84.2	34.7	183347	28965	184	100
721	238	42	84.1	33.1	23096	5019	25	7
2415	1650	481	70.4	38.7	49199	9522	115	33
6940	3556	1039	70.9	31	274972	28866	293	204
1448	687	50	75.4	26.4	23971	3656	34	22
7602	1872	1880	84.3	36.1	189026	24956	401	205
4257	1603	981	84.1	34.9	155615	20401	182	99
5443	2921	3150	73.8	31.9	270222	29761	279	175
6704	1935	1119	82.6	23.9	395093	43873	233	141
1174	485	423	74.1	32.1	114589	13086	61	37
1020	1043	10103	87.4	12.4	124155	8983	96	30
427	37	4	100.6	47.7	48885	3359	59	39
643	124	124	77.7	31.3	18915	2531	48	16
3796	1435	493	83.4	34.5	168439	16052	174	86
1104	219	260	97.5	49.6	36376	6109	32	19
968	445	592	77.3	30.5	81872	8983	87	47
1503	87	128	16.5	19.2	805463	33214	18	7
2574	1229	471	77.4	38	143399	14848	195	117
1605	624	220	74.3	40.1	89124	8856	105	30
98	22	22	94.4	47	1439	602	3	1
489	169	97	65.2	36.7	18847	2378	33	29
1030	1514	1748	60.3	31.7	120887	8686	58	32

各地区文化部门省级剧场、

	机构数(个)	从业人员数(人)			座席数(个)	演(映)出场次合计(千场)		
			高级职称	中级职称			艺术演出场次	电影放映场次
总　　计	**99**	**3123**	**132**	**328**	**74899**	**84**	**2**	**75**
北　　京	7	170	——	23	3759	1	1	1
天　　津	9	235	17	6	5166	21	——	19
河　　北	2	134	1	5	4757	1	——	——
山　　西	2	38	——	——	2610	3	——	1
内 蒙 古	1	21	——	2	1188	1	——	1
辽　　宁	3	49	——	——	2260	——	——	——
吉　　林	2	195	10	22	1477	——	——	——
黑 龙 江	3	52	7	3	2470	——	——	——
上　　海	8	290	——	16	4429	1	1	——
江　　苏	4	99	8	21	2955	1	——	1
浙　　江	3	122	1	21	3421	4	——	1
安　　徽	3	120	4	29	3167	1	——	1
福　　建	2	80	——	20	1227	——	——	——
江　　西	3	106	7	11	1600	1	——	1
山　　东	3	214	10	29	2714	5	——	5
河　　南	2	124	4	13	2260	5	——	5
湖　　北	3	93	10	11	1375	——	——	——
湖　　南	6	245	4	21	4695	10	——	10
广　　东	1	32	——	——	1388	——	——	——
广　　西	3	45	28	——	1725	——	——	——
海　　南	——	——	——	——	——	——	——	——
重 庆 市	3	33	9	2	——	——	——	——
四　　川	2	102	4	15	2341	——	——	——
贵　　州	4	143	3	16	2992	——	——	——
云　　南	5	95	2	8	3037	7	——	7
西　　藏	——	——	——	——	——	——	——	——
陕　　西	3	37	1	9	2541	——	——	——
甘　　肃	5	100	1	9	4092	6	——	6
青　　海	2	23	——	——	900	2	——	2
宁　　夏	2	49	——	12	1060	——	——	——
新　　疆	3	77	1	4	3293	14	——	14

影剧院演出及收支情况（一）

观众人次合计（千人次）	艺术演出观众人次	电影放映观众人次	本年收入合计（千元）	财政补助收入	上级补助收入	事业收入	事业收入：艺术演出分成收入	事业收入：电影放映分成收入	经营收入
15042	**5246**	**9290**	**164998**	**20464**	**3136**	**88268**	**28417**	**15666**	**35634**
514	506	8	13527	——	——	13516	4174	52	——
544	159	336	6133	——	47	3659	73	1718	2308
871	718	11	12088	5490	580	5008	4150	137	——
139	31	52	2640	62	——	2327	——	127	251
182	48	134	890	——	——	376	312	64	514
313	145	158	2913	——	——	919	719	200	1953
168	84	82	6409	3597	945	1774	——	——	65
260	150	110	3996	——	——	641	448	193	3355
844	807	37	26527	——	1140	24882	5222	190	——
369	147	90	2982	——	——	2226	824	274	274
334	212	77	8163	2870	——	2842	1525	498	580
50	27	23	3204	——	——	400	——	280	2804
49	30	19	3380	547	150	488	110	102	1187
1336	336	1000	4810	——	62	4184	1637	2125	564
837	355	482	8111	3200	——	1801	87	1698	2060
214	44	170	2282	——	——	1364	707	645	918
100	100	——	2928	——	——	2928	1860	——	——
5612	112	5500	16088	1960	——	7859	3154	4297	4509
98	98	——	5632	——	——	——	——	——	5632
130	33	29	4548	356	158	66	33	33	548
——	——	——	——	——	——	——	——	——	——
——	——	——	1129	——	——	603	——	——	526
256	252	4	7452	——	——	1060	742	——	5884
70	68	2	4469	160	——	329	——	11	——
211	112	97	3322	——	——	1724	328	236	1187
——	——	——	——	——	——	——	——	——	——
462	462	——	607	——	——	——	——	——	——
195	160	35	3223	678	50	1982	1576	81	513
63	1	62	942	——	——	519	——	157	——
——	——	——	180	——	4	——	——	——	2
821	49	772	6423	1544	——	4791	736	2548	——

各地区文化部门省级剧场、

		本年支出合			
				在支出	
		事业支出	经营支出	从业人员劳动报酬	税金支出
总计	**172736**	**139375**	**31207**	**45697**	**9728**
北京	13514	13514	——	6565	584
天津	7305	5178	1378	2633	233
河北	11440	11405	——	1668	257
山西	2681	2580	82	457	115
内蒙古	890	376	514	145	23
辽宁	3310	2650	660	676	466
吉林	7873	7786	87	883	118
黑龙江	4066	2453	1613	795	740
上海	22576	22444	——	7230	2533
江苏	4156	3803	353	1009	135
浙江	9606	9202	298	1949	158
安徽	4755	1676	3079	1670	307
福建	3717	3717	——	1834	237
江西	5316	5216	——	1154	335
山东	10736	8676	2060	1936	281
河南	2448	2186	262	991	215
湖北	2958	2906	——	1128	93
湖南	18792	10982	7766	2936	645
广东	4490	——	3689	625	326
广西	4848	2500	2282	453	67
海南	——	——	——	——	——
重庆市	1137	535	602	162	44
四川	7426	1444	5932	2158	697
贵州	3925	3925	——	2161	322
云南	3709	3159	550	1202	336
西藏	——	——	——	——	——
陕西	607	607	——	98	2
甘肃	2979	2979	——	776	124
青海	998	998	——	469	75
宁夏	681	681	——	240	——
新疆	5797	5797	——	1694	260

影剧院演出及收支情况（二）

计（千元）			经费自给率（%）	劳动报酬占总支出比重（%）	年末固定资产原值（千元）	增加值（千元）	公用房屋建筑面积	
合计中								
社会保障费	修缮费	设备购置费					（千平方米）	演（映）出业务用房
12115	**18769**	**10036**	**82.9**	**26.5**	**760509**	**90604**	**510**	**260**
486	1643	580	100.1	48.6	24233	8131	17	16
697	305	156	92.8	36	14462	4062	19	8
430	4518	1652	52.8	14.6	8706	2273	41	35
209	245	100	96.8	17	6688	854	5	5
2	13	3	100	16.3	2759	278	4	4
390	819	70	88	20.4	3304	1274	37	14
261	4237	56	23.7	11.2	11313	1454	30	11
375	404	——	98.3	19.6	12242	2025	11	8
2052	2602	575	113.1	32	78829	16702	39	13
223	71	37	71.8	24.3	55546	3366	24	12
502	157	671	55.7	20.3	45493	3927	24	18
78	——	——	67.4	35.1	14848	2777	24	——
309	112	3	72.2	49.3	59596	4455	13	10
327	330	287	91	21.7	12369	1984	17	——
298	1500	350	45.7	18	33863	3572	16	11
275	28	56	93.2	40.5	10901	1642	11	7
460	49	54	100.8	38.1	3164	1400	3	3
1084	518	1309	75.4	15.6	156356	9835	59	28
127	330	54	152.7	13.9	1985	1030	2	1
255	226	2325	84.4	9.3	9204	888	1	——
——	——	——	——	——	——	——	——	——
11	61	——	99.3	14.2	1676	341	15	——
459	248	248	101	29.1	77383	5950	24	12
520	77	73	109.8	55.1	9466	2862	11	11
127	61	59	89.6	32.4	19978	2337	22	14
——	——	——	——	——	——	——	——	——
213	——	——	100	16.1	24690	1088	5	——
696	91	111	83.8	26	30406	2116	18	5
98	22	22	94.4	47	1439	602	3	1
346	——	——	25.8	35.2	1347	294	2	2
805	102	1185	84.2	29.2	28263	3085	13	11

各地区文化部门地市级剧场、

	机构数（个）	从业人员数（人）			座席数（个）	演（映）出场次合计（千场）		
			高级职称	中级职称			艺术演出场次	电影放映场次
总　　计	**580**	**14447**	**217**	**1225**	**389292**	**413**	**22**	**304**
北　　京	12	333	8	14	10414	11	1	7
天　　津	18	315	6	11	8771	13	——	6
河　　北	24	854	5	102	16170	23	——	18
山　　西	18	514	1	53	12591	12	——	5
内 蒙 古	12	316	14	24	11848	3	——	3
辽　　宁	30	998	40	55	15877	8	1	7
其中：大连	3	82	8	10	1080	——	——	——
吉　　林	18	650	8	63	9052	8	1	7
黑 龙 江	17	145	1	10	12666	8	——	7
上　　海	22	633	——	39	14388	17	2	15
江　　苏	37	975	2	73	23203	34	1	25
浙　　江	19	359	3	30	11780	14	2	7
其中：宁波	4	61	——	8	964	——	——	——
安　　徽	26	644	3	71	14875	12	1	5
福　　建	19	364	——	23	11252	13	2	11
其中：厦门	6	134	——	4	2957	7	——	6
江　　西	27	581	6	77	21365	6	1	4
山　　东	29	954	31	150	25576	25	1	20
其中：青岛	7	187	——	25	5547	4	——	1
河　　南	42	1565	31	73	25943	61	1	50
湖　　北	17	673	9	91	9673	37	1	17
湖　　南	23	649	14	83	17266	15	1	12
广　　东	29	769	5	40	20628	40	1	37
其中：深圳	2	167	4	17	2006	2	——	2
广　　西	9	157	19	31	7491	1	1	1
海　　南	2	80	——	1	2202	1	——	——
重 庆 市	12	68	1	1	4549	6	——	5
四　　川	31	456	1	14	18263	11	1	8
贵　　州	7	113	——	3	4422	12	——	10
云　　南	12	188	1	29	10377	3	1	2
西　　藏	11	140	——	——	7220	4	——	4
陕　　西	29	520	3	31	22119	7	1	3
甘　　肃	15	270	4	16	12128	7	1	7
青　　海	——	——	——	——	——	——	——	——
宁　　夏	2	56	——	11	890	——	——	——
新　　疆	11	108	1	6	6293	1	——	1

影剧院演出及收支情况（一）

观众人次合计（千人次）	艺术演出观众人次	电影放映观众人次	本年收入合计（千元）	财政补助收入	上级补助收入	事业收入	事业收入：艺术演出分成收入	事业收入：电影放映分成收入	经营收入
39332	**13492**	**22187**	**372122**	**40441**	**7367**	**185301**	**51676**	**57759**	**99291**
1165	563	503	16177	902	498	12454	5958	3394	1729
259	55	157	8232	99	——	1653	274	336	6128
941	233	621	13529	1187	733	7219	1060	2124	2718
677	147	421	8609	782	——	3107	697	627	1883
755	131	624	4129	2327	——	1117	318	799	685
1585	425	1159	19508	1932	367	10150	2897	2003	7059
66	66	——	3542	——	——	211	211	——	3331
1220	334	886	11440	6244	——	2445	338	754	2259
903	432	471	1838	547	95	924	19	585	272
2428	809	1559	30686	500	874	18873	3111	3223	5279
2482	880	1505	38153	683	764	21790	4475	9306	10852
2668	733	1770	18218	1627	311	8759	3212	1280	5886
115	101	14	4985	799	306	3772	661	12	——
1705	1198	464	11812	2555	1085	5573	1237	1372	2455
905	256	619	16902	2578	443	11684	1302	4789	1611
204	36	168	8489	1819	——	5641	137	1201	585
892	378	454	8584	3112	450	2578	1120	949	1971
2902	981	1794	20073	1764	192	10317	2643	4015	6330
464	308	84	5443	992	——	2582	294	89	1823
3339	464	2229	21807	629	950	12089	2469	4259	7113
852	455	319	12698	280	——	3711	472	1688	6659
2501	1047	1392	17940	1485	86	13452	7579	1611	2848
1723	726	987	46030	3658	226	21764	9007	10179	12925
352	271	81	18746	3586	218	11152	6563	3726	3790
971	648	255	7637	411	170	1000	273	597	2539
95	62	33	694	——	——	391	129	5	303
112	29	83	2475	651	——	1125	103	265	699
4161	470	2152	7003	387	57	1984	419	725	852
588	135	252	2320	200	——	1405	57	991	283
887	481	406	7456	1390	66	3969	706	267	2029
564	330	227	2477	1913	——	60	17	28	257
1239	704	467	9888	1477	——	3483	1447	177	4097
638	333	297	3818	380	——	1822	317	1214	953
——	——	——	——	——	——	——	——	——	——
48	20	28	724	——	——	156	20	136	341
127	33	53	1265	741	——	247	——	61	276

各地区文化部门地市级剧场、

		本年支出合		在支出	
		事业支出	经营支出	从业人员劳动报酬	税金支出
总　计	**408432**	**293652**	**105680**	**128363**	**20079**
北　京	17015	15114	1696	5307	902
天　津	8083	1103	6388	2566	519
河　北	14521	10830	3175	5315	694
山　西	8608	6437	2084	3657	390
内蒙古	4121	2937	1114	2182	56
辽　宁	21804	13888	5611	5175	747
其中:大连	5304	488	3076	907	165
吉　林	11520	9364	1981	2717	340
黑龙江	1743	1683	60	945	23
上　海	30875	24648	5676	10206	1239
江　苏	48034	29795	17378	12423	1968
浙　江	19109	13768	5142	6552	1257
其中:宁波	5669	5487	——	1510	383
安　徽	13710	8978	4467	4384	620
福　建	16874	14114	2509	5633	1492
其中:厦门	8012	6786	1149	2655	885
江　西	8548	7605	943	4217	449
山　东	22529	16296	5772	6708	808
其中:青岛	6495	4290	1942	1491	147
河　南	23599	17948	5407	7879	1348
湖　北	15556	8262	7278	4639	633
湖　南	20333	18749	1320	8274	1000
广　东	51633	39231	11509	12676	2662
其中:深圳	20842	20666	176	6183	509
广　西	7976	3070	4787	1560	350
海　南	683	560	123	362	77
重庆市	2857	1986	821	1157	160
四　川	7483	6186	1170	3261	318
贵　州	2118	1771	347	987	218
云　南	7687	4811	2733	2266	685
西　藏	3357	2958	399	602	40
陕　西	10742	9515	1010	3500	698
甘　肃	4718	1221	3456	2143	268
青　海	——	——	——	——	——
宁　夏	1329	——	1011	263	87
新　疆	1267	824	313	807	31

影剧院演出及收支情况（二）

计（千元）合计中：社会保障费	修缮费	设备购置费	经费自给率（%）	劳动报酬占总支出比重（%）	年末固定资产原值（千元）	增加值（千元）	公用房屋建筑面积（千平方米）	演（映）出业务用房
56737	**15810**	**12316**	**81.2**	**31.4**	**1578169**	**228473**	**1721**	**890**
1180	1569	491	87.9	31.2	44865	8648	35	19
788	28	——	108.6	31.7	31526	5260	34	19
2619	797	240	82.9	36.6	41524	8552	75	54
1401	174	386	91.9	42.5	24544	5228	56	21
746	230	114	44.5	52.9	23710	3584	37	24
2606	294	922	88.3	23.7	103538	10581	164	113
174	14	——	99.4	17.1	38925	2840	14	5
4379	1062	227	45.8	23.6	30487	4276	58	31
136	75	25	68.6	54.2	10170	1402	18	1
4528	1806	441	96.7	33.1	43117	13601	63	11
3534	1006	1316	77.8	25.9	233987	27067	132	66
2062	370	361	86.1	34.3	44729	10316	63	29
520	146	26	70.7	26.6	6655	2159	10	4
3482	857	44	60.8	32	37628	7556	48	14
2092	354	150	83.5	33.4	42215	9949	59	28
721	238	42	84.1	33.1	23096	5019	25	7
1667	639	148	58.8	49.3	28964	5836	66	18
3842	1252	205	82.1	29.8	112987	12321	101	69
1139	668	14	71.4	23	20384	2453	26	15
4251	996	1178	86.6	33.4	70282	13199	136	65
1876	411	470	79.9	29.8	69705	8802	59	28
2617	875	1340	81.6	40.7	51767	11559	82	53
5071	835	224	83.1	24.6	222683	25365	120	70
1129	485	185	71.7	29.7	99259	10662	46	21
609	400	3123	89.8	19.6	96557	6536	59	21
104	7	——	101.6	53	11443	908	5	3
631	62	36	65	40.5	14084	1919	24	12
1493	172	98	89.2	43.6	27815	5227	77	38
264	20	134	100.1	46.6	15573	1909	10	4
699	242	228	79.5	29.5	40442	4996	38	16
1425	48	103	16.8	17.9	3702	809	8	6
1798	835	237	79.9	32.6	51109	6255	56	31
653	368	72	73.5	45.4	28697	4655	18	12
——	——	——	——	——	——	——	——	——
102	16	3	71.6	19.8	7972	825	7	7
82	10	——	46.1	63.7	12347	1332	13	7

各地区文化部门县市级剧场、

	机构数（个）	从业人员数（人）			座席数（个）	演（映）出场次合计（千场）		
			高级职称	中级职称			艺术演出场次	电影放映场次
总　　计	**1088**	**18723**	**217**	**1416**	**950069**	**225**	**34**	**159**
北　　京	2	108	——	——	2342	2	——	2
天　　津	3	64	——	4	3031	——	——	——
河　　北	68	946	4	80	65386	8	1	5
山　　西	29	484	5	64	33117	6	——	5
内 蒙 古	23	302	6	39	19136	2	——	2
辽　　宁	34	819	2	21	25292	5	——	5
其中：大连	5	167	1	5	5823	1	——	1
吉　　林	28	641	10	62	23397	4	1	3
黑 龙 江	26	228	3	17	14725	2	——	2
上　　海	1	18	——	——	1300	——	——	——
江　　苏	79	1595	3	159	68834	21	3	16
浙　　江	53	887	9	77	46486	19	6	10
其中：宁波	6	158	6	27	4921	2	——	1
安　　徽	64	1041	3	94	45432	15	1	10
福　　建	55	621	15	82	37797	14	3	10
其中：厦门	——	——	——	——	——	——	——	——
江　　西	30	170	1	11	20319	4	1	3
山　　东	72	1266	11	149	70023	25	1	20
其中：青岛	4	59	1	13	3066	——	——	——
河　　南	115	3031	19	81	121005	16	2	13
湖　　北	50	1195	29	131	52459	16	2	10
湖　　南	68	1041	11	84	57863	19	3	9
广　　东	40	1107	8	35	41265	13	4	8
其中：深圳	4	39	2	3	3806	1	——	1
广　　西	14	136	30	12	17610	2	1	——
海　　南	17	1016	1	12	18771	3	——	2
重 庆 市	8	21	——	2	5448	1	——	——
四　　川	46	356	4	48	27864	4	2	2
贵　　州	2	47	1	5	2013	——	——	——
云　　南	21	71	——	5	15883	3	1	3
西　　藏	22	128	——	——	9297	5	——	5
陕　　西	76	934	38	119	68444	10	2	8
甘　　肃	20	186	2	4	17120	2	——	2
青　　海	——	——	——	——	——	——	——	——
宁　　夏	10	116	——	11	7193	1	——	1
新　　疆	12	148	2	8	11217	3	——	3

影剧院演出及收支情况（一）

观众人次合计			本年收入合计（千元）						
（千人次）	艺术演出观众人次	电影放映观众人次		财政补助收入	上级补助收入	事业收入	艺术演出分成收入	电影放映分成收入	经营收入
57213	**19839**	**26490**	**238707**	**47874**	**3352**	**111402**	**40564**	**36332**	**55951**
343	121	217	3295	——	——	1775	611	765	953
148	72	76	1431	218	——	377	209	168	503
1328	642	594	6870	1039	23	3183	1168	1090	2559
1126	330	796	5031	833	30	2606	623	1296	1314
1176	257	919	3327	1444	——	680	160	520	1203
1382	179	1194	6228	794	37	3219	209	1352	2015
396	3	393	2026	70	——	832	42	371	1061
2068	491	1564	4878	1890	629	2191	379	1214	65
1082	688	376	1590	279	——	1034	63	534	267
150	79	70	982	——	——	636	175	115	346
4517	1646	2815	33646	669	80	21168	11128	7099	9753
2520	1594	652	30638	7070	576	13949	6380	2887	5409
235	130	105	7345	3659	452	1767	1362	250	587
1644	512	951	9097	2217	9	4161	941	1812	2277
12928	2148	2538	18931	3150	685	10338	1529	4740	3385
——	——	——	——	——	——	——	——	——	——
485	350	135	3022	1035	70	678	138	217	388
3593	1192	2281	15663	3784	78	8456	3099	1652	2919
113	53	60	2050	215	——	1761	187	——	74
4603	1647	2893	12660	2866	131	6530	2811	1745	2979
3646	1205	2291	12183	1472	95	6144	2049	1467	4121
1991	1318	571	12632	4722	146	4942	2196	830	2657
2530	1203	1279	21100	4060	14	8953	3118	3578	6602
159	75	84	3781	576	——	1115	613	502	1924
939	619	76	8994	971	320	784	675	69	49
449	245	204	1612	——	——	1163	231	299	449
435	107	328	664	95	——	83	48	——	486
1690	803	277	6546	2324	278	1589	565	470	2116
57	36	21	1751	605	——	1146	870	93	——
602	476	126	1942	1002	2	575	116	227	346
551	112	333	1972	1731	30	105	17	45	14
3678	1317	2111	7413	1936	108	3622	691	1363	1537
433	175	258	1368	504	10	481	82	136	371
——	——	——	——	——	——	——	——	——	——
780	154	326	1300	266	——	505	131	374	417
339	121	218	1941	898	1	329	152	175	451

各地区文化部门县市级剧场、

		本年支出合			
				在支出	
		事业 支出	经营 支出	从业人员 劳动报酬	税金 支出
总计	**259992**	**186180**	**65238**	**94524**	**9002**
北京	3958	1789	2065	1408	181
天津	1098	896	——	440	30
河北	7161	4999	2148	3479	440
山西	5300	3347	1929	2320	140
内蒙古	3425	2271	1154	2120	120
辽宁	7157	5560	888	2792	319
其中:大连	2319	2319	——	683	161
吉林	5096	5064	1	2223	84
黑龙江	1614	1463	66	927	28
上海	815	597	218	403	35
江苏	37904	25222	11194	12579	1386
浙江	36665	31218	4465	14097	1275
其中:宁波	8746	7200	1218	3962	129
安徽	9302	7113	1819	4116	291
福建	17403	11835	5436	5712	848
其中:厦门	——	——	——	——	——
江西	3250	2859	313	1400	73
山东	16576	13824	2477	6805	734
其中:青岛	2186	2104	——	804	255
河南	12667	10193	2174	5094	294
湖北	13004	7905	4937	5210	614
湖南	13020	10753	2254	5433	392
广东	26909	12037	12015	6581	664
其中:深圳	3645	2580	1065	1672	138
广西	9008	5908	2954	704	37
海南	1609	1192	417	732	65
重庆市	671	193	398	140	4
四川	6938	4579	2215	2108	229
贵州	1729	1729	——	710	173
云南	2026	1539	487	621	75
西藏	1396	1174	152	311	——
陕西	7563	5797	1670	3598	279
甘肃	1480	1000	480	760	85
青海	——	——	——	——	——
宁夏	1277	856	417	704	45
新疆	3971	3268	495	997	62

影剧院演出及收支情况（二）

计（千元） 合计中 社会保障费	修缮费	设备购置费	经费自给率（%）	劳动报酬占总支出比重（%）	年末固定资产原值（千元）	增加值（千元）	公用房屋建筑面积（千平方米）	公用房屋建筑面积：演（映）出业务用房
33811	**15118**	**12491**	**76.1**	**36.4**	**2429882**	**217591**	**2370**	**1337**
149	62	136	85.5	35.6	31668	3355	13	8
327	——	——	135.4	40.1	4442	648	10	3
960	777	89	81.3	48.6	78014	7269	169	128
368	624	384	79	43.8	36047	4270	77	42
210	89	71	55	61.9	17975	2962	43	34
1102	32	3	83.7	39	39739	5198	75	26
413	——	1	84.3	29.5	10661	1270	19	5
931	138	30	46.6	43.6	25557	3330	52	34
189	150	55	85.7	57.4	14133	1627	24	9
130	——	——	120.5	49.4	1930	555	——	——
4738	990	509	95.8	33.2	238005	25567	210	117
4776	960	1160	68.3	38.4	110010	20814	178	83
1002	164	220	38.4	45.3	17308	5163	22	8
2340	531	217	77	44.2	43923	6390	88	38
2255	910	657	87.4	32.8	81536	14561	113	61
——	——	——	——	——	——	——	——	——
424	682	46	65.7	43.1	9250	2039	38	19
2800	804	484	72.4	41.1	128122	12973	177	124
309	19	36	87.2	36.8	3587	1202	8	6
3076	848	646	78.1	40.2	107843	10115	253	133
1921	1343	457	84.2	40.1	84956	10407	122	70
1742	1528	501	59.7	41.7	62099	8367	137	94
1506	770	841	70.8	24.5	170425	17477	111	70
45	——	238	87.9	45.9	15330	2423	15	15
156	417	4655	86.9	7.8	18394	1559	36	9
323	30	4	100.2	45.5	37442	2452	53	36
1	1	88	96.3	20.9	3155	270	9	5
1844	1015	147	58.1	30.4	63241	4875	73	36
320	122	53	66.3	41.1	11337	1338	12	4
142	142	305	46.3	30.7	21452	1650	28	18
78	39	25	15.9	22.3	801761	32404	10	2
563	394	234	71.9	47.6	67600	7505	134	86
256	165	37	57.7	51.4	30021	2085	69	13
——	——	——	——	——	——	——	——	——
41	153	94	81.2	55.1	9528	1259	24	20
143	1402	563	27.7	25.1	80277	4270	32	15

文化部直属与省、地、县级艺术表演团体对比情况

（平均每团）

	中　央	省　级	地　级	县　级
演职员人数（人）	256.9	141.0	68.7	33.8
全年演出场次（场）	153.8	211.1	175.4	149.0
其中：农村（场）	——	45.2	68.8	109.6
财政补贴收入（千元）	9 381.5	4 482.1	1 406.7	252.7
人均补贴收入（千元）	36.5	31.8	20.5	7.5
事业收入（千元）	5 726.8	1 303.4	408.5	109.3
其中：演出收入（千元）	3 158.2	1 051.3	330.3	94.7
人均收入（千元）	12.3	7.5	4.8	2.8
总支出（千元）	17 519.6	6 652.5	1 964.9	385.2
其中：排练制作费（千	955.1	319.8	113.4	17.8
人均支出（千元）	68.2	47.2	28.6	11.4
经费自给率（%）	41.8	28.1	26.7	32.7
劳动生产率（千元/人）	30.6	18.7	13.4	7.0

艺术业主要指标解释

1. **本年新排上演剧目**：指戏曲、话剧、歌剧、舞剧、歌舞剧、木偶、皮影剧团在本年新排并在本年上演的剧目。不包括音乐、舞蹈、曲艺、杂技等。

2. **本团创作首演剧目**：指上述剧团本团创作并在本年首演的剧目。

3. **演出场次**：指以场为计量单位的在国内和国外的艺术表演的次数。

4. **国内演出场次**：指在国内的艺术表演的次数，包括售票、包场等有演出收入的演出场数和到老、少、边、山、穷地区免费演出的场数，以及参加汇演、调演等无演出收入的公开演出场次。不包括彩排审查和内部观摩演出等类无演出收入的演出场数。

场数的计算，通常以售票、发票一次（或在其他地点进行一次艺术表演活动相当于剧场演出一场的时间）为一场。按时收费的，按日场、晚场或早场等一般习惯（约 1 至 2 小时）计算。评弹等曲艺演出计算场数，可按演出 1 至 2 小时为一场的原则进行折算。独幕剧或音乐、舞蹈、曲、杂、木、皮节目组成专场演出时，不论包括几个独幕剧或节目，一律按一场计算。

5. **农村演出场次**：指各级剧团到乡以下（含乡）农村和林区、牧区、渔区的演出。不论在本省或外省，凡到上述地区演出，均计入农村演出。

6. **国内演出观众人次**：指计入演出场数相关的观众人次。按时收费的，按进场观众人数计数，不论进场早晚，在场内时间多久，进一人算一人次。

7. **排练制作费**：指艺术表演团体在排练剧（节）目过程中所支付的一切费用，如服装、布景、道具等费用。

8. **演出费**：指艺术表演团体在演出剧（节）目过程中所支付的一切费用，如宣传费、场租费、旅运费、演出补助费等。

9. **座席数**：指艺术表演场所可向观众售票的实际座席数。

10. **演（映）出场次合计、观众人次合计**：指艺术演出、电影放映、录像放映等全部有收入的场次和观众人次。

11. **演（映）出业务用房**：指在艺术表演场所中用于演（映）出服务的设施面积。多功能艺术表演的场所应包括观众厅、门厅、舞台部分（主台、侧台、后台）的建筑面积和辅助设施、休息室、化妆间、服装间、道具间、舞台设备控制间（灯控间、音控间、放映间等）的建筑面积以及配电设施、消防通道的建筑面积。若属非独立建筑的，则按使用面积计算。

图书馆业

2003

公 共 图 书 馆

	机构数(个)	从业人员(人)			总藏量(千册(件))							
			高级职称	中级职称		古籍	善本	图书	报刊	缩微制品	视听文献	其他
总　计	**2697**	**48447**	**2504**	**13311**	**426283**	**27399**	**2340**	**291419**	**60463**	**13865**	**1720**	**31420**
中　央	1	1336	185	581	23726	2035	275	7324	11702	1209	80	1376
地　方	2696	47111	2319	12730	402557	25364	2065	284095	48761	12656	1640	30044
北　京	25	1193	61	238	8756	486	34	7459	550	——	94	167
天　津	31	974	81	334	8223	551	104	7027	554	5	63	23
河　北	145	1746	118	469	11321	599	41	9219	1214	63	40	187
山　西	122	1564	60	464	8984	782	122	6225	1743	19	71	143
内蒙古	108	1790	58	473	6955	299	14	5771	759	1	7	118
辽　宁	128	2911	148	1095	21188	1103	149	15787	1955	7	117	2217
其中:大连	12	359	28	160	4172	264	23	3342	271	1	19	276
吉　林	61	1772	140	621	10706	572	40	8804	1075	112	59	84
黑龙江	96	1719	120	643	12270	453	21	9513	1979	1	12	312
上　海	32	1976	159	510	58166	1922	192	17445	2846	12363	346	23244
江　苏	101	2204	180	696	27768	3147	196	22190	2211	17	62	141
浙　江	83	1924	98	574	18479	1925	187	13492	2637	4	141	281
其中:宁波	9	195	3	60	1932	167	3	1454	241	2	9	59
安　徽	84	1180	54	297	7918	666	34	5871	1296	2	2	81
福　建	82	1132	44	281	10531	498	40	8592	1262	6	35	139
其中:厦门	7	132	3	35	1473	73	2	1284	92	——	9	15
江　西	104	1437	52	260	11670	1020	50	8641	1711	1	3	294
山　东	140	2559	252	866	21759	1380	95	17188	2973	4	49	165
其中:青岛	12	242	29	74	2646	152	2	2252	241	——	——	——
河　南	134	2678	67	453	13029	1152	67	9722	2050	6	41	58
湖　北	103	2293	139	790	17590	985	73	13151	2962	6	37	449
湖　南	115	1902	74	511	15477	1377	73	11694	2192	3	37	175
广　东	131	2953	74	387	23003	764	54	18294	3218	7	254	466
其中:深圳	10	401	29	100	2947	15	1	2359	532	1	27	12
广　西	96	1494	68	435	13776	543	14	10335	2591	——	44	264
海　南	19	241	——	26	1654	12	——	1414	227	——	——	2
重庆市	44	755	39	240	6777	813	122	5205	652	2	9	96
四　川	131	1719	61	467	17459	1568	86	12732	2863	4	19	273
贵　州	90	880	28	181	6912	202	13	5724	844	4	8	130
云　南	148	1578	59	533	12517	896	46	9498	1926	6	59	132
西　藏	1	41	——	——	604	100	30	467	36	——	——	——
陕　西	111	1605	30	300	8402	618	73	6569	1128	11	9	68
甘　肃	90	1109	12	109	7588	547	87	5762	1242	1	3	34
青　海	38	364	10	73	2951	128	3	2356	389	——	2	76
宁　夏	21	533	21	134	3682	159	2	2811	496	1	8	206
新　疆	82	885	12	270	6442	97	3	5137	1180	——	9	19

基本情况（一）

总藏量中:(千册)		人均拥有藏书(册)	书架单层总长度(千米)	发放借书证数(千个)	千人拥有借书证(个)	总流通(千人次)		书刊外借册次(千册次)	为读者举办各种活动		信息服务		
外文书刊	开架书刊						书刊外借人次		次数(次)	参加人次(千人次)	解答咨询(条)	代检索课题(项)	编制二、三次文献(种)
23335	**129137**	**0.3**	**9949**	**9176**	**7.1**	**219496**	**104278**	**200208**	**54797**	**21381**	**2775511**	**101075**	**51668**
9445	2010	——	333	70	——	4977	920	2760	240	174	230761	8263	2174
13890	127127	——	9616	9106	——	214519	103358	197448	54557	21207	2544750	92812	49494
267	4079	0.74	135	344	30	5004	2455	5036	1921	1050	62546	1084	417
732	2830	0.88	143	659	71	4747	2202	4012	1304	1850	124542	1441	211
135	3824	0.16	353	370	6	6534	3907	5953	1339	176	117512	2864	950
514	3627	0.27	162	232	7	2789	1364	2189	684	216	22514	363	92
44	1378	0.29	282	152	6	2995	1664	2694	671	22	24223	1319	128
1116	7889	0.45	480	555	13	13585	6708	12896	11506	932	172614	11101	15333
265	1384	0.7	96	192	35	3338	1473	3064	394	337	83552	998	264
653	2734	0.39	194	166	6	5236	2248	5236	628	548	139862	1206	1779
817	3802	0.32	191	265	7	5677	2157	5847	537	242	10492	1483	211
2104	24852	1.66	402	405	30	13494	5395	10854	3036	2247	222566	6502	816
1460	6994	0.39	814	615	9	15944	9015	13256	1681	1579	188307	5959	273
542	5032	0.4	715	450	10	11493	5818	11556	1322	1147	155985	3626	484
25	459	0.34	363	52	10	1192	633	1541	123	86	3116	342	35
320	1466	0.12	153	150	2	5998	2441	5050	3372	247	28107	864	299
55	3451	0.31	231	264	8	7016	4194	9061	2846	686	43908	25997	304
15	1158	0.21	36	72	10	1232	753	2553	421	321	1033	10167	4
63	2345	0.27	142	171	4	4761	2867	4910	1577	314	28967	614	693
710	6542	0.24	474	392	4	9824	6119	9035	1410	362	97770	1855	1868
99	1066	2.12	67	56	45	1258	735	1227	188	58	2203	52	47
174	2934	0.13	331	277	3	7875	4362	7718	1620	422	238511	1855	735
814	5140	0.29	1053	711	12	9861	5321	18993	7398	1835	248384	3838	1846
444	5416	0.23	323	455	7	8502	4544	7894	1840	1361	93679	1560	235
527	13822	0.29	471	969	13	26274	9917	13970	1344	2005	217109	9327	3131
56	2656	2.21	36	251	191	4006	725	1071	144	147	124190	2701	1153
301	3593	0.28	742	299	6	9891	3822	6019	911	790	110764	4910	3517
4	871	0.21	192	23	3	969	291	534	108	122	1881	63	16
204	1834	0.21	122	115	4	3431	2126	5135	721	675	34709	588	10887
397	3029	0.2	301	203	2	6635	3328	6645	983	891	47420	722	2257
38	670	0.18	93	86	2	2264	1378	2033	316	147	11895	361	124
292	3081	0.3	411	273	7	6380	3415	6414	676	456	31428	484	943
3	99	0.24	23	1	——	25	25	25	3	3	——	——	——
431	1649	0.23	157	167	5	4322	1566	2938	1188	319	14945	342	1286
415	1611	0.29	179	124	5	4620	1609	3383	2937	296	29037	672	306
185	441	0.59	76	62	13	2508	403	697	135	40	6583	1075	2
59	566	0.61	135	46	8	2137	1062	2780	129	138	8295	181	221
70	1526	0.34	136	105	6	3728	1635	4685	414	89	10195	556	130

公 共 图 书 馆

	本年收入合计(千元)					本年支出合计(千元)					
		财政补助收入	上级补助收入	事业收入	经营收入		事业支出	经营支出	在支出 从业人员劳动报酬	税金支出	社会保障费
总　　计	**2133217**	**1768820**	**33295**	**221491**	**49661**	**2089287**	**2046387**	**26233**	**707326**	**15390**	**164865**
中　　央	237051	183257	88	38058	8679	234624	232323	2301	33550	3282	12088
地　　方	1896166	1585563	33207	183433	40982	1854663	1814064	23932	673776	12108	152777
北　　京	95965	81731	1265	8317	1808	91807	87095	793	23493	658	2222
天　　津	40412	32975	1001	5928	304	40840	37535	6	16533	306	2658
河　　北	42251	36377	1210	1331	802	43952	42823	704	20253	179	4898
山　　西	30530	27187	648	697	1285	31589	30298	1274	16313	71	3612
内 蒙 古	36005	34365	30	1161	360	35838	35509	329	22131	117	2811
辽　　宁	107311	94246	641	7331	387	106360	105308	281	34689	548	10722
其中:大连	29675	27558	102	1954	58	29590	29590	——	5760	170	1353
吉　　林	42923	40675	50	1367	506	43181	42737	387	20234	30	6732
黑 龙 江	44597	41931	116	1407	407	44476	44311	150	20346	153	6254
上　　海	313405	224420	10333	67082	1736	286592	284902	17	59362	971	18506
江　　苏	131204	106829	2448	15368	2844	126085	124034	1847	42240	774	11078
浙　　江	124740	99349	3553	14534	1764	122285	120484	669	40859	620	8765
其中:宁波	15101	13039	278	556	411	14882	14766	94	5267	32	1423
安　　徽	33172	30313	242	1551	918	33613	32889	216	15144	141	6484
福　　建	55856	44480	834	3479	4620	53864	50765	1938	18110	1709	4616
其中:厦门	13604	10968	60	1677	——	13349	13279	——	4173	27	256
江　　西	31105	26505	64	2901	1408	32273	31709	445	15588	349	3942
山　　东	83996	77202	1099	4095	216	82383	82210	173	36608	287	8866
其中:青岛	13832	12398	190	652	——	13502	13502	——	5367	200	2377
河　　南	53229	47044	340	1980	2074	53479	51282	1490	23646	274	6803
湖　　北	60382	45406	4337	5349	2217	60701	58622	1238	23654	343	3902
湖　　南	43150	34277	29	4252	3844	43735	40395	3173	20939	629	3812
广　　东	221837	189204	2435	20755	5551	208003	205664	1493	67583	1456	9686
其中:深圳	63602	56268	1326	5452	400	58800	58700	100	15985	243	1833
广　　西	46392	39892	159	2083	852	45976	45490	338	18302	354	3417
海　　南	6854	6283	37	515	19	6785	6155	630	2649	19	366
重 庆 市	28070	22488	251	3776	967	26788	25863	669	10389	330	2718
四　　川	45921	38110	1173	3417	2151	46571	45308	1121	19180	225	4383
贵　　州	19179	17787	134	253	40	18057	18002	46	10430	156	2471
云　　南	49243	45578	279	730	2510	60991	58333	2492	23629	1097	2112
西　　藏	1881	1881	——	——	——	1899	1899	——	——	——	——
陕　　西	35213	32249	64	2346	35	35261	34804	440	14718	101	2948
甘　　肃	24634	23181	270	292	436	24917	23764	1142	13157	31	2143
青　　海	10397	10008	——	44	13	10392	10392	——	5767	——	2085
宁　　夏	11825	11381	——	286	17	11740	11723	——	5832	5	1395
新　　疆	24487	22209	165	806	891	24230	23759	431	11998	175	2370

基　本　情　况（二）

合计中				本年新购藏量		年末固定资产原值	增加值	公用房屋建筑面积（千平方米）			阅览室座席数	
修缮费	设备购置费			（千册(件)）	新购图书	（千元）	（千元）		书库	阅览室	（千个）	少儿阅览室座席数
		新增藏量购置费										
			图书购置费									
69942	**609364**	**472007**	**418527**	**12984**	**9466**	**8596291**	**1068182**	**5830**	**1514**	**1228**	**436**	**128**
6946	113418	109912	109912	613	235	1195630	84657	164	69	20	3	——
62996	495946	362095	308615	12371	9231	7400661	983525	5666	1445	1208	433	128
5177	37819	19512	16638	574	518	199258	32121	143	25	28	10	3
145	7748	6843	6094	224	201	130645	22065	103	21	17	8	2
3275	7516	6323	3673	201	170	195049	28234	234	57	49	18	6
1166	4765	3265	1837	171	93	78586	19531	105	32	21	10	4
748	4373	2644	1915	131	118	85167	25655	136	33	34	15	4
2435	27620	19423	17767	869	626	322522	48154	295	65	62	23	7
1093	10465	6639	6324	290	273	59220	8299	84	15	18	5	2
974	7962	6520	5967	250	230	145332	26077	116	31	30	12	4
1590	6396	5043	3901	220	174	135477	25918	130	33	27	10	3
14390	108946	84053	76066	1663	898	1425803	117365	230	85	48	15	3
4831	35486	30524	26570	946	733	411748	59484	325	97	60	23	7
2888	32414	25231	19901	899	781	515640	62105	283	70	49	17	5
130	5177	3060	2384	154	145	33357	6633	29	6	6	2	——
305	5860	4604	3696	304	133	92917	19002	114	24	16	8	3
1378	14903	11467	8897	445	342	149900	26099	212	55	44	14	4
179	4251	2489	2484	87	86	33425	5537	20	7	5	1	1
1101	6449	4212	3506	294	236	111070	20380	191	41	39	15	5
2050	19323	15113	14679	632	554	232056	46177	349	90	68	22	6
46	2975	2810	2777	151	143	24924	6564	44	14	11	3	1
1837	8059	6557	5297	310	244	176802	30992	239	66	45	16	5
2425	17060	10235	9719	719	349	206481	32256	267	77	64	24	7
2098	7917	6743	5487	314	259	166802	28240	263	74	65	24	8
5367	66387	55507	45747	1600	1421	638745	95900	443	89	98	34	8
1516	24745	22112	18247	552	545	118962	20986	53	6	19	4	——
1401	8911	7128	5157	309	234	154118	24821	212	62	60	20	7
114	1313	1107	996	78	71	26375	3723	41	9	8	3	1
664	5634	3488	3055	170	138	109924	15116	120	27	23	8	3
1797	9718	6087	4172	284	196	189442	26983	238	68	57	20	6
436	2866	2782	2159	85	72	79510	13766	143	25	30	10	3
2427	22380	6796	5980	206	164	195401	32542	252	70	61	22	6
——	133	133	133	2	2	23510	940	16	4	3	——	——
689	6856	2952	2750	134	94	118356	19553	189	36	44	11	2
208	4619	3776	3519	181	80	67308	15880	110	29	29	9	3
103	1580	603	544	23	11	52246	7857	32	8	5	2	——
85	2016	1458	1114	42	31	543582	27580	46	12	8	3	1
892	2917	1966	1679	91	58	420889	29009	89	30	16	7	2

各 地 区 少 儿 公 共

	机构数（个）	从业人员（人）			总藏量（千册（件））						
			高级职称	中级职称		古籍	善本	图书	报刊	缩微制品	视听文献
总　　计	**88**	**1589**	**123**	**524**	**11615**	**125**	**3**	**9800**	**651**	**1**	**185**
北　京	5	156	19	27	949	——	——	854	67	——	24
天　津	11	175	12	60	1522	——	——	1476	11	——	23
河　北	——	5	——	5	20	——	——	20	——	——	——
山　西	1	24	1	7	93	——	——	69	25	——	——
内蒙古	2	32	——	8	149	——	——	134	14	——	1
辽　宁	16	253	15	98	2037	47	——	1241	81	——	13
其中:大连	1	43	7	17	420	——	——	383	3	——	3
吉　林	3	75	9	38	387	——	——	309	68	——	6
黑龙江	1	18	——	11	43	——	——	24	8	——	——
上　海	4	85	3	26	835	——	——	799	12	——	24
江　苏	4	30	3	15	264	——	——	250	14	——	1
浙　江	3	72	7	20	570	——	——	505	49	1	15
其中:宁波	——	——	——	——	——	——	——	——	——	——	——
安　徽	2	23	1	6	68	——	——	48	19	——	1
福　建	5	81	3	20	701	——	——	644	50	——	7
其中:厦门	2	37	1	12	385	——	——	367	12	——	6
江　西	——	——	——	——	——	——	——	——	——	——	——
山　东	1	8	1	2	41	——	——	40	1	——	——
其中:青岛	——	——	——	——	——	——	——	——	——	——	——
河　南	2	20	——	5	76	——	——	59	18	——	——
湖　北	5	98	13	38	776	39	3	551	27	——	11
湖　南	6	134	11	52	1013	1	——	930	65	——	11
广　东	4	108	8	25	1146	7	——	1055	33	——	38
其中:深圳	1	34	5	11	188	——	——	182	1	——	4
广　西	3	58	4	26	433	——	——	386	40	——	7
海　南	——	——	——	——	——	——	——	——	——	——	——
重庆市	2	81	12	26	356	20	——	301	32	——	3
四　川	——	——	——	——	——	——	——	——	——	——	——
贵　州	——	——	——	——	——	——	——	——	——	——	——
云　南	3	2	——	1	6	——	——	2	1	——	——
西　藏	——	——	——	——	——	——	——	——	——	——	——
陕　西	2	23	1	5	97	10	——	75	12	——	——
甘　肃	1	11	——	——	11	1	——	9	1	——	——
青　海	——	——	——	——	——	——	——	——	——	——	——
宁　夏	——	——	——	——	——	——	——	——	——	——	——
新　疆	2	17	——	3	22	——	——	19	3	——	——

图书馆基本情况（一）

其它	总藏量中:(千册) 外文书刊	开架书刊	书架单层总长度(千米)	累计发放有效借书证数(千个)	总流通人次(千人次)	书刊文献外借人次	书刊文献外借册次(千册次)	为读者举办各种活动 次数(次)	参加人次(千人次)	信息服务 解答咨询(条)	代检索课题(项)	编制二、三次文献(种)
859	**34**	**5777**	**137**	**510**	**9643**	**5507**	**11160**	**5745**	**4527**	**75396**	**1029**	**769**
4	6	489	11	41	486	395	1097	596	403	725	——	163
12	4	540	8	35	909	672	1305	767	966	33267	34	9
——	——	19	——	4	50	30	30	10	2	——	——	——
——	——	15	1	1	22	22	80	5	1	100	——	——
——	2	30	3	17	59	48	162	76	1	41	——	——
655	3	908	31	66	1038	688	1570	1160	167	352	46	20
31	1	236	6	30	292	160	340	123	29	112	3	6
4	——	221	9	13	287	169	286	41	40	340	30	60
11	——	28	——	3	100	30	50	12	8	68	——	——
——	——	224	12	30	973	384	695	823	1039	255	64	5
——	——	185	2	21	359	259	268	100	26	3744	502	17
——	——	434	3	46	645	336	495	163	44	17920	——	——
——	——	——	——	——	——	——	——	——	——	——	——	——
——	——	28	1	4	100	95	190	22	101	2	100	10
1	——	452	10	26	484	252	493	288	126	406	8	4
——	——	232	3	17	344	139	268	222	103	125	——	4
——	——	——	——	——	——	——	——	——	——	——	——	——
——	——	30	1	3	26	26	26	2	3	119	——	——
——	——	——	——	——	——	——	——	——	——	——	——	——
——	——	76	1	2	24	22	50	26	1	120	——	2
149	——	83	7	45	627	334	363	129	440	30	5	5
6	——	695	11	92	674	206	508	1020	446	1191	24	12
13	19	900	11	40	1460	540	706	111	258	1908	2	6
——	14	43	2	4	200	50	56	15	113	142	2	3
1	——	195	9	9	315	247	391	158	61	6460	25	450
——	——	——	——	——	——	——	——	——	——	——	——	——
——	——	172	5	7	747	679	1962	207	363	6314	189	6
——	——	——	——	——	——	——	——	——	——	——	——	——
——	——	——	——	——	——	——	——	——	——	——	——	——
3	——	6	——	——	1	1	2	1	1	36	——	——
——	——	——	——	——	——	——	——	——	——	——	——	——
——	——	28	1	4	166	59	405	20	25	——	——	——
——	——	10	——	1	10	1	5	2	1	——	——	——
——	——	——	——	——	——	——	——	——	——	——	——	——
——	——	——	——	——	——	——	——	——	——	——	——	——
——	——	9	——	——	81	12	21	6	4	——	——	——

各地区少儿公共

	本年收入合计(千元)					本年支出合计(千元)					
		财政补助收入	上级补助收入	事业收入	经营收入		事业支出	经营支出	在支出		
									从业人员劳动报酬	税金支出	社会保障费
总计	**82728**	**65459**	**657**	**8758**	**2899**	**80963**	**78183**	**2499**	**28848**	**977**	**4487**
北京	10674	8987	63	419	777	10670	10052	493	3147	210	187
天津	5986	4854	——	978	97	6146	6076	6	3249	52	304
河北	——	——	——	——	——	——	——	——	——	——	——
山西	592	592	——	——	——	592	592	——	330	——	18
内蒙古	537	534	——	3	——	544	544	——	451	——	12
辽宁	9043	7716	20	1307	——	9820	9779	——	2947	108	832
其中:大连	3174	2488	——	686	——	3174	3174	——	917	82	287
吉林	2346	2282	——	64	——	2358	2358	——	959	——	408
黑龙江	258	258	——	——	——	258	258	——	200	——	——
上海	11046	7364	74	1990	——	9633	9632	——	2881	21	702
江苏	2032	1007	——	668	——	2204	2201	——	665	——	154
浙江	5716	4679	143	354	143	5567	5449	118	1884	95	195
其中:宁波	——	——	——	——	——	——	——	——	——	——	——
安徽	664	589	——	——	——	672	672	——	315	——	90
福建	5279	4072	——	330	4	5307	5289	——	1528	——	127
其中:厦门	3877	2719	——	300	——	3902	3884	——	920	——	12
江西	——	——	——	——	——	——	——	——	——	——	——
山东	506	466	——	40	——	528	528	——	141	——	——
其中:青岛	——	——	——	——	——	——	——	——	——	——	——
河南	525	510	——	15	——	525	525	——	277	——	71
湖北	3568	2840	9	180	399	3311	2947	364	1294	22	245
湖南	5078	3227	——	498	1339	5147	3854	1264	1834	159	343
广东	11805	10145	348	370	——	10827	10827	——	3586	54	301
其中:深圳	3764	3261	348	——	——	3515	3515	——	1190	——	158
广西	1971	1804	——	37	130	1984	1855	129	861	12	33
海南	——	——	——	——	——	——	——	——	——	——	——
重庆市	4098	2637	——	1451	10	3898	3888	10	1707	239	373
四川	——	——	——	——	——	——	——	——	——	——	——
贵州	——	——	——	——	——	——	——	——	——	——	——
云南	116	116	——	——	——	116	116	——	32	——	1
西藏	——	——	——	——	——	——	——	——	——	——	——
陕西	502	394	——	54	——	470	355	115	330	5	63
甘肃	128	128	——	——	——	128	128	——	——	——	——
青海	——	——	——	——	——	——	——	——	——	——	——
宁夏	——	——	——	——	——	——	——	——	——	——	——
新疆	258	258	——	——	——	258	258	——	230	——	28

图书馆基本情况（二）

合计中				本年新购藏量		年末固定资产原值	增加值	公用房屋建筑面积（千平方米）			阅览室座席数	
修缮费	设备购置费	新增藏量购置费	图书购置费	（千册(件)）	新购图书	（千元）	（千元）		书库	阅览室	（千个）	少儿阅览室座席数
2708	**19859**	**13618**	**11509**	**855**	**770**	**162104**	**36311**	**156**	**22**	**41**	**16**	**14**
371	3254	1771	1466	104	97	18573	4100	25	2	3	1	1
70	878	816	771	58	53	10824	3734	9	1	1	1	1
——	——	——	——	2	2	——	——	1	——	1	——	——
40	39	30	30	1	1	——	330	——	——	——	——	——
——	63	42	42	5	5	941	489	2	——	1	——	——
467	2285	1888	1673	110	102	19995	3855	21	3	5	3	2
374	762	563	520	24	23	8124	1324	7	1	1	1	1
61	411	311	261	23	23	7742	1269	4	1	2	1	1
——	5	2	2	1	——	21	201	1	——	——	——	——
173	2664	1722	1522	95	85	8597	3246	10	1	3	1	1
104	346	233	198	16	14	2787	776	3	1	1	1	1
256	1263	726	322	55	51	12241	2469	11	——	2	1	1
——	——	——	——	——	——	——	——	——	——	——	——	——
——	161	80	75	8	5	5542	537	3	——	1	——	——
85	1388	527	500	57	56	10163	1935	11	3	2	1	1
——	1253	442	442	32	32	5445	1138	6	1	1	——	——
——	——	——	——	——	——	——	——	——	——	——	——	——
37	139	50	30	3	3	494	161	2	——	——	——	——
——	——	——	——	——	——	——	——	——	——	——	——	——
13	120	120	120	8	8	787	308	——	——	——	——	——
63	889	735	623	40	27	6944	1594	8	2	2	1	1
310	1117	778	527	40	36	14837	2586	17	4	7	2	2
305	3530	2767	2416	172	151	28009	4760	11	1	5	1	1
5	508	364	364	10	10	5249	1400	1	——	1	——	——
171	517	352	283	25	21	6846	1147	6	1	2	1	——
——	——	——	——	——	——	——	——	——	——	——	——	——
79	762	640	620	31	29	4975	2145	6	1	2	1	1
——	——	——	——	——	——	——	——	——	——	——	——	——
——	——	——	——	——	——	——	——	——	——	——	——	——
80	3	3	3	——	——	12	32	——	——	——	——	——
——	——	——	——	——	——	——	——	——	——	——	——	——
23	25	25	25	1	1	1541	397	4	1	1	——	——
——	——	——	——	——	——	138	6	——	——	——	——	——
——	——	——	——	——	——	——	——	——	——	——	——	——
——	——	——	——	——	——	——	——	——	——	——	——	——
——	——	——	——	——	——	95	234	1	——	——	——	——

各 地 区 省 级 公 共

	机构数（个）	从业人员（人）	高级职称	中级职称	总藏量（千册（件））	古籍	善本	图书	报刊	缩微制品	视听文献
总计	**37**	**6854**	**826**	**2161**	**135460**	**13809**	**1388**	**70454**	**14097**	**12611**	**585**
北京	2	366	40	93	3710	423	33	2947	196	——	50
天津	2	322	41	136	4556	503	104	3700	306	4	42
河北	1	175	42	55	1340	60	2	1052	145	61	22
山西	1	225	22	57	2288	290	50	1165	794	19	16
内蒙古	1	177	19	54	1555	180	4	1222	63	1	1
辽宁	1	258	30	69	3472	460	122	2377	491	4	40
吉林	1	211	39	78	2940	370	24	2097	358	111	3
黑龙江	1	142	27	44	2522	134	5	1907	478	——	4
上海	2	842	121	283	50007	1861	192	9897	2468	12358	216
江苏	1	331	52	114	7488	1415	103	5485	515	16	20
浙江	1	330	29	77	4526	847	145	2759	905	2	13
安徽	1	138	15	46	2368	411	24	1469	486	2	——
福建	1	259	19	81	2503	245	21	1983	213	6	13
江西	1	147	24	53	2090	560	10	1389	132	1	——
山东	1	183	32	65	4536	746	71	3152	597	4	21
河南	1	185	18	58	2583	505	24	1815	241	2	19
湖北	1	176	39	81	4083	444	50	2575	1016	2	6
湖南	2	287	40	98	4024	797	50	2831	369	3	21
广东	1	323	16	53	3584	339	32	2240	834	4	25
广西	3	334	40	133	3670	272	8	2896	443	——	26
海南	——	——	——	——	——	——	——	——	——	——	——
重庆市	2	212	24	76	2514	525	56	1842	82	2	4
四川	1	243	17	63	4834	687	61	3414	720	4	9
贵州	1	131	17	46	2201	127	1	1832	240	1	——
云南	1	165	27	60	2244	475	38	1340	428	1	1
西藏	1	41	——	——	604	100	30	467	36	——	——
陕西	1	171	13	55	2615	385	63	1789	431	1	2
甘肃	1	179	——	——	2790	316	60	1969	501	1	2
青海	1	116	9	34	1488	115	1	1153	200	——	2
宁夏	1	104	13	37	1374	137	1	1172	56	1	7
新疆	1	81	1	62	951	80	3	518	353	——	——

图 书 馆 基 本 情 况 （一）

	总藏量中:(千册)		书架单层总长度（千米）	累计发放有效借书证数（千个）	总流通人次		书刊文献外借册次（千册次）	为读者举办各种活动		信息服务		
其它	外文书刊	开架书刊			（千人次）	书刊文献外借人次		次数（次）	参加人次（千人次）	解答咨询（条）	代检索课题（项）	编制二、三次文献（种）
23899	**11050**	**36992**	**2960**	**1906**	**26982**	**8144**	**18572**	**6992**	**5184**	**1059703**	**30311**	**738**
94	253	483	41	60	1360	288	741	226	523	39320	800	15
1	731	1252	77	532	2121	651	1289	520	1269	71393	937	95
——	78	977	34	113	585	185	507	62	6	62951	529	11
4	464	1975	29	90	473	226	520	55	6	5360	114	——
87	28	75	84	10	548	120	218	18	3	6032	——	1
100	611	1791	87	89	1244	658	1241	66	13	26	450	34
——	476	236	41	31	314	176	362	56	64	3	63	——
——	308	——	31	5	351	56	115	13	13	128	296	14
23208	2086	20128	242	229	2873	920	2490	1899	1545	177361	5794	125
38	1242	312	119	14	1443	240	418	62	25	84310	233	14
——	434	443	59	84	1730	358	718	157	299	91960	127	13
——	245	19	56	26	96	32	631	3	1	4750	12	2
43	30	371	38	65	989	554	870	1878	73	21352	14779	8
8	——	——	——	20	460	210	420	56	8	16	320	4
16	423	1289	152	8	606	392	454	38	7	23426	562	8
——	136	245	43	4	960	274	1188	120	22	133505	1398	62
39	696	1792	752	114	818	256	584	94	112	91340	316	9
2	367	1318	71	118	1589	403	1114	1032	467	56916	574	6
142	333	872	50	16	3194	312	518	17	216	25618	63	61
32	252	813	508	61	1497	341	582	80	33	74394	1834	143
——	——	——	——	——	——	——	——	——	——	——	——	——
58	203	339	40	27	890	706	2069	246	319	13326	205	85
——	293	328	41	8	322	17	78	58	51	3230	5	19
1	25	——	2	7	71	48	57	——	——	102	4	——
——	273	600	129	68	60	51	79	2	2	789	3	2
——	3	99	23	1	25	25	25	3	3	——	——	——
7	401	550	79	34	1326	230	424	130	45	26	12	——
——	383	400	60	20	390	152	242	30	46	17695	22	5
18	184	197	37	27	380	103	232	45	11	5897	763	2
1	59	67	25	2	166	84	234	——	——	1022	96	——
——	33	21	10	23	101	76	152	26	2	2500	——	——

各 地 区 省 级 公 共

	本年收入合计(千元)					本年支出合计(千元)					
									在支出中		
		财政补助收入	上级补助收入	事业收入	经营收入		事业支出	经营支出	从业人员劳动报酬	税金支出	社会保障费
总　　计	**606572**	**469604**	**15963**	**86082**	**18396**	**585428**	**567690**	**8941**	**129359**	**5877**	**39858**
北　　京	46641	42401	——	4227	——	43003	39211	——	8212	242	414
天　　津	19127	15826	1	2295	6	19406	17057	6	5800	191	547
河　　北	8341	5512	1	——	——	10014	10014	——	2283	——	563
山　　西	10119	8192	500	194	1213	11270	10057	1213	3156	66	1215
内 蒙 古	5897	5078	——	500	319	6101	5782	319	2189	87	703
辽　　宁	15581	12734	——	489	——	15694	15033	——	4545	281	2116
吉　　林	8649	8414	10	107	95	9182	9087	95	3202	22	1733
黑 龙 江	5908	5727	——	181	——	5955	5955	——	2042	——	1238
上　　海	219001	146924	8074	58412	——	191249	189975	——	28644	648	9796
江　　苏	31176	26061	1840	2114	76	27199	27128	71	7710	197	2542
浙　　江	28875	23746	——	4457	——	28372	28372	——	6830	——	1187
安　　徽	7665	7027	——	96	542	7648	7648	——	1793	——	1858
福　　建	17270	12818	——	——	4452	16156	14305	1851	3843	1626	1957
江　　西	5496	3597	——	691	1208	6455	6168	287	2291	169	807
山　　东	16590	15480	——	709	——	16904	16904	——	2823	33	1531
河　　南	13631	12035	——	200	1396	13748	12645	1103	2652	220	1385
湖　　北	11018	6158	3500	911	——	11121	10395	——	2286	100	138
湖　　南	13135	8820	——	1500	2611	13155	10543	2611	4685	444	649
广　　东	33137	25588	——	4428	3121	30682	30682	——	10519	568	1532
广　　西	18104	14375	——	462	502	17454	17454	——	3136	63	1244
海　　南	——	——	——	——	——	——	——	——	——	——	——
重 庆 市	13578	11231	——	2347	——	12504	12504	——	3676	262	1472
四　　川	11358	8596	——	910	1443	11358	11358	——	2705	92	425
贵　　州	3876	3505	——	——	——	3876	3876	——	1871	66	880
云　　南	6186	4954	39	——	1193	20772	19602	1170	2351	483	37
西　　藏	1881	1881	——	——	——	1899	1899	——	——	——	——
陕　　西	13993	13338	——	572	——	13993	13993	——	2836	1	870
甘　　肃	8592	8548	——	44	——	8615	8615	——	3033	——	1048
青　　海	4730	4454	——	22	3	4726	4726	——	1678	——	1020
宁　　夏	3247	3226	——	20	1	3147	3147	——	1508	——	736
新　　疆	3770	3358	——	194	215	3770	3555	215	1060	16	215

图 书 馆 基 本 情 况（二）

合计中				本年新购藏量		年末固定资产原值（千元）	增加值（千元）	公用房屋建筑面积（千平方米）			阅览室座席数	
修缮费	设备购置费	新增藏量购置费	图书购置费	（千册(件)）	新购图书				书库	阅览室	（千个）	少儿阅览室座席数
23406	**222536**	**169656**	**148378**	**3379**	**2224**	**2733738**	**244583**	**976**	**344**	**213**	**36**	**1**
3303	21831	12292	10736	261	229	99372	12429	51	7	8	2	——
60	5035	4839	4419	122	105	75206	8999	33	5	4	2	——
2485	3253	2915	1496	56	45	47898	4199	28	10	11	1	——
521	3263	2080	915	46	31	34482	4601	21	11	4	1	——
63	1814	1127	690	22	20	11760	2746	21	7	3	2	——
336	5322	5	5	149	71	136001	10266	34	13	8	1	——
304	2451	1994	1994	59	52	28783	4375	13	6	3	1	——
28	1169	1153	1153	31	25	20210	2850	10	5	1	——	——
11174	81520	74387	67207	1279	564	1241474	78951	117	58	20	4	——
546	11005	10843	10760	186	99	106442	12165	32	26	5	1	——
508	9516	9498	7384	205	176	213209	15358	45	19	10	2	——
66	2680	1818	1258	46	35	23210	2721	14	8	1	——	——
552	4685	4500	2785	71	55	30121	6674	38	7	7	1	——
254	1913	979	979	40	37	39773	4051	41	12	8	1	——
9	7763	5452	5452	91	83	66124	5501	63	18	14	2	——
983	2739	2310	1800	39	38	41287	4523	42	10	11	1	——
116	5837	2	2	50	44	47600	4290	25	11	7	1	——
247	3679	3310	2861	101	88	48652	7075	37	13	19	2	1
496	8838	8527	6525	154	130	82020	14368	38	9	8	2	——
484	4150	3029	2395	86	75	54799	5391	41	14	16	2	——
——	——	——	——	——	——	——	——	——	——	——	——	——
316	3241	1465	1384	71	52	45727	5767	30	8	3	1	——
64	3800	2100	1300	37	24	37453	4295	26	13	5	——	——
——	760	753	753	15	13	13724	2486	1	——	——	——	——
2	16062	1700	1700	23	23	42567	4537	29	11	14	2	——
——	133	133	133	2	2	23510	940	16	4	3	——	——
329	5096	2002	2002	60	54	34080	4200	43	13	7	2	——
——	2500	2500	2500	47	40	35643	4459	36	11	7	1	——
67	1367	400	400	11	1	33237	3007	19	4	1	1	——
4	663	317	164	12	6	11498	1968	7	3	1	——	——
89	451	233	233	7	7	7876	1391	25	8	4	——	——

各地区地市级公共

	机构数（个）	从业人员（人）			总藏量（千册(件)）						
			高级职称	中级职称		古籍	善本	图书	报刊	缩微制品	视听文献
总计	**416**	**14723**	**945**	**4717**	**119393**	**6704**	**341**	**94588**	**13965**	**22**	**749**
北京	19	709	19	123	4543	60	1	4159	218	——	44
天津	25	549	36	180	3393	45	——	3073	231	1	21
河北	11	471	44	165	4357	448	23	3283	533	1	9
山西	6	230	12	81	1617	165	17	1091	307	——	53
内蒙古	12	496	27	192	2142	65	4	1850	218	——	——
辽宁	24	1268	97	556	11700	604	27	8017	1194	4	66
其中:大连	2	156	23	82	2811	260	23	2058	231	1	16
吉林	10	586	62	261	4594	196	16	3865	420	1	48
黑龙江	12	624	67	314	5564	308	15	4071	1008	1	8
上海	29	1091	37	208	7724	34	——	7142	376	5	131
江苏	13	782	82	248	9644	1198	66	7633	776	1	16
浙江	13	564	41	181	5185	593	21	3840	575	2	65
其中:宁波	1	61	2	22	743	100	——	505	73	2	5
安徽	13	366	24	121	2436	167	8	1784	424	——	1
福建	17	294	14	77	3046	112	6	2589	306	——	13
其中:厦门	7	132	3	35	1473	73	2	1284	92	——	9
江西	20	473	21	105	4032	239	32	3105	540	——	1
山东	15	690	106	222	5752	360	11	4576	761	——	27
其中:青岛	1	98	12	29	1121	143	1	878	100	——	——
河南	17	715	39	195	4994	493	33	3678	804	1	14
湖北	13	547	40	221	4927	300	8	3657	709	4	14
湖南	12	382	23	184	3309	148	6	2680	452	——	11
广东	29	1234	44	237	10396	262	9	8574	1287	1	163
其中:深圳	2	251	20	70	2071	15	1	1599	433	1	17
广西	7	244	17	91	1950	80	2	1411	416	——	6
海南	2	61	——	12	412	7	——	384	22	——	——
重庆市	15	298	13	90	2571	182	19	2022	362	——	5
四川	18	496	25	186	5625	427	11	4490	666	——	7
贵州	8	240	9	72	1534	20	3	1306	194	——	7
云南	16	314	18	113	2313	68	——	1844	386	——	8
西藏	——	——	——	——	——	——	——	——	——	——	——
陕西	7	204	6	57	1141	22	——	983	131	——	3
甘肃	9	245	5	40	1256	81	2	1037	139	——	1
青海	7	105	——	21	483	5	1	372	64	——	——
宁夏	3	148	7	50	849	5	——	533	109	——	1
新疆	14	297	10	114	1904	10	——	1539	337	——	6

图书馆基本情况（一）

	总藏量中:(千册)		书架单层总长度(千米)	累计发放有效借书证数(千个)	总流通人次		书刊文献外借册次(千册次)	为读者举办各种活动		信息服务		
其它	外文书刊	开架书刊			(千人次)	书刊文献外借人次		次数(次)	参加人次(千人次)	解答咨询(条)	代检索课题(项)	编制二、三次文献(种)
3360	**2229**	**43728**	**3351**	**3273**	**79121**	**35892**	**69589**	**10725**	**7522**	**956144**	**36110**	**5818**
62	14	3210	81	271	3296	1912	3944	1630	477	18766	284	387
22	1	1359	61	120	2431	1445	2603	748	564	52494	483	61
82	45	1554	187	109	2273	1314	1686	257	50	27147	813	56
1	20	245	40	17	127	78	154	21	20	1511	——	8
8	5	438	128	30	850	566	685	90	3	11347	943	68
1817	494	3820	223	251	5329	2446	4727	1437	405	112723	7126	265
246	263	886	60	109	1622	696	1472	198	178	78385	870	21
63	146	1582	85	77	2487	759	2681	200	341	129654	534	63
167	507	1981	80	143	2155	691	2485	194	76	2417	651	53
36	18	4605	148	169	10121	4244	7934	1117	695	44855	708	689
20	200	2778	448	328	5306	3551	4840	576	704	62813	3352	49
110	53	1942	372	179	4171	2053	3921	557	329	38665	2398	337
58	18	——	296	22	239	127	186	19	7	300	30	3
59	67	557	48	41	3220	907	2012	115	147	8689	149	62
25	18	1655	77	100	2003	1270	3560	589	443	8182	10291	52
15	15	1158	36	72	1232	753	2553	421	321	1033	10167	4
147	7	531	54	38	1331	758	1679	98	170	3644	40	10
28	140	1998	110	113	2825	1597	2661	485	179	41579	333	53
——	99	350	23	25	329	160	297	34	40	277	——	3
3	16	1040	178	77	2314	1244	2332	320	146	80005	98	85
243	84	1112	92	109	2513	1125	2188	282	435	96689	2426	182
18	60	1883	82	118	1951	981	1654	229	110	7364	210	65
108	168	7026	211	643	12137	4422	6429	749	1350	164444	4240	1874
5	56	1911	18	182	1729	328	453	30	123	116317	2617	65
37	35	633	46	53	1559	687	1081	124	94	3495	51	249
——	——	149	158	3	339	47	73	15	16	300	——	——
——	——	961	49	27	1280	652	1404	215	214	8350	160	34
34	91	839	104	66	1756	687	1922	181	278	4777	116	651
7	1	140	34	35	844	346	504	97	56	4891	48	68
7	13	439	75	38	1324	704	1360	79	63	8443	48	25
——	——	——	——	——	——	——	——	——	——	——	——	——
2	21	72	10	39	555	163	292	34	58	1651	——	8
——	——	352	43	20	603	308	712	74	53	3814	235	47
42	1	141	17	7	1727	100	216	47	5	60	——	——
200	——	296	44	18	841	263	1374	26	18	4843	82	210
12	4	390	66	34	1453	572	2476	139	23	2532	291	107

各地区地市级公共

	本年收入合计(千元)					本年支出合计(千元)			在支出		
		财政补助收入	上级补助收入	事业收入	经营收入		事业支出	经营支出	从业人员劳动报酬	税金支出	社会保障费
总　　计	**726198**	**627421**	**7674**	**55571**	**12999**	**711515**	**699034**	**8515**	**253758**	**3579**	**57569**
北　　京	43221	33872	1165	3743	1808	42701	41781	793	13566	416	1431
天　　津	19503	15828	1	3207	298	19652	18706	——	9717	111	1939
河　　北	17907	16360	——	511	743	17974	17295	679	7304	178	2401
山　　西	6316	6018	——	298	——	6362	6362	——	2791	——	797
内 蒙 古	11805	11222	30	455	9	11442	11433	9	6615	22	658
辽　　宁	57477	52521	509	4260	180	58280	58059	180	15603	208	5091
其中:大连	20097	18668	——	1429	——	20097	20097	——	2914	149	677
吉　　林	19653	18674	40	916	14	19440	19400	——	8187	——	2713
黑 龙 江	22685	20973	——	751	265	22627	22488	139	8646	144	3067
上　　海	92011	75394	2198	8440	1736	92950	92534	17	29761	323	8363
江　　苏	53103	43594	45	5451	2562	51375	49790	1514	15409	324	3705
浙　　江	41706	30617	1779	5149	543	40360	39825	361	11304	425	2707
其中:宁波	4965	4130	128	236	——	5018	4996	——	1209	22	533
安　　徽	12980	11946	——	739	217	12848	12552	118	6093	91	1758
福　　建	20300	17255	230	1840	61	19945	19869	6	6506	40	1168
其中:厦门	13604	10968	60	1677	——	13349	13279	——	4173	27	256
江　　西	12114	10660	2	1427	14	12270	12262	4	5745	125	1312
山　　东	29668	27158	220	1512	——	29375	29375	——	12598	72	3156
其中:青岛	6926	6339	——	——	——	6926	6926	——	2188	46	1101
河　　南	19781	17517	165	820	213	20541	19623	213	8679	——	2796
湖　　北	21111	17509	20	1085	976	21292	20527	677	7803	87	1099
湖　　南	10430	9049	3	673	277	10851	10674	149	4760	51	1184
广　　东	125460	112337	857	8323	1312	115832	114091	969	33518	515	4857
其中:深圳	46620	42306	348	3810	——	42649	42649	——	10963	132	1445
广　　西	9729	8191	15	942	51	9930	9778	144	4940	156	846
海　　南	3987	3547	10	430	——	3972	3342	630	964	——	173
重 庆 市	8823	6763	166	1171	668	8644	8067	534	3972	61	495
四　　川	15549	13780	137	1264	348	15929	15338	451	6626	71	1897
贵　　州	7965	7191	——	208	——	6832	6832	——	3316	52	726
云　　南	13267	12851	15	314	——	10622	10502	——	4648	18	548
西　　藏	——	——	——	——	——	——	——	——	——	——	——
陕　　西	6602	5380	——	1172	——	6528	6528	——	2801	15	438
甘　　肃	6775	6285	5	39	107	6838	6093	734	3332	19	659
青　　海	2748	2646	——	12	10	2748	2748	——	1880	——	589
宁　　夏	3632	3339	——	139	16	3644	3644	——	1693	5	166
新　　疆	9890	8944	62	280	571	9711	9516	194	4981	50	830

图书馆基本情况（二）

合计中				本年新购藏量		年末固定资产原值（千元）	增加值（千元）	公用房屋建筑面积（千平方米）			阅览室座席数	
修缮费	设备购置费	新增藏量购置费	图书购置费	（千册(件)）	新购图书				书库	阅览室	（千个）	少儿阅览室座席数
23582	**186418**	**127063**	**105545**	**5080**	**4049**	**2056055**	**339580**	**1880**	**454**	**411**	**126**	**32**
1815	13627	6432	5191	267	245	91394	17638	80	17	17	7	3
85	2606	1897	1595	97	91	49570	11811	59	14	12	5	1
665	3238	2663	1535	72	62	79694	10670	70	20	13	4	1
212	716	643	544	89	34	9321	3164	7	3	1	——	——
538	1339	696	471	54	50	34404	8013	51	12	15	4	1
1298	16762	10295	9245	417	367	120022	20612	141	29	31	9	3
881	7164	4263	4220	194	181	32079	4346	47	9	11	2	1
502	4463	3839	3498	130	124	84173	11554	56	16	15	3	1
1459	4023	2762	1906	125	102	74110	11754	54	12	9	3	1
3211	26965	9269	8495	371	322	163278	36615	106	26	27	10	2
2715	15226	11465	8775	333	282	143224	21462	121	32	20	7	1
1220	10503	7261	5113	261	225	159909	18125	93	15	12	5	1
47	2063	1300	780	28	23	15065	1834	11	2	2	——	——
87	2151	2006	1857	217	64	46507	8044	49	8	5	2	1
546	6164	3897	3611	177	168	58912	8902	47	17	12	4	1
179	4251	2489	2484	87	86	33425	5537	20	7	5	1	1
268	2732	1728	1355	114	97	30557	7092	50	7	7	4	1
1065	6654	5926	5734	305	259	64166	15237	137	36	28	7	2
——	1760	1702	1702	81	79	12312	2726	25	8	6	1	——
353	3876	3025	2559	122	105	80533	11900	73	25	9	4	1
1080	5322	3537	3354	394	100	40955	9528	74	20	21	5	1
887	1925	1408	1	61	49	39977	6410	51	18	12	5	1
2254	43821	37253	31329	1033	945	369466	48812	155	37	39	11	3
289	21378	20104	16430	452	452	73162	14021	13	2	5	1	——
71	1755	1604	1164	62	47	37028	6577	47	10	9	2	1
33	760	705	702	56	55	5814	1197	14	2	2	1	——
85	1465	1216	955	57	48	38098	5557	48	10	12	3	1
647	2484	1960	1288	80	65	69420	9474	76	23	20	5	1
265	1580	1553	1010	45	41	43791	5120	75	11	15	3	1
1397	1823	1317	936	45	33	26472	5725	40	11	9	4	1
——	——	——	——	——	——	——	——	——	——	——	——	——
60	933	233	206	9	6	46847	4690	33	3	20	2	——
135	1360	721	560	22	13	7417	3648	27	4	10	3	——
6	78	74	74	4	3	2501	1980	5	1	2	1	——
34	810	688	588	14	14	13456	2236	13	2	2	1	——
589	1257	990	895	47	33	25039	6033	28	13	5	2	1

各地区县市级公共

	机构数（个）	从业人员（人）			总藏量（千册（件））						
			高级职称	中级职称		古籍	善本	图书	报刊	缩微制品	视听文献
总　　计	**2243**	**25534**	**548**	**5852**	**147704**	**4850**	**333**	**119051**	**20695**	**22**	**309**
北　京	4	118	2	22	503	2	——	353	136	——	——
天　津	4	103	4	18	273	2	——	255	17	——	——
河　北	133	1100	32	249	5625	91	16	4884	536	——	9
山　西	115	1109	26	326	5080	328	55	3969	642	——	3
内蒙古	95	1117	12	227	3259	54	6	2699	478	——	5
辽　宁	103	1385	21	470	6015	40	——	5393	270	——	12
其中：大连	10	203	5	78	1362	4	——	1284	40	——	3
吉　林	50	975	39	282	3172	6	——	2841	296	——	7
黑龙江	83	953	26	285	4184	11	1	3534	493	——	1
上　海	1	43	1	19	435	27	——	407	1	——	——
江　苏	87	1091	46	334	10635	534	27	9071	920	——	26
浙　江	69	1030	28	316	8768	485	21	6893	1156	——	63
其中：宁波	8	134	1	38	1189	67	2	949	168	——	4
安　徽	70	676	15	130	3114	88	2	2618	387	——	——
福　建	64	579	11	123	4982	141	13	4020	742	——	9
其中：厦门	——	——	——	——	——	——	——	——	——	——	——
江　西	83	817	7	102	5547	221	8	4147	1038	——	3
山　东	124	1686	114	579	11472	275	13	9461	1614	——	1
其中：青岛	11	144	17	45	1524	9	——	1375	140	——	——
河　南	116	1778	10	200	5453	154	10	4230	1005	3	7
湖　北	89	1570	60	488	8579	241	15	6918	1237	——	16
湖　南	101	1233	11	229	8145	432	17	6182	1371	——	5
广　东	101	1396	14	97	9023	163	13	7480	1097	1	66
其中：深圳	8	150	9	30	877	——	——	761	99	——	10
广　西	86	916	11	211	8156	191	3	6027	1732	——	13
海　南	17	180	——	14	1242	5	——	1030	205	——	——
重庆市	27	245	2	74	1692	106	47	1340	209	——	——
四　川	112	980	19	218	7	454	14	4827	1478	——	3
贵　州	81	509	2	63	3177	55	9	2587	410	3	1
云　南	131	1099	14	360	7961	353	7	6315	1112	5	50
西　藏	——	——	——	——	——	——	——	——	——	——	——
陕　西	103	1230	11	188	4646	211	9	3797	565	10	4
甘　肃	80	685	7	69	3542	150	25	2756	602	——	1
青　海	30	143	1	18	979	8	1	831	125	——	——
宁　夏	17	281	1	47	1459	16	1	1106	331	——	1
新　疆	67	507	1	94	3586	6	——	3080	490	——	3

图 书 馆 基 本 情 况 （一）

其它	总藏量中:(千册) 外文书刊	开架书刊	书架单层总长度(千米)	累计发放有效借书证数(千个)	总流通人次 (千人次)	书刊文献外借人次	书刊文献外借册次(千册次)	为读者举办各种活动 次数(次)	参加人次(千人次)	信息服务 解答咨询(条)	代检索课题(项)	编制二、三次文献(种)
2780	**609**	**46413**	**3309**	**3930**	**108416**	**59322**	**109287**	**36840**	**8499**	**528903**	**26391**	**42938**
11	——	386	12	12	348	255	351	65	50	4460	——	15
——	——	219	5	8	195	106	120	36	17	655	21	55
104	11	1292	132	148	3676	2408	3760	1020	120	27414	1522	883
138	29	1407	93	126	2189	1060	1515	608	190	15643	249	84
22	11	865	70	112	1597	978	1791	563	16	6844	376	59
300	11	2279	169	215	7012	3604	6928	10003	514	33891	3525	15034
31	2	498	37	83	1716	777	1592	196	158	5167	128	243
21	31	916	68	58	2435	1313	2193	372	143	7208	609	1716
145	3	1821	81	116	3171	1410	3247	330	153	7947	536	144
——	——	120	12	7	500	231	430	20	7	350	——	2
84	18	3905	247	273	9195	5224	7998	1043	849	41184	2374	210
171	55	2647	284	187	5592	3407	6917	608	519	25360	1101	134
1	7	459	67	31	953	506	1355	104	79	2816	312	32
22	8	891	50	82	2682	1502	2407	3254	99	14668	703	235
71	7	1425	116	99	4024	2370	4631	379	171	14374	927	244
——	——	——	——	——	——	——	——	——	——	——	——	——
139	56	1814	89	113	2970	1899	2811	1423	136	9323	254	679
121	146	3255	212	271	6393	4130	5920	887	176	32765	960	1807
——	——	716	45	31	929	575	930	154	17	1926	52	44
55	22	1649	110	196	4601	2844	4198	1180	254	25001	359	588
167	34	2236	209	489	6530	3940	16221	7022	1288	60355	1096	1655
155	17	2215	170	219	4962	3160	5126	579	784	29399	776	164
216	26	5924	211	311	10943	5183	7023	578	439	27047	5024	1196
7	——	745	18	68	2277	397	618	114	24	7873	84	1088
194	15	2148	188	185	6835	2794	4356	707	663	32875	3025	3125
2	4	722	34	20	630	244	461	93	106	1581	63	16
37	1	534	33	61	1261	768	1662	260	141	13033	223	10768
238	13	1862	156	129	4557	2624	4645	744	561	39413	601	1587
122	11	531	57	45	1349	984	1472	219	91	6902	309	56
125	6	2043	207	167	4996	2660	4975	595	391	22196	433	916
——	——	——	——	——	——	——	——	——	——	——	——	——
59	9	1028	68	94	2441	1173	2222	1024	217	13268	330	1278
33	32	858	76	85	3627	1149	2429	2833	197	7528	415	254
16	——	103	22	27	401	200	249	43	23	626	312	——
5	——	203	67	26	1130	715	1172	103	120	2430	3	11
7	33	1115	61	49	2174	987	2057	249	64	5163	265	23

各地区县市级公共

	本年收入合计(千元)					本年支出合计(千元)					
		财政补助收入	上级补助收入	事业收入	经营收入		事业支出	经营支出	在支出		
									从业人员劳动报酬	税金支出	社会保障费
总计	**563396**	**488538**	**9570**	**41780**	**9587**	**557720**	**547340**	**6476**	**290659**	**2652**	**55350**
北京	6103	5458	100	347	——	6103	6103	——	1715	——	377
天津	1782	1321	——	426	——	1782	1772	——	1016	4	172
河北	16003	14505	210	820	59	15964	15514	25	10666	1	1934
山西	14095	12977	148	205	72	13957	13879	61	10366	5	1600
内蒙古	18303	18065	——	206	32	18295	18294	1	13327	8	1450
辽宁	34253	28991	132	2582	207	32386	32216	101	14541	59	3515
其中:大连	9578	8890	102	525	58	9493	9493	——	2846	21	676
吉林	14621	13587	——	344	397	14559	14250	292	8845	8	2286
黑龙江	16004	15231	116	475	142	15894	15868	11	9658	9	1949
上海	2393	2102	61	230	——	2393	2393	——	957	——	347
江苏	46925	37174	563	7803	206	47511	47116	262	19121	253	4831
浙江	54159	44986	1774	4928	1221	53553	52287	308	22725	195	4871
其中:宁波	10136	8909	150	320	411	9864	9770	94	4058	10	890
安徽	12527	11340	242	716	159	13117	12689	98	7258	50	2868
福建	18286	14407	604	1639	107	17763	16591	81	7761	43	1491
其中:厦门	——	——	——	——	——	——	——	——	——	——	——
江西	13495	12248	62	783	186	13548	13279	154	7552	55	1823
山东	37738	34564	879	1874	216	36104	35931	173	21187	182	4179
其中:青岛	6906	6059	190	652	——	6576	6576	——	3179	154	1276
河南	19817	17492	175	960	465	19190	19014	174	12315	54	2622
湖北	28253	21739	817	3353	1241	28288	27700	561	13565	156	2665
湖南	19585	16408	26	2079	956	19729	19178	413	11494	134	1979
广东	63240	51279	1578	8004	1118	61489	60891	524	23546	373	3297
其中:深圳	16982	13962	978	1642	400	16151	16051	100	5022	111	388
广西	18559	17326	144	679	299	18592	18258	194	10226	135	1327
海南	2867	2736	27	85	19	2813	2813	——	1685	19	193
重庆市	5669	4494	85	258	299	5640	5292	135	2741	7	751
四川	19014	15734	1036	1243	360	19284	18612	670	9849	62	2061
贵州	7338	7091	134	45	40	7349	7294	46	5243	38	865
云南	29790	27773	225	416	1317	29597	28229	1322	16630	596	1527
西藏	——	——	——	——	——	——	——	——	——	——	——
陕西	14618	13531	64	602	35	14740	14283	440	9081	85	1640
甘肃	9267	8348	265	209	329	9464	9056	408	6792	12	436
青海	2919	2908	——	10	——	2918	2918	——	2209	——	476
宁夏	4946	4816	——	127	——	4949	4932	——	2631	——	493
新疆	10827	9907	103	332	105	10749	10688	22	5957	109	1325

图 书 馆 基 本 情 况 （二）

合计中				本年新购藏量		年末固定资产原值（千元）	增加值（千元）	公用房屋建筑面积（千平方米）			阅览室座席数	
修缮费	设备购置费	新增藏量购置费	图书购置费	（千册(件)）	新购图书				书库	阅览室	（千个）	少儿阅览室座席数
16008	**86992**	**65376**	**54692**	**3913**	**2959**	**2610868**	**399360**	**2808**	**652**	**584**	**275**	**94**
59	2361	788	711	46	45	8492	2055	12	2	3	1	——
——	107	107	80	6	5	5869	1255	10	1	2	1	——
125	1025	745	642	73	64	67457	13365	136	27	25	13	5
433	786	542	378	36	28	34783	11766	76	18	16	9	3
147	1220	821	754	55	47	39003	14895	65	15	16	9	3
801	5536	4128	3522	304	188	66499	17276	120	23	24	14	5
212	3301	2376	2104	95	93	27141	3953	38	6	7	4	1
168	1048	687	475	61	55	32376	10148	47	9	13	7	3
103	1204	1128	842	64	47	41157	11313	66	16	16	7	3
5	461	397	364	12	12	21051	1799	7	2	1	1	——
1570	9255	8216	7035	428	351	162082	25857	172	39	35	15	6
1160	12395	8472	7404	433	380	142522	28621	145	36	26	10	4
83	3114	1760	1604	125	122	18292	4800	18	5	4	1	——
152	1029	780	581	42	33	23200	8236	51	9	9	6	2
280	4054	3070	2501	197	119	60867	10523	127	32	25	9	3
——	——	——	——	——	——	——	——	——	——	——	——	——
579	1804	1505	1172	140	103	40740	9237	101	22	23	11	4
976	4906	3735	3493	236	212	101766	25440	148	36	26	14	5
46	1215	1108	1075	70	64	12612	3837	19	6	5	2	1
501	1444	1222	938	149	101	54982	14568	124	31	25	11	4
1229	5901	4698	4365	275	205	117926	18438	168	46	35	18	6
964	2313	2025	1626	152	121	78173	14755	175	42	35	17	7
2617	13728	9727	7893	413	346	187259	32720	250	43	51	21	5
1227	3367	2008	1817	100	93	45800	6965	39	4	14	3	——
846	3006	2495	1598	161	112	62291	12853	124	38	35	16	6
81	553	402	294	23	16	20561	2526	27	7	6	3	1
263	928	807	716	41	38	26099	3792	42	10	8	4	1
1086	3434	2027	1584	166	107	82569	13214	136	33	32	15	5
171	526	476	396	24	18	21995	6161	67	14	15	7	2
1028	4495	3779	3344	137	108	126362	22280	183	48	38	16	5
——	——	——	——	——	——	——	——	——	——	——	——	——
300	827	717	542	64	35	37429	10663	113	21	17	7	2
73	759	555	459	112	27	24248	7774	47	14	12	6	2
30	135	129	70	9	7	16508	2869	8	2	2	1	——
47	543	453	362	17	11	518628	23376	26	7	5	2	1
214	1209	743	551	37	18	387974	21585	35	9	8	4	1

各 地 区 公 共 图 书

地区	总计					省区	
	经费自给率（%）	劳动报酬占总支出比重（%）	新购图书比上年增减（%）	购书费占总支出比重%	平均每册新书单价（元）	经费自给率（%）	劳动报酬占总支出比重（%）
总计	**16.00**	**33.90**	**15.50**	**20**	**44.20**	**21**	**22.10**
中央	22.90	14.30	-8.80	46.80	466.90	——	——
地方	15.10	36.30	16.30	16.60	33.40	21	22.10
北京	14.80	25.60	-14.90	18.10	32.10	10.80	19.10
天津	17.10	40.50	-10.10	14.90	30.30	13.50	29.90
河北	10.70	46.10	-5.40	8.40	21.60	18.30	22.80
山西	8.50	51.60	7.80	5.80	19.80	12.70	28
内蒙古	4.50	61.80	10.90	5.30	16.30	13.40	35.90
辽宁	11.80	32.60	31.20	16.70	28.40	18.90	29
其中:大连	6.80	19.50	61.70	21.40	23.10	——	——
吉林	5.10	46.90	92	13.80	25.90	2.50	34.90
黑龙江	5.70	45.70	5.50	8.80	22.40	3	34.30
上海	27.60	20.70	20.50	26.50	84.70	33.70	15
江苏	17.40	33.50	20	21.10	36.30	12	28.30
浙江	18	33.40	35.70	16.30	25.50	18.10	24.10
其中:宁波	12	35.40	104.10	16	16.50	——	——
安徽	7.90	45.10	11.60	11	27.80	8.30	23.40
福建	20	33.60	8.10	16.50	26	27.60	23.80
其中:厦门	19.40	31.30	41.50	18.60	28.80	——	——
江西	14.10	48.30	-17.80	10.90	14.90	29.40	35.50
山东	6.90	44.40	33.20	17.80	26.50	6.60	16.70
其中:青岛	9.20	39.70	139	20.60	19.40	——	——
河南	11.10	44.20	41.60	9.90	21.70	11.60	19.30
湖北	17.80	39	12.10	16	27.90	13.10	20.60
湖南	20.30	47.90	10.10	12.50	21.20	32.80	35.60
广东	14.60	32.50	43.80	22	32.20	24.60	34.30
其中:深圳	10.20	27.20	209.90	31	33.50	——	——
广西	13.80	39.80	24.40	11.20	22.10	21.40	18
海南	7.90	39	223.50	14.70	14	——	——
重庆市	20.10	38.80	15.30	11.40	22.10	18.80	29.40
四川	14.30	41.20	0.50	9	21.30	24.30	23.80
贵州	7	57.80	0.60	12	30.20	9.60	48.30
云南	5.60	38.70	-18.20	9.80	36.40	5.70	11.30
西藏	——	——	-16.80	7	79.90	——	——
陕西	8.20	41.70	-26.80	7.80	29.10	4.70	20.30
甘肃	4.70	52.80	-29.60	14.10	44.30	0.50	35.20
青海	3.70	55.50	57.80	5.20	49.20	5.80	35.50
宁夏	3.80	49.70	-23.70	9.50	36.50	0.70	47.90
新疆	8.70	49.50	-42.50	6.90	29.20	10.90	28.10

馆 活 动 情 况 分 析

市级			地市级					县市级				
新购图书比上年增减（%）	购书费占总支出比重%	平均每册新书单价（元）	经费自给率（%）	劳动报酬占总支出比重（%）	新购图书比上年增减（%）	购书费占总支出比重%	平均每册新书单价（元）	经费自给率（%）	劳动报酬占总支出比重（%）	新购图书比上年增减（%）	购书费占总支出比重%	平均每册新书单价（元）
21	**25.30**	**66.70**	**12.90**	**35.70**	**11.40**	**14.80**	**26.10**	**11.80**	**52.10**	**20.10**	**9.80**	**18.50**
——	——	——	——	——	——	——	——	——	——	——	——	——
20.90	25.30	66.70	12.90	35.70	11.50	14.80	26.10	11.80	52.10	20	9.80	18.50
-1.40	25	46.90	19.20	31.80	-32	12.20	21.20	8.90	28.10	163.20	11.70	15.90
-8.80	22.80	42.10	19.60	49.40	-10.70	8.10	17.50	26	57	-24	4.50	15
-5.10	14.90	33.50	8.60	40.60	8.40	8.50	24.80	8.30	66.80	-16.10	4	10.10
-22.50	8.10	29.50	4.70	43.90	126.70	8.60	16	7	74.30	-13.30	2.70	13.60
-34.70	11.30	34.10	4.80	57.80	52.50	4.10	9.40	1.30	72.80	11.80	4.10	16.10
-14.70	31.90	70.60	7.60	26.80	40.50	15.90	25.20	15.90	44.90	41.40	10.90	18.70
——	——	——	7.10	14.50	75.30	21	23.40	6.20	30	40.60	22.20	22.70
107.70	21.70	38.40	4.80	42.10	124.60	18	28.30	7.10	60.80	37.40	3.30	8.60
-14.10	19.40	46.30	7.60	38.20	4.50	8.40	18.60	4.10	60.80	22.80	5.30	18
43.10	35.10	119.20	15.60	32	-5	9.10	26.40	9.60	40	9.10	15.20	30.30
34.40	39.60	108.20	18.40	30	13.30	17.10	31.10	19.40	40.20	22	14.80	20
70.80	26	42	23.20	28	8.50	12.70	22.80	14.10	42.40	44	13.80	19.50
——	——	——	14.20	24.10	11.20	15.50	33.40	10.90	41.10	143.10	16.30	13.20
-18.60	16.40	35.90	8.20	47.40	69.30	14.50	28.90	7.40	55.30	-12	4.40	17.40
-27.90	17.20	50.80	14.20	32.60	0.20	18.10	21.50	19.60	43.70	64.60	14.10	21.10
——	——	——	19.40	31.30	41.50	18.60	28.80	——	——	——	——	——
146.70	15.20	26.50	11.80	46.80	-52.20	11	14	8.80	55.70	48.60	8.70	11.40
2.60	32.30	65.60	7.80	42.90	100.80	19.50	22.10	6.40	58.70	2.90	9.70	16.50
——	——	——	8.50	31.60	125.90	24.60	21.50	10	48.30	157.40	16.30	16.70
90.60	13.10	47.20	10.60	42.30	27.80	12.50	24.40	11.20	64.20	43.80	4.90	9.30
25.50	18	45.50	16.90	36.60	-18.90	15.80	33.60	20.20	48	34	15.40	21.30
13.50	21.70	32.30	12.70	43.90	4.70	9.20	20.30	16.10	58.30	9	8.20	13.40
30	21.30	50.20	10.70	28.90	70.10	27	33.10	16.90	38.30	4.10	12.80	22.80
——	——	——	9.30	25.70	361.40	38.50	36.30	12.60	31.10	19.60	11.30	19.50
47.50	13.70	31.80	15.30	49.70	-37.60	11.70	24.90	5.90	55	77.40	8.60	14.30
——	——	——	10.80	24.30	449.90	17.70	12.80	3.70	59.90	34.80	10.50	18.20
-9.10	11.10	26.70	22	46	42.20	11	19.80	20.10	48.60	31.70	12.70	18.80
-20.10	11.40	54.20	10.30	41.60	3.20	8.10	19.80	11.60	51.10	3	8.20	14.80
26.10	19.40	59.70	11.30	48.50	-7.50	14.80	24.80	1.50	71.30	1.40	5.40	21.70
23.30	8.20	72.60	3.80	43.80	-58.70	8.80	28.30	6.10	56.20	5.90	11.30	31
-16.80	7	79.90	——	——	——	——	——	——	——	——	——	——
——	14.30	37.30	18.70	42.90	-94.30	3.20	33.70	6.90	61.60	64.50	3.70	15.70
11.70	29	62.20	7.10	48.70	-3.20	8.20	44.50	6.90	71.80	-58.30	4.80	17.20
-58.70	8.50	322.60	3.70	68.40	184.10	2.70	26	0.40	75.70	74.10	2.40	10.10
86.20	5.20	29.40	8	46.50	129.90	16.10	42.60	2.60	53.20	-64	7.30	32.40
-3.10	6.20	34.40	9.10	51.30	-56.60	9.20	27.10	7.60	55.40	4.30	5.10	31.10

公共图书馆主要指标解释

1. **总藏量**：指本馆已编目的古籍、图书、期刊和报纸的合订本、小册子、手稿，以及缩微制品、录像带、录音带、光盘等视听文献资料数量之和。对同一书名但分若干册（卷）的图书，按每一册（卷）作为一册统计。期刊和报纸均以每一合订本为一册统计。至填报本表时，尚未装订成册编目的期刊和报纸不应统计在内。

2. **古籍、善本**：指实际成书和出版年代在1911年（含1911年）以前的线装、卷轴装、经折装、蝴蝶装、包背装等书籍为古籍；其中清乾隆六十年，即1795年（含1795年）以前的古籍为善本，1795年至1911年间的具有历史文献性、学术资料性和印刷装帧艺术代表性的也归为善本。

3. **图书**：指不少于49页并在"古籍"范围以外的图书。少儿读物、连环画49页以上的按图书统计，48页以下的按小册子统计到"其他"类中。

4. **报纸**：指刊登当前事件的专题或综合新闻，每周至少出版一张并按年、月、日顺序或按编号排列的连续出版物。

5. **期刊**：指同一刊名下，按顺序号或按年、月、日出版的定期或不定期的一种连续出版物。

6. **缩微制品**：指本馆所有经过缩微处理制成缩微胶卷和缩微平片，使用时需要放大的文献资料。

7. **视听文献**：指要求使用专用设备阅读和（或）听声的非书型、非缩微制品型文献。包括声频文献（如唱片、录音带、盒式磁带等）、视频文献（如幻灯片、透明正片等）和声频与视频混合文献（如有声电影、录像片等）、电子文献（如存储在光盘、软盘、硬盘等通过计算机阅读、视听的文献）。

8. **其他**：指手稿和48页以下的小册子等。

9. **外文书刊**：指国外出版的外国文字的图书、期刊和报纸。其计量原则同图书。

10. **书架单层总长度**：指按书架（包括书柜）每层（不包括书架顶部遮尘板）长度累计计算的长度，其中两面放书的书架每层应按两个长度计算。

11. **累计发放有效借书证数**：指图书馆发放并正在使用的有效的借书证累计数。

12. **总流通人次**：指包括在馆内阅读和借出阅读书、刊、缩微制品、视听文献、电子文献等的读者人次。

13. **书刊文献外借人次**：指由馆内借出阅读书、刊、缩微制品、视听文献等的读者人次。

14. **书刊文献外借册次**：指读者通过借阅手续借出，在馆外阅读的书、刊、缩微制品、视听文献等册次，包括外文图书。

15. **为读者举办各种活动次数及参加人次**：指由本馆举办或与外单位联合举办的为读者服务的各种活动次数及参加这些活动的人次。如读书会、报告会、读书辅导班等。不包括零散咨询、辅导次数。

16. **解答咨询**:指利用图书馆学、文献学知识和工具解答读者的问题,包括电话、口头或简单书面咨询等,以问题的条数计算。

17. **代检索课题**:指通过手工和机检为读者完成的定题和回溯检索服务项目。

18. **编制二、三次文献**:指图书馆编辑的书目、索引、文摘、专题述评、综述、进展报告、书目指南等。

19. **新增藏量购置费**:指本馆本年购进图书、报刊、缩微制品和视听文献等藏品所用经费之和。

20. **图书购置费**:指本馆本年购进图书、报刊所用经费。

21. **本年新购藏量**:指本年购进馆的图书、报刊、缩微制品和视听文献等藏品之和。

22. **本年新购图书**:指本年购进馆的图书,包括从出版、发行、邮政等部门购进的已装订成合订本的期刊、报纸。

23. **阅览室坐席数**:指阅览室内可供读者坐阅的座位。

24. **少儿阅览室坐席数**:指少儿图书馆阅览室和公共图书馆中的少儿阅览室可供少儿读者坐阅的坐席数。

群众文化业

2003

各地区群众艺术馆、文

	机构数（个）	从业人员（人）			举办展览个数（个）	组织文艺活动次数（次）	举办训练班	
			高级职称	中级职称			班次（次）	结业人次（千人次）
总　　计	**42519**	**119072**	**3211**	**13663**	**92917**	**301792**	**137350**	**4926**
北　　京	284	1635	34	134	926	6338	6940	166
天　　津	263	1210	75	191	806	4198	1431	53
河　　北	2268	5720	211	983	6358	19363	9654	388
山　　西	1360	3773	118	682	2004	5896	1669	71
内 蒙 古	1415	4078	50	468	2650	7810	4006	136
辽　　宁	1471	4089	106	774	2927	17890	4989	230
其中：大连	159	462	20	91	385	3244	834	49
吉　　林	793	3265	182	650	1082	3413	1278	36
黑 龙 江	1037	3070	232	672	2092	6871	3479	114
上　　海	270	3557	52	283	1247	11688	6304	205
江　　苏	1619	5848	197	669	5646	15538	6363	223
浙　　江	1676	5384	199	608	6933	19750	11033	305
其中：宁波	163	666	26	79	1033	2677	1555	43
安　　徽	1893	4159	97	387	2959	5586	2518	96
福　　建	1132	2272	29	244	2729	8039	3828	220
其中：厦门	39	121	——	16	129	1230	348	5
江　　西	1910	3875	71	360	2214	6217	2115	81
山　　东	2022	5954	453	1021	5036	17500	5746	185
其中：青岛	178	506	28	63	836	3321	1143	31
河　　南	2482	6894	126	594	4277	10461	6142	222
湖　　北	1319	5551	188	660	1839	7418	2581	98
湖　　南	2648	6049	116	564	2706	10851	4468	156
广　　东	1944	7771	53	276	6569	22099	13218	556
其中：深圳	52	917	28	58	283	1650	818	26
广　　西	1456	3742	83	435	2104	13949	6435	218
海　　南	255	642	4	39	595	1439	760	20
重 庆 市	1202	2708	54	223	2954	8331	2687	74
四　　川	3724	7906	126	775	8772	19800	8122	248
贵　　州	1169	2389	38	159	1029	3971	1895	44
云　　南	1723	4342	58	530	3052	14460	6228	208
西　　藏	216	436	——	——	30	2328	21	1
陕　　西	1731	5282	105	502	3446	7565	4078	223
甘　　肃	1657	2797	48	254	2107	5416	4513	116
青　　海	237	636	9	82	395	1156	116	4
宁　　夏	328	1100	31	141	5372	5729	1478	91
新　　疆	1015	2938	66	303	2061	10722	3255	138

化馆（站）基本情况（一）

录像放映		藏书（千册）	本年收入合计(千元)				
场次（场次）	观众人次（千人次）			财政补助收入	上级补助收入	事业收入	经营收入
1676344	**1449911**	**91454**	**2410503**	**1651632**	**114733**	**341042**	**146359**
5310	2081	606	54744	34909	3484	12381	2596
10616	688	777	31685	21355	59	5752	3858
12489	13835	4260	70043	63501	1904	2781	862
4989	337	1169	42445	38011	265	2467	999
35117	8998	1560	51365	48413	——	1858	1094
17366	35901	3766	77587	60299	2364	6835	2289
2347	1042	898	15184	12903	415	1529	271
8146	11221	470	49351	45015	137	1399	1455
4033	20983	1095	49336	44349	558	603	1518
3709	1645	3690	204237	73768	10148	86778	20075
61465	2704	17389	178787	114210	10206	36452	11039
237699	10305	6592	237054	157958	22234	31477	10598
25442	1865	1277	55065	24434	11242	9984	4234
8250	364	590	55039	47457	1049	3748	2082
12140	61422	1529	56825	46656	3654	3710	1059
13	2	57	19186	17792	525	267	78
25609	71803	2373	41636	36087	541	3801	1044
42342	40690	4653	100124	85141	1431	7974	2433
9370	1817	479	17838	14010	647	1083	238
30540	4321	2345	70105	57097	1195	5150	3037
21412	11861	3353	77235	46079	2588	15739	10647
70559	4063	4688	70139	51584	536	8966	7826
741969	91490	10852	322501	184553	36948	58135	26504
209609	8498	863	68442	32517	5971	24306	4014
12185	1282	6575	54782	43580	2007	5208	2842
7764	1873	349	9716	8378	596	462	275
33445	55844	1083	59742	27769	927	8234	17212
91835	51941	2896	105247	70149	2923	16193	10157
15485	598	673	29642	22749	675	1733	609
68052	156176	2176	91405	77893	4076	4418	1864
2628	514691	406	28856	7267	60	29	290
24382	102968	1361	50029	41486	1086	2934	606
30586	89583	1591	62300	27008	470	798	652
208	2382	130	11083	10382	394	284	23
9138	76940	505	16378	14894	98	748	212
26876	921	1952	51085	43635	2120	3995	602

各地区群众艺术馆、文

	本年支出合计(千元)								
		事业支出	经营支出	在支出合计中					
				从业人员劳动报酬	税金支出	社会保障费	修缮费	设备购置费	业务费
总　　计	**2355932**	**2211004**	**96682**	**1131532**	**20613**	**208696**	**102001**	**102652**	**305345**
北　　京	54479	51812	2209	19677	660	1720	5107	6478	6995
天　　津	31109	29447	1134	14782	408	3421	2555	918	3149
河　　北	69368	68462	513	46216	192	8026	807	1184	5837
山　　西	42300	41274	990	27745	341	5967	1025	479	2571
内 蒙 古	51705	51141	420	35306	160	4302	1219	2223	4074
辽　　宁	75692	73972	1711	31693	435	7733	2420	3167	10532
其中:大连	15600	15481	110	4653	24	732	597	712	3426
吉　　林	49747	48091	863	26474	216	9601	1451	1179	3556
黑 龙 江	49172	48814	357	28883	398	7919	989	422	3668
上　　海	201278	181090	12503	71519	4116	16393	8071	10387	28972
江　　苏	179654	168653	9916	78872	1203	15852	10957	11792	33084
浙　　江	233837	224132	6372	95851	740	16455	6435	13751	47716
其中:宁波	54648	51688	2519	16355	188	2954	1404	3229	11984
安　　徽	54896	53334	1038	32152	293	11991	569	332	4281
福　　建	54363	52974	547	19997	257	3586	2214	1814	7727
其中:厦门	17118	16552	19	2434	28	280	520	395	1671
江　　西	41757	41078	523	24835	318	5559	930	785	4710
山　　东	100957	99726	1231	60492	312	12307	3031	2649	9665
其中:青岛	17759	17523	236	7606	144	3383	734	556	2122
河　　南	76253	65784	2254	41029	434	11055	1454	1219	6133
湖　　北	77315	70578	6384	38517	709	8708	3633	2661	11979
湖　　南	70600	64856	4755	42268	605	5865	2112	1602	7088
广　　东	326765	293188	19528	111161	4036	14284	29700	27129	44202
其中:深圳	68109	67432	677	31322	1585	2577	2486	3997	7958
广　　西	60182	57964	748	39274	628	3889	2559	842	4415
海　　南	9606	9462	144	6549	33	778	308	103	1427
重 庆 市	58915	48771	10072	24020	1125	4664	1460	2863	11311
四　　川	104729	96271	5748	52100	1292	9019	3400	2495	13231
贵　　州	26245	25546	384	17294	239	2688	412	411	3280
云　　南	89195	85835	1791	52084	319	4088	4696	2947	13455
西　　藏	9971	8912	134	136	8	250	104	28	322
陕　　西	48103	46360	1059	26128	241	3392	1684	402	3855
甘　　肃	29032	26888	2130	18873	159	2135	631	530	1805
青　　海	11041	11028	10	7279	230	1730	97	29	347
宁　　夏	17677	16286	674	9281	124	1403	124	434	1558
新　　疆	49989	49275	540	31045	382	3916	1847	1397	4400

化馆（站）基本情况（二）

经费自给率（%）	劳动报酬占总支出比重（%）	年末固定资产原值（千元）	增加值（千元）	公用房屋建筑面积（千平方米）	业务用房	群众艺术馆、文化馆负责指导的单位的基本情况 农村集镇文化中心（个）	文化俱乐部（室）（个）	图书室（个）	文化户（个）	群众业余演出团（队）（个）
27.9	**48**	**5688850**	**1382589**	**12036**	**2172**	**21706**	**86362**	**50883**	**156914**	**34103**
30.3	36.1	105434	24579	120	72	61	602	146	62	512
33.6	47.5	58940	17547	116	24	71	693	59	244	566
6.7	66.6	177598	53534	473	84	919	11052	6598	24327	3468
9.9	65.6	68169	30813	172	47	606	7970	4212	19236	1345
5.7	68.3	100356	39480	324	50	498	2463	1400	8229	613
19.7	41.9	132678	37474	314	67	633	4223	1497	7343	1056
12	29.8	20095	5481	70	13	99	303	129	876	154
8.6	53.2	46225	28539	107	47	561	2810	2226	1928	408
9	58.7	73635	32226	115	44	1077	1958	1534	2891	965
62.2	35.5	458037	94962	389	80	175	156	46	48	229
30.4	43.9	581898	103452	1242	138	1225	7979	2347	6845	956
24.7	41	459569	114974	903	108	639	1512	689	1567	594
35.8	29.9	168235	23272	203	22	84	110	71	582	94
12	58.6	46706	34392	145	41	604	1044	437	1808	1003
12.2	36.8	102897	24370	330	56	788	3138	1757	3844	905
5.2	14.2	16863	3137	15	7	14	191	192	——	39
12	59.5	108081	29477	280	74	768	2701	1992	9400	751
13.4	59.9	155539	67029	220	151	2874	7782	6980	14056	2599
17.9	42.8	15104	8354	28	17	136	2117	828	2198	634
17.4	53.8	120479	46283	399	108	1441	4583	3489	8340	3935
37.1	49.8	251386	49338	731	98	735	1365	1392	4390	796
25.9	59.9	133300	48353	411	89	1202	2963	2262	10866	1585
32.3	34	1045099	158187	2070	148	936	4953	3985	2765	1002
44	46	134279	38334	141	25	8	6	7	——	9
15.7	65.3	150949	46020	382	87	612	1627	1086	9788	3260
7.7	68.2	16045	7224	56	11	160	997	557	322	77
52.8	40.8	113804	29698	283	54	402	741	247	2676	238
31.5	49.7	236987	63005	731	166	1465	4490	1643	4954	859
24	65.9	38274	19071	104	24	252	160	382	211	514
10.8	58.4	214919	61000	545	82	542	1432	705	653	3244
238	1.4	348698	14091	43	——	77	222	34	——	258
15.7	54.3	117854	31082	336	83	1276	1663	707	2466	957
120	65	86465	22495	283	43	561	1542	677	4934	595
2.8	65.9	15670	8136	57	12	20	103	4	19	455
8.2	52.5	37116	10889	95	36	110	143	24	1213	78
10.7	62.1	86043	34869	260	48	416	3295	1769	1489	280

各地区群众艺

	机构数（个）	从业人员（人）			举办展览个数（个）	组织文艺活动次数（次）	举办训练班	
			高级职称	中级职称			班次（次）	结业人次（千人次）
总计	**389**	**11042**	**1635**	**3600**	**2140**	**9535**	**8865**	**222**
北京	1	33	8	9	6	19	67	4
天津	1	54	16	11	14	53	16	——
河北	12	565	118	261	92	753	616	16
山西	12	442	59	177	38	149	72	6
内蒙古	13	433	33	143	28	284	243	5
辽宁	23	678	63	272	159	680	303	7
其中：大连	2	51	8	26	2	6	3	——
吉林	13	493	104	180	66	474	176	6
黑龙江	17	419	125	152	101	442	205	8
上海	3	123	17	35	40	207	204	2
江苏	9	256	55	76	68	202	394	9
浙江	12	379	86	116	103	553	526	15
其中：宁波	1	54	5	16	28	50	80	3
安徽	14	307	59	111	60	294	292	6
福建	10	135	15	48	112	363	329	4
其中：厦门	1	24	——	6	50	250	230	1
江西	12	325	46	117	33	163	191	8
山东	18	618	183	191	152	611	357	7
其中：青岛	1	51	10	10	10	30	13	1
河南	23	612	69	195	86	490	222	8
湖北	18	688	107	214	49	260	224	7
湖南	15	430	68	150	46	262	348	10
广东	22	480	34	110	113	802	666	20
其中：深圳	1	64	13	21	10	38	208	5
广西	15	408	55	103	133	290	389	9
海南	3	73	2	12	13	54	247	2
重庆市	1	69	13	17	11	14	32	1
四川	26	749	71	224	241	655	928	21
贵州	11	198	32	56	19	207	887	11
云南	20	449	45	177	92	330	364	15
西藏	10	186	——	——	10	74	10	——
陕西	11	366	52	118	55	107	57	2
甘肃	15	355	31	98	78	197	113	3
青海	9	164	7	55	24	132	56	2
宁夏	5	185	20	51	15	126	27	1
新疆	15	370	42	121	83	288	304	7

术　馆　基　本　情　况（一）

录像放映				本年收入合计（千元）			
场次（场次）	观众人次（千人次）	藏书（千册）		财政补助收入	上级补助收入	事业收入	经营收入
3338	**9442**	**552**	**442305**	**334935**	**8082**	**57395**	**17844**
——	——	——	4639	4608	——	28	——
——	——	——	2571	1946	——	625	——
——	——	58	20046	17492	869	980	266
1200	28	21	12602	11265	42	478	480
——	——	8	9954	9062	——	459	433
5	1	38	23949	19460	126	2576	1614
——	——	7	2557	2169	——	88	235
——	——	20	16696	14508	94	666	442
310	20	8	16124	12191	102	148	1489
——	——	——	19319	5410	1380	11945	584
——	——	11	21302	13657	——	5764	491
——	——	9	31364	19223	1226	6476	1164
——	——	——	7820	2980	690	3625	——
——	——	4	11218	8937	17	989	942
——	——	4	11761	10659	770	247	58
——	——	4	6109	5904	——	178	——
——	——	16	7262	6116	50	575	474
——	——	38	21964	17233	653	2026	112
——	——	——	4711	2423	472	——	——
——	1000	26	19176	15015	218	1517	550
360	7500	3	19626	13404	226	2225	2765
——	——	——	13110	10246	15	2168	263
——	——	15	40740	33132	892	3638	1733
——	——	——	6607	5078	——	416	1112
360	812	29	13410	9825	69	1526	1642
——	——	——	3006	2444	270	287	——
——	——	——	2490	1978	——	355	157
——	——	17	27602	16418	310	7208	918
——	——	10	5774	4820	241	75	——
1090	21	35	17388	14952	75	1128	915
——	60	102	8404	6214	——	9	——
——	——	34	9916	7284	9	1285	——
——	——	42	8813	8639	——	174	——
——	——	3	5024	4493	378	143	10
——	——	1	4493	3857	——	111	139
13	——	——	12562	10447	50	1564	203

各地区群众艺

	本年支出合计(千元)								
		事业支出	经营支出	在支出合计中					
				从业人员劳动报酬	税金支出	社会保障费	修缮费	设备购置费	业务费
总　计	**453079**	**437228**	**11155**	**174802**	**4658**	**56170**	**16976**	**15211**	**63032**
北　京	4509	4509	——	707	——	9	28	544	835
天　津	2613	2613	——	1065	25	103	——	5	112
河　北	19300	19115	185	8952	137	3531	395	586	1931
山　西	12498	11997	465	6249	153	2475	523	282	651
内蒙古	10169	10139	——	6764	49	859	27	498	569
辽　宁	24391	23203	1188	7726	199	2593	884	591	1921
其中:大连	3098	3098	——	148	4	132	198	375	110
吉　林	17108	16054	410	5896	83	3830	708	720	1223
黑龙江	16195	15899	296	6698	238	3215	374	243	1685
上　海	18725	18725	——	4520	243	935	855	872	9162
江　苏	21062	20497	393	5121	291	1683	408	1375	4945
浙　江	31141	29757	1087	9862	268	3325	732	1398	8156
其中:宁波	7480	7372	——	1536	108	543	54	114	4267
安　徽	11415	10948	295	4530	157	2170	199	90	1431
福　建	10131	10131	——	1974	38	489	938	408	368
其中:厦门	4812	4812	——	759	——	65	——	1	9
江　西	7219	7051	168	4108	56	1603	114	——	625
山　东	22249	22137	112	11678	167	3456	1415	503	1966
其中:青岛	4710	4710	——	1526	144	919	658	139	659
河　南	19327	17667	414	8550	199	3603	654	473	2070
湖　北	19793	18064	1728	7823	212	2934	1122	253	3442
湖　南	12983	12840	31	5404	97	1482	507	378	1224
广　东	47993	46031	993	13647	326	3458	2190	2819	7740
其中:深圳	6266	6266	——	2844	88	467	624	64	1142
广　西	19189	18585	73	12443	351	1406	422	212	1022
海　南	2927	2927	——	1924	——	267	138	20	388
重庆市	2490	2490	——	624	24	578	249	42	829
四　川	27204	26809	346	9556	305	3219	1147	463	3821
贵　州	5759	5675	——	2651	106	1407	166	122	974
云　南	16991	15905	849	6656	203	1853	695	1414	2245
西　藏	8506	8506	——	43	——	247	100	——	280
陕　西	10151	9817	272	3883	188	897	1009	114	962
甘　肃	8790	7298	1482	4904	37	1224	418	68	816
青　海	4982	4982	——	2887	230	1025	49	2	20
宁　夏	4830	4644	165	1283	78	1014	22	178	378
新　疆	12439	12213	203	6674	198	1280	488	538	1241

术　馆　基　本　情　况（二）

经费自给率（%）	劳动报酬占总支出比重（%）	年末固定资产原值（千元）	增加值（千元）	公用房屋建筑面积（千平方米）	业务用房	群众艺术馆、文化馆负责指导的单位的基本情况：农村集镇文化中心（个）	文化俱乐部（室）（个）	图书室（个）	文化户（个）	群众业余演出团（队）（个）
22.1	**38.6**	**577432**	**202578**	**847**	**452**	**1771**	**2275**	**1106**	**4230**	**1435**
0.7	15.7	1366	762	2	2	——	——	——	——	——
23.9	40.8	1223	1139	——	——	13	——	——	——	5
8.7	46.4	14430	9666	45	21	106	102	31	68	183
10.4	50	17768	7113	31	12	14	19	——	8	15
8.8	66.5	9183	7180	22	9	——	1	——	——	28
17.9	31.7	26063	8968	64	17	88	523	103	382	121
12.5	4.8	995	192	7	1	11	——	1	——	——
12.7	34.5	10160	6385	21	12	160	109	255	45	109
23.7	41.4	27561	8038	28	16	351	296	239	379	98
66.9	24.1	5517	4984	1	——	64	20	——	——	16
36.6	24.3	12361	5906	22	12	169	2	——	3	27
35.4	31.7	31051	11372	34	16	16	32	——	——	28
56.3	20.5	4042	1806	4	4	——	——	——	——	——
20.1	39.7	14369	5262	19	7	——	3	——	1	12
3.3	19.5	6511	2272	11	4	167	——	——	4	7
4.3	15.8	2281	850	2	1	——	——	——	——	1
15.2	56.9	11188	4612	25	13	65	28	65	1001	14
18.3	52.5	34784	13236	54	40	37	60	21	70	25
38.6	32.4	1488	1730	8	4	——	——	——	——	——
21.8	44.2	26092	9793	40	26	44	67	183	912	114
30.3	39.5	36304	9487	48	24	28	121	80	284	81
22.1	41.6	13080	6024	30	18	51	113	44	556	128
14.3	28.4	58617	16339	49	38	57	4	——	29	126
24.4	45.4	14933	3529	5	5	——	——	——	——	——
18.8	64.8	29021	13955	42	22	69	——	4	24	79
10	65.7	3740	2074	15	6	12	——	12	1	10
20.6	25.1	2972	767	5	2	——	——	——	——	——
40	35.1	39637	11446	78	57	89	738	32	419	56
12.6	46	6863	3032	8	6	14	2	6	——	24
14.1	39.2	25445	7877	35	22	30	14	14	1	39
25.7	0.5	28779	1194	16	——	3	4	3	——	15
26	38.3	37084	5554	34	16	23	13	14	10	25
2	55.8	13611	5485	17	6	95	4	——	——	11
3.1	57.9	7900	3433	16	6	3	——	——	——	14
13.2	26.6	5330	1574	13	5	——	——	——	4	2
16.6	53.7	19422	7649	22	17	3	——	——	29	23

各 地 区 文 化

	机构数(个)	从业人员(人)			举办展览个数(个)	组织文艺活动次数(次)	举办训练班	
			高级职称	中级职称			班次(次)	结业人次(千人次)
总　　计	**2854**	**41449**	**1576**	**10063**	**18398**	**68037**	**35501**	**974**
北　　京	19	839	26	125	199	1798	5455	53
天　　津	18	701	59	180	224	1369	415	9
河　　北	165	2227	93	722	1071	5589	1421	50
山　　西	119	1684	59	505	473	1925	623	24
内 蒙 古	104	1341	17	325	336	1621	595	19
辽　　宁	102	1676	43	502	612	2922	1896	66
其中:大连	10	214	12	65	77	266	410	10
吉　　林	62	1693	78	470	352	1180	452	12
黑 龙 江	123	1447	107	520	454	2537	1632	35
上　　海	46	1582	35	248	269	3342	1628	70
江　　苏	109	1811	142	593	699	2743	1840	64
浙　　江	86	1468	113	492	648	3652	2076	54
其中:宁波	11	221	21	63	50	493	474	14
安　　徽	100	1325	38	276	529	1545	835	24
福　　建	80	681	14	196	583	1784	623	12
其中:厦门	7	44	——	10	60	196	81	——
江　　西	101	1406	25	243	469	1914	685	26
山　　东	138	2317	270	830	870	5314	1560	43
其中:青岛	11	179	18	53	108	1400	475	5
河　　南	187	3033	57	399	835	3453	1988	42
湖　　北	121	2025	81	446	376	1589	614	30
湖　　南	125	2000	48	414	369	1828	1815	40
广　　东	120	1439	19	166	740	4246	2165	88
其中:深圳	6	119	15	37	57	352	130	6
广　　西	100	1220	28	332	386	2594	1609	48
海　　南	18	175	2	27	73	369	77	3
重 庆 市	43	801	41	206	306	1295	462	22
四　　川	173	1907	55	551	1312	4259	1823	51
贵　　州	83	709	6	103	228	1389	466	11
云　　南	127	1294	13	353	491	1862	680	27
西　　藏	36	133	——	——	18	295	11	——
陕　　西	111	1852	53	384	590	1148	715	16
甘　　肃	83	894	17	156	439	776	621	14
青　　海	43	298	2	27	46	413	50	1
宁　　夏	21	393	11	90	3909	668	133	3
新　　疆	91	1078	24	182	492	2618	536	17

馆基本情况（一）

录像放映 场次（场次）	录像放映 观众人次（千人次）	藏书（千册）	本年收入合计（千元）	财政补助收入	上级补助收入	事业收入	经营收入
94555	**9685**	**4590**	**1053856**	**741962**	**31661**	**147779**	**44296**
3300	78	11	44388	28363	2122	11263	1285
5900	63	——	24532	17569	10	4486	2371
125	256	441	32138	30747	202	735	338
1430	57	156	23972	21887	206	1374	139
1498	49	61	22399	21831	——	532	36
586	522	69	38340	30565	957	2646	265
——	——	17	8185	7055	315	789	26
298	120	103	27262	25368	43	723	769
41	28	75	26179	25189	453	419	15
975	105	212	118300	39901	4035	58835	2339
16936	240	250	71995	49889	6233	11926	941
9385	881	274	80063	54997	3134	12285	5652
1095	22	15	17397	9287	606	3658	3252
2240	59	78	27067	22990	634	2372	929
1485	53	98	22871	17328	2027	2398	605
——	——	1	3560	3181	190	83	11
3831	1163	52	23848	20956	368	2079	349
4539	364	267	46836	39826	562	3881	1418
3023	66	6	7694	6636	165	866	27
2049	956	206	37952	32117	779	2812	751
1170	84	94	29106	18600	1453	6622	2150
4477	139	71	29835	23114	19	3628	2673
2491	115	125	61763	49298	3701	5039	856
80	42	1	15202	12957	939	1305	——
5753	161	63	21194	18251	89	1985	595
——	——	11	2395	2122	5	21	247
3600	48	35	33365	13139	244	3761	15510
4193	107	596	39439	32173	1380	2982	2751
1400	48	69	11443	10726	159	331	154
8185	528	42	29278	25246	1148	1141	131
1798	1615	200	20327	971	30	20	287
2764	1455	193	26283	21995	480	1125	189
2496	263	129	44308	12922	329	531	313
125	46	72	5339	5171	16	140	12
36	38	47	8107	7353	16	637	61
1449	44	490	23532	21358	827	1050	165

各 地 区 文 化

	本年支出合计(千元)								
		事业支出	经营支出	在支出合计中					
				从业人员劳动报酬	税金支出	社会保障费	修缮费	设备购置费	业务费
总　　计	**998297**	**959899**	**25598**	**503738**	**9394**	**118889**	**30662**	**33113**	**111950**
北　　京	44835	43172	1205	16851	555	1607	4756	5261	4855
天　　津	24133	23955	——	11159	354	3304	2386	758	2364
河　　北	32446	31915	138	23534	50	4286	213	232	1873
山　　西	23931	23786	145	16588	188	3491	472	147	1629
内 蒙 古	22513	22477	32	15729	81	2739	438	369	1443
辽　　宁	36003	35931	63	17320	180	5020	754	534	4324
其中:大连	8060	8051	——	2526	15	570	49	184	1501
吉　　林	27356	26883	326	15975	133	5729	593	439	2030
黑 龙 江	25934	25872	61	16328	160	4629	512	143	1655
上　　海	117034	112050	597	39376	2998	10681	4608	5939	11604
江　　苏	73299	70988	1701	30754	295	8297	4109	5444	11842
浙　　江	80421	75361	3460	33709	258	8151	656	2877	11795
其中:宁波	18553	16453	2017	6276	56	1239	101	736	1807
安　　徽	26732	25722	688	14988	129	7216	298	198	1893
福　　建	22628	22073	225	10129	206	2699	465	447	4255
其中:厦门	3393	3335	11	1449	25	213	11	160	1063
江　　西	23933	23568	209	14379	240	3848	694	580	2142
山　　东	47156	46613	543	28540	123	6143	1274	895	3900
其中:青岛	7495	7470	25	3519	——	1721	76	137	699
河　　南	37193	36970	165	22789	148	7399	447	372	3131
湖　　北	29256	28809	401	15433	351	4977	1207	580	4096
湖　　南	30237	29003	1044	17738	220	3830	966	466	3448
广　　东	61808	59498	2094	26511	418	5176	1430	2986	13029
其中:深圳	15262	15125	137	5577	161	614	184	1169	2619
广　　西	21027	20213	359	12325	229	2134	474	147	2022
海　　南	2371	2280	91	1596	33	327	43	48	165
重 庆 市	32777	24102	8624	9608	1065	3338	725	1870	4617
四　　川	39640	37805	1419	20859	479	4744	1118	1104	4067
贵　　州	11301	10934	160	7334	92	1237	160	163	1521
云　　南	27419	26808	157	18029	58	1455	1085	285	2492
西　　藏	1340	289	126	93	8	3	4	28	38
陕　　西	24123	23323	422	13254	46	2175	314	98	1826
甘　　肃	14093	13731	361	9905	70	891	157	210	482
青　　海	5339	5327	9	3918	——	695	48	27	327
宁　　夏	8996	7793	509	4604	46	389	88	135	1125
新　　疆	23023	22648	264	14383	181	2279	168	331	1960

馆　基　本　情　况（二）

经费自给率（%）	劳动报酬占总支出比重（%）	年末固定资产原值（千元）	增加值（千元）	公用房屋建筑面积（千平方米）		群众艺术馆、文化馆负责指导的单位的基本情况				
					业务用房	农村集镇文化中心（个）	文化俱乐部（室）（个）	图书室（个）	文化户（个）	群众业余演出团（队）（个）
28.4	**50.5**	**2171547**	**601099**	**3345**	**1719**	**19935**	**84087**	**49777**	**152684**	**32668**
31.3	37.6	78518	20547	77	71	61	602	146	62	512
29	46.2	40434	13130	55	24	58	693	59	244	561
3.7	72.5	62555	26086	154	63	813	10950	6567	24259	3285
7.9	69.3	37976	18295	105	35	592	7951	4212	19228	1330
2.5	69.9	30332	17023	74	41	498	2462	1400	8229	585
18.9	48.1	55101	19742	100	50	545	3700	1394	6961	935
10.1	31.3	7070	2824	20	13	88	303	128	876	154
6.8	58.4	28413	17245	58	34	401	2701	1971	1883	299
2.1	63	39295	18060	61	27	726	1662	1295	2512	867
66	33.6	310755	55748	191	80	111	136	46	48	213
21.8	42	129783	36240	224	126	1056	7977	2347	6842	929
27.8	41.9	113700	38515	152	91	623	1480	689	1567	566
40.6	33.8	17756	7042	29	17	84	110	71	582	94
13	56.1	21141	16041	63	34	604	1041	437	1807	991
15.8	44.8	46241	12185	103	52	621	3138	1757	3840	898
5.6	42.7	4989	1674	8	6	14	191	192	——	38
10.6	60.1	43867	16374	123	61	703	2673	1927	8399	737
13.7	60.5	73693	31615	165	111	2837	7722	6959	13986	2574
11.9	47	12108	4003	19	13	136	2117	828	2198	634
13.6	61.3	70644	25763	185	82	1397	4516	3306	7428	3821
31	52.8	62645	18290	156	74	707	1244	1312	4106	715
22.3	58.7	48557	19936	143	71	1151	2850	2218	10310	1457
14.2	42.9	107607	31233	211	110	879	4949	3985	2736	876
8.6	36.5	48471	7677	26	19	8	6	7	——	9
13.9	58.6	48122	14479	135	64	543	1627	1082	9764	3181
11.3	67.3	4329	1802	11	5	148	997	545	321	67
61.1	29.3	66916	13350	87	52	402	741	247	2676	238
15	52.6	106711	25607	196	109	1376	3752	1611	4535	803
5	64.9	17643	8132	49	19	238	158	376	211	490
10.7	65.8	64210	20655	116	60	512	1418	691	652	3205
——	6.9	317685	12808	16	——	74	218	31	——	243
16	54.9	53958	15458	139	67	1253	1650	693	2456	932
——	70.3	33163	11306	73	37	466	1538	677	4934	584
2.8	73.4	6518	4179	19	7	17	103	4	19	441
8.9	51.2	18629	5395	40	31	110	143	24	1209	76
5.9	62.5	32406	15860	64	31	413	3295	1769	1460	257

各 地 区 文 化

	机构数（个）	从业人员（人）			举办展览个数（个）	组织文艺活动次数（次）	举办训练班	
			高级职称	中级职称			班次（次）	结业人次（千人次）
总　　计	**39273**	**66581**	**——**	**——**	**72379**	**224220**	**92984**	**3730**
北　　京	261	763	——	——	721	4521	1418	109
天　　津	244	455	——	——	568	2776	1000	43
河　　北	2091	2928	——	——	5195	13021	7617	322
山　　西	1229	1647	——	——	1493	3822	974	41
内 蒙 古	1298	2304	——	——	2286	5905	3168	112
辽　　宁	1346	1735	——	——	2156	14288	2790	158
其中:大连	147	197	——	——	306	2972	421	39
吉　　林	718	1079	——	——	664	1759	650	18
黑 龙 江	897	1204	——	——	1537	3892	1642	71
上　　海	221	1852	——	——	938	8139	4472	133
江　　苏	1501	3781	——	——	4879	12593	4129	151
浙　　江	1578	3537	——	——	6182	15545	8431	236
其中:宁波	151	391	——	——	955	2134	1001	26
安　　徽	1779	2527	——	——	2370	3747	1391	66
福　　建	1042	1456	——	——	2034	5892	2876	203
其中:厦门	31	53	——	——	19	784	37	3
江　　西	1797	2144	——	——	1712	4140	1239	47
山　　东	1866	3019	——	——	4014	11575	3829	135
其中:青岛	166	276	——	——	718	1891	655	25
河　　南	2272	3249	——	——	3356	6518	3932	172
湖　　北	1180	2838	——	——	1414	5569	1743	61
湖　　南	2508	3619	——	——	2291	8761	2305	106
广　　东	1802	5852	——	——	5716	17051	10387	449
其中:深圳	45	734	——	——	216	1260	480	16
广　　西	1341	2114	——	——	1585	11065	4437	161
海　　南	234	394	——	——	509	1016	436	15
重 庆 市	1158	1838	——	——	2637	7022	2193	51
四　　川	3525	5250	——	——	7219	14886	5371	176
贵　　州	1075	1482	——	——	782	2375	542	21
云　　南	1576	2599	——	——	2469	12268	5184	166
西　　藏	170	117	——	——	2	1959	——	——
陕　　西	1609	3064	——	——	2801	6310	3306	206
甘　　肃	1559	1548	——	——	1590	4443	3779	99
青　　海	185	174	——	——	325	611	10	1
宁　　夏	302	522	——	——	1448	4935	1318	87
新　　疆	909	1490	——	——	1486	7816	2415	114

站基本情况（一）

录像放映		藏书（千册）	本年收入合计（千元）				
场次（场次）	观众人次（千人次）			财政补助收入	上级补助收入	事业收入	经营收入
1578451	**1430784**	**86312**	**914342**	**574735**	**74990**	**135868**	**84219**
2010	2003	595	5717	1938	1362	1090	1311
4716	625	777	4582	1840	49	641	1487
12364	13579	3762	17859	15262	833	1066	258
2359	252	992	5871	4859	17	615	380
33619	8949	1491	19012	17520	——	867	625
16775	35378	3659	15298	10274	1281	1613	410
2347	1042	875	4442	3679	100	652	10
7848	11101	348	5393	5139	——	10	244
3682	20935	1012	7033	6969	3	36	14
2734	1540	3478	66618	28457	4733	15998	17152
44529	2464	17128	85490	50664	3973	18762	9607
228314	9424	6309	125627	83738	17874	12716	3782
24347	1843	1262	29848	12167	9946	2701	982
6010	305	508	16754	15530	398	387	211
10655	61369	1426	22193	18669	857	1065	396
13	2	52	9517	8707	335	6	67
21778	70640	2305	10526	9015	123	1147	221
37803	40326	4348	31324	28082	216	2067	903
6347	1751	473	5433	4951	10	217	211
28491	2365	2112	12977	9965	198	821	1736
19882	4277	3257	28503	14075	909	6892	5732
66082	3924	4617	27194	18224	502	3170	4890
739478	91375	10712	219998	102123	32355	49458	23915
209529	8456	862	46633	14482	5032	22585	2902
6072	309	6482	20178	15504	1849	1697	605
7764	1873	338	4315	3812	321	154	28
29845	55796	1047	23887	12652	683	4118	1545
87642	51834	2283	38206	21558	1233	6003	6488
14085	550	594	12425	7203	275	1327	455
58777	155627	2099	44739	37695	2853	2149	818
830	513016	105	125	82	30	——	3
21618	101513	1134	13830	12207	597	524	417
28090	89320	1419	9179	5447	141	93	339
83	2336	55	720	718	——	1	1
9102	76902	458	3778	3684	82	——	12
25414	877	1462	14991	11830	1243	1381	234

各 地 区 文 化

	本年支出合计					
				在支出		
		事业支出	经营支出	从业人员劳动报酬	税金支出	社会保障费
总计	**904556**	**813877**	**59929**	**452992**	**6561**	**33637**
北京	5135	4131	1004	2119	105	104
天津	4363	2879	1134	2558	29	14
河北	17622	17432	190	13730	5	209
山西	5871	5491	380	4908	——	1
内蒙古	19023	18525	388	12813	30	704
辽宁	15298	14838	460	6647	56	120
其中:大连	4442	4332	110	1979	5	30
吉林	5283	5154	127	4603	——	42
黑龙江	7043	7043	——	5857	——	75
上海	65519	50315	11906	27623	875	4777
江苏	85293	77168	7822	42997	617	5872
浙江	122275	119014	1825	52280	214	4979
其中:宁波	28615	27863	502	8543	24	1172
安徽	16749	16664	55	12634	7	2605
福建	21604	20770	322	7894	13	398
其中:厦门	8913	8405	8	226	3	2
江西	10605	10459	146	6348	22	108
山东	31552	30976	576	20274	22	2708
其中:青岛	5554	5343	211	2561	——	743
河南	19733	11147	1675	9690	87	53
湖北	28266	23705	4255	15261	146	797
湖南	27380	23013	3680	19126	288	553
广东	216964	187659	16441	71003	3292	5650
其中:深圳	46581	46041	540	22901	1336	1496
广西	19966	19166	316	14506	48	349
海南	4308	4255	53	3029	——	184
重庆市	23648	22179	1448	13788	36	748
四川	37885	31657	3983	21685	508	1056
贵州	9185	8937	224	7309	41	44
云南	44785	43122	785	27399	58	780
西藏	125	117	8	——	——	——
陕西	13829	13220	365	8991	7	320
甘肃	6149	5859	287	4064	52	20
青海	720	719	1	474	——	10
宁夏	3851	3849	——	3394	——	——
新疆	14527	14414	73	9988	3	357

站　基　本　情　况（二）

计（千元）			经费自给率（%）	劳动报酬占总支出比重（%）	年末固定资产原值（千元）	增加值（千元）	公用房屋建筑面积	
合计中							（千平方米）	
修缮费	设备购置费	业务费						业务用房
54363	**54328**	**130363**	**30.3**	**50.1**	**2939871**	**578912**	**7849**	**——**
323	673	1305	47.1	41.3	25550	3270	41	——
169	155	673	67.1	58.6	17283	3278	61	——
199	366	2033	10	77.9	100613	17782	274	——
30	50	291	16.9	83.6	12425	5405	37	——
754	1356	2062	7.9	67.4	60841	15277	229	——
782	2042	4287	24.5	43.5	51514	8764	150	——
350	153	1815	14.9	44.6	12030	2465	43	——
150	20	303	4.8	87.1	7652	4909	28	——
103	36	328	0.9	83.2	6779	6128	26	——
2608	3576	8206	53.7	42.2	141765	34230	197	——
6440	4973	16297	36.3	50.4	439754	61306	996	——
5047	9476	27765	19.9	42.8	314818	65087	717	——
1249	2379	5910	27.3	29.9	146437	14424	170	——
72	44	957	4.9	75.4	11196	13089	64	——
811	959	3104	12.6	36.5	50145	9913	217	——
509	234	599	5.6	2.5	9593	613	5	——
122	205	1943	13.1	59.9	53026	8491	132	——
342	1251	3799	9.6	64.3	47062	22178	1	——
——	280	764	8.5	46.1	1508	2621	——	——
353	374	932	21.9	49.1	23743	10727	175	——
1304	1828	4441	48.4	54	152437	21561	527	——
639	758	2416	31.7	69.9	71663	22393	238	——
26080	21324	23433	41.9	32.7	878875	110615	1809	——
1678	2764	4197	58.2	49.2	70875	27128	110	——
1663	483	1371	14.5	72.7	73806	17586	206	——
127	35	874	4.2	70.3	7976	3348	29	——
486	951	5865	44.7	58.3	43916	15581	191	——
1135	928	5343	43.3	57.2	90639	25952	457	——
86	126	785	54	79.6	13768	7907	47	——
2916	1248	8718	9.5	61.2	125264	32468	393	——
——	——	4	10.4	——	2234	89	11	——
361	190	1067	7.6	65	26812	10070	163	——
56	252	507	58.4	66.1	39691	5704	193	——
——	——	——	0.3	65.8	1252	524	23	——
14	121	55	0.3	88.1	13157	3920	43	——
1191	528	1199	13.2	68.8	34215	11360	174	——

各 地 区 乡 镇 文

	机构数（个）	从业人员（人）			举办展览个数（个）	组织文艺活动次数（次）	举办训练班	
			高级职称	中级职称			班次（次）	结业人次（千人次）
总　　计	**36054**	**60493**	**——**	**——**	**66022**	**202377**	**83763**	**3357**
北　　京	187	547	——	——	517	3239	1016	78
天　　津	202	377	——	——	470	2298	828	35
河　　北	1948	2728	——	——	4840	12131	7096	300
山　　西	1137	1524	——	——	1381	3536	901	38
内 蒙 古	1178	2091	——	——	2075	5359	2875	101
辽　　宁	1117	1440	——	——	1789	11857	2315	131
其中：大连	94	126	——	——	196	1900	269	25
吉　　林	653	981	——	——	604	1600	591	17
黑 龙 江	812	1090	——	——	1391	3523	1486	64
上　　海	146	1223	——	——	620	5377	2954	88
江　　苏	1313	3307	——	——	4268	11016	3612	132
浙　　江	1437	3221	——	——	5630	14156	7678	215
其中：宁波	120	311	——	——	759	1696	795	20
安　　徽	1686	2395	——	——	2246	3551	1318	63
福　　建	968	1353	——	——	1890	5474	2672	189
其中：厦门	19	32	——	——	12	481	23	2
江　　西	1645	1963	——	——	1567	3790	1134	43
山　　东	1711	2768	——	——	3681	10614	3511	124
其中：青岛	129	214	——	——	558	1470	509	19
河　　南	2092	2992	——	——	3090	6002	3620	158
湖　　北	1012	2434	——	——	1213	4776	1495	52
湖　　南	2368	3417	——	——	2163	8272	2176	100
广　　东	1599	5193	——	——	5072	15130	9217	398
其中：深圳	20	326	——	——	96	560	213	7
广　　西	1341	2114	——	——	1585	11065	4437	161
海　　南	214	360	——	——	465	929	399	13
重 庆 市	1061	1684	——	——	2416	6434	2009	47
四　　川	3392	5052	——	——	6947	14324	5168	169
贵　　州	1018	1403	——	——	741	2249	513	20
云　　南	1542	2543	——	——	2416	12003	5072	162
西　　藏	168	116	——	——	2	1936	——	——
陕　　西	1521	2896	——	——	2648	5965	3125	194
甘　　肃	1319	1310	——	——	1345	3759	3197	84
青　　海	185	174	——	——	325	611	10	1
宁　　夏	271	468	——	——	1299	4428	1183	78
新　　疆	811	1329	——	——	1326	6973	2155	102

化　站　基　本　情　况（一）

录像放映		藏书（千册）	本年收入合计（千元）				
场次（场次）	观众人次（千人次）			财政补助收入	上级补助收入	事业收入	经营收入
1426309	**1349141**	**77354**	**813275**	**517380**	**66286**	**118005**	**71459**
1440	1435	426	4096	1389	976	781	939
3904	517	643	3793	1523	41	531	1231
11518	12650	3504	16638	14218	776	993	240
2182	233	918	5432	4495	16	569	352
30511	8122	1353	17254	15900	——	787	567
13921	29359	3036	12695	8526	1063	1339	340
1501	666	560	2840	2353	64	417	6
7138	10096	316	4905	4674	——	9	222
3333	18951	916	6367	6309	3	33	13
1806	1017	2298	44010	18800	3127	10569	11331
38952	2155	14983	74782	44318	3475	16412	8404
207913	8582	5745	114402	76256	16277	11580	3444
19349	1465	1003	23720	9669	7904	2146	780
5696	289	481	15878	14718	377	367	200
9898	57011	1325	20617	17343	796	989	368
8	1	32	5833	5337	205	4	41
19936	64665	2110	9636	8252	113	1050	202
34663	36976	3987	28722	25749	198	1895	828
4932	1361	368	4222	3847	8	169	164
26234	2178	1945	11949	9176	182	756	1598
17051	3668	2793	24445	12071	780	5911	4916
62393	3705	4359	25676	17207	474	2993	4617
656174	81081	9506	195215	90619	28710	43886	21221
93124	3758	383	20726	6436	2236	10038	1290
6072	309	6482	20178	15504	1849	1697	605
7100	1713	309	3946	3486	294	141	26
27345	51122	960	21886	11592	626	3773	1416
84335	49878	2197	36764	20745	1186	5777	6243
13338	521	562	11766	6821	260	1257	431
57509	152270	2054	43774	36882	2791	2103	800
820	506981	103	124	81	30	——	3
20436	95961	1072	13074	11539	564	495	394
23766	75570	1201	7766	4608	119	79	287
83	2336	55	720	718	——	1	1
8168	69008	411	3390	3306	74	——	11
22674	782	1304	13375	10555	1109	1232	209

各 地 区 乡 镇 文

	本年支出合					
		事业支出	经营支出	在支出		
				从业人员劳动报酬	税金支出	社会保障费
总计	**804973**	**726980**	**50841**	**406723**	**5667**	**29316**
北京	3679	2960	719	1518	75	75
天津	3612	2383	939	2118	24	12
河北	16417	16240	177	12791	5	195
山西	5432	5080	352	4541	——	1
内蒙古	17264	16812	352	11628	27	639
辽宁	12695	12314	382	5516	46	100
其中:大连	2840	2770	70	1265	3	19
吉林	4805	4687	116	4186	——	38
黑龙江	6376	6376	——	5302	——	68
上海	43284	33240	7866	18249	578	3156
江苏	74610	67503	6842	37612	540	5137
浙江	111349	108380	1662	47609	195	4534
其中:宁波	22740	22143	399	6789	19	931
安徽	15873	15793	52	11974	7	2469
福建	20070	19295	299	7333	12	370
其中:厦门	5463	5151	5	139	2	1
江西	9708	9574	134	5811	20	99
山东	28931	28403	528	18590	20	2483
其中:青岛	4316	4152	164	1990	——	577
河南	18170	10264	1542	8922	80	49
湖北	24242	20330	3649	13088	125	684
湖南	25852	21728	3475	18058	272	522
广东	192522	166519	14589	63004	2921	5014
其中:深圳	20703	20463	240	10178	594	665
广西	19966	19166	316	14506	48	349
海南	3940	3891	48	2770	——	168
重庆市	21667	20321	1327	12633	33	685
四川	36456	30463	3833	20867	489	1016
贵州	8698	8463	212	6921	39	42
云南	43819	42192	768	26808	57	763
西藏	124	116	8	——	——	——
陕西	13073	12497	345	8499	7	302
甘肃	5202	4957	243	3438	44	17
青海	720	719	1	474	——	10
宁夏	3456	3454	——	3046	——	——
新疆	12961	12860	65	8911	3	319

化　站　基　本　情　况（二）

计（千元）			经费自给率（%）	劳动报酬占总支出比重（%）	年末固定资产原值（千元）	增加值（千元）	公用房屋建筑面积	
合计中							（千平方米）	业务用房
修缮费	设备购置费	业务费						
48247	**47725**	**115931**	**29.5**	**50.5**	**2611811**	**518435**	**7052**	**——**
231	482	935	47.1	41.3	18306	2343	29	——
140	128	557	67.1	58.6	14308	2714	50	——
185	341	1894	10	77.9	93732	16566	255	——
28	46	269	17	83.6	11495	5000	34	——
684	1231	1871	7.9	67.4	55216	13865	207	——
649	1695	3558	24.5	43.5	42750	7273	125	——
224	98	1161	14.9	44.5	7693	1576	27	——
136	18	276	4.8	87.1	6959	4465	25	——
93	33	297	0.9	83.2	6137	5547	24	——
1723	2362	5421	53.7	42.2	93655	22613	130	——
5633	4350	14256	36.3	50.4	384675	53627	871	——
4596	8629	25284	19.9	42.8	286688	59271	653	——
993	1891	4697	27.3	29.9	116374	11463	135	——
68	42	907	4.9	75.4	10611	12405	60	——
753	891	2884	12.6	36.5	46584	9209	201	——
312	143	367	5.6	2.5	5880	376	3	——
112	188	1779	13.1	59.9	48541	7773	121	——
314	1147	3483	9.6	64.3	43153	20336	1	——
——	218	594	8.5	46.1	1172	2037	——	——
325	344	858	21.9	49.1	21862	9877	161	——
1118	1568	3809	48.4	54	130734	18491	452	——
603	716	2281	31.7	69.9	67663	21143	225	——
23142	18922	20793	41.9	32.7	779867	98154	1605	——
746	1228	1865	58.2	49.2	31500	12057	49	——
1663	483	1371	14.5	72.7	73806	17586	206	——
116	32	799	4.2	70.3	7294	3062	27	——
445	871	5374	44.7	58.3	40237	14276	175	——
1092	893	5141	43.2	57.2	87219	24973	440	——
81	119	743	54	79.6	13038	7488	44	——
2853	1221	8530	9.5	61.2	122562	31768	385	——
——	——	4	10.5	——	2208	88	11	——
341	180	1009	7.6	65	25346	9519	154	——
47	213	429	58.4	66.1	33581	4826	164	——
——	——	——	0.3	65.8	1252	524	23	——
13	109	49	0.3	88.1	11806	3518	38	——
1063	471	1070	13.2	68.8	30526	10135	156	——

群众文化业主要指标解释

1. **举办展览个数**：指本馆(站)举办或与外单位联合举办的在馆内或者馆外展览的个数。个数按展览的内容计算。同一内容的展览不论在哪些地点展出和展出时间多久，只计算一个。

2. **组织文艺活动次数**：指本馆(站)组织或与外单位联合组织各种文艺演出(包括调演、汇演)和故事会次数，不论地点和内容，每组织一次算一次。

3. **举办训练班班次及结业人次**：指本馆(站)举办或与外单位联合举办的各种文化、艺术、科普(包括图书、讲演、创作、表演、音乐、舞蹈、美术、文学、摄影等)训练班，按截止到年底办完的班数计算班次，每结业一人算一人次。截止到年底未办完的班数和人数均在下一年度统计。

4. **录像放映场次及观众人次**：指本馆(站)举办或与外单位联合举办的录像放映点的录像放映场数和售票的观众人数。场数的计算以每部戏的录像带放映一次为一场，连续放映则连续统计场次；连续剧按双场计价或多场计价的即按双场或多场计算场次。

5. **农村集镇文化中心**：指在农村集镇有文化活动的组织领导机构、设施、场所、文艺骨干队伍，并有经常性文化活动，客观上已经形成当地的文化中心。

6. **文化俱乐部(室)**：指街道或村举办的经常开展群众性文化活动的文化俱乐部和文化室。

7. **图书室**：指拥有藏书，并经常开展借阅、图书阅览活动的文化站、农村集镇文化中心、文化俱乐部(室)中的图书室，以及文化户中的图书借阅文化户。

8. **文化户**：指业务上受群众艺术馆、文化馆指导，经常开展图书阅览、游艺、文艺演出、电视收看等活动或办讲座、艺校的个体户。包括有偿服务的专门职业文化户、亦农亦文文化户和纯义务服务性的农民家庭文化户。不包括个体电影放映队。

9. **群众业余演出团(队)**：指城镇和农村各种业余文艺演出团(队)，包括半农半艺、半工半艺的演出团(队)。凡在当年工余、节假日和农闲确有演出活动，具备一定规模，并有多人参加的演出团(队)均应统计。不具备上述条件的不统计。

文化市场

全 国 文 化 娱 乐 业

	机构数（个）	从业人员（人）	固定资产原价（千元）	主营业收入	主营业成本及费用	上交管理费
总　计	**143 347**	**724 958**	**46 284 290**	**19 028 158**	**12 320 047**	**331 892**
按城乡分						
1.城　市	67 763	420 021	35 948 770	13 278 948	8 878 543	238 064
2.县　城	53 137	214 052	6 798 120	4 013 357	2 322 578	65 869
3.县以下	22 447	90 885	3 537 400	1 735 853	1 118 926	27 959
按行业分						
1.歌舞娱乐场所	46 856	343 824	12 319 886	7 599 877	5 186 403	145 802
2.电子游艺厅	17 071	45 506	1 609 960	931 252	518 815	30 196
3.综合娱乐场所	5 323	90 281	21 964 229	3 255 495	2 190 980	40 350
4.保龄球	411	4 435	460 788	99 671	69 048	1 364
5.台球厅	5 739	11 989	171 235	147 558	91 450	2 889
6.网　吧	63 627	199 135	8 839 358	6 093 032	3 612 092	102 989
7.其　他	4 320	29 788	918 834	901 273	651 259	8 302

全 国 文 化 娱 乐 业

	机构数（个）	从业人员（人）	固定资产原价（千元）	主营业收入	主营业成本及费用	上交管理费
总　计	**431**	**17 503**	**2 019 732**	**754 317**	**614 991**	**13 227**
按城乡分						
1.城　市	357	15 065	1 221 638	715 350	574 784	12 519
2.县　城	45	877	30 956	9 570	7 740	72
3.县以下	29	1 561	767 138	29 397	32 467	636
按行业分						
1.歌舞娱乐场所	283	8 938	1 401 646	309 624	291 013	5 069
2.电子游艺厅	22	255	34 608	9 949	8 544	——
3.综合娱乐场所	64	6 607	356 400	304 614	203 711	8 158
4.保龄球	23	559	115 515	36 104	38 800	——
5.台球厅	14	111	2 105	2 881	1 212	——
6.网　吧	7	24	17 916	7 533	5 469	——
7.其　他	18	1 009	91 542	83 612	66 242	——

基 本 情 况（内 资）

损益及分配（千元）									增加值（千元）	房屋建筑面积（千平方米）
从业人员劳动报酬	主营营业税金及附加	主营业务利润	其他业务利润	其他费用支出	税金	其他收益	应交所得税	净利润		
2636 753	**1671 067**	**5037 044**	**78 979**	**1292 239**	**108 116**	**62 377**	**178 368**	**3707 793**	**9531 959**	**151 885**
1746 021	1133 611	3266 794	37 059	1059 011	84 818	40 400	120 541	2164 701	6268 303	141 613
596 976	379 627	1311 152	32 012	164 069	16 067	15 135	42 087	1152 143	2335 834	6 904
293 756	157 829	459 098	9 908	69 159	7 231	6 842	15 740	390 949	927 822	3 368
1194 834	755 521	1657 953	1 062	549 940	38 107	2 552	48 629	1062 998	3647 477	32 087
148 247	105 817	306 620	8 451	30 158	9 466	3 510	10 917	277 506	578 601	1 560
416 853	290 259	774 256	28 655	467 340	34 528	21 913	38 429	319 055	1544 551	4 412
8 980	8 729	21 894	1 460	14 783	422	91	1 918	6 744	41 485	265
27 081	14 651	41 457	7 960	8 658	1 977	436	2 164	39 031	93 126	10 528
717 262	444 936	2036 004	24 930	154 512	21 346	25 385	72 416	1859 391	3244 478	101 828
123 496	51 154	198 860	6 461	66 848	2 270	8 490	3 895	143 068	382 241	1 205

基 本 情 况（港 澳 台 投 资）

损益及分配（千元）									增加值（千元）	房屋建筑面积（千平方米）
从业人员劳动报酬	主营营业税金及附加	主营业务利润	其他业务利润	其他费用支出	税金	其他收益	应交所得税	净利润		
102 901	**74 471**	**64 855**	**2 603**	**141 894**	**4 885**	**3 438**	**638**	**−71 636**	**249 715**	**728**
98 054	71 423	69 143	2 597	141 457	4 115	3 438	619	−66 898	245 332	570
1 486	1 196	634	——	109	——	——	10	515	3 316	58
3 361	1 852	−4 922	6	328	770	——	9	−5 253	1 067	101
52 318	35 437	−16 826	1 475	60 628	4 105	2 083	613	−74 509	76 509	346
893	1 350	55	10	10	——	——	——	55	2 308	27
35 739	25 637	75 266	762	51 563	705	21	3	24 483	138 109	271
4 185	6 155	−8 851	5 078	17 004	68	4	——	−20 773	6 635	60
62	610	1 059	204	1 047	——	——	2	214	1 935	3
57	791	1 273	−4 926	12	——	——	——	−3 665	−2 805	9
9 647	4 491	12 879	——	11 630	7	1 330	20	2 559	27 024	13

全　国　文　化　娱　乐　业

	机构数（个）	从业人员（人）	固定资产原价（千元）	主营收入	主营营业成本及费用	
						上交管理费
总　计	**348**	**13 021**	**1 131 123**	**620 476**	**575 482**	**76 756**
按城乡分						
1.城　　市	279	11 640	1 000 300	603 083	562 155	75 524
2.县　　城	51	633	16 847	5 782	5 094	392
3.县 以 下	18	748	113 976	11 611	8 233	840
按行业分						
1.歌舞娱乐场所	210	7 852	305 517	210 278	151 243	1 469
2.电子游艺厅	25	468	180 362	38 406	44 210	483
3.综合娱乐场所	62	2 648	104 881	166 170	145 766	1 116
4.保 龄 球	15	499	36 587	2 798	6 043	——
5.台 球 厅	4	28	3	3	1	——
6.网　　吧	8	30	745	1 072	518	——
7.其　　他	24	1 496	503 028	201 749	227 701	73 688

全　国　文　化　市　场　其　他

	机构数（个）	从业人员（人）	固定资产原价（千元）	主营收入	主营营业成本及费用	
						上交管理费
总　计	**108 321**	**441 890**	**17 804 944**	**12 889 537**	**9 826 878**	**114 207**
按城乡分						
1.城　　市	46 238	184 775	14 243 743	8 970 424	7 198 566	80 653
2.县　　城	42 185	212 377	2 652 871	1 892 920	1 220 530	23 898
3.县 以 下	19 898	44 738	908 330	2 026 193	1 407 782	9 656
按行业分						
1.文化艺术经纪与代理业	379	4 347	710 763	253 992	223 564	1 579
2.音像制品批发、零售业	43 207	154 644	11 528 761	7 658 376	6 263 817	53 979
3.录像放映业	6 583	17 054	573 968	283 559	157 074	3 989
4.录像带出租	37 781	177 080	1 102 482	974 218	531 615	23 300
5.画店、画廊	1 455	7 063	451 050	302 973	210 028	1 470
6.美术公司	285	1 140	13 559	12 213	7 304	159
7.艺术品拍卖公司	92	848	60 801	155 430	130 652	635
8.图书批发	2 765	5 569	162 747	226 078	161 889	914
9.其　　他	15 774	74 145	3 200 813	3 022 698	2 140 935	28 183

基本情况（外商投资）

损益及分配（千元）									增加值（千元）	房屋建筑面积（千平方米）
从业人员劳动报酬	主营营业税金及附加	主营业务利润	其他业务利润	其他费用支出	其他费用支出：税金	其他收益	应交所得税	净利润		
120 507	**71 111**	**−26 117**	**3 492**	**77 482**	**17 812**	**2 870**	**4 847**	**−102 084**	**186 805**	**498**
117 761	69 369	−28 441	3 343	65 767	17 795	2 896	4 556	−92 525	179 827	433
748	832	− 144	92	192	10	34	80	− 290	1 538	32
1 998	910	2 468	57	11 523	7	−60	211	−9 269	5 440	32
21 058	27 764	31 271	408	44 442	1 404	2 771	465	−10 457	81 905	212
5 261	4 044	−9 848	1 750	4 338	163	65	22	−12 393	1 370	20
11 175	14 941	5 463	119	12 231	56	114	4 306	−10 841	31 754	107
1 214	515	−3 760	1 113	472	189	10	16	−3 125	− 729	25
——	1	1	——	——	——	——	——	1	2	100
81	30	524	48	55	——	1	14	504	683	1
81 718	23 816	−49 768	54	15 944	16 000	−91	24	−65 773	71 820	32

经营单位基本情况（内资）

损益及分配（千元）									增加值（千元）	房屋建筑面积（千平方米）
从业人员劳动报酬	主营营业税金及附加	主营业务利润	其他业务利润	其他费用支出	其他费用支出：税金	其他收益	应交所得税	净利润		
1088 958	**532 048**	**2530 611**	**132 983**	**777 777**	**56 026**	**12 174**	**232 373**	**1665 618**	**4340 626**	**61 740**
664 945	282 795	1489 063	97 326	650 908	44 861	−6 870	120 404	808 207	2578 990	33 256
293 870	109 355	563 035	26 245	74 326	7 604	14 473	19 644	509 783	1000 109	27 368
130 143	139 898	478 513	9 412	52 543	3 561	4 571	92 325	347 628	761 527	1 117
18 778	9 208	21 220	1 051	12 833	624	450	1 625	8 263	50 881	72
490 374	194 216	1200 343	82 462	545 422	41 982	−13 139	90 509	633 735	2009 377	27 573
58 540	21 735	104 750	3 815	10 464	1 278	2 019	6 798	93 322	190 118	705
171 381	84 865	357 738	7 165	26 246	3 939	4 683	13 419	329 921	625 088	31 082
35 074	14 491	78 454	18 476	20 660	790	− 157	6 731	69 382	147 285	189
2 461	1 077	3 832	237	557	48	13	185	3 340	7 655	15
5 590	5 057	19 721	607	3 119	30	−54	6 441	10 714	31 005	28
17 567	9 603	54 586	3 006	9 629	734	432	3 352	45 043	85 496	103
289 193	191 796	689 967	16 164	148 847	6 601	17 927	103 313	471 898	1193 721	1 973

全国文化市场其他经营

	机构数（个）	从业人员（人）	固定资产原价（千元）	主营业收入	主营营业成本及费用	上交管理费
总　　计	**63**	**703**	**165 840**	**763 972**	**720 013**	**11 601**
按城乡分						
1.城　　市	52	654	164 727	763 169	719 501	11 582
2.县　　城	3	8	60	106	64	10
3.县 以 下	8	41	1 053	697	448	9
按行业分						
1.文化艺术经纪与代理业	——	——	——	——	——	——
2.音像制品批发、零售业	15	35	197	512	337	15
3.录像放映业	2	20	——	——	——	——
4.录像带出租	2	6	53	159	104	8
5.画店、画廊	6	24	——	——	——	——
6.美术公司	——	——	——	——	——	——
7.艺术品拍卖公司	——	——	——	——	——	——
8.图书批发	——	——	——	——	——	——
9.其　　他	38	618	165 590	763 301	719 572	11 578

全国文化市场其他经营

	机构数（个）	从业人员（人）	固定资产原价（千元）	主营业收入	主营营业成本及费用	上交管理费
总　　计	**38**	**1 203**	**465 235**	**97 788**	**92 283**	**2 915**
按城乡分						
1.城　　市	32	1 135	464 270	94 592	90 851	2 915
2.县　　城	2	53	555	2 970	1 258	——
3.县 以 下	4	15	410	226	174	——
按行业分						
1.文化艺术经纪与代理业	——	——	——	——	——	——
2.音像制品批发、零售业	15	419	1 626	1 813	1 313	26
3.录像放映业	——	——	——	——	——	——
4.录像带出租	1	2	30	6	4	——
5.画店、画廊	3	21	200	100	90	——
6.美术公司	——	——	——	——	——	——
7.艺术品拍卖公司	——	——	——	——	——	——
8.图书批发	——	——	——	——	——	——
9.其　　他	19	761	463 379	95 869	90 876	2 889

单位基本情况（港澳台投资）

损益及分配（千元）									增加值（千元）	房屋建筑面积（千平方米）
从业人员劳动报酬	主营营业税金及附加	主营业务利润	其他业务利润	其他费用支出	税金	其他收益	应交所得税	净利润		
21 668	**3 111**	**40 848**	**16 249**	**16 487**	**193**	**5 647**	**6 564**	**39 693**	**82 069**	**14**
21 457	3 059	40 609	16 237	16 487	193	5 647	6 564	39 442	81 555	13
11	9	33	12	——	——	——	——	45	65	——
200	43	206	——	——	——	——	——	206	449	1
——	——	——	——	——	——	——	——	——	——	——
61	45	130	12	——	——	——	——	142	248	1
——	——	——	——	——	——	——	——	——	——	1
10	6	49	——	——	——	——	——	49	65	——
——	——	——	——	——	——	——	——	——	——	1
——	——	——	——	——	——	——	——	——	——	——
——	——	——	——	——	——	——	——	——	——	——
——	——	——	——	——	——	——	——	——	——	——
21 597	3 060	40 669	16 237	16 487	193	5 647	6 564	39 502	81 756	11

单位基本情况（外商投资）

损益及分配（千元）									增加值（千元）	房屋建筑面积（千平方米）
从业人员劳动报酬	主营营业税金及附加	主营业务利润	其他业务利润	其他费用支出	税金	其他收益	应交所得税	净利润		
10 335	**4 510**	**995**	**1 937**	**25 742**	**157**	**－683**	**19**	**－23 512**	**17 934**	**61**
9 793	4 321	－580	1 937	23 860	157	－683	4	－23 190	15 628	48
468	175	1 537	——	1 872	——	——	15	－350	2 180	8
74	14	38	——	10	——	——	——	28	126	5
——	——	——	——	——	——	——	——	——	——	——
109	153	347	14	22	4	——	15	324	627	21
——	——	——	——	——	——	——	——	——	——	——
4	1	1	——	——	——	——	——	1	6	——
40	3	7	——	——	——	——	——	7	50	1
——	——	——	——	——	——	——	——	——	——	——
——	——	——	——	——	——	——	——	——	——	——
——	——	——	——	——	——	——	——	——	——	——
10 182	4 353	640	1 923	25 720	153	－683	4	－23 844	17 251	40

	机构数（个）	从业人员（人）	固定资产原价（千元）	主营业收入	主营营业成本及费用	上交管理费
总　计	**144126**	**755482**	**49435145**	**20402951**	**13510520**	**421874**
北　京	1433	17191	640210	355407	287957	2302
天　津	1129	9292	644387	326327	334863	3954
河　北	5920	33280	723547	306459	153978	1855
山　西	3088	11962	441112	351509	163852	982
内蒙古	3497	11378	268889	161882	111070	1552
辽　宁	8716	35026	2077356	986380	544403	13701
其中:大连	523	5707	71388	38170	20431	105
吉　林	5597	29102	1029099	637704	368712	1088
黑龙江	4647	3541	340	140210	61249	——
上　海	3967	61704	6818487	2919847	2125953	104453
江　苏	10497	44238	2664446	1400204	833562	18346
浙　江	9757	56364	2466586	1830074	1308452	30339
其中:宁波	1179	5989	364432	239491	144349	4152
安　徽	4099	14170	691884	298679	158121	1030
福　建	4795	29978	1148952	728342	510822	4367
其中:厦门	334	7003	533648	376777	283081	2988
江　西	5270	18933	791949	468895	259190	1612
山　东	5969	34139	957631	755358	534786	7518
其中:青岛	891	5124	382559	208788	138851	3406
河　南	5414	19477	657509	339992	210928	8263
湖　北	6171	31789	1620322	797034	424683	20269
湖　南	4287	23746	1763104	1126623	687120	28905
广　东	6256	104143	4723302	2498307	2001192	90394
其中:深圳	421	12728	385810	347929	307653	62136
广　西	7268	28898	739787	598507	384744	9247
海　南	918	4508	107077	99795	66799	13106
重庆市	5244	25235	13342383	448707	319836	11359
四　川	5834	22282	1740769	875064	568364	14999
贵　州	2760	7730	273253	208057	112579	15525
云　南	10309	32032	1109671	453413	253322	7742
西　藏	394	2316	99597	266713	164131	137
陕　西	3153	15264	650063	436668	225690	3309
甘　肃	2457	9600	436623	204902	115569	2904
青　海	757	2784	100534	51634	29395	1451
宁　夏	841	3120	159952	61378	32578	308
新　疆	3682	12260	546324	268880	156620	857

业　　基　　本　　情　　况

损益及分配（千元）									增加值（千元）	房屋建筑面积（千平方米）
从业人员劳动报酬	主营营业税金及附加	主营业务利润	其他业务利润	其他费用支出	其他费用支出：税金	其他收益	应交所得税	净利润		
2860161	**1816649**	**5075782**	**85074**	**1511615**	**130813**	**68685**	**183853**	**3534073**	**9968479**	**153107**
37612	48598	18852	1351	79691	5592	3183	5097	−61402	112005	855
59196	31300	−39836	−45474	−23141	16940	−21099	−40867	−42401	22126	415
18373	21648	130833	767	5546	580	92	6427	119719	172201	793
38240	53569	134088	4664	7806	2998	330	2946	128330	233559	384
20284	11645	39167	18	489	266	190	372	38514	71380	20383
75926	66162	375815	6199	24448	440	1043	7844	350765	524542	11132
5573	4702	13037	——	896	——	——	——	12141	23312	41
106157	54249	214743	355	5998	105	355	3580	205875	375609	5507
296	17922	61039	——	12690	——	——	——	48349	79257	179
438432	207390	586504	24060	410402	16933	17229	9415	207976	1273319	2361
210082	125327	441315	27266	60068	21027	15998	28428	396083	825017	2070
222405	158119	363503	4932	310887	11335	771	23306	35013	760294	2222
23708	19271	75871	1784	33596	1307	92	1628	42523	121941	337
64079	20597	119961	1246	16382	219	870	7510	98185	206102	519
114165	85484	132036	4451	51961	4567	2638	9344	77820	340703	1087
55928	44730	48966	3649	43113	4181	2334	6468	5368	157454	210
52837	40476	169229	3458	29069	4050	1754	4491	140881	270050	638
195310	44200	176372	1830	53667	2424	277	2325	122487	420136	24822
10278	15984	53953	435	48096	1207	32	1271	5053	81857	23682
46823	23783	105281	1660	12793	1411	953	4797	90304	178958	615
84618	82087	290264	3317	23403	2612	2773	7477	265474	462898	971
129372	73068	366435	5784	51833	4308	21742	43536	298592	578967	639
416491	254528	242587	14735	174234	13704	7381	22550	67919	942045	3752
76891	50958	−10682	4351	31283	3734	759	646	−37501	125252	297
98190	59612	154151	2098	10603	789	117	6929	138834	314840	984
15192	8729	24267	−18	1679	42	43	865	21748	48212	156
85697	38397	90474	6457	28464	7376	4255	5573	67149	228401	68630
93335	91829	214871	4811	68193	4402	2439	4790	149138	409248	896
24020	25489	69989	1533	9314	455	301	2390	60119	121486	268
59701	47377	152714	6091	30021	4089	3746	10027	122503	269972	1024
11887	9289	93293	159	21329	34	——	462	71661	114662	73
44505	56141	154837	1483	10095	2016	936	1358	145803	258982	645
34839	23048	66285	483	3217	713	147	1527	62171	125368	369
12022	8412	13827	220	998	132	89	306	12832	34613	56
12887	3477	25323	——	——	——	——	75	25248	41687	105
37188	24697	87563	1138	19476	1254	132	973	68384	151840	557

各 地 区 文 化 娱 乐

	机构数（个）	从业人员（人）	固定资产原价（千元）	主营业收入	主营营业成本及费用	
						上交管理费
总　计	**68399**	**446726**	**38170708**	**14597381**	**10015482**	**326106**
北　京	1205	14098	625987	341896	275579	2084
天　津	838	7520	607960	307147	325594	3855
河　北	2598	11559	470750	197393	104072	991
山　西	1979	7927	296094	260293	127668	476
内蒙古	1702	7139	162239	95378	70451	622
辽　宁	5634	25128	1510314	773087	439434	10253
其中:大连	246	4884	41518	16353	11085	102
吉　林	2736	19909	620454	405017	241949	651
黑龙江	3377	3541	340	140210	61249	——
上　海	3018	54364	6276550	2736701	1993581	99590
江　苏	4406	23500	1752305	921407	569055	5585
浙　江	2524	17081	1034172	983819	775515	8942
其中:宁波	358	2087	121477	116085	71344	720
安　徽	1993	8121	561187	214984	116289	346
福　建	2115	17445	789822	537661	390862	1977
其中:厦门	324	6848	512916	370446	278877	1085
江　西	2470	11159	557639	336158	194711	235
山　东	2671	16999	355929	406415	318937	5428
其中:青岛	428	2348	73984	44581	30984	2899
河　南	2688	11704	417874	211251	139951	5182
湖　北	4164	25087	1467490	691165	373748	18532
湖　南	3027	19651	1598358	973567	605068	24562
广　东	2899	62091	2305518	1490565	1225023	77338
其中:深圳	379	12111	367164	335889	296754	61844
广　西	2235	12168	432572	354340	242916	8154
海　南	147	1409	36723	37226	34484	12462
重庆市	2234	16690	13035364	272545	207684	5504
四　川	2444	12214	1300416	610465	419974	11247
贵　州	874	2542	162178	117808	68653	12157
云　南	2479	7634	320344	179024	107572	3794
西　藏	276	1469	94598	259458	161091	63
陕　西	1567	10222	481156	338329	175294	2898
甘　肃	1366	6245	349428	140468	93540	2325
青　海	240	1498	18712	15646	5305	169
宁　夏	281	1320	61985	33045	19783	78
新　疆	2212	9292	466250	214913	130450	606

业基本情况（城市）

损益及分配（千元）									增加值（千元）	房屋建筑面积（千平方米）
从业人员劳动报酬	主营营业税金及附加	主营业务利润	其他业务利润	其他费用支出	税金	其他收益	应交所得税	净利润		
1961836	**1274403**	**3307496**	**42999**	**1266235**	**106728**	**46734**	**125716**	**2005278**	**6693462**	**142618**
34172	47674	18643	1008	79245	5532	3154	4995	—61435	107029	709
57901	30240	—48687	—45956	—23372	16940	—21127	—41073	—51325	10438	292
11016	14180	79141	26	3964	359	3	3078	72128	104722	456
25777	35441	97184	4375	5736	2775	155	1730	94248	165552	247
9237	6694	18233	2	24	15	1	6	18206	34181	20229
54182	51415	282238	5769	21254	310	759	6297	261215	393914	10827
1276	2441	2827	——	10	——	——	——	2817	6544	28
66109	27270	135798	18	3039	8	27	1150	131654	229203	5206
296	17922	61039	——	12690	——	——	——	48349	79257	179
393103	187876	555244	23261	398643	16822	15699	9090	186471	1176306	1971
126874	61167	291185	15776	44811	16595	11292	23703	249739	511597	1116
97334	92277	116027	633	286184	8589	—612	18053	—188189	314860	1026
8229	8894	35847	53	27254	209	89	845	7890	53232	161
47836	12504	86191	393	13998	72	378	6136	66828	146996	369
79054	66277	80522	3862	46301	4213	2347	8684	31746	233928	624
53761	44419	47150	3508	42951	4093	2283	6422	3568	152931	206
39853	29040	112407	598	21718	3790	230	1951	89566	185688	371
178432	24290	63188	635	6344	1410	157	701	56935	267955	24177
4544	5355	8242	63	4691	1079	73	332	3355	19283	23578
29856	13185	58115	1249	8168	1045	661	3300	48557	103450	382
69603	69798	247619	1856	17530	1242	2045	5900	228090	390118	742
106670	63740	304759	5697	51765	4306	21733	43502	236922	485172	561
237210	159173	106369	11057	126609	9091	5014	9267	—13436	522900	2119
72737	49114	—9979	4350	30976	3734	759	623	—36469	119956	277
52743	36111	75313	1907	8354	632	101	6286	62681	166706	450
4474	3292	—550	—25	286	29	43	131	—949	7220	40
44643	21348	43513	4383	21343	6122	3002	2971	26584	120009	68339
57367	73417	117074	1916	51042	2615	948	1414	67482	252389	413
11366	15492	33663	761	6202	92	23	1851	26394	61374	97
22038	17883	53569	1661	6181	1138	305	4377	44977	96289	352
10661	8507	89860	9	20771	1	——	178	68920	109038	64
37782	48224	114811	796	6602	1674	252	415	108842	203287	469
20112	16489	30439	202	1591	61	23	943	28130	67303	267
1265	4185	6156	42	58	9	——	2	6138	11657	16
7281	1220	12042	——	——	——	——	23	12019	20543	48
27589	18072	66391	1088	19154	1241	121	655	47791	114381	460

各地区文化娱乐

	机构数（个）	从业人员（人）	固定资产原价（千元）			
				主营业收入	主营营业成本及费用	
						上交管理费
总计	**53233**	**215562**	**6845923**	**4028709**	**2335412**	**66333**
北京	136	1981	13633	12156	11526	209
天津	157	593	15152	8143	5013	24
河北	2492	18444	160762	86028	39315	522
山西	901	2963	110920	79559	30572	344
内蒙古	1612	3834	99859	58136	35202	913
辽宁	2010	6811	372777	157047	75415	2999
其中：大连	254	683	27619	21111	9079	——
吉林	1970	6662	309619	172223	95585	126
黑龙江	1131	——	——	——	——	——
上海	326	3170	220048	118409	85328	4325
江苏	3421	13010	523507	317663	172060	8285
浙江	4166	28164	837482	512324	324925	16617
其中：宁波	386	2266	139595	72323	43016	2324
安徽	1670	4897	111264	71245	36613	596
福建	1684	7879	252460	134853	87560	2303
其中：厦门	1	93	16840	3646	1933	1898
江西	2379	6921	211582	121375	58799	1082
山东	2828	14597	550214	320448	201784	1796
其中：青岛	448	2716	307345	163066	106899	507
河南	2437	6899	214072	118608	65121	2822
湖北	1560	5241	102956	83571	38352	1331
湖南	1104	3837	155448	146311	78684	4300
广东	1752	16148	592504	383898	275548	1824
其中：深圳	4	21	540	200	80	——
广西	3659	13295	255732	200246	113608	959
海南	559	2335	56238	48840	26822	520
重庆市	2110	6275	220204	134440	82777	3575
四川	2345	6961	375528	220930	127485	2471
贵州	1629	4686	98760	80661	39756	3031
云南	4630	17013	515055	189473	103558	2707
西藏	117	845	4974	7223	3030	74
陕西	1318	3939	152644	81975	44557	336
甘肃	881	2694	68383	55000	17933	517
青海	479	1173	79636	34574	23768	1246
宁夏	560	1800	97967	28333	12795	230
新疆	1210	2495	66543	45017	21921	249

业基本情况（县城）

损益及分配（千元）									增加值（千元）	房屋建筑面积（千平方米）
从业人员劳动报酬	主营业税金及附加	主营业务利润	其他业务利润	其他费用支出	其他费用支出：税金	其他收益	应交所得税	净利润		
599210	**381655**	**1311642**	**32104**	**164370**	**16077**	**15169**	**42177**	**1152368**	**2340688**	**6993**
3176	848	−218	341	401	56	28	82	−332	4203	81
611	555	2575	479	202	——	28	141	2739	4220	47
5752	5300	41413	439	1203	115	67	2994	37722	53019	255
9676	16916	32071	238	1426	119	135	546	30472	59020	87
10476	4218	18716	13	458	242	187	355	18103	33665	136
14491	11414	70218	362	2832	77	198	1453	66493	96562	193
4113	2191	9841	——	873	——	——	——	8968	16145	12
28682	20389	56249	337	2411	7	328	2060	52443	105664	218
——	——	——	——	——	——	——	——	——	——	——
32814	14467	18614	105	5616	77	373	175	13301	66077	181
53556	45334	100269	9933	10512	3736	3857	3587	99960	212828	597
84845	40558	146841	3303	11952	1602	914	4283	134823	277149	737
10313	6880	22427	1408	3799	719	1	607	19430	41747	99
13355	6852	27780	696	2108	117	402	1257	25513	48800	125
24943	13096	34197	261	3121	158	79	341	31075	72655	293
1800	195	1518	——	121	——	——	6	1391	3513	1
11769	10371	52205	2686	7001	254	1282	2391	46781	77285	241
15346	18859	99805	894	46203	858	88	1510	53074	135762	540
5734	10585	45582	372	43405	128	−41	939	1569	62401	103
15321	9810	43677	398	4229	352	282	1464	38664	69558	209
11089	10155	35064	874	4217	993	557	1273	31005	58175	181
21306	9110	58517	54	52	——	9	33	58495	88987	69
59560	37785	70565	1643	8854	1352	593	5782	58165	170905	666
45	22	98	——	35	——	——	——	63	165	1
35956	19280	67358	181	2173	152	8	465	64909	122927	426
8639	4327	17691	7	1307	5	——	695	15696	30669	90
28796	13137	38526	1770	5491	916	1084	2399	33490	83145	223
26878	14948	78497	2392	15368	1322	1330	2924	63927	124037	393
11465	9283	31622	700	2840	361	232	484	29230	53431	159
26008	20112	65803	3309	19525	2215	2827	3812	48602	117447	433
1226	775	3418	150	558	33	——	278	2732	5602	9
5968	5996	31422	75	1712	269	79	316	29548	43730	145
13073	5727	31340	268	1520	604	122	539	29671	51012	81
10533	4096	6710	146	817	72	69	268	5840	21557	37
5606	2257	13281	——	——	——	——	52	13229	21144	58
8294	5680	17416	50	261	13	11	218	16998	31453	83

各 地 区 文 化 娱 乐

	机构数（个）	从业人员（人）	固定资产原价（千元）	主营营业收入	主营营业成本及费用	上交管理费
总　　计	**22494**	**93194**	**4418514**	**1776861**	**1159626**	**29435**
北　　京	92	1112	590	1355	852	9
天　　津	134	1179	21275	11037	4256	75
河　　北	830	3277	92035	23038	10591	342
山　　西	208	1072	34098	11657	5612	162
内 蒙 古	183	405	6791	8368	5417	16
辽　　宁	1072	3087	194265	56246	29554	450
其中:大连	23	140	2251	706	267	3
吉　　林	891	2531	99026	60464	31178	311
黑 龙 江	139	——	——	——	——	——
上　　海	623	4170	321889	64737	47044	538
江　　苏	2670	7728	388634	161134	92447	4476
浙　　江	3067	11119	594932	333931	208012	4780
其中:宁波	435	1636	103360	51083	29989	1108
安　　徽	436	1152	19433	12450	5219	88
福　　建	996	4654	106670	55828	32400	87
其中:厦门	9	62	3892	2685	2271	5
江　　西	421	853	22728	11362	5680	296
山　　东	470	2543	51488	28495	14065	294
其中:青岛	15	60	1230	1141	968	——
河　　南	289	874	25563	10133	5856	258
湖　　北	447	1461	49876	22298	12583	406
湖　　南	156	258	9298	6745	3368	43
广　　东	1605	25904	1825280	623844	500621	11232
其中:深圳	38	596	18106	11840	10819	292
广　　西	1374	3435	51483	43921	28220	134
海　　南	212	764	14116	13729	5493	124
重 庆 市	900	2270	86815	41722	29375	2280
四　　川	1045	3107	64825	43669	20905	1281
贵　　州	257	502	12315	9588	4170	337
云　　南	3200	7385	274272	84916	42192	1241
西　　藏	1	2	25	32	10	——
陕　　西	268	1103	16263	16364	5839	75
甘　　肃	210	661	18812	9434	4096	62
青　　海	38	113	2186	1414	322	36
宁　　夏	——	——	——	——	——	——
新　　疆	260	473	13531	8950	4249	2

业基本情况（县以下）

损益及分配（千元）									增加值（千元）	房屋建筑面积（千平方米）
从业人员劳动报酬	主营营业税金及附加	主营业务利润	其他业务利润	其他费用支出	税金	其他收益	应交所得税	净利润		
299115	**160591**	**456644**	**9971**	**81010**	**8008**	**6782**	**15960**	**376427**	**934329**	**3502**
264	76	427	2	45	4	1	20	365	773	66
684	505	6276	3	29	——	——	65	6185	7468	77
1605	2168	10279	302	379	106	22	355	9869	14460	82
2787	1212	4833	51	644	104	40	670	3610	8987	49
571	733	2218	3	7	9	2	11	2205	3534	18
7253	3333	23359	68	362	53	86	94	23057	34066	112
184	70	369	——	13	——	——	——	356	623	1
11366	6590	22696	——	548	90	——	370	21778	40742	83
——	——	——	——	——	——	——	——	——	——	——
12515	5047	12646	694	6143	34	1157	150	8204	30936	209
29652	18826	49861	1557	4745	696	849	1138	46384	100592	358
40226	25284	100635	996	12751	1144	469	970	88379	168285	459
5166	3497	17597	323	2543	379	2	176	15203	26962	78
2888	1241	5990	157	276	30	90	117	5844	10306	25
10168	6111	17317	328	2539	196	212	319	14999	34120	171
367	116	298	141	41	88	51	40	409	1010	3
1215	1065	4617	174	350	6	242	149	4534	7077	26
1532	1051	13379	301	1120	156	32	114	12478	16419	106
——	44	129	——	——	——	——	——	129	173	1
1646	788	3489	13	396	14	10	33	3083	5950	25
3926	2134	7581	587	1656	377	171	304	6379	14605	47
1396	218	3159	33	16	2	——	1	3175	4808	9
119721	57570	65653	2035	38771	3261	1774	7501	23190	248240	967
4109	1822	−801	1	272	——	——	23	−1095	5131	19
9491	4221	11480	10	76	5	8	178	11244	25207	107
2079	1110	7126	——	86	8	——	39	7001	10323	27
12258	3912	8435	304	1630	338	169	203	7075	25247	68
9090	3464	19300	503	1783	465	161	452	17729	32822	90
1189	714	4704	72	272	2	46	55	4495	6681	12
11655	9382	33342	1121	4315	736	614	1838	28924	56236	240
——	7	15	——	——	——	——	6	9	22	——
755	1921	8604	612	1781	73	605	627	7413	11965	31
1654	832	4506	13	106	48	2	45	4370	7053	20
224	131	961	32	123	51	20	36	854	1399	4
——	——	——	——	——	——	——	——	——	——	——
1305	945	3756	——	61	——	——	100	3595	6006	14

各地区歌舞娱

	机构数（个）	从业人员（人）	固定资产原价（千元）	主营业收入	主营营业成本及费用	上交管理费
总计	**47349**	**360614**	**14027049**	**8119779**	**5628659**	**152340**
北京	769	10848	389049	266704	215933	1165
天津	566	5682	178128	102843	90726	2600
河北	2654	23296	413994	143868	77675	1185
山西	1301	6518	179805	111126	50258	92
内蒙古	874	5241	22176	21013	12153	204
辽宁	2658	16329	1080722	503586	281039	5497
其中：大连	177	3188	13350	10679	5348	——
吉林	1615	11129	285701	140733	77147	162
黑龙江	1665	381	——	1240	172	——
上海	860	11275	458041	491151	387275	1973
江苏	3139	17346	735111	353666	203583	4900
浙江	3779	23374	1301589	1016386	697933	6358
其中：宁波	449	3746	228582	163541	98085	2044
安徽	876	5114	156002	83409	40344	457
福建	2050	16381	547319	286614	212738	2984
其中：厦门	201	3687	330641	125034	99665	2751
江西	978	5400	188923	100980	56842	348
山东	1478	15543	382708	374463	306122	2041
其中：青岛	299	1978	240756	135460	94265	754
河南	818	5208	179869	89465	55613	2180
湖北	2096	14649	900571	285689	158869	5176
湖南	1190	10365	528422	351806	219399	7406
广东	3150	80139	3081695	1837325	1475465	81855
其中：深圳	266	11376	340078	300054	261213	61377
广西	1922	13716	218820	195215	117700	658
海南	318	2866	58113	56770	47827	12156
重庆市	1617	9604	322796	153846	116046	2035
四川	2563	9880	1103756	459807	331176	4538
贵州	680	3170	62902	61789	31711	918
云南	4064	17360	487530	210956	127182	2610
西藏	232	1549	22297	69513	41241	98
陕西	927	5928	201024	104365	52168	825
甘肃	920	4336	180874	60850	33814	1330
青海	133	590	41632	25220	18120	147
宁夏	303	1613	63654	21732	9823	174
新疆	1154	5784	253826	137649	82565	268

乐　场　所　基　本　情　况

损益及分配（千元）									增加值（千元）	房屋建筑面积（千平方米）
从业人员劳动报酬	主营营业税金及附加	主营业务利润	其他业务利润	其他费用支出	税金	其他收益	应交所得税	净利润		
1268210	**818722**	**1672398**	**2945**	**655010**	**43616**	**7406**	**49707**	**978032**	**3805891**	**32645**
26977	37147	13624	648	50232	3414	3097	2783	−35646	81810	455
7535	5777	6340	−47945	−24996	761	−21150	−41079	3320	−27532	287
11391	11138	55055	493	2438	394	71	634	52547	78471	556
17183	18531	42337	101	2709	715	19	1330	38418	78867	192
3802	2517	6343	1	54	64	47	32	6305	12727	20161
29615	34585	187962	1837	8715	65	283	6517	174850	254064	536
1753	1308	4023	——	187	——	——	——	3836	7084	22
26056	16265	47321	184	2258	97	96	2156	43187	89923	330
——	248	820	——	——	——	——	——	820	1068	17
94032	59376	44500	4917	56544	391	2653	3579	−8053	203216	346
67954	46905	103178	10354	14904	4465	4192	3818	99002	232856	930
107258	89241	229212	3270	289834	9900	2316	17556	−72592	438881	1111
14796	14635	50821	1166	29017	868	72	1442	21600	82286	189
12834	7663	35402	274	3945	35	156	2557	29330	56208	197
54463	32113	41763	854	10459	2483	1473	2943	30688	131676	609
25076	12413	12956	461	8443	2372	1309	1734	4549	53278	97
14034	7939	36199	1447	4880	165	567	880	32453	59784	160
169569	14957	53384	751	40014	1164	136	798	13459	239825	629
2236	10188	31007	84	36425	198	−39	315	−5688	43713	94
13109	7009	26843	406	6419	794	216	1216	19830	48161	213
36284	36610	90210	1765	11353	588	991	2128	79485	165457	418
39476	13891	118516	2602	6510	236	3753	11181	107180	174721	291
332510	205458	156402	6856	105419	10954	3113	18021	42931	712180	2568
65751	44494	−5653	1692	28306	3103	447	269	−32089	109387	253
30620	23922	53593	2050	2636	405	27	1186	51848	110590	500
9750	4857	4086	−56	1141	10	40	430	2499	18647	104
31909	14929	22871	3453	4895	837	2153	2246	21336	73999	318
33946	55240	73391	1968	13852	1542	1215	2744	59978	166087	281
6893	8896	21182	942	2220	183	123	464	19563	38096	118
27029	21608	62166	3885	11317	1874	1170	3453	52451	116562	482
7203	2535	25737	134	7257	32	——	402	18212	35641	32
13313	15352	36845	711	3263	503	635	604	34324	66724	268
10807	7570	19466	259	1310	301	87	587	17915	38403	173
8252	3168	3932	102	575	72	56	213	3302	15526	17
5477	1587	10322	——	——	——	——	75	10247	17386	57
18929	11688	43396	682	14853	1172	−129	253	28843	75867	289

各地区电子游

	机构数（个）	从业人员（人）	固定资产原价（千元）	主营业收入	主营营业成本及费用	
						上交管理费
总计	**17118**	**46229**	**1824930**	**979607**	**571569**	**30679**
北京	75	411	11158	3296	1881	131
天津	12	59	2950	905	1598	3
河北	411	1057	14676	8984	5185	135
山西	2	4	115	80	58	——
内蒙古	280	646	19110	10237	6571	139
辽宁	488	3066	138748	64597	36265	426
其中：大连	59	1500	37610	12032	7380	——
吉林	879	1923	54446	38067	19295	150
黑龙江	605	52	——	1070	166	——
上海	232	3445	138675	98581	59618	15629
江苏	2059	4568	148020	84851	45483	1563
浙江	597	1631	95392	44543	23496	497
其中：宁波	64	148	6121	4134	2417	209
安徽	1087	3078	56525	44636	21881	87
福建	934	2180	50333	36658	21170	428
其中：厦门	——	——	——	——	——	——
江西	886	2383	99313	49813	24573	270
山东	169	773	51669	19652	11257	745
其中：青岛	3	19	——	——	——	——
河南	288	824	26010	15394	8732	1117
湖北	630	2390	55747	48393	26350	1315
湖南	545	1582	245380	40787	20196	207
广东	1230	4411	257657	152511	121033	799
其中：深圳	124	956	40151	39037	38556	479
广西	885	1996	36777	33412	19440	626
海南	56	172	6348	4699	1179	202
重庆市	838	1737	72987	44051	29244	1490
四川	796	1394	45330	32601	19347	1298
贵州	447	628	9379	11677	4836	743
云南	1831	3811	80801	53253	23055	1963
西藏	——	——	——	——	——	——
陕西	160	806	20194	15396	8420	112
甘肃	——	——	——	——	——	——
青海	84	118	2298	1768	654	552
宁夏	117	254	8437	5420	2349	14
新疆	495	830	76455	14275	8237	38

艺厅基本情况

损益及分配（千元）									增加值（千元）	房屋建筑面积（千平方米）
从业人员劳动报酬	主营营业税金及附加	主营业务利润	其他业务利润	其他费用支出	其他费用支出：税金	其他收益	应交所得税	净利润		
154401	**111211**	**296827**	**10211**	**34506**	**9629**	**3575**	**10939**	**265168**	**582279**	**1605**
602	482	933	792	1412	153	4	36	281	2962	24
152	42	−735	——	63	——	——	62	−860	−541	6
1724	678	3121	1	128	10	3	82	2915	5534	29
10	9	13	——	——	——	——	——	13	32	——
1442	904	2762	1	40	26	35	9	2749	5135	32
5504	5190	23142	276	1070	6	62	254	22156	34118	78
1206	1554	3098	——	81	——	——	——	3017	5858	6
8418	4373	14399	——	95	8	27	37	14294	27198	72
——	214	690	——	——	——	——	——	690	904	——
14499	11957	27006	809	1584	109	30	444	25817	54380	86
14811	12120	27248	950	2444	602	572	1386	24940	55731	166
6730	5098	15949	257	1312	78	135	371	14658	28112	88
626	389	1328	68	241	21	——	30	1125	2432	9
6107	3869	18886	208	2879	18	157	1403	14969	29088	79
6179	4921	10567	198	367	135	4	462	9940	22000	76
——	——	——	——	——	——	——	——	——	——	——
4780	5810	19430	612	4550	707	304	990	14806	31339	85
3292	1410	6985	1	79	14	——	10	6897	11702	35
——	——	——	——	——	——	——	——	——	——	2
1687	1558	5104	153	574	36	63	89	4657	8538	39
6806	5238	16805	445	1405	461	276	410	15711	29755	86
7484	3724	16867	——	74	——	——	82	16711	28075	31
27615	18219	13259	4013	5277	1494	690	1091	11594	64600	225
8904	5209	−4728	2659	2361	607	312	338	−4456	12651	31
7542	3980	9992	12	474	50	31	411	9150	21576	53
841	1075	2445	——	——	——	——	——	2445	4361	6
8828	4798	10009	566	4183	4774	327	465	6254	28975	68
4469	2822	10432	328	939	285	181	350	9652	18336	52
2099	1781	5060	22	617	64	13	137	4341	9026	17
6594	7260	22938	435	2161	521	360	2187	19385	37748	104
——	——	——	——	——	——	——	——	——	——	——
2157	907	6069	50	959	46	38	88	5110	9229	19
——	——	——	——	——	——	——	——	——	——	——
350	271	843	25	76	24	3	9	786	1513	4
1013	436	2635	——	——	——	——	——	2635	4084	10
2666	2065	3973	57	1744	8	260	74	2472	8769	35

各地区综合娱乐

	机构数（个）	从业人员（人）	固定资产原价（千元）	主营业收入	主营营业成本及费用	
						上交管理费
总　　计	**5449**	**99536**	**22425510**	**3726279**	**2540457**	**49624**
北　　京	153	3081	25044	11203	9981	——
天　　津	74	496	11876	1221	1284	168
河　　北	15	80	3110	205	73	1
山　　西	10	201	4700	1395	640	——
内蒙古	117	743	18362	6939	5200	119
辽　　宁	157	1006	136987	34246	16199	51
其中：大连	7	65	390	300	115	——
吉　　林	47	1300	66760	5704	2227	42
黑龙江	67	47	——	——	——	——
上　　海	1118	26491	5507154	1495004	1038969	5916
江　　苏	288	6141	758921	279656	153906	4993
浙　　江	390	16451	296594	210832	212899	327
其中：宁波	40	484	31378	15360	8210	30
安　　徽	51	406	16081	9808	3991	57
福　　建	193	6323	317798	290281	202346	22
其中：厦门	56	2771	162712	234923	169085	8
江　　西	107	987	62892	33600	16859	88
山　　东	174	5395	115562	42652	31389	60
其中：青岛	42	745	62249	22653	15555	——
河　　南	76	1137	22379	4721	4703	56
湖　　北	106	1291	77649	10277	6658	110
湖　　南	168	5411	777130	494196	308415	20002
广　　东	129	6578	567328	100902	81932	3819
其中：深圳	——	——	——	——	——	——
广　　西	105	1782	70186	63910	49009	1308
海　　南	9	69	970	602	360	1
重庆市	174	1662	12648542	68263	60257	3052
四　　川	494	5477	352760	239682	131042	7747
贵　　州	163	753	107092	61291	43005	85
云　　南	525	2558	225206	57999	33667	1314
西　　藏	71	427	67490	151409	93033	22
陕　　西	149	841	70202	14383	7846	15
甘　　肃	157	1015	64928	24186	17733	18
青　　海	73	200	8608	4425	1751	222
宁　　夏	——	——	——	——	——	——
新　　疆	89	1187	23199	7287	5083	9

场　所　基　本　情　况

损益及分配（千元）									增加值（千元）	房屋建筑面积（千平方米）
从业人员劳动报酬	主营营业税金及附加	主营业利润	其他业务利润	其他费用支出	税金	其他收益	应交所得税	净利润		
463767	**330837**	**854985**	**29536**	**531134**	**35289**	**22048**	**42738**	**332697**	**1714414**	**4792**
2213	1203	19	−774	443	142	27	219	−1390	2803	195
535	75	−138	451	148	57	5	23	147	980	24
54	25	107	1	3	1	1	14	92	188	4
350	115	640	——	——	——	——	——	640	1105	17
2798	540	1199	——	2	——	——	242	955	4537	24
3787	3744	14303	557	8837	5	6	11	6018	22396	45
63	33	152	——	19	——	——	——	133	248	——
1247	715	2762	——	——	——	——	——	2762	4724	45
——	——	——	——	——	——	——	——	——	——	6
191951	92306	363729	9080	274446	8548	6672	2290	102745	665614	1360
57348	38362	87388	14407	20131	14959	10055	18231	73488	212464	297
17839	30924	−32991	157	10146	653	−1882	895	−45757	16582	506
292	1149	6001	——	——	——	——	——	6001	7442	74
286	136	5681	13	2582	51	222	1177	2157	6167	23
34035	38840	49095	185	34074	1232	794	4617	11383	123387	187
27444	30029	35809	109	30409	1232	753	4583	1679	94623	87
4430	2241	14500	228	3233	28	41	176	11360	21427	67
4007	3242	8021	332	10885	1042	57	456	−2931	16644	326
2266	1435	5663	217	10342	974	51	404	−4815	10555	52
898	475	−457	24	399	22	15	17	−834	962	24
2203	914	2705	617	885	111	354	162	2629	6550	93
43176	40237	145544	469	43172	3412	3601	8323	98119	232838	209
14575	12629	6341	931	32204	412	52	624	−25504	34888	389
——	——	——	——	——	——	——	——	——	——	——
6969	4282	10619	6	878	67	38	1937	7848	21943	64
44	39	203	——	5	——	——	6	192	286	2
11502	4752	3254	548	12479	1393	66	316	−8927	21449	84
37931	26841	81799	2130	49781	1988	781	952	33977	150689	421
5710	8654	9632	295	3844	49	15	1199	4899	24340	47
10918	5703	18629	−460	10468	1077	1055	538	8218	35867	148
2081	5360	53016	——	11104	——	——	10	41902	60457	24
2323	2240	4297	122	780	12	66	53	3652	8994	33
3247	3902	2551	6	97	27	7	239	2228	9733	44
528	1558	1116	16	9	——	——	——	1123	3218	7
——	——	——	——	——	——	——	——	——	——	——
782	783	1421	195	99	1	——	11	1506	3182	77

各 地 区 保 龄

	机构数（个）	从业人员（人）	固定资产原价（千元）	主营业收入	主营营业成本及费用	
						上交管理费
总 计	**449**	**5493**	**612890**	**138573**	**113891**	**1364**
北 京	61	753	128666	43075	37513	100
天 津	22	881	4980	2587	1106	——
河 北	2	7	580	285	172	——
山 西	13	96	13651	972	480	——
内蒙古	6	36	33010	17568	17142	——
辽 宁	21	357	42830	15322	7700	122
其中:大连	13	260	520	250	50	100
吉 林	5	30	3230	785	373	——
黑龙江	1	——	——	——	——	——
上 海	2	107	——	——	——	——
江 苏	68	695	68445	11888	11094	256
浙 江	8	57	15146	890	1978	15
其中:宁波	——	——	——	——	——	——
安 徽	2	12	1200	——	——	——
福 建	28	400	62193	7236	8379	14
其中:厦门	5	182	24443	5074	7105	——
江 西	16	120	15776	3893	2110	3
山 东	27	424	20554	4459	4632	——
其中:青岛	——	——	——	——	——	——
河 南	12	267	46054	1510	2922	62
湖 北	11	93	8920	629	400	2
湖 南	6	99	1300	1030	340	70
广 东	2	23	847	457	323	4
其中:深圳	——	——	——	——	——	——
广 西	27	254	31771	7800	6500	49
海 南	1	5	——	——	——	——
重庆市	4	17	6900	284	222	13
四 川	8	26	1480	418	169	13
贵 州	5	86	3007	3656	1952	——
云 南	49	269	58091	8056	4796	439
西 藏	——	——	——	——	——	——
陕 西	10	163	17486	2528	1477	202
甘 肃	6	62	4230	678	398	——
青 海	1	3	——	——	——	——
宁 夏	5	62	1705	250	90	——
新 疆	20	89	20838	2317	1623	——

球　基　本　情　况

损益及分配（千元）									增加值（千元）	房屋建筑面积（千平方米）
从业人员劳动报酬	主营营业税金及附加	主营业务利润	其他业务利润	其他费用支出	其他费用支出：税金	其他收益	应交所得税	净利润		
14379	**15399**	**9283**	**7651**	**32259**	**679**	**105**	**1934**	**−17154**	**47391**	**348**
3515	6172	−610	4470	24976	249	−11	1119	−22246	13796	83
90	116	1365	——	——	——	7	——	1372	1571	19
——	5	108	——	——	——	——	16	92	113	——
12	115	377	——	37	——	——	34	306	504	11
64	127	299	5	10	——	1	4	291	495	3
300	329	7293	——	——	——	——	——	7293	7922	12
——	80	120	——	——	——	——	——	120	200	1
77	136	276	——	20	——	——	20	236	489	1
——	——	——	——	——	——	——	——	——	——	——
——	——	——	——	——	——	——	——	——	——	4
3245	1594	−800	31	1573	15	13	139	−2468	4085	54
327	208	−1296	58	67	1	——	20	−1325	−702	4
——	——	——	——	——	——	——	——	——	——	——
——	——	——	——	——	——	——	——	——	——	——
2266	1367	−2510	2712	3945	270	9	11	−3745	4105	38
1977	1126	−3157	2707	3916	251	4	——	−4362	2904	16
510	287	1496	32	247	5	15	7	1289	2330	7
419	740	−913	263	43	5	41	——	−652	514	22
——	——	——	——	——	——	——	——	——	——	——
470	251	−1663	——	23	——	——	——	−1686	−942	11
45	77	152	——	——	——	——	——	152	274	9
230	104	586	——	——	——	——	——	586	920	2
210	117	17	——	3	——	——	——	14	344	1
——	——	——	——	——	——	——	——	——	——	——
881	1240	60	——	100	——	——	——	−40	2181	23
——	——	——	——	——	——	——	——	——	——	——
83	24	38	——	——	——	——	——	38	145	2
91	24	225	——	30	——	——	5	190	340	1
134	528	1176	——	665	——	——	123	388	1838	5
692	469	2791	70	351	130	30	418	2122	4152	16
——	——	——	——	——	——	——	——	——	——	——
225	1119	−68	——	9	2	——	6	−83	1278	10
90	83	197	——	35	——	——	——	162	370	2
——	——	——	——	——	——	——	——	——	——	——
101	43	117	——	——	——	——	——	117	261	3
302	124	570	10	125	2	——	12	443	1008	5

各 地 区 台 球

	机构数（个）	从业人员（人）	固定资产原价（千元）	主营业收入	主营营业成本及费用	
						上交管理费
总　　计	**5757**	**12128**	**173343**	**150442**	**92663**	**2888**
北　　京	258	1233	15403	15526	10461	869
天　　津	95	794	7540	3213	2639	32
河　　北	——	——	——	——	——	——
山　　西	11	21	674	980	296	——
内 蒙 古	233	430	2710	2421	1075	116
辽　　宁	458	931	23899	23175	15358	310
其中:大连	22	42	449	273	121	5
吉　　林	243	435	8811	8242	3601	100
黑 龙 江	30	——	——	——	——	——
上　　海	240	1080	41634	20408	17044	99
江　　苏	514	870	16049	8913	4944	209
浙　　江	64	94	1914	1684	552	20
其中:宁波	——	——	——	——	——	——
安　　徽	——	——	——	——	——	——
福　　建	222	441	5030	4227	2232	53
其中:厦门	6	32	500	460	333	——
江　　西	187	485	2062	1832	706	21
山　　东	107	209	1804	1756	893	67
其中:青岛	2	6	160	106	90	59
河　　南	42	105	1230	943	557	20
湖　　北	63	153	651	1015	486	107
湖　　南	11	29	233	325	87	——
广　　东	228	913	15213	24016	16278	316
其中:深圳	11	84	1495	1415	1352	196
广　　西	1152	1643	6810	10700	5679	11
海　　南	20	22	227	450	143	10
重 庆 市	79	139	3605	2673	1575	——
四　　川	151	202	1196	2130	933	84
贵　　州	174	213	691	1659	675	112
云　　南	829	1011	8532	7123	3094	73
西　　藏	35	45	168	643	206	——
陕　　西	66	170	3113	1973	1174	15
甘　　肃	58	108	1471	1682	682	16
青　　海	105	154	491	750	207	180
宁　　夏	14	45	1349	613	346	——
新　　疆	68	153	833	1370	740	48

厅　基　本　情　况

损益及分配（千元）									增加值（千元）	房屋建筑面积（千平方米）
从业人员劳动报酬	主营业务税金及附加	主营业务利润	其他业务利润	其他费用支出	其他费用支出：税金	其他收益	应交所得税	净利润		
27143	**15262**	**42517**	**8164**	**9705**	**1977**	**436**	**2166**	**39246**	**95063**	**10632**
2558	1776	3289	630	983	1613	61	900	2097	9866	61
973	301	273	995	511	19	17	52	722	2561	19
——	——	——	——	——	——	——	——	——	——	——
53	264	420	——	——	——	——	——	420	737	1
452	321	1025	2	7	10	7	4	1023	1810	22
1436	1024	6793	1003	69	——	——	20	7707	10256	10040
88	33	119	——	——	——	——	——	119	240	1
1492	540	4101	10	42	——	6	11	4064	6143	25
——	——	——	——	——	——	——	——	——	——	——
4971	2025	1339	4931	3870	48	2	61	2341	13314	62
1977	727	3242	84	217	35	20	111	3018	6065	142
192	323	809	——	272	——	——	32	505	1324	6
——	——	——	——	——	——	——	——	——	——	——
——	——	——	——	——	——	——	——	——	——	——
815	546	1449	31	257	27	21	86	1158	2868	19
56	39	88	——	——	——	——	——	88	183	1
273	386	740	78	77	2	179	48	872	1479	12
255	127	736	5	32	1	3	7	705	1124	7
22	4	12	——	1	1	——	——	11	39	——
176	70	316	4	72	——	2	9	241	566	4
288	107	422	12	71	7	3	7	359	836	8
86	30	208	——	——	——	——	2	206	324	1
4361	2791	4947	72	2239	54	8	472	2316	12225	55
363	175	−112	——	80	——	——	12	−204	426	4
3158	1229	3792	5	75	5	——	18	3704	8189	65
38	47	260	——	8	——	——	8	244	345	2
356	326	772	25	47	2	5	16	739	1481	5
505	144	1053	39	77	11	7	13	1009	1752	6
326	196	788	11	59	16	8	7	741	1337	7
1027	1111	2918	147	498	109	63	162	2468	5312	39
100	104	333	——	60	1	——	48	225	538	1
386	167	632	22	63	11	21	15	597	1218	7
238	247	753	2	7	——	1	36	713	1240	5
222	140	403	54	34	6	2	3	422	825	4
122	52	215	——	——	——	——	——	215	389	1
307	141	489	2	58	——	——	18	415	939	6

各地区网吧

	机构数（个）	从业人员（人）	固定资产原价（千元）	主营业收入	主营营业成本及费用	上交管理费
总计	**63642**	**199189**	**8858019**	**6101637**	**3618079**	**102989**
北京	114	856	70890	15603	12188	37
天津	347	1210	64751	31715	22024	1151
河北	2837	8837	291037	152996	70778	534
山西	1698	4933	236753	229172	108187	890
内蒙古	1876	4111	172555	103216	68679	971
辽宁	4874	12873	611261	336422	183621	7186
其中：大连	245	652	19069	14636	7417	——
吉林	2800	14263	608781	443403	265603	631
黑龙江	2272	3061	340	137900	60911	——
上海	1194	7456	289956	166195	121548	3658
江苏	4081	13627	918889	649494	407033	6219
浙江	4793	13892	730238	544243	363570	22882
其中：宁波	623	1560	92831	51837	32345	1870
安徽	2076	5510	461196	160510	91770	427
福建	1312	4108	161842	101389	62833	858
其中：厦门	64	326	15262	11246	6873	229
江西	2856	7898	330798	228069	127858	848
山东	3990	11644	381130	311173	179314	4596
其中：青岛	540	2333	76287	49922	28122	2591
河南	4106	11028	371818	221758	134207	4802
湖北	3183	12729	537703	440622	226935	13491
湖南	2315	5899	195795	234011	136296	1118
广东	1204	7565	528583	314278	253601	1340
其中：深圳	——	——	——	——	——	——
广西	3117	9144	372631	279709	179966	6569
海南	480	1305	40926	36620	17106	726
重庆市	2062	9809	254973	153879	95700	4220
四川	1399	3423	141581	91096	54472	821
贵州	1032	2212	80630	60144	25845	13528
云南	2478	6064	229870	106980	56301	1319
西藏	56	295	9642	45148	29651	17
陕西	1577	5677	312166	257104	124844	1897
甘肃	969	3077	155131	99964	51860	1334
青海	338	1690	47239	18162	8071	350
宁夏	395	1122	83307	33010	19814	118
新疆	1811	3871	165607	97652	57493	451

基　　本　　情　　况

损益及分配（千元）									增加值（千元）	房屋建筑面积（千平方米）
从业人员劳动报酬	主营营业税金及附加	主营业务利润	其他业务利润	其他费用支出	其他费用支出：税金	其他收益	应交所得税	净利润		
717400	**445757**	**2037801**	**20052**	**154579**	**21346**	**25386**	**72430**	**1856230**	**3242356**	**101837**
1747	1818	1597	—4415	1645	21	5	40	—4498	768	35
5335	1905	7786	33	648	84	15	73	7113	15143	47
5204	9796	72422	272	2977	175	17	5681	64053	87869	204
19487	33194	87791	4563	4765	2083	311	1526	86374	147118	154
11598	7204	27333	8	363	148	94	72	27000	46291	131
34622	20900	131901	2506	5642	364	652	942	128475	190293	403
2463	1694	5525	——	609	——	——	——	4916	9682	11
68710	32158	145642	161	3573	——	226	1336	141120	246671	5033
296	17460	59529	——	12690	——	——	——	46839	77285	156
28176	9573	35074	3100	14804	6870	450	1893	21927	82793	244
62048	24615	217846	1218	20282	898	927	4616	195093	306625	425
88559	31342	149331	824	8277	688	190	4375	137693	270744	461
7994	2820	16672	550	3445	418	20	156	13641	28454	64
44758	8896	59844	746	6973	114	332	2372	51577	114358	219
15937	7581	30975	456	2844	419	334	1223	27698	55368	139
1358	1119	3254	372	345	326	268	151	3398	6429	8
22227	20321	79890	835	15735	3128	594	2325	63259	126401	239
17345	23650	108209	474	2569	196	40	1054	105100	149874	23792
5499	4325	17475	134	1285	33	20	552	15792	27466	23530
28378	14078	73473	1027	4912	481	641	3408	66821	117437	292
37135	38581	175106	462	9256	1417	1136	4730	162718	252701	328
37814	14773	82942	2638	2008	637	13975	23265	74282	138804	97
19522	11239	49438	556	3430	592	2627	2067	47124	81347	177
——	——	——	——	——	——	——	——	——	——	——
47881	24491	75252	25	6285	262	21	3122	65891	147911	263
4366	2648	16866	38	515	32	3	411	15981	23950	41
26447	11902	46277	1538	4585	317	1376	2162	42444	86481	68094
8753	4773	31851	278	2363	243	206	497	29475	45898	77
6678	4819	29480	255	1668	135	136	428	27775	41367	55
12679	10162	40517	1713	5064	310	907	3142	34931	65381	200
2503	1290	14207	25	2908	1	——	2	11322	18026	17
19938	33665	98595	451	4669	1264	98	447	94028	153913	227
17629	9471	38633	85	1256	366	44	557	36949	66184	95
2596	2732	7359	23	201	30	28	81	7128	12740	23
6105	1323	11873	——	——	——	——	——	11873	19301	33
12927	9397	30762	157	1672	71	1	583	28665	53314	136

各 地 区 其 他 文 化

	机构数（个）	从业人员（人）	固定资产原价（千元）	主营业收入	主营营业成本及费用	
						上交管理费
总　计	**4362**	**32293**	**1513404**	**1186634**	**945202**	**81990**
北　京	3	9	——	——	——	——
天　津	13	170	374162	183843	215486	——
河　北	1	3	150	121	95	——
山　西	53	189	5414	7784	3933	——
内蒙古	111	171	966	488	250	3
辽　宁	60	464	42909	9032	4221	109
其中:大连	——	——	——	——	——	——
吉　林	8	22	1370	770	466	3
黑龙江	7	——	——	——	——	——
上　海	321	11850	383027	648508	501499	77178
江　苏	348	991	19011	11736	7519	207
浙　江	126	865	25713	11496	8024	240
其中:宁波	3	51	5520	4619	3292	——
安　徽	7	50	880	316	135	2
福　建	56	145	4437	1937	1124	8
其中:厦门	2	5	90	40	20	——
江　西	240	1660	92185	50708	30242	35
山　东	24	151	4204	1203	1179	9
其中:青岛	5	43	3107	647	819	2
河　南	72	908	10149	6201	4194	25
湖　北	82	484	39081	10409	4985	67
湖　南	52	361	14844	4468	2387	102
广　东	313	4514	271979	68818	52560	2261
其中:深圳	20	312	4086	7423	6532	84
广　西	60	363	2792	7761	6450	26
海　南	34	69	493	654	184	11
重庆市	470	2267	32580	25711	16792	550
四　川	423	1880	94666	49330	31225	498
贵　州	259	668	9552	7841	4555	139
云　南	533	959	19641	9046	5227	24
西　藏	——	——	——	——	——	——
陕　西	264	1679	25878	40919	29761	243
甘　肃	347	1002	29989	17542	11082	206
青　海	23	29	266	1309	592	——
宁　夏	7	24	1500	353	156	2
新　疆	45	346	5566	8330	879	42

娱乐业基本情况

损益及分配（千元）									增加值（千元）	房屋建筑面积（千平方米）
从业人员劳动报酬	主营营业税金及附加	主营业务利润	其他业务利润	其他费用支出	税金	其他收益	应交所得税	净利润		
214861	**79461**	**161971**	**6515**	**94422**	**18277**	**9729**	**3939**	**79854**	**481085**	**1251**
——	——	——	——	——	——	——	——	——	——	2
44576	23084	－54727	992	485	16019	7	2	－54215	29944	13
——	6	20	——	——	——	——	——	20	26	——
1145	1341	2510	——	295	200	——	56	2159	5196	9
128	32	206	1	13	18	6	9	191	385	9
662	390	4421	20	115	——	40	100	4266	5493	19
——	——	——	——	——	——	——	——	——	——	——
157	62	242	——	10	——	——	20	212	461	2
——	——	——	——	——	——	——	——	——	——	——
104803	32153	114856	1223	59154	967	7422	1148	63199	254002	258
2699	1004	3213	222	517	53	219	127	3010	7191	56
1500	983	2489	366	979	15	12	57	1831	5353	45
——	278	1049	——	893	——	——	——	156	1327	2
94	33	148	5	3	1	3	1	152	281	1
470	116	697	15	15	1	3	2	698	1299	20
17	4	16	——	——	——	——	——	16	37	——
6583	3492	16974	226	347	15	54	65	16842	27290	68
423	74	－50	4	45	2	——	——	－91	453	10
255	32	－204	——	43	1	——	——	－247	84	4
2105	342	1665	46	394	78	16	58	1275	4236	32
1857	560	4864	16	433	28	13	40	4420	7325	29
1106	309	1772	75	69	23	413	683	1508	3285	8
17698	4075	12183	2307	25662	198	891	275	－10556	36461	337
1873	1080	－189	——	536	24	——	27	－752	2788	9
1139	468	843	——	155	——	——	255	433	2450	15
153	63	407	——	10	——	——	10	387	623	2
6572	1666	7253	327	2275	53	328	368	5265	15871	60
7640	1985	16120	68	1151	333	49	229	14857	26146	58
2180	615	2671	8	241	8	6	32	2412	5482	19
762	1064	2755	301	162	68	161	127	2928	4950	36
——	——	——	——	——	——	——	——	——	——	——
6163	2691	8467	127	352	178	78	145	8175	17626	81
2828	1775	4685	131	512	19	8	108	4204	9438	50
74	543	174	——	103	——	——	——	71	791	1
69	36	161	——	——	——	——	——	161	266	1
1275	499	6952	35	925	——	——	22	6040	8761	10

各地区文化市场其他文化

	机构数（个）	从业人员（人）	固定资产原价（千元）	主营收入	主营营业成本及费用	
						上交管理费
总　　计	**108422**	**443796**	**18436019**	**13751297**	**10639174**	**128722**
北　　京	774	5532	183053	307855	263337	177
天　　津	191	827	37045	20988	17104	478
河　　北	3179	11647	183079	120223	75864	286
山　　西	755	2421	65346	37663	19943	997
内 蒙 古	4741	12706	196593	193483	135404	1659
辽　　宁	4732	127414	234360	180886	107541	1976
其中：大连	94	208	3310	3621	1570	——
吉　　林	4240	10245	233991	175685	98204	2426
黑 龙 江	2455	485	——	11330	2833	——
上　　海	1014	54167	770964	1982752	1675533	18644
江　　苏	7281	18646	424923	281588	181855	1861
浙　　江	9669	30237	2277746	3145062	2465062	7713
其中：宁波	1031	2826	183430	77918	50171	1479
安　　徽	2080	5533	219234	123718	79510	4729
福　　建	3770	13535	121343	177543	109408	10063
其中：厦门	253	1068	12124	21889	14353	9603
江　　西	3143	6580	164529	108074	65173	548
山　　东	3299	9385	8411802	386401	150896	3423
其中：青岛	375	973	218022	265752	75373	2406
河　　南	2725	6257	153582	102014	62794	3224
湖　　北	5150	10790	131203	150087	80270	2550
湖　　南	1298	3854	126278	119872	76891	767
广　　东	9997	29428	692963	2827146	2461250	27292
其中：深圳	1347	7648	247670	1015032	932491	16167
广　　西	5054	10635	299928	912391	778935	5133
海　　南	894	4181	243135	231745	178850	6597
重 庆 市	3792	9705	593617	280651	198962	3970
四　　川	6110	16482	1033340	451939	332975	12920
贵　　州	2723	4417	92648	437315	361820	3468
云　　南	8810	18030	1093723	616768	454454	1837
西　　藏	594	1127	20808	52276	29689	240
陕　　西	1979	5341	137443	104915	57526	715
甘　　肃	1901	3749	111081	56883	33538	909
青　　海	1045	1985	38888	36628	21046	2690
宁　　夏	1041	2103	31642	24220	9647	160
新　　疆	3986	6352	111732	93196	52860	1270

经营单位基本情况

损益及分配（千元）									增加值（千元）	房屋建筑面积（千平方米）
从业人员劳动报酬	主营营业税金及附加	主营业务利润	其他业务利润	其他费用支出	其他费用支出：税金	其他收益	应交所得税	净利润		
1120961	**539669**	**2572454**	**151169**	**820006**	**56376**	**17138**	**238956**	**1681799**	**4440629**	**61818**
13840	3702	40816	15824	31294	961	223	8448	17121	75143	114
2509	792	3092	1575	3144	53	138	18	1643	8021	30
19424	8639	35720	584	2501	402	80	606	33277	64769	180
13124	2286	15434	472	2627	539	451	432	13298	31855	99
36682	10487	47592	94	653	124	26	236	46823	94979	265
13854	15844	57501	753	1285	131	333	1061	56241	88083	182
715	405	1646	——	52	2	——	——	1594	2768	2
31514	20390	57091	237	2894	72	255	674	54015	109304	223
——	1637	6860	——	1099	3	——	——	5761	8500	18
116572	17775	289444	25330	272391	2105	—22661	7129	12593	451226	123
54625	18485	81248	5252	13572	1433	1543	2982	71489	161043	413
124484	144540	535460	46175	132218	2932	15669	121594	343492	853591	937
11946	5043	22704	1525	4484	229	139	1404	18480	41447	128
29207	8430	35778	248	10882	429	136	1193	24087	74092	90
31140	15370	52765	2625	5327	654	1398	2584	48877	102554	196
6135	3573	3963	97	589	41	32	16	3487	13809	25
13547	6865	36036	1893	6577	1091	1009	1103	31258	59432	30164
72504	36872	198633	2250	16970	664	490	21150	163253	310923	284
52990	26448	163931	1792	15404	500	360	20710	129969	245661	39
11394	7333	31887	671	4012	186	444	1421	27569	51471	132
21996	15001	54816	1366	3616	659	681	1496	51751	93838	150
14994	4642	38339	2064	4007	1152	2262	2382	36276	61191	103
160065	68172	297724	25391	124323	35867	9885	24585	184092	587219	992
58024	17395	65146	18116	36468	1541	5892	8321	44365	160222	180
42133	14941	118515	4612	57328	630	96	21097	44798	180831	25505
20571	6396	46499	2415	21276	237	930	2607	25961	76118	121
40513	17649	64040	2209	9747	816	1186	2433	55255	125227	181
69985	24113	94851	2731	30730	2670	930	8861	58921	194350	427
45210	13354	62141	1146	23181	442	205	1277	39034	122293	102
66704	21127	141187	3912	27503	1633	1198	2151	116643	234563	338
338	3924	18663	75	4925	36	22	192	13643	23036	27
11736	12626	34763	431	1341	183	64	159	33758	59739	89
13320	5263	18082	184	1472	46	52	560	16286	36895	78
5057	3511	12071	146	970	126	65	183	11129	20911	54
9066	1617	12956	——	——	——	——	——	12956	23639	42
14853	7886	32450	504	2141	100	28	342	30499	55793	159

各地区文化市场其他文化

	机构数（个）	从业人员（人）	固定资产原价（千元）	主营业收入	主营营业成本及费用	
						上交管理费
总　计	**46322**	**186564**	**14872740**	**9828185**	**8008918**	**95149**
北　京	675	5060	169367	304236	260089	165
天　津	109	655	30782	14887	12352	458
河　北	1425	5769	84473	64477	42598	113
山　西	332	1025	27413	20704	11552	518
内蒙古	2586	7434	85999	117235	83347	976
辽　宁	3210	6369	151627	141343	89961	1465
其中:大连	51	145	1207	1816	926	——
吉　林	2316	5491	127151	102733	62055	1608
黑龙江	1930	485	——	11330	2833	——
上　海	694	52390	679070	1740965	1457319	18444
江　苏	2635	7555	248394	129111	90819	669
浙　江	2307	11258	1813486	1583285	1398569	3220
其中:宁波	275	1016	96460	45606	29940	291
安　徽	947	2799	189385	99536	66994	3743
福　建	1264	2900	39461	64784	37784	9681
其中:厦门	239	676	9691	19415	12191	9603
江　西	1425	3680	106943	67958	44320	297
山　东	1378	5004	8297377	311123	110371	2189
其中:青岛	118	331	198370	248371	66429	1882
河　南	1467	3674	111085	66038	42080	2357
湖　北	3377	7768	100754	116058	65065	1577
湖　南	835	3113	107263	98371	65320	71
广　东	3944	16781	425258	2563450	2285551	22429
其中:深圳	1200	7262	242595	1005325	924655	16112
广　西	1640	4586	230842	846577	740012	2944
海　南	200	1694	146746	171840	131690	5963
重庆市	1226	4651	414708	198990	147131	1886
四　川	2436	9484	854447	291021	237190	9948
贵　州	796	1475	46841	392271	342201	935
云　南	1744	2725	51988	37776	23919	280
西　藏	519	1002	19518	50107	28910	217
陕　西	768	3245	101244	75882	41934	547
甘　肃	1025	2496	91003	42869	28351	784
青　海	307	590	16791	19692	11796	586
宁　夏	452	1210	17112	16302	6359	20
新　疆	2353	4196	86212	67234	40446	1059

经营单位基本情况（城市）

损益及分配（千元）									增加值（千元）	房屋建筑面积（千平方米）
从业人员劳动报酬	主营营业税金及附加	主营业务利润	其他业务利润	其他费用支出	税金	其他收益	应交所得税	净利润		
696195	**290175**	**1529092**	**115500**	**691255**	**45211**	**-1906**	**126972**	**824459**	**2676173**	**33320**
12858	3314	40833	15327	30613	958	79	8359	17267	73290	93
2186	635	1900	1575	3085	53	138	6	522	6349	26
10732	4382	17497	74	801	78	1	188	16583	32763	100
7577	1383	7769	250	1340	504	——	158	6521	17483	32
18633	5412	28476	80	506	79	——	116	27934	52680	130
11421	13502	37880	631	1085	10	229	965	36690	63444	108
482	237	653	——	——	——	——	——	653	1372	2
15690	13032	27646	19	1321	71	——	294	26050	56458	104
——	1637	6860	——	1099	3	——	——	5761	8500	18
105809	16109	267537	24442	257000	1143	-22691	5957	6331	415040	79
22279	7513	30779	3165	7551	582	190	1638	24945	64318	172
66146	23760	160956	32363	95979	1397	6289	25010	78619	284622	371
6127	3299	12367	405	4007	189	133	1063	7835	22387	33
22882	6314	26228	135	10339	338	55	951	15128	55897	54
8513	10516	16484	1354	2534	199	863	1634	14533	37066	82
4171	3529	3695	97	587	21	32	16	3221	11513	25
8261	3903	19735	398	4781	955	156	320	15188	33252	30090
56905	31412	169340	260	12613	73	61	20222	136826	257990	162
41730	24944	156998	46	12135	10	7	20018	124898	223728	7
6758	4855	19103	331	3007	92	244	944	15727	31139	79
15482	12070	38923	250	1611	214	276	771	37067	66939	88
9941	3730	29321	1744	3836	1150	2155	2322	27062	45886	93
106753	49689	228210	22975	119865	34780	8370	23313	116377	442407	528
56800	16815	63855	17951	36003	1527	5785	8264	43324	156948	167
25513	9361	97204	4453	56587	477	81	20910	24241	137008	113
9821	3266	36884	898	16268	232	754	2350	19918	51101	67
20984	9568	42291	1759	7229	304	534	1000	36355	74906	99
50699	15908	37923	1154	23029	1052	97	7029	9116	106736	258
39132	8746	41324	752	19721	98	65	1047	21373	90052	35
4626	3746	10111	309	954	184	96	586	8976	18976	68
250	3659	17538	12	4764	3	1	92	12695	21462	24
9300	10571	23377	388	697	72	19	51	23036	43708	50
8137	3802	10716	13	1014	22	32	396	9351	22690	45
1999	2330	5566	12	92	11	——	73	5413	9918	17
7047	781	9162	——	——	——	——	——	9162	16990	20
9861	5269	21519	377	1934	77	——	270	19692	37103	115

各地区文化市场其他文化

	机构数（个）	从业人员（人）	固定资产原价（千元）	主营业收入	主营营业成本及费用	
						上交管理费
总　　计	**42190**	**212438**	**2653486**	**1895996**	**1221852**	**23908**
北　　京	63	317	13660	3571	3216	12
天　　津	41	83	3972	4235	3621	——
河　　北	1536	5044	84458	46723	27790	114
山　　西	391	1272	35650	16348	8097	454
内 蒙 古	1992	4902	105684	72555	49553	663
辽　　宁	1082	120294	65074	30237	13127	397
其中:大连	30	49	1854	1562	588	——
吉　　林	1406	3238	67592	56297	28168	329
黑 龙 江	503	——	——	——	——	——
上　　海	86	292	12594	6544	5127	52
江　　苏	2536	6579	127106	108073	67230	600
浙　　江	3712	11145	200695	237993	155137	2956
其中:宁波	340	1002	23630	18000	11581	1165
安　　徽	920	2264	25415	20355	10519	822
福　　建	1323	3237	41494	48840	34803	255
其中:厦门	2	32	240	230	180	——
江　　西	1409	2263	50631	34980	17748	184
山　　东	1788	4136	111517	72138	38928	1161
其中:青岛	247	618	19276	17093	8813	524
河　　南	1186	2431	40054	34263	19826	845
湖　　北	1468	2382	21834	28847	12974	862
湖　　南	399	677	18365	20365	11034	646
广　　东	2318	5169	54802	94936	60635	1676
其中:深圳	——	——	——	——	——	——
广　　西	2335	4298	52701	49649	29556	1503
海　　南	497	2207	92689	55811	44979	581
重 庆 市	1618	3578	149722	59722	37343	1488
四　　川	2933	5497	134480	133215	76944	2387
贵　　州	1633	2524	41254	40668	17877	2361
云　　南	4611	11688	993310	534999	405314	1106
西　　藏	75	125	1290	2169	779	23
陕　　西	1007	1715	32435	24649	14124	162
甘　　肃	730	1043	16899	11982	4473	107
青　　海	682	1308	21338	16150	9055	1851
宁　　夏	588	891	14525	7878	3283	140
新　　疆	1322	1839	22246	21804	10592	171

经营单位基本情况（县城）

损益及分配（千元）									增加值（千元）	房屋建筑面积（千平方米）
从业人员劳动报酬	主营营业税金及附加	主营业务利润	其他业务利润	其他费用支出	其他费用支出：税金	其他收益	应交所得税	净利润		
294349	**109539**	**564605**	**26257**	**76198**	**7604**	**14473**	**19659**	**509478**	**1002354**	**27376**
971	385	－30	495	677	2	144	88	－156	1823	15
237	72	542	——	41	——	——	9	492	851	2
7215	3585	15348	352	1388	273	76	358	14030	26773	71
5358	849	7402	211	1229	20	446	249	6581	13840	65
16251	4852	18150	8	146	42	26	117	17921	39303	126
1406	1798	15312	68	143	87	68	63	15242	18671	58
188	144	830	——	43	2	——	——	787	1164	——
11288	5611	22518	218	1156	1	255	200	21635	39636	75
——	——	——	——	——	——	——	——	——	——	——
642	336	1081	——	442	2	——	11	628	2061	13
19678	7153	33690	1052	4227	483	721	876	30360	62056	159
34563	15408	67448	10211	11087	878	7719	9038	65253	128508	299
3732	1272	5147	1109	401	40	——	318	5537	11300	38
4989	1807	8029	103	481	34	80	241	7490	14962	31
9553	2758	11279	592	1345	57	65	398	10193	24239	57
150	12	38	——	2	2	——	——	36	202	——
4548	2592	14640	1175	1570	113	630	701	14174	23068	53
15239	5269	27941	1969	4197	578	401	902	25212	50996	117
11214	1477	6803	1731	3257	477	326	676	4927	21702	32
4433	2342	12095	316	877	88	200	465	11269	19274	50
5271	2398	13475	734	1521	377	267	540	12415	22255	52
4903	895	8436	320	167	2	107	60	8636	14556	10
19027	6215	28086	1113	1302	691	706	413	28190	55132	150
——	——	——	——	——	——	——	——	——	——	——
11650	3956	16137	133	611	126	12	155	15516	32002	25355
9998	2836	7996	1517	4994	5	174	233	4460	22352	47
12601	6470	15909	386	2225	360	547	1264	13353	35726	59
15268	7037	49234	1327	6567	1509	769	1586	43177	74375	114
5295	4210	18581	377	3371	344	140	223	15504	28807	58
57580	13558	116127	3055	24383	1255	751	970	94580	191575	185
88	265	1125	63	161	33	21	100	948	1574	3
2142	1377	9148	43	467	107	45	90	8679	12817	34
4817	1267	6242	169	443	20	20	157	5831	12515	27
2943	1097	5998	123	797	94	55	100	5279	10255	34
1984	836	3759	——	——	——	——	——	3759	6579	22
4411	2305	8907	127	183	23	28	52	8827	15773	35

各地区文化市场其他文化

	机构数（个）	从业人员（人）	固定资产原价（千元）	主营业收入	主营营业成本及费用	
						上交管理费
总　计	**19910**	**44794**	**909793**	**2027116**	**1408404**	**9665**
北　京	36	155	26	48	32	——
天　津	41	89	2291	1866	1131	20
河　北	218	834	14148	9023	5476	59
山　西	32	124	2283	611	294	25
内蒙古	163	370	4910	3693	2504	19
辽　宁	440	751	17659	9306	4453	115
其中：大连	13	14	249	243	56	——
吉　林	518	1516	39248	16655	7981	489
黑龙江	22	——	——	——	——	——
上　海	234	1485	79300	235243	213087	148
江　苏	2110	4512	49423	44404	23806	592
浙　江	3650	7834	263565	1323784	911356	1538
其中：宁波	416	808	63340	14312	8650	23
安　徽	213	470	4434	3827	1997	165
福　建	1183	7398	40388	63919	36821	127
其中：厦门	12	360	2193	2244	1982	——
江　西	309	637	6955	5136	3105	67
山　东	133	245	2908	3140	1597	73
其中：青岛	10	24	376	288	131	——
河　南	72	152	2443	1713	888	22
湖　北	305	640	8615	5182	2231	112
湖　南	64	64	650	1136	537	50
广　东	3735	7478	212903	168760	115064	3187
其中：深圳	147	386	5075	9707	7836	55
广　西	1079	1751	16385	16165	9367	686
海　南	197	280	3700	4094	2181	52
重庆市	948	1476	29187	21939	14488	595
四　川	741	1501	44413	27703	18841	585
贵　州	294	418	4553	4376	1742	172
云　南	2455	3617	48425	43993	25221	450
西　藏	——	——	——	——	——	——
陕　西	204	381	3764	4384	1468	6
甘　肃	146	210	3179	2032	714	18
青　海	56	87	759	786	195	253
宁　夏	1	2	5	40	5	——
新　疆	311	317	3274	4158	1822	40

经营单位基本情况(县以下)

损益及分配(千元)									增加值(千元)	房屋建筑面积(千平方米)
从业人员劳动报酬	主营营业税金及附加	主营业务利润	其他业务利润	其他费用支出	税金	其他收益	应交所得税	净利润		
130417	**139955**	**478757**	**9412**	**52553**	**3561**	**4571**	**92325**	**347862**	**762102**	**1123**
11	3	13	2	4	1	——	1	10	30	5
86	85	650	——	18	——	——	3	629	821	2
1477	672	2875	158	312	51	3	60	2664	5233	9
189	54	263	11	58	15	5	25	196	532	2
1798	223	966	6	1	3	——	3	968	2996	9
1027	544	4309	54	57	34	36	33	4309	5968	16
45	24	163	——	9	——	——	——	154	232	——
4536	1747	6927	——	417	——	——	180	6330	13210	44
——	——	——	——	——	——	——	——	——	——	——
10121	1330	20826	888	14949	960	30	1161	5634	34125	31
12668	3819	16779	1035	1794	368	632	468	16184	34669	82
23775	105372	307056	3601	25152	657	1661	87546	199620	440461	267
2087	472	5190	11	76	——	6	23	5108	7760	58
1336	309	1521	10	62	57	1	1	1469	3233	5
13074	2096	25002	679	1448	398	470	552	24151	41249	57
1814	32	230	——	——	18	——	——	230	2094	——
738	370	1661	320	226	23	223	82	1896	3112	21
360	191	1352	21	160	13	28	26	1215	1937	5
46	27	130	15	12	13	27	16	144	231	——
203	136	689	24	128	6	——	12	573	1058	3
1243	533	2418	382	484	68	138	185	2269	4644	10
150	17	582	——	4	——	——	——	578	749	1
34285	12268	41428	1303	3156	396	809	859	39525	89680	314
1224	580	1291	165	465	14	107	57	1041	3274	14
4970	1624	5174	26	130	27	3	32	5041	11821	38
752	294	1619	——	14	——	2	24	1583	2665	7
6928	1611	5840	64	293	152	105	169	5547	14595	24
4018	1168	7694	250	1134	109	64	246	6628	13239	55
783	398	2236	17	89	——	——	7	2157	3434	9
4498	3823	14949	548	2166	194	351	595	13087	24012	85
——	——	——	——	——	——	——	——	——	——	——
294	678	2238	——	177	4	——	18	2043	3214	6
366	194	1124	2	15	4	——	7	1104	1690	6
115	84	507	11	81	21	10	10	437	738	2
35	——	35	——	——	——	——	——	35	70	——
581	312	2024	——	24	——	——	20	1980	2917	8

各地区文化艺术经纪

	机构数（个）	从业人员（人）	固定资产原价（千元）	主营业收入	主营营业成本及费用	
						上交管理费
总　　计	**379**	**4347**	**710763**	**253992**	**223564**	**1579**
北　　京	——	——	——	——	——	——
天　　津	——	——	——	——	——	——
河　　北	14	314	1581	2680	1742	2
山　　西	——	——	——	——	——	——
内 蒙 古	21	184	5273	3147	2943	3
辽　　宁	27	59	2225	2527	2000	——
其中：大连	1	6	157	210	200	——
吉　　林	26	215	4496	1423	801	4
黑 龙 江	——	——	——	——	——	——
上　　海	61	687	33511	131141	123155	974
江　　苏	——	——	——	——	——	——
浙　　江	69	888	611831	20705	16823	159
其中：宁波	——	——	——	——	——	——
安　　徽	1	15	——	——	——	——
福　　建	1	5	——	——	——	——
其中：厦门	——	——	——	——	——	——
江　　西	15	143	4800	4397	2517	——
山　　东	3	14	53	30	——	——
其中：青岛	——	——	——	——	——	——
河　　南	1	2	100	40	36	——
湖　　北	20	250	1485	1654	1378	7
湖　　南	2	17	860	890	408	100
广　　东	20	155	2093	18076	15708	——
其中：深圳	——	——	——	——	——	——
广　　西	12	404	6688	4945	4023	74
海　　南	——	——	——	——	——	——
重 庆 市	23	282	10634	40940	34254	104
四　　川	16	111	5102	11636	10768	26
贵　　州	3	29	90	478	418	34
云　　南	11	63	1181	283	110	8
西　　藏	1	1	5	5	——	——
陕　　西	6	48	9680	230	395	20
甘　　肃	5	36	1349	826	624	——
青　　海	——	——	——	——	——	——
宁　　夏	15	362	6280	5560	3130	——
新　　疆	6	63	1446	2379	2331	64

与代理业基本情况

损益及分配（千元）									增加值（千元）	房屋建筑面积（千平方米）
从业人员劳动报酬	主营营业税金及附加	主营业务利润	其他业务利润	其他费用支出	其他费用支出：税金	其他收益	应交所得税	净利润		
18778	**9208**	**21220**	**1051**	**12833**	**624**	**450**	**1625**	**8263**	**50881**	**72**
——	——	——	——	——	——	——	——	——	——	——
——	——	——	——	——	——	——	——	——	——	——
763	174	764	——	6	2	——	——	758	1703	1
——	——	——	——	——	——	——	——	——	——	——
758	166	38	——	14	——	——	——	24	962	10
473	114	413	——	——	——	——	——	413	1000	2
69	12	−2	——	——	——	——	——	−2	79	——
691	68	554	3	2	——	3	1	557	1316	10
——	——	——	——	——	——	——	——	——	——	——
4689	4174	3812	288	6306	110	−151	817	−3174	13073	2
——	——	——	——	——	——	——	——	——	——	——
3337	772	3110	461	646	3	232	124	3033	7683	16
——	——	——	——	——	——	——	——	——	——	——
——	——	——	——	——	——	——	——	——	——	——
——	——	——	——	——	——	——	——	——	——	——
——	——	——	——	——	——	——	——	——	——	——
1163	540	1340	——	778	383	——	——	562	3426	1
——	3	27	——	——	——	——	——	27	30	——
——	——	——	——	——	——	——	——	——	——	——
——	1	3	——	——	——	——	——	3	4	——
670	44	232	20	4	3	——	3	245	969	3
134	80	402	——	24	——	——	——	378	616	——
709	763	1605	23	379	15	174	456	967	3115	2
——	——	——	——	——	——	——	——	——	——	——
902	296	626	——	938	——	6	——	−306	1824	12
——	——	——	——	——	——	——	——	——	——	——
1449	1194	5492	148	2722	30	178	204	2892	8313	4
803	110	758	80	745	25	8	14	87	1776	1
27	21	39	——	——	——	——	——	39	87	——
118	45	128	16	15	51	——	——	129	358	2
——	3	2	——	——	——	——	1	1	5	——
105	45	−210	——	——	——	——	——	−210	−60	1
107	40	162	——	220	——	——	3	−61	309	——
——	——	——	——	——	——	——	——	——	——	——
1285	395	2035	——	——	——	——	——	2035	3715	4
595	160	−112	12	34	2	——	2	−136	657	1

各地区音像制品

	机构数（个）	从业人员（人）	固定资产原价（千元）	主营业收入	主营营业成本及费用	
						上交管理费
总　　计	**43237**	**155098**	**11530584**	**7660701**	**6265467**	**54019**
北　　京	557	3628	95558	236680	210978	141
天　　津	97	246	10561	7584	5368	39
河　　北	2762	8718	140049	95841	57278	267
山　　西	328	769	21875	11059	4880	499
内 蒙 古	886	2435	20971	24745	16518	322
辽　　宁	1331	2296	66489	83097	51373	530
其中:大连	42	82	2191	2197	976	——
吉　　林	1036	1884	31840	36516	23088	44
黑 龙 江	451	177	——	5410	866	——
上　　海	827	53031	720067	1813932	1519212	17340
江　　苏	2584	6950	145653	141660	95979	640
浙　　江	4204	12608	777420	1508341	1337963	3207
其中:宁波	542	1089	95072	43255	28738	1202
安　　徽	1029	2033	33189	34085	20096	825
福　　建	1787	3259	37690	56243	33055	9716
其中:厦门	197	549	8621	18351	11252	9603
江　　西	799	1783	69336	42823	29281	84
山　　东	1985	5436	8215692	229483	93939	2723
其中:青岛	291	724	123387	159311	47695	2299
河　　南	1318	3218	95933	56565	36604	1799
湖　　北	1437	4231	65659	79318	46961	793
湖　　南	519	1454	73946	48740	30359	229
广　　东	6876	17989	235750	1590853	1354965	9402
其中:深圳	242	1616	19270	22155	17043	907
广　　西	2163	4387	176738	813420	713582	1336
海　　南	489	1040	18057	44432	34338	214
重 庆 市	485	1765	125270	73964	63006	571
四　　川	1223	2324	47204	48683	27573	851
贵　　州	442	674	31533	377325	334674	577
云　　南	3702	5294	70691	61717	35332	563
西　　藏	33	55	779	3478	2504	1
陕　　西	1081	2358	65718	59761	39832	498
甘　　肃	1181	2489	78360	34934	22218	227
青　　海	194	454	12288	11967	9299	295
宁　　夏	278	462	6321	4847	1693	49
新　　疆	1153	1651	39947	23198	12653	237

批发、零售基本情况

损益及分配（千元）									增加值（千元）	房屋建筑面积（千平方米）
从业人员劳动报酬	主营营业税金及附加	主营业务利润	其他业务利润	其他费用支出	其他费用支出：税金	其他收益	应交所得税	净利润		
490544	**194414**	**1200820**	**82488**	**545444**	**41986**	**－13139**	**90524**	**634201**	**2010252**	**27594**
8683	1515	24187	3647	15083	615	－169	2937	9645	38647	57
1039	531	1685	——	59	1	——	14	1612	3256	5
11650	6760	31803	498	2085	396	73	507	29782	51107	127
932	824	5355	151	761	5	156	124	4777	7267	15
4531	1621	6606	4	145	49	——	49	6416	12811	27
4939	10174	21550	318	678	27	168	937	20421	37008	52
342	234	987	——	29	2	——	——	958	1565	1
4365	2684	10744	19	226	2	——	85	10452	17814	25
——	735	3809	——	561	——	——	——	3248	4544	7
109611	13293	281427	24826	263480	1095	－22536	5835	14402	430252	114
18892	8339	37342	1830	7188	729	523	1317	31190	67132	149
58865	25299	145079	30957	63655	1277	1744	23000	91125	261477	306
6324	2270	12247	1206	3573	210	98	224	9754	22257	35
4863	2079	11910	120	1388	38	91	594	10139	19010	33
8161	6940	16248	858	1378	322	424	529	15623	32529	78
4017	3449	3650	92	580	21	32	16	3178	11229	22
4890	2288	11254	667	2095	295	389	208	10007	19394	30
42104	20936	114608	2000	8732	591	421	12997	95300	180239	164
34379	16719	94897	1722	7449	480	336	12685	76821	148197	14
6102	3621	16340	281	2534	82	149	486	13750	26426	60
9266	8955	23402	408	1204	147	133	540	22199	42178	50
6296	1303	17078	1916	3856	1130	1004	798	15344	27723	32
79118	39461	196427	6069	87178	33732	3473	10588	108203	354807	539
3733	1143	3969	172	2046	38	176	180	2091	9055	50
22965	5496	94342	4322	52455	360	184	20174	26219	127485	25364
2306	2659	7435	352	2222	31	20	143	5442	12783	28
7351	3366	7592	918	3182	226	221	440	5109	19453	31
8356	2334	18776	691	1337	147	121	6405	11846	30304	37
37397	6996	35655	728	19374	141	25	763	16271	80917	14
8158	6046	20339	632	1794	376	200	535	18842	35551	107
30	189	785	——	117	3	——	13	655	1007	1
3831	4517	15412	242	889	132	13	105	14673	24134	49
10282	2571	10145	4	692	22	22	241	9238	23024	42
1443	763	1905	11	176	9	1	74	1667	4131	10
1496	407	2747	——	——	——	——	——	2747	4650	11
2622	1712	8833	19	920	6	11	86	7857	13192	30

各地区录像

	机构数（个）	从业人员（人）	固定资产原价（千元）	主营业收入	主营营业成本及费用	
						上交管理费
总计	**6585**	**17074**	**573968**	**283559**	**157074**	**3988**
北京	30	105	65	91	16	——
天津	14	113	3785	720	1985	——
河北	50	568	2690	967	374	——
山西	47	124	3290	657	269	19
内蒙古	487	815	9057	10398	6478	168
辽宁	45	162	15820	4072	2216	55
其中：大连	3	9	60	90	40	——
吉林	102	235	6632	4823	2522	10
黑龙江	134	63	——	1180	181	——
上海	——	——	——	——	——	——
江苏	352	1399	76376	7880	5394	90
浙江	586	1651	39623	24667	12912	497
其中：宁波	83	212	14248	5879	2174	142
安徽	108	393	34214	4064	2426	84
福建	248	568	9408	6821	3442	38
其中：厦门	——	——	——	——	——	——
江西	224	691	11995	8873	5769	52
山东	246	884	83620	43671	14591	88
其中：青岛	46	117	70813	39296	12690	83
河南	104	334	7543	4719	1927	113
湖北	2	7	——	71	9	6
湖南	152	866	25425	41105	28027	2
广东	1179	3277	183707	68738	44138	1078
其中：深圳	32	70	1400	4101	3408	46
广西	253	857	14489	8346	5441	205
海南	7	17	250	234	108	——
重庆市	30	106	2143	1109	568	16
四川	149	269	6534	6299	3214	131
贵州	239	428	7068	6459	3254	221
云南	1028	1930	18971	14946	6128	154
西藏	62	94	573	2007	956	3
陕西	67	198	1602	1566	1113	1
甘肃	66	112	1965	1155	443	23
青海	168	239	1585	2303	765	871
宁夏	99	166	2086	1368	523	6
新疆	307	403	3452	4250	1885	57

放　映　业　基　本　情　况

损益及分配（千元）									增加值（千元）	房屋建筑面积（千平方米）
从业人员劳动报酬	主营营业税金及附加	主营业务利润	其他业务利润	其他费用支出	税金	其他收益	应交所得税	净利润		
58540	**21735**	**104750**	**3815**	**10464**	**1278**	**2019**	**6798**	**93322**	**190118**	**707**
54	6	69	——	19	6	——	3	47	135	4
724	109	－1374	1575	788	29	9	——	－578	1063	4
289	149	444	82	153	1	6	16	363	965	8
91	52	336	——	85	——	——	10	241	479	5
1859	620	3300	34	16	18	12	13	3317	5831	34
351	354	1502	4	20	1	3	2	1487	2212	13
32	6	44	——	——	——	——	——	44	82	——
838	708	1593	——	25	30	——	——	1568	3169	7
——	112	887	——	120	——	——	——	767	999	2
——	——	——	——	——	——	——	——	——	——	——
2229	435	2051	94	687	32	18	61	1415	4841	52
4703	2561	9194	787	782	179	579	1352	8426	17424	61
603	1253	2452	82	154	2	1	633	1748	4392	12
576	232	1406	10	109	50	20	114	1213	2274	11
1467	710	2669	137	163	128	140	139	2644	5111	21
——	——	——	——	——	——	——	——	——	——	——
917	610	2494	172	383	22	82	69	2296	4215	23
18462	2488	26592	53	3088	8	22	3048	20531	47603	29
18015	2110	24496	16	3021	1	10	3010	18491	44638	3
863	254	2538	59	229	16	79	74	2373	3730	11
34	10	52	——	33	——	——	——	19	96	——
2028	1760	11318	94	63	16	601	1006	10944	15216	26
14996	5948	18652	280	1050	488	254	294	17842	40364	236
227	256	437	1	77	17	——	7	354	938	7
2206	719	2186	142	233	57	——	3	2092	5310	33
——	21	105	——	10	——	——	——	95	126	1
317	143	398	——	14	——	——	4	380	858	3
96	257	2828	21	220	17	46	99	2576	3219	7
1070	610	2595	36	167	5	10	52	2422	4316	16
1852	1563	7255	195	1479	115	80	371	5680	10980	56
10	208	843	——	130	15	——	30	683	1076	2
553	124	329	——	61	——	30	1	297	1006	5
162	161	551	4	16	2	7	10	536	880	6
564	226	1312	22	139	38	18	24	1189	2162	9
365	165	680	——	——	——	——	——	680	1210	6
864	420	1945	14	182	5	3	3	1777	3248	16

各 地 区 录 像 带

	机构数（个）	从业人员（人）	固定资产原价（千元）	主营业收入	主营营业成本及费用	
						上交管理费
总　计	**37784**	**177088**	**1102565**	**974383**	**531723**	**23311**
北　京	——	——	——	——	——	——
天　津	33	128	1685	1404	1152	——
河　北	62	188	3549	1633	838	9
山　西	341	611	16221	14085	5915	463
内蒙古	1102	1552	15089	17205	10373	265
辽　宁	2645	123100	92474	61716	33005	1241
其中：大连	45	61	802	1034	312	——
吉　林	1938	2629	45824	39281	18233	300
黑龙江	1302	156	——	4740	1786	——
上　海	123	431	17201	37569	33041	329
江　苏	3775	7155	105081	89761	52043	652
浙　江	2918	4168	153932	73403	39508	1085
其中：宁波	304	439	10276	7932	4724	53
安　徽	664	1024	41386	32755	22317	2492
福　建	895	1355	11950	17185	10430	157
其中：厦门	17	41	965	812	542	——
江　西	1621	2768	61310	40778	22723	386
山　东	338	662	33895	74668	18869	222
其中：青岛	27	51	23037	64274	13773	16
河　南	1225	2304	45167	34540	20050	1239
湖　北	3351	5336	47174	58289	26925	1350
湖　南	450	810	11830	15387	8729	402
广　东	734	1456	22036	27103	17654	1491
其中：深圳	——	——	——	——	——	——
广　西	2441	4154	58973	64451	42603	3129
海　南	140	185	2351	3090	1807	34
重庆市	2977	4942	103247	78622	47871	2715
四　川	2746	3940	116068	63826	38383	1899
贵　州	1503	1924	26630	31090	14359	2010
云　南	1362	1889	14541	18403	8082	176
西　藏	329	513	2956	21522	10770	30
陕　西	638	1117	18140	14556	6698	110
甘　肃	520	760	15921	12748	6413	406
青　海	427	448	6385	7723	3891	468
宁　夏	268	414	2487	4630	1326	39
新　疆	916	969	9062	12220	5929	212

出　租　基　本　情　况

损益及分配（千元）									增加值（千元）	房屋建筑面积（千平方米）
从业人员劳动报酬	主营营业税金及附加	主营业务利润	其他业务利润	其他费用支出	其他费用支出：税金	其他收益	应交所得税	净利润		
171395	**84872**	**357788**	**7165**	**26246**	**3939**	**4683**	**13419**	**329971**	**625159**	**31083**
——	——	——	——	——	——	——	——	——	——	——
150	49	203	——	——	——	——	——	203	402	5
317	79	716	4	21	3	1	10	690	1119	2
6367	1116	7054	61	497	34	42	158	6502	14632	10
4180	1330	5502	14	89	47	14	52	5389	11073	38
5709	4355	24356	337	431	103	92	109	24245	34860	71
214	127	595	——	23	——	——	——	572	936	——
8550	5689	15359	123	299	39	176	45	15314	29760	52
——	790	2164	——	418	3	——	——	1746	2957	8
2265	307	4221	216	2605	900	26	477	1381	7909	6
24624	7566	30152	1113	1571	474	788	828	29654	63929	129
11887	5180	28715	955	1819	193	482	822	27511	46930	101
757	329	2879	41	182	——	——	41	2697	4006	11
14106	2669	7769	28	115	2	——	259	7423	24574	13
3199	1514	5241	62	113	18	32	45	5177	10034	27
154	67	203	——	——	——	——	——	203	424	1
4648	2577	15478	710	2887	347	369	571	13099	23760	30072
1265	8781	47018	79	3116	5	24	5062	38943	57148	14
95	7424	43077	14	3014	2	14	5014	35077	50612	1
4084	2871	11619	284	1171	88	190	738	10184	18946	49
10446	5208	26156	479	1475	340	421	697	24884	42629	78
3942	763	5895	38	2	——	562	433	6060	10638	9
6022	2140	7309	276	554	120	265	207	7089	15867	29
——	——	——	——	——	——	——	——	——	——	——
13669	6601	15247	148	1364	158	21	150	13902	35823	64
482	172	1111	——	44	——	——	32	1035	1765	5
19609	7312	23439	693	2029	346	585	869	21819	51399	77
10674	3894	21549	594	1258	342	187	632	20440	37053	66
3233	4128	12603	222	748	251	108	294	11891	20437	43
1785	1829	8492	507	911	63	250	537	7801	12676	32
70	1582	9170	72	2243	10	——	25	6974	10904	13
2831	1734	6124	9	144	3	1	11	5979	10701	17
1637	1583	4752	35	99	12	1	267	4422	8019	16
1162	1701	2131	59	195	38	46	74	1967	5091	10
2755	207	3097	——	——	——	——	——	3097	6059	8
1727	1145	5146	47	28	——	——	15	5150	8065	19

各 地 区 画 店 、

	机构数（个）	从业人员（人）	固定资产原价（千元）	主营业收入	主营营业成本及费用	
						上交管理费
总　　计	**1464**	**7108**	**451250**	**303073**	**210118**	**1470**
北　　京	152	1578	69167	63316	46883	36
天　　津	21	99	111	449	311	——
河　　北	12	26	218	453	225	4
山　　西	——	——	——	——	——	——
内 蒙 古	1	4	——	——	——	——
辽　　宁	50	131	2682	2439	1966	20
其中：大连	——	——	——	——	——	——
吉　　林	2	5	43	88	23	1
黑 龙 江	5	——	——	——	——	——
上　　海	——	——	——	——	——	——
江　　苏	283	1264	8235	6282	3701	24
浙　　江	135	542	10410	112927	80052	1042
其中：宁波	7	24	1505	217	174	——
安　　徽	10	11	279	21	16	3
福　　建	35	100	604	1212	935	——
其中：厦门	21	69	125	250	404	——
江　　西	20	29	444	378	174	3
山　　东	314	727	19889	15734	11922	38
其中：青岛	——	——	——	——	——	——
河　　南	27	64	1067	1787	1216	9
湖　　北	38	82	3566	891	419	44
湖　　南	5	281	3927	3000	2453	——
广　　东	50	246	3058	15998	14058	53
其中：深圳	13	165	2266	15272	13367	12
广　　西	96	265	3650	4198	2103	107
海　　南	——	——	——	——	——	——
重 庆 市	17	1174	315379	67606	41114	1
四　　川	27	124	130	222	110	11
贵　　州	24	64	2069	1517	158	38
云　　南	23	33	295	245	107	——
西　　藏	1	3	5	79	24	——
陕　　西	18	44	710	324	200	——
甘　　肃	67	145	3493	2929	1534	34
青　　海	11	16	86	69	9	——
宁　　夏	14	44	1628	805	365	——
新　　疆	6	7	105	104	40	2

画　廊　基　本　情　况

损益及分配（千元）									增加值（千元）	房屋建筑面积（千平方米）
从业人员劳动报酬	主营营业税金及附加	主营业务利润	其他业务利润	其他费用支出	其他费用支出：税金	其他收益	应交所得税	净利润		
35114	**14494**	**78461**	**18476**	**20660**	**790**	**−157**	**6731**	**69389**	**147335**	**187**
5005	1377	15056	17103	15972	340	392	5507	11072	38881	50
18	33	105	——	4	——	——	4	97	156	4
131	23	205	——	33	——	——	13	159	359	——
——	——	——	——	——	——	——	——	——	——	——
——	——	——	——	——	——	——	——	——	——	——
105	53	420	——	20	——	——	——	400	578	2
——	——	——	——	——	——	——	——	——	——	——
12	11	54	——	——	——	——	——	54	77	——
——	——	——	——	——	——	——	——	——	——	——
——	——	——	——	——	——	——	——	——	——	——
1515	679	1902	61	115	14	10	20	1838	4171	20
2578	1368	31507	949	1964	266	−632	937	28923	36668	16
53	20	23	2	3	——	——	——	22	98	3
12	3	2	——	——	——	——	——	2	17	——
97	138	139	5	68	——	——	15	61	379	2
——	11	−165	5	5	——	——	——	−165	−149	1
33	27	177	5	28	5	4	5	153	247	——
8037	2974	838	——	2	——	——	40	796	11849	13
——	——	——	——	——	——	——	——	——	——	——
138	115	456	47	54	——	26	41	434	756	1
57	142	330	38	73	6	17	8	304	573	4
80	270	277	——	50	——	——	——	227	627	4
6856	1657	283	213	682	96	3	31	−214	9105	13
6702	1602	303	——	425	82	——	25	−147	8689	8
809	971	1124	——	113	50	——	50	961	2954	6
——	——	——	——	——	——	——	——	——	——	——
8458	4045	22447	——	1171	——	——	——	21276	34950	40
42	47	65	9	7	——	2	6	63	163	3
114	63	1296	——	16	——	——	4	1276	1473	2
60	22	116	8	22	1	9	3	108	207	1
——	8	47	——	9	——	——	——	38	55	——
117	22	102	20	44	10	10	10	78	271	1
504	366	1029	18	207	——	2	36	806	1917	4
45	6	54	——	6	2	——	1	47	107	——
278	65	375	——	——	——	——	——	375	718	1
13	9	55	——	——	——	——	——	55	77	——

各 地 区 美 术

	机构数（个）	从业人员（人）	固定资产原价（千元）	主营业收入	主营营业成本及费用	
						上交管理费
总计	**285**	**1140**	**13559**	**12213**	**7304**	**159**
北京	——	——	——	——	——	——
天津	——	——	——	——	——	——
河北	10	139	350	129	61	2
山西	——	——	——	——	——	——
内蒙古	38	362	563	529	366	12
辽宁	29	97	2620	1885	1407	——
其中：大连	——	——	——	——	——	——
吉林	——	——	——	——	——	——
黑龙江	39	89	——	——	——	——
上海	——	——	——	——	——	——
江苏	11	35	280	434	232	1
浙江	9	47	995	1839	928	113
其中：宁波	2	6	120	95	69	——
安徽	1	1	100	22	——	——
福建	2	4	45	42	20	——
其中：厦门	——	——	——	——	——	——
江西	9	15	406	308	112	——
山东	33	103	494	1675	1468	——
其中：青岛	1	10	——	——	——	——
河南	——	——	——	——	——	——
湖北	2	5	101	10	5	——
湖南	8	27	5331	1734	831	——
广东	10	23	296	523	314	——
其中：深圳	——	——	——	——	——	——
广西	——	——	——	——	——	——
海南	1	2	——	22	8	——
重庆市	1	2	——	——	——	——
四川	22	39	160	260	170	10
贵州	6	15	360	245	90	3
云南	28	60	654	983	432	11
西藏	1	2	2	78	20	——
陕西	11	50	570	1100	569	——
甘肃	1	1	13	10	1	——
青海	——	——	——	——	——	——
宁夏	——	——	——	——	——	——
新疆	13	22	219	385	270	7

公　司　基　本　情　况

损益及分配（千元）									增加值（千元）	房屋建筑面积（千平方米）
从业人员劳动报酬	主营营业税金及附加	主营业务利润	其他业务利润	其他费用支出	其他费用支出：税金	其他收益	应交所得税	净利润		
2461	**1077**	**3832**	**237**	**557**	**48**	**13**	**185**	**3340**	**7655**	**13**
——	——	——	——	——	——	——	——	——	——	——
——	——	——	——	——	——	——	——	——	——	——
29	4	64	——	——	——	——	——	64	97	1
——	——	——	——	——	——	——	——	——	——	——
249	37	126	——	——	——	——	——	126	412	1
39	55	423	——	80	——	——	——	343	517	1
——	——	——	——	——	——	——	——	——	——	——
——	——	——	——	——	——	——	——	——	——	——
——	——	——	——	——	——	——	——	——	——	1
——	——	——	——	——	——	——	——	——	——	——
129	60	142	36	23	6	——	6	149	373	1
292	330	581	200	101	12	11	100	591	1415	1
——	10	16	——	——	——	——	——	16	26	——
42	97	−75	——	——	——	——	22	−97	64	——
——	14	8	1	2	——	2	1	8	23	——
——	——	——	——	——	——	——	——	——	——	——
——	6	190	——	35	——	——	35	120	196	——
83	73	134	——	——	——	——	——	134	290	3
——	——	——	——	——	——	——	——	——	——	1
——	——	——	——	——	——	——	——	——	——	——
4	2	3	——	1	——	——	——	2	9	——
867	36	867	——	——	——	——	——	867	1770	1
204	22	187	——	98	10	——	6	83	423	1
——	——	——	——	——	——	——	——	——	——	——
——	——	——	——	——	——	——	——	——	——	——
——	2	12	——	——	——	——	——	12	14	——
——	——	——	——	——	——	——	——	——	——	——
80	40	50	——	10	10	——	15	25	180	——
56	9	146	——	92	——	——	——	54	211	——
253	149	402	——	21	10	——	——	381	814	1
——	7	51	——	26	——	——	——	25	58	——
87	93	438	——	68	——	——	——	370	618	1
——	1	8	——	——	——	——	——	8	9	——
——	——	——	——	——	——	——	——	——	——	——
——	——	——	——	——	——	——	——	——	——	——
47	40	75	——	——	——	——	——	75	162	——

各地区艺术品拍

	机构数（个）	从业人员（人）	固定资产原价（千元）	主营业收入	主营营业成本及费用	上交管理费
总计	**92**	**848**	**60801**	**155430**	**130652**	**635**
北京	——	——	——	——	——	——
天津	——	——	——	——	——	——
河北	——	——	——	——	——	——
山西	——	——	——	——	——	——
内蒙古	3	19	690	428	322	4
辽宁	2	14	500	300	300	——
其中：大连	——	——	——	——	——	——
吉林	——	——	——	——	——	——
黑龙江	——	——	——	——	——	——
上海	——	——	——	——	——	——
江苏	3	36	——	——	——	——
浙江	2	11	125	520	195	——
其中：宁波	——	——	——	——	——	——
安徽	1	18	——	700	418	——
福建	9	103	153	1070	866	——
其中：厦门	——	——	——	——	——	——
江西	1	2	50	——	——	——
山东	4	28	6	104	83	——
其中：青岛	——	——	——	——	——	——
河南	——	——	——	——	——	——
湖北	1	6	——	——	——	——
湖南	——	——	——	——	——	——
广东	20	301	16379	130624	114278	——
其中：深圳	——	——	——	——	——	——
广西	3	37	23766	10912	7316	180
海南	7	36	1183	1873	1444	23
重庆市	8	101	12467	6071	3448	337
四川	10	7	412	346	188	1
贵州	2	——	7	32	15	——
云南	3	4	33	115	79	——
西藏	1	2	80	98	70	——
陕西	7	88	3920	1960	1282	——
甘肃	3	26	1030	277	348	90
青海	——	——	——	——	——	——
宁夏	2	9	——	——	——	——
新疆	——	——	——	——	——	——

卖 公 司 基 本 情 况

损益及分配（千元）									增加值（千元）	房屋建筑面积（千平方米）
从业人员劳动报酬	主营营业税金及附加	主营业务利润	其他业务利润	其他费用支出	其他费用支出：税金	其他收益	应交所得税	净利润		
5590	**5057**	**19721**	**607**	**3119**	**30**	**−54**	**6441**	**10714**	**31005**	**28**
——	——	——	——	——	——	——	——	——	——	——
——	——	——	——	——	——	——	——	——	——	——
——	——	——	——	——	——	——	——	——	——	——
——	——	——	——	——	——	——	——	——	——	——
69	6	100	——	9	——	——	2	89	175	1
——	——	——	——	——	——	——	——	——	——	——
——	——	——	——	——	——	——	——	——	——	——
——	——	——	——	——	——	——	——	——	——	——
——	——	——	——	——	——	——	——	——	——	——
——	——	——	——	——	——	——	——	——	——	——
——	——	——	——	——	——	——	——	——	——	1
——	27	298	——	——	——	——	84	214	325	——
——	——	——	——	——	——	——	——	——	——	——
265	41	241	——	——	——	——	——	241	547	——
278	58	146	——	183	2	——	3	−40	484	2
——	——	——	——	——	——	——	——	——	——	——
——	——	——	——	——	——	——	——	——	——	——
——	2	19	——	——	——	——	——	19	21	1
——	——	——	——	——	——	——	——	——	——	——
——	——	——	——	——	——	——	——	——	——	——
——	——	——	——	——	——	——	——	——	——	——
——	——	——	——	——	——	——	——	——	——	——
4143	3710	12636	587	442	——	——	4894	7887	21076	19
——	——	——	——	——	——	——	——	——	——	——
277	618	2978	——	2159	5	−115	710	−6	3878	1
237	108	321	20	138	14	4	26	181	700	1
89	299	2324	——	128	9	37	719	1514	2721	2
48	24	134	——	30	——	——	3	101	206	——
——	2	15	——	——	——	——	——	15	17	——
——	10	26	——	15	——	——	——	11	36	——
——	10	18	——	9	——	——	——	9	28	——
55	132	546	——	6	——	——	——	540	733	——
129	10	−81	——	——	——	20	——	−61	58	——
——	——	——	——	——	——	——	——	——	——	——
——	——	——	——	——	——	——	——	——	——	——
——	——	——	——	——	——	——	——	——	——	——

各 地 区 图 书

	机构数（个）	从业人员（人）	固定资产原价（千元）	主营业收入	主营营业成本及费用	
						上交管理费
总　　计	**2765**	**5569**	**162747**	**226078**	**161889**	**913**
北　　京	——	——	——	——	——	——
天　　津	——	——	——	——	——	——
河　　北	11	68	319	483	292	——
山　　西	1	2	130	80	35	5
内 蒙 古	287	1066	12661	26950	19619	123
辽　　宁	129	136	19676	5403	2263	——
其中:大连	1	2	50	40	12	——
吉　　林	388	715	23287	16309	8188	140
黑 龙 江	152	——	——	——	——	——
上　　海	——	——	——	——	——	——
江　　苏	76	297	50118	4398	2470	42
浙　　江	312	541	8691	28658	23000	35
其中:宁波	——	——	——	——	——	——
安　　徽	11	37	406	469	269	——
福　　建	135	257	6621	14951	11633	1
其中:厦门	——	——	——	——	——	——
江　　西	101	174	4685	3037	1303	——
山　　东	11	60	1190	672	340	——
其中:青岛	——	——	——	——	——	——
河　　南	2	4	42	37	11	——
湖　　北	161	252	2970	4557	2124	289
湖　　南	77	46	527	1118	625	——
广　　东	23	336	1016	29948	22423	11
其中:深圳	20	331	976	29843	22366	9
广　　西	3	3	39	33	20	5
海　　南	10	32	918	14275	14041	42
重 庆 市	11	17	226	108	66	5
四　　川	46	108	3032	24827	19023	35
贵　　州	31	60	1111	1930	1351	19
云　　南	533	830	11361	38627	27996	126
西　　藏	3	6	20	167	76	——
陕　　西	19	228	7538	2650	1964	25
甘　　肃	——	——	——	——	——	——
青　　海	12	38	494	72	19	——
宁　　夏	——	——	——	——	——	——
新　　疆	220	256	5669	6319	2738	10

批　发　基　本　情　况

损益及分配（千元）									增加值（千元）	房屋建筑面积（千平方米）
从业人员劳动报酬	主营营业税金及附加	主营业务利润	其他业务利润	其他费用支出	税金	其他收益	应交所得税	净利润		
17567	**9603**	**54586**	**3006**	**9629**	**734**	**432**	**3352**	**45043**	**85496**	**105**
——	——	——	——	——	——	——	——	——	——	——
——	——	——	——	——	——	——	——	——	——	——
186	33	158	——	15	——	——	17	126	377	2
——	5	40	——	——	——	——	——	40	45	——
2233	924	6407	——	5	1	——	3	6399	9565	12
2162	280	2860	——	——	——	——	——	2860	5302	5
8	24	4	——	——	——	——	——	4	36	——
2150	1405	6716	40	564	——	32	173	6051	10311	17
——	——	——	——	——	——	——	——	——	——	——
——	——	——	——	——	——	——	——	——	——	——
265	182	1746	1273	253	54	107	579	2294	3520	7
1165	435	5223	1134	2373	71	136	782	3338	8028	8
——	——	——	——	——	——	——	——	——	——	——
86	39	161	——	20	——	——	5	136	286	1
1288	537	2781	119	929	4	−44	282	1645	4729	6
——	——	——	——	——	——	——	——	——	——	——
473	225	1509	3	106	3	——	124	1282	2213	3
——	44	288	——	——	——	——	——	288	332	2
——	——	——	——	——	——	——	——	——	——	——
8	3	23	——	——	——	——	——	23	34	——
661	346	2087	140	302	100	97	148	1874	3334	4
210	82	411	——	——	——	——	——	411	703	1
1861	2770	4755	——	1154	8	−32	914	2655	9394	3
1828	2765	4712	——	1154	8	−32	914	2612	9313	3
12	3	10	——	——	——	——	——	10	25	——
392	35	199	——	279	111	——	9	−89	737	1
34	16	26	——	——	——	——	1	25	76	1
390	70	5734	——	320	27	——	——	5414	6221	6
130	124	455	18	28	7	4	2	447	734	1
1615	1417	9214	86	2953	319	122	291	6178	12651	17
——	14	77	——	24	——	——	——	53	91	——
1209	181	505	160	109	22	10	22	544	2077	1
——	——	——	——	——	——	——	——	——	——	——
13	6	47	——	9	——	——	——	38	66	2
——	——	——	——	——	——	——	——	——	——	——
1024	427	3154	33	186	7	——	——	3001	4645	5

各地区文化市场管

	机构数（个）	从业人员（人）	本年收入合计（千元）	财政补助收入	上级补助收入	事业收入
总　计	**3324**	**18982**	**556068**	**305314**	**11237**	**132440**
北　京	26	129	10622	9102	517	582
天　津	21	95	5470	4390	——	781
河　北	174	1232	14465	6152	76	5289
山　西	141	833	7549	4216	1	3099
内蒙古	119	596	7110	4978	——	2101
辽　宁	116	842	15003	12342	100	1855
其中:大连	13	114	2035	1755	——	——
吉　林	114	572	10955	7247	115	3503
黑龙江	76	5	252	——	10	125
上　海	21	161	35360	21149	2430	6789
江　苏	167	668	28246	18003	365	9177
浙　江	193	866	39395	25468	1394	8987
其中:宁波	25	102	7028	4564	347	932
安　徽	104	572	75240	3660	158	4845
福　建	102	451	7513	5269	545	1177
其中:厦门	3	5	295	288	7	——
江　西	200	830	129098	94411	302	32177
山　东	220	1071	18225	14742	723	2628
其中:青岛	14	101	3820	2787	232	801
河　南	107	1026	9703	5051	175	3174
湖　北	112	857	19740	2664	925	13864
湖　南	36	381	12125	4529	450	2229
广　东	268	750	16201	13523	150	1617
其中:深圳	9	41	4000	3900	——	100
广　西	121	1008	11673	7122	321	3447
海　南	23	120	1687	1007	97	543
重庆市	50	296	6414	4399	134	1244
四　川	137	729	22805	7251	1912	12019
贵　州	75	497	10128	3675	30	4931
云　南	152	2525	14509	5289	117	1207
西　藏	21	26	22	——	——	——
陕　西	129	582	5479	2493	152	2372
甘　肃	119	563	7619	6671	——	528
青　海	58	228	4231	3626	——	44
宁　夏	24	119	1424	1394	——	30
新　疆	98	352	7805	5491	38	2076

理机构基本情况（一）

本年支出合计（千元）							固定资产原值（千元）	公用房屋建筑面积（千平方米）
	事业支出	在支出合计中						
		从业人员劳动报酬	税金支出	社会保障费	设备购置费	业务费		
573243	**438005**	**215102**	**2805**	**28572**	**23233**	**91187**	**721498**	**182**
10494	10478	2584	——	149	963	4126	10017	2
5829	5204	989	97	460	126	1128	3839	2
14143	13041	7176	2	239	140	2686	20541	16
7767	6982	3760	43	699	146	1644	6752	7
7083	6706	3675	12	427	146	870	2389	2
17658	15461	7832	50	945	437	3797	11336	4
2226	2166	1326	24	202	6	184	1545	1
10491	10245	4886	3	687	722	1580	8001	4
125	72	——	——	——	53	——	——	——
31310	28581	11662	310	2468	3159	3424	9349	2
28262	27676	11362	17	1474	1277	7352	15243	7
39829	36113	14457	318	2383	3996	7286	30150	9
7434	6564	2458	3	385	394	1425	9307	2
9734	9454	4060	11	470	322	1924	11866	4
7317	7098	3789	72	376	135	1856	8328	8
277	277	178	——	——	2	30	——	——
216921	108225	74723	171	11245	1759	14591	429896	16
18091	17912	9074	11	1352	1207	3080	8632	8
3950	3950	1848	1	439	124	629	784	1
10541	10111	5619	679	689	303	1775	3635	4
19074	16481	7666	139	1003	2084	3686	5409	5
10579	8767	5225	29	367	344	1672	6265	1
17005	15790	5766	62	514	1325	4849	15106	6
5183	5183	1829	60	227	970	2092	4873	1
11835	11496	5038	17	481	715	4095	11493	6
1661	1661	972	——	205	73	334	156	——
6601	6514	2025	1	147	397	2890	11207	2
22402	18549	5746	395	652	1503	7135	27128	18
7231	6093	2217	316	115	295	2310	4507	3
14116	13959	2655	1	230	165	2287	34302	29
256	247	182	——	——	——	8	244	1
5543	4820	2229	34	259	447	1113	2530	3
7805	7502	3983	15	250	562	1569	7101	10
4226	4136	2044	——	156	70	266	1969	1
1505	976	468	——	——	——	31	——	1
7809	7655	3238	——	130	362	1823	14107	1

各地区文化市场管

	文化市场管理								
	文化艺术经纪与代理机构	民间职业剧团	个体演职人员	时装表演队	音像制品批发零售单位	录像放映	录像带出租	歌舞厅	舞厅
总　计	**1412**	**1810**	**27073**	**453**	**51393**	**7386**	**37160**	**18985**	**5564**
北　京	——	——	——	——	557	30	——	357	33
天　津	25	26	500	40	521	32	16	1195	19
河　北	12	105	616	17	3814	84	46	1808	257
山　西	23	21	116	35	1250	87	285	369	210
内蒙古	22	15	240	——	980	553	953	342	133
辽　宁	10	100	785	130	2109	41	3799	540	432
其中:大连	6	24	130	10	468	7	782	344	197
吉　林	6	16	265	——	1230	87	2076	242	71
黑龙江	——	——	——	——	——	——	——	9	2
上　海	62	28	——	——	507	——	2	242	118
江　苏	87	89	3080	25	2967	403	4448	2202	610
浙　江	71	329	1343	29	4736	856	2777	1630	617
其中:宁波	5	29	12	7	649	87	340	315	152
安　徽	5	88	3192	29	1196	143	822	710	85
福　建	6	360	6682	2	2318	272	906	496	338
其中:厦门	——	——	320	——	62	——	30	20	12
江　西	921	43	311	2	951	264	1474	289	139
山　东	4	47	893	——	2601	317	315	373	77
其中:青岛	——	——	——	——	555	50	29	22	4
河　南	22	114	2079	5	1269	88	708	327	158
湖　北	16	49	1362	3	1702	——	2906	801	211
湖　南	5	13	643	9	760	162	624	209	147
广　东	43	15	50	——	6876	1179	734	1350	125
其中:深圳	——	——	——	——	242	32	——	136	6
广　西	19	41	615	8	2239	305	2641	413	143
海　南	——	——	——	——	464	7	190	168	129
重庆市	23	48	622	7	696	45	2665	526	140
四　川	3	86	1917	——	1791	185	3302	746	259
贵　州	——	26	24	6	1014	236	1409	181	71
云　南	2	133	546	27	4591	1150	930	1279	598
西　藏	——	——	20	——	24	54	75	98	7
陕　西	6	4	359	18	1081	67	638	749	68
甘　肃	5	——	——	——	1481	77	329	655	78
青　海	——	12	195	——	233	179	446	99	22
宁　夏	6	——	——	9	271	100	280	205	——
新　疆	8	2	618	52	1164	383	1364	375	267

理机构基本情况（二）

机构登记单位(个、人)

卡拉OK厅	餐饮卡拉OK厅	电子游艺厅	台球厅	网吧	保龄球	旱冰场	综合娱乐场所	画店画廊	美术公司	艺术品拍卖公司	其他
25661	**5813**	**18303**	**8129**	**72697**	**799**	**663**	**5267**	**2173**	**300**	**295**	**24042**
359	20	75	258	114	61	3	153	152	——	——	35
49	27	11	391	1327	50	10	21	9	1	——	17
579	322	502	48	4065	8	4	9	16	3	1	10
2662	69	——	43	2638	20	13	26	10	31	1	133
390	159	311	247	2986	10	23	144	6	50	——	2215
3492	708	819	871	6769	57	22	179	362	40	157	65
1911	39	190	414	1298	28	6	87	62	10	7	3
1195	245	1016	259	3281	5	8	16	9	1	1	1197
——	——	18	——	——	——	——	——	——	——	——	——
383	122	217	259	802	1	——	736	7	——	——	110
535	28	2129	517	4799	177	125	355	311	11	3	564
1923	246	792	624	5672	33	44	722	211	19	41	5823
74	11	92	84	718	2	6	84	23	——	——	514
113	54	1524	58	2426	5	9	66	15	1	5	421
997	450	1015	280	1710	39	69	135	14	——	10	728
101	26	——	8	26	5	4	39	——	——	——	——
533	49	883	202	2671	17	57	128	29	10	——	424
775	738	221	124	5490	42	18	200	374	21	4	200
254	166	7	14	765	6	2	64	1	1	——	25
137	36	295	37	2948	15	17	32	63	——	——	49
1167	910	610	168	3775	20	62	125	41	6	2	331
543	104	652	16	2112	11	6	108	41	5	6	52
1427	248	1230	228	1204	2	——	129	50	10	20	1406
118	6	124	11	——	——	——	——	13	——	——	1080
723	844	967	1209	3358	44	24	111	96	——	4	367
72	2	55	32	484	1	1	7	——	2	——	282
935	39	930	69	1840	6	35	233	11	1	7	550
2636	87	935	265	3856	31	26	268	70	2	18	2036
474	29	524	381	1010	36	8	134	14	4	——	1000
2436	122	1682	1030	2308	59	40	697	147	49	——	2851
49	——	——	27	43	1	——	16	——	——	——	22
103	7	160	66	1577	10	10	149	18	11	7	383
174	49	——	60	960	5	6	166	54	10	3	357
61	30	75	116	310	2	3	108	23	4	——	344
76	4	117	14	389	11	7	16	14	——	2	365
663	65	538	230	1773	20	13	78	6	8	3	1705

各地区文化市场行政

	机构数（个）	从业人员（人）	本年收入合计（千元）			
				财政补助收入	上级补助收入	事业收入
总　　计	**1880**	**9905**	**169877**	**97259**	**2768**	**51978**
北　　京	13	29	1245	1143	102	——
天　　津	20	77	5470	4390	——	781
河　　北	131	932	10756	3366	75	4747
山　　西	57	338	2733	1986	——	637
内 蒙 古	45	151	1231	827	——	396
辽　　宁	86	579	10585	8532	21	1536
其中:大连	10	92	1700	1420	——	——
吉　　林	52	295	5184	3513	82	1552
黑 龙 江	52	5	252	——	10	125
上　　海	11	73	26156	13936	985	6349
江　　苏	105	428	18827	11801	130	6581
浙　　江	98	217	8187	3718	194	3493
其中:宁波	13	34	2006	1394	133	239
安　　徽	48	233	3625	1832	142	1183
福　　建	51	203	2663	1431	177	889
其中:厦门	2	3	164	164	——	——
江　　西	110	324	6688	3606	140	1140
山　　东	108	321	4994	4403	123	438
其中:青岛	1	——	——	——	——	——
河　　南	67	572	6088	3074	117	2222
湖　　北	34	295	6487	837	138	5019
湖　　南	6	17	1194	100	——	294
广　　东	203	486	6617	4706	36	1123
其中:深圳	7	9	395	345	——	50
广　　西	74	301	5254	2802	45	2153
海　　南	4	10	104	94	——	10
重 庆 市	28	160	4119	3032	134	437
四　　川	81	444	13118	4676	35	7062
贵　　州	6	198	130	127	——	——
云　　南	101	2193	2805	2308	34	429
西　　藏	21	26	22	——	——	——
陕　　西	90	376	4285	1998	20	1895
甘　　肃	77	326	4536	4095	——	435
青　　海	46	185	3636	3140	——	3
宁　　夏	1	2	——	——	——	——
新　　疆	54	109	2886	1786	28	1049

管理机构基本情况（一）

本年支出合计（千元）		在支出合计中					固定资产原值（千元）	公用房屋建筑面积（千平方米）
	事业支出	从业人员劳动报酬	税金支出	社会保障费	设备购置费	业务费		
256280	**156829**	**65152**	**1705**	**8556**	**9675**	**37601**	**605151**	**129**
1245	1245	261	——	1	400	380	2553	1
5829	5204	989	97	460	126	1128	3839	2
10236	9558	5859	2	158	84	2059	18062	13
2693	2485	1487	31	272	55	535	375	1
1231	1054	431	2	52	9	162	260	——
13280	11156	5249	25	659	205	3068	9629	3
1872	1812	1027	19	192	6	167	1435	1
5148	4969	2514	——	472	148	916	2316	2
125	72	——	——	——	53	——	——	——
21873	19299	8352	309	1745	1696	2332	6359	——
18512	17998	7313	17	876	1082	5157	7816	4
8620	6622	2363	197	428	501	1687	6668	2
2462	2104	629	——	146	23	778	3823	1
3801	3620	1672	——	368	161	721	10838	1
2507	2450	1379	35	115	38	616	7027	8
140	140	108	——	——	——	——	——	——
95016	9366	2484	90	378	1479	475	428421	13
4889	4889	2739	——	285	310	893	1853	3
——	——	——	——	——	——	——	——	——
6877	6761	3467	650	431	216	1312	2213	2
6107	5591	2572	49	331	352	1437	2174	2
378	318	154	10	14	——	140	210	——
6832	5618	1829	2	186	402	1651	5577	6
405	405	138	——	17	180	70	483	1
5396	5067	2134	16	219	321	1838	5852	5
104	104	60	——	12	——	32	——	——
4328	4297	990	——	99	216	2336	10344	1
12970	11704	2567	157	308	879	4738	24416	17
100	100	73	——	——	——	7	88	1
2545	2442	1056	——	60	51	1069	28779	28
256	247	182	——	——	——	8	244	1
4371	3867	1657	1	256	444	897	2455	3
4527	4244	2405	15	168	138	629	5445	9
3636	3636	1988	——	156	70	236	1949	1
——	——	——	——	——	——	——	——	——
2848	2846	926	——	47	239	1142	9389	——

各地区文化市场行政

	文	化	市	场	管	理			
	文化艺术经纪与代理机构	民间职业剧团	个体演职人员	时装表演队	音像制品批发零售单位	录像放映	录像带出租	歌舞厅	舞厅
总　计	**1332**	**1273**	**16810**	**208**	**33486**	**4773**	**20883**	**13256**	**3661**
北　京	——	——	——	——	405	14	——	271	23
天　津	25	26	500	40	521	32	16	1195	19
河　北	5	105	616	17	2155	75	46	1384	167
山　西	21	5	——	——	156	14	7	100	25
内蒙古	21	4	91	——	279	240	307	125	42
辽　宁	10	77	773	43	1682	25	2589	483	322
其中:大连	6	24	130	10	365	7	507	344	197
吉　林	6	10	160	——	711	39	801	77	32
黑龙江	——	——	——	——	——	——	——	9	2
上　海	62	28	——	——	442	——	1	237	99
江　苏	83	67	2786	9	2577	326	3649	1873	561
浙　江	71	298	1111	29	4452	842	2733	1595	552
其中:宁波	5	29	12	7	649	87	340	315	152
安　徽	1	58	383	——	558	74	334	252	40
福　建	5	231	5004	1	954	124	288	240	202
其中:厦门	——	——	320	——	31	——	15	11	12
江　西	915	35	125	2	369	146	614	95	78
山　东	1	5	388	——	1081	92	150	234	46
其中:青岛	——	——	——	——	12	——	——	8	3
河　南	20	39	1689	4	817	53	574	238	97
湖　北	1	18	341	——	375	——	816	153	50
湖　南	1	——	——	——	26	2	——	14	9
广　东	43	15	50	——	6876	1179	734	1350	125
其中:深圳	——	——	——	——	242	32	——	136	6
广　西	19	40	589	8	1548	215	1680	297	91
海　南	——	——	——	——	56	——	12	9	——
重庆市	——	31	372	1	486	26	1349	328	93
四　川	2	34	594	——	854	136	2076	475	154
贵　州	——	——	——	——	23	17	75	28	1
云　南	2	131	546	12	3415	624	678	916	533
西　藏	——	——	20	——	24	54	75	98	7
陕　西	6	4	319	18	840	57	525	577	54
甘　肃	5	——	——	——	1102	43	127	404	57
青　海	——	10	155	——	103	141	224	71	13
宁　夏	——	——	——	——	19	——	——	5	——
新　疆	7	2	198	24	580	183	403	123	167

管 理 机 构 基 本 情 况 （二）

机构登记单位(个、人)											
卡拉OK厅	餐饮卡拉OK厅	电子游艺厅	台球厅	网吧	保龄球	旱冰场	综合娱乐场所	画店画廊	美术公司	艺术品拍卖公司	其他
14768	**2936**	**11358**	**5173**	**42654**	**568**	**425**	**3377**	**1464**	**180**	**170**	**14151**
303	20	69	211	106	57	1	86	72	——	——	35
49	27	11	391	1327	50	10	21	9	1	——	17
466	201	459	41	3428	5	3	7	13	2	1	3
307	——	——	8	728	9	5	19	——	16	——	54
77	87	96	76	775	3	7	15	——	8	——	779
2603	462	585	760	5016	53	17	171	317	35	74	14
1555	39	127	414	803	27	6	87	62	10	7	3
706	168	789	161	1590	3	7	14	——	1	——	639
——	——	18	——	——	——	——	——	——	——	——	——
299	96	199	234	726	1	——	629	7	——	——	108
489	28	1739	489	4094	169	116	315	181	9	3	376
1819	246	760	574	5331	31	42	648	208	19	41	4855
74	11	92	84	718	2	6	69	22	——	——	169
70	3	679	7	1035	3	5	20	3	——	2	103
633	247	509	171	606	18	45	97	8	——	8	190
101	13	——	4	13	5	2	38	——	——	——	——
164	31	393	73	1240	10	9	83	12	1	——	64
153	112	114	38	2127	17	9	98	283	11	1	60
——	6	7	——	——	2	——	31	1	——	——	10
40	19	199	30	2169	14	9	17	18	——	——	45
366	1	134	48	875	4	15	36	8	1	——	71
12	24	14	——	177	——	——	25	1	——	6	3
1427	248	1230	228	1204	2	——	129	50	10	20	1406
118	6	124	11	——	——	——	——	13	——	——	1080
463	653	704	628	2463	23	18	83	75	——	4	249
5	——	4	4	38	——	——	——	——	1	——	19
685	39	632	17	1144	2	33	124	9	1	1	196
1499	52	502	160	2039	24	19	176	50	2	1	1464
38	——	11	8	48	2	2	32	5	——	——	45
1552	82	1096	506	1661	49	32	278	86	39	——	2005
49	——	——	27	43	1	——	16	——	——	——	22
62	5	130	53	1179	6	9	137	14	1	5	302
117	42	——	41	673	3	4	45	25	10	3	214
38	16	51	109	123	2	3	26	10	4	——	138
10	——	5	——	16	——	——	——	——	——	——	12
267	27	226	80	673	7	5	30	——	8	——	663

各地区文化市场稽

	机构数（个）	从业人员（人）	本年收入合计（千元）	财政补助收入	上级补助收入	事业收入
总计	**1444**	**9077**	**386191**	**208055**	**8469**	**80462**
北京	13	100	9377	7959	415	582
天津	1	18	——	——	——	——
河北	43	300	3709	2786	1	542
山西	84	495	4816	2230	1	2462
内蒙古	74	445	5879	4151	——	1705
辽宁	30	263	4418	3810	79	319
其中:大连	3	22	335	335	——	——
吉林	62	277	5771	3734	33	1951
黑龙江	24	——	——	——	——	——
上海	10	88	9204	7213	1445	440
江苏	62	240	9419	6202	235	2596
浙江	95	649	31208	21750	1200	5494
其中:宁波	12	68	5022	3170	214	693
安徽	56	339	71615	1828	16	3662
福建	51	248	4850	3838	368	288
其中:厦门	1	2	131	124	7	——
江西	90	506	122410	90805	162	31037
山东	112	750	13231	10339	600	2190
其中:青岛	13	101	3820	2787	232	801
河南	40	454	3615	1977	58	952
湖北	78	562	13253	1827	787	8845
湖南	30	364	10931	4429	450	1935
广东	65	264	9584	8817	114	494
其中:深圳	2	32	3605	3555	——	50
广西	47	707	6419	4320	276	1294
海南	19	110	1583	913	97	533
重庆市	22	136	2295	1367	——	807
四川	56	285	9687	2575	1877	4957
贵州	69	299	9998	3548	30	4931
云南	51	332	11704	2981	83	778
西藏	——	——	——	——	——	——
陕西	39	206	1194	495	132	477
甘肃	42	237	3083	2576	——	93
青海	12	43	595	486	——	41
宁夏	23	117	1424	1394	——	30
新疆	44	243	4919	3705	10	1027

查　机　构　基　本　情　况

本年支出合计（千元）	事业支出	在支出合计中：从业人员劳动报酬	税金支出	社会保障费	设备购置费	业务费	固定资产原值（千元）	增加值（千元）	公用房屋建筑面积（千平方米）
316963	**281176**	**149950**	**1100**	**20016**	**13558**	**53586**	**116347**	**155703**	**53**
9249	9233	2323	——	148	563	3746	7464	2622	1
——	——	——	——	——	——	——	——	——	——
3907	3483	1317	——	81	56	627	2479	1416	3
5074	4497	2273	12	427	91	1109	6377	2540	6
5852	5652	3244	10	375	137	708	2129	3339	2
4378	4305	2583	25	286	232	729	1707	2676	1
354	354	299	5	10	——	17	110	308	——
5343	5276	2372	3	215	574	664	5685	2602	2
——	——	——	——	——	——	——	——	——	——
9437	9282	3310	1	723	1463	1092	2990	3431	2
9750	9678	4049	——	598	195	2195	7427	4346	3
31209	29491	12094	121	1955	3495	5599	23482	13154	7
4972	4460	1829	3	239	371	647	5484	2051	1
5933	5834	2388	11	102	161	1203	1028	2440	3
4810	4648	2410	37	261	97	1240	1301	2499	1
137	137	70	——	——	2	30	——	70	——
121905	98859	72239	81	10867	280	14116	1475	72379	3
13202	13023	6335	11	1067	897	2187	6779	6617	5
3950	3950	1848	1	439	124	629	784	1880	1
3664	3350	2152	29	258	87	463	1422	2238	2
12967	10890	5094	90	672	1732	2249	3235	5313	3
10201	8449	5071	19	353	344	1532	6055	5332	1
10173	10172	3937	60	328	923	3198	9529	4378	1
4778	4778	1691	60	210	790	2022	4390	1927	——
6439	6429	2904	1	262	394	2257	5641	3131	1
1557	1557	912	——	193	73	302	156	918	——
2273	2217	1035	1	48	181	554	863	1071	1
9432	6845	3179	238	344	624	2397	2712	3525	——
7131	5993	2144	316	115	295	2303	4419	2637	2
11571	11517	1599	1	170	114	1218	5523	1821	——
——	——	——	——	——	——	——	——	——	——
1172	953	572	33	3	3	216	75	608	——
3278	3258	1578	——	82	424	940	1656	1644	1
590	500	56	——	——	——	30	20	57	——
1505	976	468	——	——	——	31	——	468	1
4961	4809	2312	——	83	123	681	4718	2501	1

教育、科技及其他

各地区文化部门教育

	机构数（个）	从业人员（人）			毕业生数（人）	招生数（人）	在校				
			高级职称	中级职称				戏剧类	戏曲类	舞蹈类	音乐类
总　计	**205**	**14285**	**1707**	**4120**	**22472**	**27762**	**83099**	**6375**	**6852**	**25638**	**21496**
中　央	1	157	11	32	713	313	664	——	——	162	182
地　方	204	14128	1696	4088	21759	27449	82435	6375	6852	25476	21314
北　京	3	397	37	79	470	502	1337	——	230	481	363
天　津	4	635	145	253	305	330	1326	66	467	210	140
河　北	7	699	99	196	763	1233	3805	72	387	1447	875
山　西	17	1680	198	479	1874	3133	9853	1042	952	1830	3757
内蒙古	9	719	30	199	785	958	3463	30	97	1258	1854
辽　宁	5	304	41	103	387	746	1847	218	42	680	286
其中：大连	1	50	13	23	74	173	376	44	26	160	31
吉　林	——	——	——	——	——	——	——	——	——	——	——
黑龙江	9	378	77	113	413	552	1700	133	28	462	354
上　海	1	57	2	23	15	17	74	——	——	——	——
江　苏	22	854	133	297	2362	2746	6569	653	39	1208	1574
浙　江	7	543	70	157	667	1249	2766	346	342	722	674
其中：宁波	1	39	5	25	——	11	163	——	19	93	——
安　徽	7	459	63	143	1214	1054	2712	786	——	762	554
福　建	7	405	24	76	425	615	1364	101	282	375	310
其中：厦门	1	51	6	14	61	50	117	——	41	69	——
江　西	9	378	51	129	865	809	3028	1055	3	615	1063
山　东	7	694	107	228	1388	1295	5352	435	246	1853	1103
其中：青岛	——	——	——	——	——	——	——	——	——	——	——
河　南	21	1404	99	296	2787	3029	10619	375	2443	1963	2586
湖　北	10	684	109	258	892	1381	3766	100	230	1474	1058
湖　南	6	514	99	119	1072	1028	3193	70	316	969	607
广　东	7	817	53	191	513	680	3222	342	77	1512	662
其中：深圳	1	165	27	45	34	83	359	——	——	91	166
广　西	10	336	61	119	814	947	3034	83	——	1863	540
海　南	1	108	14	38	67	78	478	——	42	275	42
重庆市	1	145	18	20	81	115	600	48	20	338	154
四　川	9	510	65	159	1450	1964	4204	53	30	2397	779
贵　州	1	——	——	——	——	46	46	——	——	——	——
云　南	6	371	26	142	459	553	1745	138	284	491	380
西　藏	——	——	——	——	——	——	——	——	——	——	——
陕　西	11	504	40	117	1055	1286	3040	160	295	600	741
甘　肃	2	156	6	47	237	421	962	40	——	572	207
青　海	1	94	9	26	49	187	700	——	——	393	233
宁　夏	1	93	13	29	122	96	370	——	——	109	9
新　疆	3	190	7	52	228	399	1260	29	——	617	409

机 构 基 本 情 况（一）

生数（人）			在校生中高职生数（人）	培训干部（人）	本年收入合计（千元）				
美术类	电影放映	其他				财政补助收入	上级补助收入	事业收入	经营收入
10061	**198**	**12479**	**6705**	**4561**	**733448**	**393809**	**3673**	**303087**	**8671**
208	——	112	——	206	8733	5198	——	3535	——
9853	198	12367	6705	4355	724715	388611	3673	299552	8671
102	——	161	76	359	35921	24815	——	9630	1231
190	——	253	61	1000	21112	12186	——	6096	1835
254	——	770	——	——	32622	17492	——	13202	——
1372	——	900	1755	——	63630	36084	484	26896	——
166	——	58	112	676	18625	11818	——	6806	——
166	41	414	——	——	17510	8804	——	8703	——
16	41	58	——	——	4973	2893	——	2080	——
——	——	——	——	——	——	——	——	——	——
181	——	542	487	269	16685	6873	——	9137	541
——	——	74	——	——	4740	3223	32	1070	——
1472	——	1623	1989	650	53872	31686	226	20930	292
270	106	306	753	——	61158	37060	368	16313	228
——	——	51	——	——	7117	1360	——	1757	——
383	——	227	732	——	21333	11691	——	9608	30
120	——	176	71	423	24138	16459	1420	5392	13
7	——	——	——	——	5272	4023	154	703	——
207	——	85	——	——	19954	7145	8	12656	20
975	——	740	——	——	30328	14131	——	13888	——
——	——	——	——	——	——	——	——	——	——
1122	51	2079	——	470	51546	32163	112	16392	867
529	——	375	537	343	29764	10960	118	15169	2312
346	——	885	110	——	26074	7556	——	17664	306
399	——	230	——	——	62198	33605	735	26588	519
102	——	——	——	——	16525	13203	615	2340	——
266	——	282	22	5	25188	8036	31	17049	——
113	——	6	——	——	6876	4766	13	2022	——
——	——	40	——	——	6839	1928	——	4761	——
254	——	691	——	160	34523	15865	25	14474	2
——	——	46	——	——	——	——	——	——	——
210	——	242	——	——	13252	10867	90	2292	——
——	——	——	——	——	——	——	——	——	——
455	——	789	——	——	21131	9857	11	11114	30
70	——	73	——	——	7201	4262	——	2930	——
36	——	38	——	——	5386	2797	——	2570	18
——	——	252	——	——	3787	2511	——	1276	——
195	——	10	——	——	9322	3971	——	4924	427

各地区文化部门教育

	本年支出合						
		事业支出	经营支出	在支出合计			
				从业人员劳动报酬	税金支出	社会保障费	修缮费
总　　计	**728487**	**716147**	**2839**	**265054**	**1043**	**82073**	**55077**
中　　央	11524	11524	——	3728	——	2433	1059
地　　方	716963	704623	2839	261326	1043	79640	54018
北　　京	34534	33303	1231	8865	317	107	7985
天　　津	21112	21112	——	9519	79	1171	1933
河　　北	32106	32106	——	12363	——	4024	1845
山　　西	64188	62628	——	24586	14	8559	4639
内 蒙 古	19347	19347	——	9004	——	1547	1372
辽　　宁	17257	16987	——	5400	——	1854	1996
其中:大连	4722	4722	——	926	——	93	400
吉　　林	——	——	——	——	——	——	——
黑 龙 江	16958	16688	270	5477	——	3503	727
上　　海	4696	4696	——	1770	——	569	104
江　　苏	52810	51960	182	20899	——	7864	3600
浙　　江	56122	55954	——	16511	76	8262	1988
其中:宁波	3099	3099	——	840	4	364	263
安　　徽	23211	23182	29	10977	30	5111	1281
福　　建	22838	22838	——	7844	——	3046	1087
其中:厦门	4848	4848	——	1349	——	540	33
江　　西	18905	15903	——	7678	——	2520	1071
山　　东	29987	28987	——	11597	——	2727	1069
其中:青岛	——	——	——	——	——	——	——
河　　南	48980	47124	385	18719	62	8353	2883
湖　　北	29140	28213	395	11322	153	3876	2701
湖　　南	29493	29006	219	7762	56	2162	4366
广　　东	61186	61058	128	28625	179	5566	4821
其中:深圳	16282	16282	——	6470	51	776	1917
广　　西	29980	29980	——	5913	——	1535	1768
海　　南	5306	5306	——	2648	——	622	178
重 庆 市	6839	6839	——	2972	——	246	341
四　　川	31369	30969	——	8639	——	1708	1282
贵　　州	——	——	——	——	——	——	——
云　　南	12761	12761	——	6882	3	614	1006
西　　藏	——	——	——	——	——	——	——
陕　　西	21096	21096	——	6169	——	823	517
甘　　肃	7088	6926	——	2276	——	1495	550
青　　海	5480	5480	——	2106	——	950	568
宁　　夏	4921	4921	——	1665	——	576	824
新　　疆	9253	9253	——	3138	74	250	1516

机 构 基 本 情 况（二）

计（千元） 中 设备购置费	业务费	助学金	经费自给率（%）	劳动报酬占总支出比重（%）	年末固定资产原值（千元）	增加值（千元）	公用房屋建筑面积（千平方米）	教学用房
42353	**72508**	**14234**	**46.7**	**36.4**	**1146933**	**312894**	**1477**	**941**
806	1163	——	30.7	32.3	59919	6125	26	8
41547	71345	14234	47	36.4	1087014	306769	1451	933
1206	5356	405	32.2	25.7	80523	12403	45	29
590	489	84	42.3	45.1	10265	10009	36	25
2763	3967	684	47.1	38.5	43006	14092	65	44
4043	6197	1358	43.2	38.3	68111	27324	135	84
914	2258	12	35.2	46.5	36775	10475	69	47
558	2088	184	51.3	31.3	45198	7208	33	19
172	271	159	44	19.6	10753	1356	6	3
——	——	——	——	——	——	——	——	——
390	1912	17	57.9	32.3	27359	6571	31	24
36	529	392	31.6	37.7	9589	2154	3	——
3748	3029	659	42.1	39.6	100772	24930	113	75
960	4632	2999	42.4	29.4	67904	19303	47	25
133	891	——	185.8	27.1	3292	976	2	2
3463	1572	296	41.5	47.3	27788	12119	74	58
2078	4335	757	27.4	34.3	35431	9261	29	21
894	1284	157	22.6	27.8	15393	1965	9	5
1377	2219	117	80.5	40.6	47759	10500	74	62
1336	4129	1230	55.9	38.7	63032	14118	95	56
——	——	——	——	——	——	——	——	——
2454	4352	2641	40.6	38.2	61440	21239	110	75
1441	3219	302	65.3	38.9	70380	14290	94	50
1397	4424	276	63.4	26.3	57782	10129	79	60
2114	5091	221	45.5	46.8	78134	31929	69	43
91	444	17	16.6	39.7	31586	7784	11	8
2213	3005	177	57.1	19.7	19195	6681	41	34
263	153	23	39.5	49.9	8247	2978	5	3
328	389	260	71.8	43.5	6193	3220	8	4
2614	2090	837	60.2	27.5	19659	9425	52	37
——	——	——	——	——	——	——	——	——
522	842	53	18	53.9	15335	7498	35	13
——	——	——	——	——	——	——	——	——
3152	3649	117	53.4	29.2	61839	8643	37	4
530	670	——	42.4	32.1	2329	2369	24	14
345	149	14	47.2	38.4	121	2111	——	——
627	222	22	25.9	33.8	4111	1829	18	9
85	378	97	57.8	33.9	18737	3961	30	18

各地区文化部门中等

	机构数（个）	从业人员（人）	高级职称	中级职称	毕业生数（人）	招生数（人）	在校	戏剧类	戏曲类	舞蹈类	音乐类
总计	**131**	**11508**	**1432**	**3366**	**17533**	**21608**	**68170**	**4368**	**6359**	**21652**	**16945**
北京	2	381	36	76	470	502	1337	——	230	481	363
天津	3	624	145	252	305	330	1326	66	467	210	140
河北	7	699	99	196	763	1233	3805	72	387	1447	875
山西	10	1353	163	400	1464	2324	7523	702	912	1291	2951
内蒙古	3	272	16	93	381	478	1588	——	——	676	758
辽宁	3	188	29	71	193	427	1323	68	42	610	143
其中：大连	1	50	13	23	74	173	376	44	26	160	31
吉林	——	——	——	——	——	——	——	——	——	——	——
黑龙江	7	286	51	97	413	484	1399	112	28	462	354
上海	1	57	2	23	15	17	74	——	——	——	——
江苏	9	681	105	263	1424	1697	4965	608	39	863	1345
浙江	4	162	23	67	139	290	920	——	207	338	194
其中：宁波	1	39	5	25	——	11	163	——	19	93	——
安徽	3	381	59	128	1050	855	2285	786	——	585	444
福建	6	396	24	73	425	615	1364	101	282	375	310
其中：厦门	1	51	6	14	61	50	117	——	41	69	——
江西	7	209	20	76	495	388	1195	55	3	615	263
山东	7	694	107	228	1388	1295	5352	435	246	1853	1103
其中：青岛	——	——	——	——	——	——	——	——	——	——	——
河南	17	1322	91	282	2759	2980	10570	350	2426	1963	2579
湖北	8	643	107	235	792	1142	3088	100	203	1312	964
湖南	4	452	91	98	1072	1014	3179	70	316	965	599
广东	7	817	53	191	513	680	3222	342	77	1512	662
其中：深圳	1	165	27	45	34	83	359	——	——	91	166
广西	6	227	54	72	695	813	2630	70	——	1580	498
海南	1	108	14	38	67	78	478	——	42	275	42
重庆市	1	145	18	20	81	115	600	48	20	338	154
四川	3	343	51	88	752	1227	2821	53	30	1422	467
贵州	1	——	——	——	——	46	46	——	——	——	——
云南	1	201	21	74	267	369	1227	101	284	328	285
西藏	——	——	——	——	——	——	——	——	——	——	——
陕西	5	396	20	89	974	1106	2591	160	118	460	624
甘肃	1	143	6	44	237	421	962	40	——	572	207
青海	1	94	9	26	49	187	700	——	——	393	233
宁夏	1	93	13	29	122	96	370	——	——	109	9
新疆	2	141	5	37	228	399	1230	29	——	617	379

专业学校基本情况（一）

生	数（人）		在校生中高职生数（人）	培训干部（人）	本年收入合计（千元）				
美术类	电影放映	其他				财政补助收入	上级补助收入	事业收入	经营收入
8247	**92**	**10507**	**4183**	**192**	**590156**	**311841**	**3238**	**246160**	**7328**
102	——	161	76	187	34581	23720	——	9630	1231
190	——	253	61	——	20789	11863	——	6096	1835
254	——	770	——	——	32622	17492	——	13202	——
1026	——	641	1030	——	46524	26746	425	19188	——
108	——	46	——	——	6636	3541	——	3095	——
16	41	403	——	——	11771	5968	——	5803	——
16	41	58	——	——	4973	2893	——	2080	——
——	——	——	——	——	——	——	——	——	——
181	——	262	347	——	12865	4458	——	8373	——
——	——	74	——	——	4740	3223	32	1070	——
1116	——	994	1733	——	42915	26107	146	16131	292
5	——	176	17	——	18142	7623	300	4115	——
——	——	51	——	——	7117	1360	——	1757	——
287	——	183	365	——	18888	10535	——	8349	——
120	——	176	71	——	23695	16260	1209	5359	13
7	——	——	——	——	5272	4023	154	703	——
174	——	85	——	——	7956	3852	8	3986	20
975	——	740	——	——	30328	14131	——	13888	——
——	——	——	——	——	——	——	——	——	——
1122	51	2079	——	——	49695	30390	112	16322	862
437	——	72	351	——	25889	10197	118	12112	2257
344	——	885	110	——	23762	6604	——	16331	279
399	——	230	——	——	62198	33605	735	26588	519
102	——	——	——	——	16525	13203	615	2340	——
266	——	216	22	5	20638	5846	31	14691	——
113	——	6	——	——	6876	4766	13	2022	——
——	——	40	——	——	6839	1928	——	4761	——
158	——	691	——	——	29348	14408	25	11392	2
——	——	46	——	——	——	——	——	——	——
113	——	116	——	——	9981	7810	84	2087	——
——	——	——	——	——	——	——	——	——	——
440	——	789	——	——	18703	8257	——	10333	——
70	——	73	——	——	7039	4100	——	2930	——
36	——	38	——	——	5386	2797	——	2570	18
——	——	252	——	——	3787	2511	——	1276	——
195	——	10	——	——	7563	3103	——	4460	——

各地区文化部门中等

	本年支出合						
				在支出合计			
		事业支出	经营支出	从业人员劳动报酬	税金支出	社会保障费	修缮费
总计	**582866**	**575683**	**2799**	**212992**	**860**	**61690**	**46900**
北京	33230	31999	1231	8505	310	102	7827
天津	20789	20789	——	9350	77	1057	1933
河北	32106	32106	——	12363	——	4024	1845
山西	46976	46616	——	18518	——	6427	3482
内蒙古	6190	6190	——	2517	——	562	186
辽宁	11518	11518	——	3483	——	818	700
其中:大连	4722	4722	——	926	——	93	400
吉林	——	——	——	——	——	——	——
黑龙江	12907	12637	270	4130	——	3123	659
上海	4696	4696	——	1770	——	569	104
江苏	42414	41579	182	17267	——	6202	2538
浙江	13800	13650	——	3743	4	1220	1096
其中:宁波	3099	3099	——	840	4	364	263
安徽	20777	20777	——	10087	25	4728	1195
福建	22427	22427	——	7708	——	2974	1087
其中:厦门	4848	4848	——	1349	——	540	33
江西	8010	8010	——	3350	——	920	894
山东	29987	28987	——	11597	——	2727	1069
其中:青岛	——	——	——	——	——	——	——
河南	47129	45278	380	17793	62	7943	2856
湖北	25963	25092	389	10214	153	3697	2594
湖南	25548	25061	219	6991	50	1952	4262
广东	61186	61058	128	28625	179	5566	4821
其中:深圳	16282	16282	——	6470	51	776	1917
广西	25590	25590	——	3838	——	738	1298
海南	5306	5306	——	2648	——	622	178
重庆市	6839	6839	——	2972	——	246	341
四川	26395	26395	——	6655	——	1260	1087
贵州	——	——	——	——	——	——	——
云南	9510	9510	——	5210	——	266	988
西藏	——	——	——	——	——	——	——
陕西	18683	18683	——	5330	——	676	426
甘肃	6926	6926	——	2276	——	1495	550
青海	5480	5480	——	2106	——	950	568
宁夏	4921	4921	——	1665	——	576	824
新疆	7563	7563	——	2281	——	250	1492

专 业 学 校 基 本 情 况 （二）

计（千元）			经费自给率（%）	劳动报酬占总支出比重（%）	年末固定资产原值（千元）	增加值（千元）	公用房屋建筑面积（千平方米）	
中								
设备购置费	业务费	助学金						教学用房
35540	**60141**	**11450**	**47.6**	**36.5**	**923205**	**250787**	**1216**	**774**
1060	5356	405	32.7	25.6	77692	11923	41	26
590	489	84	42.9	45	10155	9833	35	25
2763	3967	684	47.1	38.5	43006	14092	65	44
2789	5022	1216	41.5	39.4	52333	20611	103	61
419	1459	8	50	40.7	15507	3137	26	26
210	1692	184	50.4	30.2	33605	4827	20	8
172	271	159	44	19.6	10753	1356	6	3
——	——	——	——	——	——	——	——	——
300	1737	17	65.1	32	24007	5090	26	20
36	529	392	31.6	37.7	9589	2154	3	——
2535	1702	495	39.9	40.7	84606	20651	91	61
765	2542	555	74.9	27.1	21509	4607	11	5
133	891	——	185.8	27.1	3292	976	2	2
3187	940	296	40.2	48.5	27287	11203	69	55
2072	4138	757	27.8	34.4	35148	9114	29	21
894	1284	157	22.6	27.8	15393	1965	9	5
791	1017	117	51.1	41.8	26439	4408	36	29
1336	4129	1230	55.9	38.7	63032	14118	95	56
——	——	——	——	——	——	——	——	——
2302	4321	2641	42	37.8	60134	20260	107	73
1078	2790	302	61.1	39.3	66680	13034	88	49
1200	3904	276	67.9	27.4	53529	9182	73	56
2114	5091	221	45.5	46.8	78134	31929	69	43
91	444	17	16.6	39.7	31586	7784	11	8
2074	2373	177	57.7	15	14420	4415	33	26
263	153	23	39.5	49.9	8247	2978	5	3
328	389	260	71.8	43.5	6193	3220	8	4
2380	928	837	56.5	25.2	18575	7398	50	35
——	——	——	——	——	——	——	——	——
227	680	25	21.9	54.8	11924	5687	31	10
——	——	——	——	——	——	——	——	——
3135	3489	115	55.9	28.5	60500	7750	35	3
530	670	——	42.4	32.9	2280	2367	23	13
345	149	14	47.2	38.4	121	2111	——	——
627	222	22	25.9	33.8	4111	1829	18	9
84	263	97	59	30.2	14442	2859	26	13

各地区文化科技、科

	机构数（个）	从业人员（人）			本年完成科研项目（个）		
			高级职称	中级职称		获国家奖	获省、部奖
总　计	**256**	**6085**	**1428**	**1569**	**424**	**49**	**152**
中　央	4	785	205	230	8	——	——
地　方	252	5300	1223	1339	416	49	152
北　京	4	128	25	33	2	——	2
天　津	1	37	19	18	——	——	——
河　北	14	264	88	87	20	1	11
山　西	18	479	88	121	21	2	18
内蒙古	10	182	33	84	39	5	4
辽　宁	14	259	72	73	9	2	7
其中:大连	1	17	5	7	2	——	2
吉　林	9	164	49	34	38	1	3
黑龙江	4	114	41	33	10	1	9
上　海	2	62	13	22	——	——	——
江　苏	10	78	26	16	1	——	1
浙　江	13	279	72	65	9	1	5
其中:宁波	3	10	2	3	——	——	——
安　徽	9	130	38	33	6	2	3
福　建	11	110	29	30	35	3	18
其中:厦门	1	18	5	3	5	2	3
江　西	20	194	48	61	34	7	25
山　东	9	158	58	46	11	2	8
其中:青岛	2	18	7	5	6	1	5
河　南	23	480	76	115	51	4	14
湖　北	4	144	68	34	——	——	——
湖　南	2	75	22	18	4	——	4
广　东	12	221	42	48	20	7	3
其中:深圳	——	——	——	——	——	——	——
广　西	11	100	46	20	10	3	6
海　南	——	——	——	——	——	——	——
重庆市	2	27	8	12	1	——	——
四　川	6	212	35	65	9	4	3
贵　州	5	37	11	11	2	——	2
云　南	2	73	30	22	4	——	——
西　藏	——	——	——	——	——	——	——
陕　西	16	344	81	81	54	4	1
甘　肃	12	665	46	77	12	——	2
青　海	2	63	7	19	——	——	——
宁　夏	3	73	15	21	9	——	3
新　疆	4	148	37	40	5	——	——

研 单 位 基 本 情 况 （一）

所办刊物（种）	本年收入合计（千元）				
		财政补助收入	上级补助收入	事业收入	经营收入
77	**409989**	**211962**	**22704**	**163512**	**1944**
——	55702	45389	3602	5729	306
77	354287	166573	19102	157783	1638
——	13045	6895	——	6150	——
1	1680	1470	——	——	210
5	10619	9042	842	458	——
1	34596	9809	167	24273	330
4	5611	4918	——	269	——
2	11497	9445	——	474	90
1	803	803	——	——	——
4	8708	7096	1297	254	——
——	4243	4226	——	——	——
1	6558	2862	265	3334	——
3	7492	3532	30	298	300
1	30672	12034	220	18119	——
——	695	446	180	60	——
2	13790	1656	1675	10458	1
17	7609	6343	920	73	——
2	2458	2389	——	68	——
2	7109	4623	——	1761	167
1	11749	7601	80	3531	——
——	934	904	30	——	——
5	40270	12387	3110	24081	——
——	5965	4799	——	910	——
2	9269	2282	——	6943	44
8	30818	17092	6868	6618	——
——	——	——	——	——	——
3	7008	6880	30	81	——
——	——	——	——	——	——
——	1106	1028	——	77	——
2	34215	4771	1153	28223	——
1	1249	1182	——	——	——
——	4271	3270	210	691	89
——	——	——	——	——	——
9	21043	7158	722	13141	——
1	9215	4483	——	4376	——
——	3888	2568	1250	——	——
1	2758	2617	——	37	104
1	8234	4504	263	3153	303

各地区文化科技、科

	本年支出合计(千元)			在支出合计中		
		事业支出	经营支出	从业人员劳动报酬	税金支出	社会保障费
总　　计	**382583**	**361006**	**1352**	**100795**	**1651**	**31588**
中　　央	53330	53134	196	13297	359	2115
地　　方	329253	307872	1156	87498	1292	29473
北　　京	12912	12912	——	2623	335	120
天　　津	1749	1749	——	667	19	81
河　　北	9999	9999	——	4086	——	862
山　　西	36745	36416	329	6006	55	3037
内 蒙 古	7084	7084	——	2843	252	229
辽　　宁	11605	8597	90	4456	102	1814
其中:大连	803	803	——	285	——	22
吉　　林	8342	8342	——	3288	9	1061
黑 龙 江	4390	4390	——	1936	49	942
上　　海	7041	7041	——	1473	76	929
江　　苏	6777	4024	300	1609	——	541
浙　　江	29853	29853	——	6893	——	3441
其中:宁波	608	608	——	254	——	52
安　　徽	7037	3580	——	553	——	595
福　　建	6482	6482	——	2245	2	1327
其中:厦门	2138	2138	——	508	——	145
江　　西	7063	6143	12	2412	——	1374
山　　东	11484	11484	——	3321	2	1955
其中:青岛	934	934	——	408	——	224
河　　南	35095	32945	——	7153	71	2446
湖　　北	5224	4938	——	2426	——	911
湖　　南	7381	7337	44	1083	13	155
广　　东	25732	18166	——	6429	77	2335
其中:深圳	——	——	——	——	——	——
广　　西	5631	5560	——	1809	——	1115
海　　南	——	——	——	——	——	——
重 庆 市	898	898	——	191	——	19
四　　川	34400	34400	——	5381	——	1312
贵　　州	1130	1130	——	571	69	74
云　　南	3716	3627	89	1279	47	239
西　　藏	——	——	——	——	——	——
陕　　西	19058	19027	——	8355	——	1051
甘　　肃	9692	9307	——	3897	39	184
青　　海	3536	3536	——	1052	——	491
宁　　夏	2743	2743	——	1167	28	609
新　　疆	6454	6162	292	2294	47	224

#　研　单　位　基　本　情　况　（二）

修缮费	设备购置费	科研仪器设备	新产品开发费	经费自给率（%）	劳动报酬占总支出比重（%）	年末固定资产原值（千元）	增加值（千元）	公用房屋建筑面积（千平方米）	科研房屋面积
10406	**23031**	**319**	**8**	**48.4**	**26.3**	**306831**	**49554**	**198**	**21**
2719	7071	80	——	12.6	24.9	46316	4046	12	——
7687	15960	239	8	54.6	26.6	260515	45508	186	21
510	964	——	——	47.6	20.3	6976	−18	2	——
5	11	——	——	12	38.1	234	695	1	1
274	32	——	——	7.4	40.9	13657	1952	11	1
619	2641	9	——	67	16.3	36239	2434	27	3
235	485	14	——	9.8	40.1	10699	1692	10	2
44	77	55	——	23.6	38.4	14197	3236	5	——
——	55	55	——	——	35.5	402	301	——	——
91	62	31	——	3.8	39.4	8488	45	5	1
2	28	——	——	0.4	44.1	7813	655	3	——
24	444	——	——	48.7	20.9	1712	1617	——	——
4	110	——	——	90.9	23.7	1602	1673	1	——
574	1224	——	——	61.7	23.1	8625	4491	12	3
——	——	——	——	11.3	41.8	91	257	——	——
61	8	——	8	292.2	7.9	8941	9485	1	——
6	330	85	——	5.3	34.6	8292	2327	——	——
——	214	——	——	3.2	23.8	4292	679	——	——
57	124	——	——	40.4	34.1	7186	1546	10	2
760	599	——	——	35.4	28.9	7853	196	8	——
——	——	——	——	——	43.7	19	408	——	——
550	3165	——	——	75.2	20.4	22981	4300	29	3
36	40	——	——	23.6	46.4	5448	−578	8	——
136	357	38	——	94.7	14.7	5529	1781	5	——
1884	594	——	——	37.8	25	8041	−2090	5	——
——	——	——	——	——	——	——	——	——	——
1	39	——	——	1.8	32.1	1910	1885	——	——
——	——	——	——	——	——	——	——	——	——
2	100	——	——	8.7	21.3	1506	251	——	——
470	1201	7	——	82.2	15.6	23555	3860	8	——
——	24	——	——	5.9	50.5	341	94	——	——
——	——	——	——	21.3	34.4	7462	−221	2	——
——	——	——	——	——	——	——	——	——	——
386	2231	——	——	69.2	43.8	21394	5235	14	3
208	908	——	——	50.8	40.2	9143	431	11	2
50	——	——	——	2	29.8	1941	−821	2	——
197	100	——	——	5.1	42.5	3111	−240	1	——
501	62	——	——	53.7	35.5	5639	−405	5	——

各地区事业费列支的文化科

	机构数(个)	从业人员(人)			本年完成科研项目(个)		
			高级职称	中级职称		获国家奖	获省、部奖
总　计	**168**	**2116**	**664**	**614**	**314**	**43**	**140**
北　京	2	55	10	22	1	——	1
天　津	1	37	19	18	——	——	——
河　北	12	145	59	51	20	1	11
山　西	10	109	33	30	19	2	17
内蒙古	8	120	25	55	37	5	4
辽　宁	10	182	59	48	8	2	6
其中:大连	1	17	5	7	2	——	2
吉　林	6	83	28	20	29	1	3
黑龙江	2	60	21	20	10	1	9
上　海	2	62	13	22	——	——	——
江　苏	9	57	23	15	1	——	1
浙　江	9	93	31	25	9	1	5
其中:宁波	2	10	2	3	——	——	——
安　徽	7	83	23	20	6	2	3
福　建	9	98	25	26	35	3	18
其中:厦门	1	18	5	3	5	2	3
江　西	16	130	38	37	32	6	24
山　东	5	89	38	28	10	1	8
其中:青岛	2	18	7	5	6	1	5
河　南	16	123	22	37	18	3	10
湖　北	2	56	25	17	——	——	——
湖　南	1	26	11	7	2	——	2
广　东	10	123	29	34	20	7	3
其中:深圳	——	——	——	——	——	——	——
广　西	11	100	46	20	10	3	6
海　南	——	——	——	——	——	——	——
重庆市	1	15	5	5	1	——	——
四　川	1	17	4	4	4	1	3
贵　州	4	24	6	7	2	——	2
云　南	——	——	——	——	——	——	——
西　藏	——	——	——	——	——	——	——
陕　西	8	112	36	22	31	4	1
甘　肃	1	21	7	2	——	——	——
青　海	1	13	2	——	——	——	——
宁　夏	2	31	10	10	9	——	3
新　疆	2	52	16	12	——	——	——

技、科研单位基本情况（一）

所办刊物(种)	本年收入合计(千元)				
		财政补助收入	上级补助收入	事业收入	经营收入
63	**99495**	**89862**	**2177**	**5082**	**713**
——	3838	3640	——	198	——
1	1680	1470	——	——	210
5	6944	6362	502	——	——
1	2605	2588	——	15	——
3	3088	3087	——	1	——
2	7295	7283	——	12	——
1	803	803	——	——	——
2	2866	2805	——	——	——
——	2601	2584	——	——	——
1	6558	2862	265	3334	——
3	3759	3532	10	172	——
——	8309	7606	180	301	——
——	695	446	180	60	——
1	1793	1656	40	96	1
17	7121	5855	920	73	——
2	2458	2389	——	68	——
1	3099	2944	——	——	155
1	4609	4161	30	——	——
——	934	904	30	——	——
3	4302	4212	——	20	——
——	2054	1577	——	477	——
1	1657	1570	——	43	44
8	8574	8175	51	108	——
——	——	——	——	——	——
3	7008	6880	30	81	——
——	——	——	——	——	——
——	1106	1028	——	77	——
1	527	440	87	——	——
1	669	623	——	——	——
——	——	——	——	——	——
——	——	——	——	——	——
6	3133	3101	2	30	——
1	612	612	——	——	——
——	688	618	——	——	——
1	1095	1058	——	37	——
——	1905	1533	60	7	303

各地区事业费列支的文化科

	本年支出合计(千元)					
				在支出合计中		
		事业支出	经营支出	从业人员劳动报酬	税金支出	社会保障费
总　　计	**96850**	**96265**	**336**	**36818**	**334**	**17461**
北　　京	3734	3734	——	899	5	6
天　　津	1749	1749	——	667	19	81
河　　北	6422	6422	——	2317	——	788
山　　西	2647	2647	——	1454	——	631
内 蒙 古	3207	3207	——	1902	7	110
辽　　宁	7403	7403	——	3200	86	1625
其中:大连	803	803	——	285	——	22
吉　　林	2817	2817	——	2061	9	293
黑 龙 江	2548	2548	——	968	——	925
上　　海	7041	7041	——	1473	76	929
江　　苏	3821	3821	——	1319	——	531
浙　　江	7999	7999	——	1943	——	1606
其中:宁波	608	608	——	254	——	52
安　　徽	1792	1792	——	553	——	595
福　　建	6036	6036	——	1960	2	1265
其中:厦门	2138	2138	——	508	——	145
江　　西	3175	3175	——	1730	——	974
山　　东	4539	4539	——	1955	2	1447
其中:青岛	934	934	——	408	——	224
河　　南	4433	4433	——	1815	5	863
湖　　北	2263	2263	——	976	——	788
湖　　南	1657	1613	44	475	13	39
广　　东	8752	8605	——	3165	22	1733
其中:深圳	——	——	——	——	——	——
广　　西	5631	5560	——	1809	——	1115
海　　南	——	——	——	——	——	——
重 庆 市	898	898	——	191	——	19
四　　川	527	527	——	267	——	104
贵　　州	669	669	——	368	69	73
云　　南	——	——	——	——	——	——
西　　藏	——	——	——	——	——	——
陕　　西	3168	3137	——	1809	——	251
甘　　肃	612	612	——	372	——	——
青　　海	626	626	——	266	——	271
宁　　夏	1109	1109	——	514	2	399
新　　疆	1575	1283	292	390	17	——

技、科研单位基本情况（二）

修缮费	设备购置费	科研仪器设备	新产品开发费	经费自给率（%）	劳动报酬占总支出比重（%）	年末固定资产原值（千元）	增加值（千元）	公用房屋建筑面积（千平方米）	科研房屋面积
2451	**2368**	**201**	**8**	**7.7**	**38**	**56450**	**39408**	**47**	**21**
——	249	——	——	5.3	24.1	1204	952	——	——
5	11	——	——	12	38.1	234	695	1	1
253	32	——	——	1.2	36.1	4231	2486	2	2
13	39	9	——	0.6	54.9	1425	1511	1	1
19	63	14	——	——	59.3	2325	2002	3	2
44	55	55	——	0.2	43.2	1716	3355	2	1
——	55	55	——	——	35.5	402	301	1	1
——	14	——	——	2.2	73.2	4183	2237	4	1
2	26	——	——	0.7	38	1180	1015	1	——
24	444	——	——	48.7	20.9	1712	1617	——	——
4	110	——	——	5.7	34.5	1337	1372	——	——
322	640	——	——	6.5	24.3	1989	2023	4	——
——	——	——	——	11.3	41.8	91	258	——	——
61	8	——	8	5.4	30.9	3102	677	——	——
6	314	85	——	5.7	32.5	7142	2248	1	1
——	214	——	——	3.2	23.8	4292	680	——	——
23	——	——	——	4.9	54.5	2869	1845	4	2
47	9	——	——	9.2	43.1	1372	2012	3	——
——	——	——	——	——	43.7	19	409	——	——
135	80	——	——	2	40.9	874	1855	1	——
25	40	——	——	21.1	43.1	1854	1050	2	——
20	58	38	——	5.3	28.7	929	525	2	1
1073	22	——	——	4	36.2	3485	3326	2	——
——	——	——	——	——	——	——	——	——	——
1	39	——	——	1.8	32.1	1910	1885	1	1
——	——	——	——	——	——	——	——	——	——
2	100	——	——	8.7	21.3	1506	251	1	1
——	1	——	——	——	50.7	134	272	——	——
——	——	——	——	6.9	55	341	451	1	——
——	——	——	——	——	——	——	——	——	——
——	——	——	——	——	——	——	——	——	——
370	——	——	——	1	57.1	7820	2122	8	4
——	——	——	——	——	60.8	52	374	3	3
——	——	——	——	11.2	42.5	92	270	——	——
1	14	——	——	3.3	46.3	920	553	——	——
1	——	——	——	19.8	24.8	512	427	——	——

各地区其他文化产业和

	机构数（个）	从业人员（人）	实收资本（千元）		负债合计（千元）	固定资产合计（千元）	固定资产原价（千元）	本年提取折旧（千元）	损			
				国家资本					主营业收入	主营营业成本及费用	主营营业税金及附加	主营业务利润
总计	**664**	**15828**	**2201393**	**1872639**	**2051632**	**1628033**	**1798130**	**1192109**	**1540217**	**1271656**	**38986**	**229575**
中央	49	1619	71033	64592	204942	67885	107796	7157	236727	175163	8075	53489
地方	615	14209	2130360	1808047	1846690	1560148	1690334	1184952	1303490	1096493	30911	176086
北京	18	244	17329	10475	364248	5391	8218	1094	56688	48834	1488	6366
天津	53	568	24257	18429	63485	11123	17763	1128	39392	26943	1018	11431
河北	10	133	2914	2489	1050	2691	3589	285	1261	948	84	229
山西	16	202	3701	1282	6070	1997	3427	74	8248	7699	91	458
内蒙古	1	10	413	413	519	300	997	697	285	291	16	－22
辽宁	11	247	7986	7986	13496	7134	10457	2077	4869	3907	11	951
其中：大连	5	——	——	——	——	——	——	——	——	——	——	——
吉林	24	272	7170	6820	6857	9639	13046	1297	4337	3337	240	760
黑龙江	9	136	3489	3322	8091	5072	6914	165	9970	9687	71	212
上海	48	651	1070605	1032634	102600	86367	140461	6683	163756	132536	7609	23611
江苏	124	2123	213572	177275	231245	269157	250708	12630	296165	273688	3623	18854
浙江	65	828	192962	101959	116471	264696	206874	9156	65632	49493	2520	13619
其中：宁波	3	8	71908	——	28050	77502	63075	2446	697	244	61	392
安徽	11	838	6381	4487	12651	11660	11663	161	4154	3836	357	－39
福建	12	244	10564	9201	10750	7541	11472	866	10882	7935	692	2255
其中：厦门	4	70	2577	1984	7046	2052	4367	441	5910	4211	440	1259
江西	11	384	12532	11603	12327	10072	13714	242	5316	3757	218	1341
山东	26	563	29494	19918	43523	27663	22093	1532	17098	12395	645	4058
其中：青岛	6	95	6209	5393	13109	2292	4087	860	4287	2700	231	1356
河南	15	295	7919	2168	7384	1736	2745	727	3552	2317	118	1117
湖北	24	943	101030	69507	70279	112939	134519	14515	39344	33520	636	5188
湖南	13	214	5482	4880	6308	5702	7708	122	5395	4920	131	344
广东	34	1861	242783	192562	572532	515746	598180	43373	462357	380190	8246	73921
其中：深圳	13	1111	168163	119963	289767	405365	436725	34804	305326	255343	2715	47268
广西	5	76	5305	4329	5074	6197	5680	46	7487	6793	125	569
海南	——	——	——	——	——	——	——	——	——	——	——	——
重庆市	24	941	53103	51482	80161	80671	85572	1078488	22295	16174	770	5351
四川	22	1055	11785	9008	20708	6753	10447	877	14277	12530	642	1105
贵州	5	105	2355	1885	2290	4255	4441	289	5566	4562	187	817
云南	8	266	52960	32214	32639	43646	51121	6192	15899	15266	470	163
西藏	——	——	——	——	——	——	——	——	——	——	——	——
陕西	8	215	19734	19734	14755	18652	22342	867	2069	1132	122	815
甘肃	6	100	6419	6286	10	24255	24035	243	654	271	267	116
青海	6	362	4772	791	4504	3822	7234	90	5363	4091	184	1088
宁夏	4	318	12894	4608	36566	14891	14471	909	31104	29411	328	1365
新疆	2	15	450	300	97	380	443	127	75	30	2	43

非文化产业单位基本情况

益及分配（千元）										其他（千元）			上交主办单位数（千元）	增加值（千元）
其他业务利润	管理费用			财务费用	补贴收入	投资收益	营业外收支净额	应交所得税	净利润	从业人员劳动报酬	本年应付福利费总额	本年应交增值税		
		税金	劳动待业保险											
239286	**337452**	**6253**	**31483**	**13946**	**8995**	**3905**	**−82093**	**28409**	**19861**	**176682**	**19858**	**28370**	**16481**	**1927742**
18514	43885	872	1604	−940	3919	245	−250	13863	19109	30458	4602	4384	9109	132058
220772	293567	5381	29879	14886	5076	3660	−81843	14546	752	146224	15256	23986	7372	1795684
363	6871	1	115	1289	180	——	29	41	−1263	3291	585	487	——	13090
524	12883	143	1087	463	——	70	430	277	−1168	6121	663	904	1843	23112
——	822	13	15	−1	——	——	211	——	−381	433	31	6	300	1350
494	1310	115	157	3	——	21	178	31	−193	1316	65	86	35	2669
——	13	2	——	——	——	——	——	——	−35	48	13	——	40	781
317	1573	23	109	1	——	——	52	——	−254	353	42	7	——	3739
——	——	——	——	——	——	——	——	——	——	——	——	——	——	——
578	2128	65	236	59	——	——	18	2	−833	1199	−48	17	52	4208
62	652	7	36	−1	——	——	——	−26	−351	1380	311	206	123	2226
2397	20635	152	448	−488	968	30	716	2579	4996	8735	967	1768	1371	52326
16192	36595	512	4010	4226	1961	514	1456	613	−2457	20538	2543	3359	2146	77854
3883	23568	621	4642	1652	1115	1094	−1920	618	−8047	11027	801	990	364	42180
572	2785	——	——	317	1115	74	40	23	−932	58	1	——	——	3529
255	1428	56	299	38	——	——	——	——	−1250	1052	100	2	——	1844
1266	5228	317	325	27	127	——	243	11	−1375	2644	302	320	——	8360
49	1950	15	64	26	127	——	−17	3	−561	1400	286	16	——	3620
417	2408	158	161	——	——	——	−19	12	−681	1314	162	12	——	3702
636	6783	412	1031	457	260	——	126	58	−2218	3842	435	139	12	11276
——	1774	101	316	136	——	——	——	2	−556	870	125	42	1	3461
——	1499	21	363	75	7	——	1	2	−451	1059	110	191	——	3233
3943	15045	416	1223	101	32	1997	−1719	6	−5711	8005	1495	235	200	33138
645	1158	29	67	54	38	——	81	——	−104	2027	96	163	250	3711
179093	121376	1427	11119	4746	210	−247	−83061	9982	33812	53550	4156	13392	66	373068
173346	92724	1258	8466	409	——	−247	−82365	7353	37516	37406	633	12723	66	309586
944	1527	16	72	1	——	——	117	26	76	656	122	76	55	2487
——	——	——	——	——	——	——	——	——	——	——	——	——	——	——
6578	16654	327	2789	1540	86	184	1366	−90	−4539	6299	902	47	2	1097862
345	1759	140	11	85	17	——	−332	35	−744	2921	281	140	470	6640
——	905	16	——	28	——	——	——	26	−142	612	56	5	10	1936
500	2707	193	752	569	——	−65	119	46	−2605	2106	357	409	6	10039
——	——	——	——	——	——	——	——	——	——	——	——	——	——	——
961	2722	129	161	−6	75	62	50	5	−758	1331	130	3	——	4228
2	199	19	——	6	——	——	——	——	−87	50	70	23	2	722
59	725	19	3	−1	——	——	−3	74	346	976	42	29	25	2470
318	4352	28	642	−37	——	——	−14	218	−2864	3312	463	970	——	7230
——	42	4	6	——	——	——	32	——	33	27	4	——	——	203

各地区其他文化产业和非文化

	机构数（个）	从业人员（人）	实收资本（千元）	国家资本	负债合计（千元）	固定资产合计（千元）	固定资产原价（千元）	本年提取折旧（千元）	损			
									主营业收入	主营营业成本及费用	主营营业税金及附加	主营业务利润
总　　计	**83**	**2095**	**76687**	**43507**	**124967**	**38261**	**63728**	**4333**	**244450**	**224275**	**2583**	**17592**
中　　央	4	160	7691	5360	9740	2508	5134	379	27864	25524	769	1571
地　　方	79	1935	68996	38147	115227	35753	58594	3954	216586	198751	1814	16021
北　　京	2	43	2168	144	2677	507	1162	655	471	242	2	227
天　　津	8	155	3450	2150	21310	716	1234	359	8036	7019	192	825
河　　北	——	——	——	——	——	——	——	——	——	——	——	——
山　　西	——	——	——	——	——	——	——	——	——	——	——	——
内 蒙 古	——	——	——	——	——	——	——	——	——	——	——	——
辽　　宁	2	71	——	——	989	2142	3032	890	3158	2858	——	300
其中：大连	——	——	——	——	——	——	——	——	——	——	——	——
吉　　林	2	62	590	590	348	326	465	139	68	21	3	44
黑 龙 江	4	75	1227	1137	3844	1274	3116	165	9044	8436	27	581
上　　海	2	68	3054	1535	4424	1280	3129	248	6313	4748	142	1423
江　　苏	28	511	29219	16654	42916	18771	31931	762	156933	150697	521	5715
浙　　江	11	131	8149	8111	19750	3875	2343	132	18320	14029	604	3687
其中：宁波	——	——	——	——	——	——	——	——	——	——	——	——
安　　徽	——	——	——	——	——	——	——	——	——	——	——	——
福　　建	——	——	——	——	——	——	——	——	——	——	——	——
其中：厦门	——	——	——	——	——	——	——	——	——	——	——	——
江　　西	1	3	——	——	——	14	14	3	——	——	——	——
山　　东	4	117	11034	2624	6550	1875	3334	175	6425	5533	186	706
其中：青岛	——	——	——	——	——	——	——	——	——	——	——	——
河　　南	5	68	1780	1420	4164	268	542	24	961	620	29	312
湖　　北	1	35	940	940	432	1449	1449	205	803	606	——	197
湖　　南	2	32	——	——	——	947	947	——	——	——	——	——
广　　东	1	33	4400	2200	4296	653	3275	−53	1771	514	1	1256
其中：深圳	1	33	4400	2200	4296	653	3275	−53	1771	514	1	1256
广　　西	——	——	——	——	——	——	——	——	——	——	——	——
海　　南	——	——	——	——	——	——	——	——	——	——	——	——
重 庆 市	2	——	——	——	——	——	——	——	——	——	——	——
四　　川	1	320	160	——	1610	580	1284	——	1800	1550	24	226
贵　　州	——	——	——	——	——	——	——	——	——	——	——	——
云　　南	——	——	——	——	——	——	——	——	——	——	——	——
西　　藏	——	——	——	——	——	——	——	——	——	——	——	——
陕　　西	1	25	642	642	1792	474	577	213	868	691	54	123
甘　　肃	——	——	——	——	——	——	——	——	——	——	——	——
青　　海	2	186	2183	——	125	602	760	37	1615	1187	29	399
宁　　夏	——	——	——	——	——	——	——	——	——	——	——	——
新　　疆	——	——	——	——	——	——	——	——	——	——	——	——

产业单位基本情况(第二产业)

益及分配(千元)										其他(千元)			上交主办单位数(千元)	增加值(千元)
其他业务利润	管理费用	管理费用:税金	管理费用:劳动待业保险	财务费用	补贴收入	投资收益	营业外收支净额	应交所得税	净利润	从业人员劳动报酬	本年应付福利费总额	本年应交增值税		
11469	**22596**	**799**	**2035**	**429**	**320**	**——**	**—823**	**1106**	**4427**	**14239**	**1637**	**2645**	**1091**	**54751**
18	3024	127	3	—78	——	——	—20	239	—1616	1385	125	4	——	4253
11451	19572	672	2032	507	320	——	—803	867	6043	12854	1512	2641	1091	50498
——	587	——	——	——	——	——	——	——	—360	351	64	226	——	1461
41	1176	3	185	—105	——	——	—23	13	—241	1642	127	88	175	3325
——	——	——	——	——	——	——	——	——	——	——	——	——	——	——
——	——	——	——	——	——	——	——	——	——	——	——	——	——	——
——	——	——	——	——	——	——	——	——	——	——	——	——	——	——
——	——	——	——	——	——	——	——	——	300	——	——	——	——	1190
——	——	——	——	——	——	——	——	——	——	——	——	——	——	——
——	46	3	31	——	——	——	——	——	—2	38	——	2	——	229
62	546	7	31	—3	——	——	——	—26	126	981	287	190	114	2127
49	2255	5	55	—33	——	——	—5	——	—755	1169	81	191	——	3227
10898	8717	153	874	586	303	——	133	289	7457	4728	411	1144	727	24648
—10	2543	4	400	—15	——	——	27	524	652	1681	261	439	——	6537
——	——	——	——	——	——	——	——	——	——	——	——	——	——	——
——	——	——	——	——	——	——	——	——	——	——	——	——	——	——
——	——	——	——	——	——	——	——	——	——	——	——	——	——	——
——	——	——	——	——	——	——	——	——	——	——	——	——	——	——
——	——	——	——	——	——	——	——	——	——	——	——	——	——	3
248	1160	216	197	15	——	——	7	6	—220	740	64	11	——	2282
——	——	——	——	——	——	——	——	——	——	——	——	——	——	——
——	471	5	124	—1	——	——	——	——	—158	286	32	15	——	671
——	261	136	10	——	——	——	——	——	—64	189	26	101	——	828
——	——	——	——	——	——	——	——	——	——	——	——	——	50	50
118	1144	——	122	4	——	——	—950	——	—724	463	107	125	——	1910
118	1144	——	122	4	——	——	—950	——	—724	463	107	125	——	1910
——	——	——	——	——	——	——	——	——	——	——	——	——	——	——
——	——	——	——	——	——	——	——	——	——	——	——	——	——	——
——	——	——	——	——	——	——	——	——	——	——	——	——	——	——
——	137	137	——	45	17	——	——	2	59	237	35	109	——	733
——	——	——	——	——	——	——	——	——	——	——	——	——	——	——
——	——	——	——	——	——	——	——	——	——	——	——	——	——	——
——	——	——	——	——	——	——	——	——	——	——	——	——	——	——
45	340	——	——	14	——	——	6	——	—180	99	——	——	——	534
——	——	——	——	——	——	——	——	——	——	——	——	——	——	——
——	189	3	3	——	——	——	2	59	153	250	17	——	25	743
——	——	——	——	——	——	——	——	——	——	——	——	——	——	——
——	——	——	——	——	——	——	——	——	——	——	——	——	——	——

各地区其他文化产业和非文化

	机构数（个）	从业人员（人）	实收资本（千元）	实收资本 国家资本	负债合计（千元）	固定资产合计（千元）	固定资产原价（千元）	本年提取折旧（千元）	损 主营业收入	主营营业成本及费用	主营营业税金及附加	主营业务利润
总　　计	**581**	**13733**	**2124706**	**1829132**	**1926665**	**1589772**	**1734402**	**1187776**	**1295767**	**1047381**	**36403**	**211983**
中　　央	45	1459	63342	59232	195202	65377	102662	6778	208863	149639	7306	51918
地　　方	536	12274	2061364	1769900	1731463	1524395	1631740	1180998	1086904	897742	29097	160065
北　　京	16	201	15161	10331	361571	4884	7056	439	56217	48592	1486	6139
天　　津	45	413	20807	16279	42175	10407	16529	769	31356	19924	826	10606
河　　北	10	133	2914	2489	1050	2691	3589	285	1261	948	84	229
山　　西	16	202	3701	1282	6070	1997	3427	74	8248	7699	91	458
内 蒙 古	1	10	413	413	519	300	997	697	285	291	16	－22
辽　　宁	9	176	7986	7986	12507	4992	7425	1187	1711	1049	11	651
其中：大连	5	——	——	——	——	——	——	——	——	——	——	——
吉　　林	22	210	6580	6230	6509	9313	12581	1158	4269	3316	237	716
黑 龙 江	5	61	2262	2185	4247	3798	3798	——	926	1251	44	－369
上　　海	46	583	1067551	1031099	98176	85087	137332	6435	157443	127788	7467	22188
江　　苏	96	1612	184353	160621	188329	250386	218777	11868	139232	122991	3102	13139
浙　　江	54	697	184813	93848	96721	260821	204531	9024	47312	35464	1916	9932
其中：宁波	3	8	71908	——	28050	77502	63075	2446	697	244	61	392
安　　徽	11	838	6381	4487	12651	11660	11663	161	4154	3836	357	－39
福　　建	12	244	10564	9201	10750	7541	11472	866	10882	7935	692	2255
其中：厦门	4	70	2577	1984	7046	2052	4367	441	5910	4211	440	1259
江　　西	10	381	12532	11603	12327	10058	13700	239	5316	3757	218	1341
山　　东	22	446	18460	17294	36973	25788	18759	1357	10673	6862	459	3352
其中：青岛	6	95	6209	5393	13109	2292	4087	860	4287	2700	231	1356
河　　南	10	227	6139	748	3220	1468	2203	703	2591	1697	89	805
湖　　北	23	908	100090	68567	69847	111490	133070	14310	38541	32914	636	4991
湖　　南	11	182	5482	4880	6308	4755	6761	122	5395	4920	131	344
广　　东	33	1828	238383	190362	568236	515093	594905	43426	460586	379676	8245	72665
其中：深圳	12	1078	163763	117763	285471	404712	433450	34857	303555	254829	2714	46012
广　　西	5	76	5305	4329	5074	6197	5680	46	7487	6793	125	569
海　　南	——	——	——	——	——	——	——	——	——	——	——	——
重 庆 市	22	941	53103	51482	80161	80671	85572	1078488	22295	16174	770	5351
四　　川	21	735	11625	9008	19098	6173	9163	877	12477	10980	618	879
贵　　州	5	105	2355	1885	2290	4255	4441	289	5566	4562	187	817
云　　南	8	266	52960	32214	32639	43646	51121	6192	15899	15266	470	163
西　　藏	——	——	——	——	——	——	——	——	——	——	——	——
陕　　西	7	190	19092	19092	12963	18178	21765	654	1201	441	68	692
甘　　肃	6	100	6419	6286	10	24255	24035	243	654	271	267	116
青　　海	4	176	2589	791	4379	3220	6474	53	3748	2904	155	689
宁　　夏	4	318	12894	4608	36566	14891	14471	909	31104	29411	328	1365
新　　疆	2	15	450	300	97	380	443	127	75	30	2	43

产业单位基本情况(第三产业)

益及分配(千元)										其他(千元)			上交主办单位数(千元)	增加值(千元)
其他业务利润	管理费用	税金	劳动待业保险	财务费用	补贴收入	投资收益	营业外收支净额	应交所得税	净利润	从业人员劳动报酬	本年应付福利费总额	本年应交增值税		
227817	**314856**	**5454**	**29448**	**13517**	**8675**	**3905**	**−81270**	**27303**	**15434**	**162443**	**18221**	**25725**	**15390**	**1872991**
18496	40861	745	1601	−862	3919	245	−230	13624	20725	29073	4477	4380	9109	127805
209321	273995	4709	27847	14379	4756	3660	−81040	13679	−5291	133370	13744	21345	6281	1745186
363	6284	1	115	1289	180	——	29	41	−903	2940	521	261	——	11629
483	11707	140	902	568	——	70	453	264	−927	4479	536	816	1668	19787
——	822	13	15	−1	——	——	211	——	−381	433	31	6	300	1350
494	1310	115	157	3	——	21	178	31	−193	1316	65	86	35	2669
——	13	2	——	——	——	——	——	——	−35	48	13	——	40	781
317	1573	23	109	1	——	——	52	——	−554	353	42	7	——	2549
——	——	——	——	——	——	——	——	——	——	——	——	——	——	——
578	2082	62	205	59	——	——	18	2	−831	1161	−48	15	52	3979
——	106	——	5	2	——	——	——	——	−477	399	24	16	9	99
2348	18380	147	393	−455	968	30	721	2579	5751	7566	886	1577	1371	49099
5294	27878	359	3136	3640	1658	514	1323	324	−9914	15810	2132	2215	1419	53206
3893	21025	617	4242	1667	1115	1094	−1947	94	−8699	9346	540	551	364	35643
572	2785	——	——	317	1115	74	40	23	−932	58	1	——	——	3529
255	1428	56	299	38	——	——	——	——	−1250	1052	100	2	——	1844
1266	5228	317	325	27	127	——	243	11	−1375	2644	302	320	——	8360
49	1950	15	64	26	127	——	−17	3	−561	1400	286	16	——	3620
417	2408	158	161	——	——	——	−19	12	−681	1314	162	12	——	3699
388	5623	196	834	442	260	——	119	52	−1998	3102	371	128	12	8994
——	1774	101	316	136	——	——	——	2	−556	870	125	42	1	3461
——	1028	16	239	76	7	——	1	2	−293	773	78	176	——	2562
3943	14784	280	1213	101	32	1997	−1719	6	−5647	7816	1469	134	200	32310
645	1158	29	67	54	38	——	81	——	−104	2027	96	163	200	3661
178975	120232	1427	10997	4742	210	−247	−82111	9982	34536	53087	4049	13267	66	371158
173228	91580	1258	8344	405	——	−247	−81415	7353	38240	36943	526	12598	66	307676
944	1527	16	72	1	——	——	117	26	76	656	122	76	55	2487
——	——	——	——	——	——	——	——	——	——	——	——	——	——	——
6578	16654	327	2789	1540	86	184	1366	−90	−4539	6299	902	47	2	1097862
345	1622	3	11	40	——	——	−332	33	−803	2684	246	31	470	5907
——	905	16	——	28	——	——	——	26	−142	612	56	5	10	1936
500	2707	193	752	569	——	−65	119	46	−2605	2106	357	409	6	10039
——	——	——	——	——	——	——	——	——	——	——	——	——	——	——
916	2382	129	161	−20	75	62	44	5	−578	1232	130	3	——	3694
2	199	19	——	6	——	——	——	——	−87	50	70	23	2	722
59	536	16	——	−1	——	——	−5	15	193	726	25	29	——	1727
318	4352	28	642	−37	——	——	−14	218	−2864	3312	463	970	——	7230
——	42	4	6	——	——	——	32	——	33	27	4	——	——	203

各地区文化部门附营非

	机构数(个)	从业人员(人)	实收资本(千元)		负债合计(千元)	固定资产合计(千元)	固定资产原价(千元)	本年提取折旧(千元)	损			
				国家资本					主营业收入	主营业成本及费用	主营业税金及附加	主营业务利润
总　计	**183**	**2472**	**1119229**	**1066359**	**179341**	**88325**	**185538**	**20011**	**204189**	**151700**	**11239**	**41250**
中　央	5	386	3664	400	10582	6962	5933	417	43341	21141	1711	20489
地　方	178	2086	1115565	1065959	168759	81363	179605	19594	160848	130559	9528	20761
北　京	1	3	800	——	67	——	264	——	——	——	——	——
天　津	35	371	12511	8191	34566	5206	7325	868	22433	16493	701	5239
河　北	——	——	——	——	——	——	——	——	——	——	——	——
山　西	11	159	1586	980	4872	1429	2494	48	2875	2769	53	53
内蒙古	1	10	413	413	519	300	997	697	285	291	16	−22
辽　宁	——	——	——	——	——	——	——	——	——	——	——	——
其中:大连	——	——	——	——	——	——	——	——	——	——	——	——
吉　林	11	76	1080	830	795	360	658	82	532	441	58	33
黑龙江	——	——	——	——	——	——	——	——	——	——	——	——
上　海	12	189	1032920	1010290	10183	19062	69190	4063	41968	27299	5981	8688
江　苏	58	747	43872	30776	57480	30135	66344	9497	51327	45110	1472	4745
浙　江	25	135	9607	7645	37784	14763	16802	3106	18106	16033	585	1488
其中:宁波	——	——	——	——	——	——	——	——	——	——	——	——
安　徽	2	30	——	——	——	——	2	——	163	34	20	109
福　建	——	——	——	——	——	——	——	——	——	——	——	——
其中:厦门	——	——	——	——	——	——	——	——	——	——	——	——
江　西	——	——	——	——	——	——	——	——	——	——	——	——
山　东	1	——	——	——	——	——	——	——	45	26	3	16
其中:青岛	——	——	——	——	——	——	——	——	——	——	——	——
河　南	——	——	——	——	——	——	——	——	——	——	——	——
湖　北	2	49	1200	500	1650	996	1373	55	742	1151	26	−435
湖　南	3	1	380	380	137	233	336	——	——	——	——	——
广　东	3	24	2021	——	841	828	1373	512	2491	2425	35	31
其中:深圳	——	——	——	——	——	——	——	——	——	——	——	——
广　西	——	——	——	——	——	——	——	——	——	——	——	——
海　南	——	——	——	——	——	——	——	——	——	——	——	——
重庆市	——	——	——	——	——	——	——	——	——	——	——	——
四　川	9	160	6385	4962	5960	4397	5539	591	7161	6849	387	−75
贵　州	——	——	——	——	——	——	——	——	——	——	——	——
云　南	1	16	500	500	10200	434	434	22	8972	8734	36	202
西　藏	——	——	——	——	——	——	——	——	——	——	——	——
陕　西	——	——	——	——	——	——	——	——	——	——	——	——
甘　肃	——	——	——	——	——	——	——	——	——	——	——	——
青　海	3	116	2290	492	3705	3220	6474	53	3748	2904	155	689
宁　夏	——	——	——	——	——	——	——	——	——	——	——	——
新　疆	——	——	——	——	——	——	——	——	——	——	——	——

文化产业单位基本情况

益及分配（千元）										其他（千元）				
其他业务利润	管理费用	管理费用：税金	管理费用：劳动待业保险	财务费用	补贴收入	投资收益	营业外收支净额	应交所得税	净利润	从业人员劳动报酬	本年应付福利费总额	本年应交增值税	上交主办单位数（千元）	增加值（千元）
12225	**37382**	**802**	**1607**	**177**	**903**	**32**	**319**	**6971**	**10199**	**26239**	**2509**	**3519**	**2981**	**118266**
80	8509	125	85	1	——	——	20	5600	6479	7401	591	612	——	30835
12145	28873	677	1522	176	903	32	299	1371	3720	18838	1918	2907	2981	87431
——	7	——	——	−4	——	——	——	——	−3	——	——	——	——	——
472	5660	32	326	−125	——	——	−4	244	−72	3521	349	507	348	11688
——	——	——	——	——	——	——	——	——	——	——	——	——	——	——
488	959	75	88	——	——	——	183	22	−257	1111	44	86	34	1948
——	13	2	——	——	——	——	——	——	−35	48	13	——	40	781
——	——	——	——	——	——	——	——	——	——	——	——	——	——	——
——	——	——	——	——	——	——	——	——	——	——	——	——	——	——
——	126	——	——	1	——	——	18	1	−77	220	——	3	——	396
——	——	——	——	——	——	——	——	——	——	——	——	——	——	——
49	7552	17	137	−146	903	−44	53	912	1331	2918	365	198	606	22520
10856	10432	277	931	488	——	45	23	97	4652	6493	737	1557	1707	36604
50	1904	152	25	−21	——	——	31	43	−357	1400	209	25	166	6972
——	——	——	——	——	——	——	——	——	——	——	——	——	——	——
——	112	——	——	——	——	——	——	——	−3	6	——	2	——	137
——	——	——	——	——	——	——	——	——	——	——	——	——	——	——
——	——	——	——	——	——	——	——	——	——	——	——	——	——	——
——	——	——	——	——	——	——	——	——	——	——	——	——	——	——
——	3	3	——	1	——	——	——	——	12	10	——	——	——	32
——	——	——	——	——	——	——	——	——	——	——	——	——	——	——
——	——	——	——	——	——	——	——	——	——	——	——	——	——	——
140	760	98	15	−1	——	31	——	——	−1023	595	40	6	——	485
——	10	——	——	——	——	——	——	——	−10	10	——	——	——	10
——	75	——	——	−1	——	——	——	——	−43	344	46	126	——	1048
——	——	——	——	——	——	——	——	——	——	——	——	——	——	——
——	——	——	——	——	——	——	——	——	——	——	——	——	——	——
——	——	——	——	——	——	——	——	——	——	——	——	——	——	——
——	——	——	——	——	——	——	——	——	——	——	——	——	——	——
41	590	——	——	−2	——	——	——	——	−622	1295	74	9	80	2328
——	——	——	——	——	——	——	——	——	——	——	——	——	——	——
48	159	5	——	−14	——	——	——	46	59	189	23	359	——	861
——	——	——	——	——	——	——	——	——	——	——	——	——	——	——
——	——	——	——	——	——	——	——	——	——	——	——	——	——	——
——	——	——	——	——	——	——	——	——	——	——	——	——	——	——
1	511	16	——	——	——	——	−5	6	168	678	18	29	——	1621
——	——	——	——	——	——	——	——	——	——	——	——	——	——	——
——	——	——	——	——	——	——	——	——	——	——	——	——	——	——

各地区文化部门附营非文化

	机构数（个）	从业人员（人）	实收资本（千元）	国家资本	负债合计（千元）	固定资产合计（千元）	固定资产原价（千元）	本年提取折旧（千元）	损			
									主营业收入	主营业成本及费用	主营业税金及附加	主营业务利润
总　计	**27**	**597**	**22324**	**15860**	**56410**	**9929**	**15787**	**1120**	**36653**	**31598**	**813**	**4242**
中　央	1	109	2331	——	2053	241	1371	60	3622	3138	117	367
地　方	26	488	19993	15860	54357	9688	14416	1060	33031	28460	696	3875
北　京	——	——	——	——	——	——	——	——	——	——	——	——
天　津	6	147	3150	2150	21310	716	1234	359	7880	6875	178	827
河　北	——	——	——	——	——	——	——	——	——	——	——	——
山　西	——	——	——	——	——	——	——	——	——	——	——	——
内蒙古	——	——	——	——	——	——	——	——	——	——	——	——
辽　宁	——	——	——	——	——	——	——	——	——	——	——	——
其中：大连	——	——	——	——	——	——	——	——	——	——	——	——
吉　林	1	45	360	360	94	286	355	69	——	——	——	——
黑龙江	——	——	——	——	——	——	——	——	——	——	——	——
上　海	1	28	2531	1012	1568	649	2347	183	2441	1781	2	658
江　苏	14	215	8895	7319	14468	5734	10441	414	11601	9728	176	1697
浙　江	4	53	5057	5019	16917	2303	39	35	11109	10076	340	693
其中：宁波	——	——	——	——	——	——	——	——	——	——	——	——
安　徽	——	——	——	——	——	——	——	——	——	——	——	——
福　建	——	——	——	——	——	——	——	——	——	——	——	——
其中：厦门	——	——	——	——	——	——	——	——	——	——	——	——
江　西	——	——	——	——	——	——	——	——	——	——	——	——
山　东	——	——	——	——	——	——	——	——	——	——	——	——
其中：青岛	——	——	——	——	——	——	——	——	——	——	——	——
河　南	——	——	——	——	——	——	——	——	——	——	——	——
湖　北	——	——	——	——	——	——	——	——	——	——	——	——
湖　南	——	——	——	——	——	——	——	——	——	——	——	——
广　东	——	——	——	——	——	——	——	——	——	——	——	——
其中：深圳	——	——	——	——	——	——	——	——	——	——	——	——
广　西	——	——	——	——	——	——	——	——	——	——	——	——
海　南	——	——	——	——	——	——	——	——	——	——	——	——
重庆市	——	——	——	——	——	——	——	——	——	——	——	——
四　川	——	——	——	——	——	——	——	——	——	——	——	——
贵　州	——	——	——	——	——	——	——	——	——	——	——	——
云　南	——	——	——	——	——	——	——	——	——	——	——	——
西　藏	——	——	——	——	——	——	——	——	——	——	——	——
陕　西	——	——	——	——	——	——	——	——	——	——	——	——
甘　肃	——	——	——	——	——	——	——	——	——	——	——	——
青　海	——	——	——	——	——	——	——	——	——	——	——	——
宁　夏	——	——	——	——	——	——	——	——	——	——	——	——
新　疆	——	——	——	——	——	——	——	——	——	——	——	——

产业单位基本情况（第二产业）

益	及	分	配（千元）							其他（千元）			上交主办单位数（千元）	增加值（千元）
其他业务利润	管理费用	税金	劳动待业保险	财务费用	补贴收入	投资收益	营业外收支净额	应交所得税	净利润	从业人员劳动报酬	本年应付福利费总额	本年应交增值税		
9939	**8255**	**267**	**877**	**−141**	**——**	**——**	**−27**	**21**	**6019**	**5975**	**610**	**967**	**597**	**23920**
——	639	117	——	1	——	——	−11	——	−284	1117	95	——	——	1778
9939	7616	150	877	−142	——	——	−16	21	6303	4858	515	967	597	22142
——	——	——	——	——	——	——	——	——	——	——	——	——	——	——
——	1044	3	185	−105	——	——	−16	13	−141	1556	127	88	175	3186
——	——	——	——	——	——	——	——	——	——	——	——	——	——	——
——	——	——	——	——	——	——	——	——	——	——	——	——	——	——
——	——	——	——	——	——	——	——	——	——	——	——	——	——	——
——	——	——	——	——	——	——	——	——	——	——	——	——	——	——
——	——	——	——	——	——	——	——	——	——	——	——	——	——	——
——	——	——	——	——	——	——	——	——	——	——	——	——	——	69
——	——	——	——	——	——	——	——	——	——	——	——	——	——	——
49	1477	5	55	−29	——	——	−2	——	−743	514	64	191	——	1602
9890	4344	140	637	−3	——	——	3	8	7241	2430	248	686	422	15855
——	751	2	——	−5	——	——	−1	——	−54	358	76	2	——	1430
——	——	——	——	——	——	——	——	——	——	——	——	——	——	——
——	——	——	——	——	——	——	——	——	——	——	——	——	——	——
——	——	——	——	——	——	——	——	——	——	——	——	——	——	——
——	——	——	——	——	——	——	——	——	——	——	——	——	——	——
——	——	——	——	——	——	——	——	——	——	——	——	——	——	——
——	——	——	——	——	——	——	——	——	——	——	——	——	——	——
——	——	——	——	——	——	——	——	——	——	——	——	——	——	——
——	——	——	——	——	——	——	——	——	——	——	——	——	——	——
——	——	——	——	——	——	——	——	——	——	——	——	——	——	——
——	——	——	——	——	——	——	——	——	——	——	——	——	——	——
——	——	——	——	——	——	——	——	——	——	——	——	——	——	——
——	——	——	——	——	——	——	——	——	——	——	——	——	——	——
——	——	——	——	——	——	——	——	——	——	——	——	——	——	——
——	——	——	——	——	——	——	——	——	——	——	——	——	——	——
——	——	——	——	——	——	——	——	——	——	——	——	——	——	——
——	——	——	——	——	——	——	——	——	——	——	——	——	——	——
——	——	——	——	——	——	——	——	——	——	——	——	——	——	——
——	——	——	——	——	——	——	——	——	——	——	——	——	——	——
——	——	——	——	——	——	——	——	——	——	——	——	——	——	——
——	——	——	——	——	——	——	——	——	——	——	——	——	——	——
——	——	——	——	——	——	——	——	——	——	——	——	——	——	——
——	——	——	——	——	——	——	——	——	——	——	——	——	——	——
——	——	——	——	——	——	——	——	——	——	——	——	——	——	——
——	——	——	——	——	——	——	——	——	——	——	——	——	——	——

各地区文化部门附营非文化

	机构数（个）	从业人员（人）	实收资本（千元）		负债合计（千元）	固定资产合计（千元）	固定资产原价（千元）	本年提取折旧（千元）	损			
				国家资本					主营业收入	主营业成本及费用	主营业税金及附加	主营业务利润
总计	**156**	**1875**	**1096905**	**1050499**	**122931**	**78396**	**169751**	**18891**	**167536**	**120102**	**10426**	**37008**
中央	4	277	1333	400	8529	6721	4562	357	39719	18003	1594	20122
地方	152	1598	1095572	1050099	114402	71675	165189	18534	127817	102099	8832	16886
北京	1	3	800	——	67	——	264	——	——	——	——	——
天津	29	224	9361	6041	13256	4490	6091	509	14553	9618	523	4412
河北	——	——	——	——	——	——	——	——	——	——	——	——
山西	11	159	1586	980	4872	1429	2494	48	2875	2769	53	53
内蒙古	1	10	413	413	519	300	997	697	285	291	16	−22
辽宁	——	——	——	——	——	——	——	——	——	——	——	——
其中：大连	——	——	——	——	——	——	——	——	——	——	——	——
吉林	10	31	720	470	701	74	303	13	532	441	58	33
黑龙江	——	——	——	——	——	——	——	——	——	——	——	——
上海	11	161	1030389	1009278	8615	18413	66843	3880	39527	25518	5979	8030
江苏	44	532	34977	23457	43012	24401	55903	9083	39726	35382	1296	3048
浙江	21	82	4550	2626	20867	12460	16763	3071	6997	5957	245	795
其中：宁波	——	——	——	——	——	——	——	——	——	——	——	——
安徽	2	30	——	——	——	——	2	——	163	34	20	109
福建	——	——	——	——	——	——	——	——	——	——	——	——
其中：厦门	——	——	——	——	——	——	——	——	——	——	——	——
江西	——	——	——	——	——	——	——	——	——	——	——	——
山东	1	——	——	——	——	——	——	——	45	26	3	16
其中：青岛	——	——	——	——	——	——	——	——	——	——	——	——
河南	——	——	——	——	——	——	——	——	——	——	——	——
湖北	2	49	1200	500	1650	996	1373	55	742	1151	26	−435
湖南	3	1	380	380	137	233	336	——	——	——	——	——
广东	3	24	2021	——	841	828	1373	512	2491	2425	35	31
其中：深圳	——	——	——	——	——	——	——	——	——	——	——	——
广西	——	——	——	——	——	——	——	——	——	——	——	——
海南	——	——	——	——	——	——	——	——	——	——	——	——
重庆市	——	——	——	——	——	——	——	——	——	——	——	——
四川	9	160	6385	4962	5960	4397	5539	591	7161	6849	387	−75
贵州	——	——	——	——	——	——	——	——	——	——	——	——
云南	1	16	500	500	10200	434	434	22	8972	8734	36	202
西藏	——	——	——	——	——	——	——	——	——	——	——	——
陕西	——	——	——	——	——	——	——	——	——	——	——	——
甘肃	——	——	——	——	——	——	——	——	——	——	——	——
青海	3	116	2290	492	3705	3220	6474	53	3748	2904	155	689
宁夏	——	——	——	——	——	——	——	——	——	——	——	——
新疆	——	——	——	——	——	——	——	——	——	——	——	——

产业单位基本情况（第三产业）

益	及	分		配（千元）						其他（千元）			上交主办单位数（千元）	增加值（千元）
其他业务利润	管理费用	税金	劳动待业保险	财务费用	补贴收入	投资收益	营业外收支净额	应交所得税	净利润	从业人员劳动报酬	本年应付福利费总额	本年应交增值税		
2286	**29127**	**535**	**730**	**318**	**903**	**32**	**346**	**6950**	**4180**	**20264**	**1899**	**2552**	**2384**	**94346**
80	7870	8	85	——	——	——	31	5600	6763	6284	496	612	——	29057
2206	21257	527	645	318	903	32	315	1350	−2583	13980	1403	1940	2384	65289
——	7	——	——	−4	——	——	——	——	−3	——	——	——	——	——
472	4616	29	141	−20	——	——	12	231	69	1965	222	419	173	8502
——	——	——	——	——	——	——	——	——	——	——	——	——	——	——
488	959	75	88	——	——	——	183	22	−257	1111	44	86	34	1948
——	13	2	——	——	——	——	——	——	−35	48	13	——	40	781
——	——	——	——	——	——	——	——	——	——	——	——	——	——	——
——	——	——	——	——	——	——	——	——	——	——	——	——	——	——
——	126	——	——	1	——	——	18	1	−77	220	——	3	——	327
——	——	——	——	——	——	——	——	——	——	——	——	——	——	——
——	6075	12	82	−117	903	−44	55	912	2074	2404	301	7	606	20918
966	6088	137	294	491	——	45	20	89	−2589	4063	489	871	1285	20749
50	1153	150	25	−16	——	——	32	43	−303	1042	133	23	166	5542
——	——	——	——	——	——	——	——	——	——	——	——	——	——	——
——	112	——	——	——	——	——	——	——	−3	6	——	2	——	137
——	——	——	——	——	——	——	——	——	——	——	——	——	——	——
——	——	——	——	——	——	——	——	——	——	——	——	——	——	——
——	——	——	——	——	——	——	——	——	——	——	——	——	——	——
——	3	3	——	1	——	——	——	——	12	10	——	——	——	32
——	——	——	——	——	——	——	——	——	——	——	——	——	——	——
——	——	——	——	——	——	——	——	——	——	——	——	——	——	——
140	760	98	15	−1	——	31	——	——	−1023	595	40	6	——	485
——	10	——	——	——	——	——	——	——	−10	10	——	——	——	10
——	75	——	——	−1	——	——	——	——	−43	344	46	126	——	1048
——	——	——	——	——	——	——	——	——	——	——	——	——	——	——
——	——	——	——	——	——	——	——	——	——	——	——	——	——	——
——	——	——	——	——	——	——	——	——	——	——	——	——	——	——
——	——	——	——	——	——	——	——	——	——	——	——	——	——	——
41	590	——	——	−2	——	——	——	——	−622	1295	74	9	80	2328
——	——	——	——	——	——	——	——	——	——	——	——	——	——	——
48	159	5	——	−14	——	——	——	46	59	189	23	359	——	861
——	——	——	——	——	——	——	——	——	——	——	——	——	——	——
——	——	——	——	——	——	——	——	——	——	——	——	——	——	——
——	——	——	——	——	——	——	——	——	——	——	——	——	——	——
1	511	16	——	——	——	——	−5	6	168	678	18	29	——	1621
——	——	——	——	——	——	——	——	——	——	——	——	——	——	——
——	——	——	——	——	——	——	——	——	——	——	——	0	——	——

对港、澳、台文化交流

2003

内地与香港文化交流往来项目

	总计		赴香港		来内地	
	起数	人次	起数	人次	起数	人次
总计	**288**	**5 355**	**228**	**3 552**	**60**	**1 803**
艺术演出	158	4 535	120	3 137	38	1 398
艺术展览	25	258	19	181	6	77
其他	105	562	89	234	16	328

内地与澳门文化交流往来项目

	总计		赴澳门		来内地	
	起数	人次	起数	人次	起数	人次
总计	**79**	**2 280**	**60**	**2 002**	**19**	**278**
艺术演出	35	1 922	31	1 753	4	169
艺术展览	18	197	12	145	6	52
其他	26	161	17	104	9	57

海峡两岸文化交流往来项目

	起数	人次
总计	**398**	**5 179**
赴台湾	266	2 948
来大陆	132	2 231

文化交流往来项目

	总计		派出		来访	
	起数	人次	起数	人次	起数	人次
总计	**1 477**	**3 3991**	**729**	**18 489**	**748**	**15 502**
文化代表团	60	332	23	93	37	239
艺术表演团体	799	23 016	440	13 112	359	9 904
艺术展览	155	1 673	51	809	104	864
国际比赛	40	1 836	33	1 165	7	671
国际会议	38	1 389	24	137	14	1252
其他	385	5 745	158	3 173	227	2 572

签订文化合作协定

国　家	名　称	时　间	地　点
法　国	中国和法国政府文化合作协定	2002年9月26日	巴　黎
波　黑	中国和波黑部长会议文化合作协定	2002年6月26日	北　京
沙特阿拉伯	中国和沙特阿拉伯文化教育合作协定	2002年12月24日	北　京

签订文化交流政府联合声明

国　家	名　称	时　间	地　点
荷　兰	中华人民共和国文化部副部长赵维绥与荷兰王国教育文化科学部国务秘书西斯·凡·利文联合声明	2002年10月10日	海　牙

签订文化合作谅解备忘录

国　家	时　间	地　点
英　国	2002年7月16日	北京

签订文化合作协定执行计划

国　家	时　间	地　点
英　国	2002年10月17日	伦　敦
泰　国	2002年6月5日	曼　谷
菲律宾	2002年12月17日	马尼拉
孟加拉国	2002年1月	达　卡
突尼斯	2002年4月16日	突尼斯
伊　朗	2002年4月20日	德黑兰
摩洛哥	2002年5月15日	拉巴特
土耳其	2002年3月18日	北　京
阿尔及利亚	2002年8月26日	阿尔及尔
塞浦路斯	2002年5月27日	尼科利亚
黎巴嫩	2002年4月28日	北　京
巴　林	2002年5月16日	北　京
苏　丹	2002年12月16日	北　京
吉尔吉斯斯坦	2002年4月11日	北　京
乌克兰	2002年4月25日	北　京
马其顿	2002年4月27日	北　京
亚美尼亚	2002年4月30日	埃里温
拉脱维亚	2002年9月11日	北　京
俄罗斯	2002年12月16日	北　京
波　黑	2002年6月26日	北　京
厄立特里亚	2002年1月9日	阿斯马拉
赞比亚	2002年11月5日	卢萨卡
贝　宁	2002年6月10日	北　京
加　蓬	2002年8月21日	北　京
肯尼亚	2002年9月10日	北　京
南　非	2002年3月4日	北　京

排序资料

2003

全国艺术表演团体分剧种按演出场次排序

单位：场

名次	单位名称	演出场次	名次	单位名称	演出场次
	一、话剧、儿童剧、滑稽剧		43	辽宁本溪市话剧团	110
1	浙江杭州滑稽艺术剧院	2960	44	四川成都话剧院	106
2	辽宁沈阳话剧团	935	45	陕西省人民艺术剧院	106
3	黑龙江哈尔滨儿童艺术剧院	613	46	上海市人民滑稽剧团	105
4	山东济南市儿童艺术剧院	462	47	黑龙江鸡西市人民艺术剧院	102
5	陕西西安儿童艺术剧院	362	48	河南省话剧团	100
6	湖北武汉市儿童艺术剧院	345	49	吉林长春话剧院	97
7	黑龙江哈尔滨话剧院	340	50	内蒙古呼化贝尔市话剧团	96
8	辽宁鞍山市艺术剧院	314	51	广西话剧团	94
9	江苏苏州市滑稽剧团	310	52	湖北武汉市话剧院	94
10	河北永年县西调剧团	310	53	内蒙古话剧团	92
11	辽宁人民艺术剧院	296	54	河北省承德话剧团	90
12	安徽省话剧团	289	55	黑龙江佳木斯市话剧团	89
13	上海话剧艺术中心	283	56	江苏省话剧院	89
14	江苏南通市话剧团	271	57	吉林四平市话剧团	89
15	山东省话剧院	267	58	新疆话剧团	86
16	辽宁丹东市话剧团	264	59	西藏自治区话剧团	83
17	浙江话剧团	263	60	宁夏回族自治区话剧团	77
18	天津市儿童艺术剧团	262	61	甘肃省话剧团	70
19	江苏无锡市滑稽剧团	251	62	湖北省话剧院	67
20	山东青岛市话剧院	231	63	黑龙江齐齐哈尔市话剧团	67
21	福建人民艺术剧院	220	64	河北省话剧院	66
22	上海滑稽剧团	206	65	新疆伊宁市少儿艺术团	61
23	北京市儿童艺术剧团	202	66	陕西宝鸡市话剧团	51
24	新疆乌鲁木齐市儿童艺术剧团	201	67	山西省话剧院	50
25	河北成安县豫剧团	200	68	辽宁盖洲市辽剧团	49
26	北京人民艺术剧院	189	69	江苏南京市话剧团	48
27	江苏常州市滑稽剧团	189	70	辽宁法库县剧团	45
28	中国儿童艺术剧院	186	71	山西太原市话剧团	40
29	广东话剧院	184	72	广东汕头市话剧团	36
30	江西九江市话剧团	162	73	新疆伊犁州话剧团	34
31	广东广州话剧团	149	74	四川内江市人民艺术剧院	31
32	云南省话剧团	144	75	江苏连云港市话剧团	30
33	天津人民艺术剧院	142	76	陕西西安话剧院	30
34	吉林延边话剧团	133	77	江西省话剧团	23
35	吉林市话剧团	131	78	安徽安庆市话剧团	16
36	四川人民艺术剧院	130	79	广东省佛山话剧团	8
37	云南昆明市儿童艺术剧团	126	80	山西晋城市少儿艺术团	7
38	国家话剧院	122		**二、歌剧、舞剧、歌舞剧团**	
39	贵州省话剧团	116	1	陕西省歌舞剧院	820
40	重庆市话剧团	115	2	陕西西安歌舞剧院	638
41	上海市青艺滑稽剧团	113	3	辽宁营口市歌舞团	456
42	湖南省话剧团	111	4	山东淄博市歌剧舞剧院	455

全国艺术表演团体分剧种按演出场次排序

单位:场

名次	单位名称	演出场次	名次	单位名称	演出场次
5	上海歌剧院	348	48	黑龙江木兰县松花江歌舞剧团	120
6	山西武乡县光明秧歌剧团	342	49	四川南充市歌舞剧院	120
7	甘肃省平凉市秦腔剧团	320	50	四川攀枝花市歌舞剧团	120
8	甘肃灵台县秦剧团	317	51	四川省歌舞剧院	120
9	山西襄垣县人民秧歌剧团	312	52	内蒙古五原县歌剧团	120
10	吉林省歌舞剧院	305	53	山西阳高县民间歌剧团	120
11	山东济南市歌舞剧院	293	54	江西省歌舞剧院	117
12	甘肃省华亭县秦剧团	291	55	广东梅州市山歌剧团	116
13	湖北黄石市歌舞剧院	252	56	江西南昌市歌舞剧团	115
14	山西太谷县秧歌团	250	57	贵州贵阳市歌舞剧院	111
15	山东青岛市歌舞剧院	240	58	广东梅县木偶剧团	106
16	湖北省歌剧舞剧院	234	59	新疆昌吉州民族歌舞剧团	105
17	甘肃省庄浪县秦剧团	230	60	湖北广水市楚剧团	105
18	福建邵武市艺术团	230	61	湖南株洲市歌舞剧团	105
19	甘肃省静宁县秦剧团	210	62	重庆市涪陵区歌舞剧团	102
20	江西崇义县歌舞剧团	205	63	广东梅县山歌剧团	101
21	广东源城区山歌剧团	200	64	广东平远县山歌剧团	101
22	四川自贡市歌舞剧团	198	65	上海芭蕾舞团	101
23	甘肃崇信县文化体育局	192	66	山西繁峙县秧歌剧团	100
24	山东歌舞剧院	181	67	甘肃省歌剧院	96
25	湖南郴州市歌舞剧团	180	68	甘肃平凉市崆峒区秦腔剧团	92
26	黑龙江哈尔滨歌剧院	180	69	内蒙古杭锦后旗河套艺术团	90
27	湖北随州市曾都区剧团	180	70	新疆歌剧团	90
28	山东潍坊市歌舞剧院	180	71	甘肃省武威市歌舞剧团	89
29	四川宜宾市歌舞剧团	172	72	广东和平县采茶剧团	85
30	湖南省歌舞剧院	171	73	辽宁歌剧院	85
31	山西长治市歌舞剧团	170	74	甘肃甘南州藏剧团	84
32	黑龙江省歌舞剧院	168	75	甘肃敦煌艺术剧院	83
33	四川成都音乐舞剧院	167	76	广东广州芭蕾舞团	82
34	江苏省歌剧舞剧院	156	77	湖南衡阳市歌舞剧团	82
35	山东烟台市歌舞剧院	151	78	辽宁芭蕾舞团	81
36	广东英德市歌舞团	150	79	中央芭蕾舞团	81
37	福建泉州歌剧院	145	80	青海西宁市歌剧团	80
38	重庆市歌剧院	145		**三、乐　　团**	
39	山西省歌舞剧院	144	1	上海交响乐团	166
40	中国歌剧舞剧院	138	2	上海民族乐团	154
41	湖北赤壁市歌舞剧团	136	3	广东广州交响乐园	144
42	天津歌舞剧院	128	4	天津交响乐团	131
43	福建厦门歌舞剧院	126	5	江苏南京市民乐团	130
44	甘肃山丹县歌舞团	123	6	中央民族乐团	123
45	湖南长沙市歌舞剧院	121	7	中国交响乐团	103
46	湖南常宁市歌舞剧团	120	8	广东深圳交响乐团	101
47	福建龙岩山歌剧团	120	9	北京交响乐团	74

全国艺术表演团体分剧种按演出场次排序

单位:场

名次	单位名称	演出场次	名次	单位名称	演出场次
10	湖北武汉乐团	62	38	江西万年县文工团	200
11	云南昆明交响乐团	54	39	内蒙古兴和县乌兰牧骑	200
12	河北省交响乐团	45	40	湖北郧阳艺术团	200
13	陕西省乐团	25	41	陕西靖边文工团	198
14	中国电影乐团	0	42	内蒙古鄂托克旗乌兰牧骑	197
	四、文工团、文宣队、乌兰牧骑		43	云南永平县文艺工作队	196
1	陕西横山县文工团	580	44	辽宁铁岭县剧团	190
2	陕西清漳县文工团	480	45	内蒙古乌前旗乌兰牧骑	186
3	新疆岳普湖县文工团	420	46	新疆阿勒泰市艺术团	185
4	内蒙古和林县乌兰牧骑	390	47	内蒙古太仆寺旗乌兰牧骑	183
5	内蒙古清水河县乌兰牧骑	380	48	黑龙江巴彦县文工团	182
6	内蒙古四子王旗乌兰牧骑	360	49	黑龙江讷河市艺术团	182
7	内蒙古伊金霍洛旗乌兰牧骑	349	50	宁夏青铜峡市文工团	180
8	广西融水县民族文工团	345	51	广西武鸣歌舞剧团	180
9	湖南新化县文艺工作团	339	52	甘肃庆阳市阳城县文工团	178
10	河南汝阳县文工团	312	53	陕西宁强肥剧团	176
11	内蒙古敖汉旗乌兰牧骑	310	54	内蒙古科左后旗乌兰牧骑	175
12	新疆巴州文工团	310	55	河北保定市艺术团	173
13	内蒙古察右中旗乌兰牧骑	300	56	内蒙古开鲁县文工团	170
14	广西阳朔县文工团	300	57	新疆鄯善县文工团	170
15	宁夏中宁县剧团	300	58	河北深泽县文工团	170
16	甘肃成县文工团	288	59	内蒙古鄂温克旗乌兰牧骑	169
17	湖南冷水江市文艺工作团	286	60	黑龙江密山市文工团	169
18	内蒙古宁城县乌兰牧骑	280	61	广西东兰县文工团	166
19	甘肃榆中县文工团	270	62	广西大化县文工团	165
20	湖北咸丰县文工团	261	63	辽宁凌海市艺术团	164
21	广西桂林龙胜县民族艺术团	259	64	广西邕宁县文工团	161
22	新疆洛浦县文工团	258	65	新疆和静县乌兰牧骑队	160
23	陕西榆林市文工团	253	66	内蒙古翁牛特旗文化队	160
24	江苏淮安市淮阴区文工团	250	67	四川宣汉县文工团	160
25	湖北恩施市民族文工团	240	68	内蒙古扎赉特旗乌兰牧骑	159
26	贵州黔东南州苗岭艺术团	240	69	广西罗城县艺术团	157
27	内蒙古额济纳旗乌兰牧骑	237	70	湖北麻城市艺术团	156
28	内蒙古苏尼特右旗乌兰牧骑	230	71	黑龙江穆棱市文工团	156
29	辽宁开原市艺术团	226	72	广西南宁市艺术剧院	151
30	湖北郧西县文工团	226	73	黑龙江安达市文工团	150
31	湖南双峰县文艺工作团	222	74	广西桂林恭城县文工团	150
32	甘肃两当县文工团	220	75	广西横县文工团	150
33	湖南益阳市艺术团	210	76	内蒙古克什克腾旗乌兰牧骑	150
34	河南开封市文工团	205	77	湖北竹山县艺术团	150
35	湖北巴东县文工团	204	78	湖北竹溪县文工团	150
36	黑龙江北林区文工团	200	79	湖北房县文工团	147
37	湖北黄州区艺术团	200	80	内蒙古鄂托克前旗乌兰牧骑	146

全国艺术表演团体分剧种按演出场次排序

单位:场

名次	单位名称	演出场次
81	广西陆川县文工团	146
82	甘肃永登县文工团	146
	五、戏曲剧团	
1	上海评弹团	3017
2	江苏省地方戏曲剧院	2409
3	福建泰宁县梅林戏剧团	1869
4	河北香河县评剧团	1800
5	江苏省苏州昆剧院	1199
6	陕西韩城市人民艺术剧团	1000
7	河北井陉县晋剧团	963
8	山西太原市实验晋剧院	870
9	北京京剧院	800
10	湖北通城县花鼓戏剧院	728
11	北京风雷京剧团	705
12	河北玉田县评剧团	650
13	陕西佳县晋剧团	640
14	福建莆田县莆仙戏二团	602
15	陕西宝鸡县人民剧团	600
16	福建福州市曲艺团	600
17	辽宁鞍山市戏曲剧院	590
18	陕西绥德县晋剧团	547
19	山西介休市晋剧团	543
20	甘肃陇西县秦剧团	530
21	河南汝南县豫剧团	530
22	甘肃西和县剧团	530
23	北京市河北梆子剧团	523
24	山西翼城县蒲剧团	520
25	河北成兆才评剧团	510
26	陕西礼泉剧团	508
27	河北鸡泽县豫剧团	500
28	河南内乡县宛邦剧团	500
29	安徽南陵县黄梅戏剧团	500
30	山西平定县晋剧团	500
31	河南汝州市曲剧团	500
32	山西翼城县琴剧团	500
33	山东东明县大平调剧团	490
34	湖南祁东县祁剧团	490
35	福建仙游鲤华剧团	488
36	河北保定市河北梆子二团	480
37	陕西淳化剧团	480
38	河北定州市河北梆子剧团	480
39	陕西麟游县人民剧团	477
40	上海魔术团	470
41	湖南临湘市花古戏剧团	468
42	甘肃秦安县剧团	468
43	河南安阳县淮调剧团	460
44	河北保定市老调二剧团	460
45	山西稷山县蒲剧团	460
46	河南林州市豫剧二团	460
47	山西柳林县晋剧团	460
48	河南尉氏县豫剧团	460
49	山东郓城县山东梆子剧团	454
50	山西省晋剧院	453
51	山西方山县晋剧团	450
52	河南滑县大平调剧团	450
53	河南滑县曲剧团	450
54	河南林州市豫剧一团	450
55	河南内黄县大平调剧团	450
56	河北魏县豫剧团	450
57	陕西眉县剧团	440
58	山西夏县蒲剧团	432
59	河北保定市老调剧一团	430
60	山西沁县漳河梆子剧团	430
61	陕西周至县秦腔团	430
62	河南原阳县豫剧团	429
63	河南鄢陵县豫剧二团	426
64	山西盂县晋剧团	423
65	湖南辰溪县辰河高腔剧团	420
66	山西高平市人民梆子剧团	420
67	甘肃天水市清水县秦剧团	420
68	河南鄢陵县豫剧团	420
69	山西运城市盐湖区蒲剧团	420
70	山西屯留县麟绛剧团	416
71	河南登封市豫剧团	410
72	山西汾西县蒲剧团	410
73	陕西陇县人民剧团	410
74	陕西凤县剧团	408
75	河南舞钢市豫剧团	407
76	河北保定市河北梆子一团	405
77	山西汾阳市鼓锋晋剧团	405
78	湖南平江县花鼓戏剧团	402
79	山西大同市晋剧院	400
80	福建福清市闽剧团	400
81	山西高平市上党梆子剧团	400
82	山西河津市蒲剧团	400
83	河南滑县大弦戏剧团	400

全国艺术表演团体分剧种按演出场次排序

单位:场

名次	单位名称	演出场次	名次	单位名称	演出场次
84	山西临县晋剧团	400	37	河北邢台市杂技团	470
85	山西平陆县蒲剧团	400	38	广东广州杂技团	455
86	河北涉县平调落子剧团	400	39	山东济宁市杂技团	454
87	甘肃武山县剧团	400	40	安徽省杂技团	450
88	山西孝义市碗碗腔剧团	400	41	黑龙江齐齐哈尔市马戏团	436
89	山西原平市晋剧团	400	42	河北沧州杂技团	431
	六、曲、杂、木、皮团		43	重庆市木偶艺术团	423
1	江苏苏州市评弹团	7000	44	山东聊城市杂技团	410
2	安徽宿州市动物艺术表演团	4320	45	天津市曲艺团	402
3	江苏苏州市吴中区评弹团	2520	46	河南漯河市杂技团	400
4	北京长城杂技艺术团	2118	47	四川成都市杂剧团	389
5	浙江曲艺杂技总团	2116	48	四川南充市杂技团	383
6	江苏常熟市评弹团	2100	49	河北吴桥县杂技团	380
7	北京杂技团	2010	50	江苏如皋市木偶艺术团	350
8	江苏常州市评弹团	1834	51	四川宜宾市杂技艺术团	347
9	江苏太仓市评弹团	1700	52	湖南省木偶皮影艺术剧院	345
10	上海东方评弹团	1610	53	湖北武汉杂技团	342
11	江苏江阴市评弹团	1600	54	河北景县动物表演团	340
12	江苏启东市评弹团	1324	55	广东省木偶剧团	330
13	上海新艺评弹团	1239	56	辽宁锦州市杂技团	315
14	江苏张家港市评弹团	1200	57	内蒙古杂技团	310
15	北京中国木偶艺术剧团	1146	58	江苏盐城市杂技团	310
16	江苏扬州市曲艺团	1100	59	吉林长春市杂技团	303
17	北京中国杂技团	1006	60	广西木偶剧团	302
18	广东音乐曲艺团	951	61	安徽安庆市杂技团	301
19	辽宁大连杂技团	838	62	安徽宿州市埇桥区杂技团	300
20	上海市新长征评弹团	815	63	江苏无锡市评弹团	296
21	广东越秀区音乐曲艺团	770	64	重庆三峡杂技艺术团	290
22	江苏吴江市评弹团	708	65	贵州遵义市杂技团	286
23	辽宁沈阳杂技团	698	66	四川成都市木偶皮影艺术剧院	265
24	四川自贡市杂技团	680	67	陕西省民间艺术剧院	264
25	浙江杭州杂技总团	617	68	河南濮阳市杂技团	260
26	河南开封市杂剧团	590	69	重庆杂技艺术团	250
27	江苏扬州市木偶剧团	571	70	江西省杂技团	249
28	广西防城港市杂技团	570	71	河南新乡市杂技团	240
29	上海木偶剧团	568	72	黑龙江哈尔滨市曲艺团	226
30	新疆杂技团	533	73	河北唐山市皮影团	223
31	江苏射阳县杂技团	520	74	河南夏邑县艺术团	220
32	上海杂技团	518	75	福建木偶剧团	219
33	河南清丰县训兽团	514	76	河南镇平县戏剧艺术团	215
34	云南省杂技团	508	77	河南南阳市说唱二团	214
35	山东庆云县杂技团	480	78	广西桂林市杂技团	207
36	宁夏银川市杂技团	474	79	河南清丰县说唱团	206

全国艺术表演团体分剧种按经费自给率排序

单位：%

名次	单位名称	经费自给率	名次	单位名称	经费自给率
	一、话剧、儿童剧、滑稽剧		43	河南省话剧团	24
1	上海市人民滑稽剧团	95	44	吉林四平市话剧团	24
2	上海市青艺滑稽剧团	94	45	山东青岛市话剧院	23
3	四川内江市人民艺术剧院	90	46	天津市儿童艺术剧团	23
4	河北成安县豫剧团	83	47	广东话剧院	21
5	山西陵川县梆子剧团	76	48	内蒙古话剧团	21
6	陕西西安儿童艺术剧院	68	49	天津人民艺术剧院	21
7	上海话剧艺术中心	67	50	黑龙江齐齐哈尔市话剧团	19
8	江苏无锡市滑稽剧团	56	51	云南省话剧团	18
9	江苏常州市滑稽剧团	55	52	重庆市话剧团	18
10	江苏苏州市滑稽剧团	54	53	黑龙江哈尔滨话剧院	17
11	辽宁鞍山市艺术剧院	49	54	吉林延边话剧团	17
12	浙江杭州滑稽艺术剧院	47	55	浙江话剧团	17
13	辽宁沈阳话剧团	47	56	广东广州话剧团	16
14	山东济南市儿童艺术剧院	46	57	河北省承德话剧团	16
15	辽宁人民艺术剧院	46	58	吉林市话剧团	16
16	河北永年县西调剧团	46	59	辽宁本溪市话剧团	15
17	广东省佛山话剧团	44	60	贵州省话剧团	15
18	江苏连云港市话剧团	43	61	广东汕头市话剧团	15
19	湖北武汉市儿童艺术剧院	42	62	湖北武汉市话剧院	15
20	陕西宝鸡市话剧团	41	63	江西九江市话剧团	14
21	北京人民艺术剧院	40	64	吉林长春话剧院	13
22	黑龙江鸡西市人民艺术剧院	39	65	福建人民艺术剧院	12
23	江苏南通市话剧团	39	66	黑龙江哈尔滨儿童艺术剧院	12
24	中国儿童艺术剧院	39	67	山西省话剧院	11
25	山东省话剧院	37	68	山西太原市话剧团	11
26	上海滑稽剧团	37	69	浙江杭州话剧团	10
27	新疆乌鲁木齐市儿童艺术剧团	37	70	安徽安庆市话剧团	9
28	新疆伊宁市少儿艺术团	35	71	新疆话剧团	9
29	江西省话剧团	34	72	湖北省话剧院	8
30	湖南省话剧团	33	73	云南昆明市儿童艺术剧团	8
31	北京市儿童艺术剧团	32	74	新疆伊犁州话剧团	8
32	四川成都话剧院	32	75	广西话剧团	6
33	辽宁丹东市话剧团	32	76	江苏省话剧院	6
34	国家话剧院	32	77	四川人民艺术剧院	6
35	江苏南京市话剧团	32	78	宁夏回族自治区话剧团	5
36	陕西省人民艺术剧院	32	79	黑龙江佳木斯市话剧团	4
37	甘肃省话剧团	31	80	辽宁盖洲市辽剧团	3
38	陕西西安话剧院	30		**二、歌剧、舞剧、歌舞剧团**	
39	河北省话剧院	29	1	河北临城县豫剧团	100
40	辽宁法库县剧团	26	2	山西武乡县光明秧歌剧团	100
41	安徽省话剧团	25	3	山西太谷县秧歌团	91
42	辽宁大连话剧团	25	4	广东惠东县歌剧团	88

全国艺术表演团体分剧种按经费自给率排序

单位：%

名次	单位名称	经费自给率	名次	单位名称	经费自给率
5	山东潍坊市歌舞剧院	76	48	广东源城区山歌剧团	31
6	广东和平县采茶剧团	75	49	广东梅州市山歌剧团	30
7	辽宁芭蕾舞团	74	50	吉林省歌舞剧院	29
8	山西高平市人民梆子剧团	72	51	广东蕉岭县山歌剧团	29
9	陕西西安歌舞剧院	65	52	湖南郴州市歌舞剧团	28
10	甘肃省华亭县秦剧团	63	53	江西省歌舞剧院	27
11	山东烟台市歌舞剧院	63	54	四川南充市歌舞剧院	27
12	广东英德市歌舞团	60	55	广东韶关市歌舞剧团	27
13	广东龙川县山歌剧团	58	56	山西襄垣县人民秧歌剧团	27
14	山西繁峙县秧歌剧团	55	57	广东梅县木偶剧团	26
15	甘肃崇信县文化体育局	53	58	山西长治市歌舞剧团	24
16	湖北黄石市歌舞剧院	53	59	湖南常宁市歌舞剧团	24
17	甘肃灵台县秦剧团	52	60	山西省歌舞剧院	23
18	湖南省歌舞剧院	51	61	四川成都音乐舞剧院	22
19	山西阳高县民间歌剧团	50	62	四川省歌舞剧院	22
20	中央芭蕾舞团	49	63	山东青岛市歌舞剧院	21
21	甘肃省庄浪县秦剧团	47	64	山西忻州市北路梆子青年团	21
22	甘肃平凉市崆峒区秦腔剧团	46	65	贵州贵阳市歌舞剧院	20
23	中国歌剧舞剧院	46	66	新疆昌吉州民族歌舞剧团	19
24	湖北省歌剧舞剧院	45	67	四川宜宾市歌舞剧团	19
25	辽宁歌剧院	45	68	湖南衡阳市歌舞剧团	18
26	江西崇义县歌舞剧团	44	69	江苏省歌剧舞剧院	18
27	山东淄博市歌剧舞剧院	43	70	甘肃省平凉市秦腔剧团	17
28	广东梅县山歌剧团	42	71	福建厦门歌舞剧院	17
29	福建泉州歌剧院	42	72	湖北赤壁市歌舞剧团	16
30	山西朔州市朔城区大秧歌剧团	42	73	甘肃省歌剧院	16
31	湖南湘潭市歌舞团	42	74	湖南株洲市歌舞剧团	16
32	甘肃省静宁县秦剧团	41	75	湖北广水市楚剧团	15
33	广东平远县山歌剧团	41	76	广东五华县采茶剧团	14
34	福建邵武市艺术团	40	77	甘肃敦煌艺术剧院	13
35	重庆三峡歌舞剧团	40	78	福建三明市歌舞团	12
36	上海歌剧院	39	79	青海西宁市歌剧团	12
37	山东济南市歌舞剧院	38	80	新疆阿勒泰地区歌舞团	11
38	中央歌剧院	38	81	四川攀枝花市歌舞剧团	11
39	湖北随州市曾都区剧团	36	82	四川自贡市歌舞剧团	11
40	湖南长沙市歌舞剧院	35		**三、乐　　团**	
41	福建龙岩山歌剧团	35	1	上海民族乐团	47
42	山东歌舞剧院	35	2	河北省交响乐团	43
43	陕西省歌舞剧院	35	3	上海交响乐团	42
44	辽宁营口市歌舞团	33	4	中央民族乐团	41
45	重庆市歌剧院	32	5	广东深圳交响乐团	39
46	广东广州芭蕾舞团	31	6	天津交响乐团	32
47	上海芭蕾舞团	31	7	北京交响乐团	29

全国艺术表演团体分剧种按经费自给率排序

单位：%

名次	单位名称	经费自给率	名次	单位名称	经费自给率
8	广东广州交响乐园	28	36	贵州遵义市文工团	37
9	江苏南京市民乐团	28	37	广西邕宁县文工团	36
10	中国交响乐团	23	38	甘肃永登县文工团	36
11	湖北武汉乐团	16	39	宁夏中宁县剧团	36
12	云南昆明交响乐团	14	40	湖南冷水江市文艺工作团	35
13	泽普县文工团	8	41	内蒙古伊金霍洛旗乌兰牧骑	34
14	陕西省乐团	7	42	内蒙古林西县乌兰牧骑	33
	四、文工团、文宣队、乌兰牧骑		43	河北保定市艺术团	32
1	云南永平县文艺工作队	186	44	辽宁铁岭县剧团	32
2	广东白云区羊城艺术团	147	45	四川宣汉县文工团	31
3	新疆巴州文工团	100	46	湖北郧阳艺术团	31
4	青海互助县安纳歌舞表演队	100	47	黑龙江密山市文工团	30
5	辽宁凌海市艺术团	100	48	广西武宣县文工团	30
6	内蒙古清水河县乌兰牧骑	100	49	云南兴化市淮剧团	30
7	江苏吴江市艺术团	100	50	陕西靖边文工团	29
8	河南汝阳县文工团	88	51	西藏洛扎县乌兰牧骑队	29
9	西藏康保县民间歌舞团	86	52	黑龙江宝清县文工团	28
10	新疆巴楚县文工团	80	53	湖北麻城市艺术团	28
11	内蒙古察右中旗乌兰牧骑	80	54	广西融水县民族文工团	28
12	重庆市奉节县文艺工作团	78	55	广西象州县文工团	28
13	江苏淮安市淮阴区文工团	76	56	河北兴隆县文工团	28
14	河北辛集市文工团	73	57	江西宜丰县文艺工作团	28
15	内蒙古和林县乌兰牧骑	71	58	甘肃成县文工团	27
16	内蒙古兴和县乌兰牧骑	60	59	辽宁大连金州文艺工作团	27
17	辽宁开原市艺术团	59	60	西藏康马县乌兰牧骑	27
18	广西武鸣歌舞剧团	57	61	内蒙古正镶白旗乌兰牧骑	27
19	湖南益阳市艺术团	57	62	河北围场满蒙自治县文工团	26
20	辽宁昌图县民间艺术团	56	63	四川雅安市雨城区文工团	26
21	内蒙古翁牛特旗文化队	56	64	江西吉水县文工团	25
22	湖北黄州区艺术团	51	65	甘肃康县文工团	25
23	甘肃两当县文工团	50	66	甘肃庆阳市阳城县文工团	25
24	甘肃榆中县文工团	48	67	天津文工团	25
25	内蒙古达拉特旗乌兰牧骑	47	68	辽宁铁岭市民间艺术团	25
26	湖北咸丰县文工团	47	69	重庆市忠县文艺工作团	25
27	内蒙古准格尔旗文工团	47	70	内蒙古乌兰牧骑艺术团	24
28	湖北巴东县文工团	46	71	甘肃张掖市艺术团	24
29	河南开封市文工团	44	72	辽宁庄河市艺术团	24
30	江西万年县文工团	44	73	内蒙古察右后旗乌兰牧骑	23
31	新疆疏勒县文工团	43	74	陕西西乡县文工团	22
32	重庆市合川市钓鱼城艺术团	41	75	广西融安县文工团	21
33	河北深泽县文工团	41	76	贵州铜仁地区文工团	21
34	黑龙江海林市文工团	38	77	陕西镇巴县剧团	20
35	甘肃高台县文艺工作团	37	78	内蒙古喀喇沁旗乌兰牧骑	19

全国艺术表演团体分剧种按经费自给率排序

单位：%

名次	单位名称	经费自给率	名次	单位名称	经费自给率
79	陕西榆林市文工团	19	31	山西沁县漳河梆子剧团	100
80	广西扶绥县文工团	18	32	河南清丰县大平调剧团	100
81	新疆洛浦县文工团	18	33	河南清丰县二夹弦剧团	100
82	内蒙古乌前旗乌兰牧骑	18	34	河北曲阳县评剧团	100
83	广西兴安县文工团	18	35	陕西省戏曲研究院	100
	五、戏曲剧团		36	上海魔术团	100
1	河南安阳县坠子剧团	100	37	安徽濉溪县梆剧团	100
2	山西长治市郊区上党落子剧团	100	38	河南汤阴县豫剧团	100
3	山西长子县上党落子剧团	100	39	河北唐县河北梆子剧团	100
4	山西大宁县蒲剧团	100	40	海南屯昌县琼剧团	100
5	山西方山县晋剧团	100	41	山西文水县晋剧团	100
6	山西浮山县旭光蒲剧团	100	42	陕西武功剧团	100
7	河北阜平县老调剧团	100	43	河南舞阳县豫剧团	100
8	河北高碑店市梆子剧团	100	44	福建仙游鲤华剧团	100
9	山西高平市上党梆子剧团	100	45	河北香河县评剧团	100
10	山西和顺县晋剧团	100	46	河北新乐市河北梆子剧团	100
11	广东鹤山市霸王花艺术团	100	47	陕西兴平剧团	100
12	广东鹤山市南国粤剧团	100	48	河南伊川县曲剧团	100
13	广东鹤山市青年粤剧团	100	49	河南伊川县豫剧团	100
14	黑龙江省地方戏实验剧团	100	50	山西盂县晋剧团	100
15	湖北省来凤县南剧团	100	51	河北元氏县豫剧团	100
16	山西吉县蒲剧团	100	52	山西垣曲县黄河曲剧团	100
17	山西晋城市城区鸣凤梆子剧团	100	53	海南万宁市琼剧团	98
18	河南兰考县豫剧团	100	54	陕西扶风县人民剧团	97
19	山西岚县晋剧团	100	55	山西洪洞县大槐树蒲剧团	97
20	陕西礼泉剧团	100	56	湖南平江县花鼓戏剧团	97
21	山东梁山县山东梆子剧团	100	57	广东顺德市粤剧团	97
22	河北临城县豫剧团	100	58	山西翼城县蒲剧团	97
23	山西临汾市尧都区蒲剧团	100	59	山西长治县红专梆子剧团	96
24	广东茂名市茂南区红霞粤剧团	100	60	河南登封市豫剧团	96
25	广东茂名市茂南区青年粤剧团	100	61	山西汾西县蒲剧团	96
26	广东茂名市茂南区粤剧团	100	62	山西壶关县人民剧团	96
27	河南孟津县曲剧团	100	63	广东茂名市粤剧团	96
28	福建闽清县闽剧团	100	64	山西新绛县蒲剧团	96
29	河南濮阳县二夹弦剧团	100	65	河南鄢陵县豫剧二团	96
30	河南濮阳县曲剧团	100	66	河北来源县河北梆子剧团	95

全国艺术表演团体分剧种按经费自给率排序

单位:%

名次	单位名称	经费自给率
67	湖南临湘市花古戏剧团	95
68	河南内黄县大平调剧团	95
69	江苏太仓市沪剧团	95
70	湖南岳阳县花鼓戏剧团	95
	六、曲、杂、木、皮团	
1	安徽宿州市动物艺术表演团	111
2	上海松江区曲艺团	110
3	广西防城港市杂技团	104
4	北京长城杂技艺术团	102
5	河北景县动物表演团	100
6	广西陆川县魔术杂技团	100
7	云南弥渡县杂技团	100
8	河南南阳市说唱二团	100
9	河南清丰县训兽团	100
10	山东庆云县杂技团	100
11	河北肃宁县杂技团	100
12	河北吴桥县杂技团	100
13	江苏太仓市评弹团	94
14	河南夏邑县艺术团	91
15	河北沧州杂技团	83
16	黑龙江鸡西市曲艺团	83
17	四川资中县木偶剧团	81
18	广东越秀区音乐曲艺团	80
19	北京杂技团	77
20	安徽宿州市埇桥区杂技团	77
21	上海东方评弹团	75
22	河南南乐县杂技团	75
23	湖南省杂技团	73
24	江苏苏州市吴中区评弹团	73
25	河南清丰县说唱团	71
26	山东省杂技团	67
27	湖北浠水县杂技团	66
28	上海杂技团	65
29	河南镇平县戏剧艺术团	64
30	广东廉江市木偶剧团	63
31	江苏吴江市评弹团	63
32	江苏高邮市扬剧团	62
33	河南清丰县杂技团	60
34	江苏如东县杂技团	60
35	江苏如皋市木偶艺术团	60
36	辽宁沈阳杂技团	60
37	河南驻马店市驿城区杂技团	60
38	辽宁大连杂技团	58
39	江苏启东市评弹团	57
40	江苏射阳县杂技团	57
41	广东陆河县杂技团	56
42	江西省杂技团	55
43	江苏江阴市评弹团	55
44	河南淅川县山区文化工作队	55
45	江苏张家港市评弹团	55
46	上海市新长征评弹团	54
47	河南新乡市杂技团	54
48	河南漯河市杂技团	51
49	重庆市曲艺团	51
50	贵州遵义市杂技团	51
51	河北乐亭县皮影剧团	49
52	江苏盐城市杂技团	49
53	河南郑州市杂技团	49
54	北京中国木偶艺术剧团	48
55	江苏阜宁县杂技团	47
56	广东龙川县杂技团	46
57	广东汕头市潮州音乐曲艺团	46
58	重庆市木偶艺术团	46
59	河南开封市杂剧团	45
60	上海木偶剧团	45
61	广西博白县杂技团	44
62	广西杂技团	44
63	浙江杭州杂技总团	44
64	江苏常州市歌舞团	43
65	黑龙江齐齐哈尔市马戏团	42
66	山东济南市杂技团	41
67	山东济宁市杂技团	41
68	海南临高县木偶剧团	41
69	河南濮阳市杂技团	41
70	四川成都市杂剧团	40
71	江苏扬州市木偶剧团	40
72	广东高州市木偶粤剧团	39
73	江苏无锡市评弹团	39
74	河北省杂技团	38
75	北京中国杂技团	38
76	重庆三峡杂技艺术团	38
77	安徽合肥市曲艺团	37
78	四川南充市杂技团	37
79	陕西延安市曲艺馆	37
80	陕西安塞县曲艺队	36
81	宁夏银川市杂技团	36

全国艺术表演团体分剧种按演出收入排序

单位：千元

名次	单位名称	演出收入	名次	单位名称	演出收入
	一、话剧、儿童剧、滑稽剧		43	吉林市话剧团	220
1	北京人民艺术剧院	6780	44	江西九江市话剧团	218
2	上海话剧艺术中心	6062	45	吉林四平市话剧团	203
3	国家话剧院	2855	46	吉林长春话剧院	176
4	上海市人民滑稽剧团	2641	47	山西省话剧院	176
5	中国儿童艺术剧院	2454	48	广东省佛山话剧团	154
6	江苏苏州市滑稽剧团	2403	49	湖北省话剧院	150
7	上海滑稽剧团	2188	50	河北省承德话剧团	140
8	上海市青艺滑稽剧团	1872	51	云南省话剧团	134
9	辽宁沈阳话剧团	1340	52	广西话剧团	125
10	广东话剧院	1273	53	陕西宝鸡市话剧团	123
11	江苏常州市滑稽剧团	1179	54	云南昆明市儿童艺术剧团	122
12	浙江杭州滑稽艺术剧院	1082	55	内蒙古话剧团	112
13	山东青岛市话剧院	1029	56	四川人民艺术剧院	112
14	辽宁人民艺术剧院	997	57	湖南省话剧团	109
15	山东济南市儿童艺术剧院	955	58	河北永年县西调剧团	95
16	北京市儿童艺术剧团	874	59	宁夏回族自治区话剧团	93
17	江苏无锡市滑稽剧团	835	60	江苏省话剧院	92
18	四川成都话剧院	829	61	河北成安县豫剧团	81
19	湖北武汉市儿童艺术剧院	718	62	江西省话剧团	71
20	黑龙江哈尔滨话剧院	715	63	新疆伊犁州话剧团	66
21	陕西西安儿童艺术剧院	694	64	江苏连云港市话剧团	54
22	江苏南京市话剧团	623	65	广东汕头市话剧团	36
23	新疆乌鲁木齐市儿童艺术剧团	574	66	山西太原市话剧团	29
24	河南省话剧团	558	67	贵州省话剧团	25
25	黑龙江鸡西市人民艺术剧院	556	68	辽宁法库县剧团	24
26	安徽省话剧团	533	69	黑龙江佳木斯市话剧团	20
27	黑龙江哈尔滨儿童艺术剧院	526	70	陕西西安话剧院	20
28	广东广州话剧团	505	71	陕西省人民艺术剧院	17
29	山东省话剧院	497	72	辽宁大连话剧团	10
30	黑龙江齐齐哈尔市话剧团	493	73	辽宁盖洲市辽剧团	9
31	浙江话剧团	457	74	安徽安庆市话剧团	8
32	福建人民艺术剧院	448	75	辽宁鞍山市艺术剧院	0
33	天津人民艺术剧院	392	76	安徽阜阳市话剧团	0
34	河北省话剧院	367	77	甘肃省话剧团	0
35	江苏南通市话剧团	367	78	浙江杭州话剧团	0
36	湖北武汉市话剧院	358	79	内蒙古呼化贝尔市话剧团	0
37	新疆话剧团	326	80	山西晋城市少儿艺术团	0
38	重庆市话剧团	273	81	辽宁康平县剧团	0
39	辽宁丹东市话剧团	272	82	四川凉山州话剧团	0
40	天津市儿童艺术剧团	271	83	辽宁儿童艺术剧院	0
41	吉林延边话剧团	258	84	四川内江市人民艺术剧院	0
42	辽宁本溪市话剧团	242	85	西藏自治区话剧团	0

全国艺术表演团体分剧种按演出收入排序

单位：千元

名次	单位名称	演出收入	名次	单位名称	演出收入
86	新疆伊宁市少儿艺术团	0	41	新疆昌吉州民族歌舞剧团	302
87	广东肇庆市话剧团	0	42	广东韶关市歌舞剧团	284
	二、歌剧、舞剧、歌舞剧团		43	辽宁营口市歌舞团	282
1	中国歌剧舞剧院	11576	44	湖南株洲市歌舞剧团	226
2	上海歌剧院	8285	45	甘肃省华亭县秦剧团	190
3	中央芭蕾舞团	6222	46	贵州贵阳市歌舞剧院	187
4	吉林省歌舞剧院	3333	47	甘肃省庄浪县秦剧团	180
5	上海芭蕾舞团	3215	48	甘肃省平凉市秦腔剧团	176
6	湖北省歌剧舞剧院	2481	49	山西武乡县光明秧歌剧团	176
7	辽宁歌剧院	1882	50	广东龙川县山歌剧团	170
8	山西省歌舞剧院	1829	51	山西太谷县秧歌团	166
9	江苏省歌剧舞剧院	1512	52	湖北随州市曾都区剧团	150
10	辽宁芭蕾舞团	1483	53	新疆歌剧团	150
11	广东广州芭蕾舞团	1380	54	四川南充市歌舞剧院	141
12	江西省歌舞剧院	1362	55	青海西宁市歌剧团	140
13	湖南省歌舞剧院	1318	56	山西朔州市朔城区大秧歌剧团	135
14	陕西西安歌舞剧院	1291	57	甘肃省静宁县秦剧团	120
15	四川省歌舞剧院	1243	58	四川自贡市歌舞剧团	116
16	山东济南市歌舞剧院	1242	59	四川攀枝花市歌舞剧团	101
17	山东青岛市歌舞剧院	1217	60	广东源城区山歌剧团	100
18	四川成都音乐舞剧院	1139	61	湖北广水市楚剧团	98
19	陕西省歌舞剧院	1101	62	福建三明市歌舞团	98
20	山东歌舞剧院	1001	63	重庆三峡歌舞剧团	98
21	山东淄博市歌剧舞剧院	834	64	甘肃灵台县秦剧团	97
22	湖北黄石市歌舞剧院	740	65	江西南昌市歌舞剧团	90
23	甘肃敦煌艺术剧院	723	66	山西襄垣县人民秧歌剧团	81
24	黑龙江省歌舞剧院	696	67	湖南衡阳市歌舞剧团	79
25	重庆市歌剧院	656	68	湖南常宁市歌舞剧团	66
26	福建泉州歌剧院	608	69	陕西汉中市歌舞剧团	66
27	甘肃省歌剧院	587	70	山西阳高县民间歌剧团	60
28	山东烟台市歌舞剧院	566	71	广东英德市歌舞团	60
29	福建厦门歌舞剧院	542	72	江西崇义县歌舞剧团	57
30	湖南长沙市歌舞剧院	445	73	湖北赤壁市歌舞剧团	46
31	广东梅州市山歌剧团	420	74	广东平远县山歌剧团	44
32	山东潍坊市歌舞剧院	400	75	四川宜宾市歌舞剧团	41
33	福建邵武市艺术团	385	76	广东梅县木偶剧团	40
34	天津歌舞剧院	377	77	广东梅县山歌剧团	40
35	山西长治市歌舞剧团	362	78	广东惠东县歌剧团	39
36	湖南郴州市歌舞剧团	350	79	广东五华县采茶剧团	39
37	广东和平县采茶剧团	348	80	山西繁峙县秧歌剧团	30
38	山西大同市歌舞剧院	335		**三、乐　　团**	
39	黑龙江哈尔滨歌剧院	335	1	广东广州交响乐园	7174
40	福建龙岩山歌剧团	312	2	上海交响乐团	5064

全国艺术表演团体分剧种按演出收入排序

单位：千元

名次	单位名称	演出收入	名次	单位名称	演出收入
3	北京交响乐团	4246	31	内蒙古和林县乌兰牧骑	100
4	广东深圳交响乐团	3867	32	湖北黄州区艺术团	100
5	中央民族乐团	3453	33	甘肃庆阳市阳城县文工团	98
6	上海民族乐团	2478	34	辽宁庄河市艺术团	92
7	中国交响乐团	2313	35	内蒙古阿左旗乌兰牧骑	90
8	天津交响乐团	1238	36	湖北麻城市艺术团	90
9	河北省交响乐团	653	37	甘肃成县文工团	87
10	湖北武汉乐团	523	38	天津文工团	81
11	云南昆明交响乐团	445	39	黑龙江宝清县文工团	80
12	江苏南京市民乐团	278	40	内蒙古察右中旗乌兰牧骑	80
13	陕西省乐团	178	41	新疆吐鲁番地区文工团	80
14	中国电影乐团	0	42	四川宣汉县文工团	79
	四、文工团、文宣队、乌兰牧骑		43	内蒙古乌海市文工团	78
1	辽宁铁岭市民间艺术团	630	44	山西运城市文工团	78
2	河北保定市艺术团	439	45	重庆市合川市钓鱼城艺术团	74
3	内蒙古乌兰牧骑艺术团	388	46	陕西镇巴县剧团	73
4	江苏淮安市淮阴区文工团	377	47	内蒙古喀喇沁旗乌兰牧骑	70
5	河南开封市文工团	340	48	内蒙古鄂托克旗乌兰牧骑	64
6	内蒙古伊金霍洛旗乌兰牧骑	328	49	甘肃高台县文艺工作团	60
7	广西南宁市艺术剧院	325	50	黑龙江海林市文工团	60
8	广西武鸣歌舞剧团	264	51	西藏山南地区民间艺术团	60
9	陕西榆林市文工团	254	52	内蒙古兴和县乌兰牧骑	60
10	湖南益阳市艺术团	252	53	甘肃永登县文工团	57
11	湖北咸丰县文工团	222	54	内蒙古林西县乌兰牧骑	55
12	江苏吴江市艺术团	215	55	黑龙江巴彦县文工团	54
13	湖北巴东县文工团	211	56	内蒙古乌前旗乌兰牧骑	54
14	广西邕宁县文工团	190	57	内蒙古察右后旗乌兰牧骑	50
15	宁夏青铜峡市文工团	180	58	黑龙江讷河市艺术团	50
16	内蒙古达拉特旗乌兰牧骑	165	59	内蒙古宁城县乌兰牧骑	50
17	湖南冷水江市文艺工作团	165	60	内蒙古翁牛特旗文化队	50
18	甘肃榆中县文工团	165	61	内蒙古扎鲁特旗乌兰牧骑	50
19	辽宁凌海市艺术团	164	62	新疆乌什县文工团	49
20	江西万年县文工团	160	63	内蒙古正镶白旗乌兰牧骑	48
21	广西艺术辅导团	158	64	湖北郧阳艺术团	46
22	内蒙古清水河县乌兰牧骑	150	65	黑龙江省大庆市肇源县文工团	42
23	河南汝阳县文工团	150	66	辽宁大连金州文艺工作团	41
24	山西晋中市文工团	133	67	云南潞西市民族文工团	41
25	山西吕梁地区文工团	131	68	甘肃两当县文工团	40
26	陕西靖边文工团	120	69	黑龙江密山市文工团	40
27	辽宁铁岭县剧团	113	70	河北辛集市文工团	40
28	宁夏中宁县剧团	110	71	湖北恩施市民族文工团	39
29	内蒙古准格尔旗文工团	110	72	贵州铜仁地区文工团	38
30	辽宁开原市艺术团	102	73	湖南新化县文艺工作团	37

全国艺术表演团体分剧种按演出收入排序

单位:千元

名次	单位名称	演出收入	名次	单位名称	演出收入
74	新疆墨玉县文工团	36	35	河南省豫剧三团	1016
75	广西融安县文工团	36	36	广东珠海市粤剧团	1012
76	广西金城江区文工团	35	37	广东揭阳市潮剧团	994
77	河北深泽县文工团	35	38	福建省实验闽剧院	993
78	新疆温宿县文工团	35	39	北京市河北梆子剧团	990
79	辽宁喀左县民族文工团	34	40	浙江绍剧团	980
80	湖北建始县文工团	33	41	江苏苏州市锡剧团	954
81	广西武宣县文工团	33	42	广东顺德市粤剧团	952
	五、戏曲剧团		43	吉林省京剧院	942
1	上海魔术团	14268	44	辽宁沈阳京剧院	938
2	北京京剧院	6820	45	广东肇庆市粤剧团	924
3	中国京剧院	4397	46	安徽安庆市黄梅戏二团	915
4	广东潮剧院	4040	47	山东青岛市京剧院	915
5	上海京剧院	3837	48	山东淄博市五音戏剧院	910
6	上海越剧院	3647	49	浙江宁波市越剧团	892
7	广东粤剧院	3539	50	广东新会粤剧团	881
8	山西太原市实验晋剧院	2675	51	河北保定市河北梆子剧团	872
9	上海沪剧院	2494	52	河南省豫剧一团	868
10	广东广州粤剧团	1827	53	江苏扬州市扬剧团	847
11	上海长宁沪剧院	1817	54	上海昆剧团	839
12	江苏无锡市锡剧院	1777	55	江苏江阴市锡剧团	825
13	浙江小百花越剧团	1748	56	江苏省淮海剧团	776
14	安徽省黄梅戏剧院	1730	57	湖南省京剧团	775
15	江苏省苏州昆剧院	1591	58	广东台山市粤剧团	775
16	河南省越调剧团	1493	59	广东佛山市青年粤剧团	753
17	广东饶平县潮剧团	1462	60	江苏省淮剧团	753
18	广东深圳市粤剧团	1460	61	河北省梆子剧院	751
19	广东潮州市潮剧团	1438	62	陕西杨陵人民剧团	750
20	河北大厂县评剧团	1438	63	福建古田县闽剧团	741
21	广东广州红豆粤剧团	1417	64	河南省曲剧团	740
22	北京中国评剧院	1414	65	浙江义乌市婺剧团	739
23	广东普宁市潮剧团	1394	66	浙江杭州越剧院	730
24	北京风雷京剧团	1380	67	福建省芳华越剧团	725
25	福建东山县潮剧团	1285	68	广东中山市粤剧团	723
26	福建福清市闽剧团	1200	69	福建厦门市金莲升高甲剧团	722
27	陕西省戏曲研究院	1200	70	浙江诸暨市越剧团	718
28	浙江婺剧团	1189	71	山西省京剧院	703
29	辽宁沈阳评剧院	1173	72	河南郑州市豫剧院	703
30	辽宁大连京剧团	1149	73	山西省晋剧院	700
31	浙江嵊州市越剧团	1120	74	河南商丘市豫剧一团	670
32	天津京剧院	1090	75	福建惠安高甲戏剧团	668
33	山西吕梁地区晋剧团	1077	76	山西晋城市上党梆子剧团	655
34	广东江门市粤剧团	1023	77	浙江宁波市甬剧团	655

全国艺术表演团体分剧种按演出收入排序

单位：千元

名次	单位名称	演出收入
78	吉林延边艺术剧团	654
79	福建云霄县潮剧团	651
80	江苏宜兴市锡剧团	650
	六、曲、杂、木、皮团	
1	上海杂技团	9156
2	北京中国杂技团	4760
3	北京杂技团	4465
4	辽宁沈阳杂技团	3406
5	山东省杂技团	2953
6	广东广州杂技团	2564
7	浙江曲艺杂技总团	2167
8	北京中国木偶艺术剧团	2019
9	辽宁大连杂技团	2013
10	河北吴桥县杂技团	1800
11	四川成都市杂剧团	1667
12	河南郑州市杂技团	1639
13	安徽宿州市动物艺术表演团	1578
14	天津市杂技团	1576
15	黑龙江齐齐哈尔市马戏团	1554
16	浙江杭州杂技总团	1379
17	云南省杂技团	1372
18	广东音乐曲艺团	1361
19	河北沧州杂技团	1267
20	湖北武汉杂技团	1216
21	江苏南京市杂技团	1195
22	江西省杂技团	1179
23	湖南省杂技团	1171
24	山东济南市杂技团	1122
25	新疆杂技团	1067
26	河北省杂技团	1045
27	吉林长春市杂技团	1012
28	上海木偶剧团	858
29	广东省木偶剧团	791
30	江苏苏州市评弹团	788
31	重庆杂技艺术团	753
32	安徽省杂技团	729
33	甘肃省杂技团	614
34	江苏扬州市木偶剧团	590
35	四川南充市杂技团	521
36	江苏射阳县杂技团	503
37	内蒙古杂技团	496
38	广西防城港市杂技团	491
39	北京长城杂技艺术团	475
40	江苏盐城市杂技团	472
41	黑龙江省杂技团	451
42	广西杂技团	449
43	贵州遵义市杂技团	449
44	宁夏银川市杂技团	420
45	福建泉州市木偶剧团	391
46	河南漯河市杂技 团	387
47	重庆市曲艺团	357
48	四川自贡市杂技团	351
49	湖南省木偶皮影艺术剧院	334
50	河南开封市杂剧团	334
51	河南濮阳市杂技团	325
52	江苏如东县杂技团	325
53	江苏苏州市吴中区评弹团	310
54	山东济宁市杂技团	304
55	陕西省民间艺术剧院	297
56	山东济南市曲艺团	278
57	重庆三峡杂技艺术团	267
58	江苏常熟市评弹团	265
59	广东汕头市潮州音乐曲艺团	262
60	贵州贵阳市杂技团	255
61	江苏如皋市木偶艺术团	250
62	四川成都市木偶皮影艺术剧院	244
63	河北邢台市杂技团	244
64	宁夏银川市说唱艺术团	229
65	江苏太仓市评弹团	225
66	安徽合肥市曲艺团	213
67	重庆市木偶艺术团	208
68	山东聊城市杂技团	207
69	山东青岛市曲艺团	199
70	陕西西安市说唱艺术团	197
71	广西博白县杂技团	180
72	河南新乡市杂技团	180
73	黑龙江省曲艺团	173
74	江苏江阴市评弹团	167
75	福建省杂技团	158
76	吉林省曲艺团	156
77	广西桂林市曲艺团	155
78	安徽安庆市杂技团	153
79	湖北浠水县杂技团	150

全国艺术表演场所按艺术演出场次排序

单位:场

名次	单位名称	艺术演出场次	名次	单位名称	艺术演出场次
1	广东潮阳市影院剧	1164	41	北京音乐厅	296
2	浙江江山市影剧院	1122	42	广东阳春市影剧院	295
3	福建福州市文艺影剧院	1095	43	北京首都剧场	291
4	浙江武义影剧院	1019	44	重庆市三峡杂技团	290
5	湖北黄石剧场	1000	45	福建晋江大剧院	284
6	上海雅庐书场	945	46	上海兰心大戏院	283
7	北京中国木偶艺术剧院	879	47	湖北江岸区大光明影剧院	280
8	福建诏安县影剧院	815	48	河南林州市人民剧院	275
9	浙江浦江剧院	778	49	黑龙江牡丹江市艺术剧院新华剧场	268
10	浙江嘉兴市人民剧院	755	50	浙江平湖书场	263
11	广东澄海市大众影剧院	701	51	四川梓潼剧场	260
12	广东澄海市澄城影剧院	700	52	广东省星海音乐厅	242
13	湖南株洲市人民电影院	616	53	陕西铜川市川口影院	240
14	浙江桐乡市崇福大戏院	580	54	湖北剧院	235
15	江苏苏州市评弹团光裕书厅	537	55	上海宛平剧院	231
16	北京长安大戏院	454	56	江苏启东市瀛东书厅	230
17	上海市共舞台	442	57	河北省艺术中心	225
18	上海天蟾京剧中心逸夫舞台	442	58	北京顺义影剧院	223
19	福建龙海市角美影剧院	420	59	安徽群众剧场	221
20	浙江常山县人民影剧院	400	60	安徽明光大戏院	220
21	浙江嘉善影剧院	393	61	陕西西安市五四剧院	220
22	吉林市江城剧场	380	62	四川剧场	204
23	上海松江区剧场管理站	372	63	广东广州市南方大戏院	202
24	北京朝阳剧场	367	64	贵州安顺市京剧团	200
25	吉林市临江剧场	360	65	安徽贵池市影剧公司(秋浦影剧院)	200
26	江西萍乡市人民剧院	360	66	四川泸州市江阳艺术宫	200
27	浙江杭州大华书场	354	67	四川成都娇子音乐厅	199
28	广西桂林市漓江剧院	350	68	上海美琪大戏院	198
29	上海青浦区文化书场	341	69	湖南临湘市影剧院	190
30	江西萍乡剧院	340	70	广东广州市彩虹娱乐城	185
31	北京中山公园音乐堂	337	71	浙江杭州东坡大剧院	183
32	湖南长沙市田汉大剧院	336	72	四川合江剧场	183
33	浙江海宁市硖石书场	336	73	安徽铜陵市五松山剧场	182
34	江苏苏州市评弹团梅竹书苑	331	74	吉林敦化市影剧院	180
35	福建漳州市侨芗剧场	329	75	江西南昌文化会堂	180
36	江苏南京市秦淮剧场	326	76	湖北天门市人民剧场	180
37	上海光新电影院	320	77	湖南沅江市剧院	180
38	广东普宁市洪阳影剧院	318	78	山东莱阳市剧院	176
39	湖南桂阳县剧院	300	79	四川省锦城艺术宫	168
40	辽宁沈阳市和平影剧院	297	80	广东深圳大剧院	167

全国艺术表演场所按经费自给率排序

单位:%

名次	单位名称	经费自给率	名次	单位名称	经费自给率
1	西藏白朗县影剧院	769	41	福建龙海市角美影剧院	138
2	宁夏彭阳县影剧院	457	42	江苏连云港市黄海影剧院	136
3	河南武陟县人民剧院	370	43	四川德阳市艺术宫	135
4	北京音乐厅	309	44	上海百乐门影剧院	133
5	辽宁清原县文体局	290	45	广西朝阳剧场	133
6	天津市东丽区礼堂	290	46	西藏落扎县影剧院	133
7	安徽凤台县人民剧院	250	47	广东广州市沙河影剧场	132
8	天津市华北戏院	236	48	天津市延安影剧院	132
9	安徽黄山市影剧院	220	49	福建永定县人民影剧院	132
10	山东临邑县影剧院	203	50	北京人民剧场	131
11	湖北临邑县影剧院	203	51	贵州贵阳市歌舞剧院百花剧场	130
12	福建平和县影剧院	200	52	浙江经济开发区沌口街文化服务中心	130
13	河南汝州剧院	191	53	天津宁河县芦台影剧院	130
14	天津晨光影剧院	184	54	重庆市铜梁县川剧团	129
15	黑龙江青冈县电影院	182	55	天津市滨湖剧院	128
16	福建石狮市影剧院	182	56	福建南平市大众戏院	127
17	辽宁建平县影剧院	179	57	山东博山人民剧场	125
18	江苏常州市武进影剧院	178	58	甘肃酒泉市七一影剧院	125
19	贵州省人民剧场	178	59	湖北南漳县文工团	125
20	江西靖安县剧院	176	60	山西太原市大中剧院	125
21	湖北蔡甸区电影公司	168	61	安徽繁昌县影剧总公司	124
22	甘肃积石山县影剧院	167	62	广东汕头市大观园戏院	124
23	山东威海市文化艺术活动中心	166	63	湖北武汉杂技厅	124
24	天津蓟县影剧院	165	64	湖北房县文工团	123
25	河北邯郸市大剧院	163	65	天津市滨江乐园	123
26	天津市劳动剧场	162	66	浙江桐乡市崇福大戏院	122
27	山东济阳县电影发行放映公司	160	67	内蒙古巴彦浩特影剧院	121
28	湖南岳阳市君山区影剧院	160	68	北京中国木偶艺术剧院	121
29	广东广州市芳村影剧院	159	69	上海崇明县影剧院	120
30	江苏兴化市人民影剧院	158	70	湖南湘西自治州民族艺术剧院	120
31	辽宁凌源市影剧院	156	71	江苏兴化市胜利剧场	120
32	广东友谊剧院	153	72	天津宝坻影剧院	119
33	陕西西安市未央区影剧院	152	73	浙江北仑区新契剧场	119
34	上海文化广场	148	74	广东广州市平安大戏院	119
35	辽宁朝阳县新华影剧院	147	75	上海中国大戏院	119
36	江苏扬州市邗江区影剧院	145	76	河北三河市影剧院	118
37	安徽庐江县大戏院	142	77	浙江永康市影剧院	118
38	江西上高县文化局	142	78	江苏通州市人民剧场	117
39	江苏大丰市影剧院	141	79	山东沂源县影剧院	117
40	浙江杭州东坡大剧院	141			

全国公共图书馆分级别按总藏量排序

单位:册(件)

名次	单位名称	总藏量	名次	单位名称	总藏量
	一、省级公共图书馆		12	辽宁鞍山市图书馆	1198006
1	上海图书馆上海科技情报所	49490017	13	山东济南市图书馆	1197693
2	江苏南京图书馆	7488389	14	黑龙江齐齐哈尔市图书馆	1152371
3	四川省图书馆	4834328	15	江苏南京市金陵图书馆	1136274
4	山东省图书馆	4535770	16	山东青岛市图书馆	1121425
5	浙江图书馆	4525970	17	江苏苏州图书馆	1100329
6	湖北省图书馆	4083196	18	辽宁沈阳市少年儿童图书馆	945812
7	天津图书馆	3617110	19	浙江杭州图书馆	911510
8	广东省立中山图书馆	3583951	20	江苏扬州市图书馆	906113
9	辽宁省图书馆	3472488	21	福建厦门市图书馆	867561
10	湖南图书馆	3278635	22	江苏徐州市图书馆	857817
11	北京首都图书馆	3165430	23	江西南昌市图书馆	853100
12	吉林省图书馆	2940016	24	河北石家庄市图书馆	841016
13	甘肃省图书馆	2789615	25	江苏南通市图书馆	804947
14	陕西省图书馆	2614541	26	重庆市北碚区图书馆	804000
15	河南省图书馆	2582630	27	四川泸州市图书馆	773129
16	黑龙江省图书馆	2522165	28	山东烟台图书馆	770501
17	福建省图书馆	2502773	29	辽宁抚顺市图书馆	766874
18	安徽省图书馆	2368144	30	湖北黄石市图书馆	757175
19	山西省图书馆	2287516	31	浙江宁波市图书馆	743064
20	重庆图书馆	2280527	32	辽宁锦州市图书馆	703749
21	云南省图书馆	2243619	33	广东广州少年儿童图书馆	700000
22	贵州省图书馆	2201453	34	浙江温州市图书馆	699614
23	江西省图书馆	2090000	35	山西太原市图书馆	694212
24	广西桂林图书馆	1911509	36	河北保定市图书馆	677982
25	广西图书馆	1582076	37	山东淄博市图书馆	674933
26	内蒙古图书馆	1555080	38	河北唐山市图书馆	665362
27	青海省图书馆	1488363	39	辽宁丹东市图书馆	661980
28	宁夏回族自治区图书馆	1373953	40	江苏镇江市图书馆	650119
29	河北省图书馆	1339788	41	河南郑州市图书馆	645504
30	新疆维吾尔自治区图书馆	950990	42	湖北恩施州图书馆	641164
31	天津市少年儿童图书馆	938992	43	广西柳州市图书馆	629081
32	湖南省少年儿童图书馆	745445	44	河南南阳市图书馆	624922
33	西藏图书馆	603651	45	贵州贵阳市图书馆	623073
34	北京市少年儿童图书馆	544694	46	河南新乡市图书馆	587792
35	上海少年儿童图书馆	517416	47	河南洛阳市图书馆	586644
36	重庆市少年儿童图书馆	233643	48	河北张家口市图书馆	575175
37	广西少年儿童图书馆	176424	49	江苏盐城市图书馆	573883
	二、地市级公共图书馆		50	广东东莞市图书馆	573600
1	辽宁大连市图书馆	2391131	51	湖南衡阳市图书馆	568937
2	黑龙江哈尔滨市图书馆	2150557	52	广东佛山市图书馆	568239
3	广东广州图书馆	1953309	53	辽宁本溪市图书馆	560195
4	广东深圳图书馆	1883015	54	北京朝阳区图书馆	555790
5	辽宁沈阳市图书馆	1665854	55	辽宁辽阳图书馆	552229
6	湖北武汉图书馆	1641422	56	河南开封市图书馆	537500
7	吉林长春市图书馆	1501522	57	黑龙江大庆市图书馆	531120
8	四川成都图书馆	1352670	58	陕西宝鸡市图书馆	530777
9	吉林市图书馆	1274240	59	湖北武汉市少年儿童图书馆	527850
10	江苏无锡市图书馆	1251301	60	湖北十堰市图书馆	526138
11	江苏常州市图书馆	1215660	61	浙江嘉兴市图书馆	521232

全国公共图书馆分级别按总藏量排序

单位:册(件)

名次	单位名称	总藏量	名次	单位名称	总藏量
62	广东江门市五邑图书馆	514158	31	湖北黄冈市图书馆	247312
63	广东汕头市图书馆	496962	32	江苏吴江市图书馆	245931
64	浙江绍兴图书馆	482404	33	陕西秦都图书馆	242780
65	江苏连云港市图书馆	458517	34	四川简阳市图书馆	240000
66	江西九江市图书馆	453780	35	江苏宜兴市图书馆	237063
67	北京崇文区图书馆	444847	36	江苏昆山市图书馆	233213
68	广西梧州市图书馆	438935	37	广西博白县图书馆	230109
69	上海宝山区图书馆	437553	38	山东滕州市图书馆	230000
70	上海卢湾区图书馆	433884	39	江苏常州市武进区图书馆	229173
71	四川宜宾市图书馆	431419	40	四川西昌市图书馆	227117
72	重庆市渝中区图书馆	429725	41	江苏江都市图书馆	226400
73	内蒙古呼市图书馆	423122	42	广东榕城区图书馆	224282
74	四川南充市图书馆	420826	43	浙江余姚市图书馆	224023
75	辽宁大连市少年儿童图书馆	419661	44	辽宁大连市甘井子区图书馆	222406
76	贵州遵义市图书馆	419330	45	河南梁园区图书馆	220000
77	湖南株洲市图书馆	416446	46	辽宁沈阳市和平区图书馆	217260
78	山东枣庄市图书馆	415600	47	江苏张家港市图书馆	216405
79	浙江金华市严济慈图书馆	415164	48	陕西宝塔区图书馆	215000
80	北京西城区图书馆	414522	49	广东番禺区图书馆	213000
	三、县市级公共图书馆		50	福建龙岩图书馆	211000
1	江苏常熟市图书馆	691904	51	广西桂平市图书馆	208624
2	湖北宜昌市图书馆	603061	52	云南官渡区图书馆	207282
3	浙江杭州市萧山图书馆	534534	53	山东昌邑市图书馆	206350
4	新疆于田县图书馆	524642	54	浙江慈溪市图书馆	204257
5	湖北荆州市图书馆	519826	55	福建晋江市图书馆	204033
6	福建泉州市图书馆	495545	56	贵州兴义市图书馆	200422
7	湖北襄樊市图书馆	443091	57	重庆市江津市图书馆	200000
8	上海崇明县图书馆	434573	58	内蒙古红山区图书馆	199177
9	江西庐山局图书馆	430000	59	福建建瓯市图书馆	196652
10	云南昆明图书馆	400000	60	江苏丹阳市图书馆	196532
11	广东新会景堂图书馆	369000	61	浙江杭州市余杭区图书馆	196148
12	广西南宁市图书馆	366167	62	江苏淮安市楚州区图书馆	195509
13	广东南海市图书馆	356268	63	广西南宁市少年儿童图书馆	193351
14	江苏南京市江宁区图书馆	337280	64	内蒙古科尔沁区图书馆	192203
15	浙江临海市图书馆	337000	65	广东普宁市图书馆	192000
16	山东平度市图书馆	329735	66	宁夏中卫县图书馆	191000
17	陕西星元图书楼	321482	67	广东花都区图书馆	190337
18	山东青州市图书馆	321034	68	陕西西安市周至县图书馆	187068
19	宁夏原州区图书馆	316700	69	浙江温岭图书馆	187035
20	云南个旧市图书馆	300282	70	江苏太仓市图书馆	186997
21	四川达县图书馆	280270	71	陕西汉台区图书馆	186320
22	山东莒南县图书馆	273744	72	辽宁大连市沙河口区图书馆	185509
23	广东深圳南山图书馆	272011	73	江苏东台市图书馆	185123
24	山东李沧区图书馆	265744	74	湖北松滋市图书馆	185000
25	江苏江阴市图书馆	265544	75	辽宁瓦房店市图书馆	184697
26	广东三水市图书馆	265396	76	浙江张元济图书馆	182692
27	浙江海宁市图书馆	260011	77	新疆伊宁市图书馆	182382
28	浙江平湖市图书馆	252499	78	江苏扬中市图书馆	181342
29	江苏海安县图书馆	251660	79	山东胶州市图书馆	180000
30	山东文登图书馆	247757	80	重庆市开县图书馆	179970

全国公共图书馆分级别按外借册次排序

单位：千册次

名次	单位名称	外借册次	名次	单位名称	外借册次
	一、省级公共图书馆		12	上海宝山区图书馆	779
1	上海图书馆上海科技情报所	2014	13	上海卢湾区图书馆	747
2	重庆市少年儿童图书馆	1936	14	江苏无锡市图书馆	670
3	辽宁省图书馆	1241	15	上海嘉定区图书馆	660
4	河南省图书馆	1188	16	辽宁沈阳市少年儿童图书馆	653
5	福建省图书馆	870	17	天津市东丽区图书馆	643
6	湖南图书馆	815	18	云南玉溪市图书馆	623
7	浙江图书馆	718	19	吉林通化市图书馆	612
8	天津市少年儿童图书馆	668	20	吉林辽源市图书馆	610
9	安徽省图书馆	631	21	山东东营市图书馆	570
10	天津图书馆	621	22	江苏南京市金陵图书馆	527
11	北京首都图书馆	590	23	北京西城区青少年儿童图书馆	524
12	湖北省图书馆	584	24	辽宁沈阳市图书馆	517
13	山西省图书馆	520	25	广东广州少年儿童图书馆	510
14	广东省立中山图书馆	518	26	浙江绍兴图书馆	509
15	河北省图书馆	507	27	广东江门市五邑图书馆	500
16	上海少年儿童图书馆	476	28	江苏镇江市图书馆	489
17	山东省图书馆	454	29	河南郑州市图书馆	489
18	陕西省图书馆	424	30	广东东莞市图书馆	460
19	江西省图书馆	420	31	浙江温州市图书馆	450
20	江苏南京图书馆	418	32	上海闵行区图书馆	423
21	吉林省图书馆	362	33	上海静安区图书馆	421
22	湖南省少年儿童图书馆	299	34	江西吉安市图书馆	413
23	广西图书馆	278	35	广东佛山市图书馆	412
24	甘肃省图书馆	242	36	河南安阳市图书馆	405
25	广西桂林图书馆	236	37	上海市黄浦区图书馆	401
26	宁夏回族自治区图书馆	234	38	广东深圳图书馆	397
27	青海省图书馆	232	39	上海松江区图书馆	392
28	内蒙古图书馆	218	40	广东潮州市谢慧如图书馆	390
29	新疆维吾尔自治区图书馆	152	41	湖南衡阳市图书馆	390
30	北京市少年儿童图书馆	151	42	北京朝阳区图书馆	388
31	重庆图书馆	133	43	上海第二图书馆	383
32	黑龙江省图书馆	115	44	北京东城区图书馆	361
33	云南省图书馆	79	45	浙江嘉兴市图书馆	359
34	四川省图书馆	78	46	上海长宁区图书馆	357
35	广西少年儿童图书馆	68	47	江苏常州市图书馆	347
36	贵州省图书馆	57	48	上海黄浦区第二图书馆	346
37	西藏图书馆	25	49	辽宁大连市少年儿童图书馆	340
	二、地市级公共图书馆		50	甘肃兰州市图书馆	339
1	福建厦门市图书馆	2123	51	福建福州市图书馆	338
2	广东广州图书馆	1767	52	北京昌平区图书馆	326
3	黑龙江哈尔滨市图书馆	1613	53	广东中山市中山图书馆	303
4	新疆克拉玛依市图书馆	1608	54	湖南岳阳市图书馆	300
5	江苏苏州图书馆	1509	55	江苏泰州市图书馆	299
6	辽宁大连市图书馆	1132	56	四川绵阳市图书馆	297
7	浙江杭州图书馆	974	57	山东青岛市图书馆	297
8	吉林长春市图书馆	920	58	北京房山区图书馆	295
9	湖北武汉图书馆	892	59	四川南充市图书馆	295
10	安徽铜陵市图书馆	880	60	上海普陀区图书馆	293
11	宁夏银川市图书馆	830	61	山东枣庄市图书馆	292

全国公共图书馆分级别按外借册次排序

单位：千册次

名次	单位名称	外借册次
62	上海市南汇区图书馆	291
63	浙江杭州少年儿童图书馆	288
64	宁夏吴忠市图书馆	288
65	上海奉贤区图书馆	286
66	湖北黄石市图书馆	280
67	安徽马鞍山市图书馆	280
68	北京崇文区图书馆	276
69	浙江金华市严济慈图书馆	276
70	浙江湖州市图书馆	273
71	广东顺德市图书馆	273
72	上海浦东新区图书馆	270
73	河北石家庄市图书馆	270
74	重庆市渝北区图书馆	269
75	河北唐山市图书馆	268
76	山东济宁市图书馆	266
77	四川市图书馆	265
78	福建厦门市少年儿童图书馆	261
79	吉林白山市图书馆	257
80	宁夏石嘴山市图书馆	256
	三、县市级公共图书馆	
1	湖北汉川市图书馆	8100
2	湖北竹溪县图书馆	1500
3	江苏张家港市图书馆	898
4	福建闽候图书馆	834
5	辽宁沈河区图书馆	750
6	山东烟台经济技术开发区图书馆	689
7	黑龙江抚远县图书馆	620
8	浙江椒江图书馆	553
9	辽宁沈阳市和平区图书馆	547
10	云南昆明图书馆	454
11	湖北宜昌市图书馆	451
12	上海崇明县图书馆	430
13	安徽青阳县图书馆	411
14	广东黄埔区图书馆	400
15	河北井陉县图书馆	400
16	浙江宁海图书馆	383
17	江苏启东市图书馆	380
18	浙江杭州市余杭区图书馆	375
19	广东三水市图书馆	360
20	甘肃文县图书馆	360
21	吉林磐石市图书馆	348
22	云南华宁县图书馆	340
23	新疆沙湾县图书馆	339
24	陕西汉滨区少年儿童图书馆	335
25	广东番禺区图书馆	330
26	湖北罗田县图书馆	320
27	辽宁大连市旅顺口区图书馆	319
28	四川松潘县图书馆	319
29	重庆市丰都县图书馆	315
30	广东花都区图书馆	312
31	福建石狮市图书馆	312
32	广东南海市图书馆	309
33	福建南安市图书馆	302
34	江苏江阴市图书馆	300
35	湖北孝感市图书馆	300
36	福建平和县文化局	299
37	辽宁普兰店市图书馆	298
38	广西南宁市图书馆	297
39	四川简阳市图书馆	288
40	湖北黄冈市图书馆	283
41	广东深圳南山图书馆	275
42	广西南宁市少年儿童图书馆	273
43	安徽蒙城县图书馆	264
44	湖北红安县图书馆	263
45	浙江永嘉图书馆	260
46	广东榕城区图书馆	250
47	浙江桐乡市图书馆	250
48	浙江乐清图书馆	246
49	广东荔湾区图书馆	245
50	浙江宁波市北仑区图书馆	242
51	广东台山市图书馆	240
52	福建建瓯市图书馆	239
53	安徽太湖县图书馆	237
54	四川什邡市图书馆	230
55	宁夏青铜峡市图书馆	226
56	江苏大丰市图书馆	220
57	江苏南京市白下区图书馆	220
58	贵州兴义市图书馆	220
59	广东高州市图书馆	217
60	辽宁大连市西岗区图书馆	216
61	湖北阳新县图书馆	216
62	辽宁大连市甘井子区图书馆	211
63	四川高坪区图书馆	211
64	宁夏陶乐县图书馆	210
65	广东增城市图书馆	208
66	广东罗定市图书馆	205
67	浙江瑞安图书馆	205
68	广西八步区图书馆	204
69	甘肃白银区图书馆	204
70	江苏丹阳市图书馆	204
71	江西于都县文化局	203
72	湖北黄梅县图书馆	200
73	河北栾城县图书馆	200
74	山东平度市图书馆	200
75	湖北蕲春县图书馆	200
76	浙江普陀区图书馆	199
77	河北鹿泉市图书馆	197
78	浙江云和图书馆	197
79	江苏高淳县图书馆	196
80	江苏常熟市图书馆	194

全国公共图书馆分级别按购书费占总支出比重排序

单位：%

名次	单位名称	购书费占总支出比重	名次	单位名称	购书费占总支出比重
	一、省级公共图书馆		13	湖北仙桃市图书馆	29
1	江苏南京图书馆	40	14	吉林长春市图书馆	27
2	上海图书馆上海科技情报所	36	15	重庆市黔江区图书馆	27
3	辽宁省图书馆	32	16	河南安阳市少年儿童图书馆	26
4	山东省图书馆	32	17	江西德兴市图书馆	26
5	甘肃省图书馆	29	18	江苏苏州图书馆	26
6	北京首都图书馆	27	19	福建惠安县图书馆	25
7	湖南图书馆	26	20	山东聊城海源阁图书馆	25
8	浙江图书馆	26	21	四川绵阳市图书馆	25
9	天津图书馆	23	22	山东青岛市图书馆	25
10	吉林省图书馆	22	23	安徽铜陵市图书馆	25
11	广东省立中山图书馆	21	24	吉林长春市少年儿童图书馆	24
12	天津市少年儿童图书馆	21	25	山东济南市图书馆	24
13	重庆市少年儿童图书馆	20	26	江苏南京市金陵图书馆	24
14	贵州省图书馆	19	27	河南濮阳市图书馆	24
15	黑龙江省图书馆	19	28	辽宁沈阳市图书馆	24
16	湖北省图书馆	18	29	广东顺德市图书馆	24
17	福建省图书馆	17	30	福建厦门市集美区图书馆	24
18	广西图书馆	17	31	江西新余市图书馆	24
19	安徽省图书馆	16	32	江西高安市图书馆	23
20	上海少年儿童图书馆	16	33	贵州贵阳市图书馆	23
21	河北省图书馆	15	34	北京海淀区图书馆	23
22	江西省图书馆	15	35	浙江嘉兴市图书馆	23
23	北京市少年儿童图书馆	14	36	四川泸州市图书馆	23
24	陕西省图书馆	14	37	安徽马鞍山市图书馆	23
25	河南省图书馆	13	38	辽宁营口市少年儿童图书馆	23
26	内蒙古图书馆	11	39	辽宁大连市图书馆	22
27	四川省图书馆	11	40	浙江湖州市图书馆	22
28	湖南省少年儿童图书馆	10	41	新疆克拉玛依市图书馆	22
29	广西桂林图书馆	8	42	北京石景山区少年儿童图书馆	22
30	青海省图书馆	8	43	新疆巴州图书馆	21
31	山西省图书馆	8	44	福建南平市图书馆	21
32	云南省图书馆	8	45	广西钦州市图书馆	21
33	重庆图书馆	8	46	宁夏石嘴山市图书馆	21
34	西藏图书馆	7	47	福建厦门市图书馆	21
35	新疆维吾尔自治区图书馆	6	48	山东烟台图书馆	21
36	宁夏回族自治区图书馆	5	49	河南郑州市图书馆	21
	二、地市级公共图书馆		50	湖南常德市图书馆	20
1	山东东营市图书馆	54	51	北京大兴区图书馆	20
2	辽宁鞍山市少年儿童图书馆	42	52	安徽合肥市少儿图书馆	20
3	广东深圳图书馆	41	53	辽宁锦州市图书馆	20
4	福建厦门市湖里区图书馆	39	54	江西南昌市图书馆	20
5	山东枣庄市图书馆	39	55	江西南康市文化局	20
6	安徽合肥市图书馆	34	56	海南三亚市图书馆	20
7	广东广州图书馆	33	57	广东汕头市图书馆	20
8	福建厦门市思明区图书馆	33	58	辽宁沈阳市少年儿童图书馆	20
9	福建福州市图书馆	32	59	陕西铜川市图书馆	20
10	北京朝阳区少儿图书馆	30	60	山东潍坊市图书馆	20
11	广东广州少年儿童图书馆	30	61	浙江温州市少儿图书馆	20
12	辽宁铁岭市少儿图书馆	30	62	上海杨浦区少儿图书馆	20

全国公共图书馆分级别按购书费占总支出比重排序

单位：%

名次	单位名称	购书费占总支出比重	名次	单位名称	购书费占总支出比重
63	重庆市万州区图书馆	20	21	辽宁盘锦市兴隆台区图书馆	39
64	贵州毕节地区图书馆	19	22	广东黄埔区图书馆	38
65	广东潮州市谢慧如图书馆	19	23	贵州荔波县图书馆	38
66	天津大港区图书馆	19	24	江西弋阳图书馆	38
67	广东茂名市图书馆	19	25	新疆地区图书馆	37
68	上海普陀区少年儿童图书馆	19	26	湖北团风县图书馆	37
69	湖南益阳市图书馆	19	27	山东曲阜市图书馆	36
70	宁夏银川市图书馆	19	28	河北新乐市图书馆	36
71	广东湛江市图书馆	19	29	山东烟台经济技术开发区图书馆	36
72	北京房山区图书馆	18	30	广东白云区图书馆	35
73	河北衡水市图书馆	18	31	江苏无锡市锡山区图书馆	35
74	湖北黄石市图书馆	18	32	福建德化县图书馆	34
75	云南丽江地区图书馆	18	33	山西离石市图书馆	34
76	湖北武汉市少年儿童图书馆	18	34	河北肃宁县图书馆	34
77	云南玉溪市图书馆	18	35	贵州白云区图书馆	33
78	福建漳州市图书馆	18	36	湖北汉川市图书馆	33
79	安徽蚌埠市图书馆	17	37	福建将乐县图书馆	33
80	上海长宁区少年儿童图书馆	17	38	山东宁阳县图书馆	33
81	江苏常州市图书馆	17	39	广东清新县图书馆	33
82	辽宁葫芦岛市图书馆	17	40	湖北武穴市图书馆	33
83	河南洛阳市图书馆	17	41	浙江杭州市萧山图书馆	32
84	江苏泰州市图书馆	17	42	浙江龙湾区图书馆	32
85	山东威海市图书馆	17	43	山东市南区图书馆	32
86	浙江温州市图书馆	17	44	湖北宣恩县图书馆	32
87	湖北武汉图书馆	17	45	广东惠东县图书馆	31
88	江苏徐州市图书馆	17	46	广东揭东县图书馆	31
89	辽宁营口市图书馆	17	47	湖南株洲县图书馆	31
90	上海闸北区图书馆	17	48	山东长清县图书馆	30
91	广东湛江市少年儿童图书馆	17	49	浙江宁波市镇海区图书馆	30
	三、县市级公共图书馆		50	四川南溪县图书馆	29
1	黑龙江哈尔滨市太平区图书馆	100	51	陕西宜君县图书馆	29
2	甘肃崇信县文化体育局	91	52	浙江义乌市图书馆	29
3	新疆阿瓦提县图书馆	68	53	湖南岳阳县图书馆	29
4	甘肃庆阳市庆城县图书馆	67	54	广东紫金县图书馆	29
5	山东黄岛区图书馆	63	55	湖北青山区图书馆	28
6	黑龙江五大连池市图书馆	57	56	新疆沙雅县文化馆	28
7	云南红河州图书馆	55	57	江苏苏州市金阊区图书馆	28
8	福建长乐图书馆	54	58	江苏太仓市图书馆	28
9	江苏阜宁县图书馆	54	59	江苏张家港市图书馆	28
10	内蒙古杭锦旗图书馆	51	60	重庆市大足县图书馆	28
11	贵州福泉市图书馆	50	61	山东城阳区图书馆	27
12	江苏无锡市滨湖区图书馆	50	62	湖南汉寿县图书馆	27
13	四川射洪县图书馆	48	63	江苏金坛市图书馆	27
14	湖北孝昌县图书馆	45	64	湖北荆州市科技图书馆	27
15	四川邛崃市图书馆	44	65	云南陇川县图书馆	27
16	辽宁大连市旅顺口区图书馆	43	66	福建南安市图书馆	27
17	内蒙古东河区图书馆	43	67	浙江宁波市北仑区图书馆	27
18	福建石狮市图书馆	43	68	云南瑞丽市畹町图书馆	27
19	江西余江县图书馆	41	69	广东汕头市达濠区图书馆	27
20	江西大余县文化局	39	70	云南石林县图书馆	27

全国公共图书馆分级别按经费自给率排序

单位：%

名次	单位名称	经费自给率
	一、省级公共图书馆	
1	重庆市少年儿童图书馆	46
2	湖南省少年儿童图书馆	39
3	上海少年儿童图书馆	36
4	上海图书馆上海科技情报所	34
5	湖南图书馆	31
6	江西省图书馆	29
7	福建省图书馆	28
8	广西图书馆	27
9	广东省立中山图书馆	25
10	四川省图书馆	24
11	辽宁省图书馆	19
12	河北省图书馆	18
13	浙江图书馆	18
14	天津图书馆	14
15	湖北省图书馆	13
16	内蒙古图书馆	13
17	山西省图书馆	13
18	广西桂林图书馆	12
19	河南省图书馆	12
20	江苏南京图书馆	12
21	北京首都图书馆	12
22	天津市少年儿童图书馆	12
23	新疆维吾尔自治区图书馆	11
24	贵州省图书馆	10
25	重庆图书馆	10
26	安徽省图书馆	8
27	山东省图书馆	7
28	青海省图书馆	6
29	云南省图书馆	6
30	陕西省图书馆	5
31	北京市少年儿童图书馆	3
32	黑龙江省图书馆	3
33	吉林省图书馆	2
34	甘肃省图书馆	1
35	宁夏回族自治区图书馆	1
36	西藏图书馆	0
	二、地市级公共图书馆	
1	上海普陀区少年儿童图书馆	94
2	湖北神农架林区图书馆	83
3	北京朝阳区少儿图书馆	62
4	天津市红桥区图书馆	56
5	江苏南通市少年儿童图书馆	52
6	天津市南开区少年儿童图书馆	51
7	重庆市南岸区图书馆	50
8	湖南湘潭市少儿图书馆	49
9	上海长宁区图书馆	48
10	浙江绍兴图书馆	47
11	湖北随州市图书馆	46
12	天津河北区少年儿童图书馆	43
13	北京昌平区图书馆	42
14	重庆市九龙坡图书馆	38
15	天津北辰区图书馆	37
16	新疆喀什地区图书馆	37
17	天津市东丽区图书馆	37
18	天津市河东区图书馆	37
19	浙江嘉兴市图书馆	36
20	江西南昌市图书馆	36
21	天津河北区图书馆	34
22	四川自贡市图书馆	34
23	湖北仙桃市图书馆	33
24	重庆市江北区图书馆	33
25	重庆市沙坪坝图书馆	33
26	浙江湖州市图书馆	32
27	北京通州区图书馆	32
28	广西贵港市图书馆	31
29	上海普陀区图书馆	31
30	福建厦门市少年儿童图书馆	31
31	重庆市北碚区图书馆	30
32	北京东城区图书馆	29
33	上海闵行区图书馆	29
34	上海市黄浦区图书馆	28
35	天津市红桥区少年儿童图书馆	28
36	重庆市大渡口区图书馆	28
37	重庆市渝北区图书馆	28
38	北京石景山区少年儿童图书馆	27
39	陕西咸阳图书馆	27
40	山西阳泉市图书馆	27
41	广东湛江市少年儿童图书馆	27
42	陕西西安图书馆	26
43	江西萍乡市图书馆	25
44	广东清远市图书馆	25
45	辽宁沈阳市图书馆	25
46	天津市河东区少年儿童图书馆	25
47	江苏镇江市图书馆	25
48	重庆市巴南区图书馆	25
49	天津北辰区少年儿童图书馆	24
50	江苏常州市图书馆	24
51	北京崇文区图书馆	24
52	安徽合肥市少儿图书馆	24
53	湖南衡阳市图书馆	24
54	浙江金华市少儿图书馆	24
55	河南郑州市图书馆	24
56	广东中山市中山图书馆	24
57	山东淄博市图书馆	24
58	新疆昌吉州图书馆	23
59	贵州贵阳市图书馆	23
60	广西柳州市图书馆	23
61	北京西城区青少年儿童图书馆	23
62	河北邢台市图书馆	23

全国公共图书馆分级别按经费自给率排序

单位：%

名次	单位名称	经费自给率
63	北京燕山图书馆	23
64	辽宁大连市少年儿童图书馆	22
65	上海黄浦区第二图书馆	22
66	湖北潜江市图书馆	22
67	浙江衢州市图书馆	22
68	辽宁沈阳市少年儿童图书馆	22
69	山东泰安市图书馆	22
70	四川成都图书馆	21
71	北京房山区图书馆	21
72	重庆市万盛区图书馆	21
73	湖北黄石市图书馆	20
74	浙江金华市严济慈图书馆	20
75	四川南充市图书馆	20
76	江苏南通市图书馆	20
77	江苏苏州图书馆	20
78	浙江温州市图书馆	20
79	江苏无锡市图书馆	20
80	浙江舟山市图书馆	20
	三、县市级公共图书馆	
1	河南汤阴县图书馆	900
2	辽宁岫岩图书馆	814
3	河北平泉县图书馆	268
4	福建德化县图书馆	175
5	福建长乐图书馆	172
6	浙江洞头县图书馆	159
7	广东惠阳市图书馆	150
8	辽宁营口市鲅鱼圈区图书馆	109
9	山西临汾市尧都区图书馆	106
10	山西灵丘县图书馆	105
11	福建上杭县图书馆	104
12	广东四会市图书馆	101
13	甘肃白银区图书馆	100
14	甘肃成县图书馆	100
15	山东坊子区图书馆	100
16	辽宁抚顺市东洲区图书馆	100
17	新疆富蕴县文化体育局	100
18	辽宁盖洲市图书馆	100
19	广东揭西县图书馆	100
20	江西靖安县图书馆	100
21	辽宁康平县图书馆	100
22	四川蒲江县图书馆	100
23	陕西清涧县图书馆	100
24	江西上饶县图书馆	100
25	陕西绥德县子洲图书馆	100
26	新疆新源县图书馆	100
27	新疆伊宁县图书馆	100
28	辽宁营口市老边区图书馆	100
29	吉林镇赉县图书馆	100
30	浙江临安市图书馆	92
31	四川渠县图书馆	82
32	重庆市铜梁县图书馆	82
33	甘肃靖远县图书馆	78
34	江苏连云港市连云区图书馆	78
35	江西芦溪县图书馆	75
36	江苏海安县图书馆	74
37	湖北罗田县图书馆	66
38	河北易县图书馆	66
39	湖南溆浦县图书馆	63
40	福建福鼎市图书馆	61
41	湖北安陆市图书馆	57
42	江苏靖江市图书馆	57
43	湖南浏阳市图书馆	57
44	江苏南京市建邺区图书馆	56
45	湖南绥宁县图书馆	56
46	福建松溪县图书馆	55
47	福建云霄县图书馆	55
48	湖南衡阳市珠晖区图书馆	54
49	四川万源市图书馆	54
50	广东遂溪县图书馆	53
51	福建福州市台江区图书馆	51
52	内蒙古杭锦旗图书馆	51
53	黑龙江南岗区图书馆	51
54	湖南平江县图书馆	51
55	辽宁沈阳市和平区图书馆	51
56	四川中江县图书馆	51
57	江苏江都市图书馆	50
58	湖北桥口区图书馆	50
59	湖北浠水县图书馆	50
60	天津蓟县图书馆	49
61	湖北黄冈市图书馆	48
62	重庆市潼南县图书馆	48
63	湖北嘉鱼县图书馆	46
64	江苏南京市玄武区少儿图书馆	46
65	江苏宿迁市宿城区图书馆	46
66	浙江天台图书馆	46
67	广东高州市图书馆	45
68	湖南临澧县图书馆	45
69	河南睢县图书馆	45
70	山东昌乐县图书馆	44
71	湖北洪湖市图书馆	44
72	江苏高淳县图书馆	43
73	湖北钟祥市图书馆	43
74	山东德城区图书馆	42
75	广东兴宁市图书馆	42
76	江苏东海县图书馆	41
77	湖北江岸区少儿图书馆	41
78	湖北蕲春县图书馆	41
79	河南扶沟县图书馆	40
80	湖北红安县图书馆	40
81	江苏南京市浦口区(江浦)图书馆	40

全国群众文化业按经营收入排序

单位：千元

名次	单位名称	经营收入	名次	单位名称	经营收入
1	重庆市沙坪坝文化馆	11838	41	湖北荆门市群众艺术馆	302
2	重庆市北培区文化馆	2516	42	重庆市万州区文化馆	300
3	浙江海曙区文化馆	2372	43	湖南湘潭市岳塘区文化馆	290
4	天津市红桥区文化馆	1167	44	山东张店区文化馆	279
5	广东深圳市群众艺术馆	1112	45	河南省群众艺术馆	274
6	上海杨浦区文化馆	1098	46	四川合江县文化馆	270
7	北京西城区文化馆	1097	47	重庆市长寿区文化馆	270
8	湖北黄石市群众艺术馆	1057	48	浙江慈溪市文化馆	240
9	黑龙江牡丹江市群众艺术馆	1004	49	山西临汾市群众艺术馆	239
10	湖北武汉市群众艺术馆	957	50	广西桂林市七星区文化馆	238
11	广西桂林市群众艺术馆	935	51	江西省群众艺术馆	238
12	四川隆昌县文化馆	883	52	辽宁大连市朝鲜族文化艺术馆	235
13	浙江嘉兴市群众艺术馆	759	53	四川中江县文化馆	230
14	安徽合肥市群艺馆	727	54	湖南郴州市群众艺术馆	229
15	四川省群众艺术馆	727	55	重庆市开县文化馆	228
16	天津市塘沽区文化馆	709	56	广西北海市群众艺术馆	226
17	辽宁沈阳市朝鲜族文化艺术馆	676	57	湖北钟祥市文化馆	219
18	上海闸北区文化馆	592	58	云南大理州群艺馆	215
19	上海市群众艺术馆	584	59	安徽芜湖市群众艺术馆	215
20	山东济南市历下区文化馆	551	60	湖南桂阳县文化馆	210
21	云南昆明市群艺馆	539	61	浙江定海区文化馆	205
22	浙江海宁市文化馆	529	62	山西省群众艺术馆	196
23	浙江余姚市文化馆	526	63	浙江绍兴县文化馆	188
24	天津河北区文化馆	495	64	河北邢台市群众艺术馆	178
25	广西柳州市群众艺术馆	476	65	湖北省群艺馆	176
26	辽宁群众艺术馆	470	66	四川绵竹市文化馆	176
27	广东珠海市群众艺术馆	461	67	江苏如皋市文化馆	174
28	浙江杭州市上城区文化馆	449	68	湖南祁东县文化馆	167
29	上海安亭镇文化馆	428	69	湖南南县文化馆	164
30	四川涪城区文化馆	424	70	广东佛山市石湾区文化馆	162
31	江苏常熟市文化馆	406	71	湖北大冶市群众文化馆	160
32	内蒙古群艺馆	406	72	广东佛山市群众艺术馆	160
33	浙江黄岩区文化馆	400	73	安徽凤台县文化馆	159
34	湖北桥口区文化馆	392	74	河南林州市文化馆	159
35	湖南临武县文化馆	374	75	浙江省群众艺术馆	157
36	浙江平湖市文化馆	366	76	重庆市群众艺术馆	157
37	黑龙江哈尔滨市朝鲜民族艺术馆	360	77	安徽宁国市文化馆	156
38	江苏南通市群众艺术馆	356	78	湖北仙桃市群艺馆	154
39	广东台山市文化馆	350	79	山东济宁市市中区文化馆	153
40	湖北江汉区文化馆	326	80	江苏南京市浦口区文化馆	152

全国群众文化业按经费自给率排序

单位：千元

名次	单位名称	经费自给率	名次	单位名称	经费自给率
1	湖北长港办事处文化馆	100	27	江苏常州市戚墅堰区文化馆	98
2	山西大宁县文化馆	100	28	广西桂林市秀峰区文化馆	98
3	广西都安县文化馆	100	29	黑龙江省群众艺术馆	97
4	辽宁盖州市文化馆	100	30	广东惠东县文化馆	96
5	上海甘泉文化馆	100	31	上海静安区文化馆	96
6	湖北华容区文化馆	100	32	上海市徐汇区园南文化馆	96
7	山西怀仁县文化馆	100	33	四川成都艺术中心	94
8	安徽淮南市田家庵区文化馆	100	34	广西桂林市七星区文化馆	94
9	西藏加查县文化馆	100	35	四川青神县文化馆	94
10	甘肃景泰县文化馆	100	36	上海徐汇文化艺术中心	93
11	辽宁喀左县文化馆	100	37	河南嵩县文化旅游局	92
12	辽宁龙城区文化馆	100	38	海南陵水县文化馆	91
13	河南洛阳市洛龙区文化馆	100	39	吉林大安市文化馆	89
14	广东茂名市茂南区文化馆	100	40	浙江海曙区文化馆	86
15	黑龙江南岔区文化体育局	100	41	上海嘉定区江桥文化广播电视站	86
16	广西南宁市江南区文化馆	100	42	江苏大丰市文化馆	85
17	甘肃清水县文化馆	100	43	河南吉利区教育文化局	85
18	辽宁沈阳市苏家屯区文化馆	100	44	上海普陀区桃浦文化馆	85
19	山西太原市迎泽区文化馆	100	45	四川隆昌县文化馆	84
20	安徽芜湖市马塘区文化馆	100	46	上海闸北区文化馆	84
21	河南项城市老城文化分馆	100	47	上海市群众艺术馆	83
22	青海兴海县教科文局	100	48	上海杨浦区文化馆	83
23	山东阳信县文化馆	100	49	福建福清文化馆	82
24	河北运河区文化馆	100	50	山东黄岛区文化馆	82
25	上海中原文化馆	100	51	浙江嘉兴市群众艺术馆	81
26	广东珠海市香洲区文体局(文化馆)	100	52	湖北唐县镇文化广播电视管理站	80

全国其他文化产业(企业)按利润排序

单位:千元

名次	单位名称	利润	名次	单位名称	利润
1	广东深圳市新华书店	19778	41	北京中演东方营销策划有限公司	165
2	广东深圳南国影联股份有限公司	17316	42	北京燕山出版社	156
3	北京故宫文化服务中心	6307	43	广东音像出版社	142
4	江苏省电影机械厂	6065	44	湖北应城市少儿艺校	142
5	北京中演环球艺术制作有限公司	5446	45	青海民族文化艺术中心	129
6	广东深圳市电影发行中心	4469	46	青海省古建股份合作公司	121
7	恭王府商社	3734	47	北京钟王技术开发公司	120
8	广东深圳特区图书贸易中心	3478	48	上海青浦文化发展中心	120
9	恭王府书画社	2996	49	上海黄艺呢绒有限公司(黄浦)	115
10	上海敬华艺术品拍卖有限公司	2254	50	江苏文化音像出版社	112
11	广东广州市演出公司	1882	51	上海美术设计公司浦东分公司(美设)	100
12	上海南梦宫有限公司	1796	52	浙江慈溪浒山新督娱乐公司	97
13	广东省友谊文化合作公司	1572	53	青海西海民族音像出版社	96
14	广东广州市美术公司	1458	54	江苏通州市文化工贸公司	87
15	江苏南京市电影设备机械厂	1033	55	中国历史博物馆服务部	87
16	中国文化国际旅行社	860	56	山东省文物科技保护中心	86
17	浙江省古建筑设计研究院	834	57	广东汕头市书画社	84
18	广东深圳市福田区文化中心	823	58	江苏盐城市城区文化美术服务公司	80
19	北京图书馆出版社	793	59	上海青浦淀山湖广告装潢部	79
20	上海中国画院经营部	724	60	江苏镇江市文化服务公司	79
21	江苏南京中影建筑安装装饰配套工程公司	688	61	北京中演图兰多文化有限公司	69
22	北京中演新时代广告有限公司	614	62	江苏苏州市房建站	69
23	张家港市国泰国际集团家用纺织品进出口有限公司	582	63	四川市音像制品批发经营部	67
24	上海文苑经营部	580	64	山西省华艺实业总公司	63
25	北京端门服务部	516	65	广西文化物资供应公司	61
26	天津泥人张彩塑工作室经营部	461	66	北京国图招待所	60
27	浙江慈溪文艺演出有限公司	414	67	云南省文化艺术品拍卖中心	59
28	北京中演客货运输代理公司	389	68	浙江文艺音像出版社	59
29	北京中瑞装饰工程有限公司	359	69	四川资中县文化彩印厂	59
30	上海创导广告有限公司(美设)	350	70	广东文化艺术传播中心	57
31	宁夏银川市新华书店	309	71	江西省文化产业开发中心	55
32	辽宁省文化厅修建装饰工程公司	300	72	江苏南京市溧水县卷闸门窗厂	55
33	北京市正阳门服务部	258	73	上海存天阁艺术品经营部(刘海粟)	54
34	湖北省电影总公司	254	74	四川杜甫草堂博物馆服务部	53
35	江苏南京市美术公司	229	75	江苏省文化艺术发展总公司	51
36	上海歌剧舞剧院舞美艺术公司(歌剧院)	221	76	重庆市沙坪坝文化实业开发公司	50
37	上海崇明县明宝商场	217	77	上海新世纪演艺公司	49
38	福建省文艺音像出版社	193	78	贵州贵阳市美术广告公司	48
39	黑龙江省文化印刷厂	185	79	江苏省长江文物艺术发展公司	47
40	上海仙乐文化艺术品经营部(木偶)	181	80	江苏文华演出器材公司	47

附　录

2003

2002年度国家舞台精品工程初选剧目

剧　目	剧　团	品　种
《贞观盛事》	上海京剧院	京剧
《华子良》	天津京剧院	京剧
《宰相刘罗锅》(一二三本)	北京京剧院	京剧
《牡丹亭》	上海昆剧团	昆剧
《骆驼祥子》	江苏省京剧院	京剧
《杜十娘》	中国戏曲学院	京剧
《驼哥的旗》	深圳市粤剧团	粤剧
《金子》	重庆市川剧院	川剧
《贬官记》	福建省实验闽剧院	闽剧
《钟馗》	河北省河北梆子剧院	河北梆子
《陆游与唐琬》	浙江小百花越剧团	越剧
《叫我一声哥,我会泪落如雨》	中国国家话剧院	话剧
《商鞅》	上海话剧艺术中心	话剧
《爱尔纳·突击》	北京军区政治部战友话剧团	话剧
《为你喝彩》	天津人民艺术剧院	话剧
《鹿回头》	海南省民族歌舞团	人偶剧
《春雨沙沙》	武汉市儿童艺术剧院	儿童剧
《一二三起步走》	江苏苏州市滑稽剧团	儿童剧
《大梦敦煌》	兰州歌舞剧院	舞剧
《大红灯笼高高挂》	中央芭蕾舞团	芭蕾舞
《红梅赞》	空军政治部文工团	舞剧
《闪闪的红星》	上海歌舞团	舞剧
《情天恨海圆明园》	北京歌剧舞剧院	舞剧
《苍原》	辽宁歌剧院	歌剧
《羽娘》	沈阳军区前进歌舞团	歌剧
《满都海斯琴》	内蒙古民族歌舞剧团	歌剧
《小河淌水》	昆明市花灯剧团	歌舞剧
《乐府画廊》	中央民族乐团	民族管弦乐
《喀什噶尔》	新疆喀什地区歌舞团	歌舞
《依依山水情》	贵州省歌舞团 遵义市杂技团	歌舞杂技

长期潜心昆曲艺术事业成就显著
获表彰人员名录

（按姓氏笔划为序）

王传蕖　王芝泉　王世瑶　王奉梅
计镇华　丛兆桓　石小梅　李淑君
刘异龙　辛清华　张继青　张　娴
张洵澎　张寄蝶　张静娴　汪世瑜
余茂盛　岳美缇　林继凡　侯少奎
姚继荪　胡　忌　胡锦芳　倪传钺
钱　璎　顾笃璜　梁谷音　傅雪漪
黄小午　雷子文　蔡正仁　蔡瑶铣

全国昆曲优秀中青年演员评比展演
“促进昆曲艺术奖”获奖名录

（以得票多少为序）

林为林　浙江京昆艺术剧院　《吕布试马》中饰吕布
史红梅　北方昆曲剧院《昭君出塞》中饰王昭君
王　芳　苏州昆剧院　《养子》中饰李三娘
孔爱萍　江苏省昆剧院　《离魂》中饰杜丽娘
翁国生　浙江京昆艺术剧院　《问探》中饰能行探子
张志红　浙江京昆艺术剧院《寻梦》中饰杜丽娘
张富光　湖南省昆剧团　《拾柴》中饰吕蒙正
魏春荣　北方昆曲剧院　《思凡》中饰色空
谷好好　上海昆剧团　《昭君出塞》中饰王昭君
吴　双　上海昆剧团　《刀会》中饰关羽
陶铁斧　浙江京昆艺术剧院《叫画》中饰柳梦梅
倪　泓　上海昆剧团　《佳期》中饰红娘
沈昳丽　上海昆剧团　《寻梦》中饰杜丽娘
张　军　上海昆剧团　《拾画叫画》中饰柳梦梅
傅艺萍　湖南省昆剧团　《痴梦》中饰崔氏
徐云秀　江苏省昆剧院　《题曲》中饰乔小青
董　萍　北方昆曲剧院　《吃糠》中饰赵五娘
陶红珍　苏州昆剧院　《痴梦》中饰崔氏
杨晓勇　苏州昆剧院　《孙诈》中饰孙膑
李鸿良　江苏省昆剧院　《醉皂》中饰陆凤萱
吕福海　苏州昆剧院　《吃饭吃糠》中饰蔡母

全国昆曲优秀中青年演员评比展演
“促进昆曲艺术奖”提名奖名录

（以得票多少为序）

赵荣家　江苏省昆剧院　《雅观楼》中饰李存孝
顾　预　江苏省昆剧院　《佳期》中饰红娘
鲍学军　江苏省昆剧院　《酒楼》中饰郭子仪
柯　军　江苏省昆剧院　《沉江》中饰史可法
崔美芳　湖南省昆剧院《昭君出塞》中饰王昭君
雷　玲　湖南省昆剧院　《寻梦》中饰杜丽娘
唐　飞　湖南省昆剧院　《武松杀嫂》中饰武松
刘　娜　湖南省昆剧院《武松杀嫂》中饰潘金莲
伍少娟　湖南省昆剧院　《藏舟》中饰邬飞霞
唐蕴岚　浙江京昆艺术剧院　《跳墙看棋》中饰红娘
李公律　浙江京昆艺术剧院《拾画》中饰柳梦梅
程伟兵　浙江京昆艺术剧院《弹词》中饰李龟年
王如丹　苏州昆剧院　《痴诉》中饰肖惜芬
陈　滨　苏州昆剧院　《吃饭吃糠》中饰赵五娘
王　瑛　苏州昆剧院　《盘夫》中饰牛氏
丁　芸　上海昆剧院　《扈家庄》中饰扈三娘
黎　安　上海昆剧院　《湖楼》中饰秦钟
董红刚　北方昆曲剧院　《钟馗嫁妹》中饰钟馗
邵　峥　北方昆曲剧院　《见娘》中饰王十朋
丁晨元　北方昆曲剧院　《吕布试马》中饰吕布
马宝旺　北方昆曲剧院　《活捉》中饰张三郎

中国青少年艺术大赛第一届民族乐器独奏比赛获奖名录

打　击　乐

青年专业组

金奖：
乔　佳
银奖：
马　瑞　于　昕
铜奖：
张　宇　马　琳　张　鸣
优秀演奏奖：
王　飞　赵　强　周　菁　郝　博　段　斐
谢　芳

少年专业组

金奖：
魏　然
银奖：
耿　鑫

少年业余组

银奖：
高晨旭　马　帅
铜奖：
蔡　晋　郝子愚　金筱倩
优秀演奏奖：
李子旭　王造时

二　胡

青年专业组

金奖：
孙　凰
银　奖：
朱江波　张　昭
铜　奖：
何晓燕　杨　雪　顾怀燕
优秀演奏奖：
张　晔　战菲菲　于　川　陈　音　孙　博
张丽征　宋施慧
海外选手特别奖：
彭秀敏（日本）
港台选手特别奖：
张晓晖（香港）　黄乐婷（香港）

青年业余组

金奖：
张　珽
银奖：
许　帅　梁永顺
铜奖：
赵　鹏　徐成赟　徐　强
优秀演奏奖：
麻利青　贾优良　刘晓敏　石　磬　岳　亮
姜　畅
海外选手特别奖：
彭亦凯（马来西亚）
港台选手特别奖：
吴浩玮（台湾）

少年专业组

金奖：
卢姗姗
银奖：
李志卿　董礼治
铜奖：
刘　黎　王俊娜　贲立德
优秀演奏奖：
赵元春　徐子雯　陈　艳　王　娜　姜　楠
秦子婧　刘　蕾

少年业余组

金奖：
刘　欣
银奖：
孟颖佳　王晓晶
铜奖：
吴雪娇　韩　坤　张晗冬　唐　超　宿　静
优秀演奏奖：

周　赟　郭　悦　李　笑　罗　丹　李山石

古　琴

青年专业组

金奖：

巫　娜

银奖：

樊　娜　赵　烨

铜奖：

陈雷激　林　法　代　茹　杨　帆

青年业余组

金奖：

龚幽兰

银奖：

张　峰　王　震

铜奖：

施　宏　谢东笑　刘志刚

优秀演奏奖：

李洁婷　陈惠芳　黄恬罕　李　静　王　丹

少年专业组

铜奖：

陈　璨　张梦丹　刘珏萱

少年业余组

银奖：

齐薇的　刘笑凡

铜奖：

蔡望云　肖　硕　隗琳珏

优秀演奏奖：

龙　昶　李悦　张何之　周志乙　龚　源　王　艺　邱　韵　林敏君

古　筝

青年专业组

金奖：

袁　莎

银奖：

任　洁　朱　蕾

铜奖：

范　冉　吉　炜　赵洁楠

优秀演奏奖：

杨　阳　陈叶蕙　吕婷婷　王　琦　蔡晓璐　田　甜　伍　洋

青年业余组

金奖：

赵　伟

银奖：

赵　辉　王　腱

铜奖：

张　璇　梁　禹　但　丹

优秀演奏奖：

王　雪　廖佳音　王　青　焦　果　杜锦燕　魏永杰

海外选手特别奖：

张锦恬(马来西亚)

少年专业组

金奖：

苏　畅

银奖：

岳杨鼎　刘文佳

铜奖：

刘子琦　丁雪儿　周天丽　郑丹怡　宋心馨

优秀演奏奖：

杨楠楠　胡　菁　李　媛　万　幸

少年业余组

金奖：

孙金阳

银奖：

赵　纯　刘　潇

铜奖：

褚明哲　杜峥萌　高　阳

优秀演奏奖：

邢　琰　张晰子　成　莉　魏　敏　孙　奇　王冰汝

海外选手特别奖：

刘欣倪(新加坡)

琵　琶

青年专业组

金奖：

樊　薇

银奖：

石　娟　张　莹

铜奖：
兰维薇　赵　洁　李竹梅
优秀演奏奖：
张　爽　谢　青　雷　蕾　赵　聪　张　洁
杜文婷　刘　恋
港台选手特别奖：
王乙曲(台湾)

青年业余组

银奖：
赵桂静　王晓凤
铜奖：
王　琳　蒯美珍
优秀演奏奖：
黄　婷　蔡侑锞　顾冰如　曹　莉

少年专业组

金奖：
程雨雨
银奖：
于源春　齐　洁
铜奖：
江　洋　谢煜丹　施文卿
优秀演奏奖：
贾　容　薛苗苗　刘晓岑　宋皓劼　孟　霄
舒　银

少年业余组

金奖：
徐　贺
银奖：
王　旭　梁星华
铜奖：
王晓鲁　边赟斐　李　娜
优秀演奏奖：
胡晓月　赵　熙　吴　越　包希帆　唐莎莎
张劲冉

扬　琴

青年专业组

金奖：
王　瑟
银奖：
熊俊杰　贾志振
铜奖：
于海英　黄　艳　杨　佳　钱伟宏
优秀演奏奖：
徐孝欣　侯一岚　马家琳　战　威　王　杨
港台选手特别奖：
赖应斌(香港)

青年业余组

金奖：
潘丽娜
银奖：
王丹凤　杨奕坤
铜奖：
刘　璇　刘　瑞　常方圆
优秀演奏奖：
申　珅
海外选手特别奖：
林凤淳(泰国)
港台选手特别奖：
郑舜文(台湾)

少年专业组

金奖：
马　慧
银奖：
郑艳艳　鲁　静
铜奖：
牛矾琼　李清　朴文琳
优秀演奏奖：
陈芸芸　郭嘉文　杨　菲
港台选手特别奖：
郭嘉文(台湾)

少年业余组

金奖：
徐　倩
银奖：
姚　硕　李可威
铜奖：
邓梦婷　贾　如　朱旻超
优秀演奏奖：
胡肖鑫　张　婷　田孟轩　邢　丹　赵　钰
丁天宁
港台选手特别奖：

李涵琦(台湾)

中　阮、大　阮

青年专业组

金奖：

马兰花

银奖：

孙　铮　白　玉

铜奖：

耿　慧　崔军森　崔　灿

优秀演奏奖：

田　媛　魏　青　王　迪　王　艺　林　洁　刘　晶

港台选手特别奖：

吴秋霈(台湾)

青年业余组

铜奖：

房瑞林　徐　涛

少年专业组

银奖：

臧晓鹏　王　佳

铜奖：

申　婷　陈思禹　万　苏

优秀演奏奖：

钮　昪　周　晗　韩　睿

少年业余组

金奖：

任慕华

银奖：

禹　洁　马　苒

铜奖：

李　妍　李梦媛

优秀演奏奖：

郭晓蒙　刘　颖　薛　丹

竹　笛

青年专业组

金奖：

侯长青

银奖：

赵　琦　陈　悦

铜奖：

张　健　周　晴　毛　镝

优秀演奏奖：

张　斌　席　笑　刘华男　杨凯仲　王莹莹　江君亮

港台选手特别奖：

彭钰媛(台湾)

青年业余组

金奖：

张贝贝

银奖：

王　溪　唐　咏

铜奖：

刘年高　丁云海　秦　俭

优秀演奏奖：

舒开弟　陈　磊

少年专业组

金奖：

许凯翔

银奖：

李　乐　邵美微

铜奖：

刘思尧　徐佛宇　李　晨　徐　威

优秀演奏奖：

赵　兰　庞海源　夏　令　常　倩　陈允硕

少年业余组

金奖：

马云鹤

银奖：

肖　亮　吴　迪

铜奖：

张雪原　刘　超　苏盛欣

优秀演奏奖：

于　悦　王亚男　张莹莹　曾　志　魏玉龙　杨　榴

第十二届孔雀奖少数民族题材戏剧剧本评奖获奖名录

特别奖(10个)

四　川《文成公主》谭　愫　吴晓飞　谭昕
河　北《代国情》　王仲德
天　津《尼玛·太阳》　李景城
广　西《白莲》　张继刚　刘沛盛　符又仁
贵　州《好花红》　周世雄　钟　辛
西　藏《寻迹唐古拉》　裴福林
新　疆《吴登云》　程万里
海　南《苏东坡在海南》　李　放
浙　江《昆仑女》　邵钧林　郑方南
河　北《胡风汉月》
张志欣　张秀元　姜朝皋

金　奖(4个)

贵　州《望海寨》　龙　方
云　南《石月亮》　甘昭沛　良　华
云　南《凤氏彝兰》　李　莉　佳　倍
吉　林《宝参传奇》　富艺航　王秀霞

银　奖(10个)

总　政《让你离不成》　王宝社
内蒙古《罕佳尔》　孟根苏吉　白　马
贵　州《赤脚进士》　王玉琳
福　建《太后出朝》
杨　康　陈土水　王　沁
广　西《太阳·童谣》　梅帅元　张仁胜
黑龙江《卢沟晓月》　王　靖　贾喜麟
青　海《纳桑贡玛的悲歌》　多杰太
福　建《金刀会》　陈　丽　叶致冰
宁　夏《中秋月》张　弛　丁楚章　王斌华
天　津《三关明月》　梁　波　戴英禄

铜　奖(10个)

广　东《长城情缘》　郑暹发
内蒙古《奶茶飘香》　李凌元
新疆生产建设兵团《英武香妃》
张剑歌　葛玉朗
吉　林《洁白的花》　李光洙
云　南《真假乡长》　夏德金　朱照琨
吉　林《通问使臣》　王福义
吉　林《跳现代舞的孩子们》
金学松　金莲兰
贵　州《黔东轶事》　马　军
内蒙古《草原母亲》　朱春来　李仲鸣
海　南《椰林情》邓寄平　陈　东　王仁广
吴爱琴　黄华文

第三届中国评剧艺术节获奖名录

综　合　奖

（以得票多少排序）

一、优秀剧目奖（4 名）

《凤阳情》　天津评剧院

《成兆才》　河北省唐山市评剧团

《曹雪芹》　河北省唐山市丰润区评剧团

《半把剪刀》　辽宁省沈阳评剧院

二、特别奖（1 名）

《邓小平在那个春天》

黑龙江省牡丹江市评剧团

三、优秀演出奖（6 名）

《哑女》　河北省唐山市滦南县成兆才评剧团

《关东腊月雪》　辽宁省锦州评剧团

《奇冤义胆》　辽宁省营口评剧团

《山秀》　黑龙江省评剧院

四、演出奖（2 名）

《双玉蝉》　河北省石家庄市评剧院一团

《迟来也是春》　黑龙江哈尔滨评剧院

单　项　奖

（以剧目奖先后排序）

一、优秀编剧奖（4 名）

《凤阳情》　编　剧　翟宏为　盛和煜

《成兆才》　编　剧　陈家和

《曹雪芹》　编　剧　李汉云　卫　中

《关东腊月雪》　编　剧　王宝书　石　颖

二、优秀导演奖（4 名）

《凤阳情》　导　演　张曼君

《成兆才》　导　演　李维鲁　周志国

《曹雪芹》　总导演　张秀元

导　演　蒋兴国　李焕双

赵志军

《半把剪刀》　导　演　王立平　王军海

三、优秀音乐创作奖（5 名）

《凤阳情》　唱腔设计　樊继中　元以羊

赵玉兴　曹金生

音乐设计、配器　冯国林

唱腔配器　赵田中　齐金山

《成兆才》　作曲　潘铁柱　李容哲

唱腔设计　常学礼　洪　影

田速成　常兆祥

赵德良　李维鲁

配器　潘铁柱　李容哲

李维鲁

《曹雪芹》　音乐唱腔设计　李东风　左玉山

李娟文

配器　于泽霓　李东风

王庆茂

《半把剪刀》　作曲　李容喆　解舒群

崔有才

唱腔设计　回万元　李　娟

配器　解舒群　李容喆

牛国纲

《邓小平在那个春天》　作曲　郑学善

唱腔设计　樊继忠　殷　杰

四、优秀伴奏奖（5 个）

《凤阳情》

《成兆才》

《曹雪芹》

《半把剪刀》

《邓小平在那个春天》

五、优秀伴唱奖（2 个）

《凤阳情》

《半把剪刀》　柏　坤　孟奇峰　李冬梅

六、优秀舞台美术奖(5名)

《凤阳情》　舞美设计　马连庆
灯光设计　刑　辛
服装设计　张豫美

《成兆才》　舞美设计　马维丽　李福瑞　郭新明
灯光设计　张春辉　王恩利
服装设计　马书敏

《曹雪芹》　舞美设计　程世杰
服装设计　赵　筠　曹诗梅

《半把剪刀》　舞美设计　孙浩元　董福祥
灯光设计　陈　晶　李洪成　李　震

《邓小平在那个春天》
舞美设计　车承滨　夏江源
灯光设计　李　平

七、优秀表演奖(15名)

曾昭娟	《凤阳情》	中饰	马秀英
赵　斌	《凤阳情》	中饰	朱元璋
张俊玲	《成兆才》	中饰	成兆才
罗慧芹	《成兆才》	中饰	小　凤
刘凤岭	《曹雪芹》	中饰	曹雪芹
张秀云	《曹雪芹》	中饰	胭　脂
冯玉萍	《半把剪刀》	中饰	陈金娥
朱迎春	《邓小平在那个春天》	中饰	邓小平
孙秀艳	《哑女》	中饰	哑　女
翟进友	《哑女》	中饰	王久桑
张旭红	《关东腊月雪》	中饰	林红霞
李建纯	《奇冤义胆》	中饰	苍　娃
王向阳	《山秀》	中饰	山　秀
袁淑梅	《双玉蝉》	中饰	曹芳儿
车有利	《迟来也是春》	中饰	翟志松

八、表演奖(25名)

夏　霞	《凤阳情》	中饰	田　嫂
王文涛	《凤阳情》	中饰	刘伯温
朱宝芹	《成兆才》	中饰	徐二嫂
石文明	《成兆才》	中饰	开花炮
杨　京	《曹雪芹》	中饰	卿　卿
董玉梅	《曹雪芹》	中饰	鲁姥姥
杨秀君	《曹雪芹》	中饰	芸　香
孟奇峰	《半把剪刀》	中饰	周明鹤
雷　声	《半把剪刀》	中饰	曹锦堂
崔晓东	《半把剪刀》	中饰	曹亚男
姜保金	《邓小平在那个春天》	中饰	金　老
王玉萍	《哑女》	中饰	白菜心
刘爱英	《哑女》	中饰	腊　梅
林慧新	《关东腊月雪》	中饰	常大妈
周承杰	《关东腊月雪》	中饰	常金锁
孟宪文	《关东腊月雪》	中饰	黄大斗
周大维	《奇冤义胆》	中饰	曹宝山
郭洪飞	《奇冤义胆》	中饰	知　县
贾　萍	《奇冤义胆》	中饰	曹赵氏
崔鲁囡	《山秀》	中饰	马秋英
孙　燕	《山秀》	中饰	叶壮兰
崔国新	《双玉蝉》	中饰	沈梦霞
赵会芬	《双玉蝉》	中饰	吕碧云
李志华	《迟来也是春》	中饰	小梅子
史双寅	《迟到也是春》	中饰	翟茂生

2002年全国话剧新剧目交流演出获奖名录

综　合　奖

一、优秀剧目奖(7名)

（以得票多少排序）

《任弼时——开国大典随想曲》　辽宁人民艺术剧院
《打工棚》　云南省话剧团
《平头百姓》　南京市话剧团
《凌河影人》　辽宁省朝阳市话剧团
《秋天的牵挂》　河北省话剧院
《为你喝彩》　天津人民艺术剧院
《让你离不成》　武警部队政治部文工团

二、剧目奖(10名)

（以下奖项均以演出先后排序）

《去年冬天》　上海话剧艺术中心
《龙二哥的婚事》　贵阳市艺术中心艺术剧团
《阳光地带》　深圳市罗湖艺术团
《梅家小院》　宁夏话剧团
《千元赏金》　北京师范大学艺术系
《我们曾经错过》　四川人民艺术剧院
《帘卷西风》　河北省承德话剧团
《雪落有声》　哈尔滨话剧院
《高高的白杨》　兰州军区政治部战斗话剧团
《三月桃花水》　大连话剧团

单　项　奖

一、优秀编剧奖(6名)

《去年冬天》　编剧　喻荣军
《秋天的牵挂》　编剧　孙德民
《平头百姓》　编剧　王立信
《梅家小院》　编剧　丁　跃　王志洪
《打工棚》　编剧　李世勤
《凌河影人》　编剧　隋治操　刘家声　张汉良

二、优秀导演奖(6名)

《任弼时》　导演　陈薪伊　宋国锋
《帘卷西风》　导演　陈　颙
《打工棚》　导演　礼　朋　潘伟行
《雪落有声》　导演　韩雪松
《为你喝彩》　导演　王　磊
《三月桃花水》　导演　刘喜廷

三、优秀舞台美术奖(6名)

《任弼时》　舞美设计　刘杏林　张　杰
化妆设计　王丽丽
制　　景　韩日江　侯岩峰　郎　斌　罗玉新
《秋天的牵挂》　舞美设计　吴　穹
灯光设计　张秋春
《我们曾经错过》　舞美设计　王履玮
灯光设计　李　蔚
装置道具　黄平安
《帘卷西风》　舞美设计　薛殿杰　于延年
灯光设计　高常贺
《为你喝彩》　舞美设计　王卫中
灯光设计　张伟明
多媒体图像设计管理　黄　建　许　宁　任　江
《凌河影人》　舞美设计　柴　君
灯光设计　关中奎　王忠文　李　塑

四、优秀表演奖(16名)

宋国锋　《任弼时》　中饰　任弼时

尹铸胜	《去年冬天》	中饰	李　成
孙树林	《秋天的牵挂》	中饰	杨成东
于东江	《平头百姓》	中饰	张明华
张燕燕	《平头百姓》	中饰	李惠琳
王　敏	《梅家小院》	中饰	梅久香
席　旦	《我们曾经错过》	中饰	余　曼
盛石头	《让你离不成》	中饰	李　军
许雅芝	《帘卷西风》	中饰	懿贵妃
王砚辉	《打工棚》	中饰	赵天云
吴连生	《雪落有声》	中饰	哑　父
张金元	《为你唱彩》	中饰	林英杰
王兰武	《高高的白杨》	中饰	张玉虎
卢中华	《凌河影人》	中饰	吴先生
吕　洁	《凌河影人》	中饰	灯　儿
于　伟	《三月桃花水》	中饰	桃　花

五、表演奖(34名)

关丹莉	《任弼时》	中饰	陈琮英
胡海盈	《任弼时》	中饰	小拐子
李旗山	《任弼时》	中饰	张国焘
许承先	《去年冬天》	中饰	陆少丰
吴　静	《去年冬天》	中饰	白　兰
卜广坤	《龙二哥的婚事》	中饰	龙家乐
李　珊	《龙二哥的婚事》	中饰	翠花嫂
卜小贵	《龙二哥的婚事》	中饰	中发白
赵廷武	《秋天的牵挂》	中饰	王　栋
许　璇	《秋天的牵挂》	中饰	文　娟
沈飞鹂	《阳光地带》	中饰	伊　鸿
铁　伟	《阳光地带》	中饰	船　嫂
雷鸣远	《梅家小院》	中饰	苏万年
夏庄炜	《梅家小院》	中饰	梅老槐
夏玉庆	《梅家小院》	中饰	刘德胜
郭德京	《梅家小院》	中饰	保经理
徐大伟	《千元赏金》	中饰	格拉比欧
陈亦非	《千元赏金》	中饰	茜波里耶娜
孙　洪	《我们曾经错过》	中饰	黎小佟
屠爱民	《我们曾经错过》	中饰	芮　芮
王　勇	《让你离不成》	中饰	仲　宝
唐黎亚	《让你离不成》	中饰	阿里玛
王友来	《帘卷西风》	中饰	肃　顺
王晓英	《帘卷西风》	中饰	咸　丰
贺云庆	《打工棚》	中饰	马冯大朝
李红梅	《打工棚》	中饰	范金花
李昌元	《打工棚》	中饰	荒　子
杞　嵘	《打工棚》	中饰	斗鸡眼
刘　璐	《雪落有声》	中饰	石知道
臧　倩	《为你喝彩》	中饰	莫　蓉
于月仙	《为你喝彩》	中饰	朱　迪
于宝春	《凌河影人》	中饰	丑　儿
苏志文	《凌河影人》	中饰	邱影匠
杨　军	《三月桃花水》	中饰	天　龙

2002 年国际比赛获奖名录

1. 第 4 届布达佩斯国际杂技节(匈牙利)

河北杂技团《转动地圈》获金奖

2. 第 26 届蒙特卡罗国际马戏节(摩纳哥)

广东战士杂技团《芭蕾对手顶》获金小丑奖

3. 第 23 届"明日"暨第 14 届"未来"世界杂技节(法国)

郑州杂技团《女子车技》获银奖

4. 第 14 届"初登舞台"国际青少年杂技节(摩纳哥)

上海马戏学校《抖杠》获金 K 奖

5. 罗马尼亚国际青少年音乐比赛(单簧管)

中央音乐学院高原获少年组第二名(第一名空缺)

6. 第 12 届柴可夫斯基国际音乐比赛(小提琴、大提琴、声乐)

中央音乐学院陈曦获小提琴第二名(并列，第一名空缺)

7. 美国杰克逊国际芭蕾舞比赛

中央芭蕾舞团获青年女子组金奖，李俊获青年男子组银奖(金奖空缺)；辽宁芭蕾舞团焦洋获少年男子组铜奖；上海师范大学表演艺术学院张静获"世界电讯"奖学金

8. 第 20 届瓦尔纳国际芭蕾舞比赛(保加利亚)

辽宁芭蕾舞团吕萌获少年组大奖；中央芭蕾舞团金瑶获青年女子组金奖，张尧获青年男子组银奖，耿乐获日本公司颁发的希望奖

9. 第 7 届维也纳国际吉他比赛

中央音乐学院附中学生陈川、许拓获成人组进入决赛特别奖；苏萌获青年组第一名，陈川获青年组第二名

2002 年全国十大考古新发现

1. 广西革新桥新石器时代遗址
2. 湖南里耶战国古城及出土秦代简牍
3. 山东日照海曲汉代墓地
4. 河北邺南城东魏北齐塔基遗迹
5. 山西太原王家峰北齐徐显秀墓
6. 湖北巴东旧县坪遗址
7. 吉林古延边西古城城址
8. 黑龙江阿城刘秀屯金代大型宫殿基址
9. 江西李渡元代烧酒作坊遗址
10. 浙江宁波元代庆元路永丰库遗址。

2001—2002 年全国部分文化设施建设一览表

单位：万元、平方米

项目名称	总投资	建筑面积	建设性质
中　央			
国家大剧院工程	268838	149520	新建
中国歌舞团新团址改造工程	9580	23810	改建
中国美术馆改造装修(一期工程)	14000	17000	新建
北　京			
北京画院扩建画室	500	662	扩建
首都图书馆	26000	37033	新建
中国杂技团教学楼	3487	14100	新建
崇文区文化馆迁移	830	8600	迁建
朝阳文化馆翻建	1900	9745	扩建
丰台文化委员会办公楼改建	1300	12939	改建
丰台影剧院改造	2000	6334	改建
海淀剧院改造	11000	8820	扩建
门头沟区博物馆	3500	9761	新建
门头沟少儿馆改建	122	719	改建
门头沟图书馆改建	122	719	改建
天　津			
天津歌舞剧院歌舞、乐团业务用房	1200	263	扩建
天津市中国大戏院维修改造工程	55	780	改建
元明清天妃宫遗址博物馆	3655	2906	新建
和平区文化宫扩建工程	460	432	扩建
中共天津历史纪念馆迁移	126	1500	迁建
天津市汉沽区文化活动中心	320	2602	新建
河　北			
河北省博物馆文物库房维修、消防及技防工程	410	0	改建
河北省群众艺术馆	1600	1685	改建
河北省艺术中心	25458	32059	新建
河北省杂技团排练场	450	2484	新建
石家庄市群艺馆大楼	3400	9050	迁建
正定县常山影剧院内部装修	50	1600	改建
栾城县图书馆	130	1500	新建
赵县图书馆	42	900	新建
辛集市文体中心	2600	24300	新建
晋州市文化中心	2370	12192	新建
河北省艺术学校唐山分校教学楼	260	1800	扩建
开平文化馆图书馆	200	700	新建

项 目 名 称	总投资	建筑面积	建设性质
滦县图书馆	150	1541	新建
滦县文物保护管理所	80	1061	新建
滦南县图书馆	80	1200	新建
滦南县文化体育活动中心	600	4712	新建
迁安市艺术团排练厅办公楼	57	960	改建
邯郸市博物馆扩建工程	1814	3700	扩建
邯郸市赵王城看护房	67	320	新建
邯郸县文物保管所罗敷潭风景区	4300	200000	新建
成安县文化馆	130	1960	新建
大名县石刻博物馆	182.3	0	扩建
涉县平调落子剧团综合楼	270	4770	改建
涉县西成镇文化站改造	3	1300	改建
涉县 129 师旧址赤南路、停车场陈列馆环形路	471	0	新建
肥乡县文化中心大楼	330	4671	新建
永年县文化活动中心大楼	300	4000	新建
广平县文化馆	198	3800	扩建
邢台市杂技团练功厅	50	825	新建
临城县图书馆	240	3227	新建
隆尧县文化馆改建	80	2200	改建
巨鹿县文化馆	200	2400	新建
保定市大舞台乐园	60	3600	改建
清苑县老干部活动中心	50	3007	新建
顺平县图书馆	50	651	新建
满城县电影院	194	2436	新建
阜平县城南庄革命纪念馆	598	1448	扩建
定兴县文化馆	130	2100	新建
白求恩柯棣华纪念馆	240	2300	新建
唐县文体局综合楼	160	2190	新建
高阳县图书馆大楼	73	1620	新建
易县文化馆	126	2100	新建
易县清西陵文物管理处环陵公路	1474	0	新建
易县人民影剧院	140	2019	新建
曲阳县文物保管所文物库房	8	30	新建
博野县图书馆	150	2000	新建
定州南城门文物保护工程	120	777	恢复
宣化区文化馆综合楼	280	2581	新建
张北县元中都管理处建设	80	900	新建
阳原县图书馆	110	1500	新建
赤城县图书馆	150	1970	新建
崇礼县文保所文物库房	30	1170	改建
平泉县文保图书办公楼	260	3046	新建
滦平县文化局综合楼	84	1200	改建

项 目 名 称	总投资	建筑面积	建设性质
围场县图书馆	130	1500	扩建
沧州市文化艺术中心	2500	15000	新建
吴桥国际杂技艺术中心	520	5000	新建
献县文化科技楼	300	1800	改建
孟村县文化艺术中心	1500	4410	新建
任丘市图书馆	504.9	3756	新建
黄骅市文化馆	152	1600	新建
白求恩手术室旧址纪念馆	157	486	扩建
香河县文化中心	1000	5000	新建
大城县文化图书馆	800	5600	新建
文安县图书馆	180	1500	新建
大厂县评剧团演播排练厅	600	2800	新建
故城县图书馆	90	1500	新建
山　　西			
山西大剧院	10000	19800	新建
山西省博物馆	31656	50120	新建
山西省图书馆书库扩建	392	2400	扩建
山西省戏曲学校学生公寓楼	300	3200	新建
山西省戏曲学校图书电教楼	210	2000	新建
山西省戏曲学校综合教学楼	160	1200	扩建
山西省艺术科技研究所科研实验用房	80	2000	扩建
山西文化艺术学校教学楼	377.5	1930	扩建
山西艺术职业学院综合教学楼	194	3456	扩建
山西艺术职业学院实习剧场	685	4125	扩建
山西艺术职业学院教学食堂服务楼	360	4000	扩建
太原市图书馆新馆	2892	18000	新建
太原市豫剧团排练厅	60	1000	扩建
长治市图书馆大楼	2201	9603	新建
长治文化艺术学校教学楼	100	800	新建
晋城市古建筑艺术博物馆	1641	9868	新建
晋城市上党戏剧院办公楼	50	2000	新建
祁县文化活动中心	100	1680	新建
介休市文化艺术大楼	300	1500	新建
永济市文化馆	473	5286	新建
曲沃县文化馆	400	5600	新建
永和县图书馆新馆	80	800	新建
吕梁地区汉画像石博物馆	1365	7730	新建
离石市图书馆	70	1100	扩建
内蒙古自治区			
内蒙古展览馆消防工程	50	0	改建
土左旗文化馆	120	2080	新建
土左旗图书馆	100	1270	新建

项　目　名　称	总投资	建筑面积	建设性质
托县云中文化宫	1000	5000	新建
和林县宣传文化中心	300	3000	新建
武川县宣传文化中心	320	3080	新建
清水河县城关镇文化站	25	290	新建
包头博物馆、美术馆	6000	23000	新建
包头艺校教学楼	300	2843	恢复
乌海市书画院碑廊	85	1500	新建
乌海市图书馆设施改造	80	3942	改建
喀喇沁旗文化馆	80	1000	新建
宁城县图书馆	80	1000	新建
阿荣旗图书馆	150	1500	新建
莫力达瓦旗图书馆	80	1000	新建
额尔古纳旗文化馆	80	1000	新建
扎赉特旗文化中心	1000	7000	新建
扎赉特旗图书馆	80	1000	新建
通辽市博物馆	4000	20000	新建
库伦旗图书馆	80	1000	新建
二连浩特图书馆	80	1000	新建
二连浩特市盐池化石保护区	320	2140	新建
锡林浩特市图书馆	80	1000	新建
丰镇市文化馆	80	1000	新建
察右前旗图书馆	80	1000	新建
东胜区文化馆	80	1000	新建
准旗文化局业务楼	350	2981	新建
杭锦旗文化馆	80	1000	新建
集宁市图书馆	80	1000	新建
临河市文化馆	80	1000	新建
阿盟文物站	81.9	7000	恢复
阿右旗文化馆	80	1000	新建
辽　宁			
辽宁省群众艺术馆办公楼	176	1300	扩建
辽宁省艺术中心博物馆工程	45900	62000	新建
沈阳市盛京西北角楼复原建设工程	500	2460	恢复
大连现代博物馆	15000	30400	新建
旅顺博物馆	2900	9900	改建
大连市中山区文化大厦	528.9	5050	改建
大连市西岗区少年儿童图书馆	700	4686	新建
大连市沙河口区图书馆	1200	6284	新建
大连市旅顺口区图书馆	1100	4400	新建
抚顺市图书馆新馆	5350	15084	新建
本溪市工人电影院改造	1100	10000	改建

项 目 名 称	总投资	建筑面积	建设性质
丹东市博物馆办公楼	600	3000	新建
丹东市文化宫维修改造工程	1000	3000	扩建
营口辽河大剧院	1600	5680	新建
辽阳市王尔烈纪念馆二期工程	240	529	扩建
吉　林			
吉林省博物馆地下文物库房	325	1380	新建
吉林省吉剧团排练场	110	500	扩建
吉林省图书馆房屋维修	10	2669	改建
吉林市图书馆	2000	10000	迁建
永吉县文化活动中心	315.5	3506	新建
蛟河市图书馆馆舍建设	400	2000	扩建
磐石市图书馆馆舍	70	800	扩建
伊通县文化活动中心	80	600	扩建
辽源日伪统治时期煤矿死难矿工文物馆修复工程	500	2522	改建
通化市万发拨子遗址博物馆	162.3	4000	扩建
梅河口市文化馆	400	3000	新建
集安市朝鲜族文化馆	200	2000	新建
江源县图书馆	180	1160	新建
临江市图书馆	290	2180	新建
扶余县文化馆	200	2000	新建
白城市博物馆馆舍建设	210	1500	扩建
白城市图书馆文化大厦	1700	11600	新建
镇赉县文化活动中心	260	3000	新建
延吉市少儿图书馆扩建	150	1000	扩建
延吉市文化馆	30	714	改建
汪清县文化馆	200	2070	新建
黑 龙 江			
黑龙江省图书馆新馆	17050	33054	新建
依兰县文化馆	120	1200	新建
依兰县博物馆	350	2000	新建
通河县文化馆	200	2000	新建
尚志市文化馆	100	850	新建
五常市文化馆	120	1200	新建
拜泉县图书馆	40	1241	改建
鸡西市文物管理站	800	4600	新建
鹤岗市艺博图综合楼	1200	11000	新建
东宁县图书馆	120	1200	新建
黑河市爱辉历史陈列馆	2000	3800	新建
上　海			
上海博物馆文物保护基地	5700	30029	新建
上海博物馆新馆筹建处	57640	38000	新建

项 目 名 称	总投资	建筑面积	建设性质
上海鲁迅纪念馆改扩建工程	1500	5043	扩建
上海市历史博物馆迁馆	3000	12000	迁建
中共一大纪念馆扩建	3230	2316	扩建
黄浦区图书馆大楼	18000	20500	新建
五星剧场远东娱乐广场	15000	30600	新建
上海市静安区文物史料馆	140	520	改建
青浦区博物馆	614	8045	新建
南汇区文化中心	6000	12675	新建
江　　苏			
江苏剧院	45000	60000	新建
江苏省国画院名人字画馆	450	896	新建
江苏省京剧院紫金大戏院	7500	11571	新建
江苏省昆剧院维修改造	2000	5000	改建
江苏省美术馆业务楼	1080	4000	新建
江苏省人民剧场改造	2421	5500	改建
江苏省文化学校综合楼	645	3900	新建
江苏省锡剧团剧场改造	1700	6300	扩建
江苏省戏剧学校综合楼	885.6	6200	新建
南京博物院展厅	10900	16836	扩建
南京图书馆	20000	50000	新建
南京市博物馆朝天宫六朝文化展示中心	800	0	扩建
南京市鼓楼区文化艺术中心	3600	9094	新建
南京市浦口区图书馆综合楼	143.7	2800	新建
南京市浦口区文化馆综合楼	179	4000	新建
南京市浦口区扬剧团综合楼	266.3	4750	新建
江浦县文化艺术中心	179	2370	新建
江浦县扬剧团综合楼	266.3	4750	新建
溧水县博物馆	700	1147	新建
高淳县文化图书大楼	1000	7800	新建
无锡市东林书院	500	1500	扩建
无锡市薛福成故居维修	1654	12000	扩建
无锡市崇安区文化馆新馆	500	2000	扩建
江阴市徐霞客游记碑廊	543.8	850	新建
宜兴市文化中心	150	900	新建
徐州市图书馆	4000	20000	新建
睢宁剧场工程	140	1630	改建
睢宁县文化馆工程	370	3898	新建
常州兰陵影剧院改造	480	1000	改建
常州市群艺馆迁建	2500	6234	迁建
常州市红星大剧院场馆改造	600	0	改建
常州市吴青霞艺术馆	500	1500	新建

项 目 名 称	总投资	建筑面积	建设性质
常州市文化艺术学校二期工程	1666	13000	扩建
刘海粟美术馆更新改造工程	100	1800	改建
武进市淹城博物馆	2530	6500	新建
江苏省苏州昆剧院团舍改造	95	4761	改建
苏州市滑稽剧团	300	2400	改建
苏州市评弹团光裕书场内装修	150	1280	改建
苏州市群众艺术馆改造	50	1659	扩建
苏州市图书馆新馆	11310	25000	新建
苏州市新艺广场	361	1900	新建
苏州市昆曲"沁兰厅"	1938	5718	新建
苏州市博物馆新馆	25900	10000	新建
苏州市锡剧团团舍改建	205	915	改建
常熟市博物馆	1303	2196	扩建
张家港市大戏院	800	4218	改建
张家港市图书馆	3000	8200	迁建
张家港市博物馆	2260.5	6920	新建
张家港市电影广场	2000	11080	新建
南通市京剧团梨园大厦	4200	19020	新建
南通市人民剧场	5320	10810	新建
南通市越剧团综合楼	195	2710	新建
崇川文化艺术中心	1600	8000	扩建
启东版画院馆舍	50	491	新建
通州市文化活动中心	1800	6480	新建
东海县海陵影剧院	180	9442	改建
东海县图书馆业务楼	184	3300	新建
赣榆县文华园综合楼	5000	9600	新建
淮安市文化艺术中心	678.2	7000	新建
淮安市楚州区文化馆综合楼	300	3500	新建
涟水县图书馆综合楼	400	4078	新建
金湖县图书馆	450	4044	新建
盐城市文化综合楼	700	4100	新建
滨海县图书馆	550	5230	新建
建湖县庆丰文化站	300	2740	改建
盐城胜利文化大厦	500	3960	新建
扬州市广陵王墓博物馆二号汉墓展厅工程	180	1200	扩建
扬州市邗江区文化中心	2250	7800	新建
宝应县博物馆	450	6000	新建
仪征市博物馆	530	4500	新建
仪征市图书馆	850	4300	迁建
高邮市文管会龙虬庄遗址博物苑	420	3400	新建
江都市博物馆	315	1800	新建

项目名称	总投资	建筑面积	建设性质
茅山新四军纪念馆(镇江市)纪念碑二期工程	460	6700	扩建
茅山新四军纪念馆(镇江市)纪念馆扩展工程	700	7000	扩建
镇江市丹徒区图书馆	650	5000	新建
丹阳市博物馆	998	2405	新建
丹阳市文化城二期工程	1800	13260	扩建
句容市博物馆	250	2500	新建
句容市图书馆	900	5500	新建
句容市文化活动中心	880	10031	新建
泰州梅兰芳剧院	6200	12000	新建
姜堰市图书馆	420	3845	新建
宿迁市文化艺术中心	6400	22000	新建
浙　　江			
杭州剧院	21000	56210	扩建
沙孟海书法艺术馆	766	500	新建
浙江歌舞剧院琴房加层及排练厅维修	200	571	扩建
浙江话剧团儿童艺术中心	1050	5645	改建
浙江美术馆工程领导小组	20000	25000	新建
浙江省博物馆	1416	10000	扩建
浙江省文化干部学校工程	635	3310	新建
浙江舞台设计研究院科研综合大楼	390	4100	新建
浙江舞台设计研究院有限公司滨江产业基地	1200	7000	新建
浙江小百花越剧团团址	1500	8500	新建
浙江小百花越剧团艺术中心	4500	20000	新建
浙江艺术职业学院筹迁扩建工程	14138	72109	迁建
浙江自然博物馆陈列馆工程	800	3051	新建
杭州历史博物馆梁宅修复工程	1500	0	恢复
杭州历史博物馆孔庙(碑林)扩建	7000	0	扩建
杭州名人纪念馆余谦景区	2700	577	扩建
杭州老虎洞南宋窑址临时性保护设施	180	0	新建
杭州少儿图书馆	2200	5428	迁建
杭州市大剧院	73000	55000	新建
杭州市碑林	8500	0	扩建
杭州市胡雪岩故居	4100	5800	恢复
红星文化大厦	15996	31454	新建
中国茶叶博物馆国际茶文化交流馆	2850	3000	新建
杭州市萧山歌剧院、文化广场	9500	11087	新建
淳安县文化馆综合大楼	300	300	新建
临安剧院维修工程	300	3500	改建
宁波剧院改造	210	0	改建
宁波市歌舞团团部楼	1050	4534	新建
宁波市图书馆扩建	697.2	3730	扩建

项 目 名 称	总投资	建筑面积	建设性质
宁波市越剧团团部改建	250	0	改建
北仑影剧院	2500	7045	新建
慈溪市文化馆大楼	150	1570	新建
奉化图书馆	800	4980	新建
永嘉县文化中心一期工程	2000	6400	改建
泰顺县文化活动中心	38	458	新建
嘉善县文化艺术中心	4000	28367	新建
嘉兴市南湖革命纪念馆新馆维修	230	1980	改建
嘉兴市画院	290	2000	新建
嘉兴市文化中心"一院三馆"	24500	52151	新建
海宁剧院	280	600	改建
海宁博物馆	1927	8800	新建
海宁市文化馆新馆	3000	10390	新建
海宁市盐官文保所陈阁老、王国维故居维修	549.8	1970	改建
平湖市图书馆新馆建设	3000	6000	新建
绍兴博物馆沈园三期工程	5000	6140	扩建
绍兴市周恩来纪念馆修复三期工程	1800	1892	扩建
浙江绍剧团绍剧艺术中心	2800	6192	新建
诸暨市博物馆	1300	3600	新建
嵊州市越剧艺术中心	1500	7689	新建
武义县图书馆迁建	628	5270	新建
浦江县博物馆馆舍	800	4460	新建
兰溪市图书馆	898	5553	新建
义乌市图书馆综合楼	200	2300	新建
永康市文化馆	998	5016	新建
衢州市博物馆新馆	4394	9760	新建
龙游县博物馆鸡鸣山民居苑	125	1000	迁建
龙游县博物馆龙游民居苑	1000	1550	迁建
舟山剧院拆建	4200	12000	新建
舟山市文化艺术中心	8800	29000	新建
舟山市普陀区博物馆	400	550	新建
椒江剧院	800	1945	新建
路桥文体中心	13500	27153	新建
天台县博物馆工程	1000	5720	新建
三门县博物馆展厅改造	20	102	改建
温岭市影视城	5000	30000	新建
丽水市文化艺术中心	1999	9000	新建
缙云县博物馆	694	3782	新建
遂昌县文物管理委员会文物库房	60	320	新建
松阳县图书馆	310	3119	新建
松阳县博物馆	200	1500	新建

项 目 名 称	总投资	建筑面积	建设性质
云和县文化中心	500	3000	新建
景宁县民放博物馆	884	4300	新建
龙泉市博物馆陈列改造	100	2000	改建
安　徽			
安徽省艺术学校综合楼	860.9	5500	新建
合肥市李鸿章享堂	1109.6	2400	恢复
长丰县艺苑综合楼	210	4000	新建
蚌埠市泗州戏剧团综合楼	125	2300	新建
蚌埠市图书馆大楼	5300	10000	新建
固镇县东方红影剧院改造	80	1250	扩建
谢家集区文化馆	340	5000	新建
李白墓园扩建二期	4200	0	扩建
淮北市兴华大戏院线路改造及购置	39.4	0	改建
濉溪县文物保护管理所柳孜码头保护	50	1000	恢复
铜陵市黄梅戏剧团排练场	6.8	540	改建
铜陵县图书馆维修	25	210	扩建
安徽黄梅戏学校学生宿舍楼	161	2920	新建
安庆市博物馆黄镇陈列馆	160	728	扩建
怀宁县图书馆	160	2000	新建
太湖县文管所王氏宗祠异地迁建	80	1200	迁建
桐城市图书馆	600	3100	新建
祁门县文化馆	170	2200	新建
颍上县图书馆	200	300	新建
皖西大戏院改造	500	4000	改建
寿春楚文化博物馆	2200	6683	新建
霍邱县图书馆大楼	150	1900	新建
金寨县图书馆	15	1000	新建
霍山县文化馆	80	1000	新建
广德县图书馆	176	1500	新建
绩溪县文化中心	50	634	新建
合县影剧院维修	50.8	800	改建
和县博物馆	234	2400	新建
蒙城县庄子博物馆	800	13710	新建
福　建			
福建省博物院	27000	35803	新建
福建省芳华越剧团芳华剧场	108	1500	改建
福建省实验闽剧院闽剧艺术中心	1023	4399	新建
福州大戏院剧场	788	6000	改建
福州市于山九日台音	1700	2300	新建
永泰县文博大楼	230	3000	新建
平潭县图书馆大楼	300	3500	新建

项 目 名 称	总投资	建筑面积	建设性质
厦门歌舞剧院剧院改造	320	6000	改建
厦门戏曲舞蹈学校	6726	3382	新建
厦门影剧院改造工程	3200	6000	改建
鼓浪屿音乐厅维修改造	928	3400	改建
集美区文化中心	450	4000	新建
同安区汀溪镇文化活动中心	1200	1300	新建
同安区新圩镇文化站文化中心	180	240	新建
莆田市艺术馆大楼	1050	4630	新建
莆田市艺校教学楼	110	1286	新建
三明市博物馆展览楼	600	3308	扩建
三明市歌舞艺术大楼	300	4700	新建
三明市红旗影剧院	1000	5120	新建
尤溪县文化综合楼	450	1900	新建
将乐县文化"三馆"大楼建设	480	7747	新建
泰宁县图书馆	100	500	新建
泰宁县博物馆大楼	45	520	新建
泰宁县文化活动大楼	130	500	新建
泉州市艺术馆综合楼	360	3800	新建
泉州海外交通史博物馆伊斯兰陈列馆	2200	7872	新建
泉州市万维生邮票艺术中心	500	4000	新建
泉州市鲤城区群众戏院	150	3200	改建
泉州市影剧院	340	2480	改建
泉州市艺术馆综合楼	360	3800	新建
晋江市博物馆	4220	17110	新建
漳州市博物馆	1600	4600	新建
漳州市人民剧场	2000	5000	改建
漳州市博物馆、歌仔戏艺术中心	2400	9700	新建
诏安县图书馆	533	2300	新建
华安县文化活动中心	250	2700	新建
宁德市艺术馆	2504	11000	新建
福安市文化中心	1016	9002	新建
光泽县文化娱乐中心	150	890	改建
政和县文艺大楼	212	1800	新建
龙岩市闽西文化艺术中心	2500	8946	新建
新罗区龙岩图书馆	2800	24800	扩建
漳平市文化馆综合楼	207	2600	新建
江　　西			
江西省博物馆	16000	32500	新建
江西省文化厅美术馆	12000	12500	新建
江西书画院大楼	5000	5240	新建
浮梁县图书馆	90	1400	新建

项目名称	总投资	建筑面积	建设性质
浮梁县文化馆	100	1600	新建
浮梁县博物馆	90	1000	新建
萍乡市图书馆	150	6000	新建
莲花县文化馆	100	1600	新建
鹰潭市图书馆、博物馆工程	1314	7880	新建
赣州市图书馆	1280	9834	新建
上犹县影剧院	500	3600	新建
崇义县文化艺术中心	120	2013	新建
龙南县陈列馆	200	300	新建
全南县剧团排练场及综合楼	180	3200	改建
寻乌县图书馆新馆	350	3200	新建
石城县博物馆大楼	70	1535	新建
石城县文化大楼	75	2340	改建
石城县图书馆大楼	15	166	扩建
石城县采茶剧团大楼	80	1200	新建
吉安市博物馆风月楼、钟鼓楼	3	109	恢复
泰和县文化馆新馆	88	1350	新建
遂川县博物馆文物库房	42	1100	新建
靖安县文化馆新馆	110	1600	新建
金溪县图书馆新馆	130	1500	新建
上饶市文化艺术中心综合楼	400	3000	新建
上饶县图书馆新馆	120	1700	新建
铅山县文化广场	500	5562	新建
德兴市文化馆新馆	130	2000	新建
山　东			
山东剧院维修改造	7000	10300	扩建
山东省电影学校学生公寓	750	6700	扩建
山东省话剧院综合业务楼	595	3815	扩建
山东省美术馆业务楼	1826	8500	扩建
山东省图书馆综合业务楼	17333	35830	扩建
济南市图书馆维修	140	0	恢复
济南艺术学校迁建	3500	22000	新建
蒲松龄纪念馆憩园	30	200	新建
淄博市博物馆拙园	30	200	新建
淄博市艺术幼儿园教学楼	170	2000	新建
博山人民剧院	600	7800	改建
沂源县文化馆排练厅	89	1133	扩建
广饶县展厅综合楼	1200	6821	新建
龙口市文化科技中心	3800	18400	新建
济宁市少儿图书馆	1700	9680	新建
济宁市文化广场	1777	6070	新建

项　目　名　称	总投资	建筑面积	建设性质
兖州市博物馆主展楼	2000	7800	新建
邹城市博物馆业务楼	2500	12500	新建
东平县白佛山山门牌坊	11.8	120	新建
威海市博物馆二期工程	2480	11211	扩建
五连县博物馆	460	2980	新建
莱芜市文化中心	210	2100	新建
临沭县文化综合楼	300	4200	新建
聊城市京剧团办公楼	350	3990	新建
聊城市杂技团办公楼	410	3970	新建
高唐县图书馆	520	4332	新建
滨州市文化综合楼	650	4500	新建
惠民县魏氏庄园维修	200	985	恢复
成武县文管所文化综合楼	25	3126	新建
河　　南			
河南艺术中心	49326	50415	新建
郑州美术馆装修工程	404	0	改建
郑州市豫剧院改造工程	500	1565	新建
郑州艺术宫改造	44.3	9327	改建
郑州艺术学校新校	4500	10200	新建
新郑市炎黄文化中心	1513.9	8838	新建
吉利区人民文化宫	1988	8942	新建
罗宁县图书馆	115	1659	新建
新安县图书馆	700	9600	新建
平顶山市文化中心	1200	8100	新建
平顶山市卫东区文化中心	32.5	3939	新建
宝丰县宝丰人民会堂	180	2000	改建
汝州市群艺馆	113	2576	扩建
安阳市博物馆新馆	5000	15000	新建
安阳市古建所天宁寺修复	480	1230	新建
安阳市民间艺术博物馆文物仓库	47	410	新建
安阳市殷墟管理处殷墟申报世界文化遗产	18000	0	新建
获嘉县文化馆	200	2000	新建
原阳县文化活动楼	147	2970	新建
卫辉市图书馆办公楼	170	1500	新建
辉县市文化中心楼	300	3900	新建
解放区群众文化中心	480	3960	改建
虢国博物馆	40	130	4
渑池县文化图书馆	700	8600	新建
卢氏县文化馆	100	2200	新建
西峡县图书馆大楼	85	1500	新建
镇平县图书馆主体楼	120	1766	新建

项　目　名　称	总投资	建筑面积	建设性质
内乡县文化中心	95	1000	新建
罗山县文化中心	110	1600	新建
淮滨县文化馆址建设	50	950	新建
驻马店市文物综合楼	111.7	1900	新建
驻马店市驿城区文化馆	100	1560	新建
泌阳县图书馆大楼	140	2150	新建
遂平县图书馆	168.7	2050	新建
湖　　北			
湖北剧场扩建工程	9000	17000	扩建
湖北省博物馆楚文化馆	2776.7	4711	扩建
湖北省地方戏剧院综合排练场	600	0	扩建
湖北省京剧院综合楼	300	5800	扩建
湖北省美术院美术中心	457	3400	扩建
湖北省文化厅文华大夏	1500	13771	新建
湖北省艺术学校综合楼	500	3600	扩建
武汉市博物馆	6731.1	17834	新建
武汉市民众乐院新时代健身游乐中心	140	1000	扩建
武汉市人民剧院维修改造	800	1580	改建
武汉杂技团排练场改造	80	1478	改建
兴山县文化活动中心大楼	72	379	迁建
秭归县图书馆迁建	25	2560	新建
宜都市博物馆	420	4040	新建
南漳县图书馆服务大楼	300	2160	新建
南漳县文工团综合排练厅	50	800	新建
南漳县文化活动中心大楼	250	2000	新建
老河口市博物馆综合楼	100	2473	新建
老河口市图书馆综合楼	110	2565	新建
宜城市博物馆陈列楼	531	9200	新建
宜城市群众艺术馆业务楼	100	1200	新建
荆门市群众艺术馆文化中心维修改造	50	5500	改建
孝昌县文化馆图书馆综合楼	240	2000	新建
大悟县文体大楼	120	2000	新建
安陆市文化中心	130.1	1600	新建
公安县剧院维修	60	0	改建
石首市博物馆展厅	90	1578	新建
黄冈市群众艺术馆文化中心	3000	16200	新建
团风县图书馆	130	1200	新建
红安县董老文物库房	60	506	改建
咸宽市艺术学校排练多功能厅	28	1100	改建
咸宁市博物馆综合楼	120	2190	新建
咸宁市艺术学校教学楼	410	5500	新建

项 目 名 称	总投资	建筑面积	建设性质
通城县青少年文化宫	46	480	新建
通城县石南镇大坪乡文化站	100	2200	新建
赤壁市文化局综合楼	80	1350	新建
赤壁市文物综合楼	460	3484	新建
随州市博物馆新大楼	2900	15000	新建
巴东县露天体育场改建	300	8190	新建
巴东县图书馆综合楼	260	2700	迁建
巴东县文化局综合楼	240	2400	迁建
天门市博物馆石家河遗址保护标志	190	500	新建
神农架林区图书馆	200	1200	新建
神农架林区群艺馆综合楼	250	2700	新建
湖　　南			
湖南大剧院	15000	43000	新建
湖南省博物馆陈列大楼	8420	15970	扩建
湖南省花鼓戏剧院舞美仓库	50	200	扩建
湖南省京剧团排练厅综合楼	350	4216	扩建
湖南省木偶皮影艺术剧院演出厅	50	1000	改建
湖南省杂技团排练综合楼	650	4770	扩建
湖南图书馆综合楼	1060	8000	扩建
长沙田汉大剧院	12000	25600	新建
长沙简牍保护研究中心	6600	13610	新建
望城县雷锋纪念馆文化活动中心	2000	4949	新建
刘少奇纪念馆花明德育园	900	15000	新建
株洲市影剧院剧场改造工程	200	810	改建
茶陵县湘剧团湘艺大楼	63	1020	改建
湘潭市齐白石文化艺术大楼	840	2530	扩建
衡阳市博物馆展厅	480	3451	新建
衡阳市艺术馆	800	5538	扩建
衡阳市书画院综合楼	180	2300	改建
衡阳市南岳区文化中心	270	3150	新建
衡东县文化大楼	150	2068	新建
湘阴县岳州窑址博物馆	500	6000	新建
平江起义纪念馆	150	1310	新建
常德市文化局广场舞台建筑工程	90	690	新建
常德市武陵区文化馆办公大楼	147	1400	新建
汉寿县文化商贸中心	1200	15800	新建
澧县文化馆综合楼	170	2000	扩建
临澧县博物馆改扩建工程	500	4500	扩建
石门县影剧院改造	120	2000	改建
慈利县文物研究保护管理所文物库房	100	1120	扩建
桑植县文化馆	120	1500	扩建

项 目 名 称	总投资	建筑面积	建设性质
沅江市洞庭湖博物馆文物展览室	40	600	扩建
郴州市博物馆	3500	12000	新建
郴州市群艺大楼	300	4800	新建
资兴市花鼓剧剧院	180	1400	扩建
桂阳县图书馆综合楼	150	2700	扩建
宜章县湘南年关爆动纪念馆	400	2000	新建
临武县图书馆图书大楼	180	2978	改建
宁远县文化馆综合楼	160	2000	扩建
怀化市鹤城区阳戏剧团综合楼	140	2500	扩建
会同县图书馆综合楼	195	1500	扩建
靖州苗族侗族自治县文化娱乐中心	450	3080	扩建
娄底市文化艺术中心	4650	28000	新建
双峰县文化馆文化大楼	170	2000	扩建
冷水江市文化中心	780	11086	扩建
湘西州民族文化艺术职业学校教学楼	140	2380	扩建
泸溪县图书馆	240	2763	新建
凤凰县图书馆	165	1850	扩建
广　东			
广东省木偶剧团木偶中心	1300	2200	改建
广东话剧院艺术生产综合楼	1966	11935	改建
广州芭蕾舞团	9750	28000	新建
广州画院美术馆	1550	3000	新建
广州平安大戏院	900	0	改建
广州市群众艺术馆	1943	2286	迁建
广州市文化局培训基地	2400	5440	新建
广州市艺术学校	4400	15060	新建
广州艺术博物院	17800	38340	新建
广州杂技团	800	300	改建
广州红线女艺术中心	4100	5000	新建
广州孙中山大元帅府纪念馆	1628	4717	恢复
广州文化系统文物仓库	3500	8800	新建
广州市群众艺术馆	1943	2286	迁建
西汉南越王博物馆	1613	6288	新建
花都区洪秀全纪念馆	568.3	8500	扩建
韶关市博物馆	2200	8008	新建
韶关市北江区十里亭文化中心	70	1200	新建
韶关市武江区西河镇文化站	80	725	新建
乳源县必背文化站大楼	50	700	新建
南雄市新龙镇文化站大楼	56	1100	新建
深圳歌舞团综合楼	2550	5600	新建
深圳美术馆展览馆维修工程	100	0	改建

项 目 名 称	总投资	建筑面积	建设性质
深圳市美术馆改造	500	0	改建
深圳市群众艺术馆改造	400	0	改建
深圳市群众艺术馆综合楼维修工程	100	0	改建
深圳市文化中心深圳音乐厅	77566.7	41423	新建
深圳市文化中心深圳图书馆	82133.3	49600	新建
深圳书城	23700	70000	新建
深圳书城南山城	10000	25000	新建
深圳艺术学校教学楼维修改造	50	0	改建
深圳市罗湖区文化馆	3500	7900	新建
深圳市福田区文化广场	3000	6673	新建
深圳市福田区图书馆	25000	32000	新建
深圳市福田区文化馆	2340	5220	新建
深圳市南山区影剧院改造	1300	0	改建
深圳市龙岗区文化中心	60000	70000	新建
深圳市孙中山庚子首义雕塑园	1007.5	0	新建
深圳市盐田区文化艺术中心	12000	28851	新建
珠海市文化中心——图书馆	8500	15987	新建
金湾区三灶镇文化服务中心大楼	630	6630	扩建
金湾区三灶镇文化服务中心三灶伟民广场	450	18000	扩建
汕头市博物馆新馆	10028	19295	新建
汕头市图书馆(新馆)	12580	28675	新建
佛山市梁园博物馆梁园修复工程	3755	11000	扩建
顺德市勒流镇文化站文化广场、戏院	3000	3000	新建
顺德市龙江镇文化站文化大楼、图书馆	300	3000	新建
顺德市伦教镇文化站伦教文化广场	1400	30000	新建
顺德市容桂镇文化站图书馆	3000	4000	新建
南海市博物院	150	1309	新建
台山市文艺家之家	120	1100	新建
新会市梁启超故居纪念馆	500	1600	新建
徐闻县博物馆	800	2200	新建
茂名市茂南区文化馆	500	4400	新建
电白县影剧院	600	5000	改建
化州市文化综合楼	68	1000	改建
信宜市图书馆办公大楼	800	6096	改建
广宁县图书馆	300	3060	新建
广宁县博物馆	35	480	扩建
惠州市慈云图书馆	5000	16990	新建
惠东县博物馆	147.6	1900	新建
惠东县图书馆	139.3	1858	新建
惠东县文化馆	152.1	1926	新建
龙门县博物馆	160	2320	新建

项目名称	总投资	建筑面积	建设性质
梅江区文化馆	130	1500	新建
梅江区博物馆	170	2220	新建
梅江区图书馆	130	1500	新建
梅县图书馆	420	5512	新建
大埔县博物馆	80	2027	新建
大埔县大麻镇文化站	27	510	新建
大埔县文化馆大楼	86	1538	新建
丰顺县图书馆办公大楼	56.6	708	新建
五华县锡坑镇文化活动中心	28	590	新建
平远县坝头文化站	28	517	新建
平远县茅坪文化站	15	300	扩建
平远县热柘文化站	30	530	新建
平远县中行文化站	20	400	扩建
蕉岭县博物馆	300	2230	新建
蕉岭县南砾镇文化活动中心	50	730	新建
蕉岭县图书馆	200	3000	新建
蕉岭县文化活动中心	680	5180	新建
兴宁市文化艺术中心	510	5500	新建
海丰县林伟华图书馆	200	1760	新建
阳江市影剧院综合大楼	280	2000	新建
阳春市黄云书画馆	113	927	新建
阳春市粤剧团排练场	40	500	新建
连州市图书馆	800	5894	新建
清远市博物馆	380	3600	新建
佛冈县文化馆	150	2160	新建
英德市文化馆	600	3523	新建
连州市文化馆	700	4450	新建
东莞市可园博物馆	9037	31952	扩建
东莞市石碣文化站办公大楼	6800	27626	新建
东莞市粤剧团简易演员宿舍、车房	20	500	改建
云浮市群众艺术馆	1100	4765	新建
郁南县博物馆	380	3500	新建
云安县图书馆	120	1511	恢复
云安县文化馆	155	1938	新建
罗定市博物馆大楼	1000	5722	新建
罗定市文化馆文化中心大楼	350	3000	新建
广　西			
广西博物馆陈列大楼	230	4000	改建
广西歌舞团排练场	79.2	3486	新建
广西红星剧场	1500	7000	改建
广西话剧团综合排演厅	300	3212	新建

项 目 名 称	总投资	建筑面积	建设性质
广西木偶剧团儿童剧院	341	3138	改建
广西图书馆扩建改造	5000	12	扩建
广西文化艺术培训中心楼	1195	11000	新建
广西舞台设备技术研究所业务大楼	85	1882	新建
广西艺术学校	262.8	15044	新建
广西自然博物馆	1470	2761	改建
南宁市艺术剧院综合楼	168.9	2147	扩建
南宁市粤剧团南粤楼	300	3226	改建
隆安县文化馆	70	1000	新建
柳州市胡志明旧居维修	187.5	1300	恢复
桂林市桂海碑林博物馆	1110	266	扩建
桂林市李宗仁文物管理处	87	1100	新建
临桂县文化馆	70	1000	新建
灵川博物馆综合楼	130	1470	新建
灵川县博物馆综合楼	101.5	2400	新建
灌阳县文物中心库房	154	1553	新建
苍梧县文体综合大楼	988.8	7910	新建
合浦县博物馆	2622	6826	新建
防城区乡镇文化站 9 个	135	3000	新建
东兴市乡镇文化站 3 个	49.5	1100	新建
兴业县文化馆	70	1000	新建
右江民族博物馆文物库房	25.1	0	改建
右江革命纪念馆文物库房	70	735	扩建
靖西县乡镇文化站 13 个	234	5200	新建
那坡县乡镇文化站 5 个	90	2000	新建
东兰县文物管理所纪念馆文物库房	30	0	新建
兴宾区文化馆	70	1000	新建
金秀县瑶族博物馆扩建	50	515	扩建
扶绥县文化馆	180	2265	新建
大新县乡镇文化站 8 个	144	3200	新建
宁明县乡镇文化站 10 个	180	4000	新建
龙州县乡镇文化站 7 个	126	2800	新建
凭祥市乡镇文化站 2 个	23	510	新建
凭祥市博物馆	80	1250	新建
崇左县图书馆楼扩建工程	141	2360	扩建
富川瑶族自治县文化馆综合楼	78	1800	改建
右江民族博物馆厢房扩建	30.3	360	扩建
田阳县博物馆陈列和库房大楼	97	1318	新建
田东县文化馆设施改造工程	12.5	80	新建
田东县平马镇宣传文化站大楼	54.5	980	新建
田东县思林镇宣传文化站大楼	30	650	新建

项目名称	总投资	建筑面积	建设性质
田东县右江革命纪念馆文物库房	70	735	新建
凌云县文艺队排练厅	10	220	新建
乐业县文化局、文化馆办公室	10	273	扩建
海　南			
海口市图书馆业务用房	20	345	恢复
海口市李硕勋纪念管理处纪念亭	120	300	扩建
中共琼崖一大旧址	9.6	690	恢复
三亚市图书馆大楼	2500	9960	新建
定安县文化馆综合楼	150	1770	扩建
儋州市图书馆	325	3100	新建
重　庆			
重庆歌乐山烈士陵园管理处红岩魂广场	1465	0	改建
重庆红岩革命纪念馆红岩陈列馆改造	4570.9	10300	新建
重庆图书馆消防工程维修改造	190	7400	改建
重庆市涪陵区博物馆库房、展厅	1065	4500	新建
重庆市大渡口区群文大厦	600	4000	扩建
重庆市南岸区南坪文化艺术中心	3000	11000	新建
长寿县博物馆	450	5650	新建
城口县图书馆	210.5	2069	新建
重庆市丰都县图书馆	253.7	3425	迁建
重庆市丰都县文化馆	195.8	3358	迁建
石柱县电影院	250	2000	扩建
石柱文化馆	250	7800	扩建
四　川			
成都市锦江剧场川剧艺术中心	6058.4	12715	新建
成都市木偶皮影艺术剧院排练场	125	426	扩建
成都市文管会文物库房及业务用房	90	1200	新建
成都市文化艺术中心教学综合楼	2500	14600	新建
成都市文化艺术学校教学综合楼	2513.3	15768	新建
成都市文物考古所文保大楼	1200	13000	新建
成都武侯祠博物馆武侯祠扩建	757	1400	扩建
成都武侯祠博物馆锦里一条街	2000	7920	新建
青白江博物馆	370	2500	新建
青白江区图书馆	130	1500	新建
金堂县图书馆	300	1800	新建
新津县图书馆	150	1800	新建
新津县影视中心	800	6500	新建
崇州市宫保府	250	2500	新建
崇州市艺术中心	2600	8000	新建
自贡恐龙桫椤风景区	11870.4	2520	新建
自贡市川剧团剧场改建	400	1831	改建

项　目　名　称	总投资	建筑面积	建设性质
自贡市文化艺术学校教学楼	570	5600	扩建
自贡市盐业历史博物馆武圣宫大门	65	1200	恢复
米易县图书馆	200	1700	新建
泸县文化馆	120	1500	新建
泸县图书馆业务楼	254.2	2509	新建
合江汉代画像石棺博物馆	370	4000	新建
罗江县图书馆	170	2200	新建
三星堆博物馆玉器厅、神树厅扩展工程	315	2400	扩建
绵阳博物馆	6200	19200	新建
绵阳市艺术剧院	3500	3900	新建
三台县图书馆业务用房	80	1200	新建
广元市群众艺术馆办公楼工程	280	5666	新建
元坝区文化馆	17	340	新建
青川县红军文物陈列室	10	150	新建
剑阁县文化馆	150	1800	新建
剑阁县鹤鸣山道教造像保护亭	20	450	恢复
攀枝花市川剧团湖光剧场	390	290	改建
遂宁市图书馆	375	2500	新建
蓬溪县文化馆	235	2735	新建
蓬溪县文星楼	410	6200	新建
威远县文化馆	550	2998	新建
资中剧场文化综合大楼	230	3260	新建
资中县图书馆	250	2750	新建
隆昌县文化馆金太阳文化综合大楼	800	10000	新建
犍为县文管所文庙二期维修工程	75	585	恢复
峨边县文化中心	145	1500	新建
顺庆区文物大厦	401.3	5771	改建
彭山县文化馆	250	3000	迁建
宜宾市翠屏区文化综合楼	400	3100	扩建
宜宾市图书馆	7000	20000	新建
长宁县文化馆	150	2000	新建
高县阳翰生故居	54	1124	恢复
开江县文化馆文艺综合楼	50	1000	改建
石棉县文化馆	100	1200	新建
通江县红四方面军总指挥部旧址纪念馆维修	220	1904	恢复
乐至县图书馆	160	1500	新建
松潘县图书馆	102	100	新建
松潘县文化馆续建工程	15	150	恢复
九寨沟县文化中心	195	2443	新建
康定县文化馆	100	900	新建
九龙县图书馆	95	1000	新建

项 目 名 称	总投资	建筑面积	建设性质
色达县图书馆	150	2000	新建
凉山州奴隶社会博物馆	400	3372	改建
宁南县图书馆	125	1636	新建
喜德县图书馆	100	911	新建
美姑县图书馆	100	1000	新建
美姑文化馆业务用房	10	130	新建
贵　州			
贵州省图书馆	5116	21800	新建
贵阳市阳明祠	400	0	扩建
贵阳市艺术中心大厦	8000	31360	新建
贵阳市达德学校	108.8	1000	迁建
道真县图书馆	80	924	新建
普定县穿洞文物库房	100	1000	新建
铜仁市图书馆	180	2500	新建
铜仁市东山寺观音阁	110	600	新建
玉屏侗族自治县文化馆	50	201	扩建
思南县乌江博物馆文物库房	50	400	新建
印江县文化馆综合业务用房	120	1500	新建
德江县文化馆	100	1000	新建
织金县文化馆	13	400	扩建
贵定县文化馆、图书馆	180	1800	新建
惠水县文化馆	120	1300	新建
三都水族自治县文化活动中心	164	2860	新建
云　南			
云南省歌舞团综合业务大楼	1550	9578	扩建
云南省图书馆改扩建工程	15000	28652	新建
云南省艺术学校运动场	975	23310	新建
马龙县文化馆办公楼	145	1016	新建
罗平县文管所文物馆	60	866	新建
沾益县白水镇文化站业务用房	48	800	新建
沾益县文化馆，图书馆综合楼	420	4200	新建
江川县李家山古墓群开发及保护	1000	1000	新建
元江县民族歌舞团练功房	73	1044	新建
昭通市人民影剧维修改造	67.7	2576	改建
大关县文化馆综合楼	128	1718	改建
大关县图书馆办公楼	36.6	519	新建
永善县图书馆综合楼	127	1853	新建
绥江县文化馆综合楼	80	906	新建
楚雄州文化艺术中心综合楼	132.8	1253	新建
牟定县民族广场	80	200	新建
姚安县图书馆综合楼	150	1555	恢复

项　目　名　称	总投资	建筑面积	建设性质
开远市文化大厦	290	1200	恢复
蒙自哥胪士洋行	138	2072	改建
蒙自建阳会馆	85	326	迁建
蒙自海关税务司署	26.7	325	改建
蒙自租界址	5.7	215	扩建
蒙自期路白文化中心	25.8	400	新建
蒙自鸣鹫文化服务中心	12.8	212	新建
蒙自水田文化服务中心	62	895	新建
蒙自芷村文化服务中心	20	705	改建
屏边滴水文化站	10	300	新建
屏边文化馆	63	700	新建
泸西县文管所文庙棂星坊	50	0	恢复
泸西县秀山春风阁	70.3	195	恢复
泸西县向阳乡文化中心	23.5	380	新建
勐龙乡文化站	25	300	新建
元阳县民族图书馆	140	1100	新建
元阳县文化馆	110	1200	新建
红河甲寅文化站宣传文化中心	25	300	新建
金平县马鞍底文化站	10	120	新建
金平县文化馆	130	1632	迁建
沙依坡文化站	5	150	扩建
绿春大水沟文化站	10	300	新建
绿春图书馆	15	189	扩建
文山州博物馆综合展厅	300	2200	新建
文山州民族歌舞团排练厅	28	450	扩建
文山州民族文化中心文化大厦	2412	13552	新建
文山州群众艺术馆综合培训楼	160	2218	新建
西畴县鸡街乡文化站业务房	20	330	新建
麻栗坡县天保文化站文化中心	56	930	新建
麻栗坡县民族文化中心	110	1600	新建
马关县图书馆业务用房	120	1474	新建
马关县文化馆办公楼	80	280	扩建
丘北县八道哨宣传文化中心	23.5	371	新建
邱北县民族文化大楼	4227.8	6969	新建
广南县朱街文化站综合楼	20	230	新建
富宁县文化活动中心	150	2046	新建
文山州壮剧团练工房	35	337	新建
景东县花山乡文体站	10	162	新建
景东县景福乡文体站	8.8	127	新建
景东县者后乡文体站	9.7	162	新建
景谷县文化大楼	150	1947	扩建

项 目 名 称	总投资	建筑面积	建设性质
思茅地区群艺馆大楼	140	1360	新建
思茅地区图书馆大楼	840	4600	迁建
镇沅县图书馆	102	1300	新建
普洱民族团结誓词碑	293	4437	迁建
普洱县黎明乡文化站	32.4	324	新建
普洱县德化乡文化站	20	200	扩建
墨江县新安乡文化站	30	300	新建
景东漫湾文化站	30	300	扩建
景谷县文化大楼	217	1947	扩建
镇沅县文化中心	200	1800	新建
镇沅县图书馆	120	1300	迁建
镇沅县恩乐文化站	30	300	新建
江城县文化馆	50	700	扩建
江城县红疆乡文化站	20	255	新建
孟连县图书馆	100	1000	扩建
孟连县文化中心	200	1800	新建
澜沧县文化馆	120	1200	新建
西盟县西盟镇文化站	60	600	新建
西盟县勐梭文化站	30	300	新建
大理州博物馆文物库房新建	33	312	新建
大理州艺术馆改扩建	415	1675	改建
大理市崇圣寺三塔文管所办公院	233	2500	新建
大理市三塔文管所办公院	233	2484	新建
大理市三塔苑酒店改扩建	450	5320	扩建
大理市三塔苑扩建	450	4500	扩建
大理市三塔文管所办公院	233	2500	新建
大理市三塔前区改扩建	2500	108721	改建
漾濞县文化大楼新建	48	745	新建
剑川县图书馆新馆	95	936	新建
剑川县沙登箐石窟保护房	92	600	新建
德宏州民族歌舞团业务办公综合大楼	78	750	新建
梁河县图书馆大楼	0	800	新建
华坪县公共图书馆建设	181	1834	新建
怒江州歌舞团排练房	66	363	扩建
怒江州图书馆业务大楼	315	2231	新建
迪庆州群众艺术馆业务综合楼	130	938	新建
临沧县图书馆	160	1555	新建
云县文化广场	50	2800	改建
云县大朝山西镇宣传文体活动中心	45	297	新建
西 藏			
江孜县文化活动中心	75	700	扩建

项 目 名 称	总投资	建筑面积	建设性质
昌都县文化活动中心	75	800	改建
贡觉县文化活动中心	75	800	新建
类乌骑县文化活动中心	75	700	新建
乃东县文化活动中心	75	800	扩建
贡嘎县文化活动中心	50	700	扩建
南木林县文化活动中心	145	800	新建
萨迦县文化活动中心	75	800	扩建
陕　　西			
法门寺博物馆东西文化文物陈列展厅	1500	2120	新建
乾陵博物馆改造工程	344	10200	新建
秦俑博物馆二期扩建工程	22788	0	扩建
陕西历史博物馆改造	110	258	改建
陕西乾陵博物馆内城公路	1100	66700	新建
蓝天县文化中心大楼	350	3200	新建
铜川市图书馆	3500	12185	新建
宜君县石刻艺术博物馆	195	947	新建
宝鸡县大唐秦王陵博物馆	1000	2000	新建
凤翔博物馆文物库房	60	889	迁建
凤翔县图书馆综合楼	80	1300	扩建
岐山县蔡家坡儿童文化园	240	3300	新建
眉县张载祠墓修复	1280.4	3200	恢复
千阳县图书馆	120	1200	新建
凤县文化中心	350	2900	新建
咸阳历史博物馆文物库房	3981	3039	新建
秦都区沙河桥保护大厅	127	2015	新建
三原县博物馆文物库房	40	548	新建
永寿县图书馆	100	1200	新建
安康历史博物馆字画展厅	99	610	新建
安康市文化艺术学校	21.5	457	新建
汉阴县文物库房	14	180	新建
汉阴县文化馆	70	980	扩建
紫阳县文馆所	18.6	113	改建
平利县图书馆综合楼	96	2202	新建
平利县文博馆	145	2180	新建
镇坪县文管所文物库房改造及安全加固	7	386	改建
镇坪县文化馆文物库房	5	525	改建
白河县文物库房	45	850	改建
延安市文物研究所办公楼	52	623	新建
延川县图书馆	950	9300	新建
安塞县文管所展示扩建	360	1103	扩建
志丹县金丁文化中心	32.4	300	改建

项目名称	总投资	建筑面积	建设性质
吴旗文管所展室、库房	96	1180	新建
富县文物库房	128	1100	新建
黄龙县文化馆	240	3200	新建
甘　肃			
炳灵寺省直文博培训中心	400	3000	新建
敦煌研究院莫高窟改造保护工程	13700	0	新建
甘肃省博物馆维修加固工程	9150	28001	改建
永登县图书馆	13	1300	新建
榆中县文化中心	474	5734	新建
嘉峪关市文化旅游景区	2910	11262	新建
嘉峪关市长城博物馆	650	3499	新建
远县文化馆	11	1200	新建
武山县图书馆	11	1200	新建
武山县文化中心	196	1980	新建
张掖地区文化活动中心	460	3600	新建
肃南县博物馆综合楼	154.8	1122	新建
民乐县文化馆	11	1100	新建
临泽县图书馆	130	1500	新建
古浪县图书文化综合大楼	240	4688	新建
定西地区渭源县文化馆	11	1200	新建
陇南地区文县图书馆	10	1100	新建
平凉地区博物馆	760	5887	新建
平凉市崆峒区人民剧院	120	5796	新建
平凉地区泾川县图书馆	16	1800	新建
灵台县影剧院维修	16.3	1720	改建
平凉地区灵台县文化馆	10	1100	新建
平凉地区庄浪县图书馆	7.5	1300	新建
西峰市博物馆陇东民俗馆	50	2640	新建
庆阳地区合水县文化馆	9	1000	新建
庆阳市宁县文化综合大楼	180	2092	新建
庆阳地区镇原县文化馆	12.5	1300	新建
州临夏市图书馆	11	1200	新建
夏州康乐县文化馆	10	1100	新建
青　海			
青海省柳湾彩陶博物馆	4500	2600	新建
乐都县文化馆业务楼	70	700	新建
门源县文化馆业务楼	40	350	扩建
祁连县图书馆业务楼	75	800	新建
祁连县文化馆业务楼	75	800	新建
尖扎县图书馆业务楼	50	450	扩建
同德县图书馆业务楼	40	350	新建

项 目 名 称	总投资	建筑面积	建设性质
多县文化业务楼	75	600	新建
曲麻莱县文化业务楼	60	460	新建
天峻县图书馆业务楼	60	600	新建
宁 夏			
固原博物馆文物库房	562	3000	新建
西夏王陵风景区旅游基础设施	1500	0	新建
池县宣传文化中心	220	0	新建
盐池县图书馆综合办公楼	150	1400	新建
同心县博物馆	140	800	新建
同心县王团文化站	22.5	455	新建
同心县喊叫水文化站	4.5	96	新建
同心县宣传文化中心	210	3000	新建
彭阳县文化馆建设	14	204	新建
新 疆			
新疆文物考古研究所文物库房	400	1430	新建
新疆博物馆	6500	17299	新建
新疆图书馆	2200	24700	扩建
乌鲁木齐市秦剧团新中剧院建设工程	960	8000	新建
吐鲁番地区文物业务用房	370	600	新建
哈密市文化馆业务楼	100	891	新建
阜康市图书馆	220	2000	新建
博乐县文化综合楼图书馆	30	500	新建
温泉县图书馆	80	800	新建
焉耆县文化中心	560	4000	新建
新和县图书馆	492.3	3450	新建
城县文管所陈列展览室	68	312	改建
喀什地区五一剧场	1300	4800	改建
喀什市图书馆	320	3000	新建
疏勒县图书馆	100	1100	新建
英吉沙县图书馆	50	800	新建
岳普湖县图书馆	80	800	新建
和田地区博物馆工程	400	2700	新建
和田市图书馆	120	1200	新建
喀什市文化馆	156	1800	新建
墨玉县文化馆	100	1000	新建
伊犁州歌舞话剧团业务楼	250	2400	新建
巩留县图书馆	80	800	新建
新源县影剧院	550	3393	新建
布尔津县图书馆	90	800	扩建
吉木乃县图书馆	90	800	新建

2002 年山西文化事业发展概述

山西省文化厅计财处　李栖政

2002 年山西文化工作在党的十六大精神指导下，高举邓小平理论伟大旗帜，继续贯彻落实江泽民同志“三个代表”重要思想，紧紧围绕省委、省政府提出的“建设文化强省”的战略目标，努力繁荣和发展社会主义文化事业，各项文化工作均取得显著成绩。

一、机构人员情况

2002 年末，山西文化部门共有各类文化单位机构 1749 个，从业人员 18521 人，分别比上年减少 45 个、28 人。减少的原因主要是行政区划调整、撤乡并镇引起乡镇文化站机构及人员的减少。在总机构中，艺术表演团体 155 个、9190 人，比上年减少 2 个、30 人；剧场、影剧院 49 个、1036 人；公共图书馆 122 个、1564 人，比上年增加机构 1 个，为太原市新成立晋源区图书馆；群众艺术馆 12 个、442 人；文化馆 119 个、1684 人，分别比上年机构增加 1 个，为太原市新成立晋源区文化馆，人员减少 53 人；文化站 1229 个、1647 人，比上年减少 43 个、113 人，其中乡镇文化站 1137 个、1496 人，比上年减少 27 个、82 人，撤乡并镇后，全省仍有 61 个乡镇无文化站；文化部门教育机构 17 个、1680 人，机构与上年持平，人员增加 249 人；文化艺术科技科研机构 13 个、183 人；艺术创作机构 5 个、92 人；艺术展览机构 2 个、3 人；其他文化单位机构 12 个、806 人。

二、经费收支情况

2002 年全省文化事业单位总收入 30481.2 万元，总支出 30201.7 万元，分别比上年增长 8.3%和 9.4%，支出比收入的增幅高 1.1 个百分点。在总收入中，财政补助收入 21476.9 万元，比上年增加 1818 万元，增长 9.2%；事业收入 6995.6 万元，比上年增加 299 万元，增长 4.5%；经营收入 642.4 万元，比上年减少 110.5 万元，下降 14.7%。各项收入占总收入的比重分别是：财政补助收入 70.5%，比上年增加 0.6 个百分点；事业收入 23%，比上年下降 0.8 个百分点；经营收入 2.1%，比上年下降 0.6 个百分点。在总支出中，人员费用（从业人员劳动报酬和社会保障费）17940.2 万元，比上年增加 1858 万元，增长 11.6%。人员费用占总支出的 59.4%，比上年增长 1.2 个百分点，占财政补助收入的 83.5%，比上年增长 1.7 个百分点。

上述收支情况明显看出 2002 年经费总收支均在增长，总支出的增幅高于总收入的增幅，入不敷出的矛盾依然存在；财政补助收入较上年有了一定的增长幅度，且占总收入的比重也略有增长，反映了各级政府对文化事业发展的重视支持，在财力有限的情况下，尽可能增加文化事业经费投入，为文化事业的发展提供财力保证；事业收入比上年有所增长，但占总收入的比重略有下降，表明文化单位开展业务活动和辅助活动的能力有限；经营收入比上年减少较多，且占总收入比重很低，说明各文化单位开展经营活动创收能力不足；财政补助收入占总收入的比重最高，可看出文化事业单位的生存与发展主要还是依靠国家的投入；人员费用比上年增幅较大，且占财政补助收入的比重很高，也明显看出财政补助收入的增长主要还是用于支付人员费用，再除去必要的公务费用，真正能用于业务活动的经费仍然十分不足。

三、文化设施建设情况

2002年全省文化事业单位固定资产投资项目共27个，其中基本建设投资项目26个，更新改造投资项目1个。在基本建设投资项目中：剧团业务用房1个，艺术表演场所1个，公共图书馆8个，文化馆2个，中等艺术学校校舍1个，职工住宅5个，其他8个。全省文化事业单位基本建设资金来源合计6983.8万元，比上年增加4925.6万元，增长2.4倍。其中国家投资635万元，比上年增加565万元，增长8.1倍，虽然国家投资的增幅很高，但由于上年国家投资的基数非常低，因此增长的绝对额并不多，其占资金来源合计的比重仅9.1%，比上年增加5.7个百分点；地方自筹1246万元，比上年增加972万元，增长3.5倍，占资金来源合计的17.8%，比上年增长4.5个百分点；单位资金118.1万元，比上年增加16.7万元，增长16.5%，占资金来源合计的1.7%，比上年降低3.2个百分点；增加最多的是其他资金来源，为4844.7万元，其中职工集资建房资金4843.7万元，比上年增加3694.2万元，增长3.2倍，占资金来源合计的比重最高，为69.4%，职工集资建房资金的大幅度增长，是使资金来源合计整体指标增长的主要因素。

2002年全省文化事业基本建设建成项目4个，竣工面积1.9万平方米。竣工项目分别是：天镇县文化图书大楼，竣工面积2520平方米；长子县图书馆，1300平方米；清徐县文化馆，3360平方米；省电影学校职工住宅综合楼，12100平方米。

近年来由于党和政府认真贯彻落实江泽民同志"三个代表"重要思想，对我省文化设施建设给予很大的关心和支持，加大了投资，使山西文化设施建设有了较大发展，如2002年国家投资520万元专项资金用于我省无馆舍和馆舍面积不足300平方米的图书馆和文化馆的设施建设，从上述在建项目和竣工项目也可看出"两馆"的项目比较多，但是由于山西经济发展较慢，贫困地区较多，文化设施建设基础差，底子薄，长期以来基建投资欠帐太多，基本建设投资与文化设施建设对资金的需求有如杯水车薪，仍相距甚远。我省长期存在的投入总量偏少，文化设施缺乏破旧问题依然比较突出。目前，文化事业有机构无房舍以及房舍破旧狭小问题仍然十分严重，2002年29个剧团、9个剧场影剧院、20个公共图书馆、27个群众艺术馆和文化馆，80%以上的文化站、4个艺术院校、9个科研单位无房舍，这些单位不得不长期租借房屋或与其他单位合署办公。在现有文化设施中，还有不足300平方米的公共图书馆30个、文化馆14个；有55个群艺馆、文化馆无业务用房；也有不少文化设施破旧落后，年久失修，已成危房。因投资不到位，1982年开始筹建的山西大剧院至今21年仍未开工。上述种种都严重影响业务活动和服务质量，应继续引起有关部门的关注。

四、业务活动情况

（一）艺术业：

2002年省文化厅把创作工作列为全年工作的首位，采取了具体措施，取得了明显效果。首先，文化厅领导带领有关人员深入省直五院团调查研究、座谈讨论，有效地调动了省直院团对创作的热情和极积性，创作了一批优秀剧（节）目；其次是召开全省艺术创作工作会议，安排布置今年的艺术创作工作；第三是认真提练加工修改剧本，夯实一度创作的基础，从而使全省艺术创作呈现出良好的发展态势。创作的繁荣为剧团的排演活动注入新的生机和活力，2002年全省各级剧团新排练上演的剧目就有140个，比上年增长10.2%，其中本团创作首次演出的剧目32个，这些剧目深受广大群众的喜爱，其中不少剧目获得了国家政府的各种奖项。如在今年揭晓的文化部第十届文华奖评选中，临汾蒲剧团创作演出的现代戏《土坑上的女人》获文华新剧目奖；太原市杂技团组团参加了文化部在贵州遵义举办的“金狮奖”第四届全国青少年杂技比赛，选送的《车技》，以其高难度的动作、娴熟的演技征服了观众，喜获金奖。

2002年全省各级剧团共计演出31667场次（其中农村29884场次，占全部场次的94.4%，国外演出137场次），平均每团演出204场次，比上年下降4.2%；全省剧团演出国内观众4308.3万人次，平均每场1366人次，比上年下降9.3%；全省演出收入3030万元，平均每场957元，比上年增长8.4%。演出场次及观众都在下降的原因据了解是多方面的，主要有：山西经济滞后，演出市场经济下滑，制约剧团的演出；农村电视机的普及，相对减少了剧团的演出场次和观众；县、乡、镇举办的物资交流会、庙会等活动较前减少，以及近年来对小煤矿的查封关闭，使演出活动随之减少；正规剧团排练演出的成本较高，人员和设备的投资较大，随之戏价也较高，而近年来个体剧团逐渐增多，其戏价低，演出的范围逐步扩大，相应冲击了正规剧团的演出市场。剧团演出场次、观众下降，而演出收入反增长的主要原因是票价上涨。

2002年全省剧团经费自给率32.8%，比上年降低2.2个百分点。演出收入增长，自给率反下降，究其原因：一为经营收入较上年下降49.7%，其他收入较上年下降27.4%；二为人员费用支出比上年增长9%，其中社会保障费支出比上年增长17.2%，说明离退休人员增多，剧团包袱过重，修缮费支出比上年增长较多，为39.6%。自给率的下降也表现出艺术表演团体参与市场竞争能力不足，财政补助收入仍是剧团生存和发展的主要经费来源。我省剧团的演出活动虽比上年下滑，但若和全国各省市相比，演出场次、观众人次、经费自给率等主要效益指标，多年来一直在全国名列前茅。

省文化厅积极举办和参与各类艺术活动，以推出新作新人，促进对外交流与沟通，如省文化厅组团参加了由文化部艺术司主办、中国文化艺术有限公司承办的ISPA国际演出会议暨首届中国演艺成果展。省京剧院在会上展演了《三关明月》，与中艺公司签订了为期三年的签约代理协议，三年内省京剧院的中外演出活动由中艺公司负责代理；《三关明月》、《大脚皇后》入围20台向国际重点推荐剧目；省歌舞剧院、太原市杂技团也与河南、河北、湖南、广东及韩国等国内外演艺经纪机构达成了初步合作意向，其深远影响不仅在当前而且在今后将会更加凸现；为纪念毛泽东《在延安文艺座谈会上的讲话》发表60周年，推动小戏、小品的创作和小剧种的发展，省文化厅成功组织举办了山西省小戏、小品、小剧种调演。这次调演，共有来自全省11个市地、4个省直剧团和山西艺术职业学院的20个剧种、79个剧目、600多名演职人员参加了演出。这次“三小”调演，是我省建国以来规模最大的一次小戏、小品、小剧种调演，调演中涌现出了一大批优秀剧目和编导演人才，其中有46个剧目和300多名演职人员获奖，也引起了社会各界的广泛关注，特别是对小剧种的生存和发展问题，已经引起了各级党委、政府和戏剧界专家、学者的高度重视，达到了预期目的，收到了良好的效果，取得了突出成绩。

省晋剧院的晋剧折子戏《凤台关》、《芦花》参加了文化部在湖南长沙举办的全国地方戏曲精品折子戏评比暨戏曲青年演员大奖赛，获得好成绩。《凤台关》剧组还应邀参加了在北京举办的第十届文华奖颁奖暨戏曲折子戏展演，同样受到了与会人士的好评。

“五一”期间举办了“红五月演出周”；“七一”前夕举办了喜迎七一大型文艺晚会；在国庆期间举办了喜迎十六大，欢度国庆节“迎国庆黄金周”文艺演出，丰富了群众文化生活，极大地活跃了节日气氛；主办了晋剧表演艺术家田桂兰从艺五十周年纪念活动；在省政府领导的支持下，促成了省歌舞剧院交响乐团与煤炭局下属七个企业的文企联姻，组建了山西太阳石爱乐乐团，实现了强强联手，优势互补，相互支持，共谋发展，首开了我省文企联姻的先河。

我省剧团在全年演出活动中以及参加本省和全国各项艺术活动中，发现并推出不少优秀艺术人才，如临汾蒲剧团的演员任跟心在文化部第十届文华奖评选中获文华表演奖，编剧纪丁、王颂获文华剧作奖；省曲艺团的刘培安、蔡石基、马小平、王兆麟、杨帆、雷伟生在晋、冀、鲁、豫“山河杯”曲艺大赛中获表演金奖；省晋剧院青年演员苗洁在文化部举办的全国地方戏曲精品折子戏评比暨戏曲青年演员大奖赛中获得了一等奖第一名的好成绩；在今年揭晓的第十九届中国戏剧“梅花奖”评选，高平市人民剧团青年演员陈素琴榜上有名，成为我省的第34位获梅花奖的演员。

为了贯彻“三个代表”重要思想，落实省委、省政府建设文化强省的指示精神和省委领导对艺术院团改革的重要批示，促进艺术生产，充分发挥省直艺术院团的导向性、代表性、示范性作用，省文化厅主动出击，积极争取，迎难而上，展开了广泛的联络、交流与沟通，最终赢得了省财政厅等有关部门和领导的肯定与支持。经过半年之久的调查、研究、论证，终于顺利出台了《省文化厅直属艺术表演团体演出场次补贴暂行办法》、《省文化厅直属艺术表演团体优秀剧目奖励专项资金管理暂行办法》和《省文化厅直属艺术表演团体优秀艺术人才资金管理暂行办法》共三项政策。这三项政策的出台，给省直五院团注入了新的“血液”，有效增强了可持续发展的活力，优化了艺术生产环境，激发了全体演职人员献身艺术事业的热情和积极性，必将对全省文艺工作的繁荣与发展产生重大而深远的影响。

2002年山西省文化部门的剧场、影剧院艺术演出696场，比上年增长3%，观众50.8万人次，平均每场730人次，比上年增长21.3%，艺术演出分成收入132万元，比上年增长4.5%；放映电影10960场，比上年下降6.5%，观众126.9万人次，平均每场观众116人，比上年增长39.8%，电影放映分成收入205万元，比上年下降6.4%。多年来我省文化部门的剧场、影剧院演映出连年滑坡，2002年艺术演出场次、观众、收入均比上年增长，一方面反映了剧团的剧目质量和演出水平都有了很大提高，能够吸引观众到剧场观看演出；另一方面近年来不少剧场、影剧院十分重视设施设备的改善，以优雅舒适的环境吸引观众，并加强管理，降低成本，合理收费也能够吸引剧团到剧场演出，从而使艺术演出的各项指标均有了提高，取得了较好的社会效益和经济效益。电影放映观众虽比上年增长，但场次和收入仍在下降，剧场、影剧院应继续加大改革力度，在改革中不断增强自身的发展能力。

（二）公共图书馆业：

2002年全省公共图书馆总藏量898.4万册（件），其中图书875万册，比上年增加5.6万册，仅增长0.6%；缩微制品维持上年的1.9万件；视听文献7.1万件，比上年增加5.7万件，增长4倍。2002年全省公共图书馆平均每馆藏书7.2万册，全省人均藏书0.27册，均与上年持平；新购图书9.3万册，平均每馆760册，比上年增长6.3%。以上数据可看出我省公共图书馆藏书和购书量的增长十分缓慢，我省购书量和藏书的增长速度历年来都大大低于全国平均水平，均占全国地方图书馆平均水平的三分之一左右，仅因经费短缺全年未购一册书的公共图书馆就由1995年的57个增至2002年的74个，占机构总数的61%，特别是五台县图书馆连续11年、静乐县图书馆连续12年未购一本书。

2002年全省公共图书馆总流通238.9万人次，平均每馆2万人次，比上年增长5.3%；书刊外借136.4万人次，平均每馆1.1万人次，比上年增长10%；书刊外借218.3万册次，平均每馆1.8万册次，比上年增长28.6%。2002年全省公共图书馆图书购置费183.7万元，平均每馆1.5万元，比上年下降28.6%，而全国地方图书馆平均每馆购书费10万余元，我省仅为全国的七分之一左右。全省公共图书馆在购书经费严重短缺，藏书十分贫乏的困难中，竭尽全力，想方设法开展工作，从而取得了流通水平全面增长的显著成绩。我省公共图书馆还在努力搞好日常借阅活动外，积极发挥其社会服务的功能，为星火计划和科技研究服务，编制各种类型的专题信息，定期向当地有关部门和农民发放，为当地政府决策提供参谋，为当地农民提供科技和致富信息，同时还开展了多种形式的培训辅导等活动，2002 年全省公共图书馆为读者举办各种活动 684 次，21.6 万人参加了活动，并为读者解答咨询 22514 条，代检索课题 363 项，编制二、三次文献 92 种。

为贯彻落实江泽民同志“三个代表”重要思想，文化部和财政部联合下发了《关于实施全国文化信息资源共享工程的通知》，并在我省召开了全国文化信息资源共享工程试点工作会议，在会上，我省正式被列入首批文化信息资源共享工程的试点省，并与国家中心签定了完成任务协议。

作为全国首批试点省之一，在省委、省政府和有关部门的重视支持下，我省抓住机遇，积极行动，成立了领导组和办公室，省文化厅和省财政厅联合下发了《关于实施山西省文化信息资源共享工程的通知》，对全省开展资源共享工程工作进行了安排部署。我省 2002 年的文化信息资源共享工程工作，取得了较大进展，一是制定了“山西省文化信息资源共享工程规划”；二是抓了特色资源建设。山西省图书馆运用先进技术，整合有关文献资料，试验制作“走进山西——省情数字资源库”，并在省图书馆网站上设立“走进山西”专页，对外进行发布。目前已建成音频、视频、报刊等十几个数据库，已建成的专栏有：文化艺术、市县概况，名胜特产、历史上的山西、三晋文化论坛、省外看山西等；三是抓了试点建设。在全省选择了 1 个省级图书馆、1 个市地级图书馆、3 个县级图书馆、1 个城市社区图书馆、1 个农村图书室、1 个农民书屋，共 8 个试点单位。省图书馆专门组织技术人员帮助 8 个试点单位进行了设备的安装测试和人员技术的培训，目前这些试点单位工作状况良好；四是进行接收传播技术试验。针对我省山区多、平川少，地面通讯价格昂贵的状况，省图书馆利用中广卫星通信，以“包投递”方式对基层进行了高效低价的卫星通讯数据传递试验，获得成功。在各点设备到位后，一年来，先后投放了数次，共 10 多 G 的图书、戏剧、音乐、电影等，情况基本正常。

“文化信息资源共享工程”不仅为解决我省的公共图书馆面临的经费短缺、藏书贫乏等困难提供了良好的契机，也是尽快扭转我省贫困地区信息匮乏和经济、文化落后状况的一条有效途径，对于继承和弘扬中华民族优秀文化，实施“科教兴省”战略和建设文化强省，将产生深远而重大的影响。

（三）群众文化业：

2002 年全省群众艺术馆、文化馆、文化站为广大群众举办展览 2004 个，比上年增长 26.1%；组织文艺活动 5896 次，比上年增长 45.7%；举办训练班 1669 班次，结业 7.1 万人次，比上年班次增长 16.4%，人次增长 26.8%；开展录像放映 4989 场，观众 33.7 万人次，比上年场次下降 31.8%，观众下降 33.4%。全省群艺馆、文化馆负责指导的单位共计 33369 个，其中农村集镇文化中心 606 个，文化俱乐部（室）7970 个，图书室 4212 个，文化户 19236 户，群众业余演出团（队）1345 个。群众文化单位举办的丰富多彩的活动和负责指导单位开展的各种活动极大地丰富了人民群众的文化生活，有力地促进了精神文明建设的发展。

为深入落实全国基层文化工作会议精神，全面安排部署我省基层文化工作，省政府召开了全省基层文化工作会议。这是改革开放以来山西省政府召开的第一次专题研究基层文化建设的会议。会议的主要任务是：以江泽民同志“三个代表”重要思想为指导，深入落实全国基层文化工作会议精神，大力发展有中国特色的社会主义文化，努力提高全省人民的文化素质，以城市社区和农村乡镇为重点，以培养有理想、有道德、有文化、有纪律的公民为目标，全面安排部署新时期全省基层文化工作。会议还表彰了一批基层文化工作先进单位。

为搞好全省群众文化工作，省文化厅做了大量工作，并积极组织开展和参与形式多样的群众文化活动，如抽调35人，组成9个调研组，由厅长、副厅长亲自带队，分赴全省11个市地展开基层文化工作调研活动，取得了基层文化工作的第一手资料。

为参加全国第十二届群星奖的评选，组织了全省业余美术、书法、摄影作品展览。共展出美术作品123件，书法作品173件，摄影作品108件，约有3000余人次前往观看。

为落实中央颁发的《公民道德实施纲要》，大力宣传社会公德、职业道德、家庭美德，突出“爱国守法、明礼诚信、团结友善、勤俭自强、敬业奉献”20字基本道德规范，充分展示各地科教、文体、法律、卫生“四进社区”活动和创建文明社区取得的丰硕成果，与省文明办共同组织了数来宝《家丑外扬》、舞蹈《山花红红》、音乐表演剧《文明社区幸福村》参加了由中央文明办、文化部举办的全国“四进社区”文艺展演活动，并获得了优异成绩。

组织参加了“群星奖”优秀节目进京展演。为落实全国基层文化工作会议精神，为党的十六大营造良好氛围，文化部举办了全国群星奖优秀节目进京展演。我省组织了晋剧小戏《一袋谷种》、上党落子小戏《背河》、沁源秧歌小戏《海选之后》、京东大鼓《志在大西北》四个获群星奖金奖的节目参加了此次展演。

成功举办了山西省首届民间歌手大赛，此次比赛，集中展示了近年来我省民间歌手的丰采，对扶持、培养和发现群众文艺人才，推出精品，促进我省民间文化队伍的发展和基层群众文化的繁荣，丰富和活跃基层群众的文化生活起到了积极作用。

（四）文化艺术教育与文化艺术科技科研业：

2002年全省有高等文化艺术院校2所，文化艺术干部院校1所，中等文化艺术学校10所，其他教育机构4所。全年各类文化艺术院校共计招生3133人，比上年增加664人，增长26.9%；在校生9853人，比上年增加1271人，增长14.8%；全年为国家培养各类艺术人才1874人，比上年增加131人，增长7.5%，艺术教育取得了显著成绩。

2002年文化艺术科技科研单位具有高级职称的人员45人，中级职称54人，两项共占总人数的54%。全年累计完成科研项目21个，比上年增加10个，增长90.9%，其中获国家奖2个，获省部奖18个，科研工作取得突出成果。

2002年我省各项文化工作均取得显著成绩，但也还面临不少困难和问题，如各项文化事业的业务活动经费投入不足，严重影响业务活动的开展；文化设施建设投资总量仍然偏少，文化设施缺乏破旧问题依然存在；公共图书馆购书经费严重短缺，藏书匮乏落后；文化站辅导员编制长期得不到解决，待遇偏低等；这些困难和问题应继续引起有关部门和领导的充分重视，并尽快予以解决，为繁荣和发展我省文化事业，不断满足人民群众日益增长的文化需求，为早日实现文化强省的战略目标，为全面建设小康文化做出新的更大的成绩。

（注：本文内容不包括文化市场）

2002年山西文化市场统计分析

山西省文化厅市场处　徐国栋

2002年山西省文化市场统计结果显示：截止2002年底，全省共有各类文化市场经营单位3843家，其中歌舞娱乐场所1301家、网吧1698家、音像制品经营单位716家(不包括尚未进行重新审核登记的经营单位)，固定资产506458千元，主营收入389172千元，全省共有文化市场行政管理机构57个、稽查机构84个。从上述统计结果，反映出山西文化市场发展的几个特点：

一、文化娱乐业经营单位总量有所减少，但效益增幅较大。与2001年统计结果相比，文化娱乐场所总量有所减少，但效益却有较大幅度的增加，固定资产由2001年的253040千元增加到506458千元，主营收入由298313千元增加到389172千元，表明山西娱乐场所发展已由数量增长型向规模效益型转变。

2002年文化市场统计显示，全省文化娱乐场所的分布仍然不均衡，县城以上城市拥有的娱乐场所占到全省总量的93.8%以上，而广大的乡镇、农村地区的文化娱乐场所仅占6.2%，且分布稀少、规模偏小。

二、歌舞娱乐场所作为文化市场的传统组成部分，占全省文化市场总量的33.8%，经过几年的宏观调控，全省歌舞娱乐业已初步走上规模效益和集约发展的轨道，文化娱乐场所的规模、档次、结构、效益、文化品位已有较大提高。

三、网吧虽经过大力整改和重新审核登记总数有所减少，但仍为文化市场中最大项目。统计显示，截止2002年底，全省网吧有1698家，占全省文化市场总量的44.2%。网吧给人民群众的精神生活带来了新的空间，但也不可否认互联网上网服务场所给社会所带来的一些负面影响，如何通过加强管理、改变经营方式彻底杜绝未成年人进入、防止网吧成为违法犯罪的媒介等问题是我们下一步工作的重点。

四、全面接管音像制品经营单位后对其进行了重新审核登记，全省音像制品经营单位共有716家(不包括尚未进行重新审核登记的经营单位近千家)。经过数次大的打击行动，改变了音像市场原先的散、小、乱状况，省厅正采取有力措施，推动连锁经营、电子商务等现代物流配送经营模式，努力提高正版音像制品的市场占有率。

五、管理机构经费困难，难以适应对文化市场监管的实际需要。2002年全省共有稽查机构84个、495人，全省文化市场管理稽查机构的年度收入合计仅为481.6万元，工资勉强维持，而管理着全省娱乐、网吧、音像、演出、电影等市场，管理任务非常艰巨。此外，市地、县区文化行政部门还承担出版市场监管的重任，经费短缺问题已成为市场监管问题的瓶颈因素。

六、文化市场统计工作中存在的问题较多。首先是统计数字不准、瞒报、漏报现象甚多。文化市场经营业主以个体经济为主，没有健全的财务制度，个别经营者对报表存在顾虑，拒报、瞒报现象较为普遍，文化市场主管部门对此办法不多。其次统计报表收集难度大，文化主管部门对拒报问题束手无策，有关管理部门对无证经营问题查处打击不力，造成统计数据缩水，很难真实反映全省文化市场的实际情况。

总之，山西文化市场的快速发展，为丰富广大群众的文化生活，增加就业机会，优化投资环境，促进经济发展起到了十分重要的作用。但从总体上讲，山西文化市场仍处在发展阶段，农村文化市场和大众化场所发展不足，产业结构也不尽合理，今后仍需进一步加强和完善。

湖北省 2002 年文化事业发展概述

2002 年，在文化部和省委、省政府的领导下，全省文化部门高举邓小平理论伟大旗帜，深入学习宣传党的十六大精神和“三个代表”重要思想，积极贯彻落实全国基层文化工作会议精神，围绕建设先进文化和文化强省的目标，启动第八届中国艺术节的筹办工作，精心组织艺术生产，努力活跃基层文化，积极推进体制改革，大力整顿文化市场，加强文物保护利用，各项事业取得了新的发展。

一、机构人员情况

截止 2002 年底，全省共有产业机构 1812 个(不包括文化市场部分)，从业人员 23628 人。文化部门直属产业机构 1797 个，从业人员 22678 人。其中，艺术表演团体 98 个，从业人员 6150 人，机构数比 2001 年增加 2 个，人员比上年减少 72 人。艺术表演场所 68 个，从业人员 1965 人，机构数比 2001 年减少 6 个，人员比上年减少 244 人。公共图书馆 103 个，从业人员 2293 人，与上年基本持平。群众艺术馆 18 个，从业人员 688 人，人员比上年减少 14 人。文化馆 117 个，从业人员 1985 人，机构数比 2001 年减少 2 个，人员比上年减少 252 人。文物业机构 157 个，从业人员 3290 人，机构数比 2001 年增加 15 个，人员比上年减少 455 人。博物馆 98 个，从业人员 1874 人，机构数比 2001 年增加 3 个，人员比上年增加 80 人。

二、文化事业经费收支情况

全省文化(文物)单位总收入 54174 万元，比 2001 年的 47340 万元增加了 6834 万元，增长了 14.4%。财政补助收入 32895 万元，比 2001 年的 27521 万元增加了 5374 万元，增长了 19.5%。财政补助收入增长幅度较大，其原因之一是各地政府支持文化事业发展，增加了部分投入；二是全省大部分县市文化、体育合并，文化体育经费有的很难分开。总支出 53018 万元，比 2001 年的 48084 万元增加了 4934 万元。其中事业支出 47611 万元，比 2001 年的 42956 万元增加了 4655 万元。

2002年湖北省文化(文物)事业统计主要指标情况表

单位:万 元

主要指标	2002年	2001年	增减额	增减幅度
总收入	54 174	47 340	6 834	+14.4%
财政拨款	32 895	27 521	5 374	+19.5%
总支出	53 018	48 084	4 934	+10.3%
事业支出	47 611	42 956	4 655	+10.8%

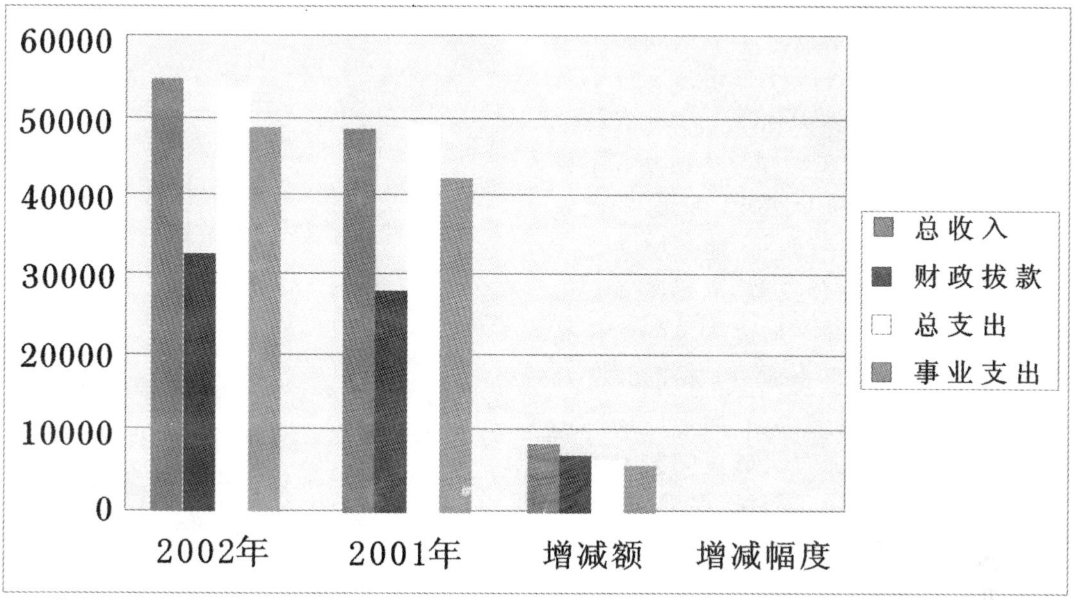

三、艺术事业抓精品,促进繁荣

1. 以筹办第八届中国艺术节、申报国家舞台艺术精品工程为契机,狠抓艺术精品的创作与生产。组织专家对《三峡风》、《巴王西行》、《审头记》等省重点剧目进行了论证,加工修改了《编钟乐舞》、《春雨沙沙》等作品,儿童剧《春雨沙沙》入选国家舞台艺术精品工程首批备选剧目。话剧《母亲》获文化部第十届"文华新剧目奖"。我省地方戏剧艺术剧院演员张虹、方开柳、王黎、詹春尧参加"全国地方戏曲精品折子戏展演暨戏曲青年演员大奖赛"分获表演一、二、三等奖。

2. 围绕迎庆党的十六大胜利召开,组织了各种演出活动。专业艺术表演团体开展"百团上山下乡暨新春金秋巡回演出季"活动,全省完成演出场次1.7万余场,团均演出174场。观众人次达2285万人,演出收入为1988万元,每场平均演出收入为1200元。其中,本年新上演剧目261个,本团创作首演剧目122个。组织、策划了省纪念"延座讲话"发表60周年文艺精品晚会、省庆祝十六大《荆楚放歌》文艺晚会、庆祝三峡导流明渠截流成功大型晚会、2003年新年晚会等16台大型晚会,在社会产生强烈反响。

四、抓基层,夯实基础,增强文化事业发展后劲

认真贯彻全国基层文化工作会议和李岚清同志讲话精神,深入开展了全省基层文化建设调研，并向省长办公会议作了专题汇报。省政府办公厅转发了省文化厅、省计委、省财政厅《关于进一步加强基层文化建设的意见》，明确了“十五”期间全省基层文化建设的目标。

文化先进县创建工作稳步推进。文化部命名表彰了武汉市洪山区、京山县为全国文化先进县。开展了对14个省级文化先进县的复评。文化信息资源共享工程进展顺利，省图书馆成为全国首批5个省级分中心之一，目前已有28个基展中心与省分中心签订了协议，进入实施阶段。加大了《湖北省公共图书馆条例》的贯彻力度，在第三届全民读书月暨第十四届图书馆服务宣传周活动期间，各级图书馆共服务读者160万人次，送书下乡34万册次。实施农村电影放映“2131工程”，省文化厅与各地签订了目标责任状，落实省配套资金近30万元，发放放映设备196台、拷贝542部。各地基层文化活动十分活跃。武汉国际杂技节、荆州凤凰音乐节、襄樊诸葛亮文化节等已形成各自的文化品牌。城市社区广场文化势头强劲，鄂州市的“月周日文化活动工程”、襄樊市的“周末广场文化演出”等常年坚持。加强对民族民间艺术资源的保护，命名了丹江口吕家河村（民歌）等4个民间艺术之乡。宜昌市政府投入专款，建设了宜昌民间艺术资源信息库。

全省文化基础设施建设有了新的发展。全年实际完成投资3309万元，其中争取文化部、国家计委、财政部的补助我省文化基建投资475万元。与省计委联合制定了《湖北省县级公共图书馆、文化馆设施建设专项补助资金管理办法》，并对“十五”期间国家投资的23个基层文化单位，签定了项目建设目标责任书。2002年下达的5个建设项目有4个已经建设完工。省、市、县一大批文化设施得到新建、扩建或维修。经过多方争取，由国家计委和省投资2.35亿元的省博物馆扩建工程建设顺利。省文史资料馆也开工。为迎接“八艺节”，省长办公会已同意我省兴建投资1.2亿元的艺术馆。

五、抓整顿，规范秩序，文化市场治理成效显著

加大打击力度，整顿和规范文化市场。开展全省音像市场治理整顿“复查”专项行动。全省共出动检查人员近3万人次，检查音像单位9700多家，查处违法、违规经营案件1154件，处罚违法人员323人，批捕、拘留14人，收缴非法音像制品423.8万盘，其中涉嫌色情、淫秽光盘4.1万余盘。8月13日，举行全省统一销毁非法音像制品行动，共销毁245.3万盘。大力扶持正版音像经营，建成了武汉博大、襄樊嘉园音像超市，正版音像制品市场占有率明显上升。

积极贯彻国务院《互联网上网服务营业场所管理条例》，开展“网吧”等互联网上网服务营业场所专项治进工作。全省共取缔、关闭无证或证照不全的非法“网吧”1800余家，查处违规经营“网吧”2300余家，收缴违规经营设备1.2万余台（件），迁移中小学周边200米内的“网吧”400余家。全省网络文化市场监控管理系统正在基本建成。

继续对违规电子游戏经营场所保持高压态势，全省共查处无证经营的电子游戏机室215家，收缴赌博机613台，收缴和扣押游戏机电路板1168块，全省电子游戏机经营场所总数由2001年的627家压减至557家。

努力激活演出市场，全年共接待外省集体性质剧团25个，推出省内集体性质剧团28个，举办涉外及大型组台演出43批次共78场次。进一步发展电影院线，加快影院改造步伐。目前，我省已组建2条跨省院线，吸纳影院48家，拥有银幕数121块，票房达4000多万元，居全国前十位。我省电影行业全年上缴国家电影专项资金126万元，居全国前五位。

六、抓保护，扩大影响，文物工作成绩显著

完成了第四批省级文物保护单位的申报评审工作，公布了91处新的省级文物保护单位。组织申报了全省2003年度全国重点文物保护单位的维修保护方案。对武汉、荆州、襄樊、钟祥、随州5座国家历史文化名城进行调研，制定了“十五”期间全省“有重要价值历史街区的保护整治”规划。

配合重要工程开展文物保护。向有关部门提出了南水北调中线工程丹江库区文物保护建议。枣阳九连墩墓考古发掘获重大成果，发现大型车马坑，出土大量竹简及青铜礼器和漆木礼器，发掘过程经湖北卫视直播，引起社会广泛关注。水布垭水利工程文物保护工作进展顺利。三峡工程湖北库区的文物抢救发掘工作进展加快，完成文物勘探面积 26.8 万平方米，完成考古发掘面积 7.73 万平方米，为在 2004 年 6 月前全面完成 135 米水位线以下考古发掘工作打下了基础。地面文物迁建进度加快，江渎庙、望家祠堂两个搬迁复建项目已完工。

各地博物馆、纪念馆活动内容更加丰富，社会影响逐渐扩大，两个效益日益显著。在“五一”、“十一”黄金周期间，省直文博单位共接待观众约 3.7 万人，门票总收入达 58 万余元。武昌起义军政府旧址维修工程通过了验收，辛亥革命武昌起义纪念馆制定了中长期发展初步规划，以该馆为基础，挂牌成立了辛亥革命博物馆。

七、抓改革，促进创新，进一步激发了文艺事业的生机与活力

省文化厅按照《文化部关于开展文化事业单位人事制度改革试点工作的通知》要求，进一步抓了黄石市歌舞剧院、武汉话剧院、襄樊市豫剧团、黄梅县黄梅剧院、洪湖市艺术团、武汉邮政艺术团、武汉星海合唱团等 9 个试点单位的人事制度改革工作。文化厅成立了理论研究课题组，结合改革试点经验，对转型期艺术表演团体改革的特点和规律等进行了深入的研究，《转型期艺术表演团体改革模式研究》已出版。

八、抓学习，振奋精神，干部队伍思想作风呈现出新的面貌

以党的十五届六中全会、江泽民同志“5·31”讲话和党的十六大精神为重点，坚持和完善中心组学习制度，按照省委、省政府的统一部署，以党的十五届六中全会提出的“八个坚持、八个反对”为准则，以进一步改进作风为目标，省直文化系统深入地开展了“学、查、改”教育活动和“做文化人，树文化人形象”的大讨论活动，通过学习，使干部队伍的精神面貌大为转变。坚持从严治党的方针，大力开展党风廉政建设宣传教育活动，加强领导干部廉洁自律的清理检查，积极推进党风廉政建设责任制的落实，完善制度，规范管理，加强对工程招标、资金审计、政府采购、干部任免等重点环节的监督，保证了各项工作的顺利进行。

总之，2002 年的文化工作取得了一定的成绩，但也存在不足和差距，主要表现在以下几个方面：

一是文化体制创新不够。改革的力度还有待进一步加强，国办艺术院团的机制还有待进一步搞活。文化部门的同志还需进一步解放思想，增强市场经济意识，加快改革开放步伐，使文化单位更好地面向市场、服务市场。

二是艺术精品的创作成效还不十分显著。因资金等诸因素的影响，近几年没有创作出能在全国有较强影响的舞台艺术精品力作。

三是文化产业发展不快。由于湖北文化产业底子薄、负债大，还没有摆脱困难的局面，文化产业的发展受到抑制。

四是部分单位管理工作不尽人意，“星级管理”的要求在相当一部分单位落实不够。

五是文化部门在争取党委、政府领导重视和社会各界支持方面还要进一步努力。少数地方基层文化工作有滑坡的迹象，特别是部分乡镇文化工作处于无人管的状况，农民精神文化生活十分贫乏。

六是文化艺术人才不足、老化严重，文艺精品生产后劲不足。一方面由于条件的限制，对青年人才的培养跟不上，拔尖的人才往往是引不进、养不起、留不住；另一方面，优秀人才不断向沿海经济发达省、市流失。

在今后的工作中，我们将在省委、省政府的领导下，继续高举邓小平理论伟大旗帜，深入贯彻党和十六大精神和“三个代表”重要思想，充分发挥全省广大文化工作者的积极性、主动性和创造性，振奋精神，迎难而上，与时俱进，真抓实干，促进文化事业再上新的台阶。

2002 年广东省文化事业发展概述

广东省文化厅计财处

2002 年,我省文化工作以"三个代表"重要思想为指导,省委、省政府提出建设"文化大省"的奋斗目标,各级党政部门加大对文化事业的投入,全省文化事业蓬勃发展。

一、全省文化文物财政补助收入突破 10 亿元

2002 年全省文化文物财政补助收入(即财政拨款,下同)达 10.81 亿元,比上年增加 1.9 亿元,增长 21.32%;其中广州、深圳、省直文化文物财政补助总收入占全省总额的 64.61%。

从增减情况看,除河源、肇庆、云浮三市文化文物财政补助收入呈下降趋势外,其余 18 个市和省直都有不同程度的增加,其中增加额最大的是省直,增加 6387 万元;其次是深圳市,增加 3615 万元;再次是佛山市,增加 2192 万元。

从文化文物财政补助收入占当地财政总支出的比重看,全省文化文物财政补助收入占全省财政总支出的 0.71%,其中比重最高的是云浮市,为 0.84%,比重最低的是河源市,仅为 0.23%。全省没有一个市达到省八届人大常委会第三次会议提出的"各级财政的文化事业费,应不低于当地的财政总支出的 1%"的要求,全省有 9 个市的文化文物财政补助收入占当地财政总支出的比重在 0.5%以下,分别为河源、茂名、阳江、江门、揭阳、汕尾、惠州、湛江、珠海,以上 9 个市的文化文物财政补助收入总额仅占全省的十分之一。

以上数据显示:在过去的一年里,一方面我省加大了对文化事业的投入,另一方面与我省经济发展步伐相比,文化事业的发展相对滞后,且地区差异大。今后仍需各级财政加大文化投入,各级政府应高度重视文化事业建设,逐步缩短地区间的差距,实现文化事业的稳步均衡发展。

二、不断推出精品,艺术表演团体演出收入大幅增加

2002 年,全省 141 个艺术表演团体总演出场次为 17620 场,其中到农村演出 10299 场,占总演出场次的 58.45%,平均每团演出 125 场。全省艺术表演团体总收入达 33041 万元,比上年增加 7850 万元,增长 31.16%,其中财政补助收入 20777 万元,比上年增长 37.13%;事业收入 8367 万元,比上年增长 21.73%。

2002 年,全省推出了舞剧《风雨红棉》、现代舞剧《梦白》、山歌剧《等郎妹》、潮剧《德政碑》、粤剧《花月影》等优秀剧目,繁荣了演出市场,不仅吸引了广大观众,赢得了很好的社会效益,也给各单位带来了可观的经济效益。去年,全省艺术表演团体演出收入达 7415 万元,比上年增加 1241 万元,增长 20.1%。分地区看,省直 8 个艺术表演团体平均每团演出收入 302.4 万元,比上年增加 85.7 万元;广州市平均每团演出收入 104.3 万元,比上年增加 8.9 万元;深圳市平均每团演出收入 138.5 万元,比上年增加 58.8 万元。

2002 年,我省艺术表演团体尽管取得了一些成绩,但目前还存在阻碍我省艺术事业发展的困难和问题,主要表现在:43.66%的剧团全年无新排上演剧目;12.77%的剧团全年无演出;27.66%的剧团无办公场所,40.43%的剧团无排练练功用房；经费自给率不断下降，2002年，全省艺术表演团体经费自给率为31.34%，比上年下降了6.22个百分点。

三、图书馆业成绩显著

2002年，全省有公共图书馆131个，从业人员2953人，总藏量2300.3万册，总流通人次2627万人次，书刊文献外借册次2843万册次，总收入22183.7万元，总支出20800.3万元，本年新购藏量160万册，公用房屋建筑面积44.3万平方米。

（一）总收入大增，财政补助收入持续增长。

2002年，全省公共图书馆收入合计22183.7万元，比上年增加4262.1万元，增长23.78%，其中财政补助收入18920.4万元，比上年增加3839.6万元，增长25.46%，占总收入的85.29%。

（二）购书经费增加幅度大，人均购书费快速增长。

2002年，全省图书购置费4574.7万元，比上年增加1426.2万元，增长45.3%。除韶关、肇庆、河源、清远、东莞、揭阳6市外，其余各市及省直均增加了购书经费的投入。购书费的大幅增加使人均购书经费也快速增长。2002年，我省人均购书费0.58元，比上年增加0.17元，增长41.46%。

（三）不断购进新书，充实图书馆藏量。

2002年，全省公共图书馆新购图书142.1万册，比上年增加43.3万册，增长43.83%；全省总藏量达2300.3万册，比上年增加61.3万册，增长2.74%，其中，古籍76.4万册，图书1829.4万册，报刊321.8万册。总藏量最多的是省立中山图书馆358.4万册，比上年增加15.36万册，增长4.48%，占全省总藏量的15.58%。总藏量超过100万册的还有广州图书馆、深圳图书馆。

（四）提高服务水平，总流通人次增加。

全省公共图书馆坚持"读者至上，服务第一"的宗旨，深化改革，采取多种形式服务读者。2002年，全省公共图书馆总流通人次2627.4万人次，比上年增加122万人次，增长4.87%。总流通人次最多的是省立中山图书馆319.4万人次；总流通人次100万人次以上的有广州图书馆、广州少年儿童图书馆、深圳图书馆、深圳南山图书馆、佛山市图书馆。

此外，全省公共图书馆为读者举办各种活动1344次，有200.46万人次参加；解答咨询21.71万条，代检索课题9327项，编制二、三次文献3131种。

四、大力发展文化产业

至2002年底，我省共有文化产业机构18900个，占全国文化产业机构数的6.1%；文化产业从业人员158609人，占全国文化产业从业人员的9.43%。

（一）文化产业总产出居全国首位。

2002年，全省文化产业总产出67.4亿元，居全国首位，占全国文化产业总产出的13.58%。其中省直属文化产业总产出16.53亿元，占全省的24.53%；广州市文化产业总产出9.9亿元，占全省的14.69%；深圳市文化产业总产出16.68亿元，占全省的24.75%。

（二）文化产业增加值居全国第二。

2002年，全省文化产业增加值24.48亿元，仅次于上海市，居全国第二，占全国的9.79%。其中，省直文化产业增加值3.28亿元，占全省的13.4%；广州市文化产业增加值4.31亿元，占全省的17.61%；深圳市文化产业增加值5.05亿元，占全省的20.63%；。

（三）娱乐业是我省文化产业的支柱产业。

2002年，我省娱乐业不仅总产出25.13亿元，占全省文化产业总产出的比重达37.28%；而且娱乐业新创增加值12.21亿元，占文化产业增加值的50%。可见，我省文化产业主要集中在娱乐业，娱乐业增加值在文化产业增加值中占了一半的份额，娱乐业成为我省文化产业的支柱产业。

五、文物博物工作稳步发展

2002年，我省继续整顿和规范文物市场秩序，加大对文物市场的监管力度，规范管理文物监管物品市场，加强与公安、工商、海关等有关部门的合作，打击文物犯罪活动；建立了快速反应机制，加大文物保护管理的力度，提高各类文博单位管理水平和服务质量；开展了多项文物法制培训和文物博物管理人员的业务培训，提高文物执法水平；抓好第四批广东省文物保护单位申报工作，水下考古工作有了新进展，世界文化遗产项目申报工作也已全面展开。

至2002年底，全省博物馆机构数为140个，从业人员2354人，文物藏品总量为530249件(实际数量)，举办陈列活动1869个，展览活动558个。参观总人数达845.67万人次，比上年增加6.4万人次，其中外宾参观43.74万人次，青少年参观211.08万人次；全年总收入为21199.8万元，比上年增加951.8万元，增长4.7%，其中财政补助收入为14372.5万元，比上年增长7.47%，全年门票收入为2854.5万元，与去年基本持平。总支出为19646.4万元，比上年增长13.82%；公用房屋建筑面积为41.15万平方米，比上年增加2.7万平方米，其中陈列用房18.8万平方米，比上年增加5782平方米，文物库房2.58万平方米，比上年减少1941平方米。

六、加强文化市场管理

2002年，我省大力整治娱乐场所，其中歌舞娱乐场所从原来的7000家压减至3200多家，电子游戏经营场所由原来的近万家压减至1300家左右。音像市场正版占有率大幅度提高，以广东音像城为例，2001年全年销售额为8亿元，2002年增至16亿元。在扫黄打非方面，2002年，全省收缴非法光盘8000多万张，挖掉13条非法光盘生产线。切实推进"2131"工程，同时积极推动电影体制改革，建立起"华影南方"、"珠江"、"深影"三条电影院线。

七、进一步扩大对外文化交流

2002年，我省完成双向交流项目912批13600人次，分别比去年增加139批、3493人次，双向交流总批次和总人数连续五年居全国之首。在波兰举办的"中国广东文化周"以及庆祝香港回归五周年大型纪念活动产生了积极的影响。构建粤港澳文化合作网络的工作已经打下了良好的基础。

2002年甘肃省文化发展概述

甘肃省文化厅计划财务处　王宏鹏

2002年党的“十六大”胜利召开，我省广大文化工作者在省委、省政府的正确领导下，认真学习江泽民同志“三个代表”思想，坚持“双百”方针，“二为”方向，弘扬主旋律，改革创新，使我省的文化事业得到了很大的发展。

一、从业人员情况

2002年底，我省共有各类文化、文物机构6404个，从业人员25875人，比上年都有很大增加。增加的主要原因是由于网络文化市场和音像职能的交接，使文化市场部分的机构、人员数增加。

2002年底，全省共有艺术表演团体72个，从业人员3938人；艺术表演场所40个，从业人员556人；公共图书馆90个，从业人员1109人；群众艺术馆15个，从业人员355人；文化馆83个，从业人员894人；文化站1559人，从业人员1548人（其中：乡镇文化站1319个，从业人员1310人）；中等艺术学校2个，从业人员156人；博物馆67个，从业人员887人；文物保护机构38个，从业人员609人；文化科研机构1个，从业人员21人；文物科研机构11个，从业人员644人；文化娱乐业2457个，从业人员9600人；文化市场经营机构1901个，从业人员3749人。

二、文化事业费投入加大

2002年财政补助收入18502万元，比上年增加3646万元，增长25%，人均文化事业费6.2元。全省文化、文物单位总支出25218万元，其中事业支出23417万元，比上年增长2127万元，增长10%。文化、文物单位人员经费支出12488万元，比上年增长1160万元，占总支出的10%。从以上数据可以看出人员经费的支出占总支出的53%，人员经费支出占财政补助收入的67%，财政补助收入中只有不足30%用于业务工作，因此经费仍然严重不足。

三、艺术创作

全省共有艺术表演团体72个，其中具有高级职称的211人，具有中级职称的830人，高中级职称人员占总人数的26%。2002年新创、上演剧目168个，全省艺术表演团体全年共演出1.4万多场，国内演出1.3万多场，其中农村演出1万多场。从演出场次统计数据分析我省剧团93%的演出在国内，70%的演出在农村、7%的演出在国外，可以看出演出中主要还是以农村演出为主，为了增加剧团的创收能力，应该提高在城市的演出场次。

为了宣传西部，宣传甘肃，让全国了解甘肃、让世界了解甘肃，各艺术表演团体不仅到全省及全国各地演出，还远渡重洋到世界各地演出，在美国成功举办了“首届甘肃文化周”活动，获得了良好的社会效益和经济效益。第二届中国秦腔艺术节在省会兰州成功举办，得到广大专家和观众的好评。

四、艺术表演场所

全省2002年底有艺术表演场所40个，比上年减少8个，减少原因主要是由于撤消或机构合并，但是现有的艺术表演场所大部分设施仍然十分简陋，设施需要改进，才能适应新时期艺术发展的要求。

五、公共图书馆事业

全省2002年底公共图书馆90个，其中县级馆75个，从业人员中有高级馆员12人，馆员109人，高中级职称人员占总人数的11%。各级公共图书馆总藏书量为755.8万册，总流通人次4917.9万人次，书刊外借1479.7万人次。

各级公共图书馆新增藏书购置费 377.6 万元，全省人均购书费仅 0.14 元。

六、群众文化活动丰富多彩

2002 年共举办各种展览 2107 个；组织文艺活动 1416 个；举办各类培训班 4513 次。

为了活跃我省的群众文化，我们成功举办了首届甘肃省老年艺术节，并参加了全国老年艺术节，获得金奖 1 个、银奖 3 个、铜奖 5 个；组织评选出美术作品 19 幅、摄影作品 20 幅、书法作品 18 幅；参加第十二届全国"群星奖"评选活动；组织评选出少儿论文 7 篇、少儿专著 3 部；参加第三届全国"蒲公英奖"评奖；参加全国群众歌咏比赛，获得二等奖 1 个、三等奖 2 个；参加全国青少年民族器乐大赛，获得银奖 1 个、优秀奖 1 个；在"沙湖杯"西部花儿邀请赛中获金奖 2 个、银奖 3 个、铜奖 2 个；在全国第六届"和平杯"京剧票友邀请赛中名票 1 名(全国仅 10 名)、优秀奖 1 名；参加全国南北民歌擂台赛，获得优秀奖 3 个。

七、文物保护工作进一步加强

作为文物大省，全省文物机构 120 个，高中级专业人员 336 人，占总人数的 14%，具有一批高水准的考古和文物保护队伍。

我省是文物大省，做好文物保护工作，对于我们保护、传承和利用好优秀文化遗产及建设特色文化大省具有十分重要的意义。首先，做好有关文物保护法规的宣传和学习，以便公众建立文物保护的意识；其次，在文物保护、维修方面，打防并举，做好文物安全工作，加强野外文物安全检查，健全完善三级文物管理保护网络，并促进文物维修项目的管理规范化；第三，在文博信息化建设方面，初步建成文物数据中心，完成全省近 11 万件三级以上文物的鉴定工作。

八、艺术教育事业不断发展，办学条件有待改善

甘肃省艺术学校是我省重点中等艺术专业学校，自成立以来已经为我省培养出了许多优秀专业艺术人才，他们中有些已经成为我省文艺战线的中坚和支柱力量。2002 年底在校生 962 人，比上年增加 20%。还准备在现有基础上筹建甘肃省艺术职业学院。

九、文化市场更加规范化管理

2002 年继续在全省范围内加大文化市场全国整治力度，经过治理整顿，市场逐渐规范化。2002 年底，全省共有娱乐业 2457 个，从业人员 9600 人；文化市场其他经营单位 1901 个，从业人员 3749 人。

为了使文化市场健康有序发展，我省首先，对非法电子游戏经营活动进行了严厉打击，关闭非法电子游戏经营场所 30 余家，销毁赌博型游戏机 449 台；第二，完成了网络文化市场的职能交换，共取缔关闭违法违规经营场所 579 家，行政处罚 900 余家，罚款 22.13 万元；第三，完成了音像市场的职能交换，取缔关闭无证经营场所 225 家，关闭集中经营场所 4 家，查缴各类非法音像制品 82 万张(盘)；第四，积极开展了娱乐场所和演出市场的整顿和规范工作。

十、存在的问题和建议

1. 加大对文化事业的财政投入。根据统计，连续三年财政投入虽然有所增加，但是由于工资增长，所以财政投入的增加多数都用于工资的发放，增加到业务工作上的已经不多。地县图书馆多数无图书购置费，造成图书资料陈旧；文物保护费也十分有限，建议加大文化投入，使文化事业投入的增长与财政增长相适应。

2. 加强基础设施建设，努力实现"十五"末县县有图书馆、文化馆，建立文化信息资源共享网络。

3. 重点搞好人才队伍建设，提高专业人员待遇，留住人才。

4. 我省文化产业发展相对滞后，文化产业发展不充分，总量规模小，社会化、产业化程度低，效益低，文化产业发展的速度、规模和效益都需要大幅度的提高。文化产业发展落后主要有资金投入、投资环境及经营理念等等各方面的诸多因素造成的。

青海省2002年文化产业发展概述

青海省文化厅财务产业处

2002年在省委、省政府正确领导下，全省文化工作者继续以“三个代表”的重要思想为指导，解放思想，克服困难，奋力拼搏，文化事业呈现全面繁荣的景象，文化产业不断壮大。

一、文化产业规模不断壮大，企业性文化产业单位从业人员快速增长。

据统计，截止2002年底，全省文化产业（不含广播电视、新闻出版及旅游等其他文化产业，以下同）及文化部门非文化产业单位2241个，从业人员8410人，其中文化产业（含电影业，以下同）机构2236个，从业人员8091人，文化部门非文化产业单位5个，从业人员319人。从全省文化产业机构的经济成份来看，国有机构463个，其他经济、集体经济及私营经济为1773个，国有经济机构占26％，其他经济机构占74％。不难看出，全省文化产业单位已初步形成了多种经济成份共同发展的产业新格局。从全省文化产业的构成来看，事业性文化产业单位占文化产业的16％，企业性文化产业单位占84％。

全省文化产业机构数和从业人员数分别比上年增加316个和1728人，增长16.4％和25.9％，其中：歌舞、卡拉ok娱乐场所、电子游艺厅、综合娱乐场所、保龄球、台球厅、网吧等娱乐业，及音像制品批发、零售业；录像放映业录像带出租业等文化市场其他经济机构增长幅度较快，机构和从业人数分别增长16.4％和25.90％，占总量增加数的94％和70.6％。

二、全省文化产业单位社会效益不断提高的同时，经济效益相应上扬，娱乐业等企业性文化单位经济效益增长较快，为文化事业的发展提供了良好的发展平台。

2002年全省事业性文化产业单位总收入7884.6万元，其中：财政补助收入6751.7万元，总收入和财政补助比上年分别减少4％和11.9％。

2002年各文化产业单位事业收入和经营收入共计709.4万元，比上年增加165.4万元，增长30.4％，可以看出在财政补助有较大幅度下降的情况下，各文化产业单位的经营和事业收入（事业单位开展业务活动及辅助活动取得的收入）却有了较大幅度的增加。说明全省文化产业单位在市场经济条件下，转变观念，在坚持社会效益第一的前提下，增强产业意识，并充分利用自己的文化资源优势，为社会提供优良服务，创造条件，努力增加收入，提高经济效益，以求文化事业更大、更快的发展。

2002年全省事业性文化产业单位总支出8080.3万元，比上年减少3.2个百分点。经费自给率达到8.8％，比上年提高2个百分点，增长幅度29.4％。其中：艺术表演团体经费自给率达到7.1％，增长幅度29.1％；艺术表演场所自给率达到94％，减少3.1％；公共图书馆自给率达到0.55％，增长幅度1.9％；群众文化业自给率达到2.7％，增长幅度22.7％；文物保护业经费自给率达到5.7％，增长幅度7.5％；艺术培训业经费自给率达到47.2％，增长幅度47.2％。

2002年全省事业性文化产业单位固定资产9628万元，较上年增长15.8％。固定资产投资完成831万元。中国柳湾彩陶博物馆竣工，并交付使用，尖扎、祁连、天峻等8县文化综合中心的规划、图纸设计等前期工作已完成，资金已全部到位。

2002年全省文化产业单位实现总产出16547.2万元，较上年增长32.8%。

2002年全省文化产业单位实现增加值10721.8万元，比上年增加2467.2万元，较上年增长29.9%，占全省国内生产总值(GDP)341亿元的0.31%。2002年全省文化产业单位实现增加值中：艺术表演团体实现1673.6万元，比上年提高2.7%；艺术表演场所实现60.2万元，比上年提高33.2%；公共图书馆业实现785.7万元，比上年提高24.8%；群众文化业实现813.6万元，比上年提高3%；出版业实现8.9万元，比上年提高25.3%；娱乐业实现4008.5万元，比上年提高40.6%；文物保护业实现388.8万元，比上年提高5.4%；其他文化艺术业实现2940.3万元，比上年提高55.3%。

三、文化产业单位开展业务活动取得良好成绩，剧团创作、演出活跃有序，艺术培训迈出新步伐，图书借阅人次上升，群众文化活动丰富多彩，考古发掘获得重大发现，对海拔4000米以上的青藏铁路沿线进行了考古发掘，娱乐业规模增大，电影放映“2131工程”深入实施，文化市场依法管理，逐步走向繁荣有序。

(一)艺术业：全省艺术业机构15个，其中艺术表演团体13个，艺术表演场所2个，从业人数981人。

1. 表演团体：省直属剧团由上年的5个，调整为2个，新增循化、互助两个县级剧团。演职员工958人，其中一、二级演员74人，三级演职员346人；从业人员与上年相比，基本持平。本年度新排剧较上年增加2台，对藏戏《纳桑贡玛的悲歌》、大型舞剧《西海谣》等11部剧目进行了论证、修改和加工。演出场次1616场次，演出参观人次1320千人次，比上年分别下降19.3%和30.3%。艺术观众人次的下降，启示我们，只要我们创作出更好、更美、更贴近生活的“适销对路”的剧本，提高演技，加快设备和设施的改善，给观众以更美的艺术享受，方可赢得更多观众，求得观众的回报。

演出及其他事业、经营收入190.2万元，经费自给率为7.10%，其中省级剧团11%，西宁市6.3%，海南州4.1%。

2. 艺术表演场所：全省艺术表演剧场2个，开展正常活动的只有青海剧场1个，现有职工23人，全年接待艺术演出2次，电影放映2018场次，观众6.2万人次，经费自给率94%，年末固定资产原值143.9万元，实现增加值60.2万元，较上年增加15.0万元，增长33.2%。

(二)图书馆业：全省有省、州、县三级公共图书馆38个，从业人员364人，与上年持平，总藏量295万册(件)，其中1795年以前装订成册的古籍、善本12.8万册，缩微制品、视听文献2386件，在总藏量中外文书刊18.5万册，书刊外借69.7万册次，阅览、借书人次较上年有大幅度增加，尤其是省图书馆开放的电子阅览室和少儿阅览室深受读者欢迎。全年举办各种学术报告活动、展览达135次，解答、咨询读者各类问题、提供有关信息资料共计6583条。

(三)群众文化：全省共有群众文化产业机构237个，其中省、州(市)级群艺馆9个；县级文化馆43个；乡、镇、街道文化站185个。从业人员636人，其中具有高级职称的9人，中级职称的82人，全省共有51个县(区)，尚有8个县无文化馆，而现有的43个文化馆中，除西宁、海东地区所辖13个文化馆为单独建制，并有独立馆舍外，其余州县文化馆绝大部分与县图书馆合署办公，无独立馆舍。全省有56.4%乡、镇、街道无文化站。

本年度共举办各种展览395个，组织社火、花儿会、演唱会等文艺活动1156次，圆满完成了首届环青海湖国际自行车赛开幕式、第三届青洽会开幕式、西宁市郁金香节开幕式。成功地举办了果洛州“玛域”格萨尔文化艺术节、海北州王洛宾音乐艺术节、玉树州康巴艺术节，活跃了牧区群众文化，带动了地区经济发展。开办讲演、表演、音乐、舞蹈、美术、摄影等训练班116次，结业人员数达4000余名，录相放映208场。

（四）艺术培训业：我省原有2所中等教育培训机构，通过调整、改革，两校合一，成为全省惟一的一所培养各民族中等艺术人才的学校。学校现有教职工94名，其中具有高级职称的教师9名，中级职称的教师26名，在校生人数700名，其中舞蹈专业393名；音乐专业233名；美术专业36名；其他专业38名。本届毕业生49名，新招学生187名。为了解决艺术人才匮乏，断层严重的实际困难，选拔了65名学员，分别输送到天津、上海艺术学校，学习京剧和杂技。全年收入合计538.6万元，其中财政补助279.7万元，较上年减少7.2%，通过教学改革，挖掘潜力，扩大招生，提供有偿服务等，2002年学校共创收258.8万元，经费自给率达到47.2%，自给率较上年提高15.2个百分点，年末固定资产5467万元，实现增加值232.5万元，较上年增加25.3万元，提高12.2%。

（五）文物保护业：全省文物保护机构共41个，其中博物馆16个，文物保护单位23个，文物科研单位1个，文物商店1处，从业人员259人，其中具有高级职称的文物科研、管理人员5名，中级职称的人员58名，全省文物藏品96462件，其中一级品200件，二级品792件，三级品792件。举办陈列11个，展览8次，参观人次3.7万人次。举办陈列、展览及参观人次分别比上年减少15.4%、27.3%和89%，下降的主要原因是陈列、展览方式陈旧，许多年一套老的模式，与外省交流展出较少，从而吸引不了众多观众，回头率低。实施了对青藏铁路二期建设工程沿线青海境内的考古，及对民和喇家遗址、西宁陶家寨墓葬群、吴仲墓葬群的考古发掘，取得了一定成果。

（六）娱乐业：2002年全省娱乐业757个（属企业性文化产业单位），从业人员2784人，经营网点、门类品种增多，其中：歌舞、卡拉ok娱乐场所133家；电子游艺厅84家；综合娱乐场所73家；保龄球1处；台球厅105家；网吧338家。

全年实现净利润1283.2万元，比上年降低9.8%；为国家上缴各种税、费达854.4万元，比上年增长213.3%；实现增加值4008.5万元，比上年增长40.6%。其中：歌舞娱乐场所实现增加值1552.6万元；电子游艺厅实现增加值151.3万元；综合娱乐场所实现增加值321.8万元；台球厅实现增加值82.5万元。不难看出，2002年我省娱乐业得到较大的发展，尤其是从业人员增长幅度高达45.1%，安置了大量社会下岗、无业人员，为减轻社会就业压力起了一定作用，增加值增长40.6%，成为文化产业各单位中创造价值最高的行业。这说明我省文化娱乐业通过调整结构等一系列措施，有了更大的活力，正朝着健康有序的方向发展。

（七）电影业：全省开展正常业务活动的电影发行、放映机构80个，从业人员776人。电影、电视译制机构2个（省译制中心和海西州蒙语电影译制站），从业人员53人。全年放映电影8188场次，接待电影观众2.3万人次，实现发行收入47.6万元，放映收入112.3万元（增加值暂缺）。

（八）音像制品出版业：全省文化部门音像出版机构1个（属企业性文化单位），从业人员26人，上缴各种税、费11万元，拥有固定资产723.4万元，本年提取固定资产折旧9万元，获得净利润9.6万元，实现增加值124万元。

（九）其他文化艺术业：凡未列入以上机构的其他文化产业单位（包括文化市场其他经营机构、其他艺术创作机构、其他文化企事业单位）机构数1066个，从业人员2177人，比上年分别增加14.7%和21.8%，全年实现利润1112.9万元，上缴国家各种税、费363.7万元，实现增加值2933.9万元，比上年分别提高92.4%、56.7%、59.3%。其中音像制品批发、零售业实现净利润166.7万元，实现增加值413.1万元；录像放映业实现净利润118.9万元，实现增加值215.2万元；录像带出租业实现净利润196.7万元，实现增加值509.1万元。

全国县级、地级行政区划情况

地区	地级					县级								
	合计	地市级	地区	自治州	盟	合计	市辖区	县级市	县	自治县	旗	自治旗	特区	林区
全国	332	275	22	30	5	2860	830	381	1478	116	49	3	2	1
北京						18	16		2					
天津						18	15		3					
河北	11	11				172	36	22	108	6				
山西	11	10	1			119	22	12	85					
内蒙古	12	7			5	101	19	13	17		49	3		
辽宁	14	14				100	56	17	19	8				
吉林	9	8		1		60	19	20	18	3				
黑龙江	13	12	1			130	64	19	46	1				
上海						19	18		1					
江苏	13	13				106	52	27	27					
浙江	11	11				88	30	22	35	1				
安徽	17	17				105	44	5	56					
福建	9	9				86	27	14	45					
江西	11	11				99	19	10	70					
山东	17	17				139	48	31	60					
河南	17	17				158	48	21	89					
湖北	13	12		1		102	38	24	37	2				1
湖南	14	13		1		122	34	16	65	7				
广东	21	21				123	52	26	42	3				
广西	14	14				108	32	7	57	12				
海南	2	2				20	4	6	4	6				
重庆						40	15	4	17	4				
四川	21	18		3		180	42	14	121	3				
贵州	9	4	2	3		87	9	9	56	11			2	
云南	16	6	2	8		129	10	10	80	29				
西藏	7	1	6			73	1	1	71					
陕西	10	10				107	23	3	81					
甘肃	14	10	2	2		86	15	4	60	7				
青海	8	1	1	6		43	4	2	30	7				
宁夏	4	4				23	7	2	14					
新疆	14	2	7	5		99	11	20	62	6				

全国县级以下组织机构

地区	县辖区数	镇数	乡数	民族乡数	街道办事处
全国	34	20 601	18 639	1 167	5 576
北京		141	51	5	130
天津		120	20	2	99
河北	1	933	1 035	54	233
山西		564	634		186
内蒙古		503	731	19	194
辽宁		613	380	78	558
吉林		460	326	33	240
黑龙江		475	469	59	381
上海		132	3		99
江苏		1 194	136	1	262
浙江		824	553	14	233
安徽		1 020	756	9	220
福建		621	353	18	130
江西		789	719	7	107
山东	8	1 253	294	5	372
河南		869	1 252	21	301
湖北		738	224	9	272
湖南	8	1 097	1 257	98	221
广东		1 458	25	7	361
广西		750	576	61	62
海南		181	20		17
重庆		683	563	8	101
四川		1 937	3 109	108	234
贵州		697	760	253	82
云南		597	942	175	43
西藏		140	541	8	8
陕西		930	684	3	128
甘肃	6	460	1 078	39	107
青海		115	283	30	26
宁夏		78	234		31
新疆	11	229	631	43	138